"十三五"江苏省高等学校重点教材

(编号：2019-1-094)

高等学校应用型特色教材 经管系列

中级财务会计
(第二版修订版)

刘 磊 花爱梅 主 编
方光正 孙太彬 陈 欢 副主编

清华大学出版社
北 京

内 容 简 介

本书是根据会计准则的新变化和2016年营业税改征增值税的新亮点以及其他相关政策法规等,结合国际财务报告准则新动态,借鉴同类教材的先进经验编写的。本书将目标定位于中级层次,系统地阐述了财务会计的理论与实务,全书分为14章,围绕会计要素资产、负债、所有者权益、收入、费用、利润的确认与计量以及财务报告体系进行介绍,重点突出利用财务会计理论解决企业财务会计核算的方法与技巧,以及财务报告的编制方法,体现了应用性特色。

本书注重可读性与易理解性,强调理论与实际的结合与应用,内容由浅入深,环环相扣,体现了较强的内在逻辑关系。大部分章节配备了思考题、自测题、业务等,帮助学生巩固所学知识,有助于培养学生分析问题、解决问题以及融会贯通与综合应用的能力。

本书可作为会计学、财务管理、审计学以及工商管理等本科专业学生的教材,也可作为其他层次或专业学生,以及拟参加各类会计考试和财会从业人员的参考用书。

本书封面贴有清华大学出版社防伪标签,无标签者不得销售。
版权所有,侵权必究。举报: 010-62782989, beiqinquan@tup.tsinghua.edu.cn。

图书在版编目(CIP)数据

中级财务会计/刘磊,花爱梅主编. —2版修订版. —北京:清华大学出版社,2021.9(2023.8重印)
高等学校应用型特色教材. 经管系列
ISBN 978-7-302-59083-5

Ⅰ. ①中… Ⅱ. ①刘… ②花… Ⅲ. ①财务会计—高等学校—教材 Ⅳ. ①F234.4

中国版本图书馆 CIP 数据核字(2021)第 176960 号

责任编辑:孙晓红 温 洁
封面设计:李 坤
责任校对:李玉茹
责任印制:杨 艳

出版发行:清华大学出版社
   网　　址: http://www.tup.com.cn, http://www.wqbook.com
   地　　址: 北京清华大学学研大厦A座　　邮　编: 100084
   社 总 机: 010-83470000　　邮　购: 010-62786544
   投稿与读者服务: 010-62776969, c-service@tup.tsinghua.edu.cn
   质量反馈: 010-62772015, zhiliang@tup.tsinghua.edu.cn
   课件下载: http://www.tup.com.cn, 010-62791865
印 装 者:三河市东方印刷有限公司
经　　销:全国新华书店
开　　本:185mm×260mm　　印　张:26.75　　字　数:650 千字
版　　次:2016 年 8 月第 1 版　2021 年 9 月第 3 版　　印　次:2023 年 8 月第 3 次印刷
定　　价:69.00 元

产品编号:093680-01

前　言

"中级财务会计"是财务会计知识体系的核心，本书系统地阐述了财务会计的理论与实务，围绕会计要素的确认与计量以及财务报告体系，重点介绍利用财务会计理论解决企业财务会计核算的方法与技巧，以及财务报告的编制方法。

近年来，我国企业会计准则、相关法律和制度发生了较大变化，如2017年财政部发布了《企业会计准则第42号——持有待售的非流动资产、处置组和终止经营》(财会〔2017〕13号)，修订了《企业会计准则第14号——收入》(财会〔2017〕22号)以及《企业会计准则第22号——金融工具确认和计量(财会〔2017〕7号)》等金融工具准则；2019年4月1日起，降低两档增值税税率；2019年5月财政部发布了《关于修订印发2019年度一般企业财务报表格式的通知(财会〔2019〕6号)》等，这些法规规章等的变化对财务会计类课程的教学产生了较大影响。

基于上述原因，本次教材修订根据财政部新发布和修订的企业会计准则以及《关于修订印发2019年度一般企业财务报表格式的通知》，重点修改了金融资产、收入、利润等相关内容；修改了财务报表的格式及列报内容；按照新的增值税税率修改了全书例题；对原有教材进行了较为全面的梳理、修改和完善，使其内容更加完整、准确。

本次教材修订由刘磊负责全面审阅与统稿工作，相关分工如下：刘磊负责第一～四章的修订；孙太彬负责第五、十章的修订；方光正负责第六、七、八、十四章的修订；花爱梅负责第九、十三章的修订；陈欢负责第十一、十二章的修订。

本书为2019年江苏省高等学校立项建设重点教材(修订教材)，并且得到"应用型本科院校会计学专业差异化品牌建设的研究与实践项目(2019JSJG347)"的支持。此外，在编写和出版过程中得到金陵科技学院陈玲娣、金颖等同仁的热情帮助，在此深表感谢。

由于时间仓促，修改工作量较大，加之水平有限，尽管我们付出了很大努力，书中难免存在疏漏与不足之处，敬请广大读者和同行批评、指正。

编　者

目　　录

第一章　总论 ... 1
第一节　财务会计概述 ... 1
　一、财务会计的特征 ... 1
　二、财务会计概念框架 ... 2
第二节　财务会计目标及会计信息的使用者 ... 3
　一、财务会计目标 ... 3
　二、我国企业财务会计目标 ... 3
　三、财务会计信息的使用者 ... 3
第三节　会计基本假设与会计基础 ... 4
　一、会计基本假设 ... 4
　二、会计基础 ... 6
第四节　会计信息的质量要求 ... 7
　一、可靠性 ... 7
　二、相关性 ... 7
　三、可理解性 ... 7
　四、可比性 ... 8
　五、实质重于形式 ... 8
　六、重要性 ... 8
　七、谨慎性 ... 9
　八、及时性 ... 9
第五节　会计要素及其确认与计量原则 ... 9
　一、会计要素及其确认 ... 10
　二、会计要素的计量属性 ... 13
思考题 ... 14
自测题 ... 15

第二章　货币资金与应收款项 ... 18
第一节　库存现金 ... 18
　一、现金的管理与内部控制 ... 18
　二、库存现金的核算 ... 20
　三、现金的清查 ... 22
第二节　银行存款 ... 23
　一、银行存款账户的开设与管理 ... 23
　二、银行结算方式 ... 24
　三、银行存款的核算 ... 28
　四、银行存款的清查 ... 29
第三节　其他货币资金 ... 30
　一、外埠存款 ... 31
　二、银行汇票存款 ... 31
　三、银行本票存款 ... 32
　四、信用卡存款 ... 32
　五、信用证保证金存款 ... 32
　六、存出投资款 ... 33
第四节　应收票据 ... 33
　一、应收票据及其分类 ... 33
　二、应收票据的核算 ... 34
第五节　应收账款 ... 37
　一、应收账款的概念与计价 ... 37
　二、应收账款的核算 ... 38
　三、坏账与坏账损失 ... 39
第六节　预付账款及其他应收款 ... 44
　一、预付账款 ... 44
　二、其他应收款和备用金 ... 44
思考题 ... 46
自测题 ... 46
业务题 ... 49

第三章　存货 ... 50
第一节　存货概述 ... 50
　一、存货的概念与特点 ... 50
　二、存货的认定范围 ... 51
　三、存货的分类 ... 51
第二节　存货的初始计量及会计处理 ... 52
　一、外购存货 ... 53
　二、加工取得的存货 ... 56
　三、其他方式取得的存货 ... 58
第三节　存货发出的计量 ... 59
　一、发出存货成本的确定方法 ... 59
　二、发出存货的会计处理 ... 61

第四节　原材料按计划成本计价的会计处理 66
　一、计划成本法的基本核算程序 66
　二、原材料的取得及材料成本差异的形成 67
　三、原材料的发出及成本差异的分摊 69
第五节　存货清查 70
　一、存货清查的方法 70
　二、存货盘盈、盘亏的核算 71
第六节　存货期末计量及会计处理 72
　一、成本与可变现净值孰低的含义 72
　二、可变现净值影响因素及存货估计售价的确定 73
　三、不同存货可变现净值的确定及期末计量 74
　四、存货跌价损失的会计处理 75
思考题 77
自测题 77
业务题 80

第四章　金融资产 82

第一节　金融资产及其分类 82
　一、金融资产的定义 82
　二、金融资产的分类 83
　三、金融资产的重分类 84
第二节　以摊余成本计量的金融资产 84
　一、以摊余成本计量的金融资产的确认与计量 84
　二、应设置的账户 85
　三、以摊余成本计量的金融资产的会计处理 86
第三节　以公允价值计量且其变动计入其他综合收益的金融资产 88
　一、以公允价值计量且其变动计入其他综合收益的金融资产的确认与计量 88
　二、应设置的账户 89
第四节　以公允价值计量且其变动计入当期损益的金融资产 93
　一、以公允价值计量且其变动计入当期损益的金融资产的确认与计量 93
　二、应设置的账户 93
　三、以公允价值计量且其变动计入当期损益的金融资产的会计处理 94
第五节　金融资产减值 96
　一、金融资产减值的确认 96
　二、金融资产发生信用减值的证据 97
　三、金融资产减值的会计处理 97
思考题 98
自测题 98
业务题 102

第五章　长期股权投资 104

第一节　长期股权投资概述 104
　一、长期股权投资的性质 104
　二、长期股权投资的分类 104
第二节　长期股权投资的初始计量 105
　一、长期股权投资初始计量的原则 105
　二、企业合并形成的长期股权投资初始计量 106
　三、以企业合并以外的方式取得的长期股权投资初始计量 108
第三节　长期股权投资的后续计量 109
　一、长期股权投资核算的成本法 110
　二、长期股权投资核算的权益法 111
第四节　长期股权投资成本法与权益法的转换 121
　一、成本法转换为权益法 121
　二、权益法转换为成本法 122
第五节　长期股权投资的减值与处置 123
　一、长期股权投资的减值 123
　二、长期股权投资的处置 123
思考题 124
自测题 124

业务题 128

第六章　固定资产 131

第一节　固定资产概述 131
　　一、固定资产的概念、特征及确认
　　　　条件 131
　　二、固定资产的分类 133
第二节　固定资产的初始计量 134
　　一、固定资产初始计量的原则 134
　　二、不同方式取得固定资产的
　　　　核算 134
第三节　固定资产的后续计量 144
　　一、固定资产折旧 145
　　二、固定资产的后续支出 150
　　三、固定资产的减值 153
第四节　固定资产的处置 155
　　一、固定资产处置的含义 155
　　二、固定资产处置的账务处理 155
　　三、持有待售的固定资产 157
　　四、盘亏的固定资产 158
　　五、其他方式减少的固定资产 159
　　思考题 159
　　自测题 159
　　业务题 162

第七章　无形资产 164

第一节　无形资产概述 164
　　一、无形资产的概念 164
　　二、无形资产的特征 165
　　三、无形资产的内容 165
　　四、无形资产的确认 166
第二节　无形资产的初始计量 167
　　一、外购的无形资产 167
　　二、自行开发的无形资产 168
　　三、投资者投入的无形资产 171
　　四、其他方式取得的无形资产 171
　　五、企业取得的土地使用权 171
第三节　无形资产的后续计量 172
　　一、无形资产后续计量的原则 172
　　二、使用寿命有限的无形资产
　　　　摊销 173
　　三、使用寿命不确定的无形资产 175
　　四、无形资产减值 175
第四节　无形资产的处置 176
　　一、无形资产的出租 176
　　二、无形资产的出售 176
　　三、无形资产的报废 177
　　思考题 177
　　自测题 178
　　业务题 181

第八章　投资性房地产及其他长期
　　　　　资产 183

第一节　投资性房地产概述 183
　　一、投资性房地产的定义及特征 183
　　二、投资性房地产的范围 184
　　三、投资性房地产的计量模式 185
　　四、投资性房地产的确认 186
第二节　投资性房地产的初始计量 186
　　一、外购的投资性房地产 186
　　二、自行建造的投资性房地产 187
第三节　投资性房地产的后续计量 187
　　一、成本模式下投资性房地产的
　　　　后续计量 187
　　二、公允价值模式下投资性
　　　　房地产的后续计量 188
　　三、投资性房地产后续计量模式的
　　　　变更 189
　　四、投资性房地产的后续支出 189
第四节　投资性房地产的转换 190
　　一、投资性房地产转换的形式及
　　　　转换日的确定 190
　　二、投资性房地产转换的会计
　　　　处理 190
第五节　投资性房地产的处置 193
　　一、成本模式下投资性房地产的
　　　　处置 193
　　二、公允价值模式下投资性
　　　　房地产的处置 193

第六节　其他长期资产 194
　　一、商誉 194
　　二、长期待摊费用 196
　　三、长期应收款 197
　　四、递延所得税资产 197
　　五、其他非流动资产 197
思考题 197
自测题 198
业务题 201

第九章　资产减值 204

第一节　资产减值概述 204
　　一、资产减值的范围 204
　　二、资产减值迹象与测试 205
第二节　资产可收回金额的计量 206
　　一、估计资产可收回金额的
　　　　基本方法 206
　　二、资产公允价值减去处置费用后
　　　　净额的估计 207
　　三、资产预计未来现金流量的现值
　　　　估计 207
第三节　资产减值损失的确认与计量 213
　　一、资产减值损失确认与计量的
　　　　一般原则 213
　　二、资产减值损失的账务处理 213
第四节　资产组的认定及减值处理 215
　　一、资产组的认定 215
　　二、资产组减值测试 217
　　三、总部资产减值测试 220
思考题 221
自测题 221
业务题 225

第十章　流动负债 228

第一节　流动负债概述 228
　　一、流动负债的概念和特点 228
　　二、流动负债的分类和计量 228
第二节　应付票据与应付账款 229
　　一、应付票据的核算 229
　　二、应付账款的核算 231
第三节　应付职工薪酬 232
　　一、职工薪酬的概念及内容 232
　　二、职工薪酬的确认和计量 232
　　三、应付职工薪酬的会计处理 234
第四节　应交税费 237
　　一、应交增值税 238
　　二、应交消费税 245
　　三、其他税种 247
第五节　短期借款与其他流动负债 249
　　一、短期借款 249
　　二、预收账款 250
　　三、应付股利与应付利息 250
　　四、其他应付款 251
　　五、一年内到期的非流动负债 251
思考题 251
自测题 252
业务题 254

第十一章　非流动负债 257

第一节　非流动负债概述 257
　　一、非流动负债的概念和特点 257
　　二、非流动负债的计价 258
第二节　长期借款 258
　　一、长期借款及其特点 258
　　二、长期借款的核算 259
第三节　应付债券 260
　　一、债券的性质与分类 260
　　二、债券的发行 261
　　三、应付债券的核算 263
　　四、应付可转换债券 265
第四节　预计负债 268
　　一、或有事项及其特征 268
　　二、预计负债的确认 268
　　三、预计负债的计量 269
　　四、预计负债的核算 271
第五节　借款费用 273
　　一、借款费用的含义 273
　　二、借款费用的确认 274

三、借款费用的计量 276
第六节　其他非流动负债 279
　　一、长期应付款 279
　　二、专项应付款 279
　　三、递延所得税负债 280
思考题 280
自测题 280
业务题 283

第十二章　所有者权益 285

第一节　所有者权益概述 285
　　一、所有者权益的含义及性质 285
　　二、所有者权益的构成内容 286
第二节　实收资本和其他权益工具 286
　　一、实收资本的核算 286
　　二、其他权益工具的核算 290
第三节　资本公积和其他综合收益 291
　　一、资本公积的核算 291
　　二、其他综合收益的核算 293
第四节　留存收益 294
　　一、留存收益的构成 294
　　二、盈余公积 294
　　三、未分配利润 295
思考题 296
自测题 297
业务题 299

第十三章　收入、费用与利润 300

第一节　收入 300
　　一、收入的概念与特点 300
　　二、收入的确认原则 301
　　三、收入的确认与计量 302
　　四、关于合同成本 316
　　五、一般业务收入的会计处理 317
　　六、特定交易收入的会计处理 323
第二节　费用 329
　　一、费用的概念与特点 329
　　二、费用的分类 330
　　三、费用的确认与计量 331

　　四、期间费用 333
第三节　利润及利润分配 335
　　一、利润的构成 335
　　二、营业外收支的会计处理 336
　　三、所得税 337
　　四、利润的结转 338
　　五、综合收益 340
　　六、利润分配 340
　　七、每股收益 343
思考题 344
自测题 345
业务题 348

第十四章　财务报告 351

第一节　财务报告概述 351
　　一、财务报表的定义和构成 351
　　二、财务报表列报的基本要求 352
　　三、财务报表的编制程序 354
第二节　资产负债表 356
　　一、资产负债表概述 356
　　二、资产负债表的编制 359
　　三、资产负债表的编制举例 366
第三节　利润表 374
　　一、利润表概述 374
　　二、利润表的编制 377
　　三、利润表的编制举例 379
第四节　现金流量表 380
　　一、现金流量表概述 381
　　二、现金流量表的编制方法及
　　　　程序 383
　　三、现金流量表正表各项目的
　　　　编制 385
　　四、现金流量表补充资料的编制 395
　　五、现金流量表中的平衡关系 401
　　六、现金流量表的编制举例 401
第五节　所有者权益变动表 408
　　一、所有者权益变动表概述 408
　　二、所有者权益变动表的填列
　　　　方法 409

三、所有者权益变动表的填列
　　　　举例 411
第六节　财务报表附注 411
　　一、附注概述 411
　　二、附注披露的主要内容 412

思考题 414
自测题 414
业务题 416

参考文献 418

第一章

总 论

学习目标：了解财务会计的特征、财务会计概念框架；掌握企业会计核算的基本假设与会计核算基础；理解会计信息质量特征；掌握会计要素及其确认与计量的基本概念。

关键词：财务会计　概念框架　会计假设　会计基础　信息质量特征　会计要素　确认计量

第一节　财务会计概述

一、财务会计的特征

现代企业会计由财务会计和管理会计组成。财务会计是现代企业会计的一个重要分支，它是运用簿记系统的专门方法，以通用的会计原则为指导，对企业资金运动进行反映和控制，旨在为投资者、所有者、债权人提供会计信息的对外报告会计。财务会计同管理会计相配合并共同服务于市场经济条件下的现代企业。财务会计作为传统会计的发展，同旨在向企业内部管理部门提供经营决策所需信息的管理会计不同，财务会计旨在向企业外部的投资人、债权人和其他与企业有利害关系的外部集团，提供投资决策、信贷决策和其他类似决策所需的会计信息，这种会计信息最终表现为通用的会计报表和其他会计报告。

与管理会计相比，财务会计有如下几方面的特征。

1. 财务会计的主体是整个企业

财务会计对企业生产经营活动进行反映和监督，都是立足于某个企业生产经营的全局，把整个企业作为一个统一体，而不涉及企业内部某一部门、某一车间的局部问题。在向企业外部的利益相关者定期报告一定期间的财务状况、经营成果和现金流量时，通常只是以若干综合性指标进行集中反映和概括说明，只是向他们报告企业某月、某年的总括情况，而不必揭示更为详细、具体的财务信息。

2. 财务会计的服务对象主要是企业外部利益相关者

财务会计虽然也向企业内部传输财务信息，但主要是通过对企业日常经济业务进行记录、整理、汇总和定期编制财务报告，向投资者、债权人、政府及其有关部门和社会公众等企业外部利益相关者提供信息，方便有关各方定期而且准确地了解企业的财务状况、经营成果和现金流量，以保障有关各方的切身利益。

3. 财务会计工作的重点是反映过去已经发生或已经完成的会计信息

财务会计主要是对企业已经发生的经济业务进行事后记录和总结，对过去的生产经营活动进行如实的反映和严格的控制。虽然财务会计工作进程中有时也面临带有预计性或未来成分的经济事项，但并没有改变财务会计主要提供历史性财务成本信息的本质特征。

4. 财务会计必须遵守公认的会计原则和会计法规制度

公认的会计原则是指导财务会计工作的基本原则和准则，是组织会计活动、处理会计业务的规范。《中华人民共和国会计法》是我国财务会计的法律依据；会计准则体系是会计核算工作的规范，是处理会计实务的准绳。财务会计必须严格遵守会计原则。

5. 财务会计的工作程序比较固定

财务会计有一套严密的核算程序，即根据原始凭证编制记账凭证，根据记账凭证登记会计账簿，根据会计账簿编制会计报表，并且会计凭证、会计账簿和会计报表均有规定的格式。

二、财务会计概念框架

如何向股东、债权人等利益相关者提供决策有用的信息，构成了财务会计的核心内容。在公认会计原则(Generally Accepted Accounting Principle，GAAP)和会计准则出现之前，企业的会计处理大多比较随意。随着现代公司制企业中所有权和经营权的分离，股东需要信息以决定是否向企业提供资源和评估管理者的经济责任。为了保证公司提供信息的质量，需要建立一套财务会计规范体系。因此自20世纪30年代以来，在美国，财务会计率先转向接受公认会计原则的约束和指导，世界其他各国也纷纷制定会计准则来规范会计实务。公认会计原则的产生和会计准则的制定，反映了会计信息使用者的需求和政府有关机构对会计实务统一的要求。

进入20世纪70年代以后，企业合并、跨国贸易、通货膨胀和金融创新等给财务会计带来了新的挑战。传统的财务会计规范侧重描述，缺乏一套首尾一贯的框架，导致一些会计处理规范相互抵触，其结果是公认会计原则的产生和会计准则的制定并未能够消除会计实务中会计处理的混乱。为了改变这一状况，美国财务会计准则委员会(FASB)于1973年率先开始进行财务会计概念框架研究，为纠正财务会计实务中的混乱和制定准则提供了一个具有说服力的理论依据。

财务会计概念框架的内容可概括为如下几个方面。

(1) 财务会计目标及基本假设。
(2) 会计信息质量特征。
(3) 会计要素及其确认与计量。
(4) 财务报表的列报。

FASB 的《财务会计概念框架》、国际会计准则理事会(IASB)的《财务报告概念框架》，以及2006年我国颁布的《企业会计准则——基本准则》都是围绕上述内容展开的。从某种意义上看，财务会计概念框架是沟通财务会计理论和财务会计准则的桥梁，它通过对财务会计目标，会计基本假设，会计信息的质量特征，会计要素的确认、计量和报告等内容的阐释，明确财务会计的本质、功能和局限性，保证会计准则的内在一致性，有助于财务会计信息更好地反映企业的财务状况、经营成果和现金流量。

第二节　财务会计目标及会计信息的使用者

一、财务会计目标

财务会计是按照会计准则的要求，对企业发生的交易或者事项，通过确认、计量、记录和报告等程序，为投资人、债权人以及其他信息使用者提供关于企业财务状况、经营成果以及现金流量等信息的对外报告会计。

纵观理论界对财务会计目标的研究，主要有两大观点："受托责任观"和"决策有用观"。

1. 受托责任观

在公司治理背景下，资源的所有权与经营权分离。受托责任观认为，财务会计的目标就是提供企业管理部门履行经营管理责任的信息，向所有者报告受托资产的使用、管理情况，以帮助所有者确认或解除受托责任。其理由是，由于资源所有权和经营权的分离，资源的受托者(企业管理部门)负有对资源的委托者(所有者)解释、说明其经营管理活动及结果的义务。因此，受托责任观强调会计信息的可靠性，它应以提供客观的财务会计信息为主。

2. 决策有用观

决策有用观认为，会计目标就是为了向会计信息使用者提供对其决策有用的信息。决策有用观是在证券市场日益扩大化的背景下形成的。其理由是随着资本市场的不断发展和完善，所有者和管理层的委托和受托关系日益模糊，投资者日益关注企业在资本市场上的风险和报酬。因此，决策有用观强调会计信息的相关性。

受托责任观和决策有用观虽然在财务会计目标的认识上存在差异，但这二者并非是矛盾或者相互排斥的。会计目标的这两种观点建立在两种不同的基础之上，它们就像一枚硬币的两面一样被有机地联系起来，包括我国在内的很多国家(如美国)就明确提到财务报告应提供关于管理层受托责任的信息，满足报表使用者的决策需要。

二、我国企业财务会计目标

根据我国2014年修订的《企业会计准则——基本准则》的规定，财务会计报告的目标是向财务会计报告使用者提供与企业财务状况、经营成果和现金流量等有关的会计信息，反映企业管理层的受托责任履行情况，有助于财务会计报告使用者做出经济决策。财务报告使用者包括投资人、债权人、政府及有关部门、社会公众以及企业管理者。

可见，会计目标体现了受托责任观和决策有用观的融合思想：会计目标在于提供有用的会计信息，会计信息的有用性表现在有助于经济决策和反映受托责任两个方面，无论是反映受托责任还是有助于经济决策，都是通过会计提供信息来实现的。

三、财务会计信息的使用者

财务会计信息的使用者包括外部使用者和内部使用者。外部使用者主要有：股东或潜在投资者、债权人、供应商、顾客、基金经理、证券分析师、竞争对手、政府有关部门和机构等。内部使用者主要有：董事会、首席执行官(CEO)、首席财务官(CFO)、首席信息官(CIO)、经营管理各部门经理、分公司经理、分厂经理、分部经理、生产线主管等，这些统称为经营管理者。

第三节 会计基本假设与会计基础

一、会计基本假设

会计基本假设是企业会计确认、计量和报告的前提，是对会计核算所处时间、空间环境等所作的合理设定。会计基本假设也称为基本前提。称之为基本前提，是因为如果没有这些判断，人们对很多经济业务就不能进行适当的处理，就不能达到会计的目的，以满足信息使用者的需要；称之为基本假设，是因为虽然这些前提就像数学中的公理一样，是显而易见的，但是由于人们目前的认识水平有限，还难以对这些客观存在的基本前提做出严格的证明。

会计基本假设包括会计主体、持续经营、会计分期、货币计量。

1. 会计主体

会计主体，是指企业会计确认、计量和报告的空间范围。为了向财务报告使用者反映企业财务状况、经营成果和现金流量，提供与其决策有用的信息，会计核算和财务报告的编制应当集中于反映特定对象的活动，并将其与其他经济实体区别开来，才能实现财务报告的目标。

在会计主体假设下，企业应当对其本身发生的交易或者事项进行会计确认、计量和报告，反映企业本身所从事的各项生产经营活动。明确界定会计主体是开展会计确认、计量和报告工作的重要前提。

明确会计主体，才能划定会计所要处理的各项交易或事项的范围。在会计工作中，只有那些影响企业本身经济利益的各项交易或事项才能被加以确认、计量和报告，而那些不影响企业本身经济利益的各项交易或事项则不能被加以确认、计量和报告。会计工作中通常所讲的资产、负债的确认，收入的实现，费用的发生等，都是针对特定会计主体而言的。

明确会计主体，才能将会计主体的交易或者事项与会计主体所有者的交易或者事项以及其他会计主体的交易或者事项区分开来。例如，企业所有者的经济交易或者事项是属于企业所有者主体所发生的，不应纳入企业会计核算的范围，但是企业所有者投入到企业的资本或者企业向所有者分配的利润，则属于企业主体所发生的交易或者事项，应当纳入企业会计核算的范围。

会计主体不同于法律主体。一般来说，法律主体必然是一个会计主体，例如，一个企业作为一个法律主体，应当建立财务会计系统，独立反映其财务状况、经营成果和现金流量。但是，会计主体不一定是法律主体。例如，企业集团中，一个母公司拥有若干子公司，母子公司虽然是不同的法律主体，但是母公司对于子公司拥有控制权，为了全面反映企业集团的财务状况、经营成果和现金流量，就有必要将企业集团作为一个会计主体，编制合并财务报表。

2. 持续经营

持续经营，是指在可以预见的将来，企业将会按当前的规模和状态继续经营下去，不会停业，也不会大规模削减业务。在持续经营前提下，会计确认、计量和报告应当以企业持续、正常的生产经营活动为前提。

企业是否会持续经营，在会计原则、会计方法的选择上有很大差别。一般情况下，应当假定企业将会按照当前的规模和状态继续经营下去。明确这个基本假设，就意味着会计主体将按照既定用途使用资产，按照既定的合约条件清偿债务，会计人员就可以在此基础上选择会计原则和会计方法。如果判断企业会持续经营，就可以假定企业的固定资产会在持续经营的生产经营过程中长期发挥作用，并服务于生产经营过程，固定资产就可以根据历史成本进行记录，并采用折旧的方法，将历史成本分摊到各个会计期间或相关产品的成本中。如果判断企业不会持续经营，固定资产就不应采用历史成本进行记录并按期计提折旧。

现行的会计处理方法大多是建立在持续经营的基础之上的。如果没有持续经营这一核算前提，一些公认的会计处理方法将不能采用，企业也就不能按照现在的会计原则和会计处理方法进行会计核算和对外提供会计信息。例如，历史成本原则就是假定企业在正常经营的情况下，运用它所拥有的各种经济资源和依照原来的偿还条件偿付其所负担的各种债务的前提下，才运用于会计核算之中的。如果没有持续经营这一假设，从理论上来说，机器设备等固定资产的价值只能采用可变现价值来予以计量；负债就不可能按照原来规定的条件偿还，而必须按照资产变现后的实际负担能力来清偿；会计处理原则和程序就必须按照清算条件下的情形来进行。

3. 会计分期

会计分期，是指将一个企业持续经营的生产经营活动划分为一个一个连续的、长短相同的期间。会计分期的目的，在于通过会计期间的划分，将持续经营的生产经营活动划分成连续、相等的期间，据以结算盈亏，按期编报财务报告，从而及时向财务报告使用者提供有关企业财务状况、经营成果和现金流量的信息。

在假定企业为持续经营的条件下，要想计算会计主体的盈亏情况，反映其生产经营成果，从理论上来说只有等到企业所有的生产经营活动完全结束时，才能够通过收入与其相关的成本费用的比较，进行准确的计算。但是这显然是行不通的。因为这就意味着信息的使用者无法得到及时的会计信息，自然也就不是对决策有用的信息，无法满足会计的目的。这就必须将企业持续不断的生产经营活动人为地划分为一个一个相等的会计期间，以分期反映企业的经营成果和财务状况。

划分会计期间最重要的意义就是使得及时向信息的使用者提供信息成为可能。同时，有了会计期间，才产生了本期与非本期的区别，由此又产生了权责发生制与收付实现制两种确认基础、流动项目与非流动项目的区别等。而当企业采用了权责发生制以后，才需要按照权责要求在本期和以后各个会计期间分配收入和费用，确定其应当归属的会计期间，才会在会计处理上出现预提、摊销等一些特殊的会计方法。

企业通常以自然年度作为划分会计期间的标准，也可以是其他的标准，例如，可以是企业的一个营业周期。按照我国《企业会计准则》的规定，我国企业的会计核算应当划分会计期间，分期结算账目和编制财务会计报告。会计期间分为年度和中期。中期是指短于一个完整的会计年度的报告期间，半年度、季度和月度均称为会计中期。

4. 货币计量

货币计量，是指用币值基本稳定的货币作为会计的计量手段，将会计主体的经济活动和财务状况的数据转化为按统一货币单位反映的会计信息。会计虽然可以采用实物计量、劳动计量、货币计量等多种计算尺度，但作为价值尺度的货币计算，能够使会计核算连续、系统、全面地反映企业的资产、负债、所有者权益、收入、费用和损益等信息。其他计量单位，如实物单位，不能总括反映企业的全部资产，而劳动计量也只限于劳动工资和某些费用的计算与分配，只有货币单位才能把实物单位和劳动单位换算成统一的价值尺度，达到综合反映企业经营状况的目的。

在会计工作中，货币计量是基本计量，其他计量只能是辅助性质的。在我国境内的企业，应以人民币作为记账本位币，收支业务以外币为主的企业，也可以选定某种外币作为记账本位币，但向中方编送会计报表时，必须折合为人民币。我国在境外设立的企业，一般以当地货币进行经营活动，可以当地币种进行计量，但向国内报送会计报表时，应当折合为人民币，以人民币为计量单位，反映企业的经营情况。货币计量单位实际上是借助价格来完成的，而价格是在市场交换中形成的，但企业的某些经济业务没有以客观形成的价格作为计量依据(如企业内部财产转移、接受捐赠、盘盈、非货币性资产交换等)，这就需要选择合理的计价方法进行计量。

以货币作为统一的计量单位，同时要假定币值不变，即货币本身的价值是稳定的，但货币作为一种特殊商品受诸多因素的影响，其自身的价值也不是一成不变的。如果货币本身的价值波动不大，在会计核算中可以不考虑这些变动，即认为币值是稳定的，从而可以坚持历史成本原则。但在发生恶性通货膨胀时，就需要采用特殊的会计准(原)则进行处理。

二、会计基础

由于存在会计期间，企业的现金实际收付的期间和资源变动的期间可能会不一致。这样，在确认资产、负债、收入和费用时，就出现了可供选择的两种制度：权责发生制和收付实现制。

权责发生制要求凡是当期已经实现的收入和已经发生或应当负担的费用，无论款项是否收付，都应当作为当期的收入和费用，计入利润表；凡是不属于当期的收入和费用，即使款项已在当期收付，也不应当作为当期的收入和费用。

在实务中，企业交易或者事项的发生时间与相关货币收支时间有时并不完全一致。如款项已经收到，但销售并未实现；或者款项已经支付，但并不是为本期生产经营活动而发生的。为了更加真实、公允地反映特定会计期间的财务状况和经营成果，《企业会计准则——基本准则》明确规定，企业在会计确认、计量和报告中应当以权责发生制为基础。

收付实现制是与权责发生制相对应的一种会计基础，它是以收到或支付的现金作为确认收入和费用等的依据。目前，我国政府预算会计采用收付实现制。

第四节 会计信息的质量要求

财务会计信息的质量要求是指财务会计报告提供的信息对报告使用者有用性的标识。财务会计信息质量应服从、服务于财务会计目标,尽管各国都希望财务会计能够提供较高质量的会计信息,但在不同国家、在各国的不同历史时期,对财务会计信息质量的具体衡量标准也是有差异的。根据我国《企业会计准则——基本准则》的规定,会计信息质量要求包括:可靠性、相关性、可理解性、可比性、实质重于形式、重要性、谨慎性、及时性。

一、可靠性

可靠性要求企业应当以实际发生的交易或者事项为依据进行会计确认、计量和报告,如实反映符合确认和计量要求的各项会计要素及其他相关信息,保证会计信息真实可靠、内容完整。可靠性又称为客观性或真实性。

可靠性是对会计信息的基本要求。信息如果不可靠,不仅无助于决策,而且还可能造成错误的决策。它包括三层含义,即反映真实性、可核性、中立性。反映真实性是指一项计量或叙述与其所要表达的现象或状况应一致。要达到反映真实,必须选用正确的计量方法或计量制度。可核性是指具有相同背景的不同个人,分别采用同一计量方法,对同一事项进行计量,就能得出相同的结果。中立性是指在制定或实施各种准则时,应当主要关心会计信息本身的质量,而非其经济后果。会计人员不能为了特定目的,或诱致特定行为的发生,而将信息加以歪曲或选用不恰当的会计原则。

二、相关性

相关性要求企业提供的会计信息应当与财务会计报告使用者的经济决策需要相关,有助于财务会计报告使用者对企业过去、现在或者未来的情况做出评价或者预测。相关性亦称有用性。

会计的目标就是要为有关各方提供会计信息,为信息的使用者做出正确的决策服务,这就要求企业所提供的会计信息必须与信息使用者的需求相关联。相关性要求企业在收集、加工、处理和传递会计信息的过程中,要充分地考虑有关各方信息使用者的需求,要能够兼顾到不同的使用者对会计信息的不同需求。

三、可理解性

可理解性要求企业提供的会计信息应当清晰明了,便于财务会计报告使用者理解和使用。可理解性亦称明晰性。

企业编制财务报告、提供会计信息的目的在于使用,而要使使用者有效使用会计信息,应当能让其了解会计信息的内涵,弄懂会计信息的内容,这就要求财务报告所提供的会计信息应当清晰明了、易于理解。只有这样,才能提高会计信息的有用性,实现财务报告的目标,满足向投资者等财务报告使用者提供决策有用信息的要求。

会计信息毕竟是一种专业性较强的信息产品,在强调会计信息的可理解性要求的同时,还应假定使用者具有一定的有关企业经营活动和会计方面的知识,并且愿意付出努力去研究这些信息。对于某些复杂的信息,如交易本身较为复杂或者会计处理较为复杂,但其对使用者的经济决策有相关性的,企业就应当在财务报告中予以充分披露。

四、可比性

可比性要求企业提供的会计信息应当相互可比。准则规定:同一企业不同时期发生的相同或相似的交易事项,应当采用一致的会计政策,不得随意变更;确需变更的,应当在附注中说明。不同企业发生的相同或者相似的交易或者事项,应当采用规定的会计政策,确保会计信息口径一致、相互可比。

它一方面要求同一企业不同期间的会计信息可比,为同一会计主体不同期间的会计信息进行比较分析、预测企业的发展趋势提供纵向可比的信息;另一方面要求不同企业相同会计期间的会计信息可比,为同一会计期间不同会计主体的会计信息进行相互比较分析、经济决策提供横向可比的信息。

五、实质重于形式

实质重于形式要求企业应当按照交易或者事项的经济实质进行会计确认、计量和报告,不应仅以交易或者事项的法律形式为依据。实质重于形式这一质量要求体现了对会计目标的重视,对经济实质的尊重,从一定程度上保证了会计信息反映与经济事实的相符性,能够更好地达到会计的目标。

企业发生的交易或者事项在多数情况下,其经济实质和法律形式是一致的。但在有些情况下会出现不一致。例如,融资租入的固定资产,从法律形式上讲,其所有权是不属于承租企业的,但从本质上讲,这种租赁形式下,与该项固定资产相关的收益和风险已经转移给了承租人,因此可以作为承租企业能够控制的资产,视同自有资产一样进行相关的处理。此外,在收入的确认准则中也充分体现了实质重于形式的质量特征。

随着社会和经济的发展,新的经济业务形式将不断涌现,实质重于形式将得到越来越多的运用,这同时也对会计人员的职业判断能力提出了更高的要求。

六、重要性

重要性要求企业提供的会计信息应当反映与企业财务状况、经营成果和现金流量等有关的所有重要交易或者事项。企业的会计核算应当遵循会计信息质量的重要性要求,在会计核算过程中对交易或事项应当区别其重要程度,采用不同的核算方式。对资产、负债、损益等有重大影响,并进而影响财务会计报告使用者据以做出合理判断的重要会计事项,必须按照规定的会计方法和程序进行处理,并在财务会计报告中予以充分、准确的披露;对于次要的会计事项,在不影响会计信息真实性和不至于误导财务会计报告使用者做出正确判断的前提下,可适当简化处理。

正确运用重要性,最重要的就是对经济业务或会计事项的重要性的判断。对于不同的会计主体或不同的经济业务来说,重要与否是相对的,这就对会计人员的职业判断能力提出了很高的要求。一般来说，重要性可以从两个方面进行判断，一是质，二是量。从性质方面看，只要该会计事项发生就可能对信息使用者的决策有重大影响时，就属于重要事项；从数量方面看，当某一会计事项的发生达到总资产的一定比例时，一般认为其具有重要性。

七、谨慎性

谨慎性要求企业对交易或者事项进行会计确认、计量和报告应当保持应有的谨慎，不应高估资产或者收益，低估负债或者费用。

谨慎性亦称审慎性或稳健性。在市场经济环境下，企业的生产经营活动面临着许多风险和不确定性，例如，应收款项的可收回性、固定资产的使用寿命、无形资产的使用寿命、售出存货可能发生的退货或者返修等。会计信息质量的谨慎性要求，需要企业在面临不确定性因素的情况下做出职业判断时，应当保持应有的谨慎，充分估计到各种风险和损失，既不高估资产或者收益，也不低估负债或者费用。例如，要求企业对可能发生的资产减值损失计提资产减值准备、对售出商品可能发生的保修义务等确认预计负债等，就体现了会计信息质量的谨慎性要求。

谨慎性的应用也不允许企业设置秘密准备，如果企业故意低估资产或者收益、故意高估负债或者费用，将不符合会计信息的可靠性和相关性要求，损害会计信息质量，扭曲企业实际的财务状况和经营成果，从而对使用者的决策产生误导，这是不符合《企业会计准则》要求的。

八、及时性

及时性要求企业对于已经发生的交易或者事项，应当及时进行确认、计量和报告，不得提前或延后。

会计信息的价值在于帮助所有者或者其他方面做出经济决策，具有时效性。即使是可靠、相关的会计信息，如果不及时提供，也会失去时效性，对于使用者的效用就会大大降低，甚至不再具有实际意义。在会计确认、计量和报告过程中贯彻及时性，一是要求及时收集会计信息，即在经济交易或者事项发生后，及时收集整理各种原始单据或者凭证；二是要求及时处理会计信息，即按照会计准则的规定，及时对经济交易或者事项进行确认或者计量，并编制财务报告；三是要求及时传递会计信息，即按照国家规定的有关时限，及时地将编制的财务报告传递给财务报告使用者，便于及时使用和决策。

第五节　会计要素及其确认与计量原则

会计要素是根据交易或事项的经济特征所确定的财务会计对象的基本分类。它是会计核算对象的具体化，是会计用以反映会计主体财务状况、确定经营成果的基本单位。企业会计的核算对象是反映企业生产经营情况的资金运动，实质上就是企业各种经济资源的来源与运用。为了在会计报表中反映企业的经济资源和经营成果的状况，就必须按照一定的标准将企业的经济资源划分成不同的报表项目，以便向会计信息的使用者提供简单明了的信息。所以会计要素有时又被称为会计报表要素。

我国会计基本准则列示了六大会计要素，即资产、负债、所有者权益、收入、费用和利润。它们分为两类，前三个为反映财务状况的要素，也称资产负债表要素；后三个为反映经营成果的要素，也称利润表要素。

一、会计要素及其确认

1. 资产

1) 资产的概念与特征

资产是指企业过去的交易或者事项形成的、企业拥有或者控制的、预期会给企业带来经济利益的资源。资产具有以下基本特征。

(1) 资产是由过去的交易、事项形成的。企业过去的交易或者事项包括购买、生产、建造行为或其他交易或者事项，预期在未来发生的交易或者事项不形成资产。例如，企业有购买某存货的意愿或计划，但是购买行为尚未发生，就不符合资产的定义，不能因此而确认存货资产。

同时过去发生的交易或事项也给资产的计量提供了可靠的依据，因为过去的交易或事项提供了资产取得的实际成本，使得该项资产可以以货币计量。

(2) 资产是由企业拥有或者控制的资源。资产作为一项资源，应当由企业拥有或者控制，具体是指企业享有某项资源的所有权，或者虽然不享有某项资源的所有权，但该资源能被企业所控制。一般来说，一项财产要确认为企业的资产，企业应当拥有其所有权。按照实质重于形式的原则，对于一些特殊方式形成的财产，企业虽然不拥有所有权，但是能够实际控制，也应当作为企业的资产予以确认、计量和报告。例如，融资租入的固定资产。

(3) 资产预期会给企业带来经济利益。资产预期会给企业带来经济利益，是指直接或者间接导致现金和现金等价物流入企业的潜力。对资产的经济效益的强调，体现了对资产本质的理解，同时也给资产的计量和报告提供了新的可供选择的思路。按照这一特征，企业拥有的已经不能给企业带来经济效益的项目，如无望收回的应收账款、陈旧毁损已无交换价值的实物财产等都不能再作为企业的资产报告，应根据规定将其转入费用或损失。

2) 资产的确认条件与分类

符合资产定义的资源，在同时满足以下条件时，确认为资产：①与该资源有关的经济利益很可能流入企业；②该资源的成本或者价值能够可靠地计量。

资产按照其流动性可以分为流动资产和非流动资产。

流动资产是指可以在 1 年或者超过 1 年的一个营业周期内变现或耗用的资产，主要包括库存现金、银行存款、交易性金融资产、应收及预付款项、存货、其他流动资产等。

非流动资产是指除流动资产以外的资产，包括债权投资、长期股权投资、投资性房地产、长期应收款、固定资产、无形资产、递延所得税资产等。

2. 负债

1) 负债的概念与特征

负债是指企业过去的交易或者事项形成的、预期会导致经济利益流出企业的现时义务。负债具有以下基本特征。

(1) 负债是由企业过去的交易或者事项形成的。即导致负债的交易或事项必须已经发生，如企业赊购商品后才产生应付账款这项负债。只有源于过去已经发生的交易或事项，会计上才有可能确认为负债。正在筹划的未来交易或事项，如企业的业务计划，不会产生负债。

(2) 负债是企业承担的现时义务。现时义务是指企业在现行条件下已承担的义务。未来发生的交易或者事项形成的义务，不属于现时义务，不应当确认为负债。企业的现时义务可以源自于具有约束力的合同或法律要求，如应付账款；义务还可能产生于正常的业务活动、习惯，以及为了保持良好的业务关系或公平处事的愿望。例如，企业出台对保证期期满后出现的部分缺陷也进行免费修理的政策，则在已经售出的产品上预期会发生的修理费用就是负债。

(3) 偿还负债预期会导致经济利益流出企业。现时义务的履行通常关系到企业放弃含有经济利益的资产，以满足对方的要求。负债需要将来通过转移资产或者提供劳务予以清偿，如交付资产、提供劳务、将一部分股权转给债权人等方式。

2) 负债的确认条件与分类

符合准则规定的负债定义的义务，在同时满足以下条件时，确认为负债：①与该义务有关的经济利益很可能流出企业；②未来流出的经济利益的金额能够可靠地计量。

负债按照其流动性可以分为流动负债和非流动负债。

流动负债是指将在1年(含1年)或者超过1年的一个营业周期内偿还的债务，包括短期借款、应付票据、应付账款、预收账款、应付职工薪酬、应付股利、应交税费等。

非流动负债是指除流动负债以外的负债。非流动负债包括长期借款、应付债券、长期应付款等。

3. 所有者权益

1) 所有者权益的概念与特征

所有者权益是指企业资产扣除负债后由所有者享有的剩余权益。公司的所有者权益又称为股东权益。所有者权益具有以下基本特征。

(1) 所有者权益不需要偿还，除非发生减资、清算。所有者投入企业的资本是企业赖以生存和维持经营的基础，因此，通常作为永久性投资，在企业经营期内无须返还，除非减资或终止经营。

(2) 所有者权益是所有者对企业资产的剩余权益。它是企业资产中扣除债权人权益后应由所有者享有的部分，既可反映所有者投入资本的保值、增值情况，又体现了保护债权人权益的理念。企业清算时，负债往往优先清偿，而所有者权益只有在清偿所有的负债之后才返还给所有者。

(3) 所有者权益能够分享利润，而负债则不能参与利润的分配。所有者权益体现的是所有者在企业中的剩余权益，因此，所有者权益的确认主要依赖于其他会计要素，尤其是资产和负债的确认；所有者权益金额的确定也主要取决于资产和负债的计量。例如，企业接受投资者投入的资产，在该资产符合企业资产确认条件时，就相应地符合了所有者权益的确认条件；当该资产的价值能够可靠计量时，所有者权益的金额也就可以确定。

2) 所有者权益的形成与内容

所有者权益按其来源包括所有者投入的资本、直接计入所有者权益的利得和损失、留存收益等。

所有者投入的资本是指所有者投入企业的所有资本部分,它既包括构成企业注册资本或者股本部分的金额,也包括投入资本超过注册资本或者股本部分的金额,即资本溢价或者股本溢价,这部分投入资本在我国企业会计准则体系中被计入资本公积,并在资产负债表中的资本公积项目下反映。

直接计入所有者权益的利得和损失是指不应计入当期损益、会导致所有者权益发生增减变动的、与所有者投入资本或者向所有者分配利润无关的利得或者损失。其中,利得是指由企业非日常活动所形成的、会导致所有者权益增加的、与所有者投入资本无关的经济利益的流入。损失是指由企业非日常活动所发生的、会导致所有者权益减少的、与向所有者分配利润无关的经济利益的流出。直接计入所有者权益的利得和损失主要包括以公允价值计量且其变动计入其他综合收益的金融资产的公允价值变动额、现金流量套期中套期工具公允价值变动额(有效套期部分)等。

留存收益是企业历年实现的净利润留存于企业的部分,主要包括累计计提的盈余公积和未分配利润。

所有者权益按其内容包括股本(或实收资本)、资本公积(含股本溢价或资本溢价、其他资本公积)、其他综合收益、盈余公积和未分配利润。

3) 所有者权益的确认条件

所有者权益体现的是所有者在企业中的剩余权益,因此,所有者权益的确认主要依赖于其他会计要素,尤其是资产和负债的确认;所有者权益金额的确认也主要取决于资产和负债的计量。例如,企业接受投资投入的资产,在该资产符合资产确认条件时,就相应地符合了所有者权益的确认条件;当该资产的价值能够可靠计量时,所有者权益的金额也就可以确定。

4. 收入

1) 收入的定义

收入是指企业在日常活动中形成的、会导致所有者权益增加的、与所有者投入资本无关的经济利益的总流入。收入的特征主要如下。

(1) 收入产生于企业的日常经营活动,不从偶发的交易或事项中产生。例如,工业企业的收入来自于销售商品、提供劳务,而非来自于处置固定资产。

(2) 收入可能表现为企业资产的增加,如增加银行存款等;也可能表现为企业负债的减少,如以商品抵偿债务。收入最终会导致企业所有者权益的增加。

(3) 收入不包括所有者投入的资本。收入包括销售商品收入、劳务收入、利息收入、使用费收入、租金收入等,但是不包括为第三方或者客户代收的款项。收入只有在经济利益很可能流入从而导致企业资产增加或者负债减少,且经济利益的流入额能够可靠计量时,才能予以确认。

2) 收入的确认条件

企业收入的来源渠道多种多样,企业应当正确记录和反映与客户之间的合同产生的收入。收入应当在企业履行了合同中的履约义务,即客户取得相关商品或者服务控制权时予以确认。企业与客户之间的合同同时满足下列条件时,企业应当在客户取得相关商品或服务控制权时确认收入：一是合同各方已经批准该合同并承诺将履行各自的义务；二是该合同明确了合同各方与转让商品或提供服务相关的权利和义务；三是该合同有明确的与转让商品或提供服务相关的支付条款；四是该合同具有商业实质，即履行该合同将改变企业未来的现金流量的风险、时间分布或者金额；五是企业因向客户转让商品或者提供服务而有权收取的对价很可能收回。

5. 费用

1) 费用的定义

费用是指企业在日常活动中发生的、会导致所有者权益减少的、与向所有者分配利润无关的经济利益的总流出。费用的特征主要如下。

(1) 费用产生于企业的日常经营活动。偶尔发生的活动导致的经济利益的流出作为损失处理，例如，固定资产清理损失，作为营业外支出处理。

(2) 费用是与所有者分配利润无关的经济利益的总流出。

(3) 费用的发生会导致资产的减少或负债的发生，最终会导致所有者权益的减少。

2) 费用的确认条件

费用的确认除了应当符合定义外，还应当满足严格的条件，即费用只有在经济利益很可能流出从而导致企业资产减少或者负债增加，且经济利益的流出额能够可靠计量时才能予以确认。因此，费用的确认至少应当同时满足以下条件：一是与费用有关的经济利益应当很可能流出企业；二是经济利益流出企业的结果会导致资产的减少或者负债的增加；三是经济利益的流出额能够可靠地计量。

6. 利润

1) 利润的定义

利润是企业在一定会计期间的经营成果，反映了企业在一定期间的经营业绩。利润在数量上等于收入减去费用后的金额，以及直接计入当期利润的利得和损失等。其中，收入减去费用后的净额反映的是企业日常活动的业绩。直接计入当期利润的利得和损失，是指应当计入当期损益，最终会引起所有者权益发生增减变动的、与所有者投入资本或向所有者分配利润无关的利得或者损失。企业应当严格区分收入和利得、费用和损失，以更加全面地反映企业的经营业绩。

2) 利润的确认条件

利润的确认，主要依赖于收入和费用以及利得和损失的确认，其金额的确认也主要取决于收入、费用、利得和损失金额的计量。

二、会计要素的计量属性

计量属性是指所予计量的某一要素的特性，如桌子的长度、铁矿的重量、楼房的高度等。从会计角度来看，计量属性反映的是会计要素金额的确定基础。我国会计准则规定的计量属性主要包括历史成本、重置成本、可变现净值、现值及公允价值。企业应当按照规定的会计计量属性进行计量，确定相关金额。

1. 历史成本

历史成本，又称为实际成本，就是取得或制造某项财产物资时所实际支付的现金或者其他等价物。在历史成本计量下，资产按照其购置时支付的现金或者现金等价物的金额，或者按照购置资产时所付出的对价的公允价值计量。负债按照其因承担现时义务而实际收到的款项或者资产的金额，或者承担现时义务的合同金额，或者按照日常活动中为偿还负债预期需要支付的现金或者现金等价物的金额计量。

2. 重置成本

重置成本又称现行成本，是指按照当前市场条件，重新取得同样一项资产所需支付的现金或现金等价物金额。在重置成本计量下，资产按照现在购买相同或者相似资产所需支付的现金或者现金等价物的金额计量；负债按照现在偿付该项债务所需支付的现金或现金等价物的金额计量。

3. 可变现净值

可变现净值，是指在正常生产经营过程中，以预计售价减去进一步加工成本和销售所必需的预计税金、费用后的净值。在可变现净值计量下，资产按照其正常对外销售所能收到的现金或者现金等价物的金额扣减该资产至完工时估计将要发生的成本、估计的销售费用以及相关税金后的金额计量。

4. 现值

现值是指对未来现金流量以恰当的折现率进行折现后的价值，是考虑货币时间价值因素等的一种计量属性。在现值计量下，资产按照预计从其持续使用和最终处置中所产生的未来净现金流入量的折现金额计量；负债按照预计期限内需要偿还的未来净现金流出量的折现金额计量。

5. 公允价值

公允价值是指市场参与者在计量日发生的有序交易中，出售一项资产所能收到或者转移一项负债所需支付的价格。

思 考 题

1. 什么是财务会计？财务会计有何特征？
2. 简要说明财务会计的概念框架及其作用。
3. 会计核算的基本假设或基本前提有哪些？其作用是什么？持续经营与会计分期有何关系？
4. 我国会计信息质量要求有哪些？
5. 简述会计要素之间的关系。

自 测 题

一、单项选择题

1. 我国财务报告的主要目标是( )。
   A. 向财务报告使用者提供决策有用的信息
   B. 向财务报告使用者提供投资建议
   C. 向财务报告使用者明示企业风险程度
   D. 实施会计监督
2. 会计核算上所采用的一系列会计处理方法都是建立在( )前提的基础上。
   A. 会计方法   B. 持续经营   C. 会计分期   D. 货币计量
3. 强调某一企业各期提供的会计信息应当采用一致的会计政策,不得随意变更的会计信息质量要求是( )。
   A. 可靠性   B. 相关性   C. 可比性   D. 可理解性
4. 企业提供的会计信息应有助于财务会计报告使用者对企业过去、现在或者未来的情况做出评价或者预测,这体现了会计核算质量要求的( )。
   A. 相关性   B. 可靠性   C. 可理解性   D. 可比性
5. 企业月初总资产为300万元,当月企业的负债增加20万元,所有者权益增加30万元,则月末企业总资产为( )万元。
   A. 310   B. 290   C. 350   D. 250
6. 下列项目中,符合资产定义的是( )。
   A. 购入的某项专利权   B. 经营租入的设备
   C. 待处理的财产损失   D. 计划购买的某项设备
7. 资产按照预计从其持续使用和最终处置中所产生的未来净现金流入量的折现金额计量,其会计计量属性是( )。
   A. 现值   B. 可变现净值   C. 历史成本   D. 公允价值
8. 以下事项中,不属于企业收入的是( )。
   A. 销售商品所取得的收入   B. 提供劳务所取得的收入
   C. 出售无形资产的经济利益流入 D. 出租机器设备取得的收入
9. 企业应当以实际发生的交易或者事项为依据进行会计确认、计量和报告,如实反映符合确认和计量要求的各项会计要素及其他相关信息,保证会计信息真实可靠、内容完整。这体现了会计核算质量要求的( )。
   A. 及时性   B. 可理解性   C. 相关性   D. 可靠性
10. 我国企业会计准则规定,企业的会计核算应当以( )为基础。
    A. 权责发生制   B. 实地盘存制   C. 永续盘存制   D. 收付实现制

二、多项选择题

1. 下列组织可以作为一个会计主体,进行会计核算的有( )。
   A. 企业生产车间   B. 销售部门

C. 分公司　　　　　　　　　　　　D. 母公司及其子公司组成的企业集团

2. 下列项目中不应作为负债确认的有(　　)。
   A. 因购买货物而暂欠外单位的货款
   B. 按照购货合同约定以赊购方式购进货物的货款
   C. 计划向银行借款 100 万元
   D. 因经济纠纷导致的法院尚未判决且金额无法合理估计的赔偿

3. 会计核算的基本前提包括(　　)。
   A. 会计主体　　　B. 持续经营　　　C. 会计分期　　　D. 货币计量

4. 下列各项中，体现会计核算的谨慎性要求的有(　　)。
   A. 将符合预计负债确认条件的或有应付金额确认为预计负债
   B. 采用双倍余额递减法对固定资产计提折旧
   C. 对固定资产计提减值准备
   D. 计提长期借款的利息
   E. 对债券投资计提减值准备

5. 资产的计量属性有(　　)。
   A. 历史成本　　　B. 重置成本　　　C. 现值
   D. 可变现净值　　E. 公允价值

6. 可比性要求是指(　　)。
   A. 企业提供的会计信息应当具有可比性
   B. 同一企业不同时期发生的相同或者相似的交易或者事项，应当采用一致的会计政策，不得随意变更
   C. 不同企业发生的相同或者相似的交易或者事项，应当采用规定的会计政策，确保会计信息口径一致、相互可比
   D. 企业对于已经发生的交易或者事项，应当及时进行会计确认、计量和报告，不得提前或者延后

7. AS 股份有限公司 2015 年 9 月销售商品一批，增值税发票已经开出，商品已经发出，并办妥托收手续，但此时得知对方企业在一次交易中发生重大损失，财务发生困难，短期内不能支付货款，为此 AS 股份有限公司本月未确认收入，这是由(　　)会计信息质量要求决定的。
   A. 实质重于形式　　B. 重要性　　　C. 谨慎性　　　D. 相关性

8. 下列各项中，体现会计信息的谨慎性要求的有(　　)。
   A. 将融资租入固定资产视作自有资产核算
   B. 采用双倍余额递减法对固定资产计提折旧
   C. 对固定资产计提减值准备
   D. 将长期借款利息予以资本化

9. 下列做法中，违背会计信息可比性要求的是(　　)。
   A. 鉴于某项固定资产经改良性能提高，决定延长其折旧年限
   B. 鉴于利润计划完成情况不佳，将固定资产折旧方法由原来的双倍余额递减法改为平均年限法

C. 鉴于某项专有技术已经陈旧过时，未来不能给企业带来经济利益，将其账面价值一次性核销

D. 鉴于某被投资企业将发生亏损，将该投资由权益法核算改为成本法核算

10. 下列各项中属于所有者权益的有(　　)。

　　A. 实收资本　　　　　　　B. 未分配利润

　　C. 其他综合收益　　　　　D. 法定盈余公积

三、判断题

1. 资产是指能够为企业带来经济利益的资源。（　）
2. 法律主体必定是会计主体，会计主体不一定是法律主体。（　）
3. 某一会计事项是否具有重要性，在很大程度上取决于会计人员的职业判断。对于同一会计事项，在某一企业具有重要性，在另一企业则不一定具有重要性。（　）
4. 直接计入所有者权益的利得或损失，影响当期损益。（　）
5. 权责发生制是企业会计确认、计量和报告的会计基础。（　）

第二章

货币资金与应收款项

学习目标：了解现金管理的主要内容，掌握库存现金的核算；理解银行结算制度的主要内容和银行存款的清查，掌握银行存款的核算；熟悉其他货币资金的核算；掌握应收票据、应收账款、预付账款及其他应收款项的核算。

关键词：货币资金　银行存款　其他货币资金　应收账款　应收票据　预付账款

第一节　库　存　现　金

一、现金的管理与内部控制

1. 现金概述

货币资金是指企业的生产经营资金在周转过程中处于货币形态的那部分资金，它是企业流动资产的重要组成部分。货币资金包括现金、银行存款和其他货币资金三部分。

现金是流动性最强的一种货币资金，可以随时用其购买所需的物资，支付有关费用，偿还债务，也可以随时存入银行。现金的概念有狭义和广义之分。在我国的会计实务中，长期以来现金是一个狭义的概念，仅指库存现金，即存于企业用于日常零星开支的现钞。广义的现金除了库存现金外，还包括银行存款和其他符合现金定义的票证。本章所讲的现金是指狭义的现金，即库存现金，包括人民币现金和外币现金。

2. 现金的管理

库存现金(Cash on Hand)是流动性最强的资产，企业应当严格遵守国家有关现金管理制度，正确进行现金收支的核算，监督现金使用的合法性与合理性。现金管理制度主要包括以下内容。

1) 现金的使用范围

国务院颁布的《现金管理暂行条例实施细则》对现金的使用范围有明确的规定，企业只能在下列范围内使用现金。

(1) 职工工资、各种工资性津贴。

(2) 个人劳务报酬，包括稿费和讲课费及其他专门工作报酬。

(3) 支付给个人的各种奖金，包括根据国家规定颁发给个人的科学技术、文化艺术、体育等各种奖金。

(4) 各种劳保、福利费用以及国家规定的对个人的其他支出。

(5) 收购单位向个人收购农副产品和其他物资支付的价款。

(6) 出差人员必须随身携带的差旅费。

(7) 结算起点(1 000 元人民币)以下的零星支出。

(8) 确实需要现金支付的其他支出。

凡不属于国家现金结算范围的支出，一律不准使用现金结算，必须通过银行办理转账结算。

2) 库存现金的限额

库存现金的限额是指为了保证企业日常零星开支的需要，允许企业留存现金的最高数额。这一限额由开户银行根据企业的实际需要核定，一般要根据满足一个企业 3~5 天日常零星开支的需要确定，边远地区和交通不便地区开户单位的库存现金限额，可按多于 5 天但不超过 15 天日常零星开支的需要确定。核定后的库存现金限额，开户单位必须严格遵守，超过部分应及时送存银行。企业如需增加或减少库存现金限额，应向开户银行提出申请，由开户银行核定。

3) 现金收支的规定

(1) 开户单位收入现金应于当日送存开户银行，当日送存确有困难的，由开户银行确定送存时间。

(2) 开户单位支付现金，可以从本单位库存现金中支付或从开户银行提取，不得从本单位的现金收入中直接支付，即不得坐支现金，因特殊情况需要坐支现金的单位，应事先报经有关部门审查批准，并在核定的范围和限额内进行，同时，收支的现金必须入账。

(3) 开户单位从开户银行提取现金时，应如实写明提取现金的用途，由本单位财会部门负责人签字盖章，并经开户银行审查批准后予以支付。

(4) 因采购地点不确定、交通不便、抢险救灾及其他特殊情况必须使用现金的单位，应向开户银行提出书面申请，由本单位财会部门负责人签字盖章，并经开户银行审查批准后予以支付。

(5) 不准用不符合制度规定的凭证顶替库存现金，即不得"白条顶库"；不准谎报用途套取现金；不准用银行账户代其他单位和个人存入或支取现金；不准将单位收入的现金以个人名义存入储蓄，不准保留账外公款，即不得"公款私存"，不得设置"小金库"等。

银行对于违反上述规定的单位，将按照违规金额的一定比例予以处罚。

3. 现金的内部控制

现金的流动性最强，诱惑力也最大。因此，企业必须对现金进行严格的管理和控制，使现金在经营过程中合理、通畅地流转，充分发挥其使用效益，并保证现金的安全。一个完整的现金内部控制系统应包括以下几个方面的内容。

1) 建立钱账分管制度

会计、出纳要分开，为了保证现金的安全，防止各种错误、弊病的发生，会计管账不管钱，出纳管钱不管账，以加强内部控制。企业应配备专职的出纳员，办理现金收付和结算业务，登记现金和银行存款日记账，保管库存现金和各种有价证券，保管有关印章、空白收据和空白支票，出纳员不得兼管稽核、会计档案保管以及收入、费用、债权债务账目的登记工作。

2) 制定现金开支审批制度，办理现金收支必须以合法的原始凭证为依据

明确企业现金开支范围；明确各种报销凭证，规定各种现金支付业务的报销手续和办

法；确定各种现金支出的审批权限。例如，出纳员付出现金后，应当在原始单据上加盖"现金付讫"戳记，并在当天入账，不准以借据抵现金入账。收到现金后，属于各项收入的现金，都应当开给对方合法收款凭据。

3) 严格现金日清月结制度

日清是指出纳员对当日的现金收付业务全部登记现金日记账，结出账面余额，并与库存现金核对相符；月结是指出纳员必须对现金日记账按月结账，并定期进行现金清查。

4) 明确现金保管制度

明确现金保管制度包括：①严格遵守库存现金限额。为了方便零星现金开支的需要，应经过负责人审批、核定库存现金限额，原则上以3~5天的日常开支量为准，超过限额的及时送存银行。②除工作时间需用的小额现金外一律放入保险柜。③限额内的库存现金核对后，放入保险柜。④不得公款私存。⑤不坐支现金。所谓坐支，是指用收入的现金直接办理现金支出。本单位支出现金，应从库存现金限额中支取，或者从银行提取，不得从本单位的现金收入中直接支付。⑥纸币和铸币应分类保管。

5) 建立收据和发票的领用制度

领用的收据和发票必须登记数量和起讫编号，由领用人员签字，收回的收据和发票存根，应由保管人员办理签收手续。对空白收据和发票应定期检查，以防短缺。

6) 加强人员定期轮换

企业的出纳人员应定期进行轮换，不得一人长期从事出纳工作。一个人长期从事一项工作会形成惰性，不利于提高工作效率，同时可能会隐藏工作中的一些问题和不足。出纳员每日都与资金打交道，时间长了，容易产生麻痹和侥幸心理，增加犯罪的机会和可能。通过人员的及时轮换，不仅可以避免上述情况的发生，而且对工作人员本身也是一种保护。

7) 加强监督与检查

企业的审计部门和会计部门的领导对现金的管理工作要进行经常性与突击性的监督与检查，包括现金收入与支出的所有记录。对发现的现金溢余与短缺，必须认真及时地查明原因，并按规定的要求进行处理。

二、库存现金的核算

1. 库存现金的总分类核算

1) 账户设置

为总括地反映企业库存现金的收入、支出和结存情况，应设置"库存现金"科目。该科目的借方登记库存现金的增加，贷方登记库存现金的减少，期末余额在借方，反映企业实际持有的库存现金的金额。同时，企业还必须设置库存现金日记账进行序时记录，有外币现金的企业还应分别以人民币和外币进行明细核算。

企业内部各部门周转使用的备用金，通过"其他应收款"科目核算，或者单独设置"备用金"科目核算，不在本科目核算。

2) 账务处理

(1) 库存现金收入的核算。

库存现金收入的内容主要有：从银行提取现金；职工出差报销时交回的剩余借款；收

取结算起点以下的零星收入款；收取对个人的罚款；无法查明原因的现金溢余等。收取现金时，借记"库存现金"科目，贷记有关科目。

【例 2-1】 甲公司出纳从开户银行提取现金 20 000 元备发工资。根据支票存根，会计处理如下。

借：库存现金　　　　　　　　　　　　　　20 000
　　贷：银行存款　　　　　　　　　　　　　　　20 000

【例 2-2】 甲公司销售商品货款 800 元，增值税 104 元，共计收入现金 904 元。根据销售发票和增值税专用发票会计处理如下。

借：库存现金　　　　　　　　　　　　　　904
　　贷：主营业务收入　　　　　　　　　　　　　800
　　　　应交税费——应交增值税(销项税额)　　104

【例 2-3】 甲公司管理部门职工司徒浩出差借款 5 000 元，报销 4 400 元，剩余现金 600 元交回。根据借款单和飞机票、住宿费等发票，会计处理如下。

借：库存现金　　　　　　　　　　　　　　600
　　管理费用　　　　　　　　　　　　　　4 400
　　贷：其他应收款——司徒浩　　　　　　　　5 000

(2) 库存现金支出的核算。

库存现金支出的内容主要有：企业按照现金开支范围的规定支付现金，支出现金时借记有关科目，贷记"库存现金"科目。

【例 2-4】 甲公司职工司徒浩出差预借差旅费 5 000 元，以现金付讫。根据借款单，会计处理如下。

借：其他应收款——司徒浩　　　　　　　　5 000
　　贷：库存现金　　　　　　　　　　　　　　　5 000

【例 2-5】 甲公司总经理办公室报销业务招待费 960 元，根据餐费发票，会计处理如下。

借：管理费用——业务招待费　　　　　　　960
　　贷：库存现金　　　　　　　　　　　　　　　960

2. 现金的明细分类核算

为了全面、系统、连续、详细地反映有关库存现金的收支和结存情况，及时发现现金收支工作中存在的问题和可能出现的差错，企业除了对现金进行总分类的账务处理外，还应设置"现金日记账"，由出纳人员根据审核无误的现金收、付款凭证，按照业务发生的先后顺序逐日逐笔登记，每日终了时应计算现金收入合计、现金支出合计及现金结余数，并将结余数与实际库存现金数进行核对，保证账款相符。现金日记账的账面余额必须与库存数相符，否则应作为现金溢余或短缺处理。月末，"现金日记账"的余额应与"库存现金"总账的余额核对相符，做到账账相符。

现金日记账是核算和监督现金日常收付结存情况的序时账簿。通过它可以全面、连续地掌握企业每日现金的收支动态和库存余额，为日常分析、检查企业的现金收支活动提供资料。

现金日记账一般采用收入、付出及结存三栏式格式，如表 2-1 所示。

表 2-1　现金日记账——人民币

单位：元

2016 年		凭证种类及号数	摘　要	对方科目	收　入	付　出	结　存
月	日						
7	31		本月合计				880
8	6	现收 301	零星销售收入	主营业务收入	904		
		现付 302	司徒浩差旅费	其他应收款		5 000	
		银付 101	提取现金	银行存款	20 000		
		现付 303	业务招待费	管理费用		960	
			本日合计		20 904	5 960	15 824

三、现金的清查

现金的清查是指对库存现金的盘点与核对，并将实存数和现金日记账余额相核对，从而检查现金是否有短缺或溢余及企业遵守货币资金管理制度的情况。发现问题应该及时查明原因，并按规定进行处理。

库存现金的清查盘点一般采用实地盘点法，既包括出纳人员每日终了前进行的现金账款核对，也包括企业或银行的清查小组进行的定期或不定期的盘点、核对。清查小组清查时，出纳人员必须在场，清查的内容主要是：是否存在挪用现金、白条顶库、超限额留存现金，以及账款是否相符等。定期或不定期清查盘点后，无论是否发现问题，都应将清查盘点结果填列在"库存现金清查盘点报告"上。"库存现金清查盘点报告"的一般格式如表 2-2 所示。

表 2-2　库存现金清查盘点报告

单位名称：甲公司　　　　　　20×1 年 4 月 10 日　　　　　　　　　　　　单位：元

实存金额	账面余额	盘　盈	盘　亏	备　注
1 580	1 480	100		

盘点人：王伟　　　　监盘人：杜拉拉　　　　　　　　制表人：李可

如果有挪用现金、白条顶库的情况，应及时予以纠正；对于超限额留存的现金要及时送存银行。如果账款不符，有待查明原因的现金短缺或溢余，应通过"待处理财产损溢——待处理流动资产损溢"科目核算。该账户属于资产类账户，其借方登记盘亏数和盘盈数的转销数，贷方登记盘盈数和盘亏数的转销数，期末无余额。

对上述盘点结果，财会部门应根据"库存现金清查盘点报告"及时进行账务处理。

属于现金短缺，应按实际短缺的金额进行账务处理。

借：待处理财产损溢——待处理流动资产损溢
　　贷：库存现金

属于现金溢余，按实际溢余的金额进行账务处理。

借：库存现金
　　贷：待处理财产损溢——待处理流动资产损溢

进行上述账务处理后，保证了库存现金的账实相符。待查明原因后，应根据不同情况分别进行处理：属于记账差错的应及时予以更正。如为现金短缺，属于应由责任人赔偿或保险公司赔偿的部分，记入"其他应收款——应收现金短缺款(××个人)"或"库存现金"科目，属于无法查明的其他原因，根据管理权限批准后记入"管理费用——现金短缺"科目；如为现金溢余，属于应支付给有关人员或单位的，应记入"其他应付款——应付现金溢余(××单位或个人)"科目，属于无法查明原因的现金溢余，经批准后记入"营业外收入——现金溢余"科目。

【例2-6】 甲公司现金清查中，发现库存现金比账面余额多出89元。
借：库存现金   89
　　贷：待处理财产损溢——待处理流动资产损溢   89

【例2-7】 经反复核查，上述现金长款原因不明，经批准转作营业外收入处理。
借：待处理财产损溢——待处理流动资产损溢   89
　　贷：营业外收入——现金溢余   89

【例2-8】 现金清查中，发现库存现金较账面余额短缺120元。
借：待处理财产损溢——待处理流动资产损溢   120
　　贷：库存现金   120

【例2-9】 经查，上述现金短缺属于出纳员桑敏的责任，应由该出纳员赔偿。
借：其他应收款——桑敏   120
　　贷：待处理财产损溢——待处理流动资产损溢   120

【例2-10】 收到上述出纳员桑敏赔款120元。
借：库存现金   120
　　贷：其他应收款——桑敏   120

【例2-11】 仍沿用例2-8，经查，该部分现金短缺属于无法查明的其他原因，经批准作为管理费用处理。
借：管理费用   120
　　贷：待处理财产损溢——待处理流动资产损溢   120

第二节　银　行　存　款

一、银行存款账户的开设与管理

1. 银行存款账户的开设

银行存款(Cash in Deposit)是指企业存放于银行或其他金融机构的货币资金。企业收入的一切款项，除留存限额内的现金之外，都必须送存银行，企业的一切支出除规定可用现金支付之外，都必须遵守银行结算办法的有关规定，通过银行办理转账结算。《银行账户管理办法》将单位银行结算账户分为四类：基本存款账户、一般存款账户、临时存款账户和专用存款账户。具体内容如下。

1) 基本存款账户

基本存款账户是指企业办理日常转账结算和现金收付的账户，企业的工资、奖金等现金的支取,只能通过本账户办理。企业一般只能选择一家银行的一个营业机构开立一个基本存款账户。

2) 一般存款账户

一般存款账户是指企业在基本存款账户以外的银行借款转存,与基本存款账户的企业不在同一地点的附属非独立核算单位开立的账户。本账户可以办理转账结算和现金缴存,但不能支取现金。

3) 临时存款账户

临时存款账户是指企业因临时生产经营活动的需要而开立的账户,如企业异地产品展销、临时性采购资金等。本账户既可以办理转账结算,又可以根据国家现金管理规定存取少量现金。

4) 专用存款账户

专用存款账户是指企业因特定用途需要所开立的账户,如基本建设项目专项资金、农副产品资金等。企业的销货款不得转入专用存款账户。

2. 银行存款账户的管理

为了加强对基本存款账户的管理,企业开立基本存款账户,要实行开户许可证制度,必须凭中国人民银行当地分支机构核发的开户许可证办理。企业必须合法使用银行账户,企业不得为还贷、还债和套取现金而多头开立基本存款账户;不得出租、出借账户给其他单位和个人使用;不得利用银行账户进行非法活动;不得违反规定在异地存款和贷款而开立账户;不得签发没有资金保证的票据和远期支票,套取银行信用;不得签发、取得和转让没有真实交易和债权债务的票据,套取银行和他人的资金;不准无理由拒绝付款,任意占用他人资金;任何单位和个人不得将本单位的资金以个人名义开立账户存储。

二、银行结算方式

银行结算,是指单位、个人在社会经济活动中,使用票据、信用卡、汇兑、委托收款和托收承付等结算方式,进行货币给付及资金清算的行为。银行存款的收付应严格执行银行结算制度的规定并遵守原则:恪守信用,履约付款;谁的钱进谁的账,由谁支配;银行不垫款。

企业应按照《支付结算办法》及《中华人民共和国票据法》等的有关规定,根据业务特点,采用恰当的结算方式办理各种结算业务。

1. 银行汇票

银行汇票是指由出票银行签发的,由其在见票时按照实际结算金额无条件支付给收款人或者持票人的票据。银行汇票的出票银行为银行汇票的付款人。单位和个人各种款项的结算,均可使用银行汇票。银行汇票可用于转账,填明"现金"字样的银行汇票也可用于支取现金。申请人或者收款人为单位的,不得在"银行汇票申请书"上填明"现金"字样。

汇款单位(即申请人)使用银行汇票,应向出票银行填写"银行汇票申请书",填明收款人名称、汇票金额、申请人名称、申请日期等事项并签章,签章为其预留银行的签章。出票银行受理银行汇票申请书,收妥款项后签发银行汇票,并用压数机压印出票金额,将银行汇票和解讫通知一并交给申请人。申请人应将银行汇票和解讫通知一并交付给汇票上记明的收款人。收款人受理申请人交付的银行汇票时，应在出票金额以内，根据实际需要的款项办理结算，并将实际结算的金额和多余金额准确、清晰地填入银行汇票和解讫通知的有关栏内，到银行办理款项入账手续。收款人可以将银行汇票背书转让给被背书人。银行汇票的背书转让以不超过出票金额的实际结算金额为准。未填写实际结算金额或实际结算金额超过出票金额的银行汇票，不得背书转让。银行汇票的提示付款期限为自出票日起 1 个月，持票人超过付款期限提示付款的，银行将不予受理。持票人向银行提示付款时，必须同时提交银行汇票和解讫通知，缺少任何一联，银行不予受理。

2. 银行本票

银行本票是银行签发的，承诺自己在见票时无条件支付确定的金额给收款人或持票人的票据。单位和个人在同一票据交换区域需要支付的各种款项，均可使用银行本票。银行本票可用于转账，注明"现金"字样的银行本票可用于支取现金。

银行本票分为不定额本票和定额本票两种。定额本票面额为 1 000 元、5 000 元、10 000 元和 50 000 元。银行本票的提示付款期限自出票日起最长不得超过 2 个月。在有效付款期内，银行见票付款。持票人超过付款期限提示付款的，银行不予受理。

申请人使用银行本票，应向银行填写"银行本票申请书"。申请人或收款人为单位的，不得申请签发现金银行本票。出票银行受理"银行本票申请书"，收妥款项后签发银行本票，在本票上签章后交给申请人。申请人应将银行本票交付给本票上记明的收款人。收款人可以将银行本票背书转让给被背书人。

申请人因银行本票超过提示付款期限或其他原因要求退款时，应将银行本票提交到出票银行并出具单位证明。出票银行对于在本行开立存款账户的申请人，只能将款项转入原申请人账户；对于现金银行本票和未在本行开立存款账户的申请人，才能退付现金。

3. 支票

支票是出票人签发的、委托办理支票存款业务的银行在见票时无条件支付确定的金额给收款人或持票人的票据。支票上印有"现金"字样的为现金支票，现金支票只能用于支取现金。支票上印有"转账"字样的为转账支票，转账支票只能用于转账。支票上未印有"现金"或"转账"字样的为普通支票，普通支票既可用于支取现金，也可用于转账。普通支票左上角划两条平行线的为划线支票，划线支票只能用于转账，不得支取现金。单位和个人在同一票据交换区域的各种款项结算，均可以使用支票。签发现金支票和用于支取现金的普通支票，必须符合国家现金管理的规定。

支票的出票人签发支票的金额不得超过付款时在付款人处实有的存款金额，禁止签发空头支票，出票人不得签发与其预留银行签章不符的支票；使用支付密码的，出票人不得签发支付密码错误的支票。出票人签发空头支票、签章与预留银行签章不符的支票或使用支付密码错误的支票时，银行应予以退票，并按票面金额处以 5%，但不低于 1 000 元的罚款；持票人有权要求出票人赔偿支票金额 2%的赔偿金。

支票的提示付款期限自出票日起 10 日，但中国人民银行另有规定的除外。超过提示付款期限提示付款的，出票人开户银行不予受理，付款人不予付款。

4. 商业汇票

商业汇票按承兑人不同，可分为商业承兑汇票和银行承兑汇票两种。

商业承兑汇票是指由收款人签发，经付款人承兑，或由付款人签发并承兑的汇票。商业承兑汇票必须经由付款人承兑，在汇票上签署"承兑"字样并加盖与预留银行印鉴相符的印章，方才具有法律效力。对其所承兑的汇票，付款人应负有到期无条件支付票款的责任；而银行只负责在汇票到期日凭票将款项从付款人账户划转给收款人或贴现银行，如果付款人银行存款余额不足以支付票款，银行则直接将汇票退还收款人，由双方自行处理，银行不负担付款责任。

银行承兑汇票是指由收款人或承兑申请人签发，并由承兑申请人向开户银行申请，经银行审查同意承兑的票据。银行根据有关政策规定对承兑申请人所持汇票和购销合同进行审查，符合承兑条件的，即与承兑申请人签订承兑协议，并在汇票上签章，同时向承兑申请人收取一定比例的承兑手续费。汇票到期时，无论承兑申请人是否将票款足额缴存其开户银行，承兑银行都应向收款人或贴现银行无条件履行付款责任。在我国，商业票据的期限一般不超过6个月。

5. 信用卡

信用卡是一种特殊的信用凭证，其种类繁多，主要有以下几种不同的分类方式。

(1) 按照发行机构划分，信用卡可以分为银行卡和非银行卡。银行卡是由银行等金融机构发行的，具有购物消费、转账结算等功能的各种支付卡；非银行卡主要包括商业机构发行的零售信用卡和旅游服务行业发行的旅游娱乐卡两种。零售信用卡由零售百货公司、石油公司、电信公司等企业发行，持卡人凭卡可以在指定的商店购物或在汽油站加油等，定期结算。这种信用卡的流通范围受到很大限制，发展范围较窄。旅游娱乐卡由航空公司、旅游公司等发行，用于支付各种交通工具的费用以及就餐、住宿、娱乐等，发行对象多为商旅人士。

(2) 根据清偿方式的不同，信用卡可以分为贷记卡、准贷记卡和借记卡。贷记卡 (Credit Card)即狭义上的信用卡，是一种向持卡人提供消费信贷的付款卡，持卡人不必在发卡行存款，就可以"先购买，后结算交钱"。准贷记卡 (Semi-Credit Card)是指持卡人须先按发卡银行要求交存一定金额的备用金，当备用金账户余额不足以支付时，可在发卡银行规定的信用额度内透支的信用卡。准贷记卡的透支期限最长为60天，贷记卡的首月最低还款额不得低于其当月透支余额的10%。借记卡(Debit Card)是"先付款"，为获得借记卡，持卡人必须在发卡机构开有账户，并保持一定量的存款。

(3) 信用卡按使用对象分为单位卡和个人卡。凡在中国境内金融机构开立基本存款账户的单位都可申领单位卡。单位卡可申领若干张，持卡人资格由申领单位法定代表人或其委托的代理人书面指定和注销。单位卡账户的资金一律从其基本存款账户转账存入，不得交存现金，不得将销货收入的款项存入其账户。持卡人可持信用卡在特约单位购物、消费，但单位卡不得用于10万元以上的商品交易、劳务供应款项的结算，不得支取现金。

6. 汇兑

汇兑是汇款人委托银行将其款项支付给收款人的结算方式。单位和个人各种款项的结算，均可使用汇兑结算方式。汇兑分为信汇、电汇两种，由汇款人选择使用。汇款人对汇出银行尚未汇出的款项可以申请撤销；对汇出银行已经汇出的款项可以申请退汇。汇入银行对于收款人拒绝接受的款项，应立即办理退汇。汇入银行对已向收款人发出取款通知，经过两个月无法交付的汇款，应主动办理退汇。

7. 委托收款

委托收款是收款人委托银行向付款人收取款项的结算方式。单位和个人凭已承兑商业汇票、债券、存单等付款人债务证明办理款项的结算，均可以使用委托收款结算方式。委托收款在同城、异地均可使用。委托收款结算款项的划回方式分邮寄和电报两种，由收款人选用。

收款人办理委托收款应向银行提交委托收款凭证和有关债务证明。银行接到寄来的委托收款凭证及债务证明，审查无误后办理付款。其中，以银行为付款人的，银行应在当日将款项主动支付给收款人；以单位为付款人的，银行应及时通知付款人，按照有关办法的规定，需要将有关债务证明交给付款人的应交给付款人，并签收。付款人应于接到通知的当日书面通知银行付款，付款人未在接到通知日的次日起 3 日内通知银行付款的，视同付款人同意付款。

8. 托收承付

托收承付是根据购销合同由收款人发货后委托银行向异地付款人收取款项，由付款人向银行承认付款的结算方式。使用托收承付结算方式的收款单位和付款单位，必须是国有企业、供销合作社以及经营管理较好并经开户银行审查同意的城乡集体所有制工业企业。办理托收承付结算的款项，必须是商品交易以及因商品交易而产生的劳务供应的款项。代销、寄销、赊销商品的款项，不得办理托收承付结算。收款人办理托收，必须具有商品确已发运的证件(包括铁路、航运、公路等运输部门签发的运单、运单副本和邮局包裹回执)及其他有效证件。托收承付结算每笔的金额起点为 10 000 元。新华书店系统每笔结算的金额起点为 1 000 元。

托收承付分为托收和承付两个环节。托收环节是由收款人按照签订的购销合同发货后，委托银行办理托收。办理托收时需要将托收凭证并附发运证件或其他符合托收承付结算的有关证明和交易单证送交银行。付款人开户银行收到托收凭证及其附件后，应当及时通知付款人付款。承付环节的货款分为验单付款和验货付款两种，由收付双方商量选用，并在合同中明确规定。其中验单付款的承付期为 3 天，从付款人开户银行发出承付通知的次日算起(承付期内遇法定休假日顺延)。付款人在承付期内，未向银行表示拒绝付款，银行即视为承付。验货付款的承付期为 10 天，从运输部门向付款人发出提货通知的次日算起。对收付双方在合同中明确规定，并在托收凭证上注明验货付款期限的，银行将按此期限办理。付款人收到提货通知后，应立即向银行交验提货通知。付款人在银行发出承付通知的次日起 10 天内未收到提货通知的，应在第 10 天将货物尚未到达的情况通知银行。在第 10 天付款人没有通知银行的，银行即视作已经验货。

若付款人开户银行对付款人逾期支付款项，应当根据逾期付款金额和逾期天数，按每天万分之五计算逾期付款赔偿金。赔偿金实行定期扣付，每月计算一次，于次月 3 日内单独划给收款人。赔偿金的扣付列为企业销货收入扣款顺序的首位。付款人账户余额不足全额支付时，应排列在工资之前，并对该账户采取"只收不付"的控制办法，直至足额扣付赔偿金后才准予办理其他款项的支付，由此产生的经济后果由付款人自行负责。

9. 信用证

信用证是一种由银行按照客户的要求和指示开立的，凭符合信用证条款的单据支付款项的付款承诺。信用证是目前国际贸易中最主要、最常用的支付方式，一般为不可撤销的跟单信用证。不可撤销是指信用证一经开出，在有效期内未经受益人及有关当事人的同意，开证行不能片面修改和撤销，只要受益人提供的单据符合信用证的规定，开证行必须履行付款的义务。跟单是指信用证项下的汇票必须附有货运单据。目前国际的贸易普遍遵循《跟单信用证统一惯例》（即 UCP600），以确保在世界范围内将信用证作为可靠支付手段的准则，已经被大多数国家和地区接受和使用。企业向银行申请开立信用证，应按规定向银行提交开证申请书、信用证申请人承诺书和购销合同。

信用证业务涉及六个方面的当事人：①申请人(Applicant)；②开证行(Opening/Issuing Bank)；③受益人(Benificiary)；④通知行(Advising/Notifying Bank)；⑤议付行(Negotiating Bank)；⑥偿付行(Paying/Reimbursing Bank)。

【例2-12】买方是一家美国公司，开户行是花旗银行，卖方是一家东莞工厂，开户行是中国银行。最常见的信用证具体操作步骤是：美国公司向花旗银行提出开证申请，花旗银行接受申请，开立信用证，并传递给中国银行；中国银行接到信用证以后，通知东莞工厂，并把信用证交给东莞工厂；东莞工厂据以备货制单，完成交货后，把全套单证交给中国银行；中国银行审核无误后，可以直接付款给东莞工厂，或者暂不付款，而将全套单证转交给花旗银行，由花旗银行付款。

在这个例子中：

美国公司申请开立信用证，叫作"申请人(Applicant)"。

花旗银行开立信用证，叫作"开证行(Opening/Issuing Bank)"。

东莞厂因为受益于信用证的付款保障，叫作"受益人(Benificiary)"。

中国银行接到信用证，并通知东莞工厂，叫作"通知行(Advising/Notifying Bank)"。

如果中国银行直接付款给东莞工厂，叫作"议付行(Negotiating Bank)"。

花旗银行最终承担付款责任，叫作"偿付行(Paying/Reimbursing Bank)"。

三、银行存款的核算

1. 银行存款的总分类核算

银行存款的总分类核算是为了总括地反映和监督企业在银行开立结算账户的收付及其结存情况，在核算时，企业应设置"银行存款"科目。这是一个资产类科目，用来核算企业存入银行的各种存款，该科目的借方反映企业存款的增加，贷方反映企业存款的减少，期末余额在借方，反映企业期末存款的余额。企业的外埠存款、银行本票存款、银行汇票存款等在"其他货币资金"科目核算，不在本科目核算。

【例2-13】甲公司签发现金支票900元，从银行提取现金备用。财会部门根据支票存根进行的会计处理如下。

借：库存现金　　　　　　　　　　　　　　　　900
　　贷：银行存款　　　　　　　　　　　　　　　　　900

【例2-14】 甲公司销售产品一批，收到销售产品货款12 000元，增值税税款1 560元，财会部门根据银行盖章退回的"送款单"回单联及销货发票所作的会计处理如下。

借：银行存款　　　　　　　　　　　　　　　13 560
　　贷：主营业务收入　　　　　　　　　　　　　　12 000
　　　　应交税费——应交增值税(销项税额)　　　　1 560

【例2-15】 甲公司签发面额为45 200元的转账支票一张，支付产品生产材料40 000元、增值税进项税额5 200元。财会部门根据支票存根所作的会计处理如下。

借：材料采购　　　　　　　　　　　　　　　40 000
　　应交税费——应交增值税(进项税额)　　　　5 200
　　贷：银行存款　　　　　　　　　　　　　　　　45 200

2. 银行存款的明细分类核算

为了全面、系统、连续、详细地反映有关银行存款收支的情况，企业应当按照开户银行和其他金融机构、存款种类等，分别设置"银行存款日记账"，由出纳人员根据审核无误的银行存款收付款凭证，按照业务发生的先后顺序逐日逐笔登记。每日终了时应计算银行存款收入合计、银行存款支出合计及结余数，"银行存款日记账"应定期与银行转来的对账单核对相符，至少每月核对一次。

银行存款日记账是核算和监督银行存款日常收付结存情况的序时账簿。通过它，可以全面、连续地掌握企业每日银行存款的收支动态和余额，为日常分析、检查企业的银行存款收支活动提供资料。

银行存款日记账一般采用收入、付出及结存三栏式格式，如表2-3所示。

表2-3　银行存款日记账——人民币

户名：甲公司　　　　　　　　　　账号：97829003　　　　　　　　　　单位：元

20×1年		凭证种类及号数	摘要	对方账户	结算凭证		收入	付出	结存
月	日				种类	号码			
			上月结存						93 000
		银 001	提取现金	现金	现	0221		900	
		银 002	收取销货款	主营业务收入	转	3425	14 040		
		银 003	支付购货款	材料采购	转	0567		46 800	
			本日合计				14 040	47 700	59 340

四、银行存款的清查

企业应当定期或不定期地进行银行存款的清查。银行存款的清查是指将企业银行存款日记账的账面余额与其开户银行转来的对账单的余额进行核对。企业在进行账单核对时，往往会出现银行存款日记账余额与银行对账单余额不符的情况，双方余额不相符的原因除记账错误外，主要是因为存在未达账项。所谓未达账项，是指由于企业与银行取得有关凭证的时间不同，导致记账时间不一致而发生的，一方已经取得结算凭证且已登记入账，另一方未取得结算凭证尚未登记入账的款项，具体有以下四种情况。

（1）企业已收款入账，银行尚未收款入账。如企业已将销售产品收到的支票送存银行，对账前银行尚未入账的款项。

（2）企业已付款入账，银行尚未付款入账。如企业开出支票购货，根据支票存根已登记银行存款减少，而银行尚未接到支票，未登记银行存款减少。

（3）银行已收款入账，企业尚未收款入账。如银行收到外单位采用托收承付结算方式购货所付的款项，已登记入账，企业未收到银行通知而未入账的款项。

（4）银行已付款入账，企业尚未付款入账。如银行代企业支付的购料款，已登记企业银行存款的减少，而企业因未收到凭证尚未记账的款项。

对上述未达账项应通过编制"银行存款余额调节表(Statement of Bank Reconciliation)"进行检查核对，如没有记账错误，调节后的双方余额应相等。

【例 2-16】 甲公司 20×1 年 3 月 31 日银行存款日记账的余额为 66 000 元，银行转来对账单的余额为 73 200 元。经逐笔核对，发现以下未达账项。

（1）企业送存转账支票 70 000 元，并已登记银行存款增加，但银行尚未记账。

（2）企业开出转账支票 25 000 元，但持票单位尚未到银行办理转账，银行尚未记账。

（3）企业委托银行代收某公司购货款 55 000 元，银行已收妥并登记入账，但企业尚未收到收款通知，尚未记账。

（4）银行代企业支付电话费 2 800 元，银行已登记企业银行存款减少，但企业未收到银行付款通知，尚未记账。

根据上述资料编制"银行存款余额调节表"，如表 2-4 所示。

表 2-4　银行存款余额调节表

单位：元

项　目	金　额	项　目	金　额
企业银行存款日记账余额	66 000	银行对账单余额	73 200
加：银行已收、企业未收款	55 000	加：企业已收、银行未收款	70 000
减：银行已付、企业未付款	2 800	减：企业已付、银行未付款	25 000
调节后的存款余额	118 200	调节后的存款余额	118 200

从表 2-4 可以看出，表中左右两方调整后的余额相等。说明该公司银行存款的实有数既不是 66 000 元，也不是 73 200 元，而是 118 200 元。需要指出的是，"银行存款余额调节表"只是为了核对账目，并不能作为调整银行存款账面余额的原始凭证。

第三节　其他货币资金

其他货币资金是指除现金、银行存款之外的货币资金，包括外埠存款、银行汇票存款、银行本票存款、信用卡存款、信用证保证金存款以及存出投资款等。为了反映和监督其他货币资金的收支和结存情况，企业应设置"其他货币资金"账户，借方登记其他货币资金的增加数，贷方登记其他货币资金的减少数，期末余额在借方，反映企业实际持有的其他货币资金。企业应按其他货币资金的种类设置明细账进行明细分类核算。

一、外埠存款

外埠存款是指企业为了到外地进行临时或零星采购，而汇往采购地银行开立采购专户的款项。企业将款项汇往外地时，应填写汇款委托书，委托开户银行办理汇款。汇入地银行以汇款单位名义开立临时采购账户，该账户的存款不计利息、只付不收，付完清户，除了采购人员可从中提取少量现金外，一律采用转账结算。企业将款项汇往外地开立采购专用账户时，借记"其他货币资金——外埠存款"科目，贷记"银行存款"科目；收到采购人员转来供应单位发票账单等报销凭证时，借记"材料采购"或"原材料""库存商品""应交税费——应交增值税(进项税额)"等科目，贷记"其他货币资金——外埠存款"科目；采购完毕收回剩余款项时，借记"银行存款"科目，贷记"其他货币资金——外埠存款"科目。

【例 2-17】甲公司委托所在地开户银行汇往异地 83 000 元，开设临时采购专户，会计处理如下。

借：其他货币资金——外埠存款　　　　83 000
　　贷：银行存款　　　　　　　　　　　　83 000

采购业务完成后，根据供应单位发票账单等报销凭据实际支出 75 000 元，并将多余款项转回当地银行后，其会计处理如下。

借：材料采购等　　　　　　　　　　　75 000
　　银行存款　　　　　　　　　　　　　 8 000
　　贷：其他货币资金——外埠存款　　　　83 000

二、银行汇票存款

银行汇票存款是指企业为取得银行汇票按照规定存入银行的款项。企业使用银行汇票办理结算时，要填写"银行汇票委托书"，将款项交存银行后，根据银行盖章退回的委托书存根联，借记"其他货币资金——银行汇票"科目，贷记"银行存款"科目；企业持银行汇票购货、收到有关发票账单时，应根据发票账单及开户银行转来的有关凭证，借记"材料采购"或"原材料""库存商品""应交税费——应交增值税(进项税额)"等科目，贷记"其他货币资金——银行汇票"科目；采购完毕收回剩余款项时，借记"银行存款"科目，贷记"其他货币资金——银行汇票"科目。企业收到银行汇票、填制进账单到开户银行办理款项入账手续时，根据进账单及销货发票等，借记"银行存款"科目，贷记"主营业务收入""应交税费——应交增值税(销项税额)"等科目。

【例 2-18】甲公司为办理银行汇票结算，填送"银行汇票委托书"，金额为 59 500 元，并将款项交存银行。

(1) 取得银行汇票后，根据银行盖章的委托书存根联，作如下会计处理。

借：其他货币资金——银行汇票存款　　59 500
　　贷：银行存款　　　　　　　　　　　　59 500

(2) 企业使用银行汇票后，对采购发票账单及开户银行转来的银行汇票有关副联等凭证核对无误后，会计处理如下。

借：材料采购等　　　　　　　　　　　　　59 500
　　贷：其他货币资金——银行汇票存款　　　　　59 500

(3) 如果企业因汇票超过付款期限或其他原因未曾使用而退还款项时，以及有多余款项应退回时，会计处理如下。

借：银行存款　　　　　　　　　　　　　59 500
　　贷：其他货币资金——银行汇票存款　　　　　59 500

三、银行本票存款

　　企业使用银行本票办理结算时，要填写"银行本票申请书"，并将相应的款项交存银行，取得银行本票后，根据银行盖章退回的申请书存根联，借记"其他货币资金——银行本票"科目，贷记"银行存款"科目；企业持银行本票购货、收到有关发票账单时，借记"材料采购"或"原材料""库存商品""应交税费——应交增值税(进项税额)"等科目，贷记"其他货币资金——银行本票"科目。企业收到银行本票、填制进账单到开户银行办理款项入账手续时，根据进账单及销货发票等，借记"银行存款"科目，贷记"主营业务收入""应交税费——应交增值税(销项税额)"等科目。企业因本票超过付款期等原因而要求退款时，应填制进账单一式两联，连同本票一并交存银行，根据银行盖章退回的进账单第一联，借记"银行存款"科目，贷记"其他货币资金"科目。银行本票核算的账务处理程序与银行汇票相同，不同的是二者涉及的明细科目不一样。

四、信用卡存款

　　信用卡存款是指企业为取得信用卡而存入银行信用卡专户的款项。企业申请使用信用卡时，应填制"信用卡申请表"，连同支票和有关资料一并送存发卡银行，根据银行盖章退回的进账单第一联，借记"其他货币资金——信用卡"科目，贷记"银行存款"科目；企业用信用卡购物或支付有关费用，收到开户银行转来的信用卡存款的付款凭证及所附发票账单时，借记"管理费用"等科目，贷记"其他货币资金——信用卡"科目；企业信用卡在使用过程中，需要向其账户续存资金的，借记"其他货币资金——信用卡"科目，贷记"银行存款"科目；企业的持卡人如不需要继续使用信用卡时，应持信用卡主动到发卡银行办理销户，销卡时，单位卡科目余额转入企业基本存款账户，不得提取现金，借记"银行存款"科目，贷记"其他货币资金——信用卡"科目。

五、信用证保证金存款

　　信用证保证金存款是指采用信用证结算方式的企业为开具信用证而存入银行信用证保证金专户的款项。企业向银行申请开立信用证，应按规定向银行提交开证申请书、信用证申请人承诺书和购销合同。企业填写"信用证申请书"，将信用证保证金交存银行时，应根据银行盖章退回的"信用证申请书"回单，借记"其他货币资金——信用证保证金"科目，贷记"银行存款"科目。企业接到开证行通知，根据供货单位信用证结算凭证及所附发票账单，借记"材料采购"或"原材料""库存商品""应交税费——应交增值税(进项税额)"等科目，贷记"其他货币资金——信用证保证金"科目；将未用完的信用证保证金存款余额转回开户银行时，借记"银行存款"科目，贷记"其他货币资金——信用证保证金"科目。

六、存出投资款

企业在向证券市场进行股票、债券投资时，应向证券公司申请资金账号并划出资金，会计部门应按实际划出的金额，借记"其他货币资金——存出投资款"科目，贷记"银行存款"科目；购买股票、债权时，应按实际支付的金额，借记"交易性金融资产"等科目，贷记"其他货币资金——存出投资款"。

第四节 应收票据

一、应收票据及其分类

1. 应收票据的定义

票据是一种载有一定的付款日期、付款地点、付款金额和付款人的无条件支付的流通证券，也是一种可以由持票人自由转让给他人的债权凭证。票据包括支票、本票和汇票，其中汇票又可以分为银行汇票和商业汇票。

应收票据(Notes Receivable)是指企业因赊销商品、产品，提供劳务等收到的商业汇票所形成的债权，即企业持有的尚未到期兑现的商业票据。上述票据中，在我国目前只有商业汇票不是即期票据，因此在"应收票据"中核算。商业汇票是商品交易过程中，销售方与购货方之间结算的票据。一般是收款人或付款人(或承兑申请人)签发，由承兑人承兑，并于到期日向收款人或被背书人支付票款的票据。它是交易双方以商品购销业务为基础而使用的一种信用凭证。商业汇票必须经过银行或付款人在票据上签署意见，表示允诺照付，这种程序称为承兑(Acceptance)，签署人称为承兑人(Acceptor)。商业汇票经承兑后，便成为承兑人的应付票据，持票人的应收票据。

2. 应收票据的分类

应收票据可分为以下几类。

(1) 应收票据按承兑人不同，可分为商业承兑汇票和银行承兑汇票两种。商业承兑汇票是由收款人签发，经付款人承兑，或由付款人签发并承兑的票据。银行承兑汇票是由收款人或承兑申请人签发，并由承兑申请人向银行申请，经由银行审查并同意承兑的票据。

(2) 应收票据按照是否带有利息来划分，可分为带息票据和不带息票据。带息票据是指票面上载明利率即付息日期的票据，持票者在票据到期日不仅可以取得票面价值，而且还可以按票面利率取得利息。不带息票据的持有者在票据到期日只能取得票面价值。商业汇票是否带息，在汇票上一般都有详细说明。

(3) 应收票据按是否附有追索权，分为附追索权(Recourse)票据和不附追索权(Without Recourse)票据。追索权是指持票人因票据到期不获付款或期前不获承兑或其他法定原因，并在实施保全票据权利的行为后，向其前手请求偿还票据金额、利息及其他有关费用的一种票据权利。

二、应收票据的核算

为了反映和监督应收票据的取得和票款收回等情况,企业设置"应收票据"账户进行核算。企业收到承兑的商业汇票在借方登记;商业汇票到期收回票款或未到期背书转让给其他单位和向银行办理贴现时在贷方登记;其余额在借方,表示未到期的商业汇票。该账户还应按不同种类的票据分别设明细分类账进行核算。

1. 不带息应收票据

不带息应收票据的到期价值等于应收票据的面值。企业因销售商品、产品或提供劳务等收到商业汇票时,按应收票据的面值,借记"应收票据"科目;按实现的营业收入,贷记"主营业务收入";按增值税专用发票上注明的增值税税额,贷记"应交税费——应交增值税(销项税额)"科目。应收票据到期收回时,按票面金额,借记"银行存款"科目,贷记"应收票据"科目。商业承兑汇票到期,承兑人违约拒付或无力偿还票据款时,收款企业应将到期票据的票面金额转入"应收账款"科目。一般来说,如果企业收到的是银行承兑汇票,则不会出现到期收不回票款的情况。

【例2-19】甲公司向乙汽配公司销售产品一批,售价100 000元,增值税专用发票上注明增值税为13 000元,按合同约定5个月后付款,甲公司收到乙汽配公司开出并承兑的5个月不带息商业承兑汇票一张,面值113 000元,货已发。相关会计分录如下:

① 确认收入,收到商业汇票。

借:应收票据　　　　　　　　　　　　　113 000
　　贷:主营业务收入　　　　　　　　　　　　100 000
　　　　应交税费——应交增值税(销项税额)　　13 000

② 到期收回款项。

借:银行存款　　　　　　　　　　　　　113 000
　　贷:应收票据　　　　　　　　　　　　　　113 000

2. 带息应收票据

对于持有的带息应收票据,应当计提票据利息。企业应于中期期末和年度终了时按规定计提票据利息,并增加应收票据的账面价值,同时冲减财务费用。其计算公式如下:

应收票据利息=应收票据票面金额×利率×期限

上式中,期限是指从商业汇票签发之日起到商业汇票到期日止的时间间隔,有按月表示和按日表示两种。利率一般是指商业汇票所约定的年利率;如果时间按月表示,则年利率除以12,换算成月利率;如果时间按日表示,则年利率除以360,换算成日利率。

应收票据到期日的确定,取决于票据时间表示的不同方式。如果票据时间按月表示,应以到期月份中与出票日相同的那一天为到期日。如3月15日签发的1个月票据,到期日应为4月15日。月末签发的票据,不论月份大小,以到期月份的月末那一天为到期日。如果票据时间按日表示,应从出票日起按实际经历天数计算,通常出票日和到期日,只能计算其中的一天,即"算头不算尾"或"算尾不算头"。

【例2-20】甲公司于20×1年10月1日销售产品一批,货已发出,发票上注明的销售收入为 80 000 元,增值税为 13 600 元,收到购货方承兑的银行承兑汇票一张,期限为 5 个月,票面利率为 5.5%。甲公司相关会计处理如下。

① 收到票据时。

借:应收票据　　　　　　　　　　　93 600
　　贷:主营业务收入　　　　　　　　　　　　80 000
　　　　应交税费——应交增值税(销项税额)　13 600

② 20×1 年 12 月 31 日,计提 3 个月利息。

应计提票据利息=93 600×5.5%×3/12=1 287(元)

借:应收票据　　　　　　　　　　　1 287
　　贷:财务费用　　　　　　　　　　　　　　1 287

③ 票据到期收回票据款。

票据到期价值=93 600×(1+5.5%×5/12)=95 745(元)

借:银行存款　　　　　　　　　　　95 745
　　贷:应收票据　　　　　　　　　　　　　　94 887
　　　　财务费用　　　　　　　　　　　　　　 858

3. 应收票据贴现

在应收票据到期前,企业如果急需货币资金,可以将持有的未到期的商业汇票背书后向开户银行申请贴现,以便获得所需资金。贴现(Discount)是指票据持有人将未到期的票据在背书后送交银行,银行受理后从票据到期值中扣除按银行贴现率计算确定的贴现利息,然后将余额付给持票人,作为银行对企业的短期贷款。可见,票据贴现实质上是企业融资的一种形式。

票据贴现包括附追索权票据贴现和不附追索权票据贴现两种。附追索权票据贴现是指如果出票人或付款人到期不能兑付或拒付,则申请贴现企业负有连带的还款责任。这种票据贴现的实质是申请贴现企业仍保留了该金融资产所有权上几乎所有的风险和报酬。按会计准则规定,申请贴现企业不应当终止确认该金融资产,而应将票据贴现票面金额确认为一项或有负债(Contingent Liability)。不附追索权票据贴现是指票据被贴现后,不论到期出票人或付款人是否兑付,该票据与申请贴现企业均无关系。

在应收票据贴现中,自贴现日至票据到期日的期间称为贴现期(Discount Period),贴现银行所使用的利率称为贴现率,贴现银行扣除的利息称为贴现利息,贴现银行将票据到期值(对于不带息票据来说,其票据到期值等于票据面值)扣除贴现利息后支付给企业的金额称为贴现净额。有关计算公式如下:

票据到期值=票据面值×(1+年利率×票据到期天数/360)
　　　　　=票据面值×(1+年利率×票据到期月数/12)
贴现利息=票面到期价值×贴现利率×贴现天数/360
贴现净额=票面到期价值-贴现利息

按照中国人民银行《支付结算办法》的规定,实付贴现金额按到期价值扣除贴现日至汇票到期前一日的利息计算。承兑人在异地的,贴现利息的计算应另加 3 天的划款日期。

企业持未到期的商业汇票向银行贴现时,应根据银行盖章退回的贴现凭证收账通知,按实际收到的贴现净额，借记"银行存款"等账户；按商业汇票的票面金额，贷记"应收票据"(不附追索权)或"短期借款"(附追索权)账户；按其差额，借记或贷记"财务费用"账户。

【例2-21】 甲公司于20×1年8月29日持所收取的出票日为7月8日、期限为6个月、面值为30 000元的银行承兑汇票一张，到银行申请贴现，票面利率为4.5%，贴现率为5.6%。此贴现为不附追索权贴现。假设该公司与承兑公司在同一票据交换区域内。(保留到整数)

分析：该票据到期日为20×2年1月8日，贴现天数从20×1年8月30日起至20×2年1月8日止(算尾不算头)共132天。

甲公司的相关会计处理如下。

票据到期值=30 000×(1+4.5%÷12×6)=30 675(元)

贴现利息=30 675×5.6%×132÷360=630(元)

贴现净额=30 675-630=30 045(元)

借：银行存款　　　　30 045
　　贷：应收票据　　　　　　30 000
　　　　财务费用　　　　　　　　45

【例2-22】 甲公司于20×1年6月8日持所收取的出票日为4月10日、期限为6个月、面值为93 600元的商业承兑汇票一张，到银行贴现。假设该公司与承兑公司在同一票据交换区域，银行的年贴现率为5.8%。(保留到整数)

分析：该票据的到期日为10月10日，贴现天数从6月8日起到10月9日止(算头不算尾)应为124天。甲公司贴现时的会计处理如下。

贴现利息=93 600×5.8%×124/360=1 870(元)

贴现净额=93 600-1 870=91 730(元)

借：银行存款　　　　91 730
　　财务费用　　　　 1 870
　　贷：短期借款　　　　　　93 600

附追索权的贴现票据到期，如果付款人向银行支付了到期票款，此时，贴现企业只需将应收票据与短期借款进行对销。如果付款人到期无力支付票款，则应由申请贴现的企业根据银行退回的应收票据、付款通知和拒绝付款理由书或付款人未付票款通知书向贴现银行偿付票款，按所付本息借记"应收账款"账户，贷记"银行存款"账户。同时，注销到期的应收票据和短期借款。而不附追索权的贴现票据到期时，付款人与原贴现企业无关。

【例2-23】 根据例2-22的有关资料，贴现票据(附追索权票据)到期，付款人无力支付票款，原贴现企业接到银行通知后，支付票据本息93 600元。甲公司的相关会计处理如下。

借：应收账款　　　　93 600
　　贷：银行存款　　　　　　93 600

同时，

借：短期借款　　　　93 600
　　贷：应收票据　　　　　　93 600

说明：根据金融资产转移准则相关规定，附追索权的商业承兑汇票贴现时，可以根据贴现净额，借记"银行存款"；按应收票据账面金额，贷记"短期借款——成本"；差额计入"短期借款——利息调整"账户，并在贴现期间采用实际利率法摊销，计入"财务费用"。

第五节 应 收 账 款

一、应收账款的概念与计价

1. 应收账款的概念

应收账款(Account Receivable)是指企业因销售商品、产品或提供劳务等业务，向购货单位或接受劳务单位收取的款项或代垫的运杂费等，属于商业债权。

应收账款包括因销售商品或者产品、提供劳务而应向客户收取的商品价款，应收取的增值税销项税额以及为客户代垫的运杂费等，不包括本企业付出的各类存出保证金，如暂时支付出去的投标保证金和租入包装物保证金等。

2. 应收账款的计价

应收账款的计价，是指确定应收账款的入账金额。一般企业对外销售商品或提供劳务形成的应收债权，通常应按照从购货方应收的合同或协议价款作为初始入账价值。企业为了促进销售或者加快货款的收回，经常实行折扣的办法。因此，在确定应收账款的入账金额时，还应考虑折扣的因素。商业上通用的折扣方法，有商业折扣和现金折扣。

1) 商业折扣

商业折扣(Trade Discount)是指企业根据市场供需情况，或针对不同的顾客，在商品标价上给予的扣除。作为企业最常用的促销手段，商业折扣一般在交易时即已确定，它仅仅是确定实际销售价格的一种手段，不需在买卖双方任何一方的账上反映，所以商业折扣对应收账款的入账价值没有什么实质性的影响。此项扣减数通常用百分数来表示，如10%、15%、20%等。扣减后的净额才是实际销售价格。例如，甲公司出售 W 型液晶电视机，销售价格为每台3 000元，成批购买20台，可得20%的商业折扣。若某客户购买25台，则发票价格计算如下：

价目表销售价格(3 000×25)	75 000
扣减 20%	15 000
发票价格	60 000

2) 现金折扣

现金折扣(Cash Discount)是指企业为了鼓励债务人在规定的期限内付款，而向债务人提供的债务扣除。现金折扣通常发生在以赊销方式销售商品及提供劳务的交易中。企业为了鼓励客户提前偿付货款，通常与债务人达成协议，债务人在不同期限内付款可享受不同比例的折扣。现金折扣一般用符号"折扣/付款期限"表示。例如，买方在10天内付款可按售价给予2%的折扣，用符号"2/10"表示；在20天内付款按售价给予1%的折扣，用符号"1/20"表示；在30天内付款，则不给折扣，用符号"$n/30$"表示。

存在现金折扣的情况下，应收账款入账金额的确认有两种方法：一种是总价法，另一种是净价法。

(1) 总价法。总价法是将未减去现金折扣前的金额作为实际售价，记作应收账款的入账金额。这种方法把现金折扣理解成为了鼓励客户提早付款而让渡给客户的利益，只有客户在折扣期内支付货款，现金折扣才予以确认。在这种方法下，销售方把给予客户的现金折扣视为融资的理财费用，会计上作为财务费用处理。我国的会计实务中通常采用此方法。

总价法可较好地反映销售的总过程，但在客户可能享受现金折扣的情况下，会造成高估应收账款和销售收入。例如，期末结账时，有些应收账款还没有超过折扣期限，企业无法确认客户是否享受折扣，如果有一部分客户可能会享受折扣，而账上未作反映，结果便会出现虚增应收账款的余额。

(2) 净价法。净价法是将扣减现金折扣后的金额作为实际售价，据以记作应收账款的入账金额。这种方法把客户取得现金折扣视为正常现象，认为客户一般都会提前付款，而将因客户超过折扣期限多收入的金额，视为销货方向客户提供信贷所获得的收入。企业采用净价法进行账务处理时，对于增值税等价外税的金额不得减少，全部折扣支出由企业负担。

净价法可以避免总价法的不足，不会高估应收账款和销售收入。但在债务人没有享受现金折扣时，由于账面以净额入账，从而必须再查对原销售总额。期末结账时，对已经超过折扣期限尚未付款的应收账款，应按债务人未享受的现金折扣进行调整，处理起来比较麻烦。

二、应收账款的核算

为了核算和监督应收账款的增减和占用情况，应设置"应收账款"账户，其借方反映企业应收的各种款项，贷方反映已收回或已结转坏账损失或转作商业汇票结算方式的应收款项，期末借方余额反映尚未收回的各种应收款项。

企业销售产品、材料或提供劳务时，发生应收账款，按增值税专用发票上注明的价款和增值税额，借记"应收账款"账户，贷记"主营业务收入""应交税费——应交增值税(销项税额)"账户。收到上述款项时，借记"银行存款"账户，贷记"应收账款"账户。企业为购货单位或提供劳务单位代垫包装费、运杂费时，借记"应收账款"账户，贷记"银行存款"账户。

企业的应收账款改用商业汇票结算方式，在收到承兑汇票时，借记"应收票据"账户，贷记"应收账款"账户。

【例 2-24】甲公司向乙公司销售一批产品，增值税专用发票上注明的价款为 20 000 元，增值税税额为 2 600 元，货款尚未收到，同时用银行存款为乙公司代垫运费 200 元，凭发票运单等已向银行办理托收。甲公司发运产品向银行托收时相关会计处理如下。

借：应收账款——乙公司　　　　　　　　22 800
　　贷：主营业务收入　　　　　　　　　　　20 000
　　　　应交税费——应交增值税(销项税额)　 2 600
　　　　银行存款　　　　　　　　　　　　　　200

【例 2-25】甲公司向丙公司销售一批产品，增值税专用发票上注明的价款为 30 000 元，增值税税额为 3 900 元，现金折扣条件为"2/10,1/20,n/30"，公司采用总价法核算。

(1) 赊销时账务处理如下。

借：应收账款——丙公司　　　　　　　33 900
　　贷：主营业务收入　　　　　　　　　　　30 000
　　　　应交税费——应交增值税(销项税额)　3 900

(2) 如果丙公司在 10 天内付款，则按售价的 2%享受现金折扣 600 元。其会计处理如下。

借：银行存款　　　　　　　　　　　　33 300
　　财务费用　　　　　　　　　　　　　　600
　　贷：应收账款——丙公司　　　　　　　　33 900

(3) 如果丙公司超过 10 天但在 20 日内付款，则按售价的 1%享受现金折扣 300 元。其会计处理如下。

借：银行存款　　　　　　　　　　　　33 600
　　财务费用　　　　　　　　　　　　　　300
　　贷：应收账款——丙公司　　　　　　　　33 900

(4) 如果丙公司在 30 天以后付款，则按售价全额付款。其会计处理如下。

借：银行存款　　　　　　　　　　　　33 900
　　贷：应收账款——丙公司　　　　　　　　33 900

三、坏账与坏账损失

1. 坏账的含义及其确认

坏账是指企业无法收回或收回的可能性极小的应收款项。由于发生坏账而带来的损失，称为坏账损失。当企业的应收账款被证实很可能无法收回且金额能够合理估计时，应确认为坏账。

企业确认坏账时，应遵循财务报告的目标和会计核算的基本原则，具体分析各应收账款的特性、金额的大小、信用期限、债务人的信誉和当时的经营情况等因素。符合下列条件之一的应收账款，应确认为坏账。

(1) 债务人发生严重财务困难。

(2) 债务人违反了合同条款，例如，较长时间内未履行偿债义务、偿付利息或本金发生违约或逾期等。

(3) 债务人很可能倒闭或进行其他财务重组。

(4) 债权人出于经济或法律等方面因素的考虑，对发生财务困难的债务人做出让步。

(5) 其他表明无法收回或收回可能性极小的客观证据。

2. 坏账损失的核算

坏账损失的核算方法一般有两种：直接转销法和备抵法。

1) 直接转销法

直接转销法(Direct Write-off Method)是指在实际发生坏账时，确认坏账损失，计入当期损益，同时注销该笔应收账款。这种方法的优点是账务处理比较简单；缺点是其处理方法不符合权责发生制和收入与费用配比的会计原则，在坏账损失实际发生之前，对坏账不作任何处理,而且核销手续繁杂,致使企业发生大量陈账、呆账,常年挂账得不到处理,从而虚增了利润,也夸大了前期资产负债表上应收账款的可实现价值。当企业每年的赊销规模和坏账比例变化不大时,该种方法的缺陷表现得还不是很充分,直接注销法在这种情况下还可以使用。

【例 2-26】甲公司的购货单位乙公司破产,所欠本企业货款 36 000 元已无法收回。后经追索,又收回已经确认的坏账 16 000 元。采用直接转销法核算坏账。甲公司有关坏账的会计处理如下。

(1) 确认为坏账。

借:信用减值损失　　　　　　　36 000
　　贷:应收账款——乙公司　　　　　　　36 000

(2) 经追索,收回已确认坏账的乙公司货款 16 000 元。

借:应收账款——乙公司　　　　16 000
　　贷:信用减值损失　　　　　　　　　　16 000

同时,

借:银行存款　　　　　　　　　16 000
　　贷:应收账款——乙公司　　　　　　　16 000

2) 备抵法

备抵法(Allowance Method)是按期估计坏账损失,形成坏账准备,当某一应收账款全部或部分被确认为坏账时,应根据其金额冲减坏账准备,同时转销相应的应收账款金额。设置"坏账准备"科目,将按期估计坏账损失计入"信用减值损失——坏账损失"账户,待实际发生坏账时冲销坏账准备和应收账款,使资产负债表上的应收账款反映扣减估计坏账后的净额。备抵法的优点体现在:第一,预计不能收回的应收账款作为坏账损失及时计入费用,避免企业虚增利润;第二,在报表上列示应收账款净额,使报表阅读者更能了解企业真实的财务状况;第三,使应收账款实际占用资金接近实际,消除了虚增的应收账款,有利于加快企业资金周转,提高企业的经济效益,使会计报表使用者更能了解企业真实的财务状况。

可见,备抵法弥补了直接转销法的不足,但也应该看到,这种方法的账务处理较麻烦,增加了平时的坏账估计环节,增加了会计人员进行职业判断的机会,且估计的坏账损失也带有一定的主观随意性,从而有可能增加企业粉饰会计信息的机会。

3. 备抵法下坏账的账务处理

采用备抵法,企业需设置"坏账准备"账户来核算企业按规定从"信用减值损失——坏账损失"账户中提取的坏账准备。"坏账准备"是"应收账款""其他应收款"等账户的备抵账户,其借方反映企业已发生的坏账损失,贷方反映企业按规定提取的坏账准备或收回的已确认并转销的坏账损失,期末贷方余额反映企业已提取尚未转销的坏账准备。企业采用备抵法进行坏账核算时,坏账的会计处理包括三个环节:每期期末评估坏账、取得证据注销应收账款、注销的应收账款再次收回。

(1) 坏账准备的会计处理。

借:信用减值损失——坏账损失
　　贷:坏账准备

可见，坏账估计金额的多少会直接影响当期的利润和应收账款净额的规模。

(2) 确认坏账损失的会计处理。

借：坏账准备

　　贷：应收账款——××单位

由确认坏账损失的会计处理可以看出，如果注销的坏账金额与估计的金额完全相符，注销应收账款既不影响当期利润，也不影响当期净资产的余额。备抵法将坏账的影响提前到赊销的当期，而不是注销坏账的期间。但是如果注销的应收账款的金额与估计的金额不一致，其差额将会影响注销当期的损益。

(3) 注销的应收账款再次收回的会计处理。

企业首先冲销发生坏账时的会计分录，然后按正常程序反映应收款项的收回，即

借：应收账款——××单位

　　贷：坏账准备

同时，

借：银行存款

　　贷：应收账款——××单位

可以看出，这样处理不会影响应收账款的余额，但必须经过应收账款过渡，这样便于提供分析债务人财务状况的信息，并可以反映出债务人企图重新建立其信誉的愿望。

4. 备抵法下坏账准备的计提方法

备抵法下坏账准备的计提方法主要有应收账款余额百分比法、账龄分析法、销货百分比法。不同的计提方法对当期坏账费用的确认有直接的影响。

1) 应收账款余额百分比法

采用应收账款余额百分比法(Percentage of Accounts Receivable)，将会计期末应收账款的余额乘以估计的坏账率，作为当期应估计的坏账损失，据此计提坏账准备。从理论上讲，这一比例应按坏账占应收账款的概率计算，企业发生坏账多，比例相应高些；反之则低些。会计期末，企业应提取的坏账准备大于其坏账准备账面余额的，按其差额提取；应提取的坏账准备小于其账面余额的，按其差额冲回多提的坏账准备。

【例2-27】甲公司20×3年开始计提坏账准备，20×3年末应收账款余额为700 000元，该企业坏账准备的提取比例为5‰，20×4年，企业发现有2 000元的应收账款无法收回，按有关规定确认为坏账。20×4年12月31日，该企业应收账款余额为960 000元。20×5年，按银行通知，企业上年度已冲销的2 000元坏账又收回，款项已存银行。20×5年12月31日，该企业应收账款余额为850 000元。甲公司20×3—20×5年应计提的坏账准备的会计处理如下。

(1) 20×3年12月31日应提取的坏账准备=700 000×5‰=3 500元。

借：信用减值损失——坏账损失　　　　3 500

　　贷：坏账准备　　　　　　　　　　　　3 500

(2) 20×4年，企业发现有2 000元的应收账款无法收回。

借：坏账准备　　　　　　　　　　　　2 000

　　贷：应收账款　　　　　　　　　　　　2 000

(3) 20×4年12月31日，该企业应收账款余额为960 000元，按本年末应收账款余额应保留的坏账准备金额为960 000×5‰=4 800元，年末计提坏账准备前"坏账准备"账户的实际余额为1 500(3 500-2 000)元，故本年度应补提的坏账准备为4 800-1 500=3 300元。

借：信用减值损失——坏账损失　　　　3 300
　　贷：坏账准备　　　　　　　　　　　　　　3 300

(4) 20×5年，接银行通知，企业上年度已冲销的2 000元坏账又收回，款项已存银行。

借：应收账款　　　　　　　　　　　　2 000
　　贷：坏账准备　　　　　　　　　　　　　　2 000

同时，

借：银行存款　　　　　　　　　　　　2 000
　　贷：应收账款　　　　　　　　　　　　　　2 000

(5) 20×5年12月31日，该企业应收账款余额为850 000元，按本年末应收账款余额应保留的坏账准备金额为850 000×5‰=4 250元，年末计提坏账准备前"坏账准备"账户的实际余额为6 800(1 500+3 300+2 000)元，故本年度应冲销多提的坏账准备为6 800-4 250=2 550(元)。

借：坏账准备　　　　　　　　　　　　2 550
　　贷：信用减值损失——坏账损失　　　　　　2 550

采用此方法在会计核算中应注意两个问题：一是已确认并已转销的坏账损失，如果已收回，应及时借记和贷记"应收账款"科目，而不应直接从"银行存款"科目转入"坏账准备"科目，这样处理，便于提供分析债务人的财务状况信息，便于确认将来是否与其进行财务往来，并能反映出债务人企图重新建立信誉的愿望；二是收回已作为坏账核销的应收账款，应贷记"坏账准备"科目，而不应直接冲减"信用减值损失——坏账损失"科目，这样处理坏账准备的提取、核销、收回、结余，反映得更为清楚，便于进行分析利用。

2) 账龄分析法

账龄分析法(Aging the Receivables)与应收账款余额百分比法相类似，都是以应收账款余额的一定百分比来确定计提的坏账准备。所不同的是，按账龄分析法来计提坏账准备时，企业应对不同客户的应收账款按账龄的长短进行分类，并为处于每个账龄段的应收账款分别确定不同的坏账比例，汇总形成企业坏账准备的金额。一般是根据各应收账款的入账时间的长短来估计坏账损失，通常应收账款被拖欠的期限越长，发生坏账的可能性就越大。将应收账款按拖欠期限的长短划分为若干区间，计列各区间的应收账款余额，并为每一个区间估计一个坏账损失的百分比，然后确定期末坏账准备的估计金额，有关账务处理与应收账款余额百分比法相同。

【例2-28】甲公司20×5年12月31日应收账款账龄分析和估计坏账损失如表2-5所示，按资料做出相关会计处理如下。

表2-5　坏账损失估算表

应收账款账龄	应收账款余额/元	估计坏账率/%	估计坏账损失/元
未到期	200 000	0.5	1 000
过期1个月	60 000	1	600

续表

应收账款账龄	应收账款余额/元	估计坏账率/%	估计坏账损失/元
过期 2 个月	40 000	2	800
过期 3 个月	20 000	3	600
过期 3 个月以上	40 000	5	2 000
合计	360 000		5 000

假设调整前"坏账准备"科目账面余额为贷方 1 000 元，则本期调整分录金额为 5 000-1 000=4 000(元)，会计处理如下。

借：信用减值损失——坏账损失　　　　4 000
　　贷：坏账准备　　　　　　　　　　　　　4 000

假设调整前"坏账准备"科目账面余额为借方 2 000 元，则本期调整金额为 5 000+2 000 =7 000(元)，会计处理如下。

借：信用减值损失——坏账损失　　　　7 000
　　贷：坏账准备　　　　　　　　　　　　　7 000

企业也可以以其他因素作为类似信用风险的分组依据，分成信用风险不同的组别后，分别确定各组的坏账计提比例，然后用类似账龄分析法的计算方法，求出不同组别应计提的坏账准备金额。其账务处理过程完全符合账龄分析法。

3) 销货百分比法

销货百分比法(Percentage of Sales)是根据历史的经验，确定一个坏账损失约占销货净额的百分比，然后以企业各个会计期间的赊销收入的一定百分比来估计当期的坏账损失并计提坏账准备。能够计入当期费用、减少当期利润的事项，应与企业当期实现的收入有关，计提坏账准备产生的费用是由各会计期间的赊销收入引起的。因此，企业每个会计期间所提取的坏账准备，应当根据当期企业赊销收入的一定百分比来确定。计算公式为

各期计提的坏账准备=当期赊销净额×估计坏账百分比

可见，该方法侧重强调赊销收入与估计的坏账费用之间的配比关系，而没有考虑当期赊销的收款情况，也没有对以往计提的坏账准备做任何调整，这样可能会导致坏账准备的累计金额逐渐增大。因此，要求随时调整计提比例，以便反映坏账的真实情况。

【例 2-29】 甲公司 20×1 年全年赊销金额为 300 000 元，根据以往资料和经验，估计坏账损失率为 1.8%。甲公司计提坏账准备的会计处理如下。

借：信用减值损失——坏账损失　　　　5 400
　　贷：坏账准备　　　　　　　　　　　　　5 400

采用销货百分比法进行坏账损失的计提，不需考虑"坏账准备"账户的原有余额，期末直接按估计数记入"坏账准备"账户。估计坏账损失的百分比可能由于企业生产经营情况的不断变化而不相适应，因此，需要经常检查百分比是否能够足以反映企业坏账损失的实际情况，如果发现过高或过低，应及时调整百分比。

第六节　预付账款及其他应收款

一、预付账款

1. 预付账款的概念

预付账款，是指企业按照购货合同或劳务合同的规定，预先支付给供货方或提供劳务方的账款。企业在经营活动中所形成的债权，除应收账款与应收票据外，还包括预付款项。预付款项是企业按照购货合同预付给供货方的货款。应收账款与预付账款的不同在于，应收账款一般在产品积压或有剩余生产能力时采用，而预付账款则是在供应短缺，而企业又急需某些材料时采用。预付账款收回的是企业所需要的材料，而且是由供应商以自己的产品来偿还这一债务，因而这一债权的风险较小。预付账款是在款项付出时，按预付金额入账，即款项付出时即为预付款项的确认时间，入账金额为企业所预付的金额。

2. 预付账款的核算

为了核算和监督预付账款的支出和结算情况，企业应设置"预付账款"账户进行核算，其借方登记企业向供应单位预付的账款，贷方登记企业收到所购物品应结转的预付账款，期末借方余额反映企业已向供货单位预付的账款。

为了核算和监督企业向各个不同供应单位预付账款的具体结算情况，企业应按照供应单位名称设置明细账进行明细分类核算。

【例2-30】甲公司与乙公司订立购货合同，采购材料200吨，每吨2 000元，计400 000元，增值税税额为52 000元。合同规定，交货前按价款预付60%的定金，余款在两个月后交货时付清。甲公司相关的预付会计处理如下。

(1) 预付供货单位货款271 200元。

借：预付账款——乙公司　　　　　　　271 200
　　贷：银行存款　　　　　　　　　　　　　　271 200

(2) 收到乙公司发来的材料。

借：原材料　　　　　　　　　　　　　400 000
　　应交税费——应交增值税(进项税额)　52 000
　　贷：预付账款——乙公司　　　　　　　　　452 000

(3) 补付供货单位货款180 800元。

借：预付账款——乙公司　　　　　　　180 800
　　贷：银行存款　　　　　　　　　　　　　　180 800

对于预付账款业务不多的企业，为了简化核算手续，可以将预付供货单位的账款通过"应付账款"账户核算，不单独设置"预付账款"账户。

二、其他应收款和备用金

1. 其他应收款

其他应收款，是指除应收账款、应收票据和预付账款以外，企业发生的应收、暂付其他单位和个人的各种款项,主要包括以下几个方面:①备用金;②应收各种赔偿,包括应向过失人和保险公司收取的赔偿款项;③应收的各种罚款;④应收出租包装物的租金;⑤存出的保证金,如包装物押金等;⑥应向职工个人收取的各种垫付款项;⑦应收、暂付上级单位、所属单位的款项。

其他应收款应按实际发生额入账,而且应在实际发生时予以确认。其中,各种赔款、存出保证金、备用金、应收包装物租金及向职工收取的各项垫付款项等,应于实际发生或支付时入账。企业应定期或者至少每年年度终了对其他应收款进行检查,预计可能发生的坏账损失,并计提坏账准备。其他应收款是企业在购销活动之外产生的短期债权,数额一般不应很大。

为了与购销活动产生的商业债权相区别,企业应单独设置"其他应收款"账户处理上述其他应收款业务。该账户是资产类账户,借方登记各种其他应收款项的发生,贷方登记其他应收款项的收回,期末借方余额反映已经发生但尚未收回的其他应收款。企业也需要按其他应收款的项目分类,并按不同的债务人设户进行明细分类核算。

2. 备用金

备用金是指为了满足企业内部各单位日常零星开支的需要而暂付给企业内部单位,如企业内部各科室、车间或职工个人的款项。对于这一款项,企业可以采用先领后用,用后报销的方法;也可以采用按事先核定的备用金定额先领款,并按规定的用途使用,使用后凭有关单据按规定的手续报销,补足定额,即定额备用金制。备用金制度,既可以满足有关部门和人员日常零星开支的需要,又简化了财会报销和领款手续,同时也有利于现金的管理与控制。

(1) 备用金手续制度。预借备用金时,要填写一式三联的"借款单",说明借款的用途和金额,并经本部门和有关领导批准后,方可领取;预借备用金的数额应根据实际需要确定,数额较大的借款,应以信汇和电汇的方式解决,防止携带过多的现金,预借的备用金应严格按照规定的用途使用,不得购买私人物资;使用备用金办事完毕,要在规定期限内到财会部门报销,剩余备用金要及时交回,不得拖欠。报销时,应由报销人填写"报销单"并附上有关原始凭证,经有关领导审批。

(2) 备用金管理。备用金的管理办法一般有两种:一是随借随用、用后报销制度,适用于不经常使用备用金的单位和个人;二是定额备用金制度,适用于经常使用备用金的单位和个人。定额备用金制度的特点是对经常使用备用金的部门或车间,事先应核定备用金定额,由使用部门填制"借款单"一次性从财会部门领出现金。实际使用后凭审核后的原始凭证向财会部门报销,由财会部门用现金补足其定额。备用金使用部门必须对备用金指定专人管理;备用金实质上也是现金,因此,使用部门必须执行现金管理制度;此外,还必须按照明确的使用范围和开支权限使用;接受财会部门的管理,定期报账。对备用金要定期进行清查盘点,防止挪用或滥用,保证备用金的安全完整。

(3) 备用金会计处理。备用金的核算应设置"其他应收款"科目,它是资产类科目,用来核算企业除应收票据、应收账款、预付账款以外的其他各种应收、暂付款项,包括各种赔款、罚款、存储保证金、备用金、应向职工收取的各种垫付款等。在"其他应收款"总账中设立"备用金"二级账户,再按领取备用金的单位或职工进行明细核算。在备用金数额较大或业务较多的企业中,可以将备用金业务从"其他应收款"科目中划分出来,单独设置"备用金"科目进行核算,并按领取备用金的单位或职工进行明细账核算。

备用金的明细分类核算,一般是按领取备用金的单位或个人设置三栏式明细账,根据预借和报销凭证进行登记。有的企业为了简化核算手续,用"借款单"的第三联代替明细账(借款单第一联是存根,第二联出纳据以付款),报销和交回现金时,予以注销。

【例 2-31】 甲公司的会计部门对总务部门的采购人员实行定额备用金制度。相关会计处理如下:

(1) 会计部门根据核定的金额,付给定额备用金 3 000 元。

借:其他应收款——备用金——采购员　　　　3 000
　　贷:库存现金　　　　　　　　　　　　　　　　　3 000

(2) 该采购员在若干天以内采购厂部零星的办公用品若干次,共计 950 元,持开支的凭证向会计部门报销。会计部门审核以后付给现金,补足其定额。

借:管理费用　　　　　　　　　　　　　　　950
　　贷:库存现金　　　　　　　　　　　　　　　　950

(3) 采购员调动工作,会计部门决定收回定额备用金。该采购员持尚未报销的开支凭证 2 450 元和余款 550 元,到会计部门报销,办理交回备用金的手续。

借:管理费用　　　　　　　　　　　　　　2 450
　　库存现金　　　　　　　　　　　　　　　550
　　贷:其他应收款——备用金——采购员　　　　3 000

思 考 题

1. 简述企业现金使用范围。
2. 企业存款账户分为四类,具体包括哪些内容?
3. 银行结算方式主要有哪些?
4. 什么是"未达账项"?具体有几种情况?
5. 坏账损失的核算方法有哪几种?它们的优缺点是什么?
6. 其他应收款主要包括几个方面的内容?
7. 在现金折扣条件下,确认应收账款有几种方法?各自的优缺点是什么?
8. 确认坏账的条件是什么?

自 测 题

一、单项选择题

1. 企业的工资、奖金等现金支取,应通过(　　)办理。
　　A. 基本存款账户　　　　　　　　B. 一般存款账户
　　C. 临时存款账户　　　　　　　　D. 专项存款账户
2. 企业支付的银行承兑汇票手续费应计入(　　)。

A. 管理费用　　　　B. 财务费用　　　　C. 营业外支出　　　　D. 其他业务支出

3. 对于银行已经入账而企业尚未入账的未达账项,企业应当(　　)。

　　A. 在编制"银行存款余额调节表"的同时入账

　　B. 根据"银行对账单"记录的金额入账

　　C. 根据"银行对账单"编制自制凭证入账

　　D. 待结算凭证到达后入账

4. 企业在进行现金清查中发现多余的现金,在未经批准处理之前,应借记"库存现金"科目,贷记(　　)科目。

　　A. 其他业务收入　　　　　　　　　　B. 营业外收入

　　C. 待处理财产损溢　　　　　　　　　D. 其他应付款

5. 商业汇票的付款期限最长不得超过(　　)。

　　A. 3 个月　　　　B. 6 个月　　　　C. 9 个月　　　　D. 12 个月

6. 某企业年初坏账准备为 1 000 元(贷方),当年发生的坏账为 1500 元,年末按账龄分析法估计的坏账为 1900 元,则该公司年末应计提的坏账准备为(　　)。

　　A. 1 400 元　　　　B. 1 500 元　　　　C. 2 400 元　　　　D. 1 900 元

7. 某企业销售 A 商品,每件单价为 110 元,若客户购买 100 件(含 100 件)以上,每件可得到 10 元的商业折扣。某客户 20×8 年 9 月 10 日购买该商品 100 件,按规定现金折扣条件为 2/10,1/20, n/30(假定计算现金折扣时不考虑增值税)。适用的增值税税率为 13%。该企业于 9 月 29 日收到该笔款项时,应给予客户的现金折扣为(　　)元。

　　A. 2　　　　B. 100　　　　C. 113　　　　D. 1 100

8. "坏账准备"账户在期末结账前如为借方余额,反映的内容是(　　)。

　　A. 提取的坏账准备

　　B. 已经发生的坏账损失

　　C. 收回以前已经确认并转销的坏账损失

　　D. 已确认的坏账损失超出坏账准备的余额

9. 预付账款不多的企业,可以不设"预付账款"账户,将预付的款项计入(　　)。

　　A. "应付账款"账户的借方　　　　　　B. "应付账款"账户的贷方

　　C. "应收账款"账户的借方　　　　　　D. "应收账款"账户的贷方

10. 一张 5 月 26 日签发的 30 天的票据,到期日为(　　)。

　　A. 6 月 25 日　　　　B. 6 月 26 日　　　　C. 6 月 27 日　　　　D. 6 月 24 日

二、多项选择题

1. 企业发生的下列支出中,按规定可以用现金支付的有(　　)。

　　A. 职工王亮的差旅费 2 000 元　　　　B. 银行承兑汇票手续费 1 000 元

　　C. 职工赵明报销医药费 1 800 元　　　D. 购置四通打印机款 8 520 元

2. 企业银行存款账户的余额与银行账户中企业存款的余额不一致的原因有(　　)。

　　A. 银行已收款入账,企业尚未收款入账

　　B. 银行已付款入账,企业尚未付款入账

　　C. 企业已收款入账,银行尚未收款入账

D. 企业已付款入账，银行尚未付款入账
3. 企业的下列存款中，应通过"其他货币资金"科目核算的有(　　)。
　　A. 银行本票存款　　　　　　　　B. 银行汇票存款
　　C. 信用证存款　　　　　　　　　D. 信用卡存款
4. 企业现金清查的主要内容有(　　)。
　　A. 是否存在贪污或挪用　　　　　B. 是否存在白条抵库
　　C. 是否存在未达账项　　　　　　D. 是否存在超限额库存现金
　　E. 是否存在账款不符现象
5. 按照《银行账户管理办法》的规定，企业可以开立和使用的账户有(　　)。
　　A. 基本存款账户　　　　　　　　B. 一般存款账户
　　C. 临时存款账户　　　　　　　　D. 专用存款账户
6. 下列各项中，通过"其他货币资金"科目核算的有(　　)。
　　A. 银行汇票存款　　　　　　　　B. 银行本票存款
　　C. 备用金　　　　　　　　　　　D. 外埠存款
7. 下列各项中，应在"其他应收款"账户核算的有(　　)。
　　A. 应收保险公司的各种赔款　　　B. 应收的各种罚款
　　C. 应收出租包装物的租金　　　　D. 应向职工收取的暂付款项
8. 企业将无息票据贴现时，影响贴现利息计算的因素有(　　)。
　　A. 票据的面值　　B. 票据的期限　　C. 企业持票天数　　D. 贴现利率
9. 下列各项中，应记入"坏账准备"账户贷方的有(　　)。
　　A. 年末按应收账款余额的一定比例计提的坏账准备
　　B. 收回过去已经确认并转销的坏账
　　C. 经批准转销的坏账
　　D. 确实无法支付的应付账款
10. 企业进行坏账核算时，备抵法下估计坏账损失的方法有(　　)。
　　A. 直接转销法　　　　　　　　　B. 应收账款余额百分比法
　　C. 账龄分析法　　　　　　　　　D. 销货百分比法

三、判断题

1. 一般情况下，企业发生的少量零星支出可直接从本单位的现金收入中支付。
　　　　　　　　　　　　　　　　　　　　　　　　　　　　　　　　(　　)
2. 企业的一般存款账户可以办理转账结算手续和现金缴存，但不能办理现金支取。
　　　　　　　　　　　　　　　　　　　　　　　　　　　　　　　　(　　)
3. 企业应收包装物押金，应在"应收账款"账户下核算。　　　　　　　(　　)
4. 带息票据的到期值就是其面值。　　　　　　　　　　　　　　　　(　　)
5. 存在现金折扣的情况下，如采用总价法核算，应收账款应按销售收入扣除现金折扣后的金额确认。　　　　　　　　　　　　　　　　　　　　　(　　)

业 务 题

1. 某公司 20×1 年 2 月 6 日发生如下经济业务。
(1) 从银行提取现金 30 000 元备用。
(2) 收到本月房屋租金收入 1 200 元。
(3) 职工汤明慧出差预借差旅费 6 000 元。
(4) 以现金支付职工工资 55 000 元。
(5) 以现金支付广告费用 800 元。
要求：请做出相关会计处理。

2. 甲公司于 20×1 年 4 月 10 日销售商品一批，售价为 500 000 元，增值税税额为 65 000 元，收到购货单位的银行承兑汇票一张，面值为 565 000 元，期限为 180 天，票面利率为 12%。6 月 15 日，甲公司持有该票据向银行申请贴现，贴现率为 8%。
要求：
(1) 计算票据的贴现利息和贴现所得金额。
(2) 分别编制甲公司商业汇票取得和贴现的会计分录。

3. 甲公司规定客户购买 10 万元以上的商品可给予 10%的商业折扣。20×1 年 3 月 2 日，甲公司销售一批商品给乙企业，售价为 20 万元，增值税税率为 13%，款项尚未收到，给予乙企业的现金折扣条件为 "2/10,1/20,n/30"（假定计算现金折扣时不考虑增值税），乙企业 20×1 年 3 月 10 日支付款项。
要求：编制甲公司有关销售产品和收款时的会计分录。

4. 甲公司 20×1 年 11 月 1 日销售一批商品给乙企业，销售收入为 120 000 元，增值税税额为 15 600 元，商品已经发出，乙企业交来一张期限为 6 个月、票面利率为 8%的商业承兑汇票。
要求：编制甲公司收到票据、年终计提票据利息和收回货款的会计分录。

5. 甲公司采用应收账款余额百分比法核算坏账，坏账计提比率为 4‰，20×3 年年末"应收账款"账户余额为 1 200 万元，期末未计提坏账准备金前，"坏账准备"账户余额为 6 000 元（借方）。20×4 年 5 月 8 日因一债务人破产，所欠本企业债务 30 000 元确已无法收回，经批准作为坏账转销。20×4 年年末"应收账款"账户余额为 1100 万元，20×5 年 3 月 15 日接到法院裁定，上年已转销的坏账 30 000 元，收回其中 17 000 元，已存入银行，20×5 年年末"应收账款"账户余额为 900 万元。
要求：根据上述资料分别计算每年年末应计提的坏账，并编制相关会计分录。

第三章

存　货

学习目标：了解存货的特点、范围和分类；掌握存货的确认条件和初始计量；掌握存货发出的计价方法以及存货的期末计量；重点掌握材料按实际成本计价和按计划成本计价的核算方法；掌握周转材料和委托加工材料的核算方法，以及存货盘盈、盘亏和毁损的账务处理。

关键词：存货　计价方法　实际成本　计划成本　原材料　委托加工物资　可变现净值　存货跌价准备

第一节　存货概述

一、存货的概念与特点

1. 存货的概念

存货是指企业在日常活动中持有以备出售的产成品或商品、处在生产过程中的在产品、在生产过程或提供劳务过程中耗用的材料和物料等，包括库存的、加工中的、在途的各类材料、商品、在产品、半成品、产成品、包装物、低值易耗品和委托加工物资等。

2. 存货的特点

存货具有以下特点。

(1) 存货具有物质实体，属于有形资产。这一特征，使其与企业的其他不具有物质实体的资产相区别，比如应收账款、应收票据、长期投资、无形资产等，现金和银行存款也不属于存货。

(2) 企业持有存货的目的是出售。有的生产过程已完工入库准备出售，如商品产成品及某些半成品；有的将在生产或提供劳务过程中耗用，制成产成品后再予以出售，如材料、低值易耗品、包装物等；有的处在生产过程中，如在产品、半成品等。这一特征，使其与固定资产、工程物资等相区别。

(3) 存货具有较大的流动性，属于流动资产。存货在生产经营过程中，经常处于不断销售、重置或耗用、重置之中，具有较强的变现能力和流动性，但其流动性又低于现金、应收账款等其他流动资产。这一特点，使其与企业的固定资产、在建工程等相区别。另外，企业的低值易耗品、包装物流动性也较大，故将其列入存货中。

(4) 存货具有时效性和发生潜在损失的可能性。在正常的生产经营过程中，存货较容易转换为货币资金或其他资产，但由于管理不当或其他原因，如商品、材料等，有可能形成积压物资或需降价出售，从而造成损失。

二、存货的认定范围

某个项目要确认为存货，首先要符合存货的定义。在此前提下，还应当符合存货确认的两个条件。

1. 与该存货有关的经济利益很可能流入企业

在实际工作中，拥有存货的所有权是判断有关的经济利益很可能流入企业的一个重要标志。在符合存货定义，并同时满足存货确认条件的前提下，存货的认定范围是以企业对存货是否具有法定所有权及企业是否拥有存货所有权上的主要风险和报酬为标准。在盘存日，凡法定所有权属于企业的一切材料物资，不论存放地点如何，均视为企业的存货。反之，凡法定所有权不属于企业的一切材料物资，即使存放于企业，也不应确认为企业的存货。

例如，委托代销商品、出租或出借包装物、委托加工物资、发出商品等物资，虽然不在本企业的仓库中，但它们属于企业存货。而受托代销商品、租入或借入的包装物等，虽然存放在企业，但不应作为企业的存货。

2. 该存货的成本能够可靠计量

作为企业资产的组成部分，要确认存货，企业必须能够对其成本进行可靠的计量。存货的成本能够被可靠地计量，必须以取得确凿、可靠的证据为依据，并且具有可验证性。如果存货成本不能被可靠地计量，则不能确认为一项存货。例如，企业承诺的订货合同由于并未实际发生，不能可靠地确定其成本，因此就不能确认为购买企业的存货。又如，企业预计发生的制造费用由于并未实际发生，不能可靠地确认其成本，因此不能计入产品成本。

关于存货的范围需要说明以下几点。

(1) 关于代销商品的归属。代销商品是指一方委托另一方代其销售的商品。从商品所有权的转移来分析，代销商品在售出之前，所有权属于委托方，受托方只是代委托方销售商品。因此，代销商品应作为委托方的存货处理。

(2) 关于在途商品等的处理。对于销售方按销售合同、协议规定已确认销售(如已收到货款等)，而尚未发运给购货方的商品，应作为购货方的存货，而不应再作为销售方的存货；对于购货方已收到商品但尚未收到售货方结算发票等的商品，购货方应作为其存货处理；对于购货方已经确认为购进(如已付款等)而尚未到达入库的在途商品，购货方应将其作为存货处理。

(3) 关于购货约定问题。对于约定未来购入的商品，由于企业并没有发生实际的购货行为，因此，不作为企业的存货，也不确认有关的负债和费用。

需要注意的是，为建造固定资产等各项工程而储备的各种材料，如工程物资，虽然同属于材料，但是用于建造固定资产等各项工程，其价值分次进行转移，并不符合存货的定义，因此不能作为企业的存货进行核算。企业的特种储备以及按国家指令专项储备的资产也不符合存货的定义，因而也不属于企业的存货。

三、存货的分类

存货的种类繁多，为了正确核算存货，加强存货管理，应根据不同的目的和标准对存货进行科学的分类。

1. 按经济内容分类

存货按经济内容分为原材料、在产品、半成品、产成品、商品以及周转材料等。

(1) 原材料，是指企业在生产过程中经加工改变其形态或性质并构成产品主要实体的各种原料及主要材料、辅助材料、外购半成品(外购件)、修理用备件(备品备件)、包装材料、燃料等。

(2) 在产品，是指企业正在制造尚未完工的生产物，包括正在各个生产工序加工的产品和已加工完毕但尚未检验或已检验但尚未办理入库手续的产品。

(3) 半成品，是指经过一定生产过程并已检验合格交付半成品仓库保管，但尚未制造完工成为产成品，仍需进一步加工的中间产品。

(4) 产成品，是指工业企业已经完成全部生产过程并验收入库，可以按照合同规定的条件送交订货单位，或者可以作为商品对外销售的产品。企业接受外来原材料加工制造的代制品和为外单位加工修理的代修品，制造和修理完成验收入库后，应视同企业的产成品。

(5) 商品，是指商品流通企业外购或委托加工完成验收入库用于销售的各种商品。

(6) 周转材料，是指企业能够多次使用，逐渐转移其价值但仍保持原来形态不确认为固定资产的材料，如为了包装本企业商品而储备的各种包装物，各种工具、管理用具、玻璃器皿、劳动保护用品，以及在经营过程中周转使用的容器等低值易耗品和建造承包商的钢模板、木模板、脚手架等其他周转材料。

2. 按照存放地点分类

存货按存放地点分为库存存货、在途存货、加工中存货和委托代销存货等。

(1) 库存存货，是指已验收合格并入库的各种存货。

(2) 在途存货，是指货款已经支付正在途中运输的存货，以及已经运达企业但尚未验收入库的存货。

(3) 加工中存货，是指本企业正在加工中的存货和委托其他单位加工的存货。

(4) 委托代销存货，是指本企业委托其他单位代销的存货。

此外，存货还可以按其取得方式分为外购存货、自制存货、委托加工存货、投资者投入的存货、接受捐赠取得的存货、债务重组取得的存货、非货币性资产交换换入的存货、盘盈的存货等。

第二节　存货的初始计量及会计处理

存货的初始计量是指企业在取得存货时对存货入账价值的确定。存货应当按照成本进行初始计量，存货成本包括采购成本、加工成本和其他成本。由于存货的取得方式多种多样，在不同的取得方式下，存货成本的具体构成内容也并不完全相同，因此，存货的实际取得成本应结合存货的具体取得方式分别确定，并作为存货入账的依据。

一、外购存货

1. 外购存货的成本

外购存货的成本是指企业在采购过程中所发生的支出,包括购买价款、相关税费、运输费、装卸费、保险费以及其他可归属于存货采购成本的费用。

(1) 购买价款,是指企业购入的材料或商品的发票账单上列明的价款,但不包括按规定可以抵扣的增值税额。

(2) 相关税费,包括企业进口货物的关税以及购买、自制或委托加工存货发生的消费税、资源税和不能从销项税额中抵扣的增值税进项税额等应计入存货采购成本的税费。

(3) 其他可归属于存货采购成本的费用,即采购成本中除上述各项以外的可归属于存货采购成本的费用,如在存货采购过程中发生的仓储费、包装费、运输途中的合理损耗、入库前的挑选整理费用等。这些费用能分清负担对象的,应直接计入存货的采购成本;不能分清负担对象的,应选择合理的分配方法,分配计入有关存货的采购成本,可以按所购存货的数量或采购价格比例进行分配。

对于采购过程中发生的物资毁损、短缺等,除合理或定额内损耗应当作为存货的"其他可归属于存货采购成本的费用"计入采购成本外,应区别不同情况进行会计处理。

(1) 应从供应单位、外部运输机构等收回的物资短缺或其他赔款,冲减物资的采购成本。

(2) 因遭受意外灾害发生的损失和尚待查明原因的途中损耗,不得增加物资的采购成本,应暂作为待处理财产损溢进行核算,查明原因后再做处理。

需要说明的是,商品流通企业在采购商品过程中发生的运输费、装卸费、保险费以及其他可归属于存货采购成本的费用等进货费用,应当计入所购商品成本。在实务中,企业也可以将发生的运输费、装卸费、保险费以及其他可归属于存货采购成本的费用等进货费用先进行归集,期末根据所购商品的存销情况进行分摊。对于已售商品的进货费用,计入当期损益(主营业务成本);对于未售商品的进货费用,计入期末存货成本。商品流通企业采购商品的进货费用金额较小的,也可在发生时直接计入当期销售费用。

2. 外购存货的会计处理

企业外购材料收入业务,由于结算方式和采购地点不同,付款和收料日期经常出现不一致的现象,因而应根据实际情况分别处理。

1) 存货验收入库和货款结算同时完成

在材料验收入库和货款结算同时完成的情况下,企业应于支付货款或已开出、承兑商业汇票,并且材料验收入库后,按发票账单等结算凭证确定的材料成本,借记"原材料"科目;按增值税专用发票上注明的增值税进项税额,借记"应交税费——应交增值税(进项税额)"科目;按实际支付的款项或应付票据面值,贷记"银行存款""应付票据"等科目。

【例3-1】 甲公司在本市某单位购入辅助材料一批,用转账支票支付款项2 260元,其中专用发票上注明的增值税税额为260元,材料货款为2 000元。材料已验收入库。

其会计处理如下:

借：原材料	2 000	
应交税费——应交增值税(进项税额)	260	
贷：银行存款		2 260

2) 货款已经结算，存货尚在途中

在已经支付货款或开出、承兑商业汇票，但材料尚在运输途中或虽已运达但尚未验收入库的情况下，企业应于支付货款或开出、承兑商业汇票时，按发票账单等结算凭证确定的材料成本，借记"在途物资"科目；按增值税专用发票上注明的增值税进项税额，借记"应交税费——应交增值税(进项税额)"科目；按实际支付的款项或应付票据面值，贷记"银行存款""应付票据"等科目。待存货运达企业并验收入库后，再根据有关验货凭证，借记"原材料"科目，贷记"在途物资"科目。

【例3-2】甲公司向某钢厂购买钢材一批，专用发票上的总金额为33 900元，已通过银行承付。专用发票上已注明增值税税额为3 900元，货款及运费为30 000元。钢材尚未运达企业。

甲公司的会计处理如下。

借：在途物资	30 000	
应交税费——应交增值税(进项税额)	3 900	
贷：银行存款		33 900

待以后材料到达企业并验收入库时：

借：原材料	30 000	
贷：在途物资		30 000

3) 存货已验收入库但结算凭证尚未到达

在材料已运达企业并验收入库，但发票账单等结算凭证尚未到达，货款尚未结算的情况下，企业在收到材料时可先不进行会计处理。

如果在本月内结算凭证能够到达企业，则应在支付货款或开出、承兑商业汇票后，按发票账单等结算凭证确定的材料成本，借记"原材料"科目；按增值税专用发票上注明的增值税进项税额，借记"应交税费——应交增值税(进项税额)"科目；按实际支付的款项或应付票据面值，贷记"银行存款""应付票据"等科目。

如果月末时结算凭证仍未到达，为全面反映资产及负债情况，应对收到的材料按暂估价值入账，借记"原材料"科目，贷记"应付账款——暂估应付账款"科目；下月月初，再编制相同的红字记账凭证予以冲回。待结算凭证到达，企业付款或开出、承兑商业汇票后，按发票账单等结算凭证确定的材料成本，借记"原材料"科目；按增值税专用发票上注明的增值税进项税额，借记"应交税费——应交增值税(进项税额)"科目；按实际支付的款项或应付票据面值，贷记"银行存款""应付票据"等科目。

【例3-3】甲公司当年7月20日和25日到料并入库两批钢材，第一批为2 000千克，第二批为1 000千克，结算凭证均未到。7月28日，第一批钢材的结算凭证到达企业，专用发票上注明用银行存款支付货款1 000元，增值税税额为130元。

相关会计处理如下。

① 7月20日和25日，材料到达并验收入库。因结算凭证未到，暂不做会计处理。

② 7月28日，第一批钢材的结算凭证到达企业。

借：原材料　　　　　　　　　　　　　　　1 000
　　应交税费——应交增值税(进项税额)　　　130
　　　贷：银行存款　　　　　　　　　　　　　　　1 130

③ 7月31日，第二批钢材的结算凭证仍未到达，按0.95元的单价暂估入账。

借：原材料　　　　　　　　　　　　　　　　950
　　　贷：应付账款——暂估应付账款　　　　　　　　950

④ 8月1日，编制相同的红字记账凭证(冲销)。

借：原材料　　　　　　　　　　　　　　　　950
　　　贷：应付账款——暂估应付账款　　　　　　　　950

待实际收到该批钢材的结算凭证时，再按相关单据进行账务处理。

4) 采用预付货款方式购入存货

在采用预付货款方式购入材料的情况下，企业应在预付货款时，按照实际预付的金额，借记"预付账款"科目，贷记"银行存款"科目。购入的材料验收入库时，按发票账单等结算凭证确定的材料成本，借记"原材料"科目；按增值税专用发票上注明的增值税进项税额，借记"应交税费——应交增值税(进项税额)"科目；按材料成本与增值税进项税额之和，贷记"预付账款"科目。预付的货款不足，需补付货款时，按照补付的金额，借记"预付账款"科目，贷记"银行存款"科目；供货方退回多付的货款时，借记"银行存款"科目，贷记"预付账款"科目。

【例3-4】甲公司按合同规定，于当年9月20日预付给乙企业50 000元用于购买原材料。9月25日甲公司收到乙企业发来的原材料并已验收入库。专用发票上注明材料价款为50 000元，增值税税额为6 500元，并于次日，通过银行转账补付供货单位剩余货款。

甲公司的会计处理如下。

① 9月20日，预付货款。

借：预付账款　　　　　　　　　　　　　　50 000
　　　贷：银行存款　　　　　　　　　　　　　　　50 000

② 9月25日，收到原材料并验收入库。

借：原材料　　　　　　　　　　　　　　　50 000
　　应交税费——应交增值税(进项税额)　　6 500
　　　贷：预付账款　　　　　　　　　　　　　　　56 500

③ 9月26日，补付乙企业货款6 500元。

借：预付账款　　　　　　　　　　　　　　6 500
　　　贷：银行存款　　　　　　　　　　　　　　　6 500

5) 采用赊购方式购入存货

在采用赊购方式购入材料的情况下，企业应于材料验收入库后，按发票账单等结算凭证确定的材料成本，借记"原材料"科目；按增值税专用发票上注明的增值税进项税额，借记"应交税费——应交增值税(进项税额)"科目；按应付未付的货款，贷记"应付账款"科目。待支付款项或开出、承兑商业汇票后，再根据实际支付的货款金额或应付票据面值，借记"应付账款"科目，贷记"银行存款""应付票据"等科目。

【例 3-5】 假设例 3-4 中，甲公司采用赊购方式取得该批原材料。9 月 25 日甲公司收到乙企业发来的原材料并已验收入库。专用发票上注明材料价款为 50 000 元，增值税税额为 6 500 元。按合同规定甲公司应于 10 月 25 日之前支付货款。

甲公司的会计处理如下。

① 9 月 25 日，赊购原材料。

借：原材料　　　　　　　　　　　　　　　　　　50 000
　　应交税费——应交增值税(进项税额)　　　　　　6 500
　　　贷：应付账款——乙企业　　　　　　　　　　　　56 500

② 10 月 25 日，支付货款。

借：应付账款——乙企业　　　　　　　　　　　　56 500
　　　贷：银行存款　　　　　　　　　　　　　　　　　56 500

二、加工取得的存货

1. 自制存货的成本及会计处理

1) 自制存货的成本

自制的存货按制造过程中的各项实际支出作为存货成本。通过加工制成的存货，如产成品、半成品、在产品等，按所耗材料存货的采购成本、加工成本计价。采购成本由自制存货所使用或消耗的原材料采购成本转移而来，因此自制存货成本计量的重点是确定存货的加工成本，包括直接人工以及按照一定方法分配的制造费用。注意，某些存货还包括其他成本，例如，为特定客户设计产品所发生的、可直接确定的设计费用，应计入存货成本的借款费用等。

2) 自制存货的会计处理

企业对自制存货的成本，应设置"生产成本"账户进行核算，并按成本计算对象设置明细账。企业发生的应计入产品成本的费用均应计入"生产成本"账户，待自制产品验收入库时，再按确定的实际成本转入库存商品等。

【例 3-6】 甲公司的基本生产车间制造完成一批产成品，已验收入库。经计算，该批产成品的实际成本为 50 000 元。根据上述资料，甲公司应做如下账务处理。

借：库存商品　　　　　　　　　　　　　　　　　　50 000
　　　贷：生产成本——基本生产成本　　　　　　　　　50 000

2. 委托加工物资的成本及会计处理

1) 委托加工物资的成本

委托加工物资，是指企业将物资委托其他单位，加工成另一种性能和用途的物资，一般经过"发出——加工——验收入库"三个过程，其实际成本应包括以下几个方面。

(1) 耗用物资的实际成本，是指构成委托加工物资材料的实际成本，主要包括企业委托外单位加工拨付的材料物资成本。

(2) 支付的加工费用，是指企业委托外单位加工物资，向受托方支付的加工费用。

(3) 支付的税金。包括委托加工材料负担的增值税(指不能抵扣的增值税计入成本)、消费税(指属于消费税应税范围的加工物资,并区别不同情况进行处理)。

需要缴纳消费税的委托加工物资,由其受托方代收代缴的消费税,应区别以下情况进行处理:①委托加工的物资收回后直接用于销售的,委托方应将受托方代收代缴的消费税计入委托加工物资的成本;②委托加工的物资收回后用于连续生产应税消费品的,委托方应将负担的消费税计入"应交税费——应交消费税"科目的借方,待消费品连续生产完工销售后,抵交其应纳的销售环节消费税。

(4) 支付的运杂费是指支付委托加工物资的往返运杂费。

2) 委托加工物资的会计处理

为了反映和监督加工合同的执行以及加工物资的管理与核算,企业应设置"委托加工物资"科目,对委托加工物资进行总分类核算,按加工合同和受托加工单位设置明细账,进行明细分类核算。其会计处理主要包括拨付加工物资、支付加工费用和税金、收回加工物资等环节。以下通过例题说明其会计处理。

【例 3-7】 甲公司委托外单位加工一批材料(属于应税消费品),发出原材料成本为10 000元,加工费为8 000元,增值税为1 040元,由受托方代收代缴的消费税为2 000元,现已加工完毕验收入库,支付运杂费300元。加工费和税金等均以银行存款支付。

委托加工物资的相关会计处理如下。

(1) 拨付加工材料。

借:委托加工物资　　　　　　　　　　　　　　10 000
　　贷:原材料　　　　　　　　　　　　　　　　　　　　10 000

(2) 支付加工费、增值税。

借:委托加工物资　　　　　　　　　　　　　　8 000
　　应交税费——应交增值税(进项税额)　　　1 040
　　贷:银行存款　　　　　　　　　　　　　　　　　　　9 040

(3) 支付消费税。

① 若本批委托加工材料收回,直接用于销售,则

借:委托加工物资　　　　　　　　　　　　　　2 000
　　贷:银行存款　　　　　　　　　　　　　　　　　　　2 000

② 若本批委托加工材料收回,用于再生产,则

借:应交税费——应交消费税　　　　　　　　2 000
　　贷:银行存款　　　　　　　　　　　　　　　　　　　2 000

(4) 支付运杂费。

借:委托加工物资　　　　　　　　　　　　　　300
　　贷:银行存款　　　　　　　　　　　　　　　　　　　300

(5) 加工完成收回委托加工材料并验收入库。

① 若本批委托加工材料收回,直接用于销售,则

借:库存商品　　　　　　　　　　　　　　　　20 300
　　贷:委托加工物资　　　　　　　　　　　　　　　　　20 300

② 若本批委托加工材料收回,用于再生产,则

借:原材料　　　　　　　　　　　　　　　　　18 300
　　贷:委托加工物资　　　　　　　　　　　　　　　　　18 300

例 3-7 为采用实际成本法核算的例子。企业若采用计划成本法或售价法核算,应按计划成本或售价,借记"原材料"或"库存商品"科目,按实际成本贷记"委托加工物资"科目,按实际成本与计划成本或售价之间的差额,借记或贷记"材料成本差异"或贷记"商品进销差价"科目。委托加工物资期末借方余额,反映企业委托外单位加工尚未完成物资的实际成本。

三、其他方式取得的存货

1. 投资者投入的存货

投资者投入的存货的成本,应当按照投资合同或协议约定的价值确定,但合同或协议约定价值不公允的除外。在投资合同或协议约定价值不公允的情况下,按照该项存货的公允价值入账。

企业接受投资取得材料时,应当按照投资合同或协议约定的价值确定,借记"原材料"科目;按增值税专用发票上注明的增值税进项税额,借记"应交税费——应交增值税(进项税额)"科目;按投资者在注册资本中所占的份额,贷记"实收资本"或"股本"科目,按其差额,贷记"资本公积"科目。

【例 3-8】 甲公司收到 A 股东投入的主要材料 20 000 千克,该材料的计税价格为 90 000 元,专用发票上注明的增值税税额为 11 700 元。投资双方确认该金额作为甲公司的投入资本,可折换为甲公司普通股股票 60 000 股(每股面值 1 元)。

甲公司的会计处理如下。

借:原材料　　　　　　　　　　　　　　　　　　　　90 000
　　应交税费——应交增值税(进项税额)　　　　　　 11 700
　　贷:股本——A 股东　　　　　　　　　　　　　　　60 000
　　　　资本公积——股本溢价　　　　　　　　　　　 41 700

2. 接受捐赠取得的存货

企业接受捐赠取得的存货,应当分以下情况确定入账成本。

(1) 捐赠方提供了有关凭据(如发票、报关单、有关协议)的,按凭据上标明的金额加上应支付的相关税费作为入账成本。

(2) 捐赠方没有提供有关凭据的,按如下顺序确定入账成本:①同类或类似存货存在活跃市场的,按同类或类似存货的市场价格估计的金额,加上应支付的相关税费,作为入账成本;②同类或类似存货不存在活跃市场的,按该捐赠存货预计未来现金流量的现值,作为入账成本。

【例 3-9】 甲公司接受乙公司捐赠材料一批,捐赠方提供的发票上标明的价值为 200 000 元(假定不考虑增值税税费)。

甲公司的会计处理如下。

借:原材料　　　　　　　　　　　　　　　　　　　　200 000
　　贷:营业外收入——捐赠利得　　　　　　　　　　　200 000

3. 通过非货币性交换、债务重组、企业合并等方式取得的存货

企业合并、非货币性资产交换、债务重组取得的存货的成本,应当分别按照《企业合

并》《非货币性资产交换》《债务重组》相关准则的有关规定确定。

4. 企业盘盈的存货

盘盈的存货应按其重置成本作为入账价值，并通过"待处理财产损溢——待处理流动资产损溢"账户进行会计处理，按管理权限报经批准后冲减当期管理费用。

第三节　存货发出的计量

一、发出存货成本的确定方法

1. 先进先出法

先进先出法是指以先购入的存货先发出为假设条件，按照货物购入的先后顺序确定发出存货和期末存货实际成本的方法。具体方法是：收入存货时，逐笔登记收入存货的数量、单价和金额，发出存货时，按照先进先出的原则逐笔登记存货的发出成本和结存金额。

【例3-10】 甲公司20×1年9月1日结存甲种材料300千克，每千克实际成本为10元；9月5日、9月20日和9月28日分别购入该材料900千克、600千克和500千克，每千克实际成本分别为11元、12元和13元；9月10日和9月25日分别发出该材料1 050千克和600千克。

要求：计算在永续盘存制下，按先进先出法计价核算时，发出和结存材料的成本。

按照先进先出法，发出和结存材料的成本如表3-1所示。

表3-1　甲种材料明细账

20×1年		凭证号	摘要	收入			发出			结存		
月	日			数量/千克	单价/元	金额/元	数量/千克	单价/元	金额/元	数量/千克	单价/元	金额/元
9	1	略	期初结存							300	10	3 000
	5		购入	900	11	9 900				300	10	3 000
										900	11	9 900
	10		发出				300	10	3 000			
							750	11	8 250	150	11	1 650
	20		购入	600	12	7 200				150	11	1 650
										600	12	7 200
	25		发出				150	11	1 650			
							450	12	5 400	150	12	1 800
	28		购入	500	13	6 500				150	12	1 800
										500	13	6 500
	30		合计	2 000		23 600	1 650		18 300	650		8 300

采用先进先出法，可以随时结转存货发出成本，期末存货成本接近于市价，企业不能随意挑选存货的计价以调整当期利润。采用该方法如果存货收发业务较多，且存货单价不稳定时，工作量较大。在物价持续上升时，期末存货成本接近于市价，而发出成本偏低，利润偏高。

与先进先出法相对应，还有后进先出法。由于国际会计准则和我国会计准则均已取消该方法，故在此不予介绍。

2. 月末一次加权平均法

月末一次加权平均法，是指以期初存货数量和本期收入存货数量为权数，于月末一次计算存货平均单价，据以计算当月发出存货和月末结存存货实际成本的方法。计算公式为

$$加权平均单位成本 = \frac{期初结存存货实际成本 + 本期收入存货实际成本}{期初结存存货数量 + 本期收入存货数量}$$

本期发出存货实际成本=本期发出存货数量×加权平均单位成本

期末结存存货实际成本=期末结存存货数量×加权平均单位成本

(或) =期初结存存货实际成本+本期收入存货实际成本-本期发出存货实际成本

【例 3-11】 根据例 3-10 的资料，采用月末一次加权平均法计价，计算发出和结存材料的成本。

计算如下：

加权平均单位成本=(3 000+23 600)÷(300+2 000) =11.57(元)

本期发出存货实际成本=1 650×11.57=19 090.50(元)

期末结存存货成本=3 000+23 600-19 090.50=7 509.50(元)

月末一次加权平均法比较简单，而且在市场价格上涨或下跌时所计算出来的单位成本平均化，对存货成本的分摊较为折中；但是，平时无法从账上提供发出和结存存货的单价及金额，不利于加强对存货的日常管理与控制。

3. 移动加权平均法

移动加权平均法是指在每次收入存货后，以每次收入存货前的结存数量和该次收入存货数量为权数，计算新的平均单位成本，作为下次发货计价基础的一种方法。其计算公式如下：

$$移动加权平均单位成本 = \frac{本次收入前结存存货实际成本 + 本期收入存货实际成本}{本次收入前结存存货数量 + 本期收入存货数量}$$

发出存货的成本=本次发出存货的数量×移动加权平均单位成本

结存存货成本=结存存货数量×移动加权平均单位成本

【例 3-12】 根据例 3-10 的资料，采用移动加权平均法，计算发出和结存材料的成本。

计算如下：

(1) 9 月 5 日，购入材料 900 千克，单价为 11 元。

移动加权平均单位成本=(3 000+900×11)÷(300+900)=10.75(元)

(2) 9 月 10 日，发出材料 1 050 千克。

发出甲种材料的成本=1 050×10.75=11 287.5(元)

结存甲种材料成本=150×10.75=1 612.5(元)

(3) 9 月 20 日，购入材料 600 千克，单价为 12 元。

移动加权平均单位成本=(1 612.5+600×12)÷(150+600)=11.75(元)

(4) 9 月 25 日，发出材料 600 千克。

发出甲种材料的成本=600×11.75=7 050(元)

结存甲种材料成本=150×11.75=1 762.5(元)

(5) 9月28日，购入材料500千克，单价为13元。

移动加权平均单位成本=(1 762.5+500×13)÷(150+500)≈12.71(元)

(6) 期末结存甲种材料成本=1 762.5+6 500=8 262.5(元)(倒扎)。

采用移动平均法能够使管理部门及时了解存货的结存情况，计算的平均单位成本以及发出和结存的存货成本比较客观。但由于每次收货都要计算一次平均单价，计算工作量较大，对于利用计算机进行存货管理的企业较为方便。

4. 个别计价法

个别计价法，又称个别认定法、具体辨认法。采用这一方法是假设存货的成本流转与实物流转相一致，按照各种存货，逐一辨认各批发出存货和期末存货所属的购进批别或生产批别，分别按其购入或生产时所确定的单位成本作为计算各批发出存货和期末存货成本的方法。其计算公式为

每次(批)存货发出成本=该次(批)存货发出数量×该次(批)存货单位成本

采用这种方法，计算发出存货的成本和期末存货的成本比较合理、准确，但采用这种方法的前提是需要对发出和结存存货的批次进行具体认定，以辨别其所属的收入批次，所以实务操作的工作量繁重，困难较大。

个别计价法适用于容易识别、存货品种数量不多、单位成本较高的存货计价，如房产、船舶、飞机、重型设备、珠宝、名画等贵重物品。

二、发出存货的会计处理

1. 发出原材料(实际成本计价)的会计处理

由于发料业务频繁，发料凭证数量多，为了简化核算工作，平时一般只根据发料凭证登记原材料明细分类账，而不直接根据发料凭证编制记账凭证登记总分类账。材料发出的总分类核算，是由企业财会部门在月末时根据月份内签收的各种发料凭证按照发出材料的用途进行分类汇总，编制发出材料汇总表，作为会计处理的依据。

【例3-13】甲公司20×1年1月份发出材料，如表3-2所示。

表3-2 发出材料汇总表

20×1年1月31日　　　　　　　　　　　　　　　　单位：元

领用部门	用途	材料类别			合计
		原料及主要材料	辅助材料	燃料	
生产车间	产品生产	95 000	3 000	2 000	100 000
	一般消耗		2 700	1 300	4 000
厂部	一般消耗			2 400	2 400
销售部门	销售	7 500	2 000		9 500
合计		102 500	7 700	5 700	115 900

根据表 3-2，做如下会计处理。

借：生产成本　　　　　　　　　　　　　　　100 000
　　制造费用　　　　　　　　　　　　　　　　4 000
　　管理费用　　　　　　　　　　　　　　　　2 400
　　其他业务成本　　　　　　　　　　　　　　9 500
　　贷：原材料　　　　　　　　　　　　　　　　　　115 900

2. 发出商品的会计处理

商品流通企业的库存商品主要是指外购或委托加工完成验收入库用于销售的各种商品。商品流通企业库存商品的核算方法主要有进价法、售价法和毛利率法。

1) 进价法

商品流通企业的库存商品多是指商品采购，其进价法类似于工业企业的实际成本法，即按照购进商品的实际取得成本(也就是进价)入账。购进商品且已验收入库时，按商品进价借记"库存商品"科目；按发票上注明的增值税税额，借记"应交税费——应交增值税(进项税额)"科目；按应付或实际支付的货款贷记"银行存款""应付账款""应付票据"等相关科目。如果企业取得相关结算凭证等，如已支付货款或开出、承兑商业汇票，但材料尚在运输途中或虽已运达但尚未验收入库，则通过"在途物资"科目核算。有关商品流通企业的库存商品的核算与前述发出原材料的实际成本法基本相同。

但需注意外购存货采购费用的不同之处。商品流通企业在采购商品过程中发生的运输费、装卸费、保险费以及其他可归属于存货采购成本的费用等进货费用，应当计入所购商品成本。在实务中，企业也可以将发生的运输费、装卸费、保险费以及其他可归属于存货采购成本的费用等进货费用先进行归集，期末根据所购商品的存销情况进行分摊。对于已售商品的进货费用，计入当期损益(主营业务成本)；对于未售商品的进货费用，计入期末存货成本。商品流通企业采购商品的进货费用金额较小的，也可在发生时直接计入当期销售费用。

【例3-14】甲公司是一家商品流通企业，采用进价法核算存货，向乙企业采购了一批服装，总价款为200 000元，增值税税率为13%，甲公司又另外支付了500元的运输费。目前这批服装已经验收入库，甲公司已经全额付款并收到了乙企业开出的有关销售发票。

甲公司500元的进货费用金额较小，可作为销售费用，其会计处理如下。

借：库存商品　　　　　　　　　　　　　　　200 000
　　应交税费——应交增值税(进项税额)　　　 26 000
　　销售费用　　　　　　　　　　　　　　　　　500
　　贷：银行存款　　　　　　　　　　　　　　　　　226 500

2) 售价法

售价法亦称售价金额法，是以售价为基础来确定存货的成本，平时商品的购进、储存、销售均按售价记账，售价与进价的差额通过"商品进销差价"科目反映，期末计算进销差价率和本期已销商品应分摊的进销差价，并据以调整本期的销售成本的核算方法。计算公式如下：

$$\text{进销差价率} = \frac{\text{期初库存商品进销差价} + \text{本期购入商品进销差价}}{\text{期初库存商品售价} + \text{本期购入商品售价}} \times 100\%$$

本期已售商品应分摊的进销差价=本期商品销售收入×进销差价率

本期销售商品实际成本=本期商品销售收入-本期已售商品应分摊的进销差价

商品流通企业的售价法类似于工业企业的计划成本法，当企业支付价款和相关运杂费时，应先根据实际发生的取得成本(即进价)借记"在途物资"科目；按发票上注明的增值税税额，借记"应交税费——应交增值税(进项税额)"科目；按应付或实际支付的货款，贷记"银行存款""应付账款""应付票据"等相关科目。商品验收入库时，按照售价，借记"库存商品"科目，按照进价，贷记"在途物资"科目，二者的差额计入"商品进销差价"。对外销售商品，按售价结转销售成本，借记"主营业务成本"科目，贷记"库存商品"科目；同时结转商品进销差价，调整销售成本，借记"商品进销差价"科目，贷记"主营业务成本"科目。

【例 3-15】甲公司是一家商品流通企业，假设采用售价法核算存货。20×1 年 3 月 1 日"库存商品"账户以售价计算的余额为 125 000 元，"商品进销差价"账户的余额为 25 000 元，3 月 15 日购入了一批商品，实际成本为 500 000 元，售价为 675 000 元，取得增值税专用发票。3 月 25 日该公司销售一批商品，销售收入为 640 000 元。企业增值税税率为 13%。

采用售价法核算如下。

(1) 3 月 15 日，购进商品。

借：在途物资　　　　　　　　　　　　　　　500 000
　　应交税费——应交增值税(进项税额)　　　 65 000
　　贷：银行存款　　　　　　　　　　　　　　　　　565 000

同时，按售价入库。

借：库存商品　　　　　　　　　　　　　　　675 000
　　贷：在途物资　　　　　　　　　　　　　　　　　500 000
　　　　商品进销差价　　　　　　　　　　　　　　 175 000

(2) 3 月 25 日，销售商品。

借：银行存款　　　　　　　　　　　　　　　723 200
　　贷：主营业务收入　　　　　　　　　　　　　　 640 000
　　　　应交税费——应交增值税(销项税额)　　　　 83 200

同时，按售价结转成本。

借：主营业务成本　　　　　　　　　　　　　640 000
　　贷：库存商品　　　　　　　　　　　　　　　　 640 000

(3) 期末，根据已售商品应分摊的进销差价冲转销售成本。

$$\text{进销差价率} = \frac{25\ 000 + 175\ 000}{125\ 000 + 675\ 000} \times 100\% = 25\%$$

本期已售商品应分摊的进销差价=640 000×25%=160 000(元)

借：商品进销差价　　　　　　　　　　　　　160 000
　　贷：主营业务成本　　　　　　　　　　　　　　 160 000

本期销售商品实际成本=640 000-160 000=480 000(元)

经过调整,本期商品销售成本调整为实际成本 480 000 元。"库存商品"的期末借方余额为 160 000 元,"商品进销差价"的贷方余额为 40 000 元。企业在会计期末编制资产负债表时,存货项目中的商品存货部分,应根据以上两个账户期末余额的差额 120 000(160 000-40 000)元列示。

售价法主要适用于商品零售企业,如百货商店或超级市场等,由于这类企业的商品都要标明零售价格,而且商品的型号、品种、款式繁多,难以采用其他方法计价。

3) 毛利率法

毛利率法是指根据本期销售净额乘以上期实际(或本期计划)利率计算本期销售毛利,并据以计算发出存货和期末存货成本的一种方法。其计算公式如下:

毛利率=(销售毛利/销售额)×100%

销售毛利=销售额×毛利率

销售成本=销售额-销售毛利

期末存货成本=期初存货成本+本期购货成本-本期销售成本

这一方法通常适用于商业批发企业对本期商品销售成本和期末库存商品成本的计算。商品流通企业由于经营商品的品种繁多,如果分品种计算商品成本,工作量将大大增加。一般来讲,商品流通企业同类商品的毛利率大致相同,采用这种存货计价方法既能减轻工作量,也能满足对存货管理的需要。

3. 发出周转材料的会计处理

1) 五五摊销法

五五摊销法,是指周转材料在领用时先摊销其账面价值的一半,在报废时再摊销其账面价值的另一半,即周转材料分两次各按 50%进行摊销。五五摊销法通常既适用于价值较低、使用期限较短的低值易耗品,也适用于每期领用数量和报废数量大致相等的物品。该方法有利于企业对周转材料的管理。

在五五摊销法下,需要设置明细科目:"在库""在用"和"摊销"等。领用时,应按其账面价值,借记"周转材料——在用"科目,贷记"周转材料——在库"科目;同时摊销其价值的 50%,借记"管理费用""生产成本""销售费用""工程施工"等科目,贷记"周转材料——摊销"科目。周转材料报废时,应补提摊销额,即摊销其剩余的 50%,借记"管理费用""生产成本""销售费用""工程施工"等科目,贷记"周转材料——摊销"科目;同时,按报废周转材料的残料价值,借记"原材料"等科目,贷记"管理费用""生产成本""销售费用""工程施工"等科目;并转销全部已提摊销额,借记"周转材料——摊销"科目,贷记"周转材料——在用"科目。

【例 3-16】甲公司于 20×1 年 1 月 5 日购入一批管理工具,属于低值易耗品,价值 6 000 元,款项以银行存款支付,当日已验收入库,当月 10 日领用该批工具。20×1 年 5 月 26 日该批工具报废,残料回收入库,估价 50 元。该企业的增值税税率为 13%,要求采用五五摊销法核算。

甲公司有关低值易耗品的会计处理如下。

(1) 1 月 5 日,购入管理工具。

借:周转材料——低值易耗品(在库)   6 000
    应交税费——应交增值税(进项税额)   780

贷：银行存款	6 780

(2) 1月10日，领用。

借：周转材料——低值易耗品(在用)	6 000
贷：周转材料——低值易耗品(在库)	6 000

(3) 1月31日，摊销其账面价值50%。

借：管理费用	3 000
贷：周转材料——低值易耗品(摊销)	3 000

(4) 5月26日，报废并转销全部摊销额。

残料入库，摊销剩余的50%。

借：原材料	50
管理费用	2 950
贷：周转材料——低值易耗品(摊销)	3 000

同时，转销该周转材料的全部摊销额。

借：周转材料——低值易耗品(摊销)	6 000
贷：周转材料——低值易耗品(在用)	6 000

采用五五摊销法，低值易耗品报废前，账面上一直保持其价值的一半，因而有利于实行会计监督，防止出现大量的账外物资。该方法一般适用于使用期限较长，单位价值较高，每月领用、报废数比较均衡的低值易耗品，并且低值易耗品按车间、部门进行数量和金额明细核算的企业。

2) 一次转销法

一次转销法，是指在领用周转材料时，就将其全部账面价值计入有关成本费用的方法。

采用一次转销法的，领用时应按其账面价值，借记"管理费用""生产成本""销售费用""工程施工"等科目，贷记"周转材料"科目。周转材料报废时，应作为当月周转材料摊销额的减少，冲减有关成本费用。按报废周转材料的残料价值，借记"原材料"等科目，贷记"管理费用""生产成本""销售费用""工程施工"等科目。

【例3-17】 承例3-16，若该企业采用一次转销法核算，要求为该企业进行账务处理。

甲公司有关低值易耗品的会计处理如下。

(1) 1月5日，购入管理工具。

借：周转材料——低值易耗品	6 000
应交税费——应交增值税(进项税额)	1 020
贷：银行存款	7 020

(2) 1月10日，领用。

借：管理费用	6 000
贷：周转材料——低值易耗品	6 000

(3) 5月26日，报废、残料入库。

借：原材料	50
贷：管理费用	50

一次摊销法核算简便，但不利于实物管理，而且价值一次结转也影响费用成本的均衡性。所以，这种方法适用于单位价值较低或容易损耗，而且一次领用数量不多的管理工具、

工卡量具和玻璃器皿等低值易耗品。

3) 分次摊销法

分次摊销法，是指根据周转材料可供使用的估计次数，将其成本分期计入有关成本费用的一种摊销方法。各期周转材料摊销额的计算公式如下：

$$某期周转材料摊销额 = \frac{周转材料账面价值}{预计可使用次数} \times 该期实际使用次数$$

分次摊销法的核算原理与五五摊销法相同，只是周转材料的价值是分期计算摊销的，而不是在领用和报废时各摊销一半。领用周转材料时，按其账面价值，借记"周转材料——在用"科目，贷记"周转材料——在库"科目；分期摊销其账面价值时，按计算的本期摊销额，借记"管理费用""生产成本""其他业务成本""销售费用""工程施工"等科目，贷记"周转材料——摊销"科目。周转材料报废时，应将其账面摊余价值一次摊销，借记"管理费用""生产成本""其他业务成本""销售费用""工程施工"等科目，贷记"周转材料——摊销"科目；同时，转销周转材料全部已提摊销额，借记"周转材料——摊销"科目，贷记"周转材料——在用"科目。报废周转材料的残料价值应冲减有关资产成本或当期损益，借记"原材料""银行存款"等科目，贷记"管理费用""生产成本""其他业务成本""销售费用""工程施工"等科目。

第四节　原材料按计划成本计价的会计处理

一、计划成本法的基本核算程序

按计划成本进行核算，是指存货的收入、发出和结余均按预先制定的计划成本计价，同时另设"材料成本差异"科目，登记实际成本与计划成本的差额，待期末再将发出材料的成本和结存材料的成本由计划成本调整至实际成本。

$$实际成本 = 计划成本 \pm 成本差异$$

具体核算程序如下：

1. 确定材料的计划单位成本

制定存货的计划成本目录，规定存货的分类，各类存货的名称、规格、编号、计量单位和单位计划成本。采用计划成本法核算的前提是对每一品种、规格的存货制定计划成本。计划成本是指在正常的市场条件下，企业取得存货应当支付的合理成本，包括采购成本、加工成本和其他成本，其组成内容应当与实际成本完全一致。计划成本一般由会计部门会同采购等部门共同制定，制定的计划成本应尽可能接近实际，以利于发挥计划成本的考核和控制功能。除特殊情况外，计划成本在年度内一般不做调整。

2. 设置账户

计划成本法下，需另设置"材料采购"与"材料成本差异"两个主要账户。

"材料采购"账户的借方登记购入材料的实际成本和结转入库材料实际成本小于计划成本的节约差异，贷方登记入库材料的计划成本和结转入库材料的实际成本大于计划成本的超支差异，期末借方余额表示在途材料的实际成本。

"材料成本差异"的借方登记结转入库材料的超支差异额和结转发出材料应负担的节约差异额,贷方登记结转入库材料的节约差异额和结转发出材料应负担的超支差异额。期末余额如果在借方,表示库存材料的超支差异额;如果在贷方,表示库存材料的节约差异额。

3．材料日常收发按计划成本入账

平时原材料的收发,均按计划成本入账,计划成本与实际成本之间的差异额分别记入"材料成本差异"账户的借方或贷方。

按计划成本进行材料核算,同样要设置"原材料"等材料类账户,它与按实际成本的核算基本相同,只是计价不同。材料类账户的借方、贷方及余额均反映材料的计划成本。

4．月末分摊成本差异,将发出材料的计划成本调整为实际成本

月末将本月发出材料应负担的差异额进行分摊,随同本月发出材料的计划成本记入有关账户,将发出材料的计划成本调整为实际成本。发出材料应负担的差异额必须按月分摊,不得在季末或年末一次分摊。发出材料应负担的成本差异,除委托外部加工物资而发出的材料可按上月(即期初)差异率计算外,都应使用当期(月)差异率,期初成本差异率与本期成本差异率相差不大的,也可以按期初的成本差异率计算。计算方法一经确定,不得随意变动。计算公式如下:

$$本月材料成本差异率 = \frac{月初结存材料成本差异 + 本月收入材料成本差异}{月初结存材料计划成本 + 本月收入材料计划成本} \times 100\%$$

$$上月材料成本差异率 = \frac{月初结存材料成本差异}{月初结存材料计划成本} \times 100\%$$

本月发出材料应负担的成本差异=本月发出材料的计划成本×材料成本差异率

发出材料的实际成本=发出材料的计划成本+发出材料应负担的成本差异

二、原材料的取得及材料成本差异的形成

1．外购的原材料

外购材料收入的业务应区分不同情况加以处理。已经付款(或已开出、承兑商业汇票)的材料采购业务,不管材料是否已验收入库都应根据发票、运单等凭证记入"材料采购"科目的借方和"银行存款""库存现金""应付票据"等科目的贷方。月末,根据仓库转来的收料单和付款凭证及已开出、承兑的商业汇票等结算凭证按材料实际成本和计划成本分别汇总,再将计划成本记入"原材料"等科目的借方和"材料采购"科目的贷方,并结转材料实际成本与计划成本之间的差异。

【例3-18】甲公司采用计划成本核算,20×1年1月发生如下采购业务。

(1) 1月1日以银行存款购入A材料,专用发票上注明该批A材料的价款及运费为32 000元,增值税税额为4 160元。该批材料的计划成本为33 000元,已于当日验收入库。

借:材料采购　　　　　　　　　　　　　　　32 000
　　应交税费——应交增值税(进项税额)　　　4 160
　　贷:银行存款　　　　　　　　　　　　　　　　　36 160

材料入库并结转材料成本差异。

借：原材料 33 000
　　贷：材料采购 33 000
借：材料采购 1 000
　　贷：材料成本差异 1 000

(2) 1月5日根据合同采用商业汇票结算方式购入B材料,专用发票上注明材料价款及运费16 000元,增值税税额为2 080元。该批材料的计划成本为15 900元,并于当月10日验收入库。

借：材料采购 16 000
　　应交税费——应交增值税(进项税额) 2 080
　　贷：应付票据 18 080

材料入库并结转材料成本差异。

借：原材料 15 900
　　贷：材料采购 15 900
借：材料成本差异 100
　　贷：材料采购 100

(3) 1月18日通过银行汇出购买C材料的货款30 000元。

借：预付账款 30 000
　　贷：银行存款 30 000

(4) 1月28日收到一批C材料,款项总计33 900元(已预付30 000元)。专用发票上注明材料成本为30 000元,增值税税额为3 900元,并补付货款3 900元。该批材料计划成本为31 000元,已于当日验收入库。

借：材料采购 30 000
　　应交税费——应交增值税(进项税额) 3 900
　　贷：预付账款 33 900
借：预付账款 3 900
　　贷：银行存款 3 900

材料入库并结转材料成本差异。

借：原材料 31 000
　　贷：材料采购 31 000
借：材料采购 1 000
　　贷：材料成本差异 1 000

【例3-19】 假设例3-18中,甲公司平时不结转成本差异,而是月末根据本月已付款或承兑商业汇票的收料凭证,汇总编制收料凭证汇总表,结转本月已付款、已承兑并已验收入库材料的计划成本和成本差异。收料凭证汇总表如表3-3所示。

表 3-3 收料凭证汇总表

单位：元

付款或承兑日期	收料日期	供应单位	材料名称	实际成本	计划成本	成本差异
1月1日	12月1日	甲厂	A	32 000	33 000	-1 000
1月5日	12月10日	乙厂	B	16 000	15 900	100
1月18日	12月28日	丙厂	C	30 000	31 000	-1 000
合　计				78 000	79 900	-1 900

根据收料凭证汇总表，结转本月收入材料的计划成本和成本差异，会计处理如下。

借：原材料　　　　　　　　　　　　　　　　79 900
　　贷：材料采购　　　　　　　　　　　　　　　　　79 900
借：材料采购　　　　　　　　　　　　　　　　1 900
　　贷：材料成本差异　　　　　　　　　　　　　　　1 900

比较例 3-18 和例 3-19，其结果完全相同。在实际工作中，材料入库及差异结转的会计处理可以月末汇总一次进行，以简化账务处理工作。

对尚未收到结算凭证的材料采购业务，月中可暂不做业务处理。月末时，对尚未收到结算凭证的收料凭证，应分别根据材料目录抄列清单，按计划成本计入"原材料"等科目的借方和"应付账款"科目的贷方，下月初再用红字做同样的记录予以冲回，待实际收到结算凭证时，再按前述方法进行会计处理。

2. 自制的原材料

企业自制材料完工入库时，应按其计划成本，借记"原材料"等科目；按其实际成本，贷记"生产成本"科目；按其差额，借记或贷记"材料成本差异"科目。投资人投入企业的材料，应按其计划成本，借记"原材料"等科目；按专用发票上注明的增值税税额，借记"应交税费——应交增值税(进项税额)"科目；按增值税税额与确认价值的合计数，贷记"实收资本"科目；按实际成本与计划成本的差额，借记或贷记"材料成本差异"科目。

三、原材料的发出及成本差异的分摊

材料发出的总分类核算同实际成本核算一样，财会部门应根据签收的各种领料单，按其用途分类汇总，月末一次编制发出材料汇总表。由于汇总表反映的是发出材料的计划成本，还需借助材料成本差异率计算应分摊的成本差异，调整为实际成本。

【例 3-20】 承例 3-19，甲公司 1 月发出材料汇总表如表 3-4 所示。假设该企业期初"原材料"账户的余额为 48 100 元，"材料成本差异"账户的借方余额为 2 028 元。

(1) 根据发出材料汇总表，按计划成本发出原材料。

借：生产成本　　　　　　　　　　　　　　　102 860
　　制造费用　　　　　　　　　　　　　　　　3 820
　　管理费用　　　　　　　　　　　　　　　　2 240
　　其他业务成本　　　　　　　　　　　　　　9 920

贷：原材料——原料及主要材料　　　　　　　　　　　106 000
　　　　　　——辅助材料　　　　　　　　　　　　　　7 520
　　　　　　——燃料　　　　　　　　　　　　　　　　5 320

表 3-4　发出材料汇总表(计划成本)

单位：元

领用单位	用途	材料类别			合计
		原料及主要材料	辅助材料	燃料	
生产车间	产品生产	98 000	2 960	1 900	102 860
	一般消耗		2 640	1 180	3 820
厂部	一般消耗			2 240	2 240
销售部门	销售	8 000	1 920		9 920
合计		106 000	7 520	5 320	118 840

(2) 月末计算材料成本差异率，分摊本月领用材料的成本差异。

本月材料成本差异率=(2 028-1 900)÷(48 100+79 900)=0.1%

本月发出材料应负担的成本差异=118 840×0.1%=118.84(元)

会计处理如下。

借：生产成本　　　　　　　　　　　　　　　　　102.86
　　制造费用　　　　　　　　　　　　　　　　　　3.82
　　管理费用　　　　　　　　　　　　　　　　　　2.24
　　其他业务成本　　　　　　　　　　　　　　　　9.92
　　贷：材料成本差异　　　　　　　　　　　　　　　　118.84

通过上述会计处理，发出材料的实际成本调整为 118 958.84(118 840+118.84)元。

特别指出，在计算成本差异或差异率过程中，必须注意超支或节约的符号，超支为正，节约为负。本例中，本月材料成本差异率为正(超支)，如果计算结果为负，表明为节约，调整分录方向相反。

第五节　存货清查

一、存货清查的方法

存货的清查可以定期或不定期地进行。具体方法是实地盘点，可对存货进行全面盘点，也可抽查重点存货进行盘点。在实地盘点以前，应根据各类存货的收发凭证将存货的全部收发业务记入各类存货明细账，经过稽核计算出余额，并将账面存货数量填入"存货盘点表"。在盘点时，应根据各类存货的不同性质，分别采用点数、过磅、丈量等方法点清实际结存数量，并将其填入"存货盘点表"，以便于与账面结存数量进行核对。

二、存货盘盈、盘亏的核算

经过存货盘存记录的实存数与存货的账面记录核对,若账面存货小于实际存货,为存货的盘盈;反之,为存货的盘亏。对于盘盈、盘亏的存货通过"待处理财产损溢"科目核算,待查明原因后进行处理。在期末结账前处理完毕,处理后,该科目应无余额。

1. 存货盘盈

发生盘盈的存货,经查明是由于收发计量或核算上的误差等原因造成的,应及时办理存货入账的手续,调整存货账的实存数,按盘盈存货的计划成本或估计成本计入"待处理财产损溢——待处理流动资产损溢"科目的贷方。经有关部门批准后,转销"待处理财产损溢",并冲减管理费用。

【例 3-21】 甲公司在财产清查中盘盈乙材料 100 千克,实际单位成本为 60 元,经查属于材料收发计量方面的错误。会计处理如下。

(1) 批准处理前。

借:原材料——乙材料　　　　　　　　　　　　　6 000
　　贷:待处理财产损溢——待处理流动资产损溢　　　　　　6 000

(2) 批准处理后。

借:待处理财产损溢——待处理流动资产损溢　　　6 000
　　贷:管理费用　　　　　　　　　　　　　　　　　　6 000

2. 存货盘亏和毁损

发生盘亏和毁损的存货,应按其成本(计划成本或实际成本)计入"待处理财产损溢——待处理流动资产损溢"科目的借方。注意,若涉及增值税或成本差异的,应进行相关会计处理。报经批准以后,再根据造成盘亏和毁损的原因,分以下情况进行处理。

(1) 属于自然损耗产生的定额内损耗,经批准后转作管理费用。

(2) 属于计量收发差错和管理不善等原因造成的存货短缺或毁损,应先扣除残料价值、可以收回的保险赔偿和过失人的赔偿,然后将净损失计入管理费用。

(3) 属于自然灾害或意外事故造成的存货毁损,应先扣除残料价值和可以收回的保险赔偿,然后将净损失转作营业外支出。

【例 3-22】 甲公司在财产清查中发现盘亏乙材料 50 千克,实际单位成本为 200 元,经查属于一般经营损失。会计处理如下。

(1) 批准处理前。

借:待处理财产损溢——待处理流动资产损溢　　　10 000
　　贷:原材料——乙材料　　　　　　　　　　　　　　10 000

(2) 批准处理后。

借:管理费用　　　　　　　　　　　　　　　　　10 000
　　贷:待处理财产损溢——待处理流动资产损溢　　　　　10 000

【例 3-23】 甲公司在财产清查中发现毁损丙材料 30 千克,实际单位成本为 100 元,经查属于材料保管员的过失造成的,按规定由其个人赔偿 2 000 元,残料已办理入库手续,价值 200 元(不考虑增值税)。会计处理如下。

(1) 批准处理前。
借：待处理财产损溢——待处理流动资产损溢　　　3 000
　　贷：原材料——丙材料　　　　　　　　　　　　　　　　3 000
(2) 批准处理后。
① 由过失人赔款部分。
借：其他应收款——某某　　　　　　　　　　　2 000
　　贷：待处理财产损溢——待处理流动资产损溢　　　　2 000
② 残料入库。
借：原材料　　　　　　　　　　　　　　　　　　200
　　贷：待处理财产损溢——待处理流动资产损溢　　　　　200
③ 材料毁损净损失。
借：管理费用　　　　　　　　　　　　　　　　　800
　　贷：待处理财产损溢——待处理流动资产损溢　　　　　800

【例3-24】 甲公司因洪水灾害造成一批库存材料毁损，公司采用计划成本核算。该批材料计划成本为7 000元，材料成本差异率为2%。根据保险责任范围及保险合同规定，应由保险公司赔偿5 000元，其余转入损失。会计处理如下。

(1) 批准处理前。
借：待处理财产损溢——待处理流动资产损溢　　　7 140
　　贷：原材料　　　　　　　　　　　　　　　　　　　　7 000
　　　　材料成本差异　　　　　　　　　　　　　　　　　　140
(2) 批准处理后。
借：其他应收款——保险公司　　　　　　　　　5 000
　　营业外支出——非常损失　　　　　　　　　2 140
　　贷：待处理财产损溢——待处理流动资产损溢　　　　7 140

注意：因非正常原因导致的存货盘亏或毁损，按规定不能抵扣的增值税进项税额应当予以转出。

第六节　存货期末计量及会计处理

会计期末，为了客观地反映企业期末存货的实际价值，企业在编制资产负债表时，应当准确地计量"存货"项目的金额，即要确定期末存货的价值。正确进行存货的计量，除了取决于期末存货数量的确定(通过存货的清查)外，还取决于期末计量原则。

一、成本与可变现净值孰低的含义

我国会计准则规定：资产负债表日，存货应当按照成本与可变现净值孰低计量。存货成本高于其可变现净值的，应当计提存货跌价准备，计入当期损益。其中，"成本"是指存货的历史成本，即按前面所介绍的以历史成本为基础的、选择某一发出存货计价方法计算的期末存货的实际成本，如果企业采用计划成本、售价法等简化核算方法，则"成本"

为经调整后的实际成本。

成本与可变现净值孰低法的理论基础主要是使存货符合资产的定义。当存货的可变现净值下跌至成本以下时，由此所形成的损失已不符合资产的定义，因而应将这部分损失从资产价值中抵销，列入当期损益。否则，当存货的可变现净值低于其成本价值时，如果仍然以其历史成本计价，就会出现虚夸资产的现象，这对企业的生产经营来讲显然是不稳健的。但是在市价高于成本时，仍坚持使用历史成本，主要体现了谨慎性的会计信息质量要求。

二、可变现净值影响因素及存货估计售价的确定

1. 存货减值迹象的判断

(1) 存货存在下列情形之一的，表明存货的可变现净值低于成本。
① 该存货市场价格持续下跌，并且在可预见的未来无回升的希望。
② 企业使用该项原材料生产的产品的成本大于产品的销售价格。
③ 企业因产品更新换代，原有的库存材料已不适应新产品需要，而该原材料的市场价格又低于其账面价值。
④ 因企业所提供的商品或劳务过时或消费者偏好改变而使市场需求发生变化，导致市场价格逐渐下跌。
⑤ 其他足以证明该项存货实质上已经发生减值的情形。

(2) 存货存在下列情形之一的，表明存货的可变现净值为零。
① 已霉烂变质的存货。
② 已过期且无转让价值的存货。
③ 生产中已不再需要，并且已无使用价值和转让价值的存货。
④ 其他足以证明已无使用价值和转让价值的存货。

2. 可变现净值的含义

可变现净值，是指在日常活动中，以存货的估计售价减去至完工时估计将要发生的成本、销售费用以及相关税费后的金额。

在理解可变现净值这一概念时，需注意以下几点。

(1) 企业应当以处于正常生产经营过程作为确定存货可变现净值的前提。
(2) 可变现净值的特征表现为存货的预计未来净现金流量，而不是存货的售价或合同价。由于存货在销售过程中可能发生相关税费和销售费用，以及为达到预定可销售状态还可能发生进一步的加工成本等相关支出，这些均构成现金流入的抵减项目，企业预计的销售存货现金流量，只有在扣除这些现金流出后，才能确定存货的可变现净值。

3. 确定可变现净值的影响因素

企业在确定存货的可变现净值时，应当以取得的确凿证据为基础，并且考虑持有存货的目的、资产负债表日后事项的影响等因素。

1) 确凿证据

首先，存货成本的确凿证据，包括存货的采购成本、加工成本和其他成本及以其他方

式取得存货的成本,应当以外来原始凭证、生产成本账簿记录等作为确凿证据。其次,存货可变现净值的确凿证据,是指对确定存货的可变现净值有直接影响的客观证明,如产成品或商品的市场销售价格、与企业产成品或商品相同或类似商品的市场销售价格、销售方提供的有关资料、生产成本资料等。

2) 持有存货的目的

由于企业持有存货的目的不同,确定存货可变现净值的计算方法也不同。例如,用于出售的存货和用于继续加工的存货,其可变现净值的计算就不相同,因此,企业在确定存货的可变现净值时,应考虑持有存货的目的。企业持有存货的目的,通常可以分为:①持有以备出售,如商品、产成品,其中又分为有合同约定的存货和没有合同约定的存货;②将在生产过程或提供劳务过程中耗用,如材料等。

3) 资产负债表日后事项的影响

企业在确定存货的可变现净值时还应考虑资产负债表日后事项等的影响,这些事项应能够确定资产负债表日存货的存在状况。即在确定资产负债表日存货的可变现净值时,不仅要考虑资产负债表日与该存货相关的价格与成本波动,而且还应考虑未来的相关事项。也就是说,不仅限于财务会计报告批准报出日之前发生的相关价格与成本波动,还应考虑以后期间发生的相关事项。

4. 存货估计售价的确定

对于企业持有的各类存货,在确定可变现净值时,最关键的问题是确定估计售价。企业应当区分以下情况确定存货的估计售价。

(1) 为执行销售合同或者劳务合同而持有的存货,其可变现净值通常应当以产成品或商品的合同价格为基础计算。

(2) 企业持有存货的数量多于销售合同订购数量的,超出部分的存货可变现净值应当以一般销售价格(即市场销售价格)为基础计算。

(3) 无销售合同约定的存货(不包括用于出售的材料),其可变现净值以一般商品的销售价格(即市场销售价格)作为计量基础。

(4) 用于出售的材料等,其可变现净值应当以市场价格为基础计算。这里的市场价格是指材料等的市场销售价格。如果用于出售的材料存在销售合同约定,应当以合同价格作为其可变现净值的计算基础。

三、不同存货可变现净值的确定及期末计量

1. 持有以备出售的产成品、商品或原材料等存货

产成品、商品和用于出售的材料等直接用于出售的商品存货,在正常生产经营过程中,应当以该存货的估计售价减去估计的销售费用和相关税费后的金额确定其可变现净值。

【例3-25】甲公司期末B材料的账面成本为100万元,因产品结构调整,准备将其出售,估计材料的售价为110万元,估计的销售费用及相关税金为3万元。问:B材料的期末价值为多少?

B材料的可变现净值=110-3=107(万元)(>100万元)

B材料的期末价值按成本计价,为100万元。

2. 持有以备耗用的原材料、在产品或自制半成品等材料存货

用于生产的材料、在产品或自制半成品等需要经过加工的材料存货，在正常生产经营过程中，应当以所生产的产成品的估计售价减去至完工时估计将要发生的成本、估计的销售费用以及相关税费后的金额确定其可变现净值。即如果存货用于生产，应将材料与其所生产的产成品的期末价值减损情况联系起来，具体如下：

(1) 若用材料存货生产的产成品的可变现净值预计高于产成品的成本，则材料期末价值应按该材料的成本计量。

【例 3-26】 甲公司期末库存 A 材料 10 吨，成本为 80 万元，市价为 70 万元，可生产出产成品 50 件，售价为 2 万元/件，尚需生产成本 10 万元，预计销售费用为 1 万元。问：A 材料的期末价值为多少？

产成品的可变现净值=50×2-1=99(万元)

产成品的生产成本=80+10=90(万元)(< 99 万元)

A 材料的期末价值按成本计价，为 80 万元。

若用 A 材料存货生产的产成品的可变现净值预计高于产成品的成本，虽然材料的市场价格低于账面成本，但由于用其生产的产成品的可变现净值高于生产成本，表明用 A 材料生产的最终产品此时并没有发生价值减损。在这种情况下，A 材料仍应按其成本列示在期末资产负债表的存货项目中。

(2) 若用材料存货生产的产成品的可变现净值预计低于产成品的成本，则材料期末价值应按材料的可变现净值计量。公式如下：

材料的可变现净值=存货的估计售价-至完工时估计将要发生的成本
-估计的销售费用及相关税金

【例 3-27】 承例 3-26，条件不变。假设对于 A 材料的产成品现已与外单位签订销售合同，合同中销售单价为 1.7 万元/件，数量仍为 50 件。问：A 材料的期末价值为多少？

产成品的可变现净值=50×1.7-1=84(万元)

产成品的生产成本=80+10=90(万元)(>84 万元)

A 材料的可变现净值=84-10=74(万元)

(或) =50×1.7-10-1=74(万元)

A 材料的期末价值，按可变现净值计价，为 74 万元。

需要注意的是，资产负债表日同一项存货中一部分有合同价格约定，其他部分不存在合同价格的，应当分别确定其可变现净值，并与其相对应的成本进行比较，分别确定存货跌价准备的计提或转回的金额，由此计提的存货跌价准备不得相互抵销。

四、存货跌价损失的会计处理

企业应当定期或至少于每年年度终了，对存货进行全面清查，应当重新确定存货的可变现净值。当存货的可变现净值低于成本时，应考虑计提存货跌价准备。

1. 存货跌价准备的计提方法

我国会计准则规定，企业应当按照单个存货项目计提存货跌价准备。对于数量繁多、

单价较低的存货,可以按照存货类别计提存货跌价准备。与具有类似目的或最终用途并在同一地区生产和销售的产品系列相关,且难以与其他项目分开计量的存货,可以合并计提存货跌价准备。

存货跌价准备的计提方法包括单项比较法、分类比较法、总额比较法。

(1) 单项比较法,是指将每一种存货的成本与可变现净值逐项进行比较,每项取其低者作为期末存货成本计价。企业应当根据管理的要求及存货的特点,具体规定存货项目的确定标准。比如,将某一型号和规格的材料作为一个存货项目,将某一品牌和规格的商品作为一个存货项目等。

(2) 分类比较法,是指将各存货项目按一定标准分成大类,按大类比较其成本与可变现净值,每一大类取其低者作为该类存货的期末计价成本。

(3) 总额比较法,是指比较企业期末全部存货的总成本和可变现净值总额,取其低者作为期末存货的计价成本。比如,与具有类似目的或最终用途并在同一地区生产和销售的产品系列相关,且难以将其与该产品系列的其他项目区别开来进行估价的存货,可以采用总额比较法,确定存货的期末计价成本。

【例3-28】 甲公司有甲、乙两大类A、B、C、D四种存货。各种存货分别按三种计算方式确定的期末存货成本及存货跌价准备(应有余额)如表3-5所示。

表3-5 期末存货成本计算表

单位:元

项目	数量/件	成本		可变现净值		单项比较法		分类比较法		总额比较法	
		单价	总额	单价	总额	期末成本	跌价准备	期末成本	跌价准备	期末成本	跌价准备
甲类存货											
A	20	50	1 000	45	900	900	100				
B	10	80	800	75	750	750	50				
小计			1 800		1 650			1 650	150		
乙类存货											
C	40	50	2 000	55	2 200	2 000	—				
D	30	90	2 700	88	2 640	2 640	60				
小计			4 700		4 840			4 700	—		
总计			6 500		6 490	6 290	210	6 350	150	6 490	10

2. 会计处理

每一会计期末,通过比较成本与可变现净值,计算出存货跌价准备应有余额,然后与"存货跌价准备"科目的已有账面余额进行比较,若应提数大于已提数,应予补提;反之,应冲销部分已提数。提取和补提存货跌价损失准备时,借记"资产减值损失——计提的存货跌价准备"科目,贷记"存货跌价准备"科目;冲回或转销存货跌价损失,做相反会计分录。已计提跌价准备的存货价值以后又得以恢复,应在原已计提的存货跌价准备金额内,按恢复增加的金额,借记"存货跌价准备"科目,贷记"资产减值损失"科目。

【例 3-29】 承例 3-28，分别为甲公司做出采用单项比较法、分类比较法以及总额比较法计提跌价准备的会计处理，该企业以前年度未计提跌价准备。

(1) 按单项比较法计提跌价准备。

借：资产减值损失——计提的存货跌价准备　　　210
　　贷：存货跌价准备——存货 A　　　　　　　　　100
　　　　　　　　　　——存货 B　　　　　　　　　 50
　　　　　　　　　　——存货 D　　　　　　　　　 60

(2) 按分类比较法计提跌价准备。

借：资产减值损失——计提的存货跌价准备　　　150
　　贷：存货跌价准备——甲类存货　　　　　　　　150

(3) 按总额比较法计提跌价准备。

借：资产减值损失——计提的存货跌价准备　　　 10
　　贷：存货跌价准备　　　　　　　　　　　　　　 10

对于已计提存货跌价准备的存货，因实现销售结转成本时，应同时结转相应的存货跌价准备，借记"存货跌价准备"科目，贷记"主营业务成本""其他业务成本"等科目。

思 考 题

1. 简述存货的概念、特点与分类。
2. 如何确定外购存货的采购成本？
3. 存货的计价方法不同，对企业财务状况和经营成果有何影响？
4. 比较计划成本法与售价法的异同。
5. 按计划成本法核算有哪些主要优点？
6. 简述成本与可变现净值孰低法的含义，存货期末价值如何计量？

自 测 题

一、单项选择题

1. 下列各项目中，不属于存货的有(　　)。
　　A. 库存商品　　　B. 在途材料　　　C. 委托代销商品　　　D. 工程物资
2. 下列各种存货发出计价方法中，不利于存货成本日常管理与控制的方法是(　　)。
　　A. 先进先出法　　　　　　　　B. 后进先出法
　　C. 月末一次加权平均法　　　　D. 个别计价法
3. 对期末存货采用成本与可变现净值孰低法计价，其所体现的会计核算一般原则是(　　)。
　　A. 及时性原则　　　　　　　　B. 历史成本原则
　　C. 谨慎性原则　　　　　　　　D. 可比性原则
4. 甲企业采用计划成本进行原材料的核算。20×1 年 8 月初结存原材料的计划成本为

100 000元,本月收入原材料的计划成本为200 000元,本月发出材料的计划成本为160 000元,原材料成本差异的月初数为2 000元(超支),本月收入材料成本差异为4 000元(超支)。本月结存材料的实际成本为(　　)。

  A. 163 000元 B. 142 800元 C. 161 600元 D. 137 200元

5. 企业进行材料清查盘点中盘盈的材料,在报经批准后应该(　　)。
  A. 作为其他业务收入处理 B. 作为营业外收入处理
  C. 作为冲减管理费用处理 D. 作为冲减其他业务成本处理

6. 某小规模纳税企业因洪水灾害造成一批库存材料毁损,其实际成本为50 000元,应由保险公司赔偿35 000元,残料价值为500元。该批毁损材料应计入"营业外支出"的金额为(　　)。
  A. 50 000元 B. 10 000元 C. 15 000元 D. 14 500元

7. 下列存货计价方法中,不以实际成本计价为基础的是(　　)。
  A. 先进先出法 B. 成本与可变现净值孰低法
  C. 移动加权平均法 D. 后进先出法

8. 甲企业为增值税一般纳税人。本月购进原材料200千克,货款为6 000元,增值税税额为780元;发生的保险费为350元,入库前的挑选整理费用为130元;验收入库时发现数量短缺10%,经查属于运输途中合理损耗。甲企业该批原材料实际单位成本为每千克(　　)元。
  A. 32.4 B. 33.33 C. 36 D. 35.28

9. 20×1年12月31日,甲公司库存原材料——A材料的账面价值(即成本)为350万元,市场购买价格总额为280万元,预计销售发生的相关税费为10万元;用A材料生产的产成品W型机器的可变现净值高于成本。则20×1年年末A材料的账面价值为(　　)万元。
  A. 350 B. 280 C. 270 D. 290

10. 甲企业20×1年11月1日存货结存数量为200件,单价为4元;11月2日发出存货150件;11月5日购进存货200件,单价为4.4元;11月7日发出存货100件。在对存货发出采用先进先出法的情况下,11月7日发出存货的实际成本为(　　)元。
  A. 400 B. 420 C. 430 D. 440

二、多项选择题

1. 下列各项中,应列入资产负债表中"存货"项目的有(　　)。
  A. 工程物资 B. 委托加工物资
  C. 在途材料 D. 发出商品

2. 构成企业外购材料实际成本的有(　　)。
  A. 买价 B. 运输途中合理损耗
  C. 入库后的整理挑选费用 D. 一般纳税人支付的增值税

3. "材料成本差异"科目贷方核算的内容有(　　)。
  A. 材料采购的实际成本大于计划成本的超支额
  B. 材料采购的实际成本小于计划成本的节约额
  C. 调整库存材料计划成本时,调整增加的计划成本
  D. 调整库存材料计划成本时,调整减少的计划成本

4. 下列各项资产中，属于存货核算范围的有(　　)。
   A. 在途存货　　　　　　　　　　B. 委托代销商品
   C. 库存商品　　　　　　　　　　D. 包装物
   E. 工程物资
5. 下列费用中应计入一般纳税企业存货采购成本的有(　　)。
   A. 购入存货运输过程中的保险费用　　B. 入库后的储备费用
   C. 采购人员工资费用　　　　　　　　D. 入库前的挑选整理费用
   E. 购入存货发生的包装费
6. 下列对存货计提跌价准备的表述正确的有(　　)。
   A. 企业应当按照单个存货项目计提存货跌价准备
   B. 对于数量繁多、单价较低的存货，可以按照存货类别计提存货跌价准备
   C. 与具有类似目的或最终用途并在同一地区生产和销售的产品系列相关，且难以与其他项目分开计量的存货，可以合并计提存货跌价准备
   D. 在资产负债表中列示的是存货的可变现净值
7. 下列情况中，应将存货账面价值全部转入当期损益的有(　　)。
   A. 市场价格持续下跌，并且在可预见的未来无回升的希望
   B. 已过期且无转让价值的存货
   C. 由于市场需求发生变化，导致市场价格逐渐下跌
   D. 已霉烂变质的存货
   E. 生产中已不再需要，并且已无使用价值和转让价值的存货
8. 期末通过比较发现存货的成本低于可变现净值，则可能(　　)。
   A. 按差额首次计提存货跌价准备　　B. 按差额补提存货跌价准备
   C. 冲减存货跌价准备　　　　　　　D. 不进行账务处理
9. 下列各项存货中，属于周转材料的是(　　)。
   A. 委托加工物资　　　　　　　　B. 包装物
   C. 低值易耗品　　　　　　　　　D. 委托代销商品
10. 下列项目中，计算生产产品材料的可变现净值时，会影响其可变现净值的因素有(　　)
   A. 产品的估计售价　　　　　　　B. 材料的账面成本
   C. 估计发生的销售费用　　　　　D. 至完工估计将要发生的加工成本
   E. 材料的售价

三、判断题

1. 存货计价方法的选择直接影响着资产负债表中资产总额的多少，而与利润表中净利润的大小无关。　　　　　　　　　　　　　　　　　　　　　　　　　　　(　　)
2. 企业采购存货时支付的增值税不得计入存货成本。　　　　　　　　(　　)
3. 商品流通企业在采购过程中发生的较大进货费用，应当计入资产负债表"存货"项目。　　　　　　　　　　　　　　　　　　　　　　　　　　　　　(　　)
4. 在物价持续下跌的情况下，企业采用先进先出法计量发出存货的成本，当月发出存

货单位成本小于月末结存存货的单位成本。　　　　　　　　　　　　　　　　（　）

5. 期末每期都应当重新确定存货的可变现净值，如果以前减记存货价值的影响因素已经消失，则减记的金额应当予以恢复，并在原已计提的存货跌价准备的金额内转回。（　）

业　务　题

1. 甲公司和乙企业均为一般纳税人，增值税税率为 13%。甲公司将生产应税消费品所需原材料委托乙企业加工。5月10日甲公司发出材料，实际成本为 519.50 万元，应付加工费为 70 万元(不含增值税)，由受托方代收代缴的消费税为 65.5 万元，甲公司收回后将进行加工应税消费品；5月25日收回加工物资并验收入库，另支付往返运杂费 1.50 万元，加工费及代收代缴的消费税均未结算。

要求：编制甲公司有关委托加工材料的相关会计分录。

2. 某商业零售企业 20×1 年 2 月份月初存货商品的售价总额为 500 000 元，商品进销差价率为 30%；本期购入商品进价总额为 3 200 000 元，售价总额为 4 500 000 元，本期取得的商品销售收入为 4 000 000 元。该企业按售价法记账(本题不考虑增值税)。

要求：

(1) 按售价法编制有关的会计分录，并分摊商品进销差价。

(2) 计算本期销货成本和期末商品存货的成本。

3. 20×1 年 12 月 31 日甲公司库存的原材料——A 材料账面余额为 88 000 元，市价为 75 000 元，用于生产仪表 80 台。由于 A 材料市场价格下降，用该材料生产的仪表每台市价由 2 600 元降至 1 800 元，但是，将 A 材料加工成仪表，尚需发生加工费用 64 000 元。估计发生销售费用和税金为 4 000 元。

要求：

(1) 计算用 A 材料生产的仪表的生产成本。

(2) 计算 20×1 年 12 月 31 日 A 材料的可变现净值。

(3) 计算 20×1 年 12 月 31 日 A 材料应计提的跌价准备并编制计提跌价准备的会计分录。

4. 资料：某公司于 20×1 年 12 月 31 日进行财产清查，发现下列材料账实不符。

(1) 甲材料账存 7 800 元，实存 7 500 元，系收发计量不准。

(2) 乙材料账存 2 600 元，实存 2 400 元，系保管人员失职造成。

(3) 丙材料账存 15 860 元，实存 14 000 元，系自然灾害造成毁损。经查证，保险公司应给予赔偿 1 000 元。

要求：对以上内容进行批准前和批准后有关的账务处理(不考虑增值税)。

5. 某企业为增值税一般纳税人，该企业采用计划成本法进行原材料的核算，20×1 年 1 月 1 日，原材料账面计划成本为 500 000 元，材料成本差异的借方余额为 10 000 元。有关资料如下：

(1) 1 月 4 日购入原材料一批，取得的增值税发票上注明的原材料价款为 100 000 元，增值税税额为 13 000 元，支付市内运杂费 9 000 元，有关款项已通过银行存款支付；该批材料的计划成本为 110 000 元,材料已验收入库。

(2) 1 月 8 日,企业持银行汇票 100 000 元从乙工厂购入材料一批,货款为 80 000 元,增值税为 10 400 元,另付运杂费 1 500 元,材料已验收入库,剩余票款退回并存入银行,该批材料的计划成本为 80 000 元。

(3) 1 月 15 日,企业采用汇兑结算方式购入材料一批,货款 39 000 元,增值税为 6 630 元,发票账单已到,计划成本为 35 000 元,材料已验收入库。

(4) 1 月 20 日,采用商业承兑汇票结算方式购入材料一批,材料已验收入库,发票账单未到,月末按计划成本 34 000 元估计入账。

(5) 本月领用材料的计划成本为 400 000 元,其中,生产领用 350 000 元,车间管理部门领用 40 000 元,厂部管理部门领用 10 000 元。

要求:
(1) 编制有关业务的会计分录。
(2) 计算、分摊 1 月份的材料成本差异。

第四章

金融资产

学习目标：了解金融资产分类的依据；掌握以摊余成本计量的金融资产、以公允价值计量且其变动计入当期损益的金融资产、以公允价值计量且其变动计入其他综合收益的金融资产的取得、持有期间和处置等相关业务的会计处理；理解金融资产减值损失的确认基础与计量原则。

关键词：金融资产　以摊余成本计量的金融资产　以公允价值计量且其变动计入当期损益的金融资产　以公允价值计量且其变动计入其他综合收益的金融资产　金融资产减值

第一节　金融资产及其分类

金融工具是指形成一方的金融资产并形成其他方的金融负债或权益工具的合同。金融工具包括金融资产、金融负债和权益工具。金融负债和权益工具的相关内容参见本书第十章、第十一章和第十二章。

一、金融资产的定义

金融资产，是指企业持有的现金、其他方的权益工具以及符合下列条件之一的资产。

(1) 从其他方收取现金或其他金融资产的合同权利。例如，企业的银行存款、应收账款、应收票据和贷款等均属于金融资产。预付账款不是金融资产，因其产生的未来经济利益是商品或服务，不是收取现金或其他金融资产的权利。

(2) 在潜在有利条件下，与其他方交换金融资产或金融负债的合同权利。例如，企业持有的看涨期权或看跌期权等。

(3) 将来须用或可用企业自身权益工具进行结算的非衍生工具合同，且企业根据该合同将收到可变数量的自身权益工具。例如，甲企业为上市公司，为回购其普通股股份，20×1年2月1日与乙企业签订合同，并向其支付100万元现金。根据合同，乙企业将于20×1年6月30日向甲企业交付与100万元等值的甲企业普通股。甲企业可获取的普通股的具体数量以20×1年6月30日甲企业的股价确定。本例中，甲企业收到的自身普通股的数量随着其普通股市场价格的变动而变动。在这种情况下，甲企业应当将其确认为一项金融资产。

(4) 将来须用或可用企业自身权益工具进行结算的衍生工具合同，但以固定数量的自身权益工具交换固定金额的现金或其他金融资产的衍生工具合同除外。其中，企业自身权益工具不包括应当按照《企业会计准则第37号——金融工具列报》分类为权益工具的可回售工具或发行方仅在清算时才有义务向另一方按比例交付其净资产的金融工具，也不包括本身就要求在未来收取或交付企业自身权益工具的合同。

金融资产主要包括库存现金、银行存款、应收账款、应收票据、应收利息、应收股利、其他应收款、贷款、债权投资、股权投资、基金投资、衍生金融资产等。

本章不涉及货币资金(包括库存现金、银行存款和其他货币资金)类金融资产和短期债权(包括应收账款、应收票据、其他应收款等)类金融资产，该类金融资产的会计处理见本书第二章。

二、金融资产的分类

1. 金融资产的类别

企业应当根据其管理金融资产的业务模式和金融资产的合同现金流量特征，对金融资产进行合理的分类。金融资产一般划分为以下三类。

(1) 以摊余成本计量的金融资产。
(2) 以公允价值计量且其变动计入其他综合收益的金融资产。
(3) 以公允价值计量且其变动计入当期损益的金融资产。

2. 金融资产的分类依据

企业应当根据以下两个方面的因素对金融资产进行分类。

1) 企业管理金融资产的业务模式

企业管理金融资产的业务模式，是指企业如何管理其金融资产以产生现金流量。业务模式决定企业所管理金融资产现金流量的来源是收取合同现金流量、出售金融资产，还是两者兼有。

企业确定其管理金融资产的业务模式时，应当注意以下五个方面。

(1) 应当在金融资产组合的层次上确定管理金融资产的业务模式，而不必按照单个金融资产逐项确定业务模式。

(2) 企业可能会采用多个业务模式管理其金融资产。例如，企业持有一组以收取合同现金流量为目标的投资组合，同时还持有另一组既以收取合同现金流量为目标又以出售该金融资产为目标的投资组合。

(3) 企业应当以企业关键管理人员决定的对金融资产进行管理的特定业务目标为基础，确定管理金融资产的业务模式。

(4) 企业的业务模式并非企业自愿指定，而是一种客观事实，通常可以从企业为实现其目标而开展的特定活动中得以反映。企业应当考虑在业务模式评估日可获得的所有相关证据，包括企业评价和向关键管理人员报告金融资产业绩的方式、影响金融资产业绩的风险及其管理方式以及相关业务管理人员获得报酬的方式(如报酬是基于所管理资产的公允价值还是所收取的合同现金流量)等。

(5) 企业不得以按照合理预期不会发生的情形为基础确定管理金融资产的业务模式。例如，对于某金融资产组合，如果企业预期仅会在压力情形下将其出售，且企业合理预期该压力情形不会发生，则该压力情形不得影响企业对该类金融资产的业务模式的评估。

此外，如果金融资产实际现金流量的实现方式不同于评估业务模式时的预期，只要企业在评估业务模式时已经考虑了当时所有可获得的相关信息，这一差异不构成企业财务报表的前期差错，也不改变企业在该业务模式下持有的剩余金融资产的分类。但是，企业在评估新的金融资产的业务模式时，应当考虑这些信息。

2) 金融资产的合同现金流量特征

金融资产的合同现金流量特征，是指金融工具合同约定的、反映相关金融资产经济特征的现金流量属性。企业分类为以摊余成本计量的金融资产和以公允价值计量且其变动计入其他综合收益的金融资产，其合同现金流量特征应当与基本借贷安排相一致，即相关金融资产在特定日期产生的合同现金流量仅为对本金和以未偿付本金金额为基础的利息的支付。

金融资产分类应当区分债务工具和权益工具。债务工具可以分类为以摊余成本计量的金融资产、以公允价值计量且其变动计入其他综合收益的金融资产，以及以公允价值计量且其变动计入当期损益的金融资产。权益工具可以分类为以公允价值计量且其变动计入其他综合收益的金融资产和以公允价值计量且其变动计入当期损益的金融资产。

三、金融资产的重分类

企业改变其管理金融资产的业务模式时，应当按照规定对所有受影响的相关金融资产进行重分类。所以，金融资产(主要指非衍生的债权资产)可以在以摊余成本计量、以公允价值计量且其变动计入其他综合收益、以公允价值计量且其变动计入当期损益之间进行重分类。需要说明的是，企业管理金融资产业务模式的变更是一种极其少见的情形。

企业对金融资产进行重分类，应当自重分类日起采用未来适用法进行相关会计处理，不得对以前已经确认的利得、损失(包括减值损失和利得)或利息进行追溯调整。按照规定对金融资产重分类进行处理的，企业应当根据该金融资产在重分类日的公允价值确定其实际利率，并将重分类日视为初始确认日。

第二节　以摊余成本计量的金融资产

一、以摊余成本计量的金融资产的确认与计量

1. 确认条件

金融资产同时符合下列条件的，应当分类为以摊余成本计量的金融资产。

(1) 企业管理该金融资产的业务模式是以收取合同现金流量为目标。

(2) 该金融资产的合同条款规定，在特定日期产生的现金流量，仅为对本金和以未偿付本金金额为基础的利息的支付。

例如，普通债券的合同现金流量是到期收回本金及按约定利率在合同期间按时收取固定或浮动利息的权利。在没有其他特殊安排的情况下，普通债券通常可能符合本金加利息的合同现金流量特征。如果企业管理该债券的业务模式是以收取合同现金流量为目标，则该债券可以分类为以摊余成本计量的金融资产。

以摊余成本计量的金融资产主要是收取合同本金和利息的债权类资产，而企业持有的权益工具不存在约定的合同现金流量，因此不能划分为此类。

2. 计量方法

(1) 企业应当按照取得时的公允价值和相关的交易费用之和作为初始确认金额。

相关交易费用是指可直接归属于购买、发行或处置金融工具的增量费用。增量费用是指企业没有发生购买、发行或处置相关金融工具的情形就不会发生的费用，包括支付给代理机构、咨询公司、券商、证券交易所、政府有关部门等的手续费、佣金、相关税费以及其他必要支出，不包括债券溢价、折价、融资费用、内部管理成本和持有成本等与交易不直接相关的费用。

(2) 企业应该对所持有的以摊余成本计量的金融资产用实际利率法进行后续计量。因此，企业在初始确认该类金融资产时，应计算其实际利率，并在持有期间以其摊余成本和实际利率计算确定各会计期间的利息收入。

实际利率是指将金融资产或金融负债在预计存续期的估计未来现金流量，折现为该金融资产账面余额(不考虑减值)或金融负债摊余成本时所使用的利率。在确定实际利率时，应当在考虑金融资产或金融负债所有合同条款(如提前还款、展期、看涨期权或其他类似期权等)的基础上估计预期现金流量，但不应当考虑预期信用损失。

金融资产的摊余成本，应当以该金融资产的初始确认金额经下列调整后的结果确定。

(1) 扣除已偿还的本金。

(2) 加上或减去采用实际利率法将该初始确认金额与到期日金额之间的差额进行摊销形成的累计摊销额。

(3) 扣除计提的累计信用减值准备。

二、应设置的账户

对于分类为以摊余成本计量的金融资产，企业应设置"债权投资""应收利息"和"投资收益"等账户进行核算。

(1) "债权投资"账户。该账户核算以摊余成本计量的金融资产的取得、收取现金流量、处置等业务。借方登记该类金融资产的初始投资成本、购入该类金融资产形成的利息调整(债券溢价)以及资产负债表日利息调整(债券折价的摊销)，贷方登记购入该金融资产形成的利息调整(债券折价)以及资产负债表日的利息调整(债券溢价的摊销)，期末借方余额反映企业持有该类金融资产的账面价值。企业应当按以摊余成本计量的金融资产的类别、品种，分别设置"成本""利息调整""应计利息"明细账户进行明细核算，其中，"成本"明细账户反映债券的面值；"利息调整"明细账户反映债券的初始投资成本与其面值、应计利息的差额，以及按实际利率法分期摊销后该差额的摊余金额；"应计利息"明细账户反映企业计提的到期一次付息债券应计未付的利息。

(2) "应收利息"账户。该账户核算企业分期付息债权投资应收利息的发生和收回等业务。借方登记企业在债券持有期间应收取的利息，贷方登记实际收回的利息，期末借方余额反映尚未收回的利息。

(3) "投资收益"账户。该账户核算企业持有相关金融资产期间取得的投资收益以及处置该金融资产所实现的投资收益或发生的投资损失。贷方登记持有期间收取的利息以及出售该金融资产所实现的投资收益，借方登记出售该金融资产发生的投资损失，期末将本账户余额转入"本年利润"账户后无余额。

三、以摊余成本计量的金融资产的会计处理

1. 取得时的会计处理

企业取得债券时，按该债券的面值，借记"债权投资——成本"账户；按支付的价款中包含的已到付息期但尚未收到的利息，借记"应收利息"账户；按实际支付的金额，贷记"银行存款"账户；借贷方的差额借记或贷记"债权投资——利息调整"账户。

2. 持有期间的会计处理

以摊余成本计量的金融资产在后续持有期间，应采用实际利率法进行核算，即确定该金融资产的摊余成本，按实际利率与摊余成本计算各会计期间的利息收入。实际利率应当在取得该金融资产时确定，并在其存续期间保持不变。利息收入是指企业在该金融资产的持有期间实际获得的投资收益。

债权投资如为分期付息、到期一次还本的债券，则企业应于资产负债表日按票面利率计算确定的应收未收利息，借记"应收利息"账户；按债权投资摊余成本和实际利率计算确定的利息收入，贷记"投资收益"账户；按其差额，借记或贷记"债权投资——利息调整"账户。债权投资如为到期一次还本付息的债券，应于资产负债表日按票面利率计算确定的应收未收利息，借记"债权投资——应计利息"账户；按债权投资摊余成本和实际利率计算确定的利息收入，贷记"投资收益"账户；按其差额，借记或贷记"债权投资——利息调整"账户。

3. 到期兑现的会计处理

一般来说，企业持有的以摊余成本计量的金融资产期满时，其溢价、折价金额已经摊销完毕，无论是按面值购入还是按溢价或折价购入，"债权投资"账户的余额均为债券面值和应计利息。

企业应在债券到期兑现时，收回债券面值金额及应收未收的利息。如果是分期付息的债券，到期时企业应按实际收到的金额，借记"银行存款"账户；按债券的面值，贷记"债权投资——成本"账户；按已确认未收回的最后期利息，贷记"应收利息"账户。如果是到期一次付息的债券，到期时企业应按实际收到的本金和利息，借记"银行存款"账户；按债券的面值，贷记"债权投资——成本"账户；按应收取的利息，贷记"债权投资——应计利息"账户。

【例4-1】 20×1年1月1日，甲公司支付价款1 000元(含交易费用)，购入B公司5年期债券，面值1 250元，票面利率为4.72%，于年末支付本年度债券利息(即每年59元)，本金在债券到期时一次性偿还。合同约定，该债券的发行方在遇到特定情况时可以将债券赎回，且不需要为提前赎回支付额外款项。甲公司在购买该债券时，预计发行方不会提前赎回。甲公司根据其管理该债券的业务模式和该债券的合同现金流量特征，将该债券分类为以摊余成本计量的金融资产。

假定不考虑所得税、减值损失等因素。

(1) 计算该债券的实际利率 r。

$59\times(1+r)^{-1}+59\times(1+r)^{-2}+59\times(1+r)^{-3}+59\times(1+r)^{-4}+(59+1\,250)\times(1+r)^{-5}=1\,000$

采用插值法，计算得出 $r=10\%$。

(2) 计算持有期间各期末摊余成本，如表4-1所示。

表4-1 摊余成本计算表

单位：元

年　份	期初摊余成本(1)	实际利息(2) (按 10%计算)	现金流入(3)	利息调整(4) (4)=(2)-(3)	期末摊余成本(5) (5)=(1)+(2)-(3)
20×1	1 000	100	59	41	1 041
20×2	1 041	104	59	45	1 086
20×3	1 086	109	59	50	1 136
20×4	1 136	114	59	55	1 191
20×5	1 191	118*	1 250+59	59	0

注：*尾数调整 1 250+59-1 191=118(元)。

各期现金流入(应收利息)=面值×票面利率

实际利息=债券期初摊余成本×实际利率

债券期末摊余成本=本期期初摊余成本+本期按实际利率计算的利息
　　　　　　　　　-分期付息债券本期按票面利率计算的应收利息

(3) 甲公司根据有关凭证，应进行如下会计处理。

① 20×1年1月1日，购入B公司债券。

借：债权投资——成本　　　　　　　　　　1 250
　　贷：银行存款　　　　　　　　　　　　　　　1 000
　　　　债权投资——利息调整　　　　　　　　　　250

② 20×1年12月31日，确认实际利息收入、收到票面利息等。

借：应收利息　　　　　　　　　　　　　　59
　　债权投资——利息调整　　　　　　　　41
　　贷：投资收益　　　　　　　　　　　　　　　100
借：银行存款　　　　　　　　　　　　　　59
　　贷：应收利息　　　　　　　　　　　　　　　59

③ 20×2年12月31日，确认实际利息收入、收到票面利息等。

借：应收利息　　　　　　　　　　　　　　59
　　债权投资——利息调整　　　　　　　　45
　　贷：投资收益　　　　　　　　　　　　　　　104
借：银行存款　　　　　　　　　　　　　　59
　　贷：应收利息　　　　　　　　　　　　　　　59

④ 20×3年12月31日，确认实际利息收入、收到票面利息等。

借：应收利息　　　　　　　　　　　　　　59
　　债权投资——利息调整　　　　　　　　50

　　　　贷：投资收益　　　　　　　　　　　　　　　109
　　借：银行存款　　　　　　　　　　　　　　　59
　　　　贷：应收利息　　　　　　　　　　　　　　　59
⑤ 20×4年12月31日，确认实际利息收入、收到票面利息等。
　　借：应收利息　　　　　　　　　　　　　　　59
　　　　债权投资——利息调整　　　　　　　　　55
　　　　贷：投资收益　　　　　　　　　　　　　　　114
　　借：银行存款　　　　　　　　　　　　　　　59
　　　　贷：应收利息　　　　　　　　　　　　　　　59
⑥ 20×5年12月31日，确认实际利息收入、收到票面利息和本金等。
　　借：应收利息　　　　　　　　　　　　　　　59
　　　　债权投资——利息调整　　　　　　　　　59
　　　　贷：投资收益　　　　　　　　　　　　　　　118
　　借：银行存款　　　　　　　　　　　　　　　59
　　　　贷：应收利息　　　　　　　　　　　　　　　59
　　借：银行存款　　　　　　　　　　　　　　　1 250
　　　　贷：债权投资——成本　　　　　　　　　　　1 250

第三节　以公允价值计量且其变动计入其他综合收益的金融资产

一、以公允价值计量且其变动计入其他综合收益的金融资产的确认与计量

1. 确认条件

以公允价值计量且其变动计入其他综合收益的金融资产包括债务工具和权益工具。

企业应当将同时符合下列条件的金融资产，归类为以公允价值计量且其变动计入其他综合收益的金融资产。

(1) 企业管理该金融资产的业务模式既以收取合同现金流量为目标，又以出售该金融资产为目标。

(2) 该金融资产的合同条款规定，在特定日期产生的现金流量，仅为对本金和以未偿付本金金额为基础的利息的支付。

对于债务工具，如果企业的持有既是为了收取资产的合同现金流量，又是为了出售资产，且该现金流量仅代表本金和利息的支付，则该债务工具应被分类为以公允价值计量且其变动计入其他综合收益的金融资产。例如，企业持有的普通债券，合同现金流量是到期收回本金和按约定利率在合同期间收取的固定或浮动利息，一般情况下，其合同现金流量符合仅为对本金和以未偿付本金金额为基础的利息支付的要求。如果企业管理层考虑将该债券一直持有以收取债券本金及利息，在必要时也会将该债券转让以获取现金，则该债券

应当分类为以公允价值计量且其变动计入其他综合收益的金融资产。

初始确认时，企业可以将非交易性权益工具投资直接指定为以公允价值计量且其变动计入其他综合收益的金融资产。例如，企业持有的限售股，因为有限售条件的限制，不能在短期内出售获利，故不应作为以公允价值计量且其变动计入当期损益的金融资产；又因为股票的合同现金流量是收取股利以及获得清算收益，不是收取本金和利息，也不能作为以摊余成本计量的金融资产，因此，可以将其直接指定为以公允价值计量且其变动计入其他综合收益的金融资产。该指定一经做出，不得撤销。

2. 计量方法

(1) 初始确认时，以公允价值计量且其变动计入其他综合收益的金融资产应按照公允价值计量。

(2) 与取得该金融资产直接相关的交易费用直接计入初始确认金额。

(3) 该金融资产持有期间所产生的所有利得或损失，除减值损失和汇兑损益之外，均应当计入其他综合收益。但是，采用实际利率法计算的该金融资产的利息应当计入当期损益。

(4) 指定为以公允价值计量且其变动计入其他综合收益的非交易性权益工具投资，除了获得的股利(属于投资成本收回部分的除外)计入当期损益外，其他相关利得和损失(包括汇兑损益)均应计入其他综合收益，且后续不得转入当期损益。当其终止确认时，之前计入其他综合收益的累计利得或损失应当从其他综合收益中转出，计入留存收益。

二、应设置的账户

企业对于以公允价值计量且其变动计入其他综合收益的金融资产应分别设置"其他债权投资""其他权益工具投资""应收股利""其他综合收益"等账户进行核算。

(1) "其他债权投资"账户。该账户核算分类为以公允价值计量且其变动计入其他综合收益的长期债权投资。借方登记该类金融资产的取得成本、利息调整和公允价值变动增加额，贷方登记该类金融资产的处置成本、利息调整和公允价值变动减少额，期末借方余额反映企业持有的该类金融资产的公允价值。该账户可根据其他债权投资的类别和品种分别设置"成本""应计利息""利息调整""公允价值变动"等明细账户。

(2) "其他权益工具投资"账户。该账户核算指定为以公允价值计量且其变动计入其他综合收益的非交易性权益工具投资的取得、处置、公允价值变动等业务。借方登记该类金融资产取得的成本和公允价值变动增加额，贷方登记该类金融资产的处置成本和公允价值变动减少额，期末借方余额反映企业持有的该类金融资产的公允价值。该账户可根据其他权益工具投资的类别和品种，分别设置"成本""公允价值变动"等明细账户。

(3) "应收股利"账户。该账户核算企业因进行股权投资而发生的应收取的现金股利和利润等业务。借方登记企业应享有的被投资单位宣告发放的现金股利或利润，贷方登记收到的现金股利或利润，期末借方余额反映企业尚未收回的现金股利或利润。该账户应按被投资单位设置明细账户。

(4) "其他综合收益"账户。该账户核算企业未在损益中确认的各项利得和损失。账户贷方登记资产负债表日相关资产公允价值高于账面价值的差额，以及出售资产时结转的原形成的公允价值变动损失；借方登记资产负债表日相关资产公允价值低于账面价值的差额，以及出售资产时结转的原形成的公允价值变动收益。

三、以公允价值计量且其变动计入当期损益的金融资产的会计处理

1. 取得时的会计处理

以公允价值计量且其变动计入其他综合收益的金融资产，在取得时，应当以公允价值和相关交易费用之和作为初始入账金额，实际支付的价款中包含的已宣告尚未领取的现金股利或已到付息期尚未领取的债券利息，应单独确认为应收项目。

企业取得以公允价值计量且其变动计入其他综合收益的金融资产为债权投资时，应按其本金，借记"其他债权投资——成本"账户；按支付的价款中包含的已到付息期但尚未领取的利息，借记"应收利息"账户；按实际支付的金额，贷记"银行存款"等账户；按借贷方的差额，借记或贷记"其他债权投资——利息调整"账户。

企业取得非交易性权益工具投资指定为以公允价值计量且其变动计入其他综合收益的金融资产的，应按其公允价值与交易费用之和，借记"其他权益工具投资——成本"账户；按支付的价款中包含的已宣告但尚未发放的现金股利，借记"应收股利"账户；按实际支付的金额，贷记"银行存款"等账户。

2. 持有期间的会计处理

以公允价值计量且其变动计入其他综合收益的金融资产在持有期间取得的利息或现金股利，应当计入投资收益。

若持有的金融资产为债券，要分别按不同的债券类型进行处理。如果是分期付息、一次还本的债券，应按票面利率计算确定的应收未收利息，借记"应收利息"账户；按债券的摊余成本和实际利率计算确定的利息收入，贷记"投资收益"账户；按其差额，借记或贷记"其他债权投资——利息调整"账户。如果是到期一次还本付息的债券，应按票面利率计算确定的应收未收利息，借记"其他债权投资——应计利息"账户；按债券的摊余成本和实际利率计算确定的利息收入，贷记"投资收益"账户；按其差额，借记或贷记"其他债权投资——利息调整"账户。

若持有的金融资产为股权，被投资方宣告发放现金股利时，按应享有的份额，借记"应收股利"账户，贷记"投资收益"账户。

资产负债表日，以公允价值计量且其变动计入其他综合收益的金融资产应当以公允价值计量，因公允价值变动形成的利得或损失，应作为所有者权益变动，计入其他综合收益。该金融资产的公允价值高于其账面价值的差额，借记"其他债权投资——公允价值变动"或"其他权益工具投资——公允价值变动"账户，贷记"其他综合收益"账户。若公允价值低于其账面余额，则按差额做相反的会计分录。

3. 处置时的会计处理

处置以公允价值计量且其变动计入其他综合收益的金融资产时，应将取得的价款与该金融资产账面价值之间的差额，确认为投资收益；同时，将原累计计入其他综合收益的公允价值变动转为投资收益或留存收益。

出售其他债务工具时，应根据实际收到的金额，借记"银行存款"账户；按其账面价

值，贷记"其他债权投资"账户；按借贷方的差额，贷记或借记"投资收益"账户。同时，根据原计入其他综合收益的公允价值累计变动额，借记或贷记"其他综合收益"账户，贷记或借记"投资收益"账户。

出售其他权益工具时，应按实际收到的金额，借记"银行存款"账户；按其账面价值，贷记或借记"其他权益工具投资"账户；按照之前计入其他综合收益的公允价值累计变动额，借记或贷记"其他综合收益"账户；按借贷方的差额，贷记或借记"盈余公积""利润分配——未分配利润"账户。

【例 4-2】 甲公司于 20×1 年 1 月 1 日以 528 000 元的价格(含交易费用)购入 C 公司当日发行的面值为 500 000 元、期限为 5 年、年利率为 6%的公司债券。公司持有该债券既是为了收取本金和利息，也考虑在适当的时候出售，因而将其分类为以公允价值计量且其变动计入其他综合收益的金融资产。该债券每年 1 月 1 日付息，实际利率为 4.72%。20×1 年 12 月 31 日，甲公司持有的 C 公司债券的公允价值为 526 000 元。20×2 年 1 月 10 日，甲公司将所持有的 C 公司的债券全部出售，取得处置转让收入 525 800 元。

甲公司根据有关凭证，应进行如下会计处理。

(1) 20×1 年 1 月 1 日，购入 C 公司债券。

借：其他债权投资——成本　　　　　　　　　　　　500 000
　　　　　　　　——利息调整　　　　　　　　　　　 28 000
　　贷：银行存款　　　　　　　　　　　　　　　　　528 000

(2) 20×1 年 12 月 31 日，确认利息收入、应收利息、公允价值变动等。

应确认的利息收入(投资收益)= 528 000×4.72% ≈ 24 922(元)

应收利息=500 000×6%=30 000(元)

应摊销的利息调整=30 000-24 922=5 078 (元)

借：应收利息　　　　　　　　　　　　　　　　　　30 000
　　贷：其他债权投资——利息调整　　　　　　　　　 5 078
　　　　投资收益　　　　　　　　　　　　　　　　 24 922

应确认的公允价值变动= 526 000-(528 000-5078)=3 078 (元)

借：其他债权投资——公允价值变动　　　　　　　　 3 078
　　贷：其他综合收益——其他债权投资公允价值变动　 3 078

(3) 20×1 年 1 月 1 日，收到利息。

借：银行存款　　　　　　　　　　　　　　　　　　30 000
　　贷：应收利息　　　　　　　　　　　　　　　　 30 000

(4) 20×2 年 1 月 10 日，出售债券。

① 取得转让收入。

借：银行存款　　　　　　　　　　　　　　　　　　525 800
　　投资收益　　　　　　　　　　　　　　　　　　　　 200
　　贷：其他债权投资——成本　　　　　　　　　　 500 000
　　　　　　　　　　　——公允价值变动　　　　　　 3 078
　　　　　　　　　　　——利息调整　　　　　　　　22 922

② 转出公允价值累计变动额。
借：其他综合收益——其他债权投资公允价值变动   3 078
　　贷：投资收益   3 078

【例4-3】 20×1年5月1日，甲公司支付价款1 016万元(含交易费用1万元和已宣告发放的现金股利15万元)，购入乙公司发行的股票200万股，占乙公司有表决权股份的0.5%。甲公司将其指定为以公允价值计量且其变动计入其他综合收益的非交易性权益工具投资。

20×1年5月10日，甲公司收到乙公司发放的现金股利15万元。
20×1年6月30日，该股票市价为每股5.2元。
20×1年12月31日，甲公司仍持有该股票。当日，该股票市价为每股5元。
20×2年5月9日，乙公司宣告发放股利4 000万元。
20×2年5月13日，甲公司收到乙公司发放的现金股利。
20×2年5月20日，甲公司由于某个特殊原因，以每股4.9元的价格将股票全部转让。
甲公司按净利润的10%提取盈余公积，不考虑其他因素。
甲公司根据有关凭证，应进行如下会计处理。

(1) 20×1年5月1日，购入股票。
借：应收股利   150 000
　　其他权益工具投资——成本   10 010 000
　　贷：银行存款   10 160 000

(2) 20×1年5月10日，收到现金股利。
借：银行存款   150 000
　　贷：应收股利   150 000

(3) 20×1年6月30日，确认股票价格变动。
借：其他权益工具投资——公允价值变动   390 000
　　贷：其他综合收益——其他权益工具投资公允价值变动   390 000

(4) 20×1年12月31日，确认股票价格变动。
借：其他综合收益——其他权益工具投资公允价值变动   400 000
　　贷：其他权益工具投资——公允价值变动   400 000

(5) 20×2年5月9日，确认应收现金股利。
借：应收股利   200 000
　　贷：投资收益   200 000

(6) 20×2年5月13日，收到现金股利。
借：银行存款   200 000
　　贷：应收股利   200 000

(7) 20×2年5月20日，出售股票。
借：盈余公积——法定盈余公积   1 000
　　利润分配——未分配利润   9 000
　　贷：其他综合收益——其他权益工具投资公允价值变动   10 000
借：银行存款   9 800 000
　　其他权益工具投资——公允价值变动   10 000
　　盈余公积——法定盈余公积   20 000

| 利润分配——未分配利润 | 180 000 |
| 贷：其他权益工具投资——成本 | 10 010 000 |

第四节 以公允价值计量且其变动计入当期损益的金融资产

一、以公允价值计量且其变动计入当期损益的金融资产的确认与计量

1. 确认条件

以公允价值计量且其变动计入当期损益的金融资产主要是指交易性的金融资产以及企业持有的直接指定为以公允价值计量且其变动计入当期损益的金融资产。企业在非同一控制下的企业合并中作为购买方确认的或有对价构成的金融资产也归为此类。

金融资产满足下列条件之一的，表明企业持有该金融资产的目的是交易性的。

(1) 取得相关金融资产主要是为了近期出售或回购。比如，企业以赚取差价为目的从二级市场购入的股票、债券、基金等。

(2) 相关金融资产在初始确认时属于集中管理的可辨认金融工具组合的一部分，且有客观证据表明近期实际存在短期获利模式。在这种情况下，即使组合中某个组成项目持有的期限稍长也符合为交易而持有的条件。

(3) 相关金融资产属于衍生工具。如国债期货、远期合同、股指期货等。但如果衍生工具被企业指定为有效套期工具或符合财务担保合同定义的衍生工具除外，对这类衍生工具应采用相应的方法进行核算。衍生工具通常存在活跃的交易市场，除非被指定为套期工具，否则，基本上都是为了从标的价格或衍生工具合约本身价格的波动中获利，符合交易而持有的特征。

2. 计量方法

(1) 初始确认时，以公允价值计量且其变动计入当期损益的金融资产应按照公允价值计量。

(2) 与取得该金融资产直接相关的交易费用直接计入当期损益。

(3) 该金融资产持有期间公允价值变动金额计入当期损益。

二、应设置的账户

为了核算以公允价值计量且其变动计入当期损益的金融资产，应设置"交易性金融资产""公允价值变动损益"等账户。

(1) "交易性金融资产"账户。该账户核算企业划分为以公允价值计量且其变动计入当期损益的金融资产的公允价值，包括债券、股票、基金等金融资产投资，以及企业持有的其他该类金融资产的公允价值。借方登记该类金融资产的取得成本、资产负债表日其公允价值高于账面余额的差额，贷方登记资产负债表日该类金融资产的公允价值低于账面余额的差额、出售该类金融资产时结转的成本和公允价值变动损益，期末借方余额反映企业

持有的该类金融资产的公允价值。该账户按该类金融资产的类别和品种，分别设置"成本""公允价值变动"两个明细账户进行明细核算。

(2) "公允价值变动损益"账户。该账户核算企业因该类金融资产公允价值变动而形成的应计入当期损益的利得或损失。借方登记资产负债表日该类金融资产的公允价值低于账面余额的差额，贷方登记资产负债表日该类金融资产的公允价值高于账面余额的差额，期末将本账户余额结转到"本年利润"账户，结转后本账户无余额。

三、以公允价值计量且其变动计入当期损益的金融资产的会计处理

1. 取得时的会计处理

企业取得以公允价值计量且其变动计入当期损益的金融资产时，按金融资产的公允价值，借记"交易性金融资产——成本"账户；按发生的交易费用，借记"投资收益"账户；按实际支付的金额，贷记"银行存款"等账户。企业为取得该类金融资产所支付的价款中包含的已宣告但尚未发放的现金股利，或者已到付息期但尚未领取的债券利息，应单独确认为应收项目。

2. 持有期间的会计处理

企业在持有以公允价值计量且其变动计入当期损益的金融资产期间所获得的现金股利或债券利息，应当确认为投资收益。被投资单位宣告发放现金股利或实际支付利息时，投资企业按应享有或实际收到的金额，借记"应收股利""应收利息""银行存款"等账户，贷记"投资收益"账户。

资产负债表日，企业应将以公允价值计量且其变动计入当期损益的金融资产的公允价值变动计入当期损益，借记或贷记"交易性金融资产——公允价值变动"账户，贷记或借记"公允价值变动损益"账户。

3. 处置时的会计处理

企业以交易为目的而持有的股票、债券、基金等交易性金融资产，在市价上升或企业需要现金的情况下，企业可将其抛售出去。企业出售以公允价值计量且其变动计入当期损益的金融资产时，应将出售以后实际收到的价款与其账面价值的差额作为损益处理。

处置以公允价值计量且其变动计入当期损益的金融资产时，企业应按实际收到的金额，借记"银行存款"等账户；按该金融资产的账面价值，贷记"交易性金融资产——成本"账户；借记或贷记"交易性金融资产——公允价值变动"；按借贷方的差额，借记或贷记"投资收益"账户。

【例4-4】 20×1年1月1日，甲公司从二级市场支付价款1 020 000元(含已到付息但尚未领取的利息20 000元)购入某公司发行的债券，另发生交易费用20 000元。该债券面值为1 000 000元，剩余期限为2年，票面年利率为4%，每半年付息一次，甲公司将其划分为以公允价值计量且其变动计入当期损益的金融资产。其他资料如下：

(1) 20×1年1月5日，收到该债券20×0年下半年利息20 000元。

(2) 20×1年6月30日，该债券的公允价值为1 150 000元(不含利息)。

(3) 20×1年7月5日，收到该债券半年利息。

(4) 20×1年12月31日，该债券的公允价值为1 100 000元(不含利息)。

(5) 20×2年1月5日，收到该债券20×1年下半年利息。

(6) 20×2年3月31日，甲公司将该债券出售，取得价款1 180 000元(含1季度利息10 000元)。假定不考虑其他因素。

甲公司的账务处理如下。

(1) 20×1年1月1日，购入债券。

借：交易性金融资产——成本　　　　　　　　　1 000 000
　　应收利息　　　　　　　　　　　　　　　　　 20 000
　　投资收益　　　　　　　　　　　　　　　　　 20 000
　　贷：银行存款　　　　　　　　　　　　　　　　　　　　1 040 000

(2) 20×1年1月5日，收到该债券20×0年下半年利息。

借：银行存款　　　　　　　　　　　　　　　　　20 000
　　贷：应收利息　　　　　　　　　　　　　　　　　　　　　20 000

(3) 20×1年6月30日，确认债券公允价值变动和投资收益。

借：交易性金融资产——公允价值变动　　　　　150 000
　　贷：公允价值变动损益　　　　　　　　　　　　　　　　150 000

借：应收利息　　　　　　　　　　　　　　　　　20 000
　　贷：投资收益　　　　　　　　　　　　　　　　　　　　　20 000

(4) 20×1年7月5日，收到该债券半年利息。

借：银行存款　　　　　　　　　　　　　　　　　20 000
　　贷：应收利息　　　　　　　　　　　　　　　　　　　　　20 000

(5) 20×1年12月31日，确认债券公允价值变动和投资收益。

借：公允价值变动损益　　　　　　　　　　　　　50 000
　　贷：交易性金融资产——公允价值变动　　　　　　　　　　50 000

借：应收利息　　　　　　　　　　　　　　　　　20 000
　　贷：投资收益　　　　　　　　　　　　　　　　　　　　　20 000

(6) 20×2年1月5日，收到该债券20×1年下半年利息。

借：银行存款　　　　　　　　　　　　　　　　　20 000
　　贷：应收利息　　　　　　　　　　　　　　　　　　　　　20 000

(7) 20×2年3月31日，将该债券予以出售。

借：应收利息　　　　　　　　　　　　　　　　　10 000
　　贷：投资收益　　　　　　　　　　　　　　　　　　　　　10 000

借：银行存款　　　　　　　　　　　　　　　　1 170 000
　　公允价值变动损益　　　　　　　　　　　　　100 000
　　贷：交易性金融资产——成本　　　　　　　　　　　　　1 000 000
　　　　　　　　　　　　——公允价值变动　　　　　　　　　100 000
　　　　投资收益　　　　　　　　　　　　　　　　　　　　　170 000

借：银行存款　　　　　　　　　　　　　　　　　10 000
　　贷：应收利息　　　　　　　　　　　　　　　　　　　　　10 000

【例 4-5】 20×1 年 5 月 10 日，甲公司以 4 800 000 元购入 A 公司股票 600 000 股，公司将该项股权划分为以公允价值计量且其变动计入当期损益的金融资产，另支付手续费 100 000 元，20×1 年 6 月 30 日该股票每股市价为 7.5 元。20×1 年 8 月 10 日，A 公司宣告分派现金股利，每股 0.20 元，20×1 年 8 月 20 日，甲公司收到分派的现金股利。至 20×1 年 12 月 31 日，甲公司仍持有该股票，期末每股市价为 8.5 元，20×2 年 1 月 3 日以 5 150 000 元出售该股票。假定甲公司每年 6 月 30 日和 12 月 31 日对外提供财务报告。

甲公司账务处理如下。

(1) 20×1 年 5 月 10 日购入时。

借：交易性金融资产——成本　　　　　　4 800 000
　　投资收益　　　　　　　　　　　　　　100 000
　　贷：银行存款　　　　　　　　　　　　　　　4 900 000

(2) 20×1 年 6 月 30 日。

借：公允价值变动损益　　　　　300 000 (4 800 000−600 000×7.5)
　　贷：交易性金融资产——公允价值变动　　300 000

(3) 20×1 年 8 月 10 日宣告分派时。

借：应收股利　　　　　　　　　120 000 (0.2×600 000)
　　贷：投资收益　　　　　　　　　　　　　　120 000

(4) 20×1 年 8 月 20 日收到股利时。

借：银行存款　　　　　　　　　　　120 000
　　贷：应收股利　　　　　　　　　　　　　　120 000

(5) 20×1 年 12 月 31 日。

借：交易性金融资产——公允价值变动　600 000 (600 000×8.5−4 500 000)
　　贷：公允价值变动损益　　　　　　　　　　600 000

(6) 20×2 年 1 月 3 日处置。

借：银行存款　　　　　　　　　　　5 150 000
　　公允价值变动损益　　　　　　　　300 000
　　贷：交易性金融资产——成本　　　　　　　4 800 000
　　　　交易性金融资产——公允价值变动　　　300 000
　　　　投资收益　　　　　　　　　　　　　　　350 000

该交易性金融资产的累计损益=−100 000+120 000+350 000=370 000(元)。

第五节　金融资产减值

一、金融资产减值的确认

企业应当以预期信用损失为基础，对以摊余成本计量的金融资产和以公允价值计量且其变动计入其他综合收益的债务工具进行减值会计处理并确认损失准备。减值准备的计提不以减值的实际发生为前提，而是以未来可能的违约事件造成的损失的期望值来计量当前应当确认的减值准备。

预期信用损失，是指以发生违约的风险为权重的金融工具信用损失的加权平均值。这里的发生违约的风险，可以理解为发生违约的概率。信用损失应按合同应收的现金流量与预期能收到的现金流量之间的差额(现金流缺口)的现值确定。

由于预期信用损失考虑付款的金额和时间分布，所以即使企业预计可以全额收款但收款时间晚于合同规定的到期期限，也会产生信用损失。在估计现金流量时，企业应当考虑金融工具在整个预计存续期的所有合同条款(如提前还款、展期、看涨期权或其他类似期权等)。

一般情况下，企业应当在每个资产负债表日评估相关金融工具的信用风险自初始确认后是否已显著增加，并按照下列情形分别计量其损失准备，确认预期信用损失及其变动。

(1) 对于自初始确认后信用风险显著增加的金融资产，企业应当按照相当于该金融工具整个存续期内预期信用损失的金额计量其损失准备，由此形成的损失准备的增加或转回金额，作为减值损失或利得计入当期损益。

(2) 对于自初始确认后信用风险并未显著增加的金融资产，企业应当按照相当于该金融工具未来12个月内预期信用损失的金额计量其损失准备，由此形成的损失准备的增加或转回金额，作为减值损失或利得计入当期损益。

二、金融资产发生信用减值的证据

当对金融资产预期未来现金流量具有不利影响的一项或多项事件发生时，该金融资产称为已发生信用减值的金融资产。金融资产已发生信用减值的证据主要包括下列可观察信息。

(1) 发行方或债务人发生重大财务困难。
(2) 债务人违反合同，如偿付利息或本金违约或逾期等。
(3) 债权人出于与债务人财务困难有关的经济或合同考虑，给予债务人在任何其他情况下都不会做出的让步。
(4) 债务人很可能破产或进行其他财务重组。
(5) 发行方或债务人财务困难导致该金融资产无法在活跃市场继续交易。
(6) 以大幅折扣购买或源生的一项金融资产，该折扣反映了发生信用损失的事实。

金融资产发生信用减值，有可能是多个事件的共同作用所导致的，未必只是由可单独识别的单一事件导致的。

企业通常应当在金融工具逾期前确认该金融工具整个存续期内的预期信用损失。通常情况下，如果逾期超过30日，则表明金融工具的信用风险已经显著增加。

三、金融资产减值的会计处理

对于购买或源生的已发生信用减值的金融资产，企业应当将自初始确认后整个存续期内预期信用损失的累计变动确认为损失准备，作为减值损失或利得计入当期损益。在资产负债表日，按照应确认的损失准备，借记"信用减值损失"账户，贷记"债权投资减值准备"等账户。

企业在前一会计期间已经按照相当于金融资产整个存续期内预期信用损失的金额计提

了损失准备,但在当期资产负债表日,该金融资产已不再属于自初始确认后信用风险显著增加的情形的,企业应当在当期资产负债表日按照相当于未来 12 个月内预期信用损失的金额计量该金融资产的损失准备,由此形成的损失准备的转回金额应当作为减值利得计入当期损益。按照应转回的损失准备,借记"债权投资减值准备"等账户,贷记"信用减值损失"账户。

【例 4-6】甲公司于 20×1 年 1 月 1 日(债券发行日)以 292 500 元的价格购入面值为 300 000 元的 D 公司债券作为以摊余成本计量的金融资产。该债券的期限为 5 年,票面利率为 5%,在初始确认时的实际利率为 5.59%,每年 12 月 31 日付息。

20×1 年 12 月 31 日,甲公司发现,因 D 公司发生财务困难,预计所持有的 D 公司债券到期只能收回 90%的本金。20×1 年 12 月 31 日,该债券的账面摊余成本为 293 850 元。不考虑其他因素。

甲公司根据有关凭证,应进行如下会计处理。

预计到期可收回本金=300 000×90%=270 000 (元)

预计收取的现金流量的现值=270 000×$(1+5.59\%)^{-4}$=217 206 (元)

减值损失=293 850-217 206 =76 644(元)

借:信用减值损失　　　　　　　　　　　76 644
　　贷:债权投资减值准备　　　　　　　　　　　76 644

对于以公允价值计量且其变动计入其他综合收益的其他债权投资,企业应当在其他综合收益中确认其损失准备,并将减值损失计入当期损益,且不应减少该金融资产在资产负债表中列示的账面价值。在该金融资产发生减值时,按应确认的损失准备金额,借记"信用减值损失"账户,贷记"其他综合收益——信用减值准备"账户。

企业指定为以公允价值计量且其变动计入其他综合收益的非交易性权益工具不需计提减值准备。

思 考 题

1. 金融资产包括哪些内容?
2. 以摊余成本计量的金融资产的确认条件及会计处理要点是什么?
3. 以公允价值计量且其变动计入其他综合收益的金融资产的确认条件及会计处理要点是什么?
4. 以公允价值计量且其变动计入当期损益的金融资产的确认条件及会计处理要点是什么?
5. 金融资产发生信用减值的证据有哪些?

自 测 题

一、单项选择题

1. 甲公司持有的下列金融资产,应分类为以摊余成本计量的金融资产的是(　　)。

A. 甲公司购入 A 公司股票，该股票持有目的为短期获利
B. 甲公司购入乙公司债券，该债券持有目的为短期获利
C. 甲公司购入丙公司股票，该股票持有目的为长期持有
D. 甲公司购入丁公司债权，该债权持有目的为收取合同现金流量，该合同现金流量仅为支付的本金和以未偿付本金金额为基础的利息

2. 甲公司 2×21 年 1 月 1 日购入乙公司于 2×20 年 7 月 1 日发行的 3 年期公司债券，支付购买价款 5 000 万元，另支付交易费用 10 万元。该债券的面值为 5 000 万元，票面年利率为 5%，每年 1 月 5 日和 7 月 5 日支付上半年度利息，到期归还本金。甲公司根据管理金融资产的业务模式和该债券的合同现金流量特征，将其分类为以摊余成本计量的金融资产，则甲公司取得该项金融资产的入账金额为( )万元。
   A. 4 885   B. 5 010   C. 4 760   D. 5 000

3. 甲公司对其购入债券的业务管理模式是以收取合同现金流量为目标。该债券的合同条款规定，在特定日期产生的现金流量，仅为对本金和以未偿付本金金额为基础的利息的支付。不考虑其他因素，甲公司应将该债券投资分类为( )。
   A. 其他货币资金
   B. 以公允价值计量且其变动计入当期损益的金融资产
   C. 以公允价值计量且其变动计入其他综合收益的金融资产
   D. 以摊余成本计量的金融资产

4. 关于企业管理金融资产的业务模式，下列表述中错误的是( )。
   A. 一个企业可能会采用多个业务模式管理其金融资产
   B. 企业的业务模式可以由企业自愿指定
   C. 企业不得以按照合理预期不会发生的情形为基础确定管理金融资产的业务模式
   D. 企业应当以企业关键管理人员决定的对金融资产进行管理的特定业务目标为基础，确定管理金融资产的业务模式

5. 下列项目中不属于金融资产的是( )。
   A. 持有的其他方的权益工具   B. 应收账款
   C. 预付账款   D. 债权投资

6. 2×18 年 1 月 1 日，甲公司自证券市场购入面值总额为 1 000 万元的债券，购入时实际支付价款 1 040.52 万元，另支付交易费用 4 万元。该债券发行日为 2×18 年 1 月 1 日，系分期付息到期还本债券，期限为 5 年，票面年利率为 5%，实际年利率为 4%，每年 12 月 31 日支付当年利息。甲公司将该债券作为以摊余成本计量的金融资产核算。假定不考虑其他因素，甲公司持有该债券投资 2×19 年应确认的利息收入为( )万元。
   A. 50   B. 41.29   C. 41.45   D. 40

7. 2×19 年 1 月 1 日，甲公司以银行存款 1 100 万元购入乙公司当日发行的面值为 1 000 万元的 5 年期不可赎回债券，将其分类为以公允价值计量且其变动计入其他综合收益的金融资产。该债券票面年利率为 10%，每年年末付息一次，实际年利率为 7.53%。2×19 年 12 月 31 日，该债券的公允价值为 1 090 万元。假定不考虑其他因素，2×19 年 12 月 31 日甲公司该债券投资的账面价值为( )万元。
   A. 1 070   B. 1 090   C. 1 182.53   D. 1 200

8. 2×18年6月9日,甲公司支付价款855万元(含交易费用5万元)购入乙公司股票100万股,占乙公司有表决权股份的2%,将其指定为以公允价值计量且其变动计入其他综合收益的金融资产核算。2×18年12月31日,该股票市场价格为每股9元。2×19年2月5日,乙公司宣告发放现金股利1 000万元,甲公司应按持股比例确认现金股利。2×19年8月21日,甲公司以每股8元的价格将乙公司股票全部转让。不考虑其他因素,甲公司2×19年利润表中因该项金融资产应确认的投资收益为(　　)万元。

  A. -35　　　　B. -80　　　　C. -100　　　　D. 20

9. 甲公司2×19年1月1日以银行存款9 800万元购入乙公司于2×18年1月1日发行的公司债券100万份,每份债券面值为100元,票面年利率为5%,另支付交易费用100万元。该债券系分期付息到期还本,每年1月10日支付上年度利息。甲公司将其分类为以公允价值计量且其变动计入当期损益的金融资产核算。则甲公司该债券的入账金额为(　　)万元。

  A. 9 800　　　　B. 9 900　　　　C. 9 300　　　　D. 9 400

10. 2×19年1月10日,甲公司以银行存款5 110万元(含交易费用10万元)购入乙公司股票,将其作为交易性金融资产核算。2×19年4月28日,甲公司收到乙公司2×19年4月24日宣告分派的现金股利80万元。2×19年12月31日,甲公司持有的该股票公允价值为5 600万元,不考虑其他因素,该项投资使甲公司2×19年营业利润增加的金额为(　　)万元。

  A. 570　　　　B. 490　　　　C. 500　　　　D. 580

二、多项选择题

1. 下列各项中,关于金融资产的合同现金流量特征的说法正确的有(　　)。
    A. 企业分类为以摊余成本计量的金融资产其合同现金流量特征应当与基本借贷安排相一致
    B. 以公允价值计量且其变动计入其他综合收益的金融资产(债务工具投资),其合同现金流量特征应当与基本借贷安排相一致
    C. 合同现金流量特征是指相关金融资产在特定日期产生的合同现金流量仅为支付的本金和以未偿付本金金额为基础的利息
    D. 利息包括对货币时间价值、与特定时期未偿付本金金额相关的信用风险,以及其他基本借贷风险、成本和利润的对价

2. 下列各项中,将影响企业以摊余成本计量的金融资产处置损益的有(　　)。
    A. 卖价　　　　　　　　　　　　B. 账面价值
    C. 支付给代理机构的佣金　　　　D. 缴纳的印花税

3. 关于金融资产的分类,下列表述中正确的有(　　)。
    A. 企业管理金融资产的业务模式是以收取合同现金流量为目标,则应分类为以摊余成本计量的金融资产
    B. 企业管理金融资产的业务模式是以短期内出售为目标,则应分类为以公允价值计量且其变动计入当期损益的金融资产
    C. 企业管理金融资产的业务模式既以收取合同现金流量为目标,又以出售该金融

资产为目标，并且该金融资产的合同条款规定，在特定日期产生的现金流量，仅为对本金和以未偿付本金金额为基础的利息的支付，则应分类为以公允价值计量且其变动计入其他综合收益的金融资产

D. 对债务工具投资，企业应当将分类为以摊余成本计量的金融资产和以公允价值计量且其变动计入当期损益的金融资产之外的金融资产，分类为以公允价值计量且其变动计入其他综合收益的金融资产

4. 对以公允价值计量且其变动计入其他综合收益的权益工具投资，下列表述中错误的有(   )。

A. 符合条件的股利收入应计入投资收益

B. 当该金融资产终止确认时，之前计入其他综合收益的累计利得或损失应当从其他综合收益中转出，计入留存收益

C. 当该金融资产终止确认时，之前计入其他综合收益的累计利得或损失应当从其他综合收益中转出，计入投资收益

D. 以公允价值计量且其变动计入其他综合收益的权益工具投资，当信用风险显著增加时，应相应确认预期信用损失

5. 甲公司于2×18年1月1日以3 060万元购入当日发行的面值为3 000万元的3年期到期还本、按年付息的一般公司债券，该债券票面年利率为5%，实际年利率为4.28%，甲公司管理层将其作为以摊余成本计量的金融资产核算。不考虑其他因素，甲公司下列会计处理中正确的有(   )。

A. 2×18年1月1日该债券投资的初始计量金额为3 060万元

B. 2×18年年末摊余成本为3 040.97万元

C. 2×19年应确认利息收入128.01万元

D. 2×19年应确认利息收入130.15万元

6. 企业对下列各项进行初始计量时，应将发生的相关交易费用计入初始确认金额的有(   )。

A. 以公允价值计量且其变动计入其他综合收益的金融资产

B. 以摊余成本计量的金融资产

C. 企业合并以外方式取得的长期股权投资

D. 以公允价值计量且其变动计入当期损益的金融资产

7. 2×19年7月1日，甲公司从活跃市场购入C公司2×19年7月1日发行的5年期债券10万份，该债券的面值为1 000万元，票面年利率为4.5%，每半年支付一次利息。甲公司购买C公司债券支付款项1000万元(包括交易费用10万元)。甲公司将该债券作为以公允价值计量且其变动计入其他综合收益的金融资产核算。甲公司因需要资金，计划于2×20年出售该债券投资。2×19年12月31日，债券的公允价值为1 010万元，确认的预期损失准备金额为5万元。甲公司下列会计处理中正确的有(   )。

A. 2×19年7月1日以公允价值计量且其变动计入其他综合收益的金融资产初始成本为1 000万元

B. 交易费用应计入当期损益

C. 持有的C公司债券投资在2×19年12月31日资产负债表中的列示金额为1 010

万元

D. 因持有的 C 公司债券投资在 2×19 年 12 月 31 日资产负债表中其他综合收益项目列示的金额为 10 万元

8. 下列说法中不正确的是( )。
   A. 交易性金融资产主要是指企业为了近期内出售而持有的金融资产
   B. 交易性金融资产是以公允价值计量且其变动计入当期损益的金融资产
   C. 交易性金融资产是以公允价值计量且其变动计入当期成本的金融资产
   D. 取得交易性金融资产时，以实际支付的买价和交易费用作为其初始确认金额

9. 交易性金融资产科目借方登记的内容有( )。
   A. 交易性金融资产的取得成本
   B. 资产负债表日其公允价值高于账面价值的差额
   C. 取得交易性金融资产所发生的交易费用
   D. 资产负债表日其公允价值低于账面价值的差额

10. 在金融资产的初始计量中，关于交易费用处理的叙述正确的有( )。
    A. 交易性金融资产发生的相关交易费用直接计入当期损益
    B. 以公允价值计量且其变动计入其他综合收益的金融资产发生的相关交易费用应当计入初始确认金额
    C. 以摊余成本计量的金融资产发生的相关交易费用应当计入初始确认金额
    D. 交易性金融资产发生的相关交易费用应当计入初始确认金额

三、判断题

1. 企业持有的股权投资不能分类为以摊余成本计量的金融资产。( )
2. 企业以摊余成本计量的金融资产应于初始确认时计算其实际利率，并在预期存续期间保持不变。( )
3. 企业取得债权投资支付的价款中包含已到付息期但尚未领取的债券利息，应构成债权投资的初始确认金额。( )
4. 企业可以将非交易性权益工具指定为以公允价值计量且其变动计入其他综合收益的金融资产，并按规定确认股利收入。该指定一经做出，不得撤销。( )
5. 对于以公允价值计量且其变动计入当期损益的金融资产，企业应将相关交易费用直接计入当期损益。( )

业 务 题

1. 甲公司有关债券投资的资料如下。

(1) 2×17 年 1 月 1 日，甲公司以银行存款 2 030 万元购入乙公司当日发行的面值总额为 2 000 万元的 4 年期公司债券，该债券的票面年利率为 4.2%。债券合同约定，未来 4 年，每年的利息在次年 1 月 1 日支付，本金于 2×21 年 1 月 1 日一次性偿还，乙公司不能提前赎回该债券。甲公司将该债券投资分类为以摊余成本计量的金融资产。

(2) 甲公司在取得乙公司债券时，计算确定该债券投资的实际年利率为 3.79%，甲公司

在每年年末对债券投资的利息收入进行会计处理。

(3) 2×19年1月1日，甲公司在收到乙公司债券上年利息后，将该债券全部出售，所得款项2 025万元收存银行。

假定不考虑增值税等相关税费及其他因素。

要求：编制甲公司上述经济业务的有关会计分录。(单位以"万元"表示)

2. 2×19年5月6日，甲公司以2 000万元购入乙公司股票100万股，将其指定为以公允价值计量且其变动计入其他综合收益的非交易性权益工具投资，另支付手续费5万元。2×19年6月30日该股票每股市价为22元。2×19年8月10日，乙公司宣告分派现金股利，每股2元。8月15日，甲公司收到分派的现金股利。至12月31日，甲公司仍持有该以公允价值计量且其变动计入其他综合收益的非交易性权益工具投资，期末每股市价为20元。2×20年1月3日甲公司以2 100万元出售该以公允价值计量且其变动计入其他综合收益的非交易性权益工具投资。假定甲公司每年6月30日和12月31日对外提供财务报告。

甲公司按净利润的10%提取法定盈余公积。

要求：编制甲公司上述经济业务的有关会计分录。(单位以"万元"表示)

3. 2×13年1月1日，甲公司支付价款1 000万元(含交易费用)从上海证券交易所购入乙公司同日发行的5年期公司债券12 500份，债券票面价值总额为1 250万元，票面年利率为4.72%，于年末支付本年度债券利息(即每年利息为59万元)，本金在债券到期时一次性偿还。合同约定，该债券的发行方在遇到特定情况时可以将债券赎回，且不需要为提前赎回支付额外款项。甲公司在购买该债券时，预计发行方不会提前赎回。甲公司根据其管理该债券的业务模式和该债券的合同现金流量特征，将该债券分类为以公允价值计量且其变动计入其他综合收益的金融资产。

其他资料如下。

(1) 2×13年12月31日，乙公司债券的公允价值为1 200万元(不含利息)。

(2) 2×14年12月31日，乙公司债券的公允价值为1 300万元(不含利息)。

(3) 2×15年12月31日，乙公司债券的公允价值为1 250万元(不含利息)。

(4) 2×16年12月31日，乙公司债券的公允价值为1 200万元(不含利息)。

(5) 2×17年1月20日，通过上海证券交易所出售了乙公司债券12 500份，取得价款1 260万元。

假定不考虑所得税、减值等因素，该债券的实际利率为10%。

要求：编制甲公司上述经济业务的有关会计分录。(单位以"万元"表示)

4. 甲公司有关金融资产的资料如下。

(1) 2×16年1月1日，购入面值为100万元、年利率为6%的A债券。取得时，支付价款106万元(含已宣告但尚未发放的利息6万元)，另支付交易费用0.5万元。甲公司将该项金融资产分类为以公允价值计量且其变动计入当期损益的金融资产。

(2) 2×16年1月5日，收到购买时支付价款中所含的利息6万元。

(3) 2×16年12月31日，A债券的公允价值为106万元。

(4) 2×17年1月5日，收到A债券2×16年度的利息6万元。

(5) 2×17年4月20日，甲公司出售A债券，售价为108万元。

要求：编制甲公司有关金融资产的会计分录。

第五章

长期股权投资

学习目标：掌握长期股权投资的初始计量、后续计量方法、成本法与权益法的转换。
关键词：长期股权投资　成本法　权益法　顺流交易　逆流交易　成本法与权益法转换

第一节　长期股权投资概述

一、长期股权投资的性质

长期股权投资是指投资单位对被投资单位实施控制或重大影响的权益性投资以及对其合营企业的权益性投资。其性质是长期持有，按持有的股份比例享有被投资单位权益并承担相应责任。从金融工具投资的角度而言，长期股权投资是指以摊余成本计量的金融资产、以公允价值计量且其变动计入其他综合收益的金融资产、以公允价值计量且其变动计入当期损益的金融资产以外的投资。如果公司进行投资的目的是取得对被投资单位的控制、共同控制或重大影响的权利，并通过这些权利获取长远的利益，则该项投资应当通过"长期股权投资"账户来核算。长期股权投资是一种战略性投资，其特点是通过投资对被投资单位施加一定的影响力，并凭借这种影响力获取回报。从流动性来看，长期股权投资属于非流动资产。

二、长期股权投资的分类

界定长期股权投资的范围是对长期股权投资进行确认、计量和报告的前提。根据长期股权投资准则规定，企业持有的下列权益性投资在初始确认时应当分类为长期股权投资。

1. 实施控制的权益性投资

企业持有的能够对被投资单位实施控制的权益性投资，即对子公司的投资，应当分类为长期股权投资。

控制是指投资方拥有对被投资方的权力，通过参与被投资方的相关活动而享有可变回报，并且有能力运用对被投资方的权力影响其回报金额。其中，相关活动是指对被投资方的回报产生重大影响的活动。被投资方的相关活动应当根据具体情况进行判断，通常包括商品或劳务的销售和购买、金融资产的管理、资产的购买和处置、研究与开发活动以及融资活动等。

除非有确凿证据表明其不能主导被投资方的相关活动，下列情况表明投资方对被投资方拥有控制权力：①投资方持有被投资方半数以上的表决权的。②投资方持有被投资方半数或以下的表决权，但通过与其他表决权持有人之间的协议能够控制半数以上表决权的。

2. 实施共同控制的权益性投资

实施共同控制的权益性投资是指对合营安排的投资。合营安排是指一项由两个或两个以上的参与方共同控制的安排。合营安排具有下列特征：各参与方均受到该安排的约束；两个或两个以上的参与方对该安排实施共同控制。任何一个参与方都不能单独控制该安排。对该安排具有共同控制的任何一个参与方均能够阻止其他参与方或参与方组合单独控制该安排。

合营安排分为共同经营和合营企业。共同经营是指合营方享有该安排相关资产且承担该安排相关负债的合营安排。合营企业是指合营方仅对该安排的净资产享有权利的合营安排。

共同控制是指按照相关约定对某项安排所共有的控制，并且该安排的相关活动必须经过分享控制权的参与方一致同意后才能决策。相关活动是指某项安排的回报产生重大影响的活动。某项安排的相关活动应当根据具体情况进行判定，通常包括商品或劳务的销售和购买、金融资产的管理、资产的购买和处置、研发活动以及融资活动等。在判断是否存在共同控制时，应当首先判断所有参与方或参与方组合是否集体控制该安排，然后判断该安排相关活动的决策是否必须经过这些集体控制该安排的参与方一致同意。

3. 具有重大影响的权益性投资

具有重大影响的权益性投资是指对联营企业投资。重大影响是指对一个企业的财务和经营政策有参与决策的权力，但并不能够控制或者与其他方一起共同控制这些政策的制定。投资企业能够对被投资单位施加重大影响的，被投资单位为其联营企业。在确定能否对被投资单位施加重大影响时，应当考虑投资方和其他方持有的被投资单位当期可转换债券、当期可执行认股权证等潜在表决性因素。

通常情况下，当投资企业直接拥有被投资单位20%或以上的表决权资本但未形成控制或共同控制时，一般认为对被投资单位具有重大影响，除非有确凿的证据表明投资方不能参与被投资单位的生产经营决策，不能对被投资单位形成重大影响。

此外，虽然投资企业直接拥有被投资单位20%以下的表决权资本，但符合下列情况之一的，也应确认为对被投资单位具有重大影响：①在被投资单位的董事会或类似的权力机构中派有代表；②参与被投资单位的财务和经营决策的制定，但不构成控制或共同控制；③向被投资单位派出管理人员；④与被投资单位之间发生重要交易；⑤向被投资单位提供关键技术资料。

第二节 长期股权投资的初始计量

一、长期股权投资初始计量的原则

长期股权投资在取得时，应按初始投资成本入账。长期股权投资可以通过企业合并形成，也可以通过支付现金、发行权益证券、投资者投入、非货币性资产交换、债务重组等企业合并以外的其他方式取得，在不同的取得方式下，初始投资成本的确定方法有所不同。企业应当分别按企业合并和非企业合并两种情况确定长期股权投资的初始投资成本。

企业无论以何种方式取得长期股权投资，在取得投资时对于投资成本中包含的被投资单位已经宣告但尚未发放的现金股利或利润，应作为应收项目单独核算，不构成取得长期股权投资的初始投资成本。即企业在支付对价取得长期股权投资时，对于实际支付的价款中包含的对方已经宣告但尚未发放的现金股利或利润，应作为预付款，构成企业的一项债权，其与取得的对被投资单位的长期股权投资应作为两项金融资产。

二、企业合并形成的长期股权投资初始计量

企业合并是指两个或者两个以上单独的企业合并形成一个报告主体的交易或事项。从本质上看，企业合并是指一个企业取得对另外一个企业的控制权、吸收另一个或多个企业的净资产以及将参与合并的企业相关资产、负债进行整合后成立新的企业等情况。因此，以合并方式为基础，企业合并包括控股合并、吸收合并及新设合并。

吸收合并和新设合并均不形成投资关系，只有控股合并才形成投资关系。因此，企业合并形成的长期股权投资，是指控股合并所形成的投资企业(即合并后的母公司)对被投资单位(即合并后的子公司)的股权投资。企业合并形成的长期股权投资，应当区分同一控制下的企业合并和非同一控制下的企业合并分别确定初始投资成本。

合并方(购买方)为企业合并发生的审计、法律服务、评估咨询等中介费用以及其他相关管理费用，应当于发生时计入当期损益。合并方(购买方)为企业合并而发行权益性证券发生的手续费、佣金等费用，应当冲减权益性证券的溢价发行收入，溢价发行收入不足冲减的，可以冲减留存收益。合并方(购买方)为企业合并而发行债券或承担其他债务支付的手续费、佣金等，应当计入所发行债券及其他债务的初始确认金额。

1) 同一控制下的企业合并形成的长期股权投资

参与合并的企业在合并前后均受同一方或相同的多方最终控制，且该控制并非是暂时性的，为同一控制下的企业合并。对于同一控制下的企业合并，在合并日取得对其他参与合并企业控制权的一方为合并方，参与合并的其他企业为被合并方。合并日是指合并方实际取得对被合并方控制权的日期。

对于同一控制下的企业合并，从能够对参与合并各方在合并前及合并后均实施最终控制的一方来看，最终控制方在企业合并前及合并后能够控制的资产并没有发生变化。合并方对被合并方的长期股权投资，其成本代表的是在被合并方账面所有者权益中享有的份额。

(1) 合并方以支付现金、转让非现金资产或承担债务方式作为合并对价的，应当在合并日按照取得被合并方所有者权益账面价值的份额作为长期股权投资的初始投资成本。长期股权投资初始投资成本与支付的现金、转让的非现金资产以及所承担债务账面价值之间的差额，应当调整资本公积(资本溢价或股本溢价)；资本公积(资本溢价或股本溢价)的余额不足冲减的，调整留存收益。

具体进行会计处理时，合并方在合并日按取得被合并方所有者权益账面价值的份额，借记"长期股权投资"科目，按应自被投资单位收取的已宣告但尚未发放的现金股利或利润，借记"应收股利"科目，按支付的合并对价的账面价值，贷记有关资产或借记有关负债科目。如为贷方差额，贷记"资本公积(资本溢价或股本溢价)"科目；如为借方差额，借

记"资本公积(资本溢价或股本溢价)"科目,资本公积(资本溢价或股本溢价)不足冲减的,则应依次借记"盈余公积""利润分配——未分配利润"科目。

【例 5-1】 甲公司和丙公司同为某集团的子公司,20×1 年 6 月 1 日,甲公司以银行存款取得丙公司所有者权益的 80%,同日丙公司所有者权益的账面价值为 1 000 万元。

① 若甲公司支付银行存款 720 万元。

借:长期股权投资——丙公司　　　　　8 000 000(10 000 000×80%)
　　贷:银行存款　　　　　　　　　　　　　　　7 200 000
　　　　资本公积——资本溢价　　　　　　　　　　800 000

② 若甲公司支付银行存款 900 万元。

借:长期股权投资——丙公司　　　　　8 000 000
　　资本公积——资本溢价　　　　　　1 000 000
　　贷:银行存款　　　　　　　　　　　　　　　9 000 000

如资本公积(资本溢价或股本溢价)不足冲减,冲减留存收益。

(2) 合并方以发行权益性证券作为合并对价的,应当在合并日按照取得被合并方所有者权益账面价值的份额作为长期股权投资的初始投资成本,按照发行股份的面值总额作为股本。长期股权投资的初始投资成本与所发行股份面值总额之间的差额,应当调整资本公积(资本溢价或股本溢价);资本公积(资本溢价或股本溢价)不足冲减的,调整留存收益。

【例 5-2】 甲公司和乙公司同为某集团的子公司,20×1 年 8 月 1 日甲公司发行 600 万股普通股(每股面值 1 元)作为对价取得乙公司 60%的股权,同日乙公司账面净资产总额为 1 300 万元。

借:长期股权投资——乙公司　　　　　7 800 000 (13 000 000×60%)
　　贷:股本　　　　　　　　　　　　　　　　　6 000 000
　　　　资本公积——股本溢价　　　　　　　　　1 800 000

值得注意的是,按照合并日应享有被合并方所有者权益在最终控制方合并报表中的账面价值的份额确定长期股权投资的初始投资成本时,要求合并前合并方与被合并方所采用的会计政策、会计期间应当一致,如果合并前合并方与被合并方所采用的会计政策、会计期间不一致,应当首先按照合并方的会计政策、会计期间对被合并方资产、负债的账面价值进行调整,并以调整后的被合并方所有者权益在最终控制方合并财务报表中的账面价值为基础,按合并方的持股比例计算确定长期股权投资的初始投资成本。

2) 非同一控制下的企业合并形成的长期股权投资

参与合并的各方在合并前后不受同一方或相同的多方最终控制的,为非同一控制下的企业合并。非同一控制下的企业合并,在购买日取得对其他参与合并企业控制权的一方为购买方,参与合并的其他企业为被购买方。购买日,是指购买方实际取得对被购买方控制权的日期。

非同一控制的企业合并中,购买方应当按照确定的企业合并成本作为长期股权投资的初始投资成本。合并成本是指合并对价的公允价值,即企业合并成本包括购买方付出的资产、发生或承担的负债、发行的权益性证券的公允价值之和。

具体进行会计处理时,对于形成非同一控制下控股合并的长期股权投资,应在购买日按企业合并成本(不含应自被投资单位收取的现金股利或利润),借记"长期股权投资"科目;

按享有被投资单位已宣告但尚未发放的现金股利或利润，借记"应收股利"科目；按支付合并对价的账面价值，贷记有关资产或借记有关负债科目；按其差额，贷记"营业外收入"或"投资收益"等科目，或借记"营业外支出""投资收益"等科目。按发生的直接相关费用，借记"管理费用"科目，贷记"银行存款"等科目。

非同一控制下企业合并涉及以库存商品等作为合并对价的，应按库存商品的公允价值，贷记"主营业务收入"或"其他业务收入"科目，并同时结转相关的成本。对于购买日前持有的股权投资指定为以公允价值计量且其变动计入其他综合收益的非交易性权益工具的，其公允价值与账面价值之间的差额以及原计入其他综合收益的累积公允价值变动应当直接转入留存收益。

【例5-3】20×1年1月1日，甲公司以一台固定资产和银行存款200万元向乙公司投资(甲公司和乙公司不属于同一控制的两个公司)，占乙公司注册资本的60%，该固定资产的账面原价为8 000万元，已计提累计折旧500万元，已计提固定资产减值准备200万元，公允价值为7 600万元。

不考虑其他相关税费，甲公司的会计处理如下：

借：固定资产清理　　　　　　　　　　　73 000 000
　　累计折旧　　　　　　　　　　　　　 5 000 000
　　固定资产减值准备　　　　　　　　　 2 000 000
　　贷：固定资产　　　　　　　　　　　80 000 000
借：长期股权投资——乙公司　　　　　　78 000 000(2 000 000+76 000 000)
　　贷：固定资产清理　　　　　　　　　73 000 000
　　　　银行存款　　　　　　　　　　　 2 000 000
　　　　营业外收入　　　　　　　　　　 3 000 000

三、以企业合并以外的方式取得的长期股权投资初始计量

除企业合并形成的长期股权投资外，企业还可以通过支付现金、发行权益性证券、投资者投入、非货币性资产交换、债务重组等非企业合并方式取得长期股权投资。企业应当根据不同的取得方式，分别确定长期股权投资的初始投资成本，作为入账的依据。

1) 以现金作为对价取得的长期股权投资

以支付现金取得的长期股权投资，应当按照实际支付的购买价款作为初始投资成本，包括与取得长期股权投资直接相关的费用、税金及其他必要支出。但所支付的价款中包含的被投资单位已宣告但尚未发放的现金股利或利润应作为应收项目核算，不构成取得长期股权投资的成本。

【例5-4】20×1年4月1日，甲公司从证券市场上购入丙公司发行在外的1 000万股股票作为长期股权投资，每股8元(含已宣告但尚未发放的现金股利0.5元)，实际支付价款8 000万元。

甲公司的会计处理如下(假定按照权益法核算)：

借：长期股权投资——丙公司　　　　　　75 000 000
　　应收股利　　　　　　　　　　　　　 5 000 000(10 000 000×0.5)
　　贷：银行存款　　　　　　　　　　　80 000 000

2) 以权益性证券作为对价取得的长期股权投资

以发行权益性证券取得的长期股权投资，应当按照发行权益性证券的公允价值作为初始投资成本。为发行权益性证券而支付给证券承销机构的手续费、佣金等相关税费及其他直接相关支出，不构成长期股权投资的初始成本，应自权益性证券的溢价发行收入中扣除；权益性证券的溢价发行收入不足冲减的，应依次冲减盈余公积和未分配利润。

【例5-5】 20×1年7月1日，甲公司发行股票100万股作为对价向丁公司投资，每股面值为1元，实际发行价为每股3元，向证券承销机构支付发行手续费及佣金等直接相关费用40万元。

甲公司的会计处理如下(假定按照权益法核算)。

借：长期股权投资——丁公司　　　　　　3 000 000
　　贷：股本　　　　　　　　　　　　　　1 000 000
　　　　资本公积——股本溢价　　　　　　2 000 000
借：资本公积——股本溢价　　　　　　　　400 000
　　贷：银行存款　　　　　　　　　　　　400 000

3) 投资者投入的长期股权投资

投资者投入的长期股权投资，应当按照投资合同或协议约定的价值作为初始投资成本，但合同或协议约定价值不公允的除外。如果投资者在合同或协议中约定的价值不公允，应当按照取得的长期股权投资的公允价值作为其初始投资成本。

【例5-6】 甲公司的乙股东以其持有的丙公司每股面值1元的普通股股票2500万股作为资本金投入企业，投资协议约定的股权投资价值为8 200万元，可折换甲公司每股面值1元的普通股股票2000万股。投资协议约定的股权投资价值是参照丙公司股票的市价并考虑相关调整因素后确定的。甲公司接受投资取得的丙公司股票占丙公司股本的20%，取得该项投资后，甲公司能够对丙公司的生产经营决策施加重大影响，甲公司将该项股权投资分类为长期股权投资。

甲公司的会计处理如下。

借：长期股权投资——丙公司　　　　　　82 000 000
　　贷：股本——乙股东　　　　　　　　　20 000 000
　　　　资本公积——股本溢价　　　　　　62 000 000

4) 其他方式取得的长期股权投资

其他方式取得的长期股权投资，如通过非货币性资产交换、通过债务重组等方式取得的长期股权投资，可参见《非货币性资产交换》《债务重组》相关会计准则确定。

第三节　长期股权投资的后续计量

长期股权投资在持有期间，根据投资企业对被投资单位的影响程度进行划分，应当分别采用成本法及权益法进行核算。

一、长期股权投资核算的成本法

1) 成本法的概念和适用范围

成本法是指长期股权投资的价值通常按初始投资成本计量,除追加或收回投资外,长期股权投资的账面价值保持不变的一种会计处理方法。

企业能够对被投资单位实施控制的长期股权投资,即企业对子公司的长期股权投资,应当采用成本法核算,投资企业为投资性主体且子公司不纳入其合并财务报表的除外。

对子公司的长期股权投资采用成本法核算,主要是为了避免在子公司实际发放现金股利或利润之前,母公司垫付资金发放现金股利或利润等情况,解决了原来权益法下投资收益不能足额收回导致超分配的问题。

2) 成本法的核算

长期股权投资采用成本法核算的一般程序如下。

(1) 设置"长期股权投资"科目,反映长期股权投资的初始投资成本。

(2) 初始投资或追加投资时,按照初始投资或追加投资时的成本增加长期股权投资的账面价值。

(3) 除取得投资时实际支付的价款或对价中包含的已宣告但尚未发放的现金股利或利润外,投资企业应当按照享有被投资单位宣告发放的现金股利或利润确认投资收益,不管有关利润分配是属于对取得投资前还是取得投资后被投资单位实现净利润的分配。被投资单位宣告分派股票股利,投资企业应于除权日做备忘记录。

投资企业在确认被投资单位应分得的现金股利或利润后,应当考虑有关长期股权投资是否发生减值。在判断该类长期股权投资是否存在减值迹象时,应当关注长期股权投资的账面价值是否大于享有被投资单位净资产(包括相关商誉)账面价值的份额等情况。出现类似情况时,企业应当按照资产减值的会计准则规定对长期股权投资进行减值测试,可收回金额低于长期股权投资账面价值的,应当计提减值准备。

【例 5-7】 甲公司和丙公司为两个独立的法人企业,合并前不存在任何关联方关系。20×1 年 2 月 21 日,甲公司以 5 000 万元的价款(含已宣告但尚未发放的现金股利 200 万元)作为对价取得丙公司普通股股票 2 000 万股,占丙公司普通股股份的 60%。甲公司取得了对丙公司的实际控制权,将其分类为长期股权投资并采用成本法进行后续计量。20×1 年 3 月 6 日,甲公司收到支付的投资价款中包含的已宣告但尚未发放的现金股利;20×1 年丙公司实现净利润 800 万元;20×2 年 2 月 6 日,丙公司宣告 20×1 年度的股利分配方案,每股分派现金股利 0.20 元,并于 20×2 年 3 月 16 日派发;20×3 年 4 月 10 日,丙公司宣告 20×2 年度的股利分配方案,每股派送股票股利 0.3 股(即通常意义上的每 10 股送 3 股),除权日为 20×3 年 5 月 10 日。甲公司的相关会计处理如下。

(1) 20×1 年 2 月 21 日,取得丙公司普通股股票时。

借:长期股权投资——丙公司 48 000 000
　　应收股利 2 000 000
　贷:银行存款 50 000 000

(2) 20×1 年 3 月 6 日,收到丙公司派发的现金股利时。

借:银行存款 2 000 000
　贷:应收股利 2 000 000

(3) 20×2年2月6日,丙公司宣告20×1年度股利分配方案时。
借:应收股利   4 000 000
    贷:投资收益   4 000 000
(4) 20×3年5月10日,丙公司派送的股票股利除权时。
甲公司不做正式会计分录,但应于除权日在备查簿中登记增加的股份。
股票股利:600万股
持有丙公司股票总数:2 600万股

二、长期股权投资核算的权益法

1) 权益法的概念及其适用范围

权益法是指在取得长期股权投资时以初始投资成本计量后,在投资持有期间,根据被投资单位所有者权益的变动,投资企业按应享有(或应分担)被投资企业所有者权益的份额调整其投资账面价值的方法。

投资企业对被投资单位具有共同控制或重大影响的长期股权投资,即对合营企业和联营企业的投资,应当采用权益法核算。

2) 权益法的核算

采用权益法核算,在"长期股权投资"科目下应当设置"成本""损益调整""其他综合收益""其他权益变动"明细科目,分别反映长期股权投资的初始投资成本、被投资单位发生净损益引起的所有者权益变动、被投资单位其他综合收益引起的所有者权益变动以及被投资单位除净损益、其他综合收益、利润分配以外的其他原因引起的所有者权益变动而对长期股权投资账面价值进行调整的金额。

(1) 初始投资成本的调整。投资企业取得对联营企业或合营企业的投资以后,对于取得投资时投资成本与应享有被投资单位可辨认净资产公允价值份额之间的差额,应区别情况分别处理。

① 初始投资成本大于取得投资时应享有被投资单位可辨认净资产公允价值份额的,该部分差额从本质上是投资企业在取得投资过程中通过购买作价体现出的与所取得股权份额相对应的商誉及被投资单位不符合确认条件的资产价值。初始投资成本大于投资时应享有被投资单位可辨认净资产公允价值的份额时,两者之间的差额不要求对长期股权投资的成本进行调整。

② 初始投资成本小于取得投资时应享有被投资单位可辨认净资产公允价值份额的,两者之间的差额体现为双方在交易作价过程中转让方的让步,该部分经济利益流入应作为收益处理,计入取得投资当期的营业外收入,同时调整增加长期股权投资的账面价值。

【例5-8】 甲公司于20×1年1月取得乙公司30%的股权,支付价款9 000万元。取得投资时被投资单位净资产账面价值为25 000万元(假定被投资单位各项可辨认资产、负债的公允价值与其账面价值相同)。

在乙公司的生产经营决策过程中,所有股东均按持股比例行使表决权。甲公司在取得乙公司的股权后,派人参与了乙公司的生产经营决策。因能够对乙公司施加重大影响,甲公司对该投资应当采用权益法核算。取得投资时,甲公司应进行以下会计处理。

借：长期股权投资——成本　　　　　　90 000 000
　　贷：银行存款　　　　　　　　　　　　　　　90 000 000

长期股权投资初始投资成本 9 000 万元大于取得投资时应享有被投资单位可辨认净资产公允价值的份额 7 500(25 000×30%)万元，两者之间的差额不调整长期股权投资的账面价值。

如果本例中取得投资时被投资单位可辨认净资产的公允价值为 36 000 万元，甲公司按持股比例 30%计算确定应享有 10 800 万元，则初始投资成本与应享有被投资单位可辨认净资产公允价值份额之间的差额 1 800 万元应计入取得投资当期的营业外收入，会计处理如下：

借：长期股权投资——成本　　　　　108 000 000
　　贷：银行存款　　　　　　　　　　　　　　　90 000 000
　　　　营业外收入　　　　　　　　　　　　　　18 000 000

(2) 投资损益的确认。投资企业取得长期股权投资后，应当按照应享有或应分担被投资单位实现净利润或发生净亏损的份额(法规或章程规定不属于投资企业的净损益除外)，调整长期股权投资的账面价值，并确认为当期投资损益。

在确认应享有或应分担被投资单位的净利润或净亏损时，在被投资单位账面净利润的基础上，应考虑以下因素的影响，并进行适当调整后，作为确认投资损益的依据。

① 被投资单位采用的会计政策及会计期间与投资企业不一致的，应按投资企业的会计政策及会计期间对被投资单位的财务报表进行调整，在此基础上确定被投资单位的损益。

权益法是将投资企业与被投资单位作为一个整体来看待的，作为一个整体，投资企业与被投资单位的损益应当在一致的会计政策基础上确定。当被投资单位采用的会计政策与投资企业不同时，投资企业应当遵循重要性原则，按照本企业的会计政策对被投资单位的净损益进行调整。

② 以取得投资时被投资单位固定资产、无形资产的公允价值为基础计提的折旧额或摊销额，以及以投资企业取得投资时的公允价值为基础计算确定的资产减值准备金额等对被投资单位净利润进行调整后，作为确认投资损益的依据。

被投资单位个别利润表中的净利润是以其持有的资产、负债账面价值为基础持续计算的，而投资企业在取得投资时，是以被投资单位有关资产、负债的公允价值为基础确定投资成本，长期股权投资的投资收益所代表的是被投资单位资产、负债在公允价值计量的情况下在未来期间通过经营产生的损益中归属于投资企业的部分。取得投资时有关资产、负债的公允价值与其账面价值不同的，未来期间，在计算归属于投资企业应享有的净利润或应承担的净亏损时，应以投资时被投资单位有关资产对投资企业的成本即取得投资时的公允价值为基础计算确定，从而产生了需要对被投资单位账面净利润进行调整的情况。

在针对上述事项对被投资单位实现的净利润进行调整时，应考虑重要性原则，不具重要性的项目可不予调整。符合下列条件之一的，投资企业可以以被投资单位的账面净利润为基础，计算确定投资损益，同时应在会计报表附注中说明不能按照准则规定进行核算的原因：a. 投资企业无法合理确定取得投资时被投资单位各项可辨认资产等的公允价值；b. 投资时被投资单位可辨认资产的公允价值与其账面价值相比，两者之间的差额不具重要性；c. 其他原因导致无法取得被投资单位的有关资料，不能按照准则中规定的原则对被投资单位的净损益进行调整。

③ 在评估投资方对被投资单位是否具有重大影响时,应考虑潜在表决权的影响,但在确定应享有的被投资单位实现的净损益、其他综合收益和其他所有者权益变动的份额时,潜在表决权所对应的权益份额不予考虑。

④ 在确认应享有或应分担的被投资单位净利润(或亏损)额时,法规或章程规定不属于投资企业的净损益应当予以剔除后计算。例如,被投资单位发行了分类为权益的可累计优先股等类似的权益工具,无论被投资单位是否宣告分配优先股股利,投资方计算应享有被投资单位的净利润时,均应将归属于其他投资方的累积优先股股利予以扣除。

【例 5-9】 沿用例 5-8 的资料,假定长期股权投资的成本大于取得投资时被投资单位可辨认净资产公允价值份额的情况下,取得投资当年被投资单位实现净利润 2 400 万元。投资企业与被投资单位均以公历年度作为会计年度,两者之间采用的会计政策相同。由于投资时被投资单位各项资产、负债的账面价值与其公允价值相同,且假定投资企业与被投资单位未发生任何内部交易,不需要对被投资单位实现的净损益进行调整,投资企业应确认的投资收益为 720(2 400×30%=720)万元。

【例 5-10】 甲公司于 20×1 年 1 月 10 日购入乙公司 30%的股份,购买价款为 3 300 万元,并自取得投资之日起派人参与乙公司的财务和生产经营决策。取得投资当日,乙公司可辨认净资产公允价值为 9 000 万元,除表 5-1 所列项目外,乙公司其他资产、负债的公允价值与账面价值相同。

表 5-1 乙公司部分资产价值

单位:万元

项目	账面原价	已提折旧或摊销	公允价值	乙公司预计使用年限/年	甲公司取得投资后剩余使用年限/年
存货	750		1 050		
固定资产	1 800	360	2 400	20	16
无形资产	1 050	210	1 200	10	8
合计	3 600	570	4 650		

假定乙公司于 20×1 年实现净利润 900 万元,其中,在甲公司取得投资时的账面存货有 80%对外出售。甲公司与乙公司的会计年度及采用的会计政策相同。固定资产、无形资产均按直线法提取折旧或摊销,预计净残值均为 0。甲公司、乙公司之间未发生任何内部交易。

甲公司在确定其应享有的投资收益时,应在乙公司实现净利润的基础上,根据取得投资时乙公司有关资产的账面价值与其公允价值差额的影响进行调整(假定不考虑所得税影响)。

存货账面价值与公允价值的差额应调减的利润= (1 050-750)×80%=240(万元)
固定资产公允价值与账面价值的差额应调整增加的折旧额=2 400÷16-1 800÷20=60(万元)
无形资产公允价值与账面价值的差额应调整增加的摊销额=1 200÷8-1 050÷10=45(万元)
调整后的净利润=900-240-60-45=555(万元)
甲公司应享有份额=555×30%=166.50(万元)

确认投资收益的会计处理如下。

借：长期股权投资——损益调整　　　　　　　　1 665 000
　　贷：投资收益　　　　　　　　　　　　　　　　　　　1 665 000

⑤ 在确认投资收益时，除考虑公允价值的调整外，对于投资企业与其联营企业及合营企业之间发生的未实现内部交易损益应予抵销。即投资企业与联营企业及合营企业之间发生的未实现内部交易损益按照持股比例计算归属于投资企业的部分应当予以抵销，在此基础上确认投资损益。投资企业与被投资单位发生的内部交易损失，属于转让资产发生的减值损失，应当全额确认，不应予以抵销。投资企业对于纳入其合并范围的子公司与其联营企业及合营企业之间发生的内部交易损益，也应当按照上述原则进行抵销，在此基础上确认投资损益。

投资企业与联营企业及合营企业之间的内部交易可以分为顺流交易和逆流交易。顺流交易是指投资企业向其联营企业或合营企业出售资产；逆流交易是指联营企业或合营企业向投资企业出售资产。未实现内部交易损益的抵销应当区分顺流交易和逆流交易分别进行。

对于联营企业或合营企业向投资企业出售资产的逆流交易，在该交易存在未实现内部交易损益的情况下(即有关资产未对外部独立第三方出售)，投资企业在采用权益法计算确认应享有联营企业或合营企业的投资损益时，应抵销该未实现内部交易损益的影响。当投资企业自其联营企业或合营企业购买资产时，在将该资产出售给外部独立的第三方之前，不应确认联营企业或合营企业因该交易产生的损益中本企业应享有的部分。

【例 5-11】甲公司于 20×1 年 1 月取得丙公司 20%有表决权股份，能够对丙公司施加重大影响。假定甲公司取得该项投资时，丙公司各项可辨认资产、负债的公允价值与其账面价值相同。20×1 年 8 月，丙公司将其成本为 600 万元的某商品以 1 000 万元的价格出售给甲公司，甲公司将取得的商品作为存货。至 20×1 年资产负债表日，甲公司仍未对外出售该存货。丙公司 20×1 年实现净利润为 3 200 万元。假定不考虑所得税因素。

根据上列资料，丙公司在该项内部交易中形成了 400(1 000-600=400)万元的利润，其中，有 80(400×20%=80)万元归属于甲公司，在确认投资收益时应予抵销。甲公司对丙公司的净利润应做如下调整。

调整后的净利润=3 200-400=2 800(万元)

根据调整后的净利润，甲公司确认投资收益的会计处理如下。

应享有收益份额=2 800×20%=560(万元)

借：长期股权投资——丙公司(损益调整)　　　　5 600 000
　　贷：投资收益　　　　　　　　　　　　　　　　　　　5 600 000

或者，甲公司做如下会计处理。

按账面利润应享有的收益份额=3 200×20%=640(万元)

未实现内部交易损益应抵销的收益份额=400×20%=80(万元)

借：长期股权投资——丙公司(损益调整)　　　　6 400 000
　　贷：投资收益　　　　　　　　　　　　　　　　　　　6 400 000
借：投资收益　　　　　　　　　　　　　　　　　　800 000
　　贷：长期股权投资——丙公司(损益调整)　　　　　　　800 000

假定在 20×2 年，甲公司将该商品以 1 000 万元的价格向外部独立第三方出售，因该部分内部交易损益已经实现,甲公司在确认应享有丙公司 20×2 年净损益时,应考虑将原未确认的该部分内部交易损益计入投资损益,即应在考虑其他因素计算确定的投资损益基础上调整增加 80 万元。

【例 5-12】 甲公司 20×1 年 1 月取得丙公司 30%有表决权股份,能够对丙公司施加重大影响。假定甲公司取得该项投资时,丙公司各项可辨认资产、负债的公允价值与其账面价值相同。20×1 年 8 月 20 日,丙公司将其成本为 800 万元的商品以 1 000 万元的价格出售给甲公司,甲公司将取得的商品作为存货。至 20×1 年 12 月 31 日,甲公司将上述商品对外出售 40%,20×2 年甲公司将剩余商品对外全部出售。丙公司 20×1 年实现净利润为 2 000 万元,20×2 年实现净利润为 2 200 万元。

甲公司的会计处理如下。

20×1 年内部交易存货中未实现内部销售利润=(1 000-800)×60%=120(万元)

20×1 年应确认的投资收益=(2 000-120)×30%=564(万元)

借: 长期股权投资——丙公司(损益调整)　　5 640 000
　　贷: 投资收益　　　　　　　　　　　　　　　　　5 640 000

20×2 年内部交易损益已经实现,应确认的投资收益=(2 200+120)×30%=696(万元)

借: 长期股权投资——丙公司(损益调整)　　6 960 000
　　贷: 投资收益　　　　　　　　　　　　　　　　　6 960 000

对于投资企业向联营企业或合营企业出售资产的顺流交易,在该交易存在未实现内部交易损益的情况下(即有关资产未向外部独立第三方出售),投资企业在采用权益法计算确认应享有联营企业或合营企业的投资损益时,应抵销未实现内部交易损益的影响,同时调整对联营企业或合营企业长期股权投资的账面价值。当投资企业向联营企业或合营企业出售资产,同时有关资产由联营企业或合营企业持有时,投资方因出售资产应确认的损益仅限于与联营企业或合营企业其他投资者交易的部分。即在顺流交易中,投资方投出资产或出售资产给其联营企业或合营企业产生的损益中,按照持股比例计算确定归属于本企业的部分不予确认。

【例 5-13】 甲公司持有乙公司 20%有表决权股份,能够对乙公司的财务和生产经营决策施加重大影响,采用权益法核算。20×1 年 11 月,甲公司将其账面价值为 500 万元的甲产品以 800 万元的价格出售给乙公司,乙公司将购入的甲产品作为管理用固定资产使用,预计使用寿命为 10 年,无净残值。甲公司取得该项投资时,乙公司各项可辨认资产、负债的公允价值与其账面价值相同,双方在以前期间未发生过内部交易。20×1 年度,乙公司实现净利润 900 万元。假定不考虑所得税影响。

根据上列资料,甲公司在该项内部交易中形成了 300(800-500=300)万元的利润,其中,有 60(300×20%=60)万元是相当于甲公司对乙公司所持有股份的部分,在确认投资损益时应予抵销;同时,还应当考虑乙公司按内部交易损益形成的固定资产原价所计提的折旧额 2.5(300÷10÷12×1)万元对净利润的影响。甲公司对乙公司的净利润应做如下调整。

调整后的净利润=900-300+2.5=602.5(万元)

根据调整后的净利润,甲公司确认投资收益的会计处理如下。

应享有收益份额=602.5×20%=120.5(万元)

借: 长期股权投资——乙公司(损益调整)　　1 205 000

　　　　贷：投资收益　　　　　　　　　　　　　　　　1 205 000

　　为了在账面上明确体现对未实现内部交易损益影响的抵销，甲公司也可做如下会计处理。

　　按账面利润应享有的收益份额=900×20%=180(万元)
　　未实现内部交易损益应抵销的收益份额=(300-2.5)×20%=59.5(万元)
　　　　借：长期股权投资——乙公司(损益调整)　　1 800 000
　　　　　　贷：投资收益　　　　　　　　　　　　　　　　1 800 000
　　　　借：投资收益　　　　　　　　　　　　　　　　595 000
　　　　　　贷：长期股权投资——乙公司(损益调整)　　595 000

　　应当说明的是，投资企业与其联营企业及合营企业之间发生的无论是顺流交易还是逆流交易产生的未实现内部交易损失，属于所转让资产发生减值损失的，有关的未实现内部交易损失不应予以抵销。

　　【例5-14】甲公司持有丁公司20%有表决权股份，能够对丁公司生产经营决策施加重大影响。20×1年，甲公司将其账面价值为800万元的商品以640万元的价格出售给丁公司。20×1年资产负债表日，该批商品尚未对外部第三方出售。假定甲公司取得该项投资时，丁公司各项可辨认资产、负债的公允价值与其账面价值相同，两者在以前期间未发生过内部交易。丁公司20×1年净利润为2 000万元。

　　上述甲公司在确认应享有丁公司20×1年净损益时，如果有证据表明交易价格640万元与甲公司该商品账面价值800万元之间的差额是该资产发生了减值损失，在确认投资损益时不应予以抵销。甲公司应当进行如下会计处理。

　　　　借：长期股权投资——丁公司(损益调整)　　4 000 000(20 000 000×20%)
　　　　　　贷：投资收益　　　　　　　　　　　　　　　　4 000 000

　　(3) 取得现金股利或利润的处理。按照权益法核算的长期股权投资，在被投资单位宣告分派现金股利或利润时，投资企业按应获得的现金股利或利润抵减长期股权投资的账面价值，借记"应收股利"科目，贷记"长期股权投资——损益调整"科目。被投资单位分派股票股利时，投资企业不进行账务处理，但应于除权日在备查簿中登记增加的股份。

　　【例5-15】2×16年7月1日，甲公司购入乙公司股票1 600万股，占乙公司普通股股份的25%，能够对乙公司施加重大影响，甲公司对该项股权投资采用权益法核算。假定投资当时，乙公司各项可辨认资产、负债的公允价值与其账面价值相同，甲公司与乙公司的会计年度及采用的会计政策相同，双方未发生任何内部交易，甲公司按照乙公司的账面净损益和持股比例计算确认投资损益。2×16年度，乙公司报告净收益1 500万元；2×17年3月10日，乙公司宣告2×16年度利润分配方案，每股分派现金股利0.1元。2×17年度，乙公司报告净收益1 820万元；2×18年3月5日，乙公司宣告2×17年度利润分配方案，每股分派现金股利0.15元。2×18年度，乙公司报告净收益1 250万元；2×19年4月15日，乙公司宣告2×18年度利润分配方案，每股派送股票股利0.30股，除权日为2×19年5月10日。2×19年度，乙公司报告净收益980万元；2×20年4月10日，乙公司宣告2×19年度利润分配方案，每股分派现金股利0.10元。2×20年度，乙公司报告净收益1 000万元，未进行利润分配。2×21年度，乙公司报告净亏损600万元，用以前年度留存收益弥补亏损后，于2×21年4月5日，宣告2×20年度利润分配方案，每股分派现金股利0.10

元。2×22年度，乙公司继续发生亏损500万元，未进行利润分配。

① 2×16年度，乙公司报告净收益1 500万元；2×17年3月10日，乙公司宣告2×16年度利润分配方案，每股分派现金股利0.1元。

a. 确认投资收益。

应确认投资收益=1 500×25%×6÷12=187.5(万元)

借：长期股权投资——乙公司(损益调整)　　　1 875 000

　　贷：投资收益　　　　　　　　　　　　　　　　　　1 875 000

b. 确认应收股利。

应收现金股利=1 600×0.1=160(万元)

借：应收股利　　　　　　　　　　　　　　　1 600 000

　　贷：长期股权投资——乙公司(损益调整)　　　　　1 600 000

② 2×17年度，乙公司报告净收益1 820万元；2×18年3月5日，乙公司宣告2×17年度利润分配方案，每股分派现金股利0.15元。

a. 确认投资收益。

应确认投资收益=1 820×25%=455(万元)

借：长期股权投资——乙公司(损益调整)　　　4 550 000

　　贷：投资收益　　　　　　　　　　　　　　　　　　4 550 000

b. 确认应收股利。

应收现金股利=1 600×0.15=240(万元)

借：应收股利　　　　　　　　　　　　　　　2 400 000

　　贷：长期股权投资——乙公司(损益调整)　　　　　2 400 000

③ 2×18年度，乙公司报告净收益1 250万元；2×19年4月15日，乙公司宣告2×18年度利润分配方案，每股派送股票股利0.30股，除权日为2×19年5月10日。

a. 确认投资收益。

应确认投资收益=1 250×25%=312.50(万元)

借：长期股权投资——乙公司(损益调整)　　　3 125 000

　　贷：投资收益　　　　　　　　　　　　　　　　　　3 125 000

b. 除权日，在备查簿中登记增加的股份。

股票股利=1 600×0.30=480(万股)

持有股票总数=1 600+480=2 080(万股)

④ 2×19年度，乙公司报告净收益980万元；2×20年4月10日，乙公司宣告2×19年度利润分配方案，每股分派现金股利0.10元。

a. 确认投资收益。

应确认投资收益=980×25%=245(万元)

借：长期股权投资——乙公司(损益调整)　　　2 450 000

　　贷：投资收益　　　　　　　　　　　　　　　　　　2 450 000

b. 确认应收股利。

应收现金股利=2 080×0.10=208(万元)

借：应收股利　　　　　　　　　　　　　　　2 080 000

贷：长期股权投资——乙公司(损益调整)　　　　2 080 000

⑤ 2×20年度，乙公司报告净收益1 000万元，未进行利润分配。

应确认投资收益=1 000×25%=250(万元)

借：长期股权投资——乙公司(损益调整)　　2 500 000
　　贷：投资收益　　　　　　　　　　　　　　　　2 500 000

⑥ 2×21年度，乙公司报告净亏损600万元，用以前年度留存收益弥补亏损后，于2×21年4月5日，宣告2×20年度利润分配方案，每股分派现金股利0.10元。

a. 确认投资损失。

应确认投资损失=600×25%=150(万元)

借：投资收益　　　　　　　　　　　　　　1 500 000
　　贷：长期股权投资——乙公司(损益调整)　　　1 500 000

b. 确认应收股利。

应收现金股利=2 080×0.10=208(万元)

借：应收股利　　　　　　　　　　　　　　2 080 000
　　贷：长期股权投资——乙公司(损益调整)　　　2 080 000

⑦ 2×22年度，乙公司继续发生亏损500万元，未进行利润分配。

应确认投资损失=500×25%=125(万元)

借：投资收益　　　　　　　　　　　　　　1 250 000
　　贷：长期股权投资——乙公司(损益调整)　　　1 250 000

(4) 超额亏损的确认。按照权益法核算的长期股权投资，投资企业确认应分担被投资单位发生的损失，原则上应以长期股权投资及其他实质上构成对被投资单位净投资的长期权益减记至零为限，投资企业负有承担额外损失义务的除外。这里所讲的"其他实质上构成对被投资单位净投资的长期权益"通常是指长期应收项目，比如，企业对被投资单位的长期债权，该债权没有明确的清收计划，且在可预见的未来期间不准备收回的，则实质上构成对被投资单位的净投资。需要注意的是，该类长期权益不包括投资企业与被投资单位之间因销售商品、提供劳务等日常活动所产生的长期债权。

投资企业在确认应分担被投资单位发生的亏损时，具体应按照以下顺序处理。

首先，减记长期股权投资的账面价值，借记"投资收益"科目，贷记"长期股权投资——损益调整"科目。

其次，对于长期股权投资的账面价值不足以冲减的，应当以其他实质上构成对被投资单位净投资的长期权益账面价值为限继续确认投资损失，冲减长期应收项目等的账面价值，借记"投资收益"科目，贷记"长期应收款"科目。

最后，按照投资合同或协议约定投资企业仍需要承担额外损失弥补等义务的，对于符合预计负债确认条件的义务，应按预计将承担的义务金额确认预计负债，计入当期投资损失，借记"投资收益"科目，贷记"预计负债"科目。

经过上列顺序确认应分担的亏损额后，仍有未确认的亏损分担额，投资企业应先做备忘记录，待被投资单位以后年度实现盈利时，再按应享有的收益份额，先扣除未确认的亏损分担额，然后按上述相反的顺序进行处理，减记已确认预计负债的账面余额，恢复其他实质上构成对被投资单位净投资的长期权益及长期股权投资的账面价值，同时确认投资收益。

【例 5-16】 甲公司持有丁公司 40%的股份,能够对丁公司施加重大影响,甲公司对该项股权投资采用权益法核算。除了对丁公司的长期股权投资外,甲公司还有一笔金额为 300 万元的应收丁公司长期债权,该项债权没有明确的清收计划,且在可预见的未来期间不准备收回。假定投资当时,丁公司各项可辨认资产、负债的公允价值与其账面价值相同,甲公司与丁公司的会计年度及采用的会计政策相同,双方未发生任何内部交易,甲公司按照丁公司的账面净损益和持股比例计算投资损益。假定由于丁公司持续亏损,甲公司在确认了 2×16 年度的投资损失以后,该项股权投资的账面价值已减至 500 万元,其中,"长期股权投资——成本"科目借方余额为 2 400 万元,"长期股权投资——损益调整"科目贷方余额为 1 900 万元。甲公司未对该项股权投资计提减值准备。2×17 年度丁公司继续亏损,当年亏损额为 1 500 万元;2×18 年度丁公司仍然亏损,当年亏损额为 800 万元;2×19 年度丁公司经过资产重组,经营情况好转,当年取得净收益 200 万元;2×20 年度丁公司经营情况进一步好转,当年取得净收益 600 万元;2×21 年度丁公司取得净收益 1 200 万元;2×22 年度丁公司取得净收益 1 600 万元。

① 确认应分担的 2×17 年度亏损份额。

应分担的亏损份额=1 500×40%=600(万元)

由于应分担的亏损份额大于该项长期股权投资的账面价值,因此,甲公司应以该项长期股权投资的账面价值减记至零为限确认投资损失,剩余应分担的亏损份额 100 万元,应继续冲减实质上构成对丁公司净投资的长期应收款,并确认投资损失。甲公司确认当年投资损失的会计处理如下。

借: 投资收益   5 000 000
    贷: 长期股权投资——丁公司(损益调整)   5 000 000
借: 投资收益   1 000 000
    贷: 长期应收款——丁公司   1 000 000

② 确认应分担的 2×18 年度亏损份额。

应分担的亏损份额=800×40%=320(万元)

由于应分担的亏损份额大于尚未冲减的长期应收款账面余额,因此,甲公司不能再按应分担的亏损份额确认当年的投资损失,而只能以长期应收款账面余额 200 万元为限确认当年的投资损失,其余 120 万元未确认的亏损分担额应在备查簿中做备忘记录,留待以后年度丁公司取得收益后抵销。甲公司确认当年投资损失的会计处理如下。

借: 投资收益   2 000 000
    贷: 长期应收款——丁公司   2 000 000

③ 确认应享有的 2×19 年度收益份额。

应享有的收益份额=200×40%=80(万元)

由于甲公司以前年度在备查簿中记录的未确认的亏损分担额为 120 万元,而当年应享有的收益份额不足以抵销该亏损分担额,因此,不能按当年应享有的收益分享份额恢复长期应收款及长期股权投资的账面价值。甲公司当年不做正式的会计处理,但应在备查登记簿中记已抵销的亏损分担额 80 万元以及尚未抵销的亏损分担额 40 万元。

④ 确认应享有的 2×20 年度收益份额。

应享有的收益份额=600×40%=240(万元)

由于当年应享有的收益份额超过了以前年度在备查簿中记录的尚未抵销的亏损分担额，因此，应在备查登记簿中记录对以前年度尚未抵销的亏损分担额 40 万元的抵销，并按超过部分首先恢复长期应收款的账面价值。

应恢复长期应收款账面价值=240-40=200(万元)

借：长期应收款——丁公司　　　　　　　2 000 000
　　贷：投资收益　　　　　　　　　　　　　　　　2 000 000

⑤ 确认应享有的 2×21 年度收益份额。

应享有的收益份额=1 200×40%=480(万元)

由于当年应享有的收益份额超过了尚未恢复的长期应收款账面价值，因此，在完全恢复了长期应收款的账面价值后，应按超过部分继续恢复长期股权投资的账面价值。

借：长期应收款——丁公司　　　　　　　1 000 000
　　贷：投资收益　　　　　　　　　　　　　　　　1 000 000
借：长期股权投资——丁公司(损益调整)　3 800 000
　　贷：投资收益　　　　　　　　　　　　　　　　3 800 000

⑥ 确认应享有的 2×22 年度收益份额。

应享有的收益份额=1 600×40%=640(万元)

借：长期股权投资——丁公司(损益调整)　6 400 000
　　贷：投资收益　　　　　　　　　　　　　　　　6 400 000

(5) 其他综合收益的处理。在权益法核算下，被投资单位确认的其他综合收益及其变动，也会影响被投资单位所有者权益总额，进而影响投资企业应享有被投资单位所有者权益的份额。因此，当被投资单位其他综合收益发生变动时，投资企业应当按照归属于本企业的部分，相应调整长期股权投资的账面价值，同时增加或减少其他综合收益。

【例 5-17】甲公司持有乙公司 30%的股份，能够对乙公司施加重大影响。当期乙公司因持有的以公允价值计量且其变动计入其他综合收益的非交易性权益工具而计入其他综合收益的金额为 1 000 万元，除该事项外，乙公司当期实现的净损益为 5 000 万元。假定甲公司与乙公司适用的会计政策、会计期间相同，投资时乙公司有关资产、负债的公允价值与其账面价值亦相同，双方当期及以前期间未发生过任何内部交易。

甲公司在确认应享有被投资单位所有者权益的变动时，应进行的账务处理为

借：长期股权投资——损益调整　　　　　15 000 000
　　　　　　　　——其他综合收益　　　　3 000 000
　　贷：投资收益　　　　　　　　　　　　　　　　15 000 000
　　　　其他综合收益　　　　　　　　　　　　　　3 000 000

(6) 被投资单位所有者权益其他变动的处理。采用权益法核算时，投资企业对于被投资单位除净损益、其他综合收益以及利润分配以外所有者权益的其他变动，应按照持股比例与被投资单位所有者权益的其他变动计算的归属于本企业的部分，相应调整长期股权投资的账面价值，同时增加或减少资本公积(其他资本公积)。被投资单位除净损益、其他综合收益以及利润分配以外的所有者权益的其他变动，主要包括：被投资单位接受其他股东的资本性投入、被投资单位发行可分离交易的可转换公司债券中包含的权益成分、以权益结

算的股份支付等。

【例5-18】 甲公司持有丙公司30%的股份,能够对丙公司施加重大影响。丙公司为上市公司,当期丙公司的母公司给予丙公司捐赠1 000万元,该捐赠实质上属于资本性投入,丙公司将其计入资本公积(股本溢价)。不考虑其他因素,甲公司按权益法做如下会计处理。

甲公司确认应享有被投资单位所有者权益的其他变动=1000×30%=300(万元)

借:长期股权投资——其他权益变动　　　3 000 000
　　贷:资本公积——其他资本公积　　　　　　　　3 000 000

第四节　长期股权投资成本法与权益法的转换

长期股权投资在持有期间,因各方面情况的变化,可能导致其核算需要由一种方法转换为另外的方法。

一、成本法转换为权益法

因处置投资导致对被投资单位的影响能力下降,由控制转为具有重大影响,或是与其他投资方一起实施共同控制的情况下,在投资企业个别财务报表中,首先应按处置或收回投资的比例结转应终止确认的长期股权投资成本。在此基础上,剩余的长期股权投资部分应按如下原则进行会计处理。

(1) 将剩余的长期股权投资成本与按照剩余持股比例计算原投资时应享有被投资单位可辨认的净资产公允价值的份额进行比较,二者之间存在差额的,如果属于剩余股权投资成本大于应享有被投资单位可辨认净资产公允价值份额的差额(即属于通过投资作价体现的商誉),不调整长期股权投资的账面价值;如果属于剩余股权投资成本小于应享有被投资单位可辨认净资产公允价值份额的差额,应按其差额调整长期股权投资的账面价值,同时调整留存收益。

(2) 对于取得原投资后至转变为权益法核算之间的被投资单位实现的净损益中应享有的份额,在调整长期股权投资账面价值的同时,对于在取得原投资时至处置投资当期期初被投资单位实现的净损益(扣除已发放及已宣告发放的现金股利及利润)中应享有的份额,应调整留存收益;对于在处置投资当期期初至处置投资交易日之间被投资单位实现的净损益中应享有的份额,应计入当期损益;对于属于被投资单位实现净损益以外的其他原因导致的被投资单位所有者权益变动中应享有的份额,在调整长期股权投资账面价值的同时,应计入资本公积(其他资本公积)。

【例5-19】 2×16年1月1日,甲公司支付1 800万元取得乙公司100%的股权。投资当时乙公司可辨认净资产的公允价值为1 500万元。2×16年1月1日至2×17年12月31日,乙公司净资产增加了225万元。其中,按购买日公允价值计算实现的净利润为150万元。持有期间以公允价值计量且其变动计入其他综合收益的金融资产的公允价值为75万元。

2×18年1月5日,甲公司转让乙公司60%的股权使其对乙公司的持股比例降为40%,甲公司丧失了控制权,但能对其施加重大影响,甲公司剩余的40%股权的公允价值为960万元。假定甲公司、乙公司均按10%提取盈余公积,乙公司未分配现金股利,不考虑其他因素的影响，甲公司的账务处理如下。

(1) 2×18 年 1 月 5 日，甲公司转让 60%的股权。

转让股权的账面价值=1 800×60%=1 080(万元)

借：银行存款　　　　　　　　　　　　　　　　　　14 400 000
　　贷：长期股权投资　　　　　　　　　　　　　　　　10 800 000
　　　　投资收益　　　　　　　　　　　　　　　　　　 3 600 000

(2) 2×18 年 1 月 5 日，剩余 40%股权的账面价值是 720(1 800-1 080=720)万元。

取得投资时 40%股权对应的公允价值=1 500×40%=600(万元)。

因为 720 万元>600 万元，所以不调整投资的账面价值。

(3) 2×18 年 1 月 5 日，调整因持有期间所有者权益变动而影响的剩余股权的账面价值。

借：长期股权投资——成本(乙公司)　　　　　　　　　 900 000
　　贷：盈余公积(1 500 000×40%×10%)　　　　　　　　 60 000
　　　　利润分配——未分配利润(1 500 000×40%×90%)　540 000
　　　　其他综合收益(750 000×40%)　　　　　　　　　 300 000

经过调整后，甲公司在其个别财务报表中剩余股权的账面价值为 810(1 800×40% + 90)万元。

二、权益法转换为成本法

投资方因追加投资等原因，使原持有的对联营企业或合营企业的投资转变为对子公司的投资，在这种情况下，长期股权投资的核算方法应当由权益法转换为成本法。转换核算方法时，应当根据追加投资所形成的企业合并类型确定按照成本法核算的初始投资成本。

(1) 追加投资形成同一控制下企业合并的，应当按照取得的被合并方所有者权益在最终控制方合并财务报表中的账面价值份额，转换为按成本法核算的初始投资成本。

(2) 追加投资形成非同一控制下企业合并的，应当按照原持有的股权投资账面价值与新增投资成本之和，转换为按成本法核算的初始投资成本。

原采用权益法核算时确认的其他综合收益暂不做会计处理，待将来处置该项长期股权投资时采用与被投资方直接处置相关资产或负债相同的基础进行会计处理；原采用权益法核算时确认的其他权益变动也不能自资本公积(其他资本公积)转为本期投资收益，而应待将来处置该项长期股权投资时，转为处置当期投资收益。

【例 5-20】 2×17 年 1 月 5 日，甲公司以 4 560 万元的价款取得乙公司 30%的股权。能够对乙公司施加重大影响，采用权益法核算，股权投资当日乙公司可辨认净资产的公允价值为 15 200 万元。2×17 年，乙公司实现净收益 1 000 万元，未分配现金股利。甲公司已将应享有的收益份额 300 万元作为投资收益确认入账，并相应调整了长期股权投资账面价值。除实现净收益外，乙公司在此期间还确认了以公允价值计量且其变动计入其他综合收益的金融资产公允价值变动利得 400 万元。甲公司已将应享有的其他权益变动份额 120 万元确认入账并相应调整长期股权投资账面价值。2×18 年 2 月 10 日，甲公司又以 4 000 万元的价款取得乙公司 30%的股份。至此，甲公司对乙公司的持股比例增至 60%。当日，乙公司所有者权益在最终控制方合并财务报表中的账面价值为 15 000 万元，对乙公司形成控制，股权投资的核算方法也由权益法改为成本法。

(1) 假定该项合并为同一控制下的企业合并。
成本法下的初始投资成本=15 000×60%=9 000(万元)
借：长期股权投资——乙公司　　　　　　　90 000 000
　　贷：长期股权投资——成本　　　　　　　45 600 000
　　　　　　　　　　——损益调整　　　　　 3 000 000
　　　　　　　　　　——其他权益变动　　　 1 200 000
　　　　银行存款　　　　　　　　　　　　　40 000 000
　　　　资本公积——股本溢价　　　　　　　　　200 000

(2) 假定该项合并为非同一控制下的企业合并。
原持有股份按权益法核算的账面价值=4 560+300+120=4 980(万元)
成本法下的初始投资成本=4 980+4 000=8 980(万元)
借：长期股权投资——乙公司　　　　　　　89 800 000
　　贷：长期股权投资——成本　　　　　　　45 600 000
　　　　　　　　　　——损益调整　　　　　 3 000 000
　　　　　　　　　　——其他权益变动　　　 1 200 000
　　　　银行存款　　　　　　　　　　　　　40 000 000

第五节　长期股权投资的减值与处置

一、长期股权投资的减值

企业应在每年年末对长期股权投资的账面价值进行检查，如果存在减值迹象，应对长期股权投资的可收回金额进行估计。长期股权投资的可收回金额是指长期股权投资的公允价值减去处置费用后的净额与长期股权投资的预计未来现金流量的现值两者之间的较高者。

如果长期股权投资的可收回金额低于其账面价值，应当将该资产的账面价值减记至可收回金额，减记的金额确认为资产减值损失，计入当期损益。同时计提相应的减值准备，借记"资产减值损失"科目，贷记"长期股权投资减值准备"科目。

【例5-21】 20×1年12月31日，甲公司持有的作为长期股权投资并采用权益法进行核算的乙公司股票的账面价值为900万元，由于乙公司当年经营不善，资金周转发生困难，使得其股票价值大幅下跌至400万元，并且在短期内难以恢复。则首次对其计提长期股权投资减值准备时，应编制会计分录如下。
借：资产减值损失——计提的长期股权投资减值准备　　5 000 000
　　贷：长期股权投资减值准备　　　　　　　　　　　　　5 000 000

二、长期股权投资的处置

处置长期股权投资时实际取得价款与长期股权投资账面价值的差额确认为当期损益，同时结转已计提的资产减值准备。

企业处置长期股权投资时，按实际收取的价款，借记"银行存款"科目，已计提资产减值准备的,借记"长期股权投资减值准备"科目;按长期股权投资的账面价值,贷记"长期股权投资"科目;按其差额,借记或贷记"投资收益"科目。

采用权益法核算的长期股权投资,因被投资单位其他权益变动而计入"其他综合收益"或"资本公积——其他资本公积"科目的金额,在处置该项投资时,应按相应比例转入当期损益,借记或贷记"其他综合收益"或"资本公积——其他资本公积"科目,贷记或借记"投资收益"科目。

【例 5-22】 甲公司对持有的乙公司股份采用权益法进行后续计量。20×1 年 5 月 10 日本公司将持有的乙公司股份全部转让,收到转让价款 3 000 万元。转让日,该项长期股权投资的账面余额为 2 600 万元,其中,成本 2 000 万元,损益调整(借方)480 万元,其他权益变动(借方)120 万元。甲公司的会计处理如下。

转让损益=3 000-2 600=400(万元)

借:银行存款 30 000 000
　　贷:长期股权投资——成本(乙公司) 20 000 000
　　　　　　　　　　——损益调整(乙公司) 4 800 000
　　　　　　　　　　——其他权益变动(乙公司) 1 200 000
　　　　投资收益 4 000 000
借:资本公积——其他资本公积 1 200 000
　　贷:投资收益 1 200 000

思 考 题

1. 同一控制下企业合并与非同一控制下企业合并形成的长期股权投资取得成本的确定有何区别?
2. 举例说明长期股权投资成本法与权益法的适用情况和具体运用。

自 测 题

一、单项选择题

1. 同一控制下企业合并取得的长期股权投资初始投资成本是指(　　)。
　　A. 长期股权投资的公允价值
　　B. 支付合并对价的账面价值
　　C. 支付合并对价的公允价值
　　D. 占被合并方所有者权益在最终控制方合并财务报表中的账面价值的份额
2. 非同一控制下企业合并取得的长期股权投资初始投资成本应当是(　　)。
　　A. 支付合并对价的账面价值
　　B. 支付合并对价的公允价值
　　C. 支付合并对价的账面价值加直接合并费用
　　D. 支付合并对价的公允价值加直接合并费用

3. 非同一控制下企业合并形成的长期股权投资，初始投资成本小于投资时应享有被投资单位可辨认净资产公允价值份额的差额，应当（ ）。
   A. 计入营业外收入   B. 计入投资收益
   C. 计入公允价值变动损益   D. 不做会计处理

4. 甲公司20×1年1月1日，以760万元购入乙公司40%普通股权，并对乙公司有重大影响，20×1年1月1日乙公司所有者权益的账面价值为1 950万元，可辨认净资产的公允价值为2 000万元，款项已以银行存款支付。甲公司应确认的长期股权投资的入账价值为（ ）万元。
   A. 760   B. 800   C. 780   D. 790

5. 非企业合并中以发行权益性证券取得的长期股权投资，应当按照发行权益性证券的（ ）作为初始投资成本。
   A. 账面价值   B. 公允价值   C. 支付的相关税费   D. 市场价格

6. 甲公司20×1年1月1日，以银行存款购入乙公司70%的股份，采用成本法核算。乙公司于2×16年4月2日宣告分派现金股利100万元。20×1年乙公司实现净利润400万元，20×2年5月1日乙公司宣告分派现金股利300万元。甲公司20×2年确认应收股利时应确认的投资收益为（ ）万元。
   A. 280   B. 240   C. 130   D. 210

7. 甲公司20×1年1月1日从乙公司购入其持有的B公司10%的股份(B公司为非上市公司)，甲公司以银行存款支付买价520万元，同时支付相关税费5万元。甲公司购入B公司股份后准备长期持有，B公司20×1年1月1日的所有者权益账面价值总额为5 000万元，B公司可辨认净资产的公允价值为5 500万元。则甲公司应确认的长期股权投资初始投资成本为（ ）万元。
   A. 520   B. 525   C. 500   D. 550

8. 甲公司为乙公司和丙公司的母公司。20×1年1月1日，乙公司购入甲公司持有的丙公司的80%的股权，实际支付款项4 200万元，形成同一控制下的控股合并。20×1年1月1日，丙公司个别报表中净资产的账面价值为4 600万元，甲公司合并报表中丙公司按购买日可辨认净资产公允价值持续计算的净资产账面价值为5 000万元。不考虑其他因素的影响，则20×1年1月1日乙公司购入丙公司80%的股权的初始投资资本为（ ）万元。
   A. 4 000   B. 4 200   C. 3 360   D. 3 680

9. 20×1年6月1日，A公司购入甲公司25%的普通股权，对甲公司具有重大影响，A公司支付买价520万元，其中包含已宣告但尚未发放的现金股利20万元，另支付相关费用5万元，A公司购入甲公司的股权准备长期持有。20×1年6月1日，甲公司的所有者权益的账面价值为1 500万元，可辨认净资产的公允价值为1 800万元。A公司的长期股权投资的初始投资成本为（ ）万元。
   A. 455   B. 450   C. 505   D. 525

10. A企业原持有B企业40%的股权，20×1年12月20日，A企业决定出售所持有的B企业10%的股权，出售时A企业账面上对B企业长期股权投资的构成为：投资成本1 800万元，损益调整480万元，其他权益变动300万元。出售取得价款705万元。则A企业的这项出售行为使得当期"投资收益"账户变动的金额为（ ）万元。

A. 60　　　　　　B. 75　　　　　　C. 135　　　　　　D. 300

二、多项选择题

1. 企业持有的下列权益性投资中，应划分为长期股权投资的有(　　)。
   A. 具有控制的权益性投资
   B. 具有共同控制的权益性投资
   C. 具有重大影响的权益性投资
   D. 公允价值能够可靠计量的其他权益性工具投资
   E. 公允价值不能可靠计量的其他权益性工具投资

2. 关于企业合并发生的审计费用、评估费用、法律服务费用等直接相关费用的处理，下列说法正确的有(　　)。
   A. 同一控制下的企业合并计入投资成本
   B. 同一控制下的企业合并计入管理费用
   C. 非同一控制下的企业合并计入投资成本
   D. 非同一控制下的企业合并计入管理费用
   E. 无论是哪种类型的企业合并，均计入管理费用

3. 长期股权投资采用成本法核算，下列各项中不会导致调整长期股权投资账面价值的有(　　)。
   A. 被投资单位派发现金股利　　　　B. 被投资单位派发股票股利
   C. 被投资单位取得利润　　　　　　D. 被投资单位发生亏损
   E. 投资发生减值

4. 长期股权投资采用权益法核算，"长期股权投资"科目应设置的明细科目有(　　)。
   A. 成本　　　　　　B. 损益调整　　　　　　C. 公允价值变动
   D. 应计利息　　　　E. 其他权益变动

5. 对长期股权投资采用权益法核算时，被投资企业发生的下列事项中，投资企业应该调整长期股权投资账面价值的有(　　)。
   A. 被投资企业发放股票股利
   B. 被投资企业宣告分配现金股利
   C. 被投资企业实现净利润
   D. 被投资单位持有的以公允价值计量且其变动计入其他综合收益的非交易性权益工具的公允价值发生变动
   E. 确认的因享有被投资单位其他权益变动份额应计入资本公积

6. 根据《企业会计准则第2号——长期股权投资》的规定，长期股权投资采用成本法核算时，下列各项可能会引起长期股权投资账面价值变动的有(　　)。
   A. 追加投资　　　　　　　　　　　B. 减少投资
   C. 被投资企业实现净利润　　　　　D. 被投资企业宣告发放现金股利
   E. 被投资方宣告分配股票股利

7. 在采用权益法核算的情况下，下列各项中不会引起长期股权投资账面价值发生增减变动的有(　　)。
   A. 被投资企业提取盈余公积

B. 被投资企业宣告分派现金股利
C. 被投资企业宣告分派股票股利
D. 被投资企业以盈余公积转增资本
E. 被投资企业发生亏损

8. 企业处置长期股权投资时，正确的处理方法有（　　）。
   A. 处置长期股权投资时，持有期间计提的减值准备也应一并结转
   B. 采用权益法核算的长期股权投资，因被投资单位除净损益以外所有者权益的其他变动而计入所有者权益的，处置该项投资时应当将原计入所有者权益的部分按相应比例转入营业外收入
   C. 采用权益法核算的长期股权投资，因被投资单位除净损益以外所有者权益的其他变动而计入所有者权益的，处置该项投资时应当将原计入所有者权益的部分按相应比例转入投资收益
   D. 处置长期股权投资，其账面价值与实际取得价款的差额，应当计入投资收益
   E. 处置长期股权投资，其账面价值与实际取得价款的差额，应当计入营业外收入

9. 对长期股权投资采用权益法核算时，被投资企业发生的下列事项中，投资企业应该调整长期股权投资账面价值的有（　　）。
   A. 被投资企业实现净利润
   B. 被投资企业购买无形资产
   C. 被投资企业宣告分配现金股利
   D. 被投资企业可供出售金融资产的公允价值变动
   E. 被投资企业发生净亏损

10. 在非企业合并情况下，下列各项中，不应作为长期股权投资取得时初始投资成本入账的有（　　）。
    A. 为取得长期股权投资而发生的间接相关费用
    B. 投资时支付的不含应收股利的价款
    C. 投资时支付款项中所含的已宣告而尚未领取的现金股利
    D. 投资时支付的与投资直接相关的税金、手续费
    E. 为取得投资所发行的权益性证券的公允价值

三、判断题

1. 增值税一般纳税企业以支付现金方式取得联营企业股权的，所支付的与股权投资直接相关的费用应计入当期损益。（　　）

2. 企业采用权益法核算长期股权投资的，在确认投资收益时，需要考虑顺流交易产生的未实现内部交易利润。（　　）

3. 被投资单位分配股票股利的，投资方不做会计处理，但应于除权日备查登记所增加的股数，以反映股份的变化情况。（　　）

4. 企业的长期股权投资采用权益法核算的，长期股权投资的初始投资成本大于投资时应享有被投资单位可辨认净资产公允价值份额的，作为商誉进行确认。（　　）

5. 非同一控制下企业合并形成的长期股权投资，以支付非货币性资产作为合并对价的，

所支付的非货币性资产在购买日的公允价值与其账面价值的差额应作为资产处置损益,计入当期损益。
( )

业 务 题

1. 2×16年6月10日,甲公司以68.48万元的价款(包括相关税费)取得乙公司普通股股票24万股作为长期股权投资,该项投资占乙公司普通股股份的55%,甲公司采用成本法核算。2×16年度乙公司未进行股利分配;2×18年3月5日,乙公司宣告2×17年度股利分配方案,每股分派现金股利0.20元,2×18年度乙公司发生亏损,当年未进行股利分配;2×20年4月5日,乙公司宣告2×19年度股利分配方案,每股分派现金股利0.10元。

要求:编制甲公司下列有关该项长期股权投资业务的会计分录。
(1) 2×16年6月10日,取得乙公司股票。
(2) 2×18年3月5日,乙公司宣告2×17年度股利分配方案。
(3) 2×20年4月5日,乙公司宣告2×19年度股利分配方案。

2. 2×16年1月1日,甲公司用银行存款44 000万元从证券市场上购入乙公司发行在外40%的股份并能够对乙公司实施重大影响,甲公司采用权益法核算。同日,乙公司账面所有者权益为80 000万元(与可辨认净资产公允价值相等),其中:股本为60 000万元,资本公积为4 000万元,盈余公积为1 600万元,未分配利润为14 400万元。

乙公司2×16年度实现净利润8 000万元,提取盈余公积800万元;2×16年宣告分派2×15年现金股利2 000万元,无其他所有者权益变动。2×17年实现净利润10 000万元,提取盈余公积1 000万元,2×17年宣告分派2×16年现金股利2 200万元。

要求:
(1) 编制甲公司2×16年和2×17年与长期股权投资业务有关的会计分录。
(2) 计算2×16年12月31日和2×17年12月31日按权益法调整后的长期股权投资的账面余额。

3. 甲股份有限公司为增值税一般纳税人,适用的增值税税率为13%。甲公司2×16—2×19年与投资有关的资料如下所示。

(1) 2×16年9月1日,甲公司与丙公司签订股权转让协议,甲公司以一组资产作为对价取得丙公司所持有的乙公司40%的股权,该组资产包括银行存款、一批库存商品、一项无形资产和一项其他权益工具投资,该组资产在股权转让日的账面价值和公允价值如下(单位:万元)。

项目	账面价值	公允价值
银行存款	1 000	1 000
库存商品	800	1 000
无形资产	1 100	1 300
其他权益工具投资	650	730

(取得时成本为600万元,公允价值变动为50万元)

该股权转让协议于2×16年11月1日分别经甲公司临时股东大会和丙公司股东大会批准;股权以及相关对价资产的过户手续均于2×17年1月1日办理完毕。甲公司取得上述股权后对乙公司财务和经营政策有重大影响。甲公司与乙公司及丙公司均不存在关联关系。

2×16年,乙公司实现净利润1 500万元。2×17年1月1日,乙公司可辨认净资产的公允价值为10 000万元(与账面价值相同)。

(2) 2×17年3月20日,乙公司宣告发放2×16年度现金股利500万元,并于2×17年4月20日实际发放。

(3) 2×17年8月,乙公司将其成本为600万元的商品以800万元的价格销售给甲公司,甲公司将取得的商品作为存货。至2×17年末甲公司该批存货全部未对外销售。2×17年度,甲公司实现净利润800万元。

(4) 2×18年12月,乙公司因其他权益工具投资业务进行会计处理后,增加其他综合收益200万元。

2×18年度,乙公司发生亏损1 200万元。

2×18年度,甲公司和乙公司未发生任何内部交易,2×17年内部交易形成的存货仍未对外销售。

(5) 2×18年12月1日,甲公司与丙公司签订协议,以1 500万元受让丙公司所持有的乙公司股权的20%。该协议于2×19年1月1日经甲公司临时股东大会和丙公司股东大会批准,涉及的股权变更手续于2×19年1月2日完成,当日支付了全部价款。至此甲公司持有乙公司60%的股权,能够控制乙公司的生产经营决策权。

假定:
(1) 不考虑除增值税外的其他相关税费的影响。
(2) 按净利润的10%提取法定盈余公积。
(3) 除上述交易或事项外,乙公司未发生导致其所有者权益变动的其他交易或事项。

要求:
(1) 编制甲公司2×17年对乙公司长期股权投资有关的会计分录,并计算甲公司对乙公司长期股权投资于2×17年12月31日的账面价值。
(2) 编制甲公司2×18年对乙公司长期股权投资有关的会计分录,并计算甲公司对乙公司长期股权投资于2×18年12月31日的账面价值。
(3) 编制甲公司2×19年对乙公司长期股权投资由权益法改为成本法的会计分录,并计算甲公司对乙公司长期股权投资于2×19年12月31日的账面价值。

4. 2×16年1月1日,甲公司支付6 000万元的价款(包括交易税费)从非关联方购入乙公司80%的股份,由于能够对乙公司实施控制,甲公司将其分类为长期股权投资,并采用成本法核算。2×18年7月1日,甲公司以4 000万元的价格将持有的乙公司50%的股份转让,甲公司对乙公司的持股比例下降至30%,不再具有控制但仍能够施加重大影响,甲公司将该项股权投资改为权益法核算。自甲公司取得乙公司80%的股份后,至转让乙公司50%的股份前乙公司实现净利润3 200万元(其中2×18年1月1日至2×18年6月30日实现净利润600万元),2×16年度和2×17年度共计分配现金股利1 000万元;乙公司因确认以公允价值计量且其变动计入其他综合收益的金融资产的公允价值变动而计入其他综合收益的金额为800万元。甲公司取得乙公司80%的股份时,乙公司可辨认净资产的公允价值为13 000万元,各项可辨认资产、负债的公允价值与其账面价值相同;取得乙公司80%的股份后,双方未发生过任何内部交易;双方的会计年度及采用的会计政策相同。乙公司按照净利润的 10%提取盈余公积。

要求编制甲公司转让股份和转换核算方法的下列会计分录。

(1) 2×18 年 7 月 1 日转让乙公司 50%的股份。
(2) 2×18 年 7 月 1 日将剩余长期股权投资改按权益法核算。
① 调整剩余投资成本。
② 确认应享有的净利润份额。
③ 确认应享有的其他综合收益份额。

第六章

固定资产

学习目标：掌握固定资产的确认条件及计价方法；掌握固定资产的取得方式及账务处理；掌握固定资产折旧的计提方法及计算；掌握固定资产后续支出的核算方法；掌握固定资产减值金额的确定及相关账务处理；掌握固定资产的处置及相关账务处理。

关键词：固定资产　实际成本　初始计量　在建工程　公允价值　折旧　后续支出　减值准备　可收回金额　处置

第一节　固定资产概述

一、固定资产的概念、特征及确认条件

1. 固定资产的概念

固定资产是指为生产商品、提供劳务、出租或经营管理而持有的，使用寿命超过一个会计年度的有形资产。

这里的"出租"不包括作为投资性房地产的以经营租赁方式租出的建筑物。"持有"可能是该企业拥有对该资产的所有权，也可能是形式上并不拥有对该资产的所有权，而实质上企业拥有该资产，如融资租赁的固定资产。使用寿命是指企业使用固定资产的预计期间，或者该固定资产所能生产产品或提供劳务的数量。例如，房屋建筑通过其使用年限表示，而汽车等交通工具可能通过其最高行驶里程数来表示。

由于企业的经营内容、经营规模等各不相同，固定资产的标准也不可能强求绝对一致，各企业应根据制度中规定的固定资产的标准，结合各自的具体情况，制定适合企业实际情况的固定资产目录、分类方法、每类或每项固定资产的折旧年限、折旧方法作为固定资产核算的依据。

2. 固定资产的特征

1) 固定资产是有形资产

固定资产有一个实体存在，可以看得见、摸得着。这与企业的无形资产、应收账款、其他应收款等资产不同。无形资产虽然可供企业长期使用，甚至其使用期限超过固定资产，但由于其无形性而不作为企业的固定资产；企业持有的某些具有实物形态，而且具有固定资产某些特征的实物资产，如工业企业持有的工具、用具、备品备件、维修设备等资产，施工企业持有的模板、挡板、架料等周转材料以及地质勘探企业持有的管材等资产，虽然其使用期限超过1年，也能够带来经济利益，但由于其数量多、单价低，如果采用折旧的方法实现价值的转移就不符合成本效益原则，所以在实务中通常将其确认为存货。相反，

如果价值很高,且符合固定资产的定义和确认条件的,应当确认为固定资产,如民用航空运输企业持有的高价周转件等。

2) 可供企业长期使用

固定资产属于长期耐用资产,使用期限至少超过1年或大于1年的一个生产经营周期,而且实物形态不会因为使用而发生变化或显著损耗,这也有别于存货。

3) 不以投资和销售为目的

企业取得各种固定资产的目的是服务于企业自身的生产经营活动。企业可以通过固定资产的作用而生产出产品,并通过产品的销售而赚取收入;可以通过提供劳务而赚取劳务收入;可以将固定资产出租给他人使用而赚取租金收入;可以用于企业的行政管理,从而提高企业的管理水平。企业的固定资产不是为了出售,也不是为了将其对企业外部进行投资。

4) 具有可衡量的未来经济利益

企业取得固定资产的目的是获得未来的经济利益,虽然这种经济利益是来自于对固定资产服务潜能的利用,而不是来自于可直接转换为多少数量的货币,但它能在未来为企业带来可以用货币加以合理计量的经济利益,而且这种经济利益一般是可以衡量的。

3. 固定资产的确认条件

固定资产在同时满足以下两个条件时,才能加以确认。

1) 与该固定资产有关的经济利益很可能流入企业

资产最基本的特征是预期能给企业带来经济利益,如果某一项目预期不能给企业带来经济利益,就不能确认为企业的资产。在实务工作中,首先,需要判断该项固定资产所包含的经济利益是否很可能流入企业。判断固定资产包含的经济利益是否很可能流入企业,主要依据与该固定资产所有权相关的风险和报酬是否转移到了企业。其中,与固定资产所有权相关的风险是指,由于经营情况变化造成的相关收益的变动,以及由于资产闲置、技术陈旧等原因造成的损失;与固定资产所有权相关的报酬是指,在固定资产使用寿命内直接使用该资产而获得的收入,以及处置该资产所实现的利得等。

通常,取得固定资产的所有权是判断与固定资产所有权相关的风险和报酬转移到企业的一个重要标志。凡是所有权已属于企业,无论企业是否收到或拥有该固定资产,均可作为企业的固定资产;反之,如果没有取得所有权,即使存放在企业,也不能作为企业的固定资产。但是,所有权是否转移,不是判断与固定资产所有权相关的风险和报酬是否转移到企业的唯一标志。有时,某项固定资产的所有权虽然不属于企业,但是企业能够控制该项固定资产所包含的经济利益流入企业,在这种情况下,可以认为与固定资产所有权相关的风险和报酬实质上已转移给企业,也可以作为企业的固定资产加以确认。比如,融资租入固定资产,企业虽然不拥有固定资产的所有权,但能够控制该固定资产所包含的经济利益,与固定资产所有权相关的风险和报酬实质上已转移到了企业(承租方),因此,符合固定资产确认的第一个条件。

2) 该固定资产的成本能够可靠地计量

成本能够可靠地计量,是资产确认的一项基本条件。固定资产作为企业资产的重要组成部分,要予以确认,为取得该固定资产而发生的支出也必须能够可靠地计量。如果固资产的成本能够可靠地计量，并同时满足其他确认条件，就可以加以确认；否则，企业不应加以确认。

企业在确定固定资产成本时，有时需要根据所获得的最新资料进行合理的估计。如果企业能够合理地估计固定资产的成本，则视同固定资产的成本能够可靠地计量。例如，对于已达到预定可使用状态的固定资产，在尚未办理竣工决算之前，企业需要根据工程预算、工程造价或者工程实际发生的成本等资料，按照暂估价值确定固定资产的成本，在办理了竣工决算手续后再作调整。

二、固定资产的分类

根据不同的管理需要和核算要求以及不同的分类标准，可以对固定资产进行不同的分类，主要有以下几种分类方法。

1) 按固定资产的经济用途分类

按固定资产的经济用途分类，固定资产可分为生产经营用固定资产和非生产经营用固定资产。

(1) 生产经营用固定资产，是指直接服务于企业生产、经营过程的各种固定资产。例如，生产经营用的房屋建筑物、机器、设备、器具、工具等。

(2) 非生产经营用固定资产，是指不直接服务于生产、经营过程的各种固定资产。例如，职工宿舍、食堂、浴室、理发室等使用的房屋设备和其他固定资产等。

2) 按固定资产使用情况分类

按固定资产使用情况分类，固定资产可分为使用中固定资产、未使用固定资产和不需用固定资产。

(1) 使用中固定资产，是指正在使用中的经营性和非经营性固定资产，由于季节性经营或大修理等原因，暂时停止使用的固定资产仍属于企业使用中的固定资产，企业出租(指经营性租赁)给其他单位使用的固定资产和内部替换使用的固定资产也属于使用中的固定资产。

(2) 未使用固定资产，是指已完工或已购建的尚未交付使用的新增固定资产以及因进行改建、扩建等原因暂停使用的固定资产。例如，企业购建的尚待安装的固定资产、经营任务变更停止使用的固定资产以及主要的备用设备等。

(3) 不需用固定资产，是指本企业多余或不适用，需要调配处理的各种固定资产。

3) 按固定资产的所有权分类

按固定资产的所有权分类，固定资产可分为自有固定资产和租入固定资产。

(1) 自有固定资产，是指企业拥有所有权的可供企业自由支配使用的固定资产。

(2) 租入固定资产，是指企业采用租赁方式从其他单位租入的固定资产。企业对租入固定资产依照租赁合同拥有使用权，同时负有支付租金的义务，但固定资产的所有权属于出租单位。租入固定资产可分为经营租入固定资产和融资租入固定资产两类。

4) 按固定资产的经济用途和使用情况综合分类

采用这一分类方法，可把企业的固定资产分为七大类：①生产经营用的固定资产。②非生产经营用的固定资产。③出租固定资产，是指在经营性租赁方式下出租给外单位使用的固定资产。④不需用固定资产。⑤未使用固定资产。⑥土地，是指过去已经估价单独入账的土地，因征地而支付的补偿费，应计入与土地有关的房屋建筑物的价值内，不单独作为土地价值入账。企业取得的土地使用权不能作为固定资产管理。⑦融资租入固定资产，是指企业以融资租赁方式租入的固定资产。在租赁期内，融资租入固定资产应视同自有固定资产进行管理。

由于企业的经营性质不同，经营规模各异，对固定资产的分类不可能完全一致，也没必要强求统一，企业可以根据各自的具体情况和经营管理、会计核算的需要进行必要的分类，编制本企业固定资产目录，作为固定资产核算的依据。

第二节　固定资产的初始计量

一、固定资产初始计量的原则

固定资产的初始计量，是指固定资产初始成本的确定。固定资产的初始成本，是指企业购建某项固定资产达到预定可使用状态前所发生的一切合理、必要的支出。这些支出包括直接发生的价款、运杂费、包装费和安装成本等，也包括间接发生的，如应承担的借款利息、外币借款折算差额以及应分摊的其他间接费用。对于特定行业的特定固定资产，确定其成本时，还应考虑预计弃置费用因素。企业对固定资产计量的基本原则是要求按成本进行初始计量。

二、不同方式取得固定资产的核算

固定资产取得方式的不同决定了其入账价值所包含的经济内容也不同，其账务处理程序也体现了不同的特点。固定资产的取得方式主要包括购买、自行建造、投资者投入等。下面分别按不同的固定资产取得方式来说明固定资产入账价值的确定方法和其账务处理程序。

1. 外购的固定资产

外购方式是企业取得固定资产的重要和主要的方式。企业外购的固定资产，其成本包括实际支付的买价、进口关税和其他税费，以及使固定资产达到预定可使用状态前所发生的可归属于该项资产的费用，如场地整理费、运输费、装卸费、安装费和专业人员服务费等。其中，相关税费不包括按照现行增值税制度规定，可以从销项税额中抵扣的增值税进项税额。企业外购的固定资产，在投入使用前，有的需要安装，有的则不需要安装。购入不需要安装的固定资产，企业可以立即投入使用，因此，会计处理比较简单，只需按确认的入账价值直接增加固定资产即可。

1) 购入不需要安装的固定资产的核算

企业购入不需要安装的固定资产，按实际支付的购买价款、包装费、运杂费、保险费、专业人员服务费和相关税费(不含可抵扣的增值税进项税额)等核算，其账务处理为：按应计入固定资产成本的金额，借记"固定资产"科目，贷记"银行存款""其他应付款""应付票据"等科目。

【例6-1】　20×1年1月15日，甲公司购入一台不需要安装的设备，发票上注明设备价款为30 000元，应交增值税3 900元，支付的场地整理费、运输费、装卸费等合计1 200

元。上述款项企业已用银行存款支付。其账务处理如下。

  借：固定资产   31 200
    应交税费——应交增值税(进项税额) 3 900
    贷：银行存款   35 100

2) 购入需要安装的固定资产的核算

如果企业购入的是需要安装的固定资产，由于从固定资产运抵企业到交付使用，尚需经过安装和调试过程，并会发生安装调试成本，因此，应先通过"在建工程"科目核算购置固定资产所支付的价款、运输费和安装成本等，待固定资产安装完毕并达到预定可使用状态后，再将"在建工程"科目归集的固定资产成本一次转入"固定资产"科目。

【例6-2】 20×1年2月1日，甲公司购入一台需要安装的生产用机器设备，取得的增值税专用发票上注明的设备价款为500 000元，增值税进项税额为65 000元，支付的运输费为2 500元，款项已通过银行支付；安装设备时，领用本公司原材料一批，价值30 000元，购进该批原材料时支付的增值税进项税额为3 900元；支付安装工人的工资为4 900元。假定不考虑其他相关税费。

甲公司的账务处理如下。

(1) 支付设备价款、增值税、运输费合计为567 500元。

  借：在建工程——××设备   502 500
    应交税费——应交增值税(进项税额) 65 000
    贷：银行存款   567 500

(2) 领用本公司原材料、支付安装工人工资等费用合计为34 900元。

  借：在建工程——××设备   34 900
    贷：原材料   30 000
      应付职工薪酬   4 900

(3) 设备安装完毕达到预定可使用状态。

固定资产的成本=502 500+34 900=537 400 (元)

  借：固定资产——××设备   537 400
    贷：在建工程——××设备   537 400

3) 外购固定资产的特殊情况

(1) 一次外购多项资产。个别情况下，企业的固定资产可能会与其他几项可以独立使用的资产采用一揽子购买方式。这种情况下，企业支付的是捆绑在一起的各项资产的总成本，而单独固定资产并没有标价。但是在会计核算时由于各项固定资产的作用、价值额以及后续计量问题的会计处理方法不同，就需要对每一项资产的价值分别加以衡量。采用的方法是，通过将购买的总成本按每项资产的公允价值占各项资产公允价值总和的比例进行分配，来确定各项资产的入账价值。

【例6-3】 甲公司一揽子购买某工厂的汽车、设备和厂房，共计支付现金390 000元。经评估，上述三项资产的公允价值分别为150 000元、120 000元和130 000元。设备和厂房不需要安装和改建、扩建，可以直接投入使用。假定不考虑增值税问题，会计处理如下。

  支付成本分配比例=390 000÷(150 000+120 000+130 000)=0.975
  汽车的购买成本：150 000×0.975=146 250(元)
  设备的购买成本：120 000×0.975=117 000(元)

厂房的购买成本：130 000×0.975=126 750(元)

借：固定资产——汽车　　　　　　　146 250
　　　　　　——设备　　　　　　　117 000
　　　　　　——厂房　　　　　　　126 750
　　贷：银行存款　　　　　　　　　　390 000

(2) 具有融资性质的延期支付购买固定资产。企业购买固定资产通常在正常信用条件期限内付款，但也会发生超过正常信用条件购买固定资产的经济业务，如采用分期付款方式购买资产，且在合同中规定的付款期限比较长，超过了正常信用条件。在这种情况下，该项购货合同实质上具有融资性质，购入固定资产的成本不能以各期付款额之和确定，而应以各期付款额的现值之和确定。固定资产购买价款的现值，应当按照各期支付的价款选择恰当的折现率进行折现后的金额加以确定。折现率是反映当前市场货币时间价值和延期付款债务特定风险的利率。该折现率实质上是供货企业的必要报酬率。各期实际支付的价款之和与其现值之间的差额，在达到预定可使用状态之前符合《企业会计准则第17号——借款费用》中规定的资本化条件的，应当通过在建工程计入固定资产成本，其余部分应当在信用期间内确认为财务费用，计入当期损益。其账务处理为：购入固定资产时，按购买价款的现值，借记"固定资产"或"在建工程"等科目；按应支付的金额，贷记"长期应付款"科目；按其差额，借记"未确认融资费用"科目。

【例 6-4】20×1 年 1 月 1 日，甲公司与 B 公司签订一项购货合同，甲公司从 B 公司购入一台需要安装的特大型设备。合同约定，甲公司采用分期付款方式支付价款。该设备价款共计 900 万元(不考虑增值税)，在 20×1 年至 20×5 年的 5 年内每半年支付 90 万元，每年的付款日期分别为当年 6 月 30 日和 12 月 31 日。

20×1 年 1 月 1 日，设备如期运抵甲公司并开始安装。20×1 年 12 月 31 日，设备达到预定可使用状态，发生安装费 39.853 06 万元，已用银行存款付讫。

假定甲公司适用的 6 个月折现率为 10%。

(1) 购买价款的现值为

$$900\,000 \times (P/A, 10\%, 10) = 900\,000 \times 6.144\,6 = 5\,530\,140(元)$$

20×1 年 1 月 1 日甲公司的账务处理如下。

借：在建工程——××设备　　　　　5 530 140
　　未确认融资费用　　　　　　　　3 469 860
　　贷：长期应付款——B 公司　　　　　9 000 000

(2) 确定信用期间未确认融资费用的分摊额，如表 6-1 所示。

表 6-1　未确认融资费用分摊表

单位：元

日期 ①	分期付款额 ②	确认的融资费用 ③=期初⑤×10%	应付本金减少额 ④=②-③	应付本金余额 期末⑤=期初⑤-④
20×1.01.01				5 530 140.00
20×1.06.30	900 000	553 014.00	346 986.00	5 183 154.00
20×1.12.31	900 000	518 315.40	381 684.60	4 801 469.40

续表

日期 ①	分期付款额 ②	确认的融资费用 ③=期初⑤×10%	应付本金减少额 ④=②-③	应付本金余额 期末⑤=期初⑤-④
20×2.06.30	900 000	480 146.94	419 853.06	4 381 616.34
20×2.12.31	900 000	438 161.63	461 838.37	3 919 777.97
20×3.06.30	900 000	391 977.80	508 022.20	3 411 755.77
20×3.12.31	900 000	341 175.58	558 824.42	2 852 931.35
20×4.06.30	900 000	285 293.14	614 706.86	2 238 224.47
20×4.12.31	900 000	223 822.45	676 177.55	1 562 046.92
20×5.06.30	900 000	156 204.69	743 795.31	818 251.61
20×5.12.31	900 000	81 748.39*	818 251.61	0
合计	9 000 000	3 469 860	5 530 140	0

注：*为尾数调整：81 748.39=900 000-818 251.61。818251.61 为最后一期应付本金余额。

(3) 20×1年1月1日至20×1年12月31日为设备的安装期间，未确认融资费用的分摊额符合资本化条件，计入固定资产成本。

20×1年6月30日甲公司的账务处理如下。

  借：在建工程——××设备   553 014
    贷：未确认融资费用   553 014
  借：长期应付款——B公司   900 000
    贷：银行存款   900 000

20×1年12月31日，甲公司的账务处理如下。

  借：在建工程——××设备   518 315.40
    贷：未确认融资费用   518 315.40
  借：长期应付款——B公司   900 000
    贷：银行存款   900 000
  借：在建工程——××设备   398 530.60
    贷：银行存款等   398 530.60
  借：固定资产——××设备   7 000 000
    贷：在建工程——××设备   7 000 000

固定资产的成本=5 530 140+553 014+518 315.40+398 530.60 =7 000 000(元)

(4) 20×2年1月1日至20×5年12月31日，该设备已经达到预定可使用状态，未确认融资费用的分摊额不再符合资本化条件，应计入当期损益。

20×2年6月30日甲公司的账务处理如下。

  借：财务费用   480 146.94
    贷：未确认融资费用   480 146.94
  借：长期应付款——B公司   900 000
    贷：银行存款   900 000

以后期间的账务处理与20×2年6月30日相同，此处略。

2. 自行建造的固定资产

企业自行建造的固定资产，应按照建造该项固定资产达到预定可使用状态前所发生的全部支出，作为入账价值。

自行建造的固定资产，从发生第一笔购置支出到固定资产完工交付使用，通常需要经历一段较长的建造期间。为了便于归集和计算固定资产的实际建造成本，企业应设置"在建工程"科目。本科目核算企业基建、更新改造等在建工程发生的支出。本科目应当按照"建筑工程""安装工程""在安装设备""待摊支出"以及单项工程进行明细核算。

在建工程发生减值的，可以单独设置"在建工程减值准备"科目进行核算。

自行建造的固定资产按营建方式的不同，可分为自营工程和出包工程。

1) 自营方式建造固定资产

自营工程是指企业利用自身的生产能力进行的固定资产建造工程。较为常见的是企业通过这种方式自制一些专用设备。

自营工程由于是利用自身的生产能力进行的固定资产建造工程，因此，固定资产的建造成本往往很难与产品的生产成本完全划分清楚。为了简化核算，企业通常只将固定资产建造工程中所发生的直接支出计入工程成本。按规定，其内容主要包括消耗的工程物资、原材料、库存商品，负担的职工薪酬，辅助生产部门为工程提供的水、电、设备安装、修理、运输等劳务支出，以及工程发生的待摊支出(包括工程管理费、征地费、可行性研究费、临时设备费、公证费、监理费及应负担的税费等)。

至于一些间接支出，如制造费用等并不分配计入固定资产建造工程成本。这种做法的理由主要是：第一，制造费用一般属于固定费用，不会因偶尔进行的固定资产建造工程而增加；第二，固定资产建造工程通常是在营业淡季进行的，如果将一部分制造费用计入工程成本，就会夸大当期正常营业的净收益；第三，固定资产建造工程通常是利用企业的闲置生产能力进行的，如果正常的营业活动并未因进行固定资产建造工程而受影响，就没有理由由固定资产建造工程成本负担制造费用。

在确定自营工程成本时还需要注意以下几个方面的问题。

(1) 购入工程物资所支付的增值税额，按规定不得计入工程成本的，应作为进项税额单独列示，从销项税额中抵扣。

(2) 工程领用外购存货，应按成本转出，计入工程成本。

(3) 工程领用自制半成品和产成品，应视同销售，按售价计算销项税额，连同自制半成品和产成品的生产成本一并计入工程成本。

(4) 在建工程进行负荷联合试车发生的费用，计入工程成本(待摊支出)；试车期间形成的产品或副产品对外销售或转为库存商品时，应借记"银行存款""库存商品"等科目，贷记"在建工程"科目(待摊支出)。

(5) 建造期间发生的工程物资盘亏、报废及毁损净损失，计入工程成本，借记"在建工程"科目，贷记"工程物资"科目；盘盈的工程物资或处置净收益作相反的会计处理。

(6) 工程完工后发生的工程物资盘盈、盘亏、报废、毁损，计入当期营业外支出。

(7) 在建工程完工，对于已领出的剩余物资应办理退库手续，借记"工程物资"科目，贷记"在建工程"科目。

(8) 在建工程达到预定可使用状态时，对发生的待摊支出应分配计算，计入各工程成本中。

【例 6-5】 甲公司利用剩余生产能力自行制造一台设备。在建造工程中主要发生下列支出。

20×1 年 1 月 6 日用银行存款购入工程物资 90 400 元，其中价款 80 000 元，应交增值税 10 400 元，工程物资验收入库。

20×1 年 1 月 20 日工程开始，当日实际领用工程物资 80 000 元；领用库存材料一批，实际成本 6 000 元；领用库存产成品若干件，实际成本 8 100 元，计税价格 11 000 元，计算应交的增值税销项税额 1 430 元；辅助生产部门为工程提供水、电等劳务支出共计 5 000 元，工程应负担直接人工费 10 260 元。

20×1 年 4 月 30 日工程完工，并达到预计可使用状态。其账务处理如下。

(1) 20×1 年 1 月 6 日，购入工程物资，并验收入库。

借：工程物资　　　　　　　　　　　　　　　80 000
　　应交税费——应交增值税(进项税额)　　　10 400
　　贷：银行存款　　　　　　　　　　　　　　　　90 400

(2) 20×1 年 1 月 20 日，领用工程物资，投入自营工程。

借：在建工程　　　　　　　　　　　　　　　80 000
　　贷：工程物资　　　　　　　　　　　　　　　　80 000

(3) 20×1 年 1 月 20 日，领用库存材料。

借：在建工程　　　　　　　　　　　　　　　6 000
　　贷：原材料　　　　　　　　　　　　　　　　　6 000

(4) 20×1 年 1 月 20 日，领用库存产成品。

借：在建工程　　　　　　　　　　　　　　　8 100
　　贷：库存商品　　　　　　　　　　　　　　　　8 100

(5) 结转应由工程负担的直接水电费。

借：在建工程　　　　　　　　　　　　　　　5 000
　　贷：生产成本　　　　　　　　　　　　　　　　5 000

(6) 结转应由工程负担的直接人工费。

借：在建工程　　　　　　　　　　　　　　　10 260
　　贷：应付职工薪酬　　　　　　　　　　　　　　10 260

(7) 20×1 年 4 月 30 日，工程完工，并达到预定可使用状态时，计算并结转工程成本。设备制造成本=80 000+6 000+8 100+5 000+10 260=109 360(元)。

借：固定资产　　　　　　　　　　　　　　　109 360
　　贷：在建工程　　　　　　　　　　　　　　　　109 360

2) 出包方式建造固定资产

在出包方式下，企业通过招标方式将工程项目发包给建造承包商，由建造承包商(即施工企业)组织工程项目施工。企业要与建造承包商签订建造合同，企业是建造合同的甲方，负责筹集资金和组织管理工程建设，通常称为建设单位；建造承包商是建造合同的乙方，负责建筑安装工程施工任务。

企业以出包方式建造固定资产，其成本由建造该项固定资产达到预定可使用状态前所发生的必要支出构成，包括发生的建筑工程支出、安装工程支出以及需分摊计入各固定资产价值的待摊支出。建筑工程、安装工程支出，如人工费、材料费、机械使用费等由建造承包商核算。对于发包企业而言，建筑工程支出、安装工程支出是构成在建工程成本的重要内容，发包企业按照合同规定的结算方式和工程进度定期与建造承包商办理工程价款结算，结算的工程价款计入在建工程成本。待摊支出是指在建设期间发生的，不能直接计入某项固定资产价值，而应由所建造固定资产共同负担的相关费用，包括为建造工程发生的管理费、可行性研究费、临时设施费、公证费、监理费、应负担的税金、符合资本化条件的借款费用、建设期间发生的工程物资盘亏、报废及毁损净损失以及负荷联合试车费等。企业为建造固定资产通过出让方式取得土地使用权而支付的土地出让金不计入在建工程成本，应确认为无形资产(土地使用权)。

在出包方式下，"在建工程"科目主要是企业与建造承包商办理工程价款结算的科目，企业支付给建造承包商的工程价款，作为工程成本通过"在建工程"科目核算。企业应按合理估计的工程进度和合同规定结算的进度款，借记"在建工程——建筑工程——××工程""在建工程——安装工程——××工程"科目，贷记"银行存款""预付账款"等科目。工程完成时，按合同规定补付的工程款，借记"在建工程"科目，贷记"银行存款"等科目。企业将需安装设备运抵现场安装时，借记"在建工程——在安装设备——××设备"科目，贷记"工程物资——××设备"科目；企业为建造固定资产发生的待摊支出，借记"在建工程——待摊支出"科目，贷记"银行存款""应付职工薪酬""长期借款"等科目。

在建工程达到预定可使用状态时，首先计算分配待摊支出，待摊支出的分配率可按下列公式计算：

待摊支出分配率＝累计发生的待摊支出÷(建筑工程支出＋安装工程支出＋在安装设备支出)×100%

某工程应分配的待摊支出＝某工程的建筑工程支出、安装工程支出和在安装设备支出合计×待摊支出分配率

其次，计算确定已完工的固定资产成本。具体计算公式如下：

房屋、建筑物等固定资产成本＝建筑工程支出＋应分摊的待摊支出

需要安装设备的成本＝设备成本＋为设备安装发生的基础、支座等建筑工程支出＋安装工程支出＋应分摊的待摊支出

最后，进行相应的账务处理，借记"固定资产"科目，贷记"在建工程——建筑工程""在建工程——安装工程""在建工程——待摊支出"等科目。

【例6-6】 甲公司经当地有关部门批准，新建一座火力发电厂。建造的火力发电厂由3个单项工程组成，包括建造发电车间、冷却塔以及安装发电设备。20×5年2月1日，甲公司与乙公司签订合同，将该项目出包给乙公司承建。根据双方签订的合同，建造发电车间的价款为1 000万元，建造冷却塔的价款为600万元，安装发电设备需支付安装费用100万元。建造期间发生的有关事项如下(假定不考虑相关税费)。

(1) 20×5年2月10日，甲公司按合同约定向乙公司预付10%的备料款160万元，其中发电车间100万元，冷却塔60万元。

(2) 20×5年8月2日，建造发电车间和冷却塔的工程进度达到50%，甲公司与乙公司

办理工程价款结算 800 万元,其中发电车间 500 万元,冷却塔 300 万元。甲公司抵扣了预付备料款后,将余款用银行存款付讫。

(3) 20×5 年 10 月 8 日,甲公司购入需安装的发电设备,价款总计 700 万元,已用银行存款付讫。

(4) 20×6 年 3 月 10 日,建筑工程主体已完工,甲公司与乙公司办理工程价款结算 800 万元,其中,发电车间 500 万元,冷却塔 300 万元。甲公司向乙公司开具了一张期限为 3 个月的商业票据。

(5) 20×6 年 4 月 1 日,甲公司将发电设备运抵现场,交乙公司安装。

(6) 20×6 年 5 月 10 日,发电设备安装到位,甲公司与乙公司办理设备安装价款结算 100 万元,款项已支付。

(7) 工程项目发生管理费、可行性研究费、公证费、监理费共计 58 万元,已用银行存款付讫。

(8) 20×6 年 5 月,进行负荷联合试车领用本企业材料 20 万元,发生其他试车费用 10 万元,用银行存款支付,试车期间取得发电收入 40 万元。

(9) 20×6 年 6 月 1 日,完成试车,各项指标达到设计要求。

甲公司上述业务的会计处理如下。

(1) 20×5 年 2 月 10 日,预付备料款。

借:预付账款　　　　　　　　　　　　　　　　　　　1 600 000
　　贷:银行存款　　　　　　　　　　　　　　　　　　　　　1 600 000

(2) 20×5 年 8 月 2 日,办理建筑工程价款结算。

借:在建工程——建筑工程(冷却塔)　　　　　　　　3 000 000
　　在建工程——建筑工程(发电车间)　　　　　　　5 000 000
　　贷:银行存款　　　　　　　　　　　　　　　　　　　　　6 400 000
　　　　预付账款　　　　　　　　　　　　　　　　　　　　　1 600 000

(3) 20×5 年 10 月 8 日,购入发电设备。

借:工程物资——发电设备　　　　　　　　　　　　7 000 000
　　贷:银行存款　　　　　　　　　　　　　　　　　　　　　7 000 000

(4) 20×6 年 3 月 10 日,办理建筑工程价款结算。

借:在建工程——建筑工程(冷却塔)　　　　　　　　3 000 000
　　在建工程——建筑工程(发电车间)　　　　　　　5 000 000
　　贷:应付票据　　　　　　　　　　　　　　　　　　　　　8 000 000

(5) 20×6 年 4 月 1 日,将发电设备交乙公司安装。

借:在建工程——在安装设备(发电设备)　　　　　　7 000 000
　　贷:工程物资——发电设备　　　　　　　　　　　　　　　7 000 000

(6) 20×6 年 5 月 10 日,办理安装工程价款结算。

借:在建工程——安装工程(发电设备)　　　　　　　1 000 000
　　贷:银行存款　　　　　　　　　　　　　　　　　　　　　1 000 000

(7) 支付工程发生的管理费、可行性研究费、公证费、监理费。

借:在建工程——待摊支出　　　　　　　　　　　　　580 000
　　贷:银行存款　　　　　　　　　　　　　　　　　　　　　　580 000

(8) 进行负荷联合试车。

借：在建工程——待摊支出　　　　　　　　　300 000
　　贷：原材料　　　　　　　　　　　　　　　　　　200 000
　　　　银行存款　　　　　　　　　　　　　　　　　100 000
借：银行存款　　　　　　　　　　　　　　　　400 000
　　贷：在建工程——待摊支出　　　　　　　　　　　400 000

(9) 结转在建工程，计算分配待摊支出。

待摊支出分配率=(58+30-40)÷(1 000+600+100+700)=2%
发电车间应分配的待摊支出=1 000×2%=20(万元)
冷却塔应分配的待摊支出=600×2%=12(万元)
发电设备应分配的待摊支出=(700+100)×2%=16(万元)

① 结转在建工程。

借：在建工程——建筑工程(发电车间)　　　　 200 000
　　　　　　——建筑工程(冷却塔)　　　　　　120 000
　　　　　　——安装工程(发电设备)　　　　　 20 000
　　　　　　——在安装设备(发电设备)　　　　140 000
　　贷：在建工程——待摊支出　　　　　　　　　　　480 000

② 计算已完工的固定资产的成本。

发电车间的成本=1 000+20=1 020(万元)
冷却塔的成本=600+12=612(万元)
发电设备的成本=(700+100)+16=816(万元)

借：固定资产——发电车间　　　　　　　　　10 200 000
　　　　　　——冷却塔　　　　　　　　　　 6 120 000
　　　　　　——发电设备　　　　　　　　　 8 160 000
　　贷：在建工程——建筑工程(发电车间)　　　　 10 200 000
　　　　　　　　——建筑工程(冷却塔)　　　　　　6 120 000
　　　　　　　　——安装工程(发电设备)　　　　　1 020 000
　　　　　　　　——在安装设备(发电设备)　　　　7 140 000

3. 投资者投入的固定资产

企业因接受投资者以固定资产形式对企业进行投资而增加的固定资产为投资转入的固定资产。该类固定资产应按投资各方签订的合同或协议约定的价值和相关税费，作为固定资产的入账价值计价入账，合同或协议约定的价值不公允的除外。转入固定资产时，借记"固定资产"科目，贷记"实收资本"或"股本"科目。

【例 6-7】甲公司根据投资各方达成的协议，按资产评估确认的价值作为投资各方投入资本价值确认的标准。在各方的投资中，A 股东以一座厂房作为投资投入该公司，该厂房经评估确认价值为 1 200 000 元，按协议可折换成每股面值 1 元、数量为 1 000 000 股股票的股权。B 股东以一台设备作为投资投入该公司，该设备经评估确认价值为 200 000 元，应交增值税 26 000 元，按协议可折换成每股面值为 1 元、数量为 160 000 股股票的股权。此项设备需要安装才能使用，公司支付设备安装成本 3 000 元。

其账务处理如下。

(1) A股东投入厂房。

借：固定资产　　　　　　　　　　　　　　　　1 200 000
　　贷：股本——A股东　　　　　　　　　　　　　　　1 000 000
　　　　资本公积　　　　　　　　　　　　　　　　　　　200 000

(2) B股东投入设备，设备运抵企业，等待安装。

借：工程物资　　　　　　　　　　　　　　　　　200 000
　　应交税费——应交增值税(进项税额)　　　　　　26 000
　　贷：股本——B股东　　　　　　　　　　　　　　　　160 000
　　　　资本公积　　　　　　　　　　　　　　　　　　　66 000

(3) 设备投入安装，用银行存款支付安装成本。

借：在建工程　　　　　　　　　　　　　　　　　203 000
　　贷：工程物资　　　　　　　　　　　　　　　　　　　200 000
　　　　银行存款　　　　　　　　　　　　　　　　　　　　3 000

(4) 设备安装完毕，计算并结转工程成本。

借：固定资产　　　　　　　　　　　　　　　　　203 000
　　贷：在建工程　　　　　　　　　　　　　　　　　　　203 000

4. 盘盈的固定资产

前面提到的几项业务都会使固定资产在量上增加。每项业务发生，会计部门都应及时将增加的固定资产记录在相关的账簿内。但有时企业固定资产的增加却不是容易被及时掌握的，所以企业需要定期或不定期地对固定资产进行清查。通过清查，确定企业的固定资产是否与账簿记录相一致。如果通过清查发现有的固定资产在企业账簿上并没有做记录，那么，这种情况就是实大于账了，这在会计上被称为固定资产的盘盈。

由于企业无法控制的因素而造成固定资产出现盘盈的可能性极小，甚至是不可能的，企业出现了固定资产的盘盈必定是企业以前会计期间少计、漏计而产生的，应作为企业以前年度的差错，计入"以前年度损益调整"科目，不通过"待处理财产损溢"科目进行核算。

5. 特定行业的特定固定资产

在确定固定资产成本时，对于特定行业的特定固定资产，比如，石油天然气企业的油气水井及相关设施的弃置、核电站核废料等，应当考虑预计弃置费用因素。弃置费用通常是指根据国家法律和行政法规、国际公约等的规定，企业承担的环境保护和生态恢复等义务所确定的支出，如核电站核设施等的弃置和恢复环境义务等。

企业应当根据《企业会计准则第13号——或有事项》的规定，按照弃置费用的现值计算确定应计入固定资产成本的金额和相应的预计负债。石油天然气开采企业的油气资产的弃置费用，应当按照《企业会计准则第27号——石油天然气开采》及其应用指南的规定处理。

一般工商企业的固定资产发生的报废清理费用，不属于弃置费用，应当在发生时作为固定资产处置费用处理。

【例 6-8】 甲公司属于核电站发电企业，20×1 年 1 月 1 日正式建造完成并交付使用一座核电站核设施，全部成本为 100 000 万元，预计使用寿命为 40 年。根据国家法律和行政法规、国际公约等的规定，企业应承担环境保护和生态恢复等义务。20×1 年 1 月 1 日预计 40 年后弃置该核电站核设施时，将发生弃置费用 10 000 万元，且金额较大。考虑货币的时间价值和相关期间通货膨胀等因素确定的折现率为 5%。利率为 5%，期数为 40 期的复利现值系数为 0.142 0。

(1) 20×1 年 1 月 1 日，固定资产入账的会计处理。

固定资产入账的金额=100 000+10 000×0.1420=101 420(万元)

借：固定资产　　　　　　　　　　1 014 200 000
　　贷：在建工程　　　　　　　　　　1 000 000 000
　　　　预计负债　　　　　　　　　　　　14 200 000

(2) 20×1 年和 20×2 年计提利息的会计处理。

甲公司应当按照实际利率法计算确定每年的财务费用。

① 20×1 年计提利息=1420×5%=71(万元)。

借：财务费用　　　　　　　　　　　　710 000
　　贷：预计负债　　　　　　　　　　　710 000

② 20×2 年计提利息=(1420+71)×5%=74.55(万元)。

借：财务费用　　　　　　　　　　　　745 500
　　贷：预计负债　　　　　　　　　　　745 500

(3) 40 年后实际发生弃置费用的会计分录。

借：预计负债　　　　　　　　　　100 000 000
　　贷：银行存款　　　　　　　　　100 000 000

6. 其他方式取得的固定资产

企业以其他方式取得的固定资产，包括非货币性资产交换、债务重组、企业合并和融资租赁等取得的固定资产，其成本应当分别按照《企业会计准则第 7 号——非货币性资产交换》《企业会计准则第 12 号——债务重组》《企业会计准则第 20 号——企业合并》和《企业会计准则第 21 号——租赁》确定。

第三节　固定资产的后续计量

经过初始计量的固定资产，在其后期存续的过程中由于受到自然力的作用、正常的使用以及其所面临的外部环境因素的影响，其价值也在发生变化。固定资产的后续计量是指固定资产在其后期存续过程中变化的价值金额以及最终价值额的确定。固定资产后续计量主要包括固定资产折旧的计提、后续支出的计量以及减值损失的确定三项业务。

一、固定资产折旧

1. 固定资产折旧的含义和性质

企业的固定资产可以长期参加生产经营而仍然保持其原有的实物形态，但其价值将随着固定资产的使用而逐渐转移到生产的产品成本中，构成了企业的费用。这部分随着固定资产磨损而逐渐转移的价值即称为固定资产的折旧。固定资产折旧计入生产成本的过程，是随着固定资产价值的转移，以折旧的形式在产品销售收入中得到补偿，并转化为货币资金的过程。

折旧是指在固定资产的使用寿命内，按照确定的方法对应计折旧额进行的系统分摊。其中，应计折旧额是指应当计提折旧的固定资产的原价扣除其预计净残值后的余额，如果已对固定资产计提减值准备，还应当扣除已计提的固定资产减值准备累计金额。预计净残值是指假定固定资产预计使用寿命已满并处于使用寿命终了时的预期状态，企业目前从该项资产处置中获得的扣除预计处置费用后的金额。

企业取得固定资产是由于固定资产能够在未来给企业带来一定的经济利益，这种经济利益是来自于企业对固定资产服务潜能的利用。但是，固定资产的服务潜力是有限的，随着固定资产在生产经营过程中的不断使用，这种服务潜力会逐渐衰减直至消逝。企业为了使成本和相应的收入相配比，就必须按消逝的服务能力的比例，将固定资产的取得成本转入营业成本或费用中，以正确确定企业的收益。从量上来说，准确地确定固定资产已消逝的服务能力几乎是不可能的，特别是某一期消逝的服务能力更是如此。但是，人们可以通过采用一定的方法来尽可能地客观反映这种已消逝的服务能力，它可以直接地体现为按照一定的方法按期计算转入营业成本或费用中的固定资产成本，并且这种方法一经确定，在固定资产整个的经济使用年限内一般不允许变更，具有连续性和规律性，这在会计上称为"合理而系统"的方法。

固定资产服务潜力的逐渐消逝，是因为固定资产在使用过程中会发生各种损耗。固定资产损耗可分为有形损耗和无形损耗。有形损耗是指固定资产在使用过程中由于磨损而发生的使用性损耗和由于受自然力影响而发生的自然损耗。无形损耗是指由于技术进步、消费偏好的变化、经验规模扩充等原因而引起的损耗。这种损耗的特点是固定资产在物质形态上仍具有一定的服务潜力，但已不再适用或继续使用已不经济。一般而言，有形损耗决定固定资产的最长使用年限，即物质使用年限；无形损耗决定固定资产的实际使用年限，即经济使用年限。

固定资产折旧的过程，实际上是一个持续的成本分配过程，并不是为了计算固定资产的净值。折旧就是企业采用合理而系统的分配方法将固定资产的取得成本在固定资产的经济使用年限内进行合理分配，使之与各期的收入相配比，以正确确认企业的损益。

2. 影响固定资产折旧的因素

影响固定资产折旧计算的因素主要有三个，即原始价值、预计净残值和预计使用年限。除了原始价值之外，其他两个因素如果有确凿的证据表明固定资产受到其所处的经济环境、技术环境以及其他环境的较大影响，企业至少应当于每年年度终了对预计净残值和使用年限进行重新复核。因为这种外部环境的变化可能会使固定资产使用强度比正常情况大大加强，或者会产生新的产品以替代该固定资产，从而使固定资产的使用寿命大大缩短、预计净残值减少。所以如果在复核时发现复核后的预计数与原先的估计数存在差异，就要相应地对影响固定资产计算的因素进行调整。下面将影响固定资产折旧计算的因素及其与折旧的关系分述如下。

1) 原始价值

原始价值指固定资产的实际取得成本，就折旧计算而言，也称为折旧基数。以原始价值作为计算折旧的基数，可以使折旧的计算建立在客观的基础上，不容易受会计人员主观因素的影响。在固定资产使用寿命一定的情况下，固定资产的原始价值越高，则单位时间内或单位工作量的折旧额就越多；固定资产的原始价值越低，则单位时间内或单位工作量的折旧额就越少。因此，从投入产出的角度来讲，在保证生产效率和产品质量的前提下，企业应减少固定资产原始价值的支出，以提高企业的效益。

2) 预计净残值

预计净残值是指假定固定资产预计使用寿命已满并处于使用寿命终了时的预期状态，企业目前从该项资产处置中获得的扣除预计处置费用后的金额。固定资产的净残值是企业在固定资产使用期满后对固定资产的一个回收额，在计算固定资产折旧时应从固定资产的折旧计算基数中扣除。固定资产的净残值越高，则单位时间内或单位工作量的折旧额就越少；反之，则越多。但是由于固定资产净残值是一个在一开始计算固定资产折旧时就要考虑的因素，而它的实际金额是在实际发生时才能确定的，因此需要事前对此加以估计。实务上一般通过固定资产在报废清理时预计残值收入扣除预计清理费用后的净额来确定。其中，预计残值收入是指固定资产报废清理时预计可收回的器材、零件、材料等残料价值收入；预计清理费用是指固定资产报废清理时预计发生的拆卸、整理、搬运等费用。同时，为了避免计算过程受到人为因素的影响，我国企业所得税法规定了固定资产净残值比例标准，即固定资产净残值比例应在其原价的5%以内，具体比例由企业自行确定。如果企业的情况特殊，需要调整净残值比例，应报经主管税务机关备案。固定资产原始价值减去预计净残值后的数额为固定资产应计提折旧总额。

3) 预计使用年限

预计使用年限是指固定资产预计经济使用年限，也称折旧年限，它通常短于固定资产的物质使用年限。固定资产的使用年限取决于固定资产的使用寿命。企业在确定固定资产的使用寿命时，主要应当考虑下列因素：①该资产的预计生产能力或实物产量；②该资产的有形损耗，如设备使用中发生磨损、房屋建筑物受到自然侵蚀等；③该资产的无形资产，如因新技术的出现而使现有的资产技术水平相对陈旧、市场需求变化使产品过时等；④有关资产使用的法律或者类似的限制。

3. 固定资产折旧的范围

企业应当对所有的固定资产计提折旧，但是，已提足折旧仍继续使用的固定资产和单独计价入账的土地除外。

在确定计提折旧的范围时还应注意以下几点。

(1) 固定资产应当按月计提折旧，并根据用途计入相关资产的成本或者当期损益。固定资产应自达到预定可使用状态时开始计提折旧，终止确认或划分为持有待售非流动资产时停止计提折旧。为了简化核算，当月增加的固定资产，当月不计提折旧，从下月起计提折旧；当月减少的固定资产，当月仍计提折旧，从下月起不计提折旧。

(2) 固定资产提足折旧后，不论能否继续使用，均不再计提折旧。提前报废的固定资产也不再补提折旧。所谓提足折旧是指已经提足该项固定资产的应计折旧额。

(3) 已达到预定可使用状态但尚未办理竣工决算的固定资产，应当按照估计价值确定其成本，并计提折旧；待办理竣工决算后再按实际成本调整原来的暂估价值，但不需要调整原已计提的折旧额。

4. 固定资产折旧的方法

企业应当根据固定资产所含经济利益预期实现方式选择折旧方法，可选用的折旧方法包括年限平均法、工作量法和加速折旧法。一般情况下，固定资产的折旧方法一经确定，不得随意变更。

1) 年限平均法

年限平均法，又称直线法，是将固定资产的折旧均衡地分摊到各期的一种方法。采用这种方法的每期折旧额均是等额的。其计算公式如下：

$$年折旧率=(1-预计净残值率)÷预计使用年限×100\%$$

$$月折旧率=年折旧率÷12$$

$$月折旧额=固定资产原价×月折旧率$$

【例 6-9】 甲公司有一厂房，原价为 500 000 元，预计可使用 20 年，按照有关规定，该厂房报废时的净残值率为 2%。

该厂房的年折旧率=(1-2%)÷20×100%=4.9%

该厂房的月折旧率=4.9%÷12≈0.41%

该厂房的月折旧额=500 000×0.41%=2 050(元)

上述折旧率是按个别固定资产单独计算的，称为个别折旧率，即某项固定资产在一定期间的折旧额与该项固定资产原价的比率。此外，还有分类折旧率和综合折旧率。

(1) 分类折旧率是指固定资产分类折旧额与该类固定资产原价的比率。采用这种方法，应先把性质、结构和使用年限接近的固定资产归为一类，再按类计算平均折旧率，用该折旧率对该类固定资产计提折旧，如将房屋建筑物划分为一类，将机械设备划分为一类等。分类折旧率的计算公式如下：

某类固定资产年分类折旧率=(该类固定资产年折旧额之和÷该类固定资产原价)×100%

采用分类折旧率计算固定资产折旧，计算方法简单，但准确性不如个别折旧率。

(2) 综合折旧率是指某一期间企业全部固定资产折旧额与全部固定资产原价的比率。其计算公式如下：

固定资产年综合折旧率=(各项固定资产年折旧额之和÷各项固定资产原价之和)×100%

与采用个别折旧率和分类折旧率计算固定资产折旧相比，采用综合折旧率计算固定资产折旧，计算结果的准确性较差。

采用年限平均法计算固定资产折旧虽然比较简便，但它也存在一些明显的局限性：首先，固定资产在不同使用年限提供的经济效益是不同的，一般来讲，固定资产在其使用前期工作效率相对较高，所带来的经济利益也就多；而在其使用后期，工作效率一般呈下降趋势，因而所带来的经济利益也就逐渐减少，直线法不考虑这一事实，明显是不合理的。其次，固定资产在不同的使用年限发生的维修费用等也不一样，固定资产的维修费用将随着其使用时间的延长而不断增大，而直线法也不考虑这一因素。

当固定资产各期的负荷程度相同，各期应分摊相同的折旧费，这时采用平均年限法计算折旧是合理的，但是，若固定资产各期负荷程度不同，采用平均年限法，则不能反映固定资产的实际使用情况，提取的折旧数与固定资产的损耗程度也不相符。

2) 工作量法

工作量法是根据实际工作量计提折旧额的一种方法，这种方法弥补了平均年限法只重使用时间，不考虑使用强度的缺点。其基本计算公式为

$$单位工作量折旧额=固定资产原价×(1-残值率)÷预计总工作量$$

$$某项固定资产月折旧额=该项固定资产当月工作量×单位工作量折旧额$$

【例6-10】 甲公司有货运卡车一辆，原值为150 000元，预计净残值率为5%。预计总行驶里程为600 000公里，当月行驶里程为3 000公里，该项固定资产的月折旧额计算如下：

单位里程折旧额=150 000×(1-5%)÷600 000=0.237 5(元/公里)

本月折旧额=3 000×0.237 5=712.5(元)

工作量法实际上也是直线法，只不过是按照固定资产所完成的工作量计算每期的折旧额。

3) 加速折旧法

加速折旧法也称为快速折旧法或递减折旧法，其特点是在固定资产有效使用年限的前期多提折旧，后期则少提折旧，从而相对加快折旧的速度，以使固定资产成本在有效使用年限中加快得到补偿。

加速折旧的计提方法有多种，常用的有以下两种。

(1) 双倍余额递减法。双倍余额递减法是在不考虑固定资产残值的情况下，根据每期期初固定资产账面余额和双倍的直线法折旧率计算固定资产折旧的一种方法。其计算公式为

$$年折旧率=2÷预计的折旧年限×100\%$$

$$月折旧率=年折旧率÷12$$

$$月折旧额=固定资产账面净值×月折旧率$$

由于双倍余额递减法不考虑固定资产的净残值，因此，在应用这种方法时必须注意不能使固定资产的账面折余价值降低到它的预计净残值以下。即实行双倍余额递减法计提折旧的固定资产，应当在其固定资产折旧年限到期以前两年内，将固定资产净值扣除预计净残值后的余额平均摊销。

【例6-11】 甲公司进口一条生产线，安装完毕后，固定资产原值为200 000元，预计使用年限为5年，预计净残值收入8 000元。该生产线按双倍余额递减法计算各年的折旧额。相关会计处理如下。

双倍直线折旧率=2÷5×100%=40%

第一年应提折旧=200 000×40%=80 000(元)

第二年应提折旧=(200 000-80 000)×40%=48 000(元)

第三年应提折旧=(120 000-48 000)×40%=28 800(元)
第四年应提折旧=[(72 000-28 800)-8 000]÷2=17 600(元)
第五年应提折旧=[(72 000-28 800)-8 000]÷2=17 600(元)
每年各月折旧额根据年折旧额除以12计算。

(2) 年数总和法。年数总和法又称合计年限法，是将固定资产的原值减去净残值后的金额乘以一个逐年递减的分数计算每年的折旧额，这个分数的分子代表固定资产尚可使用的年数，分母代表使用年数的逐年数字总和。其计算公式如下：

年折旧率=尚可使用年数÷预计使用年限的年数总和

或者

年折旧率=[(预计使用年限-已使用年限)÷预计使用年限×(预计使用年限+1)÷2]×100%
月折旧率=年折旧率÷12
月折旧额=(固定资产原值-预计净残值)×月折旧率

【例6-12】甲公司固定资产的原值为50 000元，预计使用年限为5年，预计净残值为2 000元，采用年数总和法计算折旧，计算过程如表6-2所示。

表6-2 折旧计算表

年份	尚可使用年限/年	原值-净残值/元	变动折旧率	每年折旧额/元	累计折旧/元
1	5	48 000	5/15	16 000	16 000
2	4	48 000	4/15	12 800	28 800
3	3	48 000	3/15	9 600	38 400
4	2	48 000	2/15	6 400	44 800
5	1	48 000	1/15	3 200	48 000

采用加速折旧法后，在固定资产使用的早期多提折旧，后期少提折旧，其递减的速度逐年加快。加快折旧速度，目的是使固定资产成本在估计耐用年限内加快得到补偿。

5. 固定资产折旧的会计处理

固定资产计提折旧时，应以月初提取折旧的固定资产账面原值为依据。企业各月计算提取折旧时，可以在上月提取折旧的基础上，对上月固定资产的增减情况进行调整后计算当月应提折旧的折旧额。

当月应提的折旧额=上月固定资产计提的折旧额+上月增加固定资产应计提的折旧额
－上月减少固定资产应计提的折旧额

企业计提的固定资产折旧，应根据固定资产的使用地点和用途，计入有关成本费用。对于生产性固定资产计提的折旧，计入"制造费用"账户；销售部门固定资产计提的折旧，计入"销售费用"账户；行政管理部门固定资产计提的折旧，计入"管理费用"账户；企业内部研究开发项目中相关固定资产计提的折旧符合资本化条件的，计入"研发支出"账户；经营租赁租出固定资产计提的折旧，计入"其他业务成本"账户。

【例6-13】甲公司采用平均年限法提取固定资产折旧。20×1年11月份根据"固定资产折旧计算表"确定的各车间及厂部管理部门应分配的折旧额为：甲车间1 000元，乙车间3 000元，丙车间3 500元，厂部管理部门2 000元。有关会计分录如下。

借：制造费用——甲车间　　　　　　　　　　　1 000

制造费用——乙车间	3 000
制造费用——丙车间	3 500
管理费用	2 000
贷：累计折旧	9 500

二、固定资产的后续支出

固定资产的后续支出通常包括固定资产在使用过程中发生的更新改造支出、修理费用等。企业的固定资产投入使用后，为了适应新技术发展的需要，或者为维护或提高固定资产的使用效能，往往需要对现有固定资产进行维护、改建、扩建或者改良。

固定资产后续支出的处理原则为：符合固定资产确认条件的，应当计入固定资产成本，同时将被替换部分的账面价值扣除；不符合固定资产确认条件的，应当计入当期损益。

在具体实务中，对于固定资产发生的下列各项后续支出，通常的处理方法如下。

(1) 固定资产修理费用，应当直接计入当期费用。

(2) 固定资产改良支出，应当计入固定资产账面价值。

(3) 如果不能区分是固定资产修理还是固定资产改良，或固定资产修理和固定资产改良结合在一起，则企业应当判断与固定资产有关的后续支出是否满足固定资产的确认条件。如果该后续支出满足了固定资产的确认条件，后续支出应当计入固定资产账面价值；否则，后续支出应当确认为当期费用。

(4) 如果固定资产装修费用满足固定资产的确认条件，装修费用应当计入固定资产的账面价值，并在"固定资产"科目下单设"固定资产装修"明细科目核算，在两次装修期间与固定资产尚可使用年限两者中较短的期间内，采用合理的方法单独计提折旧。如果在下次装修时，该项固定资产相关的"固定资产装修"明细科目仍有账面价值，应将该账面价值一次全部计入当期营业外支出。

(5) 融资租赁方式租入的固定资产发生的固定资产后续支出，比照上述原则处理。发生的固定资产装修费用等，满足固定资产确认条件的，应在两次装修间隔期间、剩余租赁期与固定资产尚可使用年限三者中较短的期间内，采用合理的方法单独计提折旧。

(6) 经营租赁方式租入的固定资产发生的改良支出，应通过"长期待摊费用"科目核算，并在剩余租赁期与租赁资产尚可使用年限两者中较短的期间内，采用合理的方法进行摊销。

1. 资本化的后续支出

固定资产发生可资本化的后续支出时，企业一般应将该固定资产的原价、已计提的累计折旧和减值准备转销，将固定资产的账面价值转入在建工程，并在此基础上重新确定固定资产原价。因已转入在建工程，因此停止计提折旧。在固定资产发生后续支出时完工，并达到预定可使用状态时，再从在建工程转为固定资产，并按重新确定的固定资产原价、使用寿命、预计净残值和折旧方法计提折旧。固定资产发生的可资本化的后续支出，通过"在建工程"科目核算。

【例6-14】 甲公司有关固定资产更新改造的资料如下。

(1) 20×3年12月30日，该公司自行建成了一条生产线，建造成本为1 136 000元；采用年限平均法计提折旧；预计净残值率为3%，预计使用寿命为6年。

(2) 20×6年1月1日，由于生产的产品适销对路，现有生产线的生产能力已难以满足公司生产发展的需要，但若新建生产线则建设周期过长。甲公司决定对现有生产线进行改扩建，以提高其生产能力。假定该生产线未发生减值。

(3) 20×6年1月1日至3月31日，经过三个月的改扩建，完成了对这条生产线的改扩建工程，达到预定可使用状态，共发生支出537 800元，全部以银行存款支付。

(4) 该生产线改扩建工程达到预定可使用状态后，大大提高了生产能力，预计将其使用寿命延长4年，即为10年。假定改扩建后的生产线的预计净残值率为改扩建后固定资产账面价值的3%；折旧方法仍为年限平均法。

(5) 为简化计算过程，整个过程不考虑其他相关税费；公司按年度计提固定资产折旧。

本例中，生产线改扩建后，生产能力大大提高，能够为企业带来更多的经济利益，改扩建的支出金额也能可靠计量，因此该后续支出符合固定资产的确认条件，应计入固定资产的成本。有关的账务处理如下。

(1) 20×4年1月1日至20×5年12月31日两年间，即固定资产后续支出发生前，该条生产线的应计折旧额=1 136 000×(1-3%)=1 101 920元，年折旧额=1 101 920÷6≈183 653.33(元)。

这两年计提固定资产折旧的账务处理如下。

借：制造费用　　　　　　　　　　　　　　　　183 653.33
　　贷：累计折旧　　　　　　　　　　　　　　　　　183 653.33

(2) 20×5年12月31日，固定资产的账面价值=1 136 000-(183 653.33×2)=768 693.34(元)。固定资产转入改扩建。

借：在建工程——××生产线　　　　　　　　　　768 693.34
　　累计折旧　　　　　　　　　　　　　　　　　367 306.66
　　贷：固定资产——××生产线　　　　　　　　　　1 136 000

(3) 20×6年1月1日至3月31日，发生改扩建工程支出。

借：在建工程——××生产线　　　　　　　　　　537 800
　　贷：银行存款　　　　　　　　　　　　　　　　537 800

(4) 20×6年3月31日，生产线改扩建工程达到预定可使用状态。

固定资产的入账价值=768 693.34+537 800=1 306 493.34(元)

借：固定资产——××生产线　　　　　　　　　　1 306 493.34
　　贷：在建工程——××生产线　　　　　　　　　　1 306 493.34

(5) 20×6年3月31日，转为固定资产后，按重新确定的使用寿命、预计净残值和折旧方法计提折旧。

应计折旧额=1 306 493.34×(1-3%)=1 267 298.54(元)

月折旧额=1 267 298.54÷(7×12+9)=13 626.87(元)

年折旧额=13 626.87×12=163 522.39(元)

20×6年应计提的折旧额=13 626.87×9=122 641.83(元)

会计分录如下。

借：制造费用　　　　　　　　　　　　　　　　　122 641.83
　　贷：累计折旧　　　　　　　　　　　　　　　　　122 641.83

企业发生的某些固定资产后续支出可能涉及替换原固定资产的某组成部分，当发生的后续支出符合固定资产确认条件时，应将其计入固定资产成本，同时将被替换部分的账面价值扣除。这样可以避免将替换部分的成本和被替换部分的成本同时计入固定资产成本，导致固定资产成本高计。企业对固定资产进行定期检查发生的大修理费用，符合资本化条件的，可以计入固定资产成本；不符合资本化条件的，应当费用化，计入当期损益。固定资产在定期大修理间隔期间，照提折旧。

【例 6-15】 某航空公司 2×11 年 12 月购入一架飞机，总计花费 8 000 万元(含发动机)，发动机当时的购价为 500 万元。公司未将发动机作为一项单独的固定资产进行核算。2×20 年年初，公司开辟新航线，航程增加。为延长飞机的空中飞行时间，公司决定更换一部性能更为先进的发动机。新发动机的购价为 700 万元，另需支付安装费用 51 000 元。假定飞机的年折旧率为 3%，不考虑相关税费的影响，公司的账务处理如下。

(1) 2×20 年年初飞机的累计折旧金额为 80 000 000×3%×8=19 200 000(元)，固定资产转入在建工程。

借：在建工程——××飞机　　　　　　　　　　　60 800 000
　　累计折旧　　　　　　　　　　　　　　　　　　19 200 000
　　贷：固定资产——××飞机　　　　　　　　　　　80 000 000

(2) 安装新发动机。

借：在建工程——××飞机　　　　　　　　　　　　7 051 000
　　贷：工程物资——××飞机　　　　　　　　　　　7 000 000
　　　　银行存款　　　　　　　　　　　　　　　　　　51 000

(3) 2×20 年年初老发动机的账面价值为 5 000 000-5 000 000×3%×8=3 800 000(元)，终止确认老发动机的账面价值。假定报废处理，无残值。

借：营业外支出　　　　　　　　　　　　　　　　　3 800 000
　　贷：在建工程——××飞机　　　　　　　　　　　3 800 000

(4) 发动机安装完毕，投入使用。

固定资产的入账价值为 60 800 000+7 051 000-3 800 000=64 051 000(元)。

借：固定资产——××飞机　　　　　　　　　　　64 051 000
　　贷：在建工程——××飞机　　　　　　　　　　64 051 000

2. 费用化的后续支出

与固定资产有关的修理费用等后续支出，不符合固定资产确认条件的，应当根据不同情况分别在发生时计入当期管理费用或销售费用。

一般情况下，固定资产投入使用之后，由于固定资产磨损、各组成部分耐用程度不同，可能导致固定资产的局部损坏，为了维护固定资产的正常运转和使用，充分发挥其使用效能，企业将对固定资产进行必要的维护。固定资产的日常修理费用在发生时应直接计入当期损益。企业生产车间(部门)和行政管理部门等发生的固定资产修理费用等后续支出计入管理费用；企业设置专设销售机构的，其发生的与专设销售机构相关的固定资产修理费用等后续支出，计入销售费用。企业固定资产更新改造支出不满足固定资产确认条件的，在发生时应直接计入当期损益。

【例 6-16】 20×1 年 1 月 3 日，甲公司对现有的一台生产用机器设备进行日常维护，维护过程中领用本企业原材料一批，价值为 94 000 元，应支付维护人员的工资为 28 000 元；不考虑其他相关税费。

本例中，对机器设备的维护，仅仅是为了维护固定资产的正常使用而发生的，不产生未来的经济利益，因此应在其发生时确认为费用。甲公司的账务处理如下。

借：管理费用　　　　　　　　122 000
　　贷：原材料　　　　　　　　　94 000
　　　　应付职工薪酬　　　　　　28 000

三、固定资产的减值

固定资产减值的计量实际上是对固定资产按公允价值计量的表示。对于固定资产减值应当按照《企业会计准则第 8 号——资产减值》的要求来处理。

1. 固定资产减值的概念

固定资产减值，是指固定资产的可收回金额低于其账面价值。这里所称的可收回金额，是指资产的公允价值减去处置费用后的净额与资产预计未来现金流量的现值两者之中的较高者。其中，处置费用是指与资产处置有关的法律费用、相关税费、搬运费以及为使资产达到可销售状态所发生的直接费用等。

2. 固定资产减值的确认

企业的固定资产在使用过程中，由于存在有形损耗(如自然磨损)和无形损耗(如技术陈旧等)以及其他经济原因，发生资产价值的减值是必然的。对于已经发生的资产价值的减值如果不予处理，必将导致虚夸资产的价值，这不符合真实性原则，也有悖于谨慎性原则。因此企业应当于资产负债表日判断固定资产是否存在以下可能发生减值的迹象。

(1) 固定资产的市价当期大幅度下跌，其跌幅明显高于因时间的推移或者正常使用而预计的下跌。

(2) 企业经营所处的经济、技术或者法律等环境以及固定资产所处的市场在当期或者将在近期发生重大变化，从而对企业产生不利影响。

(3) 市场利率或者其他市场投资报酬率在当期已经提高，从而影响企业计算固定资产预计未来现金流量现值的折现率，导致固定资产可收回金额大幅度降低。

(4) 有证据表明固定资产已经陈旧过时或者其实体已经损坏。

(5) 固定资产已经或者将被闲置、终止使用或者计划提前处置。

(6) 企业内部报告的证据表明固定资产的经济绩效已经低于或者将低于预期，如固定资产所创造的净现金流量或者实现的营业利润(或者亏损)远远低于(或者高于)预计金额等。

(7) 其他表明固定资产可能已经发生减值的迹象。

3. 固定资产减值金额的确定

1) 可收回金额的确定

如果固定资产存在上述减值迹象，应当估计其可收回金额。可收回金额的确定应从以下几个方面考虑。

(1) 固定资产的公允价值减去处置费用后的净额应当按照公平交易中销售协议价格减去可直接归属于该固定资产处置费用的金额确定。

不存在销售协议但存在资产活跃市场的，应当按照该资产的市场价格减去处置费用后的金额确定。资产的市场价格通常应当根据资产的买方出价确定。

在不存在销售协议和资产活跃市场的情况下，应当以可获取的最佳信息为基础，估计资产的公允价值减去处置费用后的净额，该净额可以参考同行业类似资产的最近交易价格或者结果进行估计。

(2) 企业按照上述规定仍然无法可靠估计固定资产的公允价值减去处置费用后的净额的，应当以该固定资产预计未来现金流量的现值作为其可收回金额。

固定资产预计未来现金流量的现值，应当按照固定资产在持续使用过程中和最终处置时所产生的预计未来现金流量，选择恰当的折现率对其进行折现后的金额加以确定。

(3) 固定资产的公允价值减去处置费用后的净额与固定资产预计未来现金流量的现值，只要有一项超过了固定资产的账面价值，就表明资产没有发生减值，不需再估计另一项金额。

(4) 当有迹象表明一项固定资产可能发生减值时，企业应当以该单项固定资产为基础估计其可收回金额；当企业难以对该单项固定资产的可收回金额进行估计时，应当以该固定资产所属的资产组为基础确定资产组的可收回金额。

2) 固定资产减值金额的确定

比较固定资产的账面价值与可收回金额，当可收回金额低于其账面价值时，其差额即为应计提的固定资产减值的金额。

4. 固定资产减值的会计处理

企业发生固定资产减值时，应当将该项固定资产的账面价值减记至可收回金额，减记的金额借记"资产减值损失"科目，贷记"固定资产减值准备"科目。固定资产减值损失确认后，减值资产的折旧应当在未来期间做相应调整，以使该资产在剩余使用寿命内，系统地分摊调整后的资产账面价值(扣除预计净残值)。固定资产减值损失一经确认，在以后会计期间不得转回。

【例6-17】甲公司某项固定资产原值为6 489 000元，累计折旧为3 214 800元，尚可使用年限为5年，预计净残值为80 000元，年末固定资产出现减值迹象，"固定资产减值准备"的账面余额为6 000元。假设该固定资产的公允价值减去处置费用后的净额为3 180 000元，预计未来现金流量的现值为3 000 000元，折旧方法为年限平均法。

(1) 计提减值准备前该固定资产的账面价值为6 489 000-3 214 800-6 000=3 268 200(元)。

年末该固定资产的公允价值减去处置费用后的净额为3 180 000元，预计未来现金流量的现值为3 000 000元，因此可收回金额应取两者之间较高者，即可收回金额为3 180 000元。因此当年末应补提的减值准备为3 268 200-3 180 000=88 200(元)。

借：资产减值损失　　　　88 200
　　　　贷：固定资产减值准备　　88 200
(2) 计提减值准备后，每年应计提的折旧为(3 180 000-80 000)÷5=620 000(元)。

第四节　固定资产的处置

一、固定资产处置的含义

　　固定资产处置是指由于各种原因使企业固定资产需退出生产经营过程所做的处理活动。在企业固定资产的使用过程中，有时会出现固定资产退出生产经营过程的情况，如固定资产的出售、转让、报废、毁损、对外投资、非货币性资产交换、债务重组等。固定资产的处置涉及固定资产的终止确认问题。按照现行固定资产准则的规定，满足下列条件之一的固定资产应当予以终止确认。
　　(1) 该固定资产处于处置状态。这是指固定资产不再用于生产商品、提供劳务、出租或经营管理，因此不再符合固定资产的定义，应予以终止确认。
　　(2) 该固定资产预期通过使用或处置不能产生经济利益。预期会给企业带来经济利益是资产的基本特征，因此当固定资产预期在未来使用过程中和处置时都不能为企业带来经济利益的情况下，就不再符合固定资产的定义和条件，故也应予以终止确认。

二、固定资产处置的账务处理

　　企业出售、转让、报废固定资产或发生固定资产毁损，应当将处置收入扣除账面价值和相关税费后的金额计入当期损益。固定资产的账面价值是固定资产成本扣减累计折旧和累计减值准备后的金额。固定资产的处置一般通过"固定资产清理"科目进行核算。

1. 固定资产处置的会计核算步骤

1) 固定资产转入清理

　　企业出售、转让、报废和毁损的固定资产转入清理时，应按清理固定资产的净值，借记"固定资产清理"账户；按已提的折旧，借记"累计折旧"账户；按已提的减值准备，借记"固定资产减值准备"科目，按固定资产原价，贷记"固定资产"科目。

2) 发生清理费用

　　固定资产清理过程中发生的清理费用(如支付清理人员工资等，不包含属于弃置义务的固定资产报废清理费)，以及应交的相关税金，也应计入"固定资产清理"账户，按实际发生的清理费用以及税金，借记"固定资产清理"科目，贷记"银行存款""应交税费"等科目。

3) 出售收入和残料等的处理

　　企业收回出售固定资产的价款、报废固定资产的残料价值和变价收入等，应冲减清理支出，按实际收到的出售价款及残料变价收入等，借记"银行存款""原材料"等科目，贷记"固定资产清理""应交税费——应交增值税"科目。

4) 保险公司赔偿的处理

企业计算或收到应由保险公司或过失人赔偿的报废、毁损固定资产的损失时，应冲减清理支出，借记"银行存款"或"其他应收款"科目，贷记"固定资产清理"科目。

5) 清理净损益的处理

固定资产出售后的净损益，借记或贷记"固定资产清理"科目，贷记或借记"资产处置损益"科目。固定资产报废和毁损发生的净损失，属于生产经营期间正常的处理损失，以及生产经营期间由于自然灾害等非正常原因造成的损失，借记"营业外支出"科目，贷记"固定资产清理"科目。

企业在清查盘点中发现盘亏的固定资产，通过"待处理财产损溢"账户核算，不计入"固定资产清理"账户。

2. 固定资产的出售

企业因调整经营方针或因考虑技术进步等因素，可以将不需要的固定资产出售给其他企业。根据《关于全面推开营业税改征增值税试点的通知》(财税〔2016〕36号)规定，企业销售不动产，需缴纳增值税。

【例6-18】甲公司出售一座建筑物，原价3 000 000元，已使用6年，计提折旧400 000元，支付清理费用10 000元，售价为2 900 000元，按规定缴纳增值税(该企业按5%征收率简易计税)。不考虑其他相关税费，相关会计分录如下。

(1) 固定资产转入清理。

借：固定资产清理　　　　　　　　　　2 600 000
　　累计折旧　　　　　　　　　　　　　 400 000
　　贷：固定资产　　　　　　　　　　　　　　　　3 000 000

(2) 支付清理费用。

借：固定资产清理　　　　　　　　　　　 10 000
　　贷：银行存款　　　　　　　　　　　　　　　　　10 000

(3) 收到价款时。

借：银行存款　　　　　　　　　　　　2 900 000
　　贷：固定资产清理　　　　　　　　　　　　　　2 900 000

(4) 计算应交增值税。

应交增值税=2 900 000÷(1+5%)×5%=138 095(元)

借：固定资产清理　　　　　　　　　　 138 095
　　贷：应交税费——应交增值税　　　　　　　　　138 095

(5) 结转固定资产清理后的净损益。

借：固定资产清理　　　　　　　　　　 151 905
　　贷：资产处置损益　　　　　　　　　　　　　　151 905

3. 固定资产的报废和毁损

固定资产报废有的属于正常报废，有的属于非正常报废。正常报废包括使用磨损报废和由于技术进步而发生的提前报废；非正常报废主要是指自然灾害和责任事故所致。

固定资产正常报废与非正常报废的会计处理基本相同。

【例6-19】 甲公司有旧厂房一幢，原值450 000元，已提折旧435 000元，因使用期满经批准报废。在清理过程中，以银行存款支付清理费用12 700元，拆除的残料一部分作价15 000元，由仓库收作维修材料，另一部分变卖收入6 800元存入银行。

相关会计处理如下。

(1) 固定资产转入清理。

  借：固定资产清理   15 000
    累计折旧   435 000
    贷：固定资产   450 000

(2) 支付清理费用。

  借：固定资产清理   12 700
    贷：银行存款   12 700

(3) 材料入库并收到变价收入。

  借：原材料   15 000
    银行存款   6 800
    贷：固定资产清理   21 800

(4) 结转固定资产清理净损益。

  借：营业外支出——处理固定资产净损失 5 900
    贷：固定资产清理   5 900

【例6-20】 甲公司的运输卡车一辆，原价150 000元，已提折旧50 000元，在一次交通事故中报废，收回过失人赔偿款80 000元，卡车残料变卖收入5 000元。相关会计处理如下。

(1) 报废卡车转销。

  借：固定资产清理   100 000
    累计折旧   50 000
    贷：固定资产   150 000

(2) 收到过失人赔款及残料变卖收入。

  借：银行存款   85 000
    贷：固定资产清理   85 000

(3) 结转固定资产净损益。

  借：营业外支出——非常损失   15 000
    贷：固定资产清理   15 000

三、持有待售的固定资产

同时满足下列条件的固定资产应当划分为持有待售：①企业已经就处置该固定资产做出决议；②企业已经与受让方签订了不可撤销的转让协议；③该项转让将在一年内完成。持有待售的固定资产包括单项资产和处置组，处置组是指作为整体出售或其他方式一并处置的一组资产。如果处置组是一个资产组，并且按照《企业会计准则第8号——资产减值》的规定将企业合并中取得的商誉分摊至该资产组，或者该资产组是这种资产组中的一项经营，则该处置组应当包括企业合并中取得的商誉。

企业对于持有待售的固定资产，应当调整该项固定资产的预计净残值，使该项固定资产的预计净残值能够反映其公允价值减去处置费用后的金额，但不得超过符合持有待售条件时该项固定资产的原账面价值，原账面价值高于预计净残值的差额，应作为资产减值损失计入当期损益。企业应当在报表附注中披露持有待售的固定资产名称、账面价值、公允价值、预计处置费用和预计处置时间等。持有待售的固定资产不计提折旧，按照账面价值与公允价值减去处置费用后的净额孰低进行计量。

某项资产或处置组被划归为持有待售，但后来不再满足持有待售的固定资产的确认条件，企业应当停止将其划归为持有待售，并按照下列两项金额中的较低者计量：①该资产或处置组被划归为持有待售之前的账面价值，按照其假定在没有被划归为持有待售的情况下原应确认的折旧、摊销或减值进行调整后的金额；②决定不再出售之日的可收回金额。

四、盘亏的固定资产

固定资产是一种价值较高、使用期限较长的有形资产，因此，对于管理规范的企业而言，盘盈、盘亏的固定资产较为少见。企业应当健全制度，加强管理，定期或者至少于每年年末对固定资产进行清查盘点，以保证固定资产核算的真实性和完整性。如果清查中发现固定资产有盘盈、盘亏的应及时查明原因，在期末结账前处理完毕。

固定资产盘亏造成的损失，应当计入当期损益。企业在财产清查中盘亏的固定资产，按盘亏固定资产的账面价值，借记"待处理财产损溢——待处理固定资产损溢"科目；按已计提的累计折旧，借记"累计折旧"科目；按已计提的减值准备，借记"固定资产减值准备"科目；按固定资产原价，贷记"固定资产"科目。按管理权限报经批准后处理时，按可收回的保险赔偿或过失人赔偿，借记"其他应收款"科目；按应计入营业外支出的金额，借记"营业外支出——盘亏损失"科目，贷记"待处理财产损溢"科目。

【例6-21】甲公司年末对固定资产进行清查时，发现丢失一台冷冻设备。该设备原价为52 000元，已计提折旧20 000元，并已计提减值准备12 000元。经查，冷冻设备丢失的原因在于保管员看守不当。经批准，由保管员赔偿5 000元。不考虑增值税，有关账务处理如下：

(1) 发现冷冻设备丢失时。

借：待处理财产损溢——待处理固定资产损溢——冷冻设备　　20 000
　　累计折旧　　　　　　　　　　　　　　　　　　　　　　20 000
　　固定资产减值准备——冷冻设备　　　　　　　　　　　　12 000
　　贷：固定资产——冷冻设备　　　　　　　　　　　　　　　　　52 000

(2) 报经批准后。

借：其他应收款——保管员　　　　　　　　　　　　　　　　5 000
　　营业外支出——盘亏损失　　　　　　　　　　　　　　　15 000
　　贷：待处理财产损溢——待处理固定资产损溢——冷冻设备　　　20 000

五、其他方式减少的固定资产

其他方式减少的固定资产，如以非货币性资产交换换出固定资产、以固定资产清偿债务等，应当分别按照《企业会计准则第 7 号——非货币性资产交换》和《企业会计准则第 12 号——债务重组》的相关处理原则进行核算。

思 考 题

1. 固定资产的确认条件是什么？
2. 影响折旧的因素有哪些？
3. 通过不同方式取得的固定资产的成本的确定方法是否一样？有何区别？
4. 在我国会计实务中，固定资产计提折旧的范围如何界定？
5. 什么是固定资产的后续支出？固定资产后续支出如何区别处理？
6. 固定资产的减值金额如何确定？已计提的固定资产减值准备能否转回？

自 测 题

一、单项选择题

1. 某企业接投资者投入生产经营用设备一台，该设备需要安装。双方在协议中约定的价值为 500 000 元，设备的不含税公允价值为 450 000 元。安装过程中领用一批生产用材料，实际成本为 4 000 元。本企业为一般纳税人，适用的增值税税率为 13%，在不考虑所得税的情况下，安装完毕投入生产使用的该设备入账成本为(　　)元。
   A. 454 000　　B. 504 000　　C. 500 000　　D. 450 000

2. 甲公司将自产的一批应税消费品(非金银首饰)用于不动产在建工程。该批消费品的成本为 300 万元，计税价格为 500 万元。该批消费品适用的增值税税率为 13%，消费税税率为 10%。据此计算，应计入在建工程成本的金额为(　　)万元。
   A. 350　　B. 385　　C. 415　　D. 635

3. 胜利有限公司 20×8 年 3 月初向蓝天公司购入设备一台，实际支付买价 300 万元，增值税为 51 万元，支付运杂费 10 万元，途中保险费 29 万元。该设备预计可使用 4 年，无残值。该企业固定资产折旧采用年数总和法计提。由于操作不当，该设备于 20×8 年年末报废，责成有关人员赔偿 18 万元，收回变价收入 12 万元，则该设备的报废净损失为(　　)万元。
   A. 216　　B. 243　　C. 234　　D. 207.3

4. 企业盘盈的固定资产，应通过(　　)科目核算。
   A. "其他业务收入"　　B. "以前年度损益调整"
   C. "资本公积"　　D. "营业外收入"

5. 在筹建期间，在建工程由于自然灾害等原因造成的单项或单位工程报废或毁损，扣除残料价值和过失人或保险公司等赔款后的净损失，报经批准后计入(　　)。

A. 管理费用　　　　　　　　　B. 在建工程的成本
C. 长期待摊费用　　　　　　　D. 营业外支出

6. 2×16 年 1 月 1 日，M 公司采取融资租赁方式租入一栋办公楼，租赁期为 12 年。该办公楼尚可使用年限为 10 年。2×16 年 1 月 16 日，M 公司开始对该办公楼进行装修，至 2×16 年 6 月 30 日装修工程完工并投入使用，共发生可资本化支出 100 万元；预计下次装修时间为 2×23 年 6 月 30 日。M 公司对装修该办公楼形成的固定资产计提折旧的年限是(　　)年。

A. 7　　　　　B. 12　　　　　C. 10　　　　　D. 9.7

7. 某公司购进设备一台，该设备的入账价值为 100 万元，预计净残值为 3 万元，预计使用年限为 5 年。在采用双倍余额递减法计提折旧的情况下，该项设备第 3 年应提折旧额为(　　)万元。

A. 24　　　　B. 14.40　　　　C. 20　　　　D. 8

8. 2×16 年 3 月 31 日，甲公司采用出包方式对某固定资产进行改良，该固定资产账面原价为 3 600 万元，预计使用年限为 5 年，已使用 3 年，预计净残值为零，采用年限平均法计提折旧。甲公司支付出包工程款 96 万元。2×16 年 8 月 31 日，改良工程达到预定可使用状态并投入使用，预计尚可使用 4 年，预计净残值为零，采用年限平均法计提折旧。2×16 年度该固定资产应计提的折旧为(　　)万元。

A. 128　　　　B. 180　　　　C. 308　　　　D. 384

9. 某项固定资产的账面原价为 80 000 元，预计使用年限为 5 年，预计净残值为 5 000 元，按年数总和法计提折旧。若该项固定资产在使用的第 3 年末，公司在进行检查时发现，该设备有可能发生减值，现时的公允价值减去处置费用后的净额为 18 000 元，未来持续使用以及使用寿命结束时的处置中形成的现金流量现值为 16 000 元，则该项固定资产在第 3 年末的账面价值为(　　)元。

A. 14 400　　　B. 15 000　　　C. 16 000　　　D. 18 000

10. 采用自营方式建造办公楼的情况下，下列项目中不应计入固定资产取得成本的是(　　)。

A. 工程领用自产产品应负担的增值税
B. 工程人员的工资
C. 生产车间为工程提供的水、电等费用
D. 企业行政管理部门为组织和管理生产经营活动而发生的管理费用

二、多项选择题

1. 根据《企业会计准则第 4 号——固定资产》规定，应通过"固定资产"会计科目核算的内容包括(　　)。

A. 航空企业的高价周转件
B. 企业以经营租赁方式租入的固定资产发生的改良支出
C. 非房地产开发企业尚未找到合适承租人的已购建完成的写字楼
D. 企业为开发新产品、新技术购置的符合固定资产定义和确认条件的设备
E. 采用成本模式计量的已出租的建筑物

2. 下列各项中，应计入固定资产成本的有(　　)。

A. 固定资产进行日常修理发生的人工费用
B. 生产用机器设备安装过程中领用原材料相关的增值税
C. 建造厂房过程中领用库存商品负担的增值税销项税额
D. 固定资产达到预定可使用状态前发生的工程物资盘亏净损失
E. 固定资产达到预定可使用状态后发生的专门借款利息

3. 下列各项，应通过"固定资产清理"科目核算的有(　　)。
   A. 盘亏的固定资产　　　　B. 出售的固定资产
   C. 报废的固定资产　　　　D. 毁损的固定资产
   E. 盘盈的固定资产

4. 2×15年12月12日甲企业一栋办公楼达到了预定可使用状态，但尚未办理竣工决算手续。已经计入"在建工程"科目的金额是1 000万元，预计办理竣工决算手续还将发生的费用是6万元，所以企业按照1 006万元的暂估价计入"固定资产"科目。企业采用年数总和法计提折旧，预计使用年限为5年，预计净残值为6万元。2×16年2月28日竣工决算手续办理完毕，实际发生的费用是8万元，则该企业应该调整的固定资产原值和累计折旧的金额分别是(　　)万元。(调减用负数表示，调增用正数表示)
   A. -3　　　　B. 2　　　　C. 0　　　　D. 0.1　　　　E. 0.4

5. 下列项目中，应计提折旧的固定资产有(　　)。
   A. 因季节性或大修理等原因而暂停使用的固定资产
   B. 因改扩建等原因而暂停使用的固定资产
   C. 企业经营出租给其他企业使用的固定资产
   D. 企业内部替换使用的固定资产
   E. 因产业结构调整而暂时闲置的生产设备

6. 企业在确定固定资产的使用寿命时，应当考虑的因素有(　　)。
   A. 预计有形损耗和无形损耗　　B. 预计清理净损益
   C. 预计生产能力　　　　　　　D. 实物产量
   E. 法律或者类似规定对资产使用的限制

7. 下列各项中，引起固定资产账面价值发生增减变化的有(　　)。
   A. 购买固定资产时所支付的有关契税、耕地占用税
   B. 发生固定资产日常修理支出
   C. 发生符合资本化条件的固定资产改良支出
   D. 对固定资产计提折旧
   E. 固定资产发生减值

8. 下列项目中可以计入当期损益的有(　　)。
   A. 不超过固定资产可收回金额的改良支出
   B. 生产车间所计提的固定资产折旧
   C. 计提固定资产减值准备
   D. 融资租赁固定资产未确认融资费用的摊销
   E. 出售固定资产的净损失

9. 采用自营方式建造办公楼的情况下，下列项目中应计入固定资产取得成本的有(　　)。

A. 工程领用生产用原材料应负担的增值税
B. 工程人员的工资
C. 生产车间为工程提供的水、电等费用
D. 企业行政管理部门为组织和管理生产经营活动而发生的管理费用
E. 工程项目尚未达到预定可使用状态时由于正常原因造成的单项工程报废损失

10. 下列各项资产，符合固定资产定义的有（   ）。
A. 企业为生产持有的机器设备　　B. 企业以融资租赁方式出租的机器设备
C. 企业以经营租赁方式出租的机器设备　D. 企业以经营租赁方式出租的建筑物
E. 企业库存的高价周转件

三、判断题

1. 采用出包方式建造固定资产时，对于按合同规定预付的工程价款，应借记的会计科目是"在建工程"。（   ）
2. 某大型生产线达到预定可使用状态前进行联合试车发生的费用，应计入的会计科目是"长期待摊费用"。（   ）
3. 对于固定资产后续支出，企业生产车间(部门)发生的固定资产日常修理费用应计入制造费用。（   ）
4. 已达到预定可使用状态的固定资产，无论是否交付使用，尚未办理竣工决算的，应当按照估计价值确认为固定资产，并计提折旧；待办理了竣工决算手续后，再按实际成本调整原来的暂估价值，但不需要调整原已计提的折旧额。（   ）
5. 对于固定资产成本的确定，企业以经营租赁方式租入固定资产发生的改良支出，应计入固定资产成本。（   ）

业 务 题

1. ABC股份有限公司为增值税一般纳税人，增值税税率为13%，购置设备的有关资料如下。

（1）20×1年1月1日，购置一台需要安装的设备，增值税专用发票上注明的不含税设备价款为789.95万元，价款及增值税已用银行存款支付。购买该设备支付的运杂费为32.55万元(假设不能抵扣)。

（2）该设备安装期间领用工程物资24万元(假定不含增值税额)；领用生产用原材料一批，实际成本3.51万元；支付安装人员工资6万元；发生其他直接费用3.99万元。20×1年3月31日，该设备安装完成并交付使用。

该设备预计使用年限为5年，预计净残值为2万元，采用双倍余额递减法计提折旧。

（3）20×3年3月31日，因调整经营方向，将该设备出售，收到价款306万元，并存入银行。另外，用银行存款支付清理费用0.4万元。假定不考虑与该设备出售有关的税费。

要求：
(1) 计算该设备的入账价值。
(2) 计算该设备20×1年、20×2年和20×3年应计提的折旧额。
(3) 编制出售该设备的会计分录。

2. Y公司20×1年9月1日,对融资租入的一条生产线进行改良,领用一批用于改良的物料,价款为456 300元,款项已通过银行支付;生产线安装时,领用本公司原材料一批,价值42 471元(不考虑原材料的增值税);领用本公司所生产的产品一批,成本为48 000元,计税价格为50 000元,增值税税率为13%,消费税税率为10%,应付安装工人的工资为10 950元;生产线于20×2年12月份改良完工。该生产线的剩余租赁期为10年,尚可使用年限为8年,采用直线法计提折旧。假定不考虑其他相关税费。

要求:
(1) 编制有关会计分录。
(2) 计算20×3年的折旧并编制其会计分录。

3. AS公司20×1年购建一个生产车间,包括厂房和一条生产线两个单项工程,厂房价款为130万元,生产线安装费用为50万元。20×1年AS公司采用出包方式将该生产车间出包给甲公司,20×1年有关资料如下。

(1) 1月10日,预付厂房工程款100万元。
(2) 2月10日,购入生产线各种设备,价款为500万元,增值税为85万元,包装费为15万元,途中保险费为70万元,款项已支付。
(3) 3月10日,在建工程发生的管理费、征地费、临时设施费、公证费、监理费等共计15万元,以银行存款支付。
(4) 4月16日,将生产线的设备交付建造承包商建造安装。
(5) 5月31日,结算工程款项,差额以银行存款支付。
(6) 5月31日,生产线进行负荷联合试车发生的费用10万元,试车形成的副产品对外销售,取得价款5万元,均通过银行存款结算。
(7) 6月1日,厂房、生产线达到预定可使用状态,并交付使用。

要求:编制AS公司上述业务的会计分录。

4. 20×1年1月,丙股份有限公司为增值税一般纳税人,增值税税率为13%,丙股份有限公司准备自行建造一座厂房,为此发生以下业务。

(1) 购入工程物资一批,价款为500 000元,支付的增值税进项税额为65 000元,款项以银行存款支付。
(2) 至6月,工程先后领用工程物资400 000元;剩余工程物资转为该公司的存货,其所含的增值税进项税额可以抵扣。
(3) 领用一批生产用原材料,价值为64 000元,购进该批原材料时支付的增值税进项税额为8 320元。
(4) 辅助生产车间为工程提供有关的劳务支出为50 000元。
(5) 计提工程人员工资95 800元。
(6) 6月底,工程达到预定可使用状态,但尚未办理竣工决算手续,工程按暂估价值结转固定资产成本。
(7) 7月中旬,该项工程决算实际成本为700 000元,经查其与暂估成本的差额为应付职工工资。
(8) 假定不考虑其他相关税费。

要求:编制丙股份有限公司上述业务相关的会计分录。

第七章

无形资产

学习目标：掌握无形资产的概念、特征、内容及确认条件；掌握无形资产取得、摊销、减值、处置的核算。

关键词：无形资产　研究阶段支出　开发阶段支出　资本化　使用寿命有限　使用寿命不确定　无形资产摊销　无形资产减值准备

第一节　无形资产概述

我国企业为提升企业价值和核心竞争力，应加大研发投入，加强自主创新，强化无形资产管理。因此，必须规范无形资产的确认、计量和相关信息的披露要求。

一、无形资产的概念

无形资产，是指企业拥有或者控制的没有实物形态的可辨认非货币性资产。

如果企业有权获得一项无形资产产生的未来经济利益，并能约束其他方获取这些利益，则表明企业控制了该项无形资产。例如，对于会产生经济利益的技术知识，若其受到版权、贸易协议约束(如果允许)等法定权利或雇员保密法定职责的保护，那么说明该企业控制了相关利益。客户关系、人力资源等，由于企业无法控制其带来的未来经济利益，不符合无形资产的定义，不应将其确认为无形资产。

资产满足下列条件之一的，符合无形资产定义中的可辨认性标准。

(1) 能够从企业中分离或者划分出来，并能单独或者与相关合同、资产或负债一起，用于出售、转移、授予许可、租赁或者交换。例如，企业拥有的专利，其表现为一种技术，经专利局注册后，它可以与相关合同一起进行出售或者转让等。

(2) 产生于合同性权利或其他法定权利，无论这些权利是否可以从企业或其他权利和义务中转移或者分离。例如，一方通过与另一方签订特许权合同而获得的特许使用权，通过法律程序申请获得的商标权、专利权等。

商誉的存在无法与企业自身分离，不具有可辨认性，不属于本章所指的无形资产。

内部产生的品牌、报刊名、刊头、客户名单和实质上类似的项目支出，由于不能与整个业务开发成本区分开来，因此也不应确认为无形资产。

土地使用权通常作为无形资产核算，但属于投资性房地产或者作为固定资产核算的土地使用权，应当按投资性房地产或固定资产的原则进行会计处理。

二、无形资产的特征

无形资产与其他资产相比，具有如下特征。

1. 不具有实物形态

无形资产通常表现为某种权力、技术或获得超额利润的综合能力，如土地使用权、非专利技术等。它没有实物形态，但却有价值，能够为企业带来经济利益或使企业获取超额收益。不具有实物形态是无形资产区别于其他资产的显著特征。

企业的有形资产(如固定资产)虽然也能为企业带来经济利益，但其为企业带来经济利益的方式与无形资产不同。固定资产是通过实物价值的磨损和转移来为企业带来未来经济利益，而无形资产很大程度上是通过自身所具有的技术等优势为企业带来未来经济利益。

某些无形资产的存在有赖于实物载体。例如，计算机软件需要存储在磁盘中，但这并不改变无形资产本身不具实物形态的特性。在确定一项包含无形和有形要素的资产是属于固定资产还是无形资产时，需要通过判断来加以确定，通常以哪个要素更重要作为判断的依据。例如，计算机控制的机械工具没有特定计算机软件就不能运行时，说明该软件是构成相关硬件不可缺少的组成部分，该软件应作为固定资产处理；如果计算机软件不是相关硬件不可缺少的组成部分，则该软件应作为无形资产核算。

2. 属于可辨认的非货币性资产

无形资产区别于货币性资产的特征，就在于它属于非货币性资产。非货币性资产是指企业持有的货币资金和将以固定或可确定的金额收取的资产以外的其他资产。无形资产由于没有发达的交易市场，一般不容易转化成现金，在持有过程中为企业带来未来经济利益的情况不确定，不属于以固定或可确定的金额收取的资产，属于非货币性资产。无形资产是可辨认的非货币性资产。

三、无形资产的内容

根据无形资产的概念和特征，企业的无形资产一般包括专利权、非专利技术、商标权、著作权、土地使用权、特许权等。

1. 专利权

专利权是指国家专利主管机关依法授予发明创造专利申请人，对其发明创造在法定期限内所享有的专有权利，包括发明专利权、实用新型专利权和外观设计专利权。专利权是允许其持有者独家使用或控制的特权，但它并不保证一定能给持有者带来经济利益。

2. 非专利技术

非专利技术又称专有技术，它是指不为外界所知的、在生产和经济活动的实践中已采用了的、在国内外不享受法律保护的、可以带来经济效益的各种技术知识、经验和诀窍。非专利技术一般包括工业专有技术、商业贸易专有技术、管理专有技术等。非专利技术可以用蓝图、配方、技术记录、操作方法的说明等具体资料表现出来，也可以通过卖方派出技术人员进行指导，或接受买方人员进行技术实习等手段实现。非专利技术具有经济性、机密性和动态性等特点。企业的非专利技术，有些是自己开发研究的，有些是根据合同规定从外部购入的。

3. 商标权

商标权是指专门在某类指定的商品或产品上使用特定的名称或图案的权利，是用来辨认特定的商品或劳务的标记。商标权的内容包括独占使用权和禁止使用权两个方面。根据商标法的规定，经商标局核准注册的商标为注册商标，商标注册人享有商标专用权，受法律保护。商标权的价值在于它能使享有人获得较高的盈利能力。我国商标法规定，商标权的有效期为10年，期满前可继续申请延长注册期。

4. 著作权

著作权又称版权，是指作者对其创作的文学、科学和艺术作品依法享有的某些特殊权利。著作权包括两方面的权利，即精神权利(人身权利)和经济权利(财产权利)。前者包括作品署名权、发表权、修改权和保护作品完整权；后者包括复制权、发行权、出租权、展览权、表演权、放映权、广播权、信息网络传播权、摄制权、改编权、翻译权、汇编权以及应当由著作权人享有的其他权利。

5. 土地使用权

土地使用权是指国家准许某一企业在一定期间内对国有土地享有开发、利用、经营的权利。根据我国现行土地管理法的规定，我国土地实行公有制，任何单位和个人不得侵占、买卖或者以其他形式非法转让。企业取得土地使用权的方式大致有以下几种：行政划拨取得、外购取得(如以缴纳土地出让金方式取得)、投资者投入取得等。企业作为投资性房地产的土地使用权在《企业会计准则第3号——投资性房地产》中予以规范；石油天然气矿区权益则在《企业会计准则第27号——石油天然气开采》中规范。

6. 特许权

特许权又称经营特许权、专营权，是指企业在某一地区经营或销售某种特定商品的权利或是一家企业接受另一家企业使用其商标、商号、技术秘密等的权利。前者一般是由政府机构授权，准许企业使用或在一定地区享有经营某种业务的特权，如水、电、邮电、通信等专营权，烟草专卖权等；后者指企业间依照签订的合同，有限期或无限期使用另一企业的某些权利，如连锁分店使用总店的名称等。

四、无形资产的确认

企业的无形资产除符合无形资产的定义外，还必须同时满足下列条件，才能予以确认。

1. 与该无形资产有关的经济利益很可能流入企业

作为无形资产确认的项目，必须具备其所能产生的经济利益很可能流入企业这一条件。通常情况下，无形资产产生的未来经济利益可能包括在销售商品、提供劳务的收入当中，或者企业使用该项无形资产而减少或节约了成本，或者体现在获得的其他利益当中。例如，生产加工企业在生产工序中使用了某种知识产权，使其降低了未来生产成本。

会计实务中，要确定无形资产所创造的经济利益是否很可能流入企业，需要实施职业判断。在实施这种判断时，需要对无形资产在预计使用寿命内可能存在的各种经济因素做出合理估计，并且应当有确凿的证据支持。例如，企业是否有足够的人力资源、高素质的管理队伍、相关的硬件设备、相关的原材料等来配合无形资产为企业创造经济效益。同时，更为重要的是关注一些外界因素的影响，例如，是否存在与该无形资产相关的新技术、新产品冲击，或据其生产的产品是否存在市场等。在实施判断时，企业的管理当局应对在无形资产的预计使用寿命内存在的各种因素做出最稳健的估计。

2. 该无形资产的成本能够可靠地计量

成本能够可靠地计量是确定资产的一项基本条件，对于无形资产而言，这个条件相对更为重要。例如，企业自创商誉以及内部产生的品牌、报刊名等，因其成本无法可靠地计量，因此不应确认为无形资产。

第二节　无形资产的初始计量

无形资产通常是按实际成本进行初始计量，即以取得无形资产并使之达到预定用途而发生的全部支出作为无形资产的成本。对于不同来源取得的无形资产，其成本构成不尽相同。

一、外购的无形资产

1. 外购无形资产的成本

外购的无形资产，其成本包括购买价款、相关税费以及直接归属于使该项资产达到预定用途所发生的其他支出。其中，直接归属于使该项资产达到预定用途所发生的其他支出包括使无形资产达到预定用途所发生的专业服务费用、测试无形资产是否能够正常发挥作用的费用等，但不包括为引入新产品进行宣传发生的广告费、管理费用及其他间接费用，也不包括在无形资产已经达到预定用途以后发生的费用。

无形资产达到预定用途后所发生的支出，不构成无形资产的成本。例如，在形成预定经济规模之前发生的初始运作损失。在无形资产达到预定用途之前发生的其他经营活动的支出，如果该经营活动并非是为使无形资产达到预定用途所必不可少的，有关经营活动的损益应于发生时计入当期损益，而不构成无形资产的成本。

企业外购的无形资产，按应计入无形资产成本的金额，借记"无形资产"科目，贷记"银行存款"等科目。

【例 7-1】甲公司购入一项专利权，购买价款为 230 000 元，另支付相关税费 2 000 元，款项已通过银行转账支付。则甲公司编制的会计分录如下：

借：无形资产　　　　　　　　　　　　232 000
　　贷：银行存款　　　　　　　　　　　　232 000

2. 具有融资性质的延期支付购买无形资产

采用分期付款方式购买无形资产，购买无形资产的价款超过正常信用条件延期支付，实质上具有融资性质的，无形资产的成本以购买价款的现值为基础确定。实际支付的价款与购买价款的现值之间的差额，除按照《企业会计准则第17号——借款费用》应予资本化的以外，应当在信用期间内计入当期损益。具体会计处理与具有融资性质的延期支付购买固定资产相似。购入无形资产时，按购买价款的现值，借记"无形资产"科目，按应支付的金额，贷记"长期应付款"科目；按其差额，借记"未确认融资费用"科目。"未确认融资费用"在信用期间按实际利率进行摊销计入"财务费用"等科目。

二、自行开发的无形资产

1. 自行开发无形资产的成本

企业内部自行开发形成的无形资产，其成本由可直接归属于该资产的创造、生产并使该资产能够以管理层预定的方式运作的所有必要支出组成。可直接归属的支出包括开发该无形资产时耗费的材料、劳务成本、注册费、在开发该无形资产过程中使用的其他专利权和特许权的摊销，以及按照借款费用的处理原则可以资本化的利息支出。

在开发无形资产过程中发生的，除上述可直接归属于无形资产开发活动之外的其他销售费用、管理费用等间接费用，无形资产达到预定用途前发生的可辨认的无效和初始运作损失，为运行该无形资产发生的培训支出等不构成无形资产的开发成本。

值得说明的是，企业内部开发无形资产的成本仅包括自满足资本化条件(即满足无形资产确认条件)后至无形资产达到预定用途前所发生的支出总额，对于同一项无形资产在开发过程中达到资本化条件之前已经费用化计入当期损益的支出不再进行调整。

2. 研究与开发阶段的区分

对于企业自行进行的研究开发项目，应当区分研究阶段与开发阶段分别进行核算。企业应当根据研究与开发的实际情况加以判断。

(1) 研究阶段。研究是指为获取并理解新的科学或技术知识而进行的有计划的调查。研究阶段是探索性的，为进一步的开发活动进行资料及相关方面的准备，已进行的研究活动将来是否会转入开发、开发后是否会形成无形资产等均具有较大的不确定性。例如，意在获取知识而进行的活动，研究成果或其他知识的应用研究、评价和最终选择，材料、设备、产品、工序、系统或服务替代品的研究，新的或经改进的材料、设备、产品、工序、系统或服务的可能替代品的配制、设计、评价和最终选择等，均属于研究活动。

研究阶段的特点在于：①计划性。研究阶段是建立在有计划的调查基础上的，即研发项目已经董事会或者相关管理层的批准，并着手收集相关资料，进行市场调查等。例如，某药品公司为研究开发某药品，经董事会或者相关管理层的批准，有计划地收集相关资料，进行市场调查，比较市场相关药品的药性、效用等活动。②探索性。研究阶段基本上是探索性的，为进一步的开发活动进行资料及相关方面的准备，这一阶段不会形成阶段性成果。

(2) 开发阶段。开发是指在进行商业性生产或使用前，将研究成果或其他知识应用于某项计划或设计，以生产出新的或具有实质性改进的材料、装置、产品等。相对于研究阶段而言，开发阶段应当是已完成研究阶段的工作，在很大程度上具备了形成一项新产品或新技术的基本条件。例如，生产前或使用前的原型和模型的设计、建造和测试，含新技术的工具、夹具、模具和冲模的设计，不具有商业性生产经济规模的试生产设施的设计、建造和运营，新的或改造的材料、设备、产品、工序、系统或服务所选定的替代品的设计、建造和测试等，均属于开发活动。

开发阶段的特点在于：①具有针对性。开发阶段建立在研究阶段的基础上，因而，对项目的开发具有针对性。②形成成果的可能性较大。进入开发阶段的研发项目往往形成成果的可能性较大。

3. 研究与开发支出的会计处理原则

从研究活动的特点来看，研究阶段的活动是否能在未来形成成果，通过开发后是否会形成无形资产均有很大的不确定性，企业也无法证明其研究活动一定能够形成带来未来经济利益的无形资产，因此，研究阶段的有关支出在发生时应当费用化计入当期损益。

由于开发阶段相对于研究阶段更进一步，且很大程度上形成一项新产品或新技术的基本条件已经具备，此时如果企业能够证明满足无形资产的定义及相关确认条件，则所发生的开发支出可资本化，确认为无形资产的成本。在开发阶段，判断可以将有关支出资本化确认为无形资产，必须同时满足下列条件。

(1) 完成该无形资产以使其能够使用或出售在技术上具有可行性。判断无形资产的开发在技术上是否具有可行性，应当以目前阶段的成果为基础，并提供相关证据和材料，证明企业进行开发所需的技术条件等已经具备，不存在技术上的障碍或其他不确定性。例如，企业已经完成了全部计划、设计和测试活动，这些活动是使资产能够达到设计规划书中的功能、特征和技术所必需的活动或经过专家鉴定等。

(2) 具有完成该无形资产并使用或出售的意图。开发某项产品或专利技术产品等，通常是根据管理当局决定该项研发活动的目的或者意图加以确定。也就是说，研发项目形成成果以后，是为出售还是为自己使用并从使用中获得经济利益，应当以管理当局的决定为依据。因此，企业的管理当局应明确表明其持有拟开发无形资产的目的，并具有完成该项无形资产开发并使其能够使用或出售的可能性。

(3) 无形资产产生经济利益的方式，包括能够证明运用该无形资产生产的产品存在市场或无形资产自身存在市场，无形资产将在内部使用的，应当证明其有用性。很可能为企业带来未来经济利益是确认一项无形资产最基本的条件。就其能够为企业带来未来经济利益的方式来讲，如果有关的无形资产在形成以后，主要是用于生产新产品或新工艺的，企业应当对运用该无形资产生产的产品的市场情况进行可靠预计，应当能够证明所生产的产品存在市场，并能够带来经济利益的流入；如果有关的无形资产开发以后主要是用来对外出售的，则企业应当能够证明市场上存在对该类无形资产的需求，其开发以后存在外在的市场可以出售并能够带来经济利益的流入；如果无形资产开发以后，不是用于生产产品，也不是用于对外出售，而是在企业内部使用，则企业应当能够证明在企业内部使用时对企业的有用性。

(4) 有足够的技术、财务资源和其他资源支持，以完成该无形资产的开发，并有能力使用或出售该无形资产。这一条件主要包括：①为完成该项无形资产开发具有技术上的可靠性。开发无形资产并使其形成的成果在技术上具有可靠性是继续开发活动的关键,因此,必须有确凿证据证明企业继续开发该项无形资产有足够的技术支持和技术能力。②财务资源和其他资源支持。财务资源和其他资源支持是能够完成该项无形资产开发的经济基础,因此,企业必须能够说明为完成该项无形资产的开发所需的财务资源和其他资源,是否能够足以支持完成该项无形资产的开发。③能够证明企业获取在开发过程中所需的技术、财务资源和其他资源,以及企业获得这些资源的相关计划等。如在企业自有资金不足以提供支持的情况下,是否存在外部其他方面的资金支持。例如,用银行等借款机构愿意为该无形资产的开发提供所需资金的声明等来证实。④有能力使用或出售该无形资产以取得收益。

(5) 归属于该无形资产开发阶段的支出能够可靠地计量。企业对于研究开发活动发生的支出应单独核算,如发生的研究开发人员的工资、材料费等。在企业同时从事多项研究开发活动的情况下,所发生的支出同时用于支持多项研究开发活动的,应按照一定的标准在各项研究开发活动之间进行分配,无法明确分配的,应予费用化计入当期损益,不计入开发活动的成本。

无法区分研究阶段和开发阶段的支出的,应当在发生时作为管理费用,全部计入当期损益。

4. 自行开发无形资产的会计处理方法

企业应设置"研发支出"科目,来核算企业进行研究与开发无形资产过程中发生的各项支出。该科目可按研究开发项目,区分"费用化支出""资本化支出"进行明细核算。

企业自行开发的无形资产发生的研发支出,无论是否满足资本化的条件,均应先通过"研发支出"科目进行归集。不满足资本化条件的,借记"研发支出(费用化支出)"科目;满足资本化条件的,借记"研发支出(资本化支出)"科目,贷记"原材料""银行存款""应付职工薪酬"等科目。

期末,应将"研发支出(费用化支出)"科目归集的不符合资本化条件的研发支出金额转入"管理费用"科目,借记"管理费用"科目,贷记"研发支出(费用化支出)"科目;符合资本化条件但尚未完成的开发费用,继续保留在"研发支出(资本化支出)"科目中,待开发项目完成达到预定用途形成无形资产时,再将其发生的实际成本转入无形资产,借记"无形资产"科目,贷记"研发支出(资本化支出)"科目。

对于企业外购或以其他方式取得的、在研发过程中应予资本化的项目,先计入"研发支出"科目,其后发生的成本比照上述原则进行处理。

【例7-2】甲公司自行研究开发一项新产品专利技术,在研究开发过程中发生材料费40 000 000元、人工工资10 000 000元,以及用银行存款支付其他费用30 000 000元,总计80 000 000元,其中,符合资本化条件的支出为50 000 000元。期末,该专利技术已经达到预定用途。假定不考虑相关税费。

相关费用发生时账务处理如下。

```
借:研发支出——费用化支出      30 000 000
       ——资本化支出      50 000 000
  贷:原材料                40 000 000
      应付职工薪酬           10 000 000
      银行存款              30 000 000
```

期末，该专利技术已经达到预定用途。

借：管理费用　　　　　　　　　　　　30 000 000
　　无形资产　　　　　　　　　　　　50 000 000
　　贷：研发支出——费用化支出　　　　　　30 000 000
　　　　　　　　——资本化支出　　　　　　50 000 000

三、投资者投入的无形资产

投资者投入的无形资产，应当按照投资合同或协议约定的价值作为成本，但合同或协议约定价值不公允的除外。

在投资合同或协议约定价值不公允的情况下，应按无形资产的公允价值入账，确认的初始成本与实收资本或股本之间的差额调整资本公积。

【例7-3】甲公司接受乙公司以其所拥有的专利权作为出资，该专利权的账面价值为20 000 000元，双方协议约定的价值为30 000 000元，该专利权的公允价值为32 000 000元，已办妥相关手续。则甲公司接受投资时的账务处理如下。

借：无形资产　　　　　　　　　　　　32 000 000
　　贷：实收资本　　　　　　　　　　　　30 000 000
　　　　资本公积　　　　　　　　　　　　 2 000 000

四、其他方式取得的无形资产

非货币性资产交换、债务重组、政府补助和企业合并取得的无形资产的成本，应当分别按照《企业会计准则第7号——非货币性资产交换》《企业会计准则第12号——债务重组》《企业会计准则第16号——政府补助》和《企业会计准则第20号——企业合并》的规定确定。

五、企业取得的土地使用权

1. 作为无形资产核算的

企业取得的土地使用权，通常应按照取得时所支付的价款及相关税费确认为无形资产。土地使用权用于自行开发建造厂房等地上建筑物时，土地使用权的账面价值不与地上建筑物合并计算其成本，而仍作为无形资产进行核算。

【例7-4】甲公司为扩建厂房通过当地政府相关部门获得了100亩土地的使用权，为此支付价款1 256 000元，其中80亩用于建造厂房。

企业为取得土地使用权支付的费用应确认为企业的无形资产，自行开发建造厂房等建筑物、相关的土地使用权与建筑物应当分别进行处理，所以用于建造厂房的土地使用权的价值也应计入无形资产的成本。

借：无形资产——土地使用权　　　　　　1 256 000
　　贷：银行存款　　　　　　　　　　　　 1 256 000

2. 作为固定资产核算的

企业外购房屋建筑物所支付的价款中包括土地使用权以及建筑物的价值的，则应当对实际支付的价款按照合理的方法(如公允价值相对比例)在土地使用权和地上建筑物之间进行分配；难以合理分配的，应当全部作为固定资产，按照固定资产确认和计量的原则进行处理。

3. 作为投资性房地产核算的

企业改变土地使用权的用途，停止自用土地使用权而用于赚取租金或资本增值时，应当将其账面价值转为投资性房地产。

注意：房地产开发企业取得的土地使用权用于建造对外出售的房屋建筑物的，其相关的土地使用权账面价值应当计入所建造的房屋建筑物成本。

第三节 无形资产的后续计量

一、无形资产后续计量的原则

无形资产的后续计量是指企业对无形资产进行初始计量确定其成本之后，对其价值变动的计量，主要包括摊销、减值测试及计提减值准备等。

无形资产初始确认和计量后，在其后使用该项无形资产期间内应以成本减去累计摊销额和累计减值损失后的余额计量。虽然无形资产能在较长时间里给企业带来效益，但无形资产所包含的权利或特权总会终结或消失，因此，企业应当于取得无形资产时分析判断其使用寿命，从而决定是否应对其进行摊销以及采用何种方法进行摊销。需要强调的是，确定无形资产在使用过程中的累计摊销额，基础是估计其使用寿命，只有使用寿命有限的无形资产才需要在估计的使用寿命内采用系统合理的方法进行摊销。

无形资产的使用寿命如为有限的，应当估计该使用寿命的年限或者构成使用寿命的产量等类似计量单位数量；无法预见无形资产为企业带来未来经济利益期限的，应当视为使用寿命不确定的无形资产。

1. 估计无形资产使用寿命应考虑的因素

无形资产的后续计量是以其使用寿命为基础的。无形资产的使用寿命包括法定寿命和经济寿命两个方面。有些无形资产的使用寿命受法律、规章或合同的限制，称为法定寿命，如我国法律规定发明专利权的有效期为 20 年，商标权的有效期为 10 年；有些无形资产如永久性特许经营权、非专利技术等的寿命则不受法律或合同的限制。经济寿命是指无形资产可以为企业带来经济利益的年限。由于受技术进步、市场竞争等因素的影响，无形资产的经济寿命往往短于法定寿命，因此，在估计无形资产的使用寿命时，应当综合考虑各方面相关因素的影响，合理确定无形资产的使用寿命。

确定无形资产的经济使用寿命，通常应考虑以下因素：①运用该资产生产的产品通常的寿命周期、可获得的类似资产使用寿命的信息；②技术、工艺等方面的现阶段情况及对未来发展趋势的估计；③以该资产生产的产品或提供服务的市场需求情况；④现在或潜在的竞争者预期采取的行动；⑤为维持该资产带来经济利益能力的预期维护支出，以及企业预计支付有关支出的能力；⑥对该资产控制期限的相关法律规定或类似限制，如特许使用期、租赁期等；⑦与企业持有其他资产使用寿命的关联性等。

2. 无形资产使用寿命的确定

(1) 源自合同性权利或其他法定权利取得的无形资产，其使用寿命不应超过合同性权利或其他法定权利的期限。例如，企业以支付土地出让金方式取得一块土地的使用权，如果企业准备持续持有，在50年期间内没有计划出售，该块土地使用权预期为企业带来未来经济利益的期间为50年。如果合同性权利或其他法定权利能够在到期时因续约等延续，当有证据表明企业续约不需要付出重大成本时，续约期才能够包括在使用寿命的估计中。下列情况一般说明企业无须付出重大成本即可延续合同性权利或其他法定权利：①有证据表明合同性权利或法定权利将被重新延续，如果在延续之前需要第三方同意，则还需有第三方将会同意的证据；②有证据表明为获得重新延续所必需的所有条件相对于企业的未来经济利益不具有重要性。如果企业在延续无形资产持有期间时付出的成本与预期流入企业的未来经济利益相比具有重要性，从本质上来看是企业获得了一项新的无形资产。

(2) 没有明确的合同或法律规定的无形资产，企业应当综合各方面情况，如聘请相关专家进行论证或与同行业的情况进行比较以及企业的历史经验等，来确定无形资产为企业带来未来经济利益的期限，如果经过这些努力确实无法合理确定无形资产为企业带来经济利益的期限，再将其作为使用寿命不确定的无形资产。例如，企业通过公开拍卖取得一项出租车运营许可，按照所在地规定，以现有出租运营许可为限，不再授予新的运营许可，而且在旧的出租车报废以后，其运营许可可用于新的出租车。企业估计在有限的未来，其将持续经营出租车行业。对于该运营许可，其为企业带来未来经济利益的期限从目前情况看无法可靠估计，应视为使用寿命不确定的无形资产。

3. 无形资产使用寿命的复核

企业至少应当于每年年度终了，对无形资产的使用寿命进行复核，如果有证据表明无形资产的使用寿命不同于以前的估计，由于合同的续约或无形资产应用条件的改善，延长了无形资产的使用寿命，对于使用寿命有限的无形资产应改变其摊销年限，并按照《企业会计准则第28号——会计政策、会计估计变更和差错更正》进行处理。

对于使用寿命不确定的无形资产，如果有证据表明其使用寿命是有限的，应当按照《企业会计准则第28号——会计政策、会计估计变更和差错更正》进行处理，并按照无形资产准则中关于使用寿命有限无形资产的处理原则进行处理。

二、使用寿命有限的无形资产摊销

使用寿命有限的无形资产，应在其预计的使用寿命内采用系统合理的方法对应摊销金额进行摊销。其中应摊销金额是指无形资产的成本扣除残值后的金额。

1. 摊销的时间

企业按期(月)计提无形资产的摊销。企业摊销无形资产，应当自无形资产可供使用时(即其达到预定用途)开始，至不再作为无形资产确认时止。也就是说，当月增加的无形资产，当月开始摊销，当月减少的无形资产，当月不再摊销。

2. 摊销的方法

在无形资产的使用寿命内系统地分摊其应摊销金额，有多种方法，这些方法包括直线法、生产总量法等。对某项无形资产摊销所使用的方法应依据从资产中获取的预期未来经济利益的预计消耗方式来选择，并一致地运用于不同的会计期间，例如，受技术陈旧因素影响较大的专利权和专有技术等无形资产，可采用类似固定资产加速折旧的方法进行摊销；有特定产量限制的特许经营权或专利权，应采用产量法进行摊销。持有待售的无形资产不进行摊销，按照账面价值与公允价值减去处置费用后的净额孰低进行计量。

企业至少应当于每年年度终了，对使用寿命有限的无形资产的摊销方法进行复核。无形资产的摊销方法与以前估计不同的，应当改变摊销方法。

3. 摊销的金额

无形资产的应摊销金额为其成本扣除预计残值后的金额。已计提减值准备的无形资产，还应扣除已计提的无形资产减值准备累计金额。使用寿命有限的无形资产，其残值应当视为零，但下列情况除外。

(1) 有第三方承诺在无形资产使用寿命结束时愿意以一定的价格购买该项无形资产。

(2) 存在活跃的市场，通过市场可以得到无形资产使用寿命结束时的残值信息，并且从目前情况看，在无形资产使用寿命结束时，该市场还可能存在的情况下，可以预计无形资产的残值。

【例7-5】甲公司取得一项专利技术，法律保护期间为20年，企业预计使用该专利生产的产品在未来15年内会为企业带来经济利益。就该项专利技术，第三方向企业承诺在5年内以其取得之日公允价值的60%购买该项专利权。从企业管理层目前的持有计划来看，准备在5年内将其出售给第三方，该项专利技术应在企业持有其5年内摊销，残值为该专利在取得之日公允价值的60%。

无形资产的残值意味着在其经济寿命结束之前企业预计将会处置该无形资产，并且从该处置中取得利益。估计无形资产的残值应以资产处置时的可收回金额为基础，此时的可收回金额是指在预计出售日，出售一项使用寿命已满且处于类似使用状况下同类无形资产预计的处置价格(扣除相关税费)。残值确定以后，在持有无形资产的期间，至少应于每年年末进行复核，预计其残值与原估计金额不同的，应按照会计估计变更进行处理。如果无形资产的残值重新估计以后高于其账面价值，无形资产不再摊销，直至残值降至低于账面价值时再恢复摊销。

4. 摊销的账务处理

无形资产的摊销应通过"累计摊销"科目核算。"累计摊销"科目核算企业对使用寿命有限的无形资产计提的累计摊销额，属于"无形资产"的备抵调整账户，贷方登记企业计提的无形资产摊销额，借方登记处置无形资产转出的累计摊销额，期末贷方余额反映企业无形资产的累计摊销额。该科目可按无形资产项目进行明细核算。无形资产的摊销金额一般应当计入当期损益。企业按期(月)计提无形资产的摊销，应借记"管理费用""其他业务成本"等科目，贷记"累计摊销"科目。

如果某项无形资产是专门用于生产某种产品或者其他资产的,其所包含的经济利益是通过所生产的产品或其他资产实现的,则该无形资产的摊销金额应当计入相关资产的成本。例如,某项专门用于生产过程中的无形资产,其摊销金额应构成所生产产品成本的一部分,计入该产品的制造费用。

【例7-6】 甲公司从乙公司购入某项专利权,成本为8 000 000元,估计使用寿命为8年,该专利用于产品的生产;同时购入一项商标权,实际成本为6 000 000元,估计使用寿命为10年。假定这两项无形资产的净残值均为零。购买价款均以银行存款支付。

(1) 取得无形资产时。

借:无形资产——专利权　　　　　　8 000 000
　　　　　　——商标权　　　　　　6 000 000
　　贷:银行存款　　　　　　　　　　　　　　14 000 000

(2) 每年摊销时。

借:制造费用——专利权摊销　　　　1 000 000
　　管理费用——商标权摊销　　　　　600 000
　　贷:累计摊销　　　　　　　　　　　　　　1 600 000

三、使用寿命不确定的无形资产

根据可获得的情况判断,有确凿证据表明无法合理估计其使用寿命的无形资产,才能作为使用寿命不确定的无形资产。企业不得随意判断使用寿命不确定的无形资产。按照无形资产准则规定,对于使用寿命不确定的无形资产,在持有期间内不需要摊销。

四、无形资产减值

对于有使用寿命的无形资产,如果出现无形资产减值的迹象,应当对无形资产进行减值测试,并按照《企业会计准则第8号——资产减值》处理,具体可参照本书固定资产一章的相关介绍。因企业合并所形成的商誉和使用寿命不确定的无形资产,无论是否存在减值迹象,每年都应当进行减值测试,对无形资产的可收回金额进行估计。可收回金额应当根据无形资产的公允价值减去处置费用后的净额与无形资产预计未来现金流量的现值两者之间较高者确定。

企业发生无形资产减值时,应当将该项无形资产的账面价值减记至可收回金额,减记的金额借记"资产减值损失"科目,贷记"无形资产减值准备"科目。无形资产减值损失确认后,减值资产的摊销应当在未来期间做相应调整,以使该资产在剩余使用寿命内,系统地分摊调整后的资产账面价值(扣除预计净残值)。无形资产减值损失一经确认,在以后会计期间不得转回。

【例7-7】 沿用例7-6,假定甲公司在持续经营至第5年末时,市场上出现了比甲公司专利更先进的技术,预计以甲公司专利生产的产品将逐渐被其他产品所替代,于是公司决定对该专利计提减值准备,确定该专利的可收回金额为2 000 000元。则甲公司第5年末对该专利权计提减值的相关计算及处理如下。

第5年末,甲公司专利权的账面价值为8 000 000-1 000 000×5=3 000 000(元),而可收回金额确定为 2 000 000 元，因此应计提的无形资产减值准备金额为 3 000 000-2 000 000= 1 000 000(元)。

借：资产减值损失　　　　　　　　　　　1 000 000
　　贷：无形资产减值准备——专利权　　　　　　　1 000 000

第四节　无形资产的处置

无形资产的处置，主要是指无形资产出售、对外出租、对外捐赠，或者是无法为企业带来未来经济利益时，应予转销并终止确认。

一、无形资产的出租

企业将所拥有的无形资产的使用权让渡给他人，并收取租金，属于与企业日常活动相关的其他经营活动取得的收入，在满足收入准则规定的确认标准的情况下，应确认相关的收入及成本。

无形资产的出租即是将无形资产的使用权让渡给其他单位或个人，出让方仍保留对该项无形资产的所有权，因而仍拥有使用、收益和处置的权利。受让方只能取得无形资产的使用权，在合同规定的范围内合理使用而无权转让。在转让无形资产使用权的情况下，由于转让企业仍拥有无形资产的所有权，因此，不应注销无形资产的账面摊余价值，转让取得的收入计入"其他业务收入"科目，发生的与转让有关的各种费用支出，计入"其他业务成本"科目。

【例 7-8】　甲公司将一项专利技术出租给另外一家企业使用，该专利技术账面余额为 5 000 000 元，摊销期限为 10 年。出租合同规定，承租方每销售一件用该专利生产的产品，必须付给出租方 10 元(不含税)的专利技术使用费。假定承租方当年销售该产品 10 万件。根据《关于全面推开营业税改征增值税试点的通知》(财税〔2016〕36 号)，甲公司为一般纳税人，按租金收入的 6%缴纳增值税。

出租方的账务处理如下。

借：银行存款　　　　　　　　　　　　　1 060 000
　　贷：其他业务收入　　　　　　　　　　　　　1 000 000
　　　　应交税费——应交增值税　　　　　　　　　　60 000
借：其他业务成本　　　　　　　　　　　　500 000
　　贷：累计摊销　　　　　　　　　　　　　　　　500 000

二、无形资产的出售

企业出售某项无形资产，表明企业放弃该无形资产的所有权，应将所取得的价款与该无形资产账面价值的差额计入当期损益。但是，值得注意的是，企业出售无形资产确认其利得的时点，应按照收入确认中的相关原则进行确定。

企业出售无形资产时，应按实际收到的金额等，借记"银行存款"等科目；按已计提的累计摊销，借记"累计摊销"科目；按应支付的相关税费及其他费用，贷记"应交税费"

"银行存款"等科目；按其账面余额，贷记"无形资产"科目；按其差额，贷记或借记"资产处置损益"科目。已计提减值准备的，还应同时结转减值准备。

【例 7-9】 甲公司所拥有的某项商标权的成本为 7 000 000 元，已摊销金额为 5 000 000 元，已计提的减值准备为 800 000 元。该公司于当期出售该商标权的所有权，取得出售收入 4 000 000 元。根据财税〔2016〕36 号，应当交纳的增值税为 240 000 元(适用增值税税率为 6%，不考虑其他税费)。则甲公司出售该商标权的账务处理如下。

```
借：银行存款                          4 000 000
    累计摊销                          5 000 000
    无形资产减值准备                    800 000
    贷：无形资产                                  7 000 000
        应交税费——应交增值税                      240 000
        资产处置损益                              2 560 000
```

三、无形资产的报废

如果无形资产预期不能为企业带来未来经济利益，不再符合无形资产的定义，应将其转销。如无形资产已被其他新技术所替代，不能为企业带来经济利益；或者无形资产不再受到法律保护，且不能给企业带来经济利益等。例如，甲企业的某项无形资产法律保护期限已过，用其生产的产品没有市场，则说明该无形资产无法为企业带来未来经济利益，应予转销。

转销时，应按该项无形资产已计提的累计摊销，借记"累计摊销"科目；按其账面余额，贷记"无形资产"科目；按其差额，借记"营业外支出——处置非流动资产损失"科目。已计提减值准备的，还应同时结转减值准备。

【例 7-10】 20×1 年 12 月 31 日，甲公司某项专利权的账面余额为 5 000 000 元。该专利权的摊销期限为 10 年，采用直线法进行摊销，已摊销 5 年。该专利权的残值为 0，已累计计提减值准备 1 200 000 元。假定以该专利权生产的产品已没有市场，预期不能再为企业带来经济利益。则甲公司转销时的账务处理如下。

```
借：累计摊销                          2 500 000
    无形资产减值准备                    1 200 000
    营业外支出——处置非流动资产损失      1 300 000
    贷：无形资产——专利权                         5 000 000
```

思 考 题

1. 无形资产有哪些特征？
2. 企业应如何划分内部研究开发项目的两个阶段？对其发生的费用支出应如何进行核算？
3. 在开发阶段，将有关支出资本化确认为无形资产，必须同时满足的条件有哪些？
4. 如何确定无形资产的使用寿命？
5. 无形资产出租与出售的核算有哪些区别？

自 测 题

一、单项选择题

1. 无形资产是指企业拥有或控制的没有实物形态的可辨认非货币性资产。无形资产不包括的内容有(   )。
   A. 专利权　　　　B. 非专利技术　　　　C. 土地使用权　　　　D. 商誉

2. 企业进行研究与开发无形资产过程中发生的各项支出，应计入的会计科目是(   )。
   A. "研发支出"　　　　　　　　　　B. "管理费用"
   C. "无形资产"　　　　　　　　　　D. "销售费用"

3. 企业购入或支付土地出让金取得的土地使用权，在开发或建造自用固定资产项目后，作为核算的会计科目是(   )。
   A. "固定资产"　　　　　　　　　　B. "在建工程"
   C. "无形资产"　　　　　　　　　　D. "长期待摊费用"

4. 企业出售无形资产发生的净损失应计入(   )。
   A. 其他业务成本　　　　　　　　　B. 资产处置损益
   C. 投资收益　　　　　　　　　　　D. 营业外支出

5. 无形资产预期不能为企业带来经济利益的，应按已计提的累计摊销，借记"累计摊销"科目；原已计提减值准备的，借记"无形资产减值准备"科目；按其账面余额，贷记"无形资产"科目；按其差额借记的科目是(   )。
   A. "营业外收入"　　　　　　　　　B. "管理费用"
   C. "投资收益"　　　　　　　　　　D. "营业外支出"

6. A公司20×1年2月购买一项专利技术，未支付价款；20×1年3月支付全部价款；20×1年4月开始进行该项专利技术的测试，20×1年5月完成该专利技术测试任务，并达到能够按管理层预定的方式运作所必需的状态。则无形资产的摊销期开始的时间为(   )月。
   A. 2　　　　　　B. 3　　　　　　C. 4　　　　　　D. 5

7. 甲公司20×1年1月1日购入一项无形资产。该无形资产的实际成本为500万元，摊销期限为10年。20×5年12月31日，该无形资产发生减值，预计可收回金额为180万元。计提减值准备后，该无形资产摊销期限不变。20×6年12月31日，该无形资产的账面余额为(   )万元。
   A. 270　　　　　B. 214　　　　　C. 200　　　　　D. 144

8. 甲公司20×1年1月1日某项无形资产的账面余额为900 000元，剩余摊销年限为8年，相关"无形资产减值准备"科目余额为20 000元；20×1年年末，经过测算，该项无形资产公允价值减去处置费用的净额为720 000元；若持续使用该无形资产，可获得的未来现金流量现值为700 000元。据此计算，甲公司20×1年年末对该项无形资产计提的减值准备为(   )万元。
   A. 47 500　　　　B. 50 000　　　　C. 67 500　　　　D. 70 000

9. 某企业自创一项专利，并经过有关部门审核注册，获得其专利权。该项专利权的研究开发费用为 15 万元，其中开发阶段符合资本化条件的支出为 8 万元；发生的注册登记费用为 2 万元，律师费用为 1 万元。该项专利权的入账价值为(　　)万元。
   A. 15　　　　　　　B. 21　　　　　　　C. 11　　　　　　　D. 18
10. 研究开发活动无法区分研究阶段和开发阶段的，当期发生的研究开发支出应在资产负债表日确认为(　　)。
   A. 无形资产　　　　B. 管理费用　　　　C. 研发支出　　　　D. 营业外支出

二、多项选择题

1. 下列有关无形资产的会计处理中，不正确的是(　　)。
   A. 转让无形资产使用权所取得的收入应计入其他业务收入
   B. 使用寿命确定的无形资产摊销只能采用直线法
   C. 转让无形资产所有权所发生的支出应计入营业外支出
   D. 使用寿命不确定的无形资产既不应摊销又不考虑减值
2. 企业有关土地使用权正确的会计处理方法是(　　)。
   A. 企业取得的土地使用权通常应确认为无形资产
   B. 土地使用权用于自行开发建造厂房等地上建筑物时，相关的土地使用权应当计入所建造的厂房建筑物成本
   C. 房地产开发企业取得的土地使用权用于建造对外出售的房屋建筑物，土地使用权与地上建筑物分别进行摊销和提取折旧
   D. 企业外购的房屋建筑物支付的价款无法在地上建筑物与土地使用权之间分配的，应当按照《企业会计准则第 4 号——固定资产》的规定，确认为固定资产原价
3. 有关无形资产的摊销方法，正确的表述是(　　)。
   A. 无形资产的使用寿命为有限的，应当估计该使用寿命的年限或者构成使用寿命的产量等类似计量单位数量，其应摊销金额应当在使用寿命内系统合理地摊销
   B. 无法预见无形资产为企业带来经济利益期限的，应当视为使用寿命不确定的无形资产，应按照 10 年摊销
   C. 企业摊销无形资产，应当自无形资产可供使用时起，至不再作为无形资产确认时止
   D. 企业选择的无形资产摊销方法，应当反映与该项无形资产有关的经济利益的预期实现方式。无法可靠确定预期实现方式的，应当采用直线法摊销
4. 企业内部开发项目发生的开发支出，在满足下列条件时，应当确认为无形资产的有(　　)。
   A. 完成该无形资产以使其能够使用或出售在技术上具有可行性
   B. 具有完成该无形资产并使用或出售的意图
   C. 无形资产能够为企业带来未来经济利益的，应当对使用该无形资产生产的产品市场情况进行可靠预计，以证明所生产的产品存在市场并能够带来经济利益的流入
   D. 有足够的技术、财务资源和其他资源支持，以完成该无形资产的开发，并有能

力使用或出售该无形资产

5. 下列有关无形资产的表述正确的有(   )。
   A. 任何情况下,使用寿命有限的无形资产,其残值应当视为零
   B. 如果有第三方承诺在无形资产使用寿命结束时购买该无形资产,应预计残值
   C. 如果可以根据活跃市场得到预计残值信息,并且该市场在无形资产使用寿命结束时很可能存在,应预计残值
   D. 使用寿命不确定的无形资产不应摊销

6. 下列有关无形资产会计核算的表述中,符合准则规定的有(   )。
   A. 无形资产后续支出,应在发生时确认为当期费用
   B. 自用的无形资产,其摊销的价值应计入当期管理费用
   C. 出租的无形资产,其摊销的价值应计入其他业务成本
   D. 出售无形资产所得价款与其账面价值之间的差额,应计入当期损益

7. 下列符合无形资产特征的有(   )。
   A. 不具有实物形态   B. 具有可辨认性
   C. 属于非货币性资产   D. 使用年限一年以上

8. 下列关于无形资产的叙述正确的有(   )。
   A. 确认的无形资产必须满足三个条件:符合无形资产的定义;该资产产生的经济利益很可能流入企业;该资产的成本能够可靠地计量
   B. 购置的无形资产应以实际支付的价格作为入账价值
   C. 自行开发并依法申请取得的无形资产,其入账价值为开发和申请过程中发生的所有支出
   D. 投资者投入的无形资产,应以投资各方确认的价值作为入账价值

9. 下列各项中,会引起无形资产账面价值发生增减变动的有(   )。
   A. 对无形资产计提减值准备   B. 发生无形资产后续支出
   C. 摊销无形资产   D. 转让无形资产所有权

10. 对使用寿命有限的无形资产,下列说法中正确的有(   )。
    A. 应摊销金额应当在使用寿命内系统合理地摊销
    B. 摊销期限应当自无形资产可供使用时起至不再作为无形资产确认时止
    C. 无形资产的应摊销金额为其成本扣除预计净残值后的金额。已计提减值准备的无形资产,还应扣除已计提的无形资产减值准备累计金额
    D. 无形资产没有净残值

三、判断题

1. 企业取得的土地使用权通常应确认为无形资产。土地使用权用于自行开发建造厂房等地上建筑物时,土地使用权与地上建筑物分别进行摊销和提取折旧。   (   )
2. 使用寿命有限的无形资产应当摊销,使用寿命不确定的无形资产不予摊销。
                                                                (   )
3. 由于出售无形资产属于企业的日常活动,因此出售无形资产所取得的收入应通过"其他业务收入"科目核算。   (   )

4. 如果无形资产在某个会计期末发生减值，则该期应当先计提减值准备，再进行本期摊销。（ ）

5. 已计入各期费用的研究开发费用，在该项无形资产获得成功并依法申请专利时，再将原已计入费用的研究开发费予以资本化。（ ）

业 务 题

1. 20×1年1月1日，甲公司的董事会批准研发某项新型技术。该公司董事会认为，研发该项目具有可靠的技术和财务等资源的支持，并且一旦研发成功将降低该公司的生产成本。20×2年1月31日，该项新型技术研发成功并已达到预定用途。研发过程中所发生的直接相关的必要支出情况如下。

(1) 20×1年度发生材料费用9 000 000元，人工费用4 500 000元，计提专用设备折旧750 000元，以银行存款支付其他费用3 000 000元，总计17 250 000元，其中，符合资本化条件的支出为7 500 000元。

(2) 20×2年1月31日前发生材料费用800 000元，人工费用500 000元，计提专用设备折旧50 000元，其他费用20 000元，总计1 370 000元。

要求：为甲公司做出相关账务处理。

2. 某企业拥有的无形资产账面价值为9 000 000元，分别是：专利权4 000 000元，商标权2 000 000元，土地使用权3 000 000元。假定专利权使用寿命为8年，已摊销2年，尚可使用6年；商标权使用年限不确定；土地使用权首次摊销，使用寿命确定为30年，采用直线摊销法。

要求：做出相关账务处理。

3. 某企业购入一项专利权，支付150 000元，该专利权的使用寿命为10年。企业在持续经营至第3年年末时，市场上出现了比该专利更先进的技术，预计以该专利生产的产品将逐渐被其他产品所替代，于是企业决定对该专利计提减值准备，确定该专利的可收回金额为50 000元。第4年年末，企业将该专利权出售给另一企业，收取价款48 000元，适用增值税税率为6%。

要求：做出相关账务处理。

4. M公司有关无形资产业务如下。

(1) 20×1年1月1日购入一项无形资产，价款为810万元，另发生相关税费90万元。该无形资产有效使用年限为8年，M公司估计使用年限为6年，预计残值为零。

(2) 20×2年12月31日，由于与该无形资产相关的经济因素发生不利变化，致使其发生减值，M公司估计可收回金额为375万元。计提减值准备后原预计使用年限不变。

(3) 20×4年12月31日，由于与该无形资产相关的经济因素继续发生不利变化，致使其继续发生减值，M公司估计可收回金额为150万元。计提减值准备后原预计使用年限不变。

(4) 20×5年6月1日M公司与A公司签订协议，M公司向A公司出售该无形资产，价款为 200 万元，已收到，适用的增值税税率为 6%。

(5) 假定不考虑其他税费，该公司按年进行无形资产摊销。

要求：

(1) 编制 20×1 年 1 月 1 日购入该项无形资产的会计分录。

(2) 计算 20×1 年 12 月 31 日摊销无形资产的金额并编制相关的会计分录。

(3) 计算 20×2 年 12 月 31 日计提无形资产减值准备的金额并编制相关的会计分录。

(4) 计算 20×3 年 12 月 31 日无形资产摊销的金额并编制相关的会计分录。

(5) 计算 20×4 年 12 月 31 日计提无形资产减值准备的金额。

(6) 编制 20×5 年 6 月 1 日有关出售无形资产的会计分录。

第八章

投资性房地产及其他长期资产

学习目标：了解投资性房地产的概念、范围及确认条件；理解投资性房地产的初始计量和后续计量；掌握投资性房地产的成本模式、公允价值模式的核算；熟悉投资性房地产的转换和处置；了解其他长期资产。

关键词：投资性房地产　初始计量　后续计量　成本模式　公允价值模式　转换　商誉

第一节　投资性房地产概述

一、投资性房地产的定义及特征

房地产是土地和房屋及其权属的总称。在我国土地归国家或集体所有，企业只能取得土地使用权。因此房地产中的土地是指土地使用权，房屋是指建筑物及构筑物。

投资性房地产是指为赚取租金或资本增值，或两者兼有而持有的房地产。从性质上来说，它是企业的一项投资，主要包括已出租的土地使用权、持有并准备增值后转让的土地使用权和已出租的建筑物。投资性房地产应当能够单独计量和出售。投资性房地产主要有以下特征。

1. 房地产投资是一种经营性活动

投资性房地产的主要形式是出租建筑物、出租土地使用权，这实质上属于一种让渡资产使用权行为。投资性房地产的另一种形式是持有并准备增值后转让的土地使用权。根据我国税法的规定，企业房地产出租、国有土地使用权增值后转让均属于一种经营活动，其取得的房地产租金收入或国有土地使用权转让收益应当缴纳相关税费。在我国实务中，持有并准备增值后转让的土地使用权这种情况很少。

2. 投资性房地产在用途、状态、目的等方面区别于作为生产经营场所的房地产和用于销售的房地产

企业持有的房地产除了用作生产经营活动场所和对外销售之外，出现了将房地产用于赚取租金或增值收益的活动，甚至是个别企业的主营业务。这就需要将投资性房产单独作为一项资产核算和反映，与自用的厂房、办公楼等房地产加以区别，从而更加清晰地反映企业所持有房地产的构成情况和盈利能力。

二、投资性房地产的范围

1. 属于投资性房地产的项目

(1) 已出租的土地使用权。已出租的土地使用权,是指企业通过出让或转让方式取得,并以经营租赁方式出租的土地使用权。例如,企业从一级或二级市场通过出让或转让方式拍卖取得一块土地使用权,采用经营租赁方式出租给某一企业,则出租方可以将该土地使用权作为投资性房地产核算。

如果是经营租入的土地使用权再转租出去,这类土地使用权就不属于投资性房地产。企业计划用于出租但尚未出租的土地使用权,不属于此类。

(2) 持有并准备增值后转让的土地使用权。持有并准备增值后转让的土地使用权,是指企业取得的、准备增值后转让的土地使用权。按照国家有关规定认定的闲置土地,不属于持有并准备增值后转让的土地使用权,也就不属于投资性房地产。

(3) 已出租的建筑物。已出租的建筑物,是指企业拥有产权并以经营租赁方式出租的建筑物,包括自行建造或开发活动完成后用于出租的建筑物,或开发过程中将来用于出租的建筑物。企业以经营方式租入建筑物或土地使用权再转租给其他单位或个人的,不属于投资性房地产,也不能确认为企业的资产。母公司以经营租赁的方式向子公司租出房地产,该项房地产应确认为母公司的投资性房地产。

【例 8-1】甲公司与 B 企业签订了一项经营租赁合同,B 企业将其持有产权的两间门面房出租给甲公司,为期6年,甲公司一开始将这两间门面房用于自行经营餐馆。2年后,由于连续亏损,甲公司将餐馆转租给 C 企业,以赚取租金差价。

本例中,对于甲公司而言,这两间门面房产权不能予以确认,也不属于其投资性房地产。对于 B 企业而言,则属于其投资性房地产。

对于已经出租的建筑物注意以下两点:①用于出租的建筑物是指拥有产权的建筑物。②已经出租的建筑物是指企业已经与其他方签订了租赁协议,约定以经营租赁方式出租建筑物。一般应自租赁协议规定的租赁期开始日起,经营租出的建筑物属于已出租的建筑物。通常情况下,对企业持有以备经营出租的空置建筑物,如企业管理部门(董事会或类似机构)做出正式书面决议,明确表明将其用于经营出租且持有意图短期内不再发生变化的,即使尚未签订租赁协议,也应视为投资性房地产。这里的"空置建筑物"是指企业新购入、自行建造或开发完工但尚未使用的建筑物,以及不再用于日常生产经营活动且经整理后达到可经营出租状态的建筑物。

2. 不属于投资性房地产的项目

(1) 自用房地产,即为生产商品、提供劳务或者经营管理而持有的房地产。如企业的厂房、办公楼等。企业拥有并自行经营的旅馆饭店,其经营目的主要是通过提供客房服务赚取服务收入,该旅馆饭店不确认为投资性房地产。企业出租给本企业职工居住的宿舍,即使按照市场价格收取租金,也不属于投资性房地产。这部分房地产间接为企业自身的生产经营服务,具有自用房地产的性质。

(2) 作为存货的房地产。比如房地产开发商开发完成的商品房,属于房地产企业的存货,不属于投资性房地产。

在实务中，存在某项房地产部分自用或作为存货出售，部分用于赚取租金或资本增值的情形。例如，A 房地产开发商建造了一栋商住两用楼盘，一层出租给了一家银行，已签订经营租赁合同，其余楼层均为普通住宅，正在公开销售中。这种情况下，一层商铺能够单独计量和出售，应当确认为 A 企业的投资性房地产，其余楼层为 A 企业的存货，即开发商品。

3. 需要根据具体情况判断是否属于投资性房地产的项目

企业将建筑物出租并按出租协议向承租人提供保安和维修等其他服务，所提供的其他服务在整个协议中不重大的，可以将该建筑物确认为投资性房地产；所提供的其他服务在整个协议中为重大的，该建筑物应视为企业的经营场所，应当确认为自用房地产；关联企业之间租赁房地产的，出租方应将出租的房地产确定为投资性房地产，但在编制合并报表时，应将其作为企业集团的自用房地产；企业拥有并自行经营的旅馆饭店，不属于投资性房地产，若将其拥有的旅馆饭店部分出租，且出租的部分能够单独计量和出售的，出租的部分可确认为投资性房地产。

【例 8-2】 甲公司买了一栋写字楼，共 10 层。其中 6 层出租给 B 公司，3 层出租给 C 公司，底层出租给某家大型超市，甲公司为整栋楼提供保安、清洁及维修等日常辅助服务。

本例中，甲公司将写字楼出租，同时提供了辅助服务。对于甲公司而言，这栋写字楼属于甲公司的投资性房地产。

三、投资性房地产的计量模式

企业在对投资性房地产进行后续计量时，通常应当采用成本模式，满足特定条件时也可采用公允价值模式。

1. 成本模式

在成本模式下，企业应当按照《企业会计准则第 4 号——固定资产》和《企业会计准则第 6 号——无形资产》的规定，对投资性房地产进行后续计量，计提折旧或摊销。采用成本模式计量的投资性房地产存在减值迹象的，应当按照《企业会计准则第 8 号——资产减值》的规定进行处理。

2. 公允价值模式

企业只有存在确凿证据表明投资性房地产的公允价值能够持续可靠取得的，才可以采用公允价值模式计量。

采用公允价值模式计量的投资性房地产，应当同时满足下列条件。

(1) 投资性房地产所在地有活跃的房地产交易市场。所在地，通常是指投资性房地产所在的城市，对于大中型城市，应当为投资性房地产所在的城区。

(2) 企业能够从活跃的房地产交易市场上取得同类或类似房地产的市场价格及其他相关信息，从而对投资性房地产的公允价值做出合理的估计。

投资性房地产的公允价值是指市场参与者在计量日发生的有序交易中，出售一项资产所能收到或者转移一项负债所需支付的价格。确定投资性房地产的公允价值时，应当参照活跃市场上同类或类似房地产的现行市场价格(市场公开报价);无法取得同类或类似房地产现行价格的,应当参照活跃市场上同类或类似房地产的最近交易价格,并考虑交易情况、交易日期、所在区域等因素,从而对投资性房地产的公允价值做出合理估计;也可以基于预期未来获得的租金收益和相关现金流量的现值计量。

同类或类似的房地产,对建筑物而言,是指所处地理位置和地理环境相同、性质相同、结构类型相同或相近、新旧程度相同或相近、可使用状况相同或相近的建筑物;对土地使用权而言,是指同一城区、同一位置区域、所处地理环境相同或相近、可使用状况相同或相近的土地。

在公允价值模式下,企业平时不对投资性房地产计提折旧,也不进行摊销。资产负债表日应以投资性房地产的公允价值为基础对其账面价值进行调整,所以在公允价值模式下投资性房地产不存在减值的问题。

同一企业只能采用一种模式对所有投资性房地产进行后续计量,不得同时采用两种计量模式。企业对投资性房地产的计量模式一经确定,不得随意变更。成本模式转为公允价值模式的,应当作为会计政策变更,按照《企业会计准则第28号——会计政策、会计估计变更和差错更正》的规定处理。已采用公允价值模式计量的投资性房地产,不得从公允价值模式转为成本模式。

四、投资性房地产的确认

企业将某个项目确认为投资性房地产,首先应当符合投资性房地产的概念,其次要同时满足投资性房地产的两个确认条件:①与该投资性房地产有关的经济利益很可能流入企业;②该投资性房地产的成本能够可靠地计量。

第二节 投资性房地产的初始计量

投资性房地产应当按照成本进行初始计量,其成本应通过"投资性房地产"科目进行核算。根据投资性房地产取得的方式不同,其计量的内容也有一定的差异。以下以外购、自行建造的投资性房地产的初始计量(成本模式)为例加以说明。

一、外购的投资性房地产

对于企业外购的房地产,只有购入房地产的同时开始对外出租(自租赁开始日起,下同)或用于资本增值,才能称之为外购的投资性房地产。企业购入房地产,自用一段时间之后再改为出租或用于资本增值的,应当先将外购的房地产确认为固定资产或无形资产,自租赁开始日或用于资本增值之日起,再从固定资产或无形资产转换为投资性房地产。

外购投资性房地产的成本,包括购买价款、相关税费和可直接归属于该资产的其他支出。

企业外购取得的投资性房地产,按应计入投资性房地产成本的金额,借记"投资性房地产"科目,贷记"银行存款"等科目。

【例8-3】甲公司于20×1年3月10日以银行存款200万元购入一间商铺并于当日对

外出租，同时支付相关费用5 000元。

甲公司20×1年3月10日的相关账务处理如下。

借：投资性房地产　　　　　　　　　2 005 000
　　贷：银行存款　　　　　　　　　　　　2 005 000

二、自行建造的投资性房地产

企业自行建造(或开发，下同)的房地产，只有在自行建造或开发活动完成(即达到预定可使用状态)的同时开始对外出租或用于资本增值，才能将其确认为投资性房地产。

自行建造投资性房地产的成本，由建造该项资产达到预定可使用状态前所发生的必要支出构成。

企业自行建造取得的投资性房地产，按应计入投资性房地产成本的金额，借记"投资性房地产"科目，贷记"在建工程"等科目。

【例8-4】 甲公司于20×1年1月1日开始兴建一幢写字楼，共耗用工程物资500万元，应付人工费用100万元。该写字楼于同年9月1日完工并交付使用，公司于当日将该写字楼出租给东方公司使用。甲公司的相关账务处理如下。

(1) 20×1年1月1日。
借：在建工程　　　　　　　　　　　6 000 000
　　贷：工程物资　　　　　　　　　　　　5 000 000
　　　　应付职工薪酬　　　　　　　　　　1 000 000
(2) 20×1年9月1日。
借：投资性房地产　　　　　　　　　6 000 000
　　贷：在建工程　　　　　　　　　　　　6 000 000

采用公允价值进行后续计量的投资性房地产也应当按照取得的实际成本进行初始计量，其实际成本的确定与采用成本模式计量的投资性房地产一致。企业应当在"投资性房地产"科目下设置"成本""公允价值变动"两个明细科目，初始确认投资性房地产的实际成本记入"投资性房地产——成本"科目。

第三节　投资性房地产的后续计量

投资性房地产的后续计量，通常应当采用成本模式，只有满足特定条件的情况下才可以采用公允价值模式。但是同一企业只能采用一种模式对所用投资性房地产进行后续计量，不得同时采用两种计量模式。

一、成本模式下投资性房地产的后续计量

1. 成本模式下投资性房地产取得的租金收入

一般情况下，采用成本模式计量的投资性房地产取得的租金收入，借记"银行存款"等科目，贷记"其他业务收入"科目。

2. 成本模式下投资性房地产的折旧或摊销

在成本模式下，企业对投资性房地产的累计折旧或累计摊销可以单独设置"投资性房地产累计折旧(摊销)"科目，比照"累计折旧"等科目进行处理。企业按期(月)对投资性房地产计提折旧或进行摊销时，应借记"其他业务成本"科目，贷记"投资性房地产累计折旧(摊销)"科目。

3. 成本模式下投资性房地产的减值

在成本模式下，投资性房地产发生减值时，可以单独设置"投资性房地产减值准备"科目，比照"固定资产减值准备"等科目进行处理。应借记"资产减值损失"科目，贷记"投资性房地产减值准备"科目。如果已经计提减值准备的投资性房地产的价值又得以恢复，不得转回。

【例8-5】 甲公司的一栋办公楼出租给B企业使用，已确认为投资性房地产，采用成本模式进行后续计量。假设该办公楼的成本为2 400万元，按照直线法计提折旧，使用寿命为20年，预计净残值为零。按照经营租赁合同约定，B企业每月支付A企业租金6万元。当年12月，这栋办公楼发生减值迹象，经减值测试，可收回金额为1 400万元，此时办公楼的账面价值为1 700万元，以前未计提减值准备。甲公司的相关账务处理如下。

(1) 计提折旧。
每月计提的折旧=2 400÷20÷12=10(万元)
借：其他业务成本　　　　　　　　　　　　100 000
　　贷：投资性房地产累计折旧　　　　　　　　　　　100 000

(2) 确认租金。
借：银行存款(其他应收款)　　　　　　　　60 000
　　贷：其他业务收入　　　　　　　　　　　　　　　60 000

(3) 计提减值准备。
借：资产减值损失　　　　　　　　　　　3 000 000
　　贷：投资性房地产减值准备　　　　　　　　　　3 000 000

二、公允价值模式下投资性房地产的后续计量

采用公允价值模式计量的投资性房地产，应当在"投资性房地产"科目下分"成本"和"公允价值变动"进行明细核算。企业应当以资产负债表日投资性房地产的公允价值为基础调整其账面价值，公允价值与原账面价值之间的差额计入当期损益。投资性房地产的公允价值高于其账面余额的差额，借记"投资性房地产——公允价值变动"科目，贷记"公允价值变动损益"科目；公允价值低于其账面余额的差额做相反的会计分录。

一般情况下，采用公允价值模式计量的投资性房地产取得的租金收入，借记"银行存款"等科目，贷记"其他业务收入"科目。

【例8-6】 甲公司于20×1年1月1日以银行存款4 000万元取得一栋写字楼并于当日将其对外出租，每年获得租金800万元。甲公司对该投资性房地产采用公允价值计量模式。20×1年12月31日，经测算，该栋写字楼的公允价值为4 200万元。假设不考虑相关

税费。

甲公司相关账务处理如下。

(1) 20×1年1月1日。

借：投资性房地产——成本　　　　　　　40 000 000
　　贷：银行存款　　　　　　　　　　　　　　　40 000 000

(2) 每年确认租赁收入。

借：银行存款　　　　　　　　　　　　　8 000 000
　　贷：其他业务收入　　　　　　　　　　　　　8 000 000

(3) 20×1年12月31日。

借：投资性房地产——公允价值变动　　　2 000 000
　　贷：公允价值变动损益　　　　　　　　　　　2 000 000

三、投资性房地产后续计量模式的变更

为保证会计信息的可比性，企业对投资性房地产的计量模式一经确定，不得随意变更。只有在房地产市场比较成熟，能够满足采用公允价值模式条件的情况下，才允许企业对投资性房地产从成本模式计量变更为公允价值模式计量。

成本模式转为公允价值模式的，应当作为会计政策变更处理，并按计量模式变更时公允价值与账面价值的差调整期初留存收益。已采用公允价值模式计量的投资性房地产，不得从公允价值模式转化为成本模式。

四、投资性房地产的后续支出

投资性房地产发生有关的后续支出时，满足投资性房地产确认条件的，应该将其资本化，计入投资性房地产成本。企业对某项投资性房地产进行改扩建等再开发且将来仍作为投资性房地产的，再开发期间应继续将其作为投资性房地产，再开发期间不计提折旧或摊销。与投资性房地产有关的后续支出，如果不满足投资性房地产确认条件，应当在发生时直接计入当期损益。

投资性房地产转为改扩建工程，满足资本化条件的会计处理如下。

(1) 成本模式计量。

借：投资性房地产——在建工程
　　投资性房地产累计折旧(摊销)
　　投资性房地产减值准备
　　贷：投资性房地产

(2) 公允价值模式计量。

借：投资性房地产——在建工程
　　　　　　　　——公允价值变动(或贷方)
　　贷：投资性房地产——成本

第四节 投资性房地产的转换

一、投资性房地产转换的形式及转换日的确定

1. 投资性房地产转换的形式

投资性房地产的转换，实质上是因房地产的用途发生改变而对房地产进行的重新分类。若企业有确凿证据表明房地产用途发生改变，应当将投资性房地产转换为其他资产或者将其他资产转换为投资性房地产。

投资性房地产转换的形式主要有：①投资性房地产开始自用。即将投资性房地产转为自用房地产，将投资性房地产相应转为固定资产或无形资产。②作为存货的房地产改为出租。通常指房地产开发企业将其持有的开发产品以经营租赁的方式出租，存货相应地转化为投资性房地产。③自用建筑物停止自用改为出租，即企业将原本用于生产商品、提供劳务或者经营管理的房地产改用于出租，固定资产相应地转化为投资性房地产。④自用土地使用权停止自用改用于赚取租金或资本增值。即企业将原本用于生产商品、提供劳务或者经营管理的土地使用权改用于赚取租金或资本增值，将土地使用权相应地转换为投资性房地产。⑤房地产企业将用于经营出租的房地产重新开发用于对外销售，从投资性房地产转为存货。

2. 投资性房地产转换日的确定

转换日的确定关系到资产的确认时点和入账价值，因此非常重要。转换日是指房地产的用途发生改变、状态相应发生改变的日期。转换日的确定标准主要如下。

(1) 投资性房地产开始自用，转换日为房地产达到自用状态，企业开始将房地产用于生产商品、提供劳务或者经营管理的日期。

(2) 投资性房地产转换为存货，转换日为租赁期届满、企业董事会或类似机构做出书面决议明确表明将其重新开发用于对外销售的日期。

(3) 作为存货的房地产改为出租，或者自用建筑物，或土地使用权停止自用改为出租，其转换日为租赁期开始日。租赁期开始日是指承租人有权行使其使用租赁资产权利的日期。

二、投资性房地产转换的会计处理

1. 投资性房地产转换为非投资性房地产

1) 采用成本模式计量的投资性房地产转换为自用房地产

投资性房地产转换前采用成本模式计量的，应当将转换前的账面价值作为转换后资产的入账价值。

企业应按投资性房地产在转换日的账面余额、累计折旧、减值准备等，分别转入"固定资产""累计折旧""固定资产减值准备"等科目。按投资性房地产的账面余额，借记"固定资产"或"无形资产"科目，贷记"投资性房地产"科目；按已计提的折旧或摊销，借记"投资性房地产累计折旧(摊销)"科目，贷记"累计折旧"或"累计摊销"科目；原已

计提减值准备的，借记"投资性房地产减值准备"科目，贷记"固定资产减值准备"或"无形资产减值准备"科目。

【例 8-7】 甲公司于 20×1 年 1 月 1 日将原采用成本计量模式计价的一幢出租厂房收回并作为公司的一般性固定资产处理。在出租收回前，该厂房账面原值为 450 万元，已提折旧为 200 万元，提取的减值准备为 40 万元。甲公司的相关账务处理如下。

借：固定资产	4 500 000
投资性房地产累计折旧	2 000 000
投资性房地产减值准备	400 000
贷：投资性房地产——厂房	4 500 000
累计折旧	2 000 000
固定资产减值准备	400 000

2) 采用公允价值模式计量的投资性房地产转换为自用房地产

投资性房地产转换前采用公允价值模式计量的，投资性房地产转换为自用房地产时，应当以其转换当日的公允价值作为自用房地产的账面价值，公允价值与原账面价值的差额计入当期损益。

转换日，按该项投资性房地产的公允价值，借记"固定资产"或"无形资产"科目；按该项投资性房地产的成本，贷记"投资性房地产——成本"科目；按该项投资性房地产的累计公允价值变动，贷记或借记"投资性房地产——公允价值变动"科目；按其差额，贷记或借记"公允价值变动损益"科目。

【例 8-8】 甲公司于 20×1 年 1 月 1 日将原采用公允价值计量模式计价的一幢出租厂房收回并作为公司的一般性固定资产处理。在出租收回前，该厂房账面原值为 800 万元，其中成本为 700 万元，公允价值变动为 100 万元。转换当日该厂房的公允价值为 850 万元。甲公司的相关账务处理如下。

借：固定资产	8 500 000
贷：投资性房地产——成本	7 000 000
——公允价值变动	1 000 000
公允价值变动损益	500 000

若转换当日该厂房的公允价值为 750 万元，则

借：固定资产	7 500 000
公允价值变动损益	500 000
贷：投资性房地产——成本	7 000 000
——公允价值变动	1 000 000

3) 采用成本模式计量的投资性房地产转换为存货

企业将成本模式计量的投资性房地产转换为存货时，应当按其在转换日的账面价值，借记"开发产品"科目；按已计提的折旧或摊销，借记"投资性房地产累计折旧(摊销)"科目；已计提减值准备的，借记"投资性房地产减值准备"科目；按其账面余额，贷记"投资性房地产"科目。

4) 采用公允价值模式计量的投资性房地产转换为存货

企业将采用公允价值模式计量的投资性房地产转换为存货时，应当以其转换当日的公

允价值作为存货的账面价值,公允价值与原账面价值的差额计入当期损益。

转换日,按该项投资性房地产的公允价值,借记"开发产品"科目;按该项投资性房地产的成本,贷记"投资性房地产——成本"科目;按该项投资性房地产的累计公允价值变动,贷记或借记"投资性房地产——公允价值变动"科目;按其差额,贷记或借记"公允价值变动损益"科目。

2. 非投资性房地产转换为投资性房地产

在将自用房地产或存货等转换为投资性房地产时,应根据转换后的投资性房地产所采用的计量模式分别加以处理。

1) 自用房地产或存货转换为采用成本模式计量的投资性房地产

转换后的投资性房地产采用成本模式计量的,应当将转换前的资产的账面价值直接作为转换后的投资性房地产的入账价值。

企业将作为存货的房地产转换为投资性房地产的,应按其在转换日的账面余额,借记"投资性房地产"科目,贷记"开发产品"等科目。已计提跌价准备的,还应同时结转跌价准备。

【例8-9】甲公司是从事房地产开发业务的企业,20×1年3月1日,甲公司与乙公司签订了租赁协议,将其开发的一栋写字楼整体出租给乙公司使用,租赁期开始日为20×1年3月15日,出租后采用成本模式计量。20×1年3月15日该写字楼的账面余额为5 500万元,未计提存货跌价准备。甲公司的相关会计处理如下。

借:投资性房地产——××写字楼　　55 000 000
　　贷:开发产品　　　　　　　　　　　　　　55 000 000

企业将自用的土地使用权或建筑物等转换为投资性房地产的,应按其在转换日的原价、累计折旧、减值准备等,分别转入"投资性房地产""投资性房地产累计折旧(摊销)""投资性房地产减值准备"科目。

【例8-10】金华公司于20×1年4月10日将自用的一幢厂房作为投资性房地产对外出租,出租后采用成本模式计量。在出租前该厂房账面原值为800万元,已提折旧300万元,提取的减值准备为70万元。金华公司的相关会计处理如下。

借:投资性房地产——厂房　　　　8 000 000
　　累计折旧　　　　　　　　　　3 000 000
　　固定资产减值准备　　　　　　　700 000
　　贷:固定资产　　　　　　　　　　　　　8 000 000
　　　　投资性房地产累计折旧　　　　　　3 000 000
　　　　投资性房地产减值准备　　　　　　　700 000

2) 自用房地产或存货转换为采用公允价值模式计量的投资性房地产

转换后的投资性房地产采用公允价值模式计量的,按照转换当日的公允价值计量,转换当日的公允价值小于原账面价值的,其差额计入当期损益(公允价值变动损益);转换当日的公允价值大于原账面价值的,其差额计入其他综合收益。

企业将作为存货的房地产转换为投资性房地产的,应按其在转换日的公允价值,借记"投资性房地产——成本"科目。原已计提跌价准备的,借记"存货跌价准备"科目;按其账面余额，贷记"开发产品"等科目。同时，转换日的公允价值小于账面价值的，按其差额，借记"公允价值变动损益"科目；转换日的公允价值大于账面价值的，按其差额，贷记"其他综合收益"科目。

企业将自用的建筑物等转换为投资性房地产的，按其在转换日的公允价值，借记"投资性房地产——成本"科目；按已计提的累计折旧等，借记"累计折旧"等科目；按其账面余额，贷记"固定资产"等科目；按其差额，贷记"其他综合收益"科目或借记"公允价值变动损益"科目。已计提减值准备的，还应同时结转减值准备。

企业处置由自用房地产或存货等转换而来的投资性房地产时，原计入其他综合收益的部分应当转入当期损益。

第五节 投资性房地产的处置

当投资性房地产被处置，或者永久退出使用且预计不能从其处置中取得经济利益时，应当终止确认该项投资性房地产。企业出售、转让、报废投资性房地产或者发生投资性房地产毁损，应当将处置收入扣除其账面价值和相关税费后的金额计入当期损益。

一、成本模式下投资性房地产的处置

在成本模式下，企业处置投资性房地产时，应按实际收到的金额，借记"银行存款"等科目，贷记"主营业务收入"或"其他业务收入"科目。按该项投资性房地产的累计折旧或累计摊销，借记"投资性房地产累计折旧(摊销)"科目；按该项投资性房地产的账面余额，贷记"投资性房地产"科目；按其差额，借记"主营业务成本"或"其他业务成本"科目。已计提减值准备的，还应同时结转减值准备。

【例8-11】甲公司将其出租的一栋写字楼确认为投资性房地产，采用成本模式计量。租赁期满，甲公司将该楼出售给东方公司，合同价款为2 000万元，东方公司款项已付清。出售时该楼成本为1 800万元，已提折旧300万元。假设不考虑相关税费。甲公司的相关会计处理如下：

```
借：银行存款                        20 000 000
    贷：其他业务收入                        20 000 000
借：其他业务成本                     1 500 000
    投资性房地产累计折旧              3 000 000
    贷：投资性房地产——写字楼              18 000 000
```

二、公允价值模式下投资性房地产的处置

处置采用公允价值模式计量的投资性房地产，应当按实际收到的金额，借记"银行存款"等科目，贷记"主营业务收入"或"其他业务收入"科目。按该项投资性房地产的账面余额，借记"主营业务成本"或"其他业务成本"科目；按其成本，贷记"投资性房地产——成本"科目；按其累计公允价值变动，贷记或借记"投资性房地产——公允价值变动"科目。同时结转投资性房地产累计公允价值变动。若存在原转换日计入其他综合收益的金

额，也一并结转。

【例 8-12】 甲公司为一家房地产开发企业，20×1 年 3 月 10 日，甲公司与东方公司签订了一份租赁协议，将其开发的写字楼出租给东方公司使用，租赁开始日是 20×1 年 4 月 15 日。4 月 15 日该写字楼的账面余额为 45 000 万元，公允价值为 47 000 万元。20×1 年 12 月 31 日，该项投资性房地产的公允价值是 48 000 万元。20×2 年 6 月租赁期届满，企业收回该写字楼，并以 55 000 万元出售，出售款已全部收讫。甲公司采用公允价值计量，且不考虑相关税费。甲公司的相关账务处理如下(以万元为计量单位)。

(1) 20×1 年 4 月 15 日，存货转化为投资性房地产

借：投资性房地产——成本　　　　　　　　　47 000
　　贷：开发产品　　　　　　　　　　　　　　　45 000
　　　　其他综合收益　　　　　　　　　　　　　 2 000

(2) 20×1 年 12 月 31 日公允价值变动。

借：投资性房地产——公允价值变动　　　　　 1 000
　　贷：公允价值变动损益　　　　　　　　　　　 1 000

(3) 20×2 年 6 月，出售投资性房地产。

借：银行存款　　　　　　　　　　　　　　　55 000
　　贷：主营业务收入　　　　　　　　　　　　　55 000

借：主营业务成本　　　　　　　　　　　　　45 000
　　公允价值变动损益　　　　　　　　　　　 1 000
　　其他综合收益　　　　　　　　　　　　　 2 000
　　贷：投资性房地产——成本　　　　　　　　　47 000
　　　　投资性房地产——公允价值变动　　　　 1 000

第六节　其他长期资产

其他长期资产是指流动资产、长期股权投资、金融资产、固定资产、无形资产和投资性房地产等以外的资产，主要包括商誉、长期待摊费用、长期应收款、递延所得税资产等。

一、商誉

商誉通常是指企业由于所处的地理位置优势，或由于信誉好而获得了客户的信任，或由于组织得当、生产经营效益高，或由于技术先进、掌握了生产诀窍等原因而形成的无形价值。这种无形价值具体表现在该企业的获利能力超过了一般企业的获利水平。商誉与整个企业密切相关，因而它不能单独存在，也不能与企业可辨认的各种资产分开出售。由于有助于形成商誉的个别因素不能单独计价，因此商誉的价值只有把企业作为一个整体看待时才能按总额加以确定。按照新《企业会计准则》规定，由于自创商誉不可辨认，不具备无形资产定义的要求，因此企业对于自创的商誉不能确认为无形资产。而企业合并所产生的商誉，则由《企业会计准则第 20 号——企业合并》和《企业会计准则第 8 号——资产减值》等相关准则规范。

1. 商誉的取得

商誉是指企业在购买另一个企业时，购买成本大于被购买企业可辨认净资产公允价值的差额。其计算公式为

商誉的入账价值=购买企业的实际买价-被购买企业可辨认净资产公允价值

企业如果以货币资金购买，其购买成本为实际支付价款。企业应根据购入的各种可辨认资产的公允价值，借记各资产科目；根据应承担的各项债务的公允价值，贷记各负债科目；根据实际支付的价款，贷记"银行存款"等科目；根据实际支付的价款大于净资产公允价值的差额，借记"商誉"科目。

【例 8-13】 甲公司购买另一企业，实际支付的价款为 800 000 元。被购买企业的全部可辨认资产公允价值为 2 000 000 元，全部负债公允价值为 1 300 000 元。则会计分录编制如下。

借：商誉　　　　　　　　　　　100 000
　　资产类科目　　　　　　　2 000 000
　　贷：银行存款　　　　　　　　800 000
　　　　负债类科目　　　　　　1 300 000

【例 8-14】 甲公司以一批固定资产购买另一企业，固定资产的原始价值为 1 200 000 元，累计折旧为 450 000 元，公允价值为 800 000 元。被购买企业的全部可辨认资产公允价值为 2 000 000 元，全部负债公允价值为 1 300 000 元。则会计分录编制如下。

借：固定资产清理　　　　　　　750 000
　　累计折旧　　　　　　　　　450 000
　　贷：固定资产　　　　　　　1 200 000

借：商誉　　　　　　　　　　　100 000
　　资产类科目　　　　　　　2 000 000
　　贷：固定资产清理　　　　　800 000
　　　　负债类科目　　　　　　1 300 000

借：固定资产清理　　　　　　　 50 000
　　贷：资产处置损益　　　　　　 50 000

如果企业的购买成本小于被购买方可辨认净资产公允价值，其差额应当计入当期损益(营业外收入)。

2. 商誉的期末计价

企业合并中形成的商誉，在企业持续经营期间，不进行摊销。

每年年末，企业应对商誉进行减值测试。商誉应当结合与其相关的资产组或者资产组组合进行减值测试。相关的资产组或者资产组组合应当是能够从企业合并的协同效应中受益的资产组或者资产组组合。

企业进行资产减值测试，对于因企业合并形成的商誉的账面价值，应当自购买日起按照合理的方法分摊至相关的资产组；难以分摊至相关的资产组的，应当将其分摊至相关的资产组组合。

在将商誉的账面价值分摊至相关的资产组或者资产组组合时，应当按照各资产组或者

资产组组合的公允价值占相关资产组或者资产组组合公允价值总额的比例进行分摊。公允价值难以可靠计量的,按照各资产组或者资产组组合的账面价值占相关资产组或者资产组组合账面价值总额的比例进行分摊。

在对包含商誉的相关资产组或者资产组组合进行减值测试时,如与商誉相关的资产组或者资产组组合存在减值迹象的,应当对包含商誉的资产组或者资产组组合进行减值测试,比较这些相关资产组或者资产组组合,包括所分摊的商誉的账面价值与其可收回金额,如相关资产组或者资产组组合的可收回金额低于其账面价值的,应当确认商誉的减值损失,但确认的各资产组或者资产组组合商誉减值损失,不应超过其分摊的商誉金额,超过部分属于该资产组或资产组组合的减值损失。企业应根据确认的减值损失,借记"资产减值损失"科目,贷记"商誉减值准备"或相关资产减值准备科目。

【例 8-15】 甲公司 20×1 年 12 月 31 日商誉的账面价值为 90 000 元,其减值测试如表 8-1(假定该企业资产组的公允价值难以可靠计量)所示。

表 8-1 商誉减值测试表

20×1 年 12 月 31 日　　　　　　　　　　　　　　　　单位:元

资产组	资产组账面价值	商誉分摊 (分配率:0.05)	分摊后资产组账面价值	资产组可收回金额	商誉减值	资产减值
应收账款	300 000	15 000	315 000	310 000	5 000	—
存货	600 000	30 000	630 000	640 000	—	—
固定资产	900 000	45 000	945 000	890 000	45 000	10 000
合计	1 800 000	90 000	1 890 000	1 840 000	50 000	10 000

借:资产减值损失　　　　　　　　　　　　60 000
　　贷:商誉减值准备　　　　　　　　　　50 000
　　　　固定资产减值准备　　　　　　　　10 000

二、长期待摊费用

长期待摊费用,是指企业已经发生,但应由本期和以后各期负担的摊销期限在 1 年以上(不含 1 年)的各项费用,主要包括以经营租赁租入的固定资产发生的改良支出等。

长期待摊费用与无形资产不同,它虽然也没有实物形态,也是一项长期资产,但其本身没有交换价值,不可转让。长期待摊费用是一种预付费用,一经发生,其消费过程就已结束,只是尚未计入产品成本和期间费用,因此长期待摊费用不具有抵偿债务的价值,更不具有转让价值。

企业在确认长期待摊费用时,一般应考虑以下两个条件。

(1) 受益期间在 1 年以上。在这种情况下,将支出计入长期待摊费用,符合权责发生制原则和配比原则。

(2) 未来会计期间获得的收益能够抵补分期摊销的支出。如果预计未来会计期间获得的收益不能抵补分摊的支出,按照稳健原则,可以将当期发生的支出全部计入当期损益。

此外,对于受益期间虽然在 1 年以上但数额很小的支出,按照重要性原则,也可以不予分期摊销,直接计入当期损益。

三、长期应收款

长期应收款是指企业融资租赁产生的应收款项以及采用递延方式分期收款,实质上具有融资性质的销售商品和提供劳务等经营活动产生的应收款项。

长期应收款应当按照承租人或购货单位(接受劳务单位)等进行明细核算,主要账务处理如下。

(1) 出租人融资租赁产生的应收租赁款,应按租赁开始日最低租赁收款额与初始直接费用之和,借记"长期应收款"科目;按未担保余值,借记"未担保余值"科目;按最低租赁收款额、初始直接费用及未担保余值的现值,贷记"固定资产清理"等科目;按发生的初始直接费用,贷记"银行存款"等科目;按其差额,贷记"未实现融资收益"科目。

(2) 企业采用递延方式分期收款、实质上具有融资性质的销售商品或提供劳务等经营活动产生的长期应收款,满足收入确认条件的,按应收合同或协议价款,借记"长期应收款"科目;按应收合同或协议价款的公允价值,贷记"主营业务收入"等科目;按专用发票上注明的增值税额,贷记"应交税费——应交增值税(销项税额)"科目;按其差额,贷记"未实现融资收益"科目。

(3) 根据合同或协议每期收到承租人或购货单位(接受劳务单位)偿还的款项,借记"银行存款"科目,贷记"长期应收款"科目。

四、递延所得税资产

递延所得税资产产生于可抵扣暂时性差异。资产、负债的账面价值与其计税基础不同产生可抵扣暂时性差异的,在估计未来期间能够取得足够的应纳税所得额用以利用该可抵扣暂时性差异时,应当以很可能取得用来抵扣可抵扣暂时性差异的应纳税所得额为限,确认相关的递延所得税资产。递延所得税资产的详细内容由《企业会计准则第18号——所得税》规范。

五、其他非流动资产

其他非流动资产包括企业期末持有的"衍生工具""套期工具""被套期项目"的借方余额以及公益性生物资产等。"衍生工具""套期工具""被套期项目"的贷方余额则应在"其他非流动负债"项目反映。

思 考 题

1. 什么是投资性房地产?举例说明它的范围。
2. 投资性房地产与企业的固定资产有什么区别?
3. 投资性房地产初始计量的要求有哪些?
4. 投资性房地产的计量模式有哪两种?它们在会计核算上有什么区别?
5. 投资性房地产采用公允价值计量的条件是什么?

自 测 题

一、单项选择题

1. 根据《企业会计准则——投资性房地产》，下列项目不属于投资性房地产的是(　　)。
   A. 持有并准备增值后转让的房屋建筑物
   B. 已出租的建筑物
   C. 已出租的土地使用权
   D. 持有并准备增值后转让的土地使用权

2. 下列关于投资性房地产核算的表述中，正确的是(　　)。
   A. 采用成本模式计量的投资性房地产不需要确认减值损失
   B. 采用公允价值模式计量的投资性房地产可转换为成本模式计量
   C. 采用公允价值模式计量的投资性房地产，公允价值的变动金额应计入资本公积
   D. 采用成本模式计量的投资性房地产，符合条件时可转换为公允价值模式计量

3. 对于企业租出并按出租协议向承租人提供相关辅助服务的建筑物，下列说法中正确的是(　　)。
   A. 所提供的相关辅助服务在整个协议中不重大的，该建筑物应视为企业的经营场所，应当确认为自用房地产
   B. 所提供的相关辅助服务在整个协议中重大的，应将该建筑物确认为投资性房地产
   C. 所提供的相关辅助服务在整个协议中不重大的，应将该建筑物确认为投资性房地产
   D. 所提供的相关辅助服务在整个协议中无论是否重大，均不将该建筑物确认为投资性房地产

4. A 企业对投资性房地产采用公允价值模式进行后续计量，20×1 年 11 月 15 日，A 企业外购一栋写字楼，含税价款为 1 180 万元，另支付直接费用 20 万元，使用寿命为 20 年，预计净残值为零。企业管理当局已做出正式书面决议，在该资产的使用寿命内均将其用于经营出租。当日，A 企业与 B 公司签订经营租赁协议，约定自 20×2 年 1 月 1 日起将该厂房出租给 B 公司，租期为 3 年。20×1 年末，该厂房的公允价值为 1 310 万元，则 20×1 年年末，该厂房的账面价值为(　　)万元。
   A. 1 310　　　　B. 1 195　　　　C. 1 175.08　　　　D. 1 200

5. 某一房地产开发商于 20×1 年 1 月，将作为存货的商品房转换为采用公允价值模式计量的投资性房地产，转换日的商品房账面余额为 500 万元，已计提跌价准备 85 万元，该项房产在转换日的公允价值为 540 万元，则转换日计入"投资性房地产——成本"科目的金额是(　　)万元。
   A. 540　　　　B. 415　　　　C. 500　　　　D. 465

6. A 公司将一写字楼转换为采用成本模式计量的投资性房地产，该写字楼的账面原值为 2 500 万元，已计提的累计折旧为 50 万元，已计提的固定资产减值准备为 150 万元，转换日的公允价值为 2 900 万元，则计入"投资性房地产"科目的金额是(　　)万元。

A. 2 900　　　　B. 2 300　　　　C. 2 500　　　　D. 2 800

7. 下列有关投资性房地产的会计处理中，说法不正确的有(　　)。
   A. 采用公允价值模式计量的投资性房地产，不计提折旧或进行摊销，应当以资产负债表日投资性房地产的公允价值为基础调整其账面价值
   B. 采用公允价值模式计量的投资性房地产转为成本模式，应当作为会计政策变更
   C. 存货转换为采用公允价值模式计量的投资性房地产，应当按照该项投资性房地产转换当日的公允价值计量
   D. 采用公允价值模式计量的投资性房地产转换为自用房地产时，应当以转换日的公允价值作为自用房地产的账面价值

8. A公司的投资性房地产采用成本模式计量。20×1年4月25日，A公司将一项投资性房地产转换为固定资产。转换时该投资性房地产的账面余额为250万元，已提折旧为40万元，已经计提的减值准备为20万元。该投资性房地产的公允价值为150万元。转换日固定资产的账面价值为(　　)万元。
   　　A. 200　　　　B. 150　　　　C. 190　　　　D. 240

9. A公司对投资性房地产采用成本模式进行后续计量，20×1年7月1日开始对一项投资性房地产进行改良，改良后将继续用于经营出租。该投资性房地产原价为500万元，采用直线法计提折旧，使用寿命为20年，预计净残值为零，已使用4年。改良期间共发生改良支出120万元，均满足资本化条件，20×1年12月31日改良完成，则20×1年年末该项投资性房地产的账面价值为(　　)万元。
   　　A. 520　　　　B. 487.5　　　　C. 475　　　　D. 100

10. 企业的投资性房地产采用成本计量模式。20×1年1月1日，该企业将一项投资性房地产转换为固定资产。该投资性房地产的账面余额为90万元，已提折旧为10万元，已经计提的减值准备为10万元。该投资性房地产的公允价值为75万元。转换日计入"固定资产"科目的金额为(　　)万元。
   　　A. 90　　　　B. 80　　　　C. 70　　　　D. 75

二、多项选择题

1. 下列说法正确的是(　　)。
   A. 房地产企业依法取得的用于开发、待增值后出售的土地使用权，属于投资性房地产
   B. 因出租房地产而取得租金，企业需要交纳营业税
   C. 按照国家有关规定认定的闲置的土地使用权不属于投资性房地产
   D. 房地产租金就是让渡资产使用权取得的使用费收入

2. 关于采用成本模式计量的投资性房地产，下列表述中正确的有(　　)。
   A. 如果是建筑物，应自取得该投资性房地产的当月开始计提折旧
   B. 如果是建筑物，应自取得该投资性房地产的次月开始计提折旧
   C. 如果是土地使用权，应自取得该投资性房地产的当月开始摊销
   D. 如果是土地使用权，应自取得该投资性房地产的次月开始摊销

3. 根据《企业会计准则第3号——投资性房地产》，企业拥有的下列房地产中，属于

该企业投资性房地产的是( )。
    A. 已签订租赁协议约定自下一年1月1日开始出租的土地使用权
    B. 企业管理当局已做出书面决议明确将继续持有，待其增值后转让的土地使用权
    C. 企业持有以备经营出租的空置建筑物
    D. 经营出租给本企业职工居住的建筑物

4. 采用公允价值模式进行后续计量的投资性房地产，应当同时满足的条件有( )。
    A. 投资性房地产所在地有活跃的房地产交易市场
    B. 企业能够取得交易价格的信息
    C. 企业能够从活跃的房地产交易市场上取得同类或类似房地产的市场价格及其他相关信息，从而对投资性房地产的公允价值做出合理的估计
    D. 所有的投资性房地产有活跃的房地产交易市场

5. 下列关于投资性房地产的后续计量模式的叙述中，正确的有( )。
    A. 通常应当采用成本模式进行计量
    B. 只有符合规定条件的，可以采用公允价值模式进行计量
    C. 同一企业只能采用一种模式对所有投资性房地产进行后续计量，不得同时采用两种计量模式
    D. 已采用公允价值模式的可以转为成本模式

6. 下列有关对投资性房地产的会计处理方法不正确的有( )。
    A. 非投资性房地产转换为采用公允价值模式计量的投资性房地产的，公允价值与原账面价值的差额计入公允价值变动损益
    B. 投资性房地产的处置损益应计入营业外收入或营业外支出
    C. 将采用公允价值模式计量的投资性房地产转为自用时，其在转换日的公允价值与原账面价值的差额，应计入投资收益
    D. 无论是采用公允价值模式，还是采用成本模式对投资性房地产进行后续计量，取得的租金收入，均应计入其他业务收入

7. 下列各项中，影响企业当期损益的有( )。
    A. 自用的房地产转换为采用公允价值模式计量的投资性房地产时，转换日房地产的公允价值小于账面价值的差额
    B. 采用成本模式计量，期末投资性房地产的可收回金额低于账面价值的差额
    C. 企业将采用公允价值计量的投资性房地产转为自用的房地产，转换日的公允价值高于账面价值的差额
    D. 采用成本模式计量，期末投资性房地产的可收回金额高于账面价值的差额

8. 下列各项中，不应计入其他业务收入的有( )。
    A. 投资性房地产租金收入
    B. 投资性房地产公允价值变动额
    C. 出售投资性房地产收到的款项
    D. 处置投资性房地产时，与该项投资性房地产相关的其他综合收益

9. 下列各项中，属于投资性房地产的有( )。
    A. 房地产企业开发的准备出售的商品房

B. 房地产企业开发的已出租的房屋
C. 以经营租赁方式租入后再出租的建筑物
D. 企业以经营租赁方式出租的土地使用权

10. 下列关于成本计量模式下企业处置投资性房地产会计处理的说法中，不正确的是（　　）。

A. 应使用"投资性房地产清理"科目
B. 应按实收金额贷记"其他业务收入"科目
C. 应按投资性房地产的账面价值借记"其他业务成本"科目
D. 应将实收金额与投资性房地产账面价值之间的差额计入营业外收支

三、判断题

1. 投资性房地产的计量模式由成本模式转为公允价值模式应当作为会计估计变更，采用未来适用法进行处理。（　　）
2. 采用公允价值模式计量的投资性房地产转换为自用房地产时，转换日公允价值与原账面价值的差额应计入公允价值变动损益。（　　）
3. 企业将某项房地产部分用于出租，部分自用，如果出租部分能单独计量和出售，企业应将该项房地产整体确认为投资性房地产。（　　）
4. 已对外经营出租但仍由本企业提供日常维护的建筑物，不属于投资性房地产。（　　）
5. 企业可随意选择成本模式或公允价值模式对投资性房地产进行后续计量。（　　）

业　务　题

1. 甲公司对投资性房地产采用公允价值模式计量，不考虑有关税费。20×1年12月，甲公司与乙公司签订了租赁协议，将办公楼整体经营租赁给乙公司，办公楼原值为188万元，当日该房的公允价值为200万元，租赁期为5年。租赁开始日为20×2年1月1日，年租金为12万元。租金于每年末支付。编制有关的会计分录。

2. 丰海公司对投资性房地产采用公允价值模式计量。丰海公司办公楼在20×1年年初的公允价值为200万元，在20×1年年末的公允价值为230万元，在20×2年年末的公允价值为250万元。编制20×1年、20×2年年末有关的会计分录。

3. 红星公司对投资性房地产采用公允价值模式进行后续计量。20×1年1月1日，红星公司与佳胜公司签订了租赁协议，将其原自用办公楼出租，以赚取租金。租赁期为2年，每年年末收取租金400万元。转换日该项房地产的原价为5 000万元，采用直线法计提折旧，尚可使用年限为20年，预计净残值为零，已计提折旧1 000万元，未计提减值准备。当日，该项房地产的公允价值为4 500万元。编制红星公司20×1年年初出租该项房地产的有关会计分录。

4. 佳美公司将其一栋写字楼出租，采用成本模式计量。租赁期满，公司将该楼出售，合同价款为1 000万元，款项已全部收到。该楼成本为800万元，已提折旧200万元，假设不考虑税费。编制有关的会计分录。

5. 20×1年3月，甲公司与乙公司的一项写字楼经营租赁合同即将到期，该写字楼按照成本模式进行后续计量。为了提高写字楼的租金收入，甲公司决定在租赁期满后对写字楼进行改扩建，并与丙公司签订了经营租赁合同，约定自改扩建完工时将写字楼出租给丙公司。3月31日，与乙公司的租赁合同到期，写字楼随即进入改扩建工程，原价为10 000万元，已计提折旧2 000万元。12月15日，写字楼改扩建工程完工，共发生支出3 000万元，即日按照租赁合同出租给丙公司。改扩建支出属于资本化的后续支出。要求：做出甲公司的相关会计处理。

6. 佳胜公司对投资性房地产采用公允价值模式计量。佳胜公司有关房地产的相关业务资料如下(不考虑相关税费)。

(1) 20×1年1月，佳胜公司自行建造办公大楼。在建设期间，佳胜公司购进一批工程物资，价款为2 106万元，该批物资已验收入库，款项以银行存款支付。该批物资全部用于办公楼工程项目。佳胜公司为建造该项工程，领用本企业生产的库存商品一批，成本为280万元，另支付在建工程人员薪酬314万元。

(2) 20×1年9月，该办公楼的建设达到了预定可使用状态并投入使用。该办公楼预计使用寿命为30年，预计净残值为零，采用直线法计提折旧。

(3) 20×2年12月，佳胜公司与B公司签订了租赁协议，将该办公大楼租赁给B公司，租赁期为10年，年租金为340万元，租金于每年年末结清。租赁期开始日为20×2年12月31日。

(4) 该办公楼采用公允价值模式进行后续计量，与该办公大楼同类的房地产在20×2年年末的公允价值为2 700万元，20×3年年末的公允价值为3 000万元，20×4年年末的公允价值为2 900万元。

(5) 20×5年1月，佳胜公司与B公司达成协议并办理过户手续，以3 300万元的价格将该办公大楼转让给B公司，全部款项已收到并存入银行。

要求：(单位为万元)
(1) 编制佳胜公司自行建造办公大楼的有关会计分录。
(2) 计算佳胜公司该办公大楼20×2年年末累计折旧的金额。
(3) 编制佳胜公司将该办公大楼停止自用改为出租的有关会计分录。
(4) 编制佳胜公司该办公大楼有关20×3年年末后续计量的有关会计分录。
(5) 编制佳胜公司该办公大楼有关20×3年租金收入的会计分录。
(6) 编制佳胜公司该办公大楼有关20×4年年末公允价值变动的会计分录。
(7) 编制佳胜公司20×5年处置该项办公大楼的有关会计分录。

7. 武华股份有限公司(以下简称武华公司)20×1年12月31日将一幢自用的办公楼作为投资性房地产对外出租。截至20×1年年底该办公楼的账面余额为35 000万元，已计提折旧16 000万元，已计提减值准备1 500万元。

要求：
(1) 假定转换后采用成本法进行后续计量，采用直线法计提折旧，净残值为零，尚可使用5年，分别做出转换日和20×2年相关的会计处理。
(2) 假定转换后采用公允价值进行后续计量，并且假设转换当日该厂房的公允价值为19 000万元；若假定转换当日该厂房的公允价值为16 000万元，分别做出相关的会计处理。

(3) 假定转换后采用公允价值进行后续计量，转换日的公允价值为 19 000 万元，在 20×2 年年底公允价值为 18 000 万元，20×3 年年底公允价值为 18 500 万元，做出相应的账务处理。

第九章

资产减值

学习目标：了解资产减值的范围；掌握资产减值迹象的判断与测试；掌握资产可收回金额的计量；掌握资产减值损失的确认和计量；掌握资产组的概念及其确定；掌握资产组减值的会计处理；掌握总部资产减值测试的步骤。

关键词：资产减值 可收回金额 资产减值损失 资产组 资产组减值 总部资产 总部资产减值

第一节 资产减值概述

资产减值是指因外部因素、内部使用方式或适用范围发生变化而对资产造成不利影响，导致资产使用价值降低，致使资产未来可流入企业的全部经济利益低于其现有的账面价值。它的本质是资产的现时经济利益预期低于原记账时对未来经济利益的确认值，在会计上则表现为资产的可收回金额低于其账面价值。

资产是企业过去的交易或者事项形成的、由企业拥有或者控制的、预期会给企业带来经济利益的资源。资产的主要特征之一是它必须能够为企业带来经济利益的流入，如果资产不能够为企业带来经济利益或者带来的经济利益低于其账面价值，那么，该资产就不能再予以确认，或者不能再以原账面价值予以确认，否则不符合资产的定义，也无法反映资产的实际价值，其结果会导致企业资产虚增和利润虚增。因此，当企业资产的可收回金额低于其账面价值时，即表明资产发生了减值，企业应当确认资产减值损失，并把资产的账面价值减记至可收回金额。可见，资产减值是和资产计价相关的，是对资产计价的一种调整。

一、资产减值的范围

企业所有的资产在发生减值时，原则上都应当对所发生的减值损失及时加以确认和计量，因此，资产减值包括所有资产的减值。但是，由于有关资产特性不同，其减值会计处理也有所差别，因而所适用的具体准则也不尽相同。例如，存货、消耗性生物资产的减值分别适用《企业会计准则第 1 号——存货》和《企业会计准则第 5 号——生物资产》；建造合同形成的资产、递延所得税资产、融资租赁中出租人未担保余值等资产的减值，分别适用《企业会计准则第 15 号——建造合同》《企业会计准则第 18 号——所得税》和《企业会计准则第 21 号——租赁》；采用公允价值后续计量的投资性房地产和由《企业会计准则第 22 号——金融工具确认和计量》所规范的金融资产的减值，分别适用《企业会计准则第 3 号——投资性房地产》和《企业会计准则第 22 号——金融工具确认和计量》，这些资产减值会计的处理由相关章节阐述，本章不涉及有关内容。

本章涉及的主要内容是除上述资产以外的资产，这些资产通常属于企业非流动资产，具体包括：①对子公司、联营企业和合营企业的长期股权投资；②采用成本模式进行后续计量的投资性房地产；③固定资产；④生产性生物资产；⑤无形资产；⑥商誉；⑦探明石油天然气矿区权益和井及相关设施。

二、资产减值迹象与测试

1. 资产减值迹象的判断

我国资产减值准则中资产减值迹象判断标准采用的是经济性标准，与国际惯例保持了一致。经济性标准是指只要资产发生减值，就应当予以确认。确认和计量采用相同的基础。在经济性标准下，资产被定义为"预期的未来经济利益"，具有可定义性；可收回金额小于账面价值的差额用以计量减值损失，具有可计量性和可靠性；另外，还能提供相关的信息，具有相关性。

企业在资产负债表日应当判断资产是否存在可能发生减值的迹象，主要可从外部信息来源和内部信息来源两方面加以判断。

从企业外部信息来源来看，如果出现了资产的市价在当期大幅度下跌，其跌幅明显高于因时间的推移或者正常使用而预计的下跌；企业经营所处的经济、技术或者法律等环境以及资产所处的市场在当期或者将在近期发生重大变化，从而对企业产生不利影响；市场利率或者其他市场投资报酬率在当期已经提高，从而影响企业计算资产预计未来现金流量现值的折现率，导致资产可收回金额大幅度降低；企业所有者权益(净资产)的账面价值远高于其市值等，均属于资产可能发生减值的迹象，企业需要据此估计资产的可收回金额，决定是否需要确认减值损失。

从企业内部信息来源来看，如果有证据表明资产已经陈旧过时或者其实体已经损坏；资产已经或者将被闲置、终止使用或者计划提前处置；企业内部报告的证据表明资产的经济绩效已经低于或者将低于预期，如资产所创造的净现金流量或者实现的营业利润远远低于原来的预算或者预计金额、资产发生的营业损失远远高于原来的预算或者预计金额、资产在建造或者收购时所需的现金支出远远高于最初的预算、资产在经营或者维护中所需的现金支出远远高于最初的预算等，均属于资产可能发生减值的迹象。

2. 资产减值的测试

如果有确凿证据表明资产存在减值迹象的，应当进行减值测试，估计资产的可收回金额。资产存在减值迹象是资产是否需要进行减值测试的必要前提，但是以下资产除外，即因企业合并形成的商誉和使用寿命不确定的无形资产，对于这些资产，无论是否存在减值迹象，都应当至少于每年年度终了进行减值测试。其原因是，因企业合并所形成的商誉和使用寿命不确定的无形资产在后续计量中不再进行摊销，但是考虑到这些资产的价值和产生的未来经济利益有较大的不确定性，为了避免资产价值高估，应及时确认商誉和使用寿命不确定的无形资产的减值损失，如实反映企业的财务状况和经营成果。另外，对于尚未达到可使用状态的无形资产，由于其价值具有较大的不确定性，也应当每年进行减值测试。

企业在判断资产减值迹象以决定是否需要估计资产可收回金额时，应当遵循重要性原则。根据这一原则,企业资产存在下列情况的,可以不估计其可收回金额。

(1) 以前报告期间的计算结果表明,资产可收回金额远高于其账面价值,之后又没有发生消除这一差异的交易或者事项的,企业在资产负债表日可以不需重新估计该资产的可收回金额。

(2) 以前报告期间的计算与分析表明,资产可收回金额对于资产减值准则中所列示的一种或者多种减值迹象反应不敏感,在本报告期间又发生了这些减值迹象的,在资产负债表日企业可以不需因为上述减值迹象的出现而重新估计该资产的可收回金额。比如在当期市场利率或者其他市场投资报酬率提高的情况下,如果企业计算资产未来现金流量现值时所采用的折现率不大可能受到该市场利率或者其他市场投资报酬率提高的影响;或者即使会受到影响,但以前期间的可收回金额敏感性分析表明,该资产预计未来现金流量也很可能相应增加,因而不大可能导致资产的可收回金额大幅度下降的,企业可以不必对资产可收回金额进行重新估计。

第二节 资产可收回金额的计量

一、估计资产可收回金额的基本方法

资产的可回收金额是指资产的公允价值减去处置费用后的净额与资产预计未来现金流量的现值两者之间的较高者。企业资产存在减值迹象的,应当估计其可收回金额,然后将所估计的资产可收回金额与其账面价值相比较,以确定资产是否发生了减值,以及是否需要计提资产减值准备并确认相应的减值损失。在估计资产可收回金额时,原则上应当以单项资产为基础,如果企业难以对单项资产的可收回金额进行估计,应当以该资产所属的资产组为基础确定资产组的可收回金额。本章中的资产除特别指明外,既包括单项资产,也包括资产组。有关资产组的认定将在本章第四节阐述。

资产可收回金额的估计,应当根据其公允价值减去处置费用后的净额与资产预计未来现金流量的现值两者之间的较高者确定。因此,要估计资产的可收回金额,通常需要同时估计该资产的公允价值减去处置费用后的净额和资产预计未来现金流量的现值。但是,在下列情况下,可以有例外或者做特殊考虑。

(1) 资产的公允价值减去处置费用后的净额与资产预计未来现金流量的现值,只要有一项超过了资产的账面价值,就表明资产没有发生减值,不需再估计另一项金额。

(2) 没有确凿证据或者理由表明,资产预计未来现金流量现值显著高于其公允价值减去处置费用后的净额的,可以将资产的公允价值减去处置费用后的净额视为资产的可收回金额。对于企业持有待售的资产往往属于这种情况,即该资产在持有期间(处置之前)所产生的现金流量可能很少,其最终取得的未来现金流量往往就是资产的处置净收入,因此,在这种情况下,以资产公允价值减去处置费用后的净额作为其可收回金额是适宜的,因为资产的未来现金流量现值不大会显著高于其公允价值减去处置费用后的净额。

(3) 资产的公允价值减去处置费用后的净额如果无法可靠估计,应当以该资产预计未来现金流量的现值作为其可收回金额。

二、资产公允价值减去处置费用后净额的估计

资产的公允价值减去处置费用后的净额,通常反映的是资产如果被出售或者处置时可以收回的净现金收入。其中,资产的公允价值是指市场参与者在计量日发生的有序交易中,出售一项资产所能收到或者转移一项负债所需支付的价格;处置费用是指可以直接归属于资产处置的增量成本,包括与资产处置有关的法律费用、相关税费、搬运费以及为使资产达到可销售状态所发生的直接费用等,但是,财务费用和所得税费用等不包括在内。

企业在估计资产的公允价值减去处置费用后的净额时,应当按照下列顺序进行。

(1) 应当根据公平交易中资产的销售协议价格减去可直接归属于该资产处置费用的金额确定资产的公允价值减去处置费用后的净额。这是估计资产的公允价值减去处置费用后的净额的最佳方法,企业应当优先采用这一方法。但是,在实务中,企业的资产往往都是内部持续使用的,取得资产的销售协议价格并不容易,为此,需要采用其他方法估计资产的公允价值减去处置费用后的净额。

【例 9-1】 甲公司的某项资产在公平交易中的销售协议价格为 3 000 万元,可直接归属于该资产的处置费用为 360 万元。公司应确定该资产的公允价值减去处置费用后的净额为 2 640 万元。

(2) 在资产不存在销售协议但存在活跃市场的情况下,应当根据该资产的市场价格减去处置费用后的金额确定。资产的市场价格通常应当按照资产的买方出价确定。但是,如果难以获得资产在估计日的买方出价的,企业可以以资产最近的交易价格作为其公允价值减去处置费用后的净额的估计基础,其前提是资产的交易日和估计日之间,有关经济、市场环境等没有发生重大变化。

【例 9-2】 甲公司的某项资产不存在销售协议,但存在活跃市场,市场价格为 2 000 万元,估计的处置费用为 240 万元。甲公司应确定该项资产的公允价值减去处置费用后的净额为 1 760 万元。

(3) 在既不存在资产销售协议又不存在资产活跃市场的情况下,企业应当以可获取的最佳信息为基础,根据在资产负债表日处置资产时,熟悉情况的交易双方自愿进行公平交易愿意提供的交易价格减去资产处置费用后的金额,估计资产的公允价值减去处置费用后的净额。在实务中,该金额可以参考同行业类似资产的最近交易价格或者结果进行估计。

【例 9-3】 甲公司的某项资产不存在销售协议,也不存在活跃市场。甲公司参考同行业类似资产的最近交易价格估计该资产的公允价值为 420 万元,可直接归属于该资产的处置费用为 10 万元。该公司应确定该项资产的公允价值减去处置费用后的净额为 410 万元。

如果企业按照上述要求仍然无法可靠估计资产的公允价值减去处置费用后的净额的,应当以该资产预计未来现金流量的现值作为其可收回金额。

三、资产预计未来现金流量的现值估计

资产预计未来现金流量的现值,应当按照资产在持续使用过程中和最终处置时所产生的预计未来现金流量,选择恰当的折现率对其进行折现后的金额加以确定。因此,预计资产未来现金流量的现值,主要应当综合考虑以下因素:①资产的预计未来现金流量;②资

产的使用寿命；③折现率。其中，资产使用寿命的预计与本书前面讲述的固定资产和无形资产等规定的使用寿命预计方法相同。以下重点阐述资产未来现金流量和折现率的预计方法。

1. 资产未来现金流量的预计

1) 预计资产未来现金流量的基础

为了估计资产未来现金流量的现值，需要首先预计资产的未来现金流量，为此，企业管理层应当在合理和有依据的基础上对资产剩余使用寿命内整个经济状况进行最佳估计，并将资产未来现金流量的预计建立在经企业管理层批准的最近财务预算或者预测数据之上。但是，出于数据可靠性和便于操作等方面的考虑，建立在该预算或者预测基础上的预计现金流量最多涵盖5年，企业管理层如能证明更长的期间是合理的，可以涵盖更长的期间。其原因是，在通常情况下，要对期限超过5年的未来现金流量进行较为可靠的预测比较困难，即使企业管理层可以以超过5年的财务预算或者预测为基础对未来现金流量进行预计，企业管理层也应当确保这些预计的可靠性，并提供相应的证明，比如根据过去的经验和实践，企业有能力而且能够对超过5年的期间做出较为准确的预测。

如果资产未来现金流量的预计还包括最近财务预算或者预测期之后的现金流量，企业应当以该预算或者预测期之后年份稳定的或者递减的增长率为基础进行估计。但是，企业管理层如能证明递增的增长率是合理的，可以以递增的增长率为基础进行估计。同时，所使用的增长率除了企业能够证明更高的增长率是合理的之外，不应当超过企业经营的产品、市场、所处的行业或者所在国家或者地区的长期平均增长率，或者该资产所处市场的长期平均增长率。在恰当、合理的情况下，该增长率可以是零或者负数。

需要说明的是，由于经济环境随时都在变化，资产的实际现金流量往往会与预计数有出入，而且预计资产未来现金流量时的假设也有可能发生变化，因此，企业管理层在每次预计资产未来现金流量时，应当首先分析以前期间现金流量预计数与现金流量实际数出现差异的情况，以评判当期现金流量预计所依据的假设的合理性。通常情况下，企业管理层应当确保当期现金流量预计所依据的假设与前期实际结果相一致。

2) 预计资产未来现金流量应当包括的内容

预计的资产未来现金流量应当包括下列各项。

(1) 资产持续使用过程中预计产生的现金流入。

(2) 为实现资产持续使用过程中产生的现金流入所必需的预计现金流出(包括为使资产达到预定可使用状态所发生的现金流出)。该现金流出应当是可直接归属或者可通过合理和一致的基础分配到资产中的现金流出，后者通常是指那些与资产直接相关的间接费用。对于在建工程、开发过程中的无形资产等，企业在预计其未来现金流量时，就应当包括预期为使该类资产达到预定可使用(或者可销售)状态而发生的全部现金流出数。

(3) 资产使用寿命结束时，处置资产所收到或者支付的净现金流量。该现金流量应当是在公平交易中，熟悉情况的交易双方自愿进行交易时，企业预期可从资产的处置中获取或者支付的减去预计处置费用后的金额。

【例9-4】甲公司管理层20×1年年末批准的财务预算中与产品W生产线预计未来现金流量有关的资料如表9-1所示(有关现金流量均发生于年末，各年末不存在与产品W相关的存货，收入、支出均不含增值税)。

表 9-1　预测表

单位：万元

项　目	20×2 年	20×3 年	20×4 年
产品 W 销售收入	1 000	900	800
上年销售产品 W 产生应收账款本年收回	0	50	80
本年销售产品 W 产生应收账款将于下年收回	50	80	0
购买生产产品 W 的材料支付现金	500	450	400
以现金支付职工薪酬	200	190	150
其他现金支出	120	110	90
处置生产线净现金流入			50

根据上述资料，甲公司各年度的净现金流量计算如下。

20×2 年净现金流量=(1 000-50)-500-200-120=130(万元)

20×3 年净现金流量=(900+50-80)-450-190-110=120(万元)

20×4 年净现金流量=(800+80)-400-150-90+50=290(万元)

3) 预计资产未来现金流量应当考虑的因素

企业为了预计资产未来现金流量，应当综合考虑下列因素。

(1) 以资产的当前状况为基础预计资产未来现金流量。企业资产在使用过程中有时会因为修理、改良、重组等原因而发生变化，因此，在预计资产未来现金流量时，企业应当以资产的当前状况为基础，不应当包括与将来可能会发生的、尚未做出承诺的重组事项或者与资产改良有关的预计未来现金流量。具体包括以下几层意思：①重组通常会对资产的未来现金流量产生影响，有时还会产生较大影响，因此，对于重组的界定就显得十分重要。这里所指的重组，专门指企业制定和控制的，将显著改变企业组织方式、经营范围或者经营方式的计划实施行为。关于重组的具体界定和对已做出承诺的重组事项的判断标准，企业应当依据"或有事项"有关规定加以判断。②企业已经承诺重组的，在确定资产的未来现金流量的现值时，预计的未来现金流入和流出数，应当反映重组所能节约的费用和由重组所带来的其他利益，以及因重组所导致的估计未来现金流出数。其中，重组所能节约的费用和由重组所带来的其他利益，通常应当根据企业管理层批准的最近财务预算或者预测数据进行估计；因重组所导致的估计未来现金流出数应当根据"或有事项"所确认的因重组所发生的预计负债金额进行估计。③企业在发生与资产改良(包括提高资产的营运绩效)有关的现金流出之前，预计的资产未来现金流量仍然应当以资产的当前状况为基础，不应当包括因与该现金流出相关的未来经济利益增加而导致的预计未来现金流入金额。④企业未来发生的现金流出如果是为了维持资产正常运转或者资产正常产出水平而必要的支出或者属于资产维护支出，应当在预计资产未来现金流量时将其考虑在内。

(2) 预计资产未来现金流量不应当包括筹资活动和所得税收付产生的现金流量。企业预计的资产未来现金流量，不应当包括筹资活动产生的现金流入或者流出以及与所得税收付有关的现金流量。其原因：一是所筹集资金的货币时间价值已经通过折现因素予以考虑；二是折现率要求是以税前基础计算确定的，因此，现金流量的预计也必须建立在税前基础之上，这样可以有效避免在资产未来现金流量现值的计算过程中可能出现的重复计算等问题，以保证现值计算的正确性。

(3) 对通货膨胀因素的考虑应当和折现率相一致。企业在预计资产未来现金流量和折现率时，考虑因一般通货膨胀而导致物价上涨的因素，应当采用一致的基础。如果折现率考虑了因一般通货膨胀而导致的物价上涨影响因素，资产预计未来现金流量也应予以考虑；反之，如果折现率没有考虑因一般通货膨胀而导致的物价上涨影响因素，资产预计未来现金流量也应当剔除这一影响因素。总之，在考虑通货膨胀因素的问题上，资产未来现金流量的预计和折现率的预计应当保持一致。

(4) 内部转移价格应当予以调整。在一些企业集团里，出于集团整体战略发展的考虑，某些资产生产的产品或者其他产出可能是供其集团内部其他企业使用或者对外销售的，所确定的交易价格或者结算价格基于内部转移价格，而内部转移价格很可能与市场交易价格不同。在这种情况下，为了如实测算企业资产的价值，就不应当简单地以内部转移价格为基础预计资产未来现金流量，而应当采用在公平交易中企业管理层能够达成的最佳的未来价格估计数进行预计。

4) 预计资产未来现金流量的方法

企业预计资产未来现金流量的现值，需要预计资产未来现金流量。预计资产未来现金流量，通常可以根据资产未来每期最有可能产生的现金流量进行预测。这种方法通常叫作传统法，它使用的是单一的未来每期预计现金流量和单一的折现率计算资产未来现金流量的现值。

【例 9-5】甲企业某固定资产剩余使用年限为 3 年，企业预计未来 3 年里在正常的情况下，该资产每年可为企业产生的净现金流量分别为 200 万元、100 万元、20 万元。该现金流量通常即为最有可能产生的现金流量，甲企业应以该现金流量的预计数为基础计算资产的现值。

但在实务中，有时影响资产未来现金流量的因素较多，情况较为复杂，带有很大的不确定性，为此，使用单一的现金流量可能不会如实反映资产创造现金流量的实际情况，这样，企业应当采用期望现金流量法预计资产未来现金流量。

【例 9-6】沿用例 9-5 的资料，假定甲企业利用固定资产生产的产品受市场行情波动影响大，企业预计未来 3 年每年的现金流量情况如表 9-2 所示。

表 9-2 各年现金流量概率分布及发生情况

年 份	产品行情好 (30%的可能性)	产品行情一般 (60%的可能性)	产品行情差 (10%的可能性)
第 1 年	300	200	100
第 2 年	160	100	40
第 3 年	40	20	0

在这种情况下，采用期望现金流量法比传统法就更为合理。在期望现金流量法下，资产未来现金流量应当根据每期现金流量期望值进行预计，每期现金流量期望值按照各种可能情况下的现金流量与其发生概率加权计算。按照表 9-2 提供的情况，企业应当计算资产每年的预计未来现金流量如下：

第 1 年的预计现金流量(期望现金流量)：300×30%+200×60%+100×10%=220(万元)
第 2 年的预计现金流量(期望现金流量)：160×30%+100×60%+40×10%=112(万元)
第 3 年的预计现金流量(期望现金流量)：40×30%+20×60%+0×10%=24(万元)

应当注意的是，如果资产未来现金流量的发生时间是不确定的，企业应当根据资产在每一种可能情况下的现值及其发生概率直接加权计算资产未来现金流量的现值。

2. 折现率的预计

为了进行资产减值测试，计算资产未来现金流量现值时所使用的折现率应当是反映当前市场货币时间价值和资产特定风险的税前利率。该折现率是企业在购置或者投资资产时所要求的必要报酬率。需要说明的是，如果在预计资产的未来现金流量时已经对资产特定风险的影响做了调整的，折现率的估计就不需要考虑这些特定风险。如果用于估计折现率的基础是税后的，应当将其调整为税前的折现率，以便于与资产未来现金流量的估计基础相一致。

在实务中，折现率的确定，应当首先以该资产的市场利率为依据。如果该资产的利率无法从市场获得，可以使用替代利率估计。在估计替代利率时，企业应当充分考虑资产剩余寿命期间的货币时间价值和其他相关因素，比如资产未来现金流量金额及其时间的预计离异程度、资产内在不确定性的定价等，如果资产预计未来现金流量已经对这些因素做了有关调整的，应当予以剔除。

在估计替代利率时，可以根据企业加权平均资金成本、增量借款利率或者其他相关市场借款利率做适当调整后确定。调整时，应当考虑与资产预计现金流量有关的特定风险以及其他有关政治风险、货币风险和价格风险等。

估计资产未来现金流量现值，通常应当使用单一的折现率。但是，如果资产未来现金流量的现值对未来不同期间的风险差异或者利率的期间结构反应敏感，企业应当在未来各不同期间采用不同的折现率。

3. 资产未来现金流量现值的预计

在预计了资产的未来现金流量和折现率后，资产未来现金流量的现值只需将该资产的预计未来现金流量按照预计的折现率在预计的资产使用寿命里加以折现即可确定。

【例 9-7】 甲航运公司于 20×1 年年末对一艘远洋运输船只进行减值测试。该船舶账面价值为 1.6 亿元，预计尚可使用年限为 8 年。

该船舶的公允价值减去处置费用后的净额难以确定，因此，企业需要通过计算其未来现金流量的现值确定资产的可收回金额。假定公司当初购置该船舶用的资金是银行长期借款资金，借款年利率为 15%，公司认为 15%是该资产的最低必要报酬率，已考虑了与该资产有关的货币时间价值和特定风险。因此，在计算其未来现金流量现值时，使用 15%作为其折现率(税前)。

公司管理层批准的财务预算显示：公司将于 20×6 年更新船舶的发动机系统，预计为此发生资本性支出 1 500 万元，这一支出将降低船舶运输油耗、提高使用效率等，因此，将提高资产的运营绩效。

为了计算船舶在 20×1 年年末未来现金流量的现值，公司首先必须预计其未来现金流量。假定公司管理层批准的 20×1 年年末的该船舶预计未来现金流量如表9-3 所示。

表 9-3 未来现金流量预计表

单位：万元

年 份	预计未来现金流量 (不包括改良的影响金额)	预计未来现金流量 (包括改良的影响金额)
20×2	2 500	
20×3	2 460	
20×4	2 380	
20×5	2 360	
20×6	2 390	
20×7	2 470	3 290
20×8	2 500	3 280
20×9	2 510	3 300

根据资产减值准则的规定，在 20×1 年年末预计资产未来现金流量时，应当以资产当时的状况为基础，不应考虑与该资产改良有关的预计未来现金流量，因此，尽管 20×6 年船舶的发动机系统将进行更新以改良资产绩效，提高资产未来现金流量，但是在 20×1 年年末对其进行减值测试时，则不应将其包括在内。即在 20×1 年年末计算该资产未来现金流量的现值时，应当以不包括资产改良影响金额的未来现金流量为基础加以计算，如表 9-4 所示。

表 9-4 现值的计算

单位：万元

年份	预计未来现金流量 (不包括改良的影响金额)	以折现率为 15% 的折现系数	预计未来现金流量的现值
20×2	2 500	0.869 6	2 174
20×3	2 460	0.756 1	1 860
20×4	2 380	0.657 5	1 565
20×5	2 360	0.571 8	1 349
20×6	2 390	0.497 2	1 188
20×7	2 470	0.432 3	1 068
20×8	2 500	0.375 9	940
20×9	2 510	0.326 9	821
合计			10 965

由于在 20×1 年年末，船舶的账面价值(尚未确认减值损失)为 16 000 万元，而其可收回金额为 10 965 万元，账面价值高于其可收回金额，因此，应当确认减值损失，并计提相应的资产减值准备。应确认的减值损失为 16 000-10 965=5 035(万元)。

假定在 20×2—20×5 年间该船舶没有发生进一步减值的迹象，因此，不必再进行减值测试，无须计算其可收回金额。20×6 年发生了 1 500 万元的资本性支出，改良了资产绩效，导致其未来现金流量增加，但由于我国资产减值准则不允许将以前期间已经确认的资产减值损失予以转回，因此，在这种情况下，也不必计算其可收回金额。

4. 外币未来现金流量及其现值的预计

随着我国企业日益融入世界经济体系和国际贸易的大幅度增加，企业使用资产所收到的未来现金流量有可能为外币，在这种情况下，企业应当按照以下顺序确定资产未来现金流量的现值。

(1) 应当以该资产所产生的未来现金流量的结算货币为基础预计其未来现金流量，并按照该货币适用的折现率计算资产的现值。

(2) 将该外币现值按照计算资产未来现金流量现值当日的即期汇率进行折算，从而折现成按照记账本位币表示的资产未来现金流量的现值。

(3) 在该现值基础上，比较资产公允价值减去处置费用后的净额以及资产的账面价值，以确定是否需要确认减值损失以及确认多少减值损失。

第三节 资产减值损失的确认与计量

一、资产减值损失确认与计量的一般原则

企业在对资产进行减值测试并计算了资产可收回金额后，如果资产的可收回金额低于其账面价值，应当将资产的账面价值减记至可收回金额，将减记的金额确认为资产减值损失，计入当期损益，同时计提相应的资产减值准备。这样，企业当期确认的减值损失应当反映在利润表中，而计提的资产减值准备应当作为相关资产的备抵项目反映在资产负债表中。确认资产减值损失有利于夯实企业资产价值，避免利润虚增，如实反映企业的财务状况和经营成果。

资产减值损失确认后，减值资产的折旧或者摊销费用应当在未来期间做相应调整，以使该资产在剩余使用寿命内系统地分摊调整后的资产账面价值(扣除预计净残值)。固定资产计提了减值准备后，固定资产的账面价值将根据计提的准备进行相应的抵减，因此，固定资产在未来计提折旧时应当以新的固定资产账面价值为基础计提每期折旧。

考虑到固定资产、无形资产、商誉等资产发生减值后，一方面价值回升的可能性比较小(通常属于永久性减值)；另一方面从会计信息谨慎性要求的角度考虑，为了避免确认资产重估增值和操纵利润，资产减值准备规定，资产减值损失一经确认，在以后会计期间不得转回。以前期间计提的资产减值准备，需要等到资产处置时才可予以转出。

二、资产减值损失的账务处理

为了正确核算企业确认的资产减值损失和计提的资产减值准备，企业应当设置"资产减值损失"科目，按照资产类别进行明细核算，反映各类资产当期确认的资产减值损失金额。同时，企业应当根据不同的资产类别，分别设置"固定资产减值准备""在建工程减值准备""投资性房地产减值准备""无形资产减值准备""商誉减值准备""长期股权投资减值准备""生产性生物资产减值准备"等科目。

当企业确定资产发生了减值时，应当根据确认的资产减值金额，借记"资产减值损失"科目，贷记"固定资产减值准备""在建工程减值准备""投资性房地产减值准备""无

形资产减值准备""商誉减值准备""长期股权投资减值准备""生产性生物资产减值准备"等科目。期末,企业应当将"资产减值损失"科目的余额转入"本年利润"科目,结转后,"资产减值损失"科目应当没有余额。各资产减值准备科目累积每期计提的资产减值准备,直至相关资产被处置时才予以转出。

【例 9-8】 沿用例 9-7 的资料,根据测试和计算结果,甲公司应确认的船舶减值损失为 5 035 万元,账务处理如下。

借:资产减值损失——固定资产减值损失　　　50 350 000
　　贷:固定资产减值准备　　　　　　　　　　　　　　　50 350 000

计提资产减值准备后,船舶的账面价值变为 10 965 万元,在该船舶剩余使用寿命内,公司应当以此为基础计提折旧。如果发生进一步减值的,再作进一步的减值测试。

【例 9-9】 20×1 年 12 月 31 日,甲公司在对外购专利权的账面价值进行检查时,发现市场上已存在类似专利技术所生产的产品,从而对甲公司产品的销售造成重大不利影响。当时,该专利权的摊余价值为 120 000 元,剩余摊销年限为 5 年。按 20×1 年 12 月 31 日技术市场的行情,如果甲公司将该专利权予以出售,则在扣除发生的律师费和其他相关税费后,可以获得 100 000 元。但是,如果甲公司计划继续使用该专利权进行产品生产,则在未来 5 年内预计可以获得的未来现金流量的现值为 90 000 元(假定使用年限结束时处置金额为零)。

甲公司该专利权的公允价值减去处置费用后的净额为 100 000 元,预计未来现金流量现值为 90 000 元,因此,甲公司该专利权的可收回金额为 100 000 元。20×1 年,甲公司为该专利权计提减值准备 20 000(120 000-100 000)元。甲公司的会计处理如下。

借:资产减值损失——计提无形资产减值损失　　　20 000
　　贷:无形资产减值准备　　　　　　　　　　　　　　　20 000

【例 9-10】 20×1 年 12 月 31 日,甲有限公司持有乙股份有限公司的普通股股票账面价值为 1 350 000 元,作为长期股权投资进行核算。由于乙股份有限公司当年度经营不善,资金周转发生困难,使得其股票市价下跌至 1 140 000 元,短期内难以恢复。假设甲有限公司本年度首次对其计提长期股权投资减值准备。计提的长期股权投资减值准备金额为 210 000(1 350 000-1 140 000)元。甲有限公司计提长期投资减值准备的会计处理如下。

借:资产减值损失——计提长期股权投资减值损失　　　210 000
　　贷:长期股权投资减值准备——股份投资(乙公司)　　　　210 000

按我国资产减值准则的规定,资产减值损失确认后,减值资产的折旧或者摊销费用应当在未来期间做相应调整,以使该资产在剩余使用寿命内,系统地分摊调整后的资产账面价值。

具体来说,已计提减值准备的资产,应当按照该资产的账面价值以及尚可使用寿命重新计算确定折旧率和折旧额。资产计提减值准备后,企业应当重新复核资产的折旧方法(或摊销方法)、预计使用寿命和预计净残值,并区别不同情况采用不同的处理方法。

(1) 如果资产所含经济利益的预期实现方式没有发生变更,企业仍应遵循原有的折旧方法(或摊销方法),按照资产的账面价值扣除预计净残值后的余额以及尚可使用寿命重新计算确定折旧率和折旧额(或摊销额);如果资产所含经济利益的预期实现方式发生了重大改变,企业应当相应改变资产的折旧方法(或摊销方法),并按照会计估计变更的有关规定进行会计处理。

(2) 如果资产的预计使用寿命没有发生变更,企业仍应遵循原有的预计使用寿命,按照资产的账面价值扣除预计残净值后的余额以及尚可使用寿命重新计算确定折旧率和折旧额;如果资产的预计使用寿命发生变更,企业应当相应改变资产的预计使用寿命,并按照会计估计变更的有关规定进行会计处理。

(3) 如果资产的预计残净值没有发生变更,企业仍应按照资产的账面价值扣除预计净残值后的余额以及尚可使用寿命重新计算确定折旧率和折旧额(或摊销额);如果资产的预计净残值发生变更,企业应当相应改变资产的预计净残值,并按照会计估计变更的有关规定进行会计处理。

第四节 资产组的认定及减值处理

一、资产组的认定

资产组是企业可以认定的最小资产组合,其产生的现金流入应当基本上独立于其他资产或者资产组。资产组应当由创造现金流入相关的资产组成。

企业在判断资产发生减值时,有迹象表明一项资产发生减值的,企业应当以单项资产为基础估计其可收回金额。企业难以对单项资产的可收回金额进行估计时,应当以该资产所属的资产组为基础确定资产组的可收回金额。因此,资产组的认定十分重要。

1. 认定资产组应当考虑的因素

认定资产组最关键的因素是该资产组能否独立产生现金流入。比如,企业的某一生产线、营业网点、业务部门等,如果能够独立于其他部门或者单位等创造收入,产生现金流入,或者其创造的收入和现金流入绝大部分独立于其他部门或者单位的,并且属于可认定的最小资产组合,通常应将该生产线、营业网点、业务部门等认定为一个资产组。

【例9-11】某矿业公司拥有一个煤矿,与煤矿的生产和运输相配套,建有一条专用铁路。该铁路除非报废出售,其在持续使用中,难以脱离煤矿相关的其他资产而产生单独的现金流入,因此,企业难以对专用铁路的可收回金额进行单独估计,专用铁路和煤矿其他相关资产必须结合在一起,成为一个资产组,以估计该资产组的可收回金额。

在资产组的认定中,企业几项资产的组合生产的产品(或者其他产出)存在活跃市场的,无论这些产品或者其他产出是用于对外出售还是仅供企业内部使用,均表明这几项资产的组合能够独立创造现金流入,在符合其他相关条件的情况下,应当将这些资产的组合认定为资产组。

【例9-12】甲公司生产某单一产品,并且只拥有A、B、C三家工厂。三家工厂分别位于三个不同的国家,而三个国家又位于三个不同的洲。工厂A生产一种组件,由工厂B或者C进行组装,最终产品由B或者C销往世界各地,比如工厂B的产品可以在本地销售,也可以在C所在洲销售(如果将产品从B运到C所在洲更加方便的话)。

B和C的生产能力合在一起尚有剩余,并没有被完全利用。B和C生产能力的利用程度依赖于甲公司对于销售产品在两地之间的分配。以下分别认定与A、B、C有关的资产组。

假定 A 生产的产品(即组件)存在活跃市场，则 A 可以认定为一个单独的资产组，原因是它生产的产品尽管主要用于 B 或者 C，但是，由于该产品存在活跃市场，可以带来独立的现金流量，因此，通常应当认定为一个单独的资产组。在确定其未来现金流量的现值时，公司应当调整其财务预算或预测，将未来现金流量的预计建立在公平交易的前提下 A 所生产产品的未来价格最佳估计数，而不是其内部转移价格。

对于 B 和 C 而言，即使 B 和 C 组装的产品存在活跃市场，由于 B 和 C 的现金流入依赖于产品在两地之间的分配，B 和 C 的未来现金流入不可能单独地确定。因此，B 和 C 组合在一起是可以认定的、可产生基本上独立于其他资产或者资产组的现金流入的资产组合。B 和 C 应当认定为一个资产组。在确定该资产组未来现金流量的现值时，公司也应当调整其财务预算或预测，将未来现金流量的预计建立在公平交易的前提下从 A 所购入产品的未来价格的最佳估计数，而不是其内部转移价格。

【例 9-13】 沿用例 9-12，假定 A 生产的产品不存在活跃市场。在这种情况下，它的现金流入依赖于 B 或者 C 生产的最终产品的销售，因此，A 很可能难以单独产生现金流入，其可收回金额很可能难以单独估计。

而对于 B 和 C 而言，其生产的产品虽然存在活跃市场，但是，B 和 C 的现金流入依赖于产品在两个工厂之间的分配，B 和 C 在产能和销售上的管理是统一的。因此，B 和 C 也难以单独产生现金流量，因而也难以单独估计其可收回金额。

因此，只有 A、B、C 三个工厂组合在一起(即将甲公司作为一个整体)才很可能是一个可以认定的、能够基本上独立产生现金流入的最小的资产组合，从而将 A、B、C 的组合认定为一个资产组。

资产组的认定，应当考虑企业管理层对生产经营活动的管理或者监控方式(如是按照生产线、业务种类还是按照地区或者区域等)和对资产的持续使用或者处置的决策方式等。比如企业各生产线都是独立生产、管理和监控的，那么各生产线很可能应当认定为单独的资产组；如果某些机器设备是相互关联、互相依存的，其使用和处置是一体化决策的，那么，这些机器设备很可能应当认定为一个资产组。

【例 9-14】 ABC 服装企业有童装、西装、衬衫三个工厂，每个工厂在生产、销售、核算、考核和管理等方面都相对独立，在这种情况下，每个工厂通常应当认定为一个资产组。

【例 9-15】 MM 家具制造有限公司有 A 和 B 两个生产车间，A 车间专门生产家具部件，生产完后由 B 车间负责组装并对外销售，该企业对 A 车间和 B 车间资产的使用和处置等决策是一体的，在这种情况下，A 车间和 B 车间通常应当认定为一个资产组。

2. 资产组认定后不得随意变更

资产组一经确定后，在各个会计期间应当保持一致，不得随意变更。即资产组的各项资产构成通常不能随意变更。比如，甲设备在 20×1 年归属于 A 资产组，在无特殊情况下，该设备在 20×2 年仍然应当归属于 A 资产组，而不能随意将其变更至其他资产组。

如果因为企业重组、变更资产用途等原因，导致资产组构成确需变更的，企业则可以进行变更，但企业管理层应当证明该变更是合理的，并应当在附注中做相应说明。

【例 9-16】 甲上市公司由专利权 X、设备 Y 以及设备 Z 组成的生产线，专门用于生产产品 W。该生产线于 20×1 年 1 月投产，至 20×7 年 12 月 31 日已连续生产 7 年。甲公司按照不同的生产线进行管理，产品 W 存在活跃市场。生产线生产的产品 W，经包装机 H 进行外包装后对外出售。

与产品 W 生产线及包装机 H 的有关资料如下。

(1) 专利权 X 于 20×1 年 1 月取得，专门用于生产产品 W。该专利权除用于生产产品 W 外，无其他用途。

(2) 设备 Y 和 Z 是为生产产品 W 专门定制的，除生产产品 W 外，无其他用途。

(3) 包装机 H 系甲公司于 20×0 年 12 月 18 日购入，用于对公司生产的部分产品(包括产品 W)进行外包装。该包装机由独立核算的包装车间使用。公司生产的产品进行包装时需按市场价格向包装车间内部结算包装费。除用于本公司产品的包装外，甲公司还用该机器承接其他企业产品外包装，收取包装费。包装机的公允价值减去处置费用后的净额及未来现金流量现值能够合理确定。

(1) 包装机能否单独计提减值准备？

包装机 H 的可收回金额能够单独计算确定，可作为一单项资产计提减值准备。

(2) 专利权 X、设备 Y 以及设备 Z 能否作为一个资产组？

本例中，专利权 X、设备 Y 以及设备 Z 均无法独立产生现金流入，该三项资产共同产生现金流入，应将三项资产作为一个资产组。

(3) 若包装机 H 只对产品 W 进行包装，无法独立产生未来现金流量，则能否与专利权 X、设备 Y 以及设备 Z 共同组成一个资产组？

需要说明的是，若包装机 H 只对产品 W 进行包装，无法独立产生未来现金流量，则包装机 H 应和专利权 X、设备 Y 以及设备 Z 共同组成一个资产组。

二、资产组减值测试

资产组减值测试的原理和单项资产是一致的，即企业需要预计资产组的可回收金额，计算资产组的账面价值，并将两者进行比较。如果资产组的可回收金额低于其账面价值，表明资产组发生了减值损失，应当予以确认。

1. 资产组账面价值和可回收金额的确定基础

资产组账面价值的确定基础应当与其可回收金额的确定方式相一致。因为这样的比较才有意义，否则，如果两者在不同的基础上进行估计和比较，就难以正确估算资产组的减值损失。

在确定资产组的可收回金额时，应当按照该资产组的公允价值减去处置费用后的净额与其预计未来现金流量的现值两者之间较高者确定。

资产组的账面价值则应当包括可直接归属于资产组与可以合理和一致地分摊至资产组的资产账面价值，通常不应当包括已确认负债的账面价值，但如不考虑该负债金额就无法确定资产组可收回金额的除外。这是因为在预计资产组的可收回金额时，既不包括与该资产组的资产无关的现金流量，也不包括与已在财务报表中确认的负债有关的现金流量。因此，为了与资产组可收回金额的确定基础相一致，资产组的账面价值也不应当包括这些项目。

资产组在处置时如要求购买者承担一项负债(如环境恢复负债等)，该负债金额已经确认并计入相关资产账面价值,而且企业只能取得包括上述资产和负债在内的单一公允价值减去处置费用后的净额的,为了比较资产组的账面价值和可收回金额,在确定资产组的账面价值及其预计未来现金流量的现值时,应当将已确认的负债金额从中扣除。

【例 9-17】 甲公司属于矿业生产企业。根据我国有关法律规定,开采矿产的企业必须在完成开采后将该地区恢复原貌。恢复费用主要为山体表层复原费用(比如恢复植被等),因为山体表层必须在矿山开发前挖走。因此,企业在山体表层被挖走后,确认了一项预计负债,并计入矿山成本,假定其金额为 1 500 万元。

20×1 年 12 月 31 日,甲公司发现矿山中的储量远低于预期,因此,公司对于该矿山进行了减值测试。整座矿山被认定为一个资产组。该资产组在 20×1 年年末的账面价值为 3 000 万元(包括确认的恢复山体原貌的预计负债)。

矿山(资产组)如于 20×1 年 12 月 31 对外出售,买方愿意出价 2 460 万元(包括恢复山体原貌成本,即已经扣减这一成本因素),预计处置费用为 60 万元,因此,该矿山的公允价值减去处置费用后的净额为 2 400 万元。

矿山的预计未来现金流量的现值为 3 600 万元,不包括恢复费用。

根据资产减值准则的要求,为了比较资产组的账面价值和可回收金额,在确定资产组的账面价值及其预计未来现金流量的现值时,应当将已确认的负债金额从中扣除。

在本例中,资产组的公允价值减去处置费用后的净额 2 400 万元,该金额已经考虑了恢复费用。该资产组预计未来现金流量的现值在考虑了恢复费用后为 2 100(3 600-1 500)万元。因此,该资产组的可回收金额为 2 400 万元。资产组的账面价值在扣除了已确认的恢复原貌预计负债后的金额为 1 500(3 000-1 500)万元。这样,资产组的可回收金额大于其账面价值,所以,资产组没有发生减值,不必确认减值损失。

2. 资产组减值的会计处理

根据减值测试的结果,资产组的可回收金额低于其账面价值的,应当确认相应的减值损失。减值损失金额应当按照以下顺序分摊。

首先抵减分摊至资产组中商誉的账面价值,然后再根据资产组中除商誉之外的其他各项资产的账面价值所占比重,按比例抵减其他各项资产的账面价值。

以上资产账面价值的抵减,应当作为各单项资产(包括商誉)的减值损失处理,计入当期损益。抵减后的各项资产的账面价值不得低于以下三者之中最高者:该资产的公允价值减去处置费用后的净额(如可确定)、该资产预计未来现金流量的现值(如可确定)和零。因此而导致的未能分摊的减值损失金额,应当按照相关资产组中其他各项资产账面价值所占比重进行分摊。

【例 9-18】 甲公司有一条生产特种仪器的生产线。该生产线由 D、E、F 三部机器构成,成本分别为 600 000 元、900 000 元和 1 500 000 元,使用年限为 10 年,净残值为零,以年限平均法计提折旧。三部机器均无法单独产生现金流量。整条生产线构成完整的产销单位,属于一个资产组。20×1 年,该生产线所生产的特种商品由于受到新产品冲击,导致甲公司特种仪器的销路锐减,因此,对该生产线进行减值测试。

20×1 年 12 月 31 日,D、E、F 三部机器的账面价值分别为 300 000 元、450 000 元、750 000 元。估计 D 机器的公允价值减去处置费用后的净额为 225 000 元,E、F 机器都无法合理估计其公允价值减去处置费用后的净额以及未来现金流量的现值。

整条生产线预计尚可使用 5 年。经估计其未来 5 年的现金流量及恰当的折现率后,得到该生产线预计未来现金流量的现值为 900 000 元。由于公司无法合理估计生产线的公允价值减去处置费用后的净额,所以公司以该生产线预计未来现金流量的现值为其可回收金额。

鉴于在 20×1 年 12 月 31 日,该生产线的账面价值为 1 500 000 元,其可回收金额为 900 000 元,生产线的账面价值高于其可回收金额,因此该生产线已经发生了减值。公司应当确认减值损失 600 000 元,并将该减值损失分摊到构成生产线的三部机器上。由于 D 机器的公允价值减去处置费用后的净额为 225 000 元,因此,D 机器分摊了减值损失后的账面价值不应低于 225 000 元,具体分摊过程如表 9-5 所示。

表 9-5　减值损失分摊过程

单位:元

	机器 D	机器 E	机器 F	整个生产线(资产组)
账面价值	300 000	450 000	750 000	1 500 000
可收回金额				900 000
减值损失				600 000
减值损失分摊比例/%	20	30	50	
分摊减值损失	75 000	180 000	300 000	555 000
分摊后账面价值	225 000	270 000	450 000	
尚未分摊的减值损失				45 000
二次分摊比例/%		37.5	62.5	
二次分摊减值损失		16 875	28 125	45 000
二次分摊后应确认减值损失总额		196 875	328 125	
二次分摊后账面价值	225 000	253 125	421 875	900 000

注:按照比例分配,机器 D 应当分摊减值损失 120 000(600 000×20%)元,但由于机器 D 的公允价值减去处置费用后的净额为 225 000 元,因此机器 D 最多只能确认减值损失 75 000 (300 000-225 000)元。未能分摊的减值损失 45 000(120 000-75 000)元应当在机器 E 和机器 F 之间进行再分摊。

根据上述计算和分摊结果,构成该生产线的机器 D、机器 E 和机器 F 应当分别确认减值损失 75 000 元、196 875 元和 328 125 元,账务处理如下:

　　借:资产减值损失——机器 D　　　　　　　　　　　　75 000
　　　　　　　　　　——机器 E　　　　　　　　　　　196 875
　　　　　　　　　　——机器 F　　　　　　　　　　　328 125
　　　贷:固定资产减值准备——机器 D　　　　　　　　　75 000
　　　　　　　　　　　　——机器 E　　　　　　　　196 875
　　　　　　　　　　　　——机器 F　　　　　　　　328 125

三、总部资产减值测试

企业总部资产包括企业集团或其事业部的办公室、电子数据处理设备、研发中心等资产。总部资产的显著性特征是其难以脱离其他资产或者资产组产生独立的现金流入，而且其账面价值难以完全归属于某一资产组。因此，总部资产通常难以单独进行减值测试，需要结合其他相关资产组或者资产组组合进行。资产组组合，是指由若干个资产组组成的最小资产组组合，包括资产组或资产组组合，以及按合理方法分摊的总部资产部分。

在资产负债表日，如果有迹象表明某项总部资产可能发生减值，企业应当计算确定该总部资产归属的资产组或者资产组组合的可收回金额，然后将其与相应的账面价值进行比较，据以判断其是否需要确认减值损失。

企业对某一资产进行减值测试时，应当先认定所有与该资产组相关的总部资产，再根据相关总部资产能否按照合理和一致的基础分摊至资产组，总部资产减值测试需分下列情况进行处理：

（1）对于相关总部资产能够按照合理和一致的基础分摊至该资产组的部分，应将该部分总部资产的账面价值分摊至该资产组，再据以比较该资产组的账面价值(包括已分摊的总部资产的账面价值部分)和可收回金额，并按照前述有关资产组减值测试的顺序和方法进行处理。

（2）对于相关总部资产中有部分资产难以按照合理和一致基础分摊至该资产组的，应当按照下列步骤处理：①在不考虑相关总部资产的情况下，估计和比较资产组的账面价值和可回收金额，并按照前述有关资产组减值测试的顺序和方法处理。②认定由若干个资产组组成的最小的资产组组合。该资产组组合应当包括所测试的资产组与可以按照合理和一致的基础将该部分总部资产的账面价值分摊其上的部分。③比较所认定的资产组组合的账面价值(包括已分摊的总部资产账面价值部分)和可回收金额，并按照前述有关资产组减值测试的顺序和方法处理。

对于各资产组应当确认的减值损失，则需要按照资产组内各项资产的账面价值，将其分配到各项资产，并以此为依据分别对各项资产进行资产减值的账务处理。至于总部资产应确认的减值损失，也应按照总部资产所包含的各项资产的账面价值，将其分配到各项资产并进行资产减值的账务处理。

【例9-19】 甲公司系高科技企业，拥有D、E和F三个资产组。20×1年年末，这三个资产组的账面价值分别为300万元、450万元和600万元，没有商誉。这三个资产组为三条生产线，预计剩余使用寿命分别为10年、20年和20年，采用平均年限法计提折旧。由于甲公司的竞争对手通过技术创新推出了更高技术含量的产品，并且受到市场欢迎，对甲公司产品产生了重大不利影响，因此，甲公司于20×1年年末对各资产组进行了减值测试。

甲公司的经营管理活动由总部负责，总部资产包括一栋办公大楼和电子数据处理设备，其中办公大楼的账面价值为450万元，电子数据处理设备的账面价值为150万元。办公大楼的账面价值可以在合理和一致的基础上分摊至各资产组，但是电子数据处理设备的账面价值难以在合理和一致的基础上分摊至各相关资产组。具体计算如表9-6所示。

表9-6 资产减值计算表

单位：万元

项 目	资产组D	资产组E	资产组F	合计
各资产组账面价值	300	450	600	1 350
各资产组剩余使用寿命	10	20	20	
按使用寿命计算的权数	1	2	2	
加权计算后的账面价值	300	900	1 200	2 400
办公大楼的分摊比例(各资产组加权后的账面价值÷各资产组加权后的账面价值合计)/%	12.50	37.50	50	100
办公大楼的账面价值分摊到各资产组的金额	56.25	168.75	225	450
包括分摊的办公大楼的账面价值部分的各资产组账面价值	356.25	618.75	825	1 800

假定各资产组和资产组组合的公允价值减去处置费用后的净额难以确定，企业根据它们的预计未来现金流量的现值来计算可回收金额，计算现值所用的折现率为15%。经计算(过程省略)，企业确定资产组D、E和F的可回收金额分别为597万元、492万元和813万元，资产组组合的可回收金额为2 160万元。资产组E和F的可回收金额均低于其账面价值，应当分别确认126.75万元和12万元的减值损失，并将该减值损失在办公大楼和资产组之间进行分摊。

根据分摊结果，因资产组E发生减值损失126.75万元，导致办公大楼减值34.57(126.75×168.75÷618.75)万元，导致资产组E中所包括的资产发生减值92.18(126.75×450÷618.75)万元；因资产组F发生减值损失12万元，导致办公大楼减值3.27(12×225÷825)万元，导致资产组F中所包括的资产发生减值8.73(12×600÷825)万元。

经过上述减值测试后，资产组D、E、F和办公大楼的账面价值分别为300万元、357.82万元、591.27万元、412.16万元，电子数据处理设备的账面价值仍为150万元。由此，包括电子数据处理设备在内的最小资产组组合(即甲公司)账面价值总额为1 811.25(300+357.82+591.27+412.16+150)万元，但其可收回金额为2 160万元，高于其账面价值，企业不必再进一步确认减值损失。

思 考 题

1. 资产减值准则的范围如何确定？
2. 资产减值迹象如何进行判断？
3. 如何确定资产的可收回金额？
4. 怎样认定资产组？资产组的减值如何处理？
5. 如何进行总部资产减值测试？

自 测 题

一、单项选择题

1. 下列各项中不属于《企业会计准则第8号——资产减值》的计提范围的是(   )。

A. 采用成本模式进行后续计量的投资性房地产　　B. 商誉
C. 固定资产　　　　　　　　　　　　　　　　　　D. 存货

2. 在计算确定资产公允价值减去处置费用后的净额时，下列项目中不应抵减的是(　　)。
A. 与资产处置有关的法律费用　　　　B. 与资产处置有关的相关税费
C. 与资产处置有关的所得税费用　　　D. 与资产处置有关的搬运费

3. 计提资产减值准备时，借记的科目是(　　)。
A. 营业外支出　　B. 资产减值损失　　C. 投资收益　　D. 管理费用

4. 下列各项资产减值准备中，在相应资产的持有期间内可以转回的是(　　)。
A. 无形资产减值准备　　　　　　　　B. 贷款损失准备
C. 商誉减值准备　　　　　　　　　　D. 长期股权投资减值准备

5. 长城公司属于矿业生产企业，法律要求业主必须在完成开采后将该地区恢复原貌。恢复费用包括表土覆盖层的复原，因为表土覆盖层在矿山开发前必须搬走。表土覆盖层一旦移走，企业就应为其确认一项负债，其有关费用计入矿山成本，并在矿山使用寿命内计提折旧。假定该公司为恢复费用确认的预计负债的账面金额为2 000万元。20×1年12月31日，该公司正在对矿山进行减值测试，矿山的资产组是整座矿山。长城公司已经收到愿意以4 500万元的价格购买该矿山的合同，这一价格已经考虑了复原表土覆盖层的成本。矿山预计未来现金流量的现值为6 600万元，不包括恢复费用；矿山的账面价值为7 000万元。该资产组20×1年12月31日应计提减值准备(　　)万元。
A. 600　　　　　B. 400　　　　　C. 200　　　　　D. 500

6. 20×1年12月31日，甲企业一台原价为1000万元、已计提折旧300万元、已计提减值准备50万元的固定资产出现减值迹象。经减值测试，其未来税前和税后净现金流量的现值分别为600万元和550万元，公允价值减去处置费用后的净额为570万元。不考虑其他因素，20×1年12月31日，甲企业应为该固定资产计提减值准备的金额为(　　)万元。
A. 0　　　　　B. 50　　　　　C. 100　　　　　D. 80

7. 某公司采用期望现金流量法估计未来现金流量，20×1年A设备在不同的经营情况下产生的现金流量分别为：该公司经营好的可能性是40%，产生的现金流量为60万元；经营一般的可能性是30%，产生的现金流量是50万元；经营差的可能性是30%，产生的现金流量是40万元，则该公司A设备20×1年预计的现金流量是(　　)万元。
A. 30　　　　　B. 51　　　　　C. 15　　　　　D. 8

8. 甲公司拥有B公司30%的股份，以权益法核算，20×1年期初该长期股权投资账面余额为100万元，20×2年B公司盈利60万元，其他相关资料如下：根据测算，该长期股权投资市场公允价值为120万元，处置费用为20万元，预计未来现金流量现值为110万元，则20×2年年末该公司对长期股权投资应计提减值准备(　　)万元。
A. 0　　　　　B. 2　　　　　C. 8　　　　　D. 18

9. 20×1年12月31日甲企业对其拥有的一台机器设备进行减值测试时发现，该资产如果立即出售，则可以获得920万元的价款，发生的处置费用预计为20万元；如果继续使用，那么在该资产使用寿命终结时的现金流量现值为888万元。该资产目前的账面价值是910万元，甲企业在20×1年12月31日应该计提的固定资产减值准备是(　　)万元。
A. 10　　　　　B. 20　　　　　C. 12　　　　　D. 2

10. 企业对资产未来现金流量的预计，应建立在企业管理层批准的最近财务预算或者预测基础上，但预算涵盖的期间最多不超过(　　)年。

A. 5　　　　　　B. 4　　　　　　C. 3　　　　　　D. 10

二、多项选择题

1. 对某一资产组减值损失的金额需要(　　)。
   A. 抵减分摊至该资产组中商誉的账面价值
   B. 根据该资产组中的商誉以及其他各项资产所占比重，直接进行分摊
   C. 在企业所有资产中进行分摊
   D. 根据该资产组中除商誉之外的其他各项资产的公允价值所占比重，按照比例抵减其他各项资产的账面价值
   E. 根据该资产组中除商誉之外的其他各项资产的账面价值所占比重，按照比例抵减其他各项资产的账面价值

2. 总部资产的显著特征为(　　)。
   A. 总部资产的账面价值必须能够分摊到所属的各资产组
   B. 资产的账面价值可以完全归属于某一资产组
   C. 资产的账面价值难以完全归属于某一资产组
   D. 难以脱离其他资产或者资产组产生独立的现金流入
   E. 能够脱离其他资产或者资产组产生独立的现金流入

3. 下列情况中有可能导致资产发生减值迹象的有(　　)。
   A. 资产市价的下跌幅度明显高于因时间的推移或者正常使用而预计的下跌
   B. 如果企业经营所处的经济、技术或者法律等环境以及资产所处的市场在当期或者将在近期发生重大变化，从而对企业产生不利影响
   C. 如果有证据表明资产已经陈旧过时或者其实体已经损坏
   D. 资产所创造的净现金流量或者实现的营业利润远远低于原来的预算或者预计金额
   E. 资产在建造或者收购时所需的现金支出远远高于最初的预算

4. 下列项目中，与计提资产减值有关的有(　　)。
   A. 资产的公允价值
   B. 资产的账面价值
   C. 资产处置费用
   D. 资产未来现金流量
   E. 资产的必要报酬率

5. 企业在计提了固定资产减值准备后，下列会计处理正确的有(　　)。
   A. 固定资产减值后，预计使用寿命变更的，应当改变固定资产折旧年限
   B. 以后期间如果该固定资产的减值因素消失，那么可以按照不超过原来计提减值准备的金额予以转回
   C. 固定资产减值后，预计净残值变更的，应当改变固定资产的折旧方法
   D. 固定资产减值后，所含经济利益预期实现方式变更的，应改变固定资产折旧方法

E. 固定资产减值损失一经确认,在以后会计期间不得转回

6. 企业对于资产组的减值损失,应先抵减分摊至资产组中商誉的账面价值,再根据资产组中除商誉之外的其他各项资产的账面价值所占比重,按比例抵减其他各项资产的账面价值,但抵减后的各资产的账面价值不得低于以下各项中的最高者的是( )。

  A. 该资产的公允价值
  B. 该资产的公允价值减去处置费用后的净额
  C. 该资产预计未来现金流量的现值
  D. 零
  E. 该资产预计未来现金流量

7. 下列项目中构成企业某项资产所产生的预计未来现金流量的有( )。

  A. 资产持续使用过程中预计产生的现金流入
  B. 为实现资产持续使用过程中产生的现金流入所必需的预计现金流出
  C. 资产使用寿命结束时,处置资产所收到或者支付的净现金流量
  D. 所得税费用
  E. 筹资费用

8. 可收回金额是按照下列两者中的较高者确定的是( )。

  A. 资产的账面价值减去处置费用后的净额
  B. 资产的公允价值减去处置费用后的净额
  C. 预计未来现金流量之和
  D. 预计未来现金流量现值
  E. 资产的公允价值

9. 关于资产组的认定,下列表述中正确的有( )。

  A. 资产组账面价值的确定基础应当与其可收回金额的确定方式相一致
  B. 资产组(包括资产组组合)减值损失金额应当首先抵减分摊至资产组中商誉的账面价值
  C. 资产组的认定,应当以资产组产生的主要现金流入是否独立于其他资产或者资产组的现金流入为依据
  D. 资产组认定后不得随意变更
  E. 资产组认定后可以随意变更

10. 关于总部资产的表述,下列选项中正确的有( )。

  A. 在资产负债表日,如果有迹象表明总部资产可能发生减值,应当对其进行减值测试
  B. 总部资产通常难以单独进行减值测试,需要结合其他相关资产组或者资产组组合进行
  C. 总部资产可以脱离其他资产或者资产组产生独立的现金流入
  D. 对于相关总部资产能够按照合理和一致的基础分摊至该资产组的部分,应当将该部分总部资产的账面价值分摊至该资产组据以来进行减值测试
  E. 总部资产通常也可以单独进行减值测试

三、判断题

1. 资产组的可收回金额应当按照该资产组的账面价值减去处置费用后的净额与其预计未来现金流量的现值两者之间较高者确定。（   ）

2. 依据《企业会计准则第 8 号——资产减值》的规定，资产减值损失一经确认，在以后会计期间不得转回。（   ）

3. 资产组的账面价值包括可直接归属于资产组与可以合理和一致地分摊至资产组的资产账面价值，通常不应当包括已确认负债的账面价值，但如不考虑该负债金额就无法确认资产组可收回金额的除外。（   ）

4. 资产组在处置时如要求购买者承担一项负债(如环境恢复负债等)，该负债金额已经确认并计入相关资产账面价值，而且企业只能取得包括上述资产和负债在内的单一公允价值减去处置费用后的净额的，为了比较资产组的账面价值和可收回金额，在确定资产组的账面价值及其预计未来现金流量的现值时，应当将已确认的负债金额从中扣除。（   ）

5. 不存在销售协议但存在资产活跃市场的，资产的公允价值减去处置费用后的净额应当按照该资产的市场价格减去处置费用后的金额确定。资产的市场价格通常应当根据资产的卖方定价确定。（   ）

业 务 题

1. 昌盛公司 2020 年 12 月 31 日，对下列资产进行减值测试，有关资料如下。

(1) 对购入的 A 机器设备进行检查时发现该机器可能发生减值。该机器原值为 8 000 万元，累计折旧 5 000 万元，2020 年末账面价值为 3 000 万元。该机器的公允价值总额为 2 000 万元；直接归属于该机器的处置费用为 100 万元，尚可使用 5 年，预计其在未来 4 年内产生的现金流量分别为 600 万元、540 万元、480 万元、370 万元；第 5 年产生的现金流量以及使用寿命结束时处置形成的现金流量合计为 300 万元；在考虑相关因素的基础上，公司决定采用 5%的折现率。

(2) 一项专有技术 B 的账面成本为 190 万元，已摊销额为 100 万元，已计提减值准备为零，该专有技术已被其他新的技术所代替，其为企业创造经济利益的能力受到重大不利影响。公司经分析，认定该专有技术虽然价值受到重大影响，但仍有 30 万元左右的剩余价值。

(3) 对某项管理用大型设备 C 进行减值测试，发现其销售净价为 2 380 万元，预计该设备持续使用和使用寿命结束时进行处置所形成的现金流量的现值为 2 600 万元。该设备系 2016 年 12 月购入并投入使用，账面原价为 4 900 万元，预计使用年限为 8 年，预计净残值为 100 万元，采用年限平均法计提折旧。2019 年 12 月 31 日，昌盛公司对该设备计提减值准备 360 万元，其减值准备余额为 360 万元。计提减值准备后，设备的预计使用年限、折旧方法和预计净残值均不改变。

(4) 对 D 公司的长期股权投资进行减值测试，发现该公司经营不善，亏损严重，公司长期股权投资的可收回金额下跌至 2 100 万元。该项投资系 2019 年 8 月以一幢写字楼从另一家公司置换取得的。昌盛公司换出写字楼的账面原价为 8 000 万元，累计折旧为 5 300 万元。2019 年 8 月该写字楼的公允价值为 2 700 万元。假定昌盛公司对该长期股权投资采用成本法核算。

要求：计算 2020 年 12 月 31 日上述各项计提减值损失，并编制会计分录。

2. 某企业于 2016 年 9 月 5 日对一固定资产进行改扩建，改扩建前该固定资产的原价为 2 000 万元，已提折旧 400 万元，已提减值准备 200 万元。在改扩建过程中领用工程物资 300 万元，领用生产用原材料 100 万元，原材料的进项税额为 13 万元。发生改扩建人员工资 150 万元，用银行存款支付其他费用 37 万元。该固定资产于 2016 年 12 月 20 日达到预定可使用状态，并投入生产部门使用。该企业对改扩建后的固定资产采用年限平均法计提折旧，预计尚可使用年限为 10 年，预计净残值为 100 万元。

2017 年 12 月 31 日该固定资产的公允价值减去处置费用后的净额为 1 602 万元，预计未来现金流量现值为 1 693 万元。

2018 年 12 月 31 日该固定资产的公允价值减去处置费用后的净额为 1 580 万元，预计未来现金流量现值为 1 600 万元。

2019 年 12 月 31 日该固定资产的公允价值减去处置费用后的净额为 1 340 万元，预计未来现金流量现值为 1 350 万元。

2020 年 12 月 31 日该固定资产的公允价值减去处置费用后的净额为 1 080 万元，预计未来现金流量现值为 1 100 万元。

假定固定资产计提减值准备不影响固定资产的预计使用年限和预计净残值。

要求：对上述固定资产业务进行相应的会计处理。

3. 正大股份有限公司(以下简称正大公司)有关资产的资料如下。

(1) 正大公司有一条生产电子产品的生产线，由 A、B、C 三项设备构成，初始成本分别为 40 万元、60 万元和 100 万元。使用年限为 10 年，预计净残值为零，采用年限平均法计提折旧，至 2020 年年末该生产线已使用 5 年。三项设备均无法单独产生现金流量，但整条生产线构成完整的产销单位，属于一个资产组。

(2) 2020 年该生产线所生产的电子产品有替代产品上市，到年底导致公司生产的电子产品销路锐减 40%，因此，公司于年末对该条生产线进行减值测试。

(3) 2020 年年末，正大公司估计该生产线的公允价值为 56 万元，估计相关处置费用为 2 万元；经估计生产线未来 5 年现金流量及其折现率，计算确定的现值为 60 万元。另外，A 设备的公允价值减去处置费用后的净额为 15 万元，B、C 两设备都无法合理估计其公允价值减去处置费用后的净额以及未来现金流量的现值。

(4) 整条生产线预计尚可使用 5 年。

要求：

(1) 计算资产组和各项设备的减值损失。

(2) 编制有关会计分录。

4. 大华股份有限公司(以下简称大华公司)拥有企业总部资产和三条独立生产线(A、B、C 三条生产线)，被认定为三个资产组。2020 年年末总部资产和三个资产组的账面价值分别为 400 万元、400 万元、500 万元和 600 万元。三条生产线的使用寿命分别为 5 年、10 年和 15 年。

由于三条生产线所生产的产品市场竞争激烈，同类产品更为价廉物美，从而导致产品滞销，开工严重不足，产能大大过剩，使三条生产线出现减值的迹象并于期末进行减值测试。在减值测试过程中，一栋办公楼的账面价值可以在合理和一致的基础上分摊至各资产组,其分摊标准是以各资产组的账面价值和剩余使用寿命加权平均计算的账面价值作为分摊的依据。

经减值测试计算确定的三个资产组(A、B、C 三条生产线)的可收回金额分别为 460 万元、480 万元和 580 万元。

要求:
(1) 分别计算总部资产和各资产组应计提的减值准备金额。
(2) 编制计提减值准备的有关会计分录。

第十章

流动负债

学习目标：了解流动负债的概念、分类；理解流动负债的特点；掌握应付票据、应付账款、应付职工薪酬、应交税费、短期借款与其他流动负债的基本业务处理。

关键词：流动负债　应付票据　应付职工薪酬　应交税费　应付账款

第一节　流动负债概述

负债是指企业过去的交易或事项形成的、预期会导致经济利益流出企业的现时义务。

负债可以按照偿付时间的长短，分为流动负债和非流动负债两大类。传统上，流动负债和非流动负债的区分是以一年为界限的。在一年偿还的债务属于流动负债，包括短期借款、应付账款、预收账款等。偿还期在一年以上的债务属于非流动负债，包括长期借款、应付债券、长期应付款项等。

区分流动负债和非流动负债，可以显示企业负债的偿还或支付期限，以评估一个企业的财务状况。同时比较流动资产与流动负债，可以反映出企业的短期偿债能力，这也是债权人，尤其是短期债权人尤为关心的一个财务指标。本章主要介绍流动负债部分，非流动负债将在下一章进行介绍。

一、流动负债的概念和特点

流动负债是指将在一年或者超过一年的一个营业周期内偿还的债务。一般来说，作为流动负债必须符合以下两个条件：到期日在一年或一个营业周期以内；到期时应动用流动资产或以新的流动负债作为偿债手段。

通常流动负债大多是因经营活动而产生的，如因赊购商品或原料等产生的应付账款、应付票据、欠发职工的应付职工薪酬、各种应交的税费等。此外，流动负债还包括其他筹资活动产生的，预期在一年或超过一年的一个营业周期内以流动资产或流动负债偿付的债务，如短期借款、长期借款和应付债券一年内到期部分。

流动负债具有以下特点：偿还期限短、筹资成本低、偿还方式灵活。

二、流动负债的分类和计量

资产负债表上的流动负债主要包括短期借款、应付票据、应付账款、应付职工薪酬、应交税费、应付股利、预收账款、其他应付款等。由于负债企业现在承担的债务责任是过去产生的，它的偿付是在将来发生，因此既可以按照流动负债金额确定程度分类，也可以按照流动负债产生的原因分类。

1. 流动负债的分类

1) 根据负债金额确定程度分类

(1) 金额确定的流动负债。这类流动负债一般在确认一项义务的同时，根据合同、契约或法律的规定具有确切的金额乃至有确切的债权人和付款日，并且到期必须偿还。这类流动负债可以比较精确地计量，具体包括短期借款、应付账款、预收账款、应付职工薪酬、其他应付款等。

(2) 金额需估计的流动负债。这类流动负债是指金额在某个会计期末，甚至在到期日都无法精确计量，但是确实是过去已经发生的经济业务所引起，并必须于未来的某一确定日期偿付的流动负债，如预计负债等。

(3) 金额视经营情况而定的流动负债。这类流动负债需待企业在一定的经营期末才能确定负债金额，在该经营期末结束前，负债金额不能确定，如应交所得税、应付投资者利润等，必须到一定的会计期间终了后才能确定应交多少所得税以及应向投资者分配多少利润。

2) 根据流动负债产生的原因分类

(1) 借贷产生的流动负债。从银行或其他金融机构借入的短期借款。

(2) 结算产生的流动负债。企业购买原材料或其他资产，款项尚未支付形成的应付账款或应付票据。

(3) 经营活动产生的流动负债。如应付职工薪酬、应交税费等。

(4) 分配利润产生的流动负债。如应付股利等。

2. 流动负债的计量

负债是企业已经存在的、需要在未来偿付的现行的经济义务。因此，对于所有负债的计量都应当考虑货币的时间价值，即不论其偿付期长短，都应该在其发生时按未来偿付金额的现值入账。但考虑到流动负债偿还期短，到期值与其现值差额很小，所以对于已经确定的流动负债一般按确定的未来需要偿付的金额或面值来计量，并列示在资产负债表上。

第二节　应付票据与应付账款

一、应付票据的核算

应付票据是由出票人出票，委托付款人在指定日期无条件支付确定的金额给收款人或持票人的票据。应付票据也是委托付款人允诺在一定时期内支付一定款额的书面证明。在我国，应付票据是在经济往来活动中由于采用商业汇票方式而发生的，由签发人签发、承兑人承兑的商业票据。

应付票据按照是否带息分为带息应付票据和不带息应付票据两种。无论是哪种票据，在我国会计实务中取得时都采用按票据的面值入账的方法。企业在开出、承兑商业票据或以承兑的商业票据抵付货款和应付账款时，借记"材料采购(或在途物资)""原材料(或库存商品)""应交税费——应交增值税(进项税额)""应付账款"等账户,贷记"应付票据"账户。

1. 带息应付票据的处理

带息应付票据是指在票据到期日,按票面上列示的利率,以票面金额加上到期利息支付的票据。这种票据的到期值是面值加利息。带息的商业汇票,期限较短,一般可不计提利息,但到期末,应计算利息,计入财务费用的同时,增加应付票据的账面价值,即借记"财务费用"账户,贷记"应付票据"账户。在票据到期支付本息时,将尚未计提的利息计入财务费用的同时,连同应付票据已经计提的利息和面值,以货币资金进行支付,即借记"财务费用""应付票据"账户,贷记"银行存款"等账户。到期不能支付的带息应付票据,期末不再计提利息。

【例 10-1】甲公司 20×1 年 12 月 1 日购入价款为 20 000 元的商品一批,增值税为 2 600 元,出具期限为 3 个月的带息票据一张,年利率为 5%。

该公司的会计处理如下。

(1) 12 月 1 日购入商品时。

借:库存商品　　　　　　　　　　　　　　　20 000
　　应交税费——应交增值税(进项税额)　　　 2 600
　　贷:应付票据　　　　　　　　　　　　　　　　　　22 600

(2) 12 月 31 日,确认一个月利息费用 94.17 (22 600×5%÷12)元。

借:财务费用　　　　　　　　　　　　　　　　94.17
　　贷:应付票据　　　　　　　　　　　　　　　　　　94.17

(3) 20×2 年 3 月 1 日到期付款时。

借:应付票据　　　　　　　　　　　　　　　22 694.17
　　财务费用　　　　　　　　　　　　　　　　188.34
　　贷:银行存款　　　　　　　　　　　　　　　　　22 882.51

2. 不带息应付票据的处理

不带息应付票据,其面值就是票据到期时的应付金额。在期末时,不用计提利息费用,到期支付时,只要支付面值金额。

企业开出并承兑的商业承兑汇票到期时,如无力支付票款,应将"应付票据"的账面余额转入"应付账款"账户。

对于银行承兑汇票而言,支付的手续费借记"财务费用"账户,贷记"银行存款"账户。到期时如企业无力支付票款,则将"应付票据"的账面余额转入"短期借款"账户。

【例 10-2】甲公司 20×1 年 5 月 1 日出具期限为 3 个月的不带息银行承兑汇票 50 000 元一张(已确认为应付票据),同时支付手续费 100 元,公司到期未能支付票款。

该公司的会计处理如下。

(1) 20×1 年 5 月 1 日支付手续费时。

借:财务费用　　　　　　　　　　　　　　　　100
　　贷:银行存款　　　　　　　　　　　　　　　　　　100

(2) 20×1 年 8 月 1 日未能支付票款。

借：应付票据　　　　　　　　　　　50 000
　　贷：短期借款　　　　　　　　　　　　　50 000

二、应付账款的核算

应付账款是指企业在正常生产经营过程中因购买材料、商品或接受劳务供应等而发生的债务。这是买卖双方在购销活动中，由于取得物资或劳务与支付货款在时间上不一致而产生的负债。

应付账款入账时间应以所购买物资的所有权转移或接受劳务已发生为标志。在物资和发票账单同时到达的情况下，应付账款一般等物资验收入库后，才按发票账单登记入账。这主要是为了确认购入的物资是否在质量、数量和品种上都与合同上订明的条件相符，以免因先入账而在验收入库时发现购入物资错、漏、破损等问题后再行调账。

应付账款一般按应付金额，即发票价格(有时还包括供货单位代垫的运杂费)入账，而不按到期应付金额的现值入账。目前我国应付账款入账金额按发票上记载的应付金额的总值(即不扣除折扣)记账。在这种方法下，应按发票上记载的全部应付金额，借记有关科目，贷记"应付账款"科目；付款时获得的现金折扣，冲减财务费用。

偿还应付账款时，直接借记"应付账款"账户，贷记"银行存款"等账户。应付账款一般在较短期限内支付，有些应付账款由于债权单位撤销或其他原因而无法支付。这笔无法支付的应付账款按账面余额将其列入营业外收入处理。

【例 10-3】 甲公司 20×1 年 5 月向乙公司赊购材料一批，专用发票上注明的价格为 30 000 元，增值税税额为 3 900 元，现金折扣条件为"2/10，n/30"。材料已入库。公司在折扣期内付款，享受折扣 678 元。

该公司的会计处理如下。

(1) 赊购材料并入库。

借：原材料　　　　　　　　　　　　　30 000
　　应交税费——应交增值税(进项税额)　3 900
　　贷：应付账款——乙公司　　　　　　　　33 900

(2) 折扣期内付款。

借：应付账款——乙公司　　　　　　　33 900
　　贷：银行存款　　　　　　　　　　　　　33 222
　　　　财务费用　　　　　　　　　　　　　　678

在物资和发票不是同时到达的情况下，由于应付账款要根据发票账单登记入账，有时候货物已到，发票账单要间隔较长时间才能到达，但由于这笔负债已经形成，应作为一项负债反映。为在资产负债表上客观地反映企业所拥有的资产和承担的负债，在实际中，采用在月终时将所购物资和应付债务估计入账，待下月初再用红字予以冲回的办法，具体例解可参见第三章存货的相关内容。

第三节　应付职工薪酬

一、职工薪酬的概念及内容

1. 职工薪酬的概念

应付职工薪酬是企业根据有关规定应付给职工的各种薪酬。职工薪酬，是指企业为获得职工提供的服务或解除劳动关系而给予的各种形式的报酬或补偿。其中，职工是指与企业订立劳动合同的所有人员，含全职、兼职和临时职工，也包括虽未与企业订立劳动合同但由企业正式任命的人员。未与企业订立劳动合同或未由其正式任命，但向企业所提供服务与职工所提供服务类似的人员，也属于职工的范畴，包括通过企业与劳务中介公司签订用工合同而向企业提供服务的人员。

2. 职工薪酬的内容

职工薪酬包括短期薪酬、离职后福利、辞退福利和其他长期职工福利。企业提供给职工配偶、子女、受赠养人、已故员工遗属及其他受益人等的福利，也属于职工薪酬。

(1) 短期薪酬是指企业在职工提供相关服务的年度报告期间结束后12个月内需要全部予以支付的职工薪酬，因解除与职工的劳动关系给予的补偿除外。短期薪酬具体包括：职工工资、奖金、津贴和补贴，职工福利费，医疗保险费、工伤保险费和生育保险费等社会保险费，住房公积金，工会经费和职工教育经费，短期带薪缺勤，短期利润分享计划，非货币性福利以及其他短期薪酬。

(2) 离职后福利是指企业为获得职工提供的服务而在职工退休或与企业解除劳动关系后，提供的各种形式的报酬和福利，短期薪酬和辞退福利除外。

(3) 辞退福利是指企业在职工劳动合同到期之前解除与职工的劳动关系，或者为鼓励职工自愿接受裁减而给予职工的补偿。

(4) 其他长期职工福利是指除短期薪酬、离职后福利、辞退福利之外所有的职工薪酬，包括长期带薪缺勤、长期残疾福利、长期利润分享计划等。

二、职工薪酬的确认和计量

1. 短期薪酬

企业应当在职工为其提供服务的会计期间，将实际发生的短期薪酬确认为负债，并计入当期损益，按规定要求或允许计入资产成本的除外。

1) 一般短期薪酬的确认与计量

企业发生的职工工资、津贴和补贴等短期薪酬，应当根据职工提供服务情况和工资标准等计算计入职工薪酬的工资总额，并按照收益对象计入当期损益或相关资产成本，借记"生产成本""制造费用""管理费用"等科目，贷记"应付职工薪酬"科目。发放时，借记"应付职工薪酬"科目，贷记"银行存款"科目。

企业为职工缴纳的医疗保险费、工伤保险费、生育保险费等社会保险费和住房公积金，以及按规定提取的工会经费和职工教育经费，应当在职工为其提供服务的会计期间，根据规定的计提基础和计提比例计算确定相应的职工薪酬金额，并确认相关负债，按照受益对象计入当期损益或相关资产成本。

企业发生的职工福利费，应当在实际发生时根据实际发生额计入当期损益或相关资产成本。企业向职工提供非货币性福利的，应当按照公允价值计量。

2) 短期带薪缺勤的确认与计量

带薪缺勤是指企业支付工资或提供补偿的职工缺勤，包括年休假、病假、短期伤残、婚假、产假、丧假、探亲假等。带薪缺勤应当根据其性质及其职工享有的权利，分为累积带薪缺勤和非累积带薪缺勤两类。企业应当对累积带薪缺勤和非累积带薪缺勤分别进行确认与计量。如果带薪缺勤属于长期带薪缺勤的，企业应当作为其他长期职工福利处理。

其中，累积带薪缺勤是指带薪权利可以结转下期的带薪缺勤，本期尚未用完的带薪缺勤权利可以在未来期间使用。非累积带薪缺勤是指带薪权利不能结转下期的带薪缺勤，本期尚未用完的带薪缺勤权利将予以取消，并且职工离开企业时也无权获得现金支付。

2. 离职后福利

离职后福利计划是指企业与职工就离职后福利达成的协议，或者企业为向职工提供离职后福利制定的规章或办法等，包括设定提存计划和设定受益计划。

设定提存计划是指向独立主体(如基金等)缴存固定费用后，企业不再承担进一步支付义务的离职后福利计划。企业应当在职工为其提供服务的会计期间，将根据设定提存计划计算的应缴存金额确认为职工薪酬负债，并计入当期损益或相关资产成本。根据设定提存计划，预期不会在职工提供相关服务的年度报告期结束后 12 个月内支付全部应缴存金额的，企业应当参照相应的折现率，将全部应缴存金额以折现后的金额计量应付职工薪酬。

设定受益计划是指除设定提存计划以外的离职后福利计划。

3. 辞退福利

企业向职工提供辞退福利的，应当在下列两者孰早日确认辞退福利产生的职工薪酬负债，并计入当期损益：①企业不能单方面撤回因解除劳动关系计划或裁减建议所提供的辞退福利时。②企业确认与涉及支付辞退福利的重组相关的成本或费用时。

企业应当按照辞退计划条款的规定，合理预计并确认辞退福利产生的应付职工薪酬，具体考虑下列情况。

(1) 对于职工没有选择权的辞退计划，应当根据计划条款规定拟解除劳动关系的职工数量、每一职位的辞退补偿等确认职工薪酬负债。

(2) 对于自愿接受裁减建议的辞退计划，因接受裁减的职工数量不确定，企业应当根据《企业会计准则或有事项》的规定，预计将会接受裁减建议的职工数量，根据预计的职工数量和每一职位的辞退补偿等确认职工薪酬负债。

(3) 对于辞退福利预期在其确认的年度报告期结束后 12 个月内完全支付的，应当适用短期薪酬的相关规定。

(4) 对于辞退福利预期在年度报告期结束后 12 个月内不能完全支付的，应当适用其他长期职工福利的有关规定。

三、应付职工薪酬的会计处理

企业应设置"应付职工薪酬"科目进行职工薪酬的核算,同时本科目应当按照"工资、奖金、津贴、补贴""职工福利费""社会保险费""住房公积金""工会经费""职工教育经费""非货币性福利""带薪缺勤""辞退福利"等明细科目进行会计核算。

1. 货币性短期薪酬

职工的工资、奖金、津贴、补贴,大部分的职工福利费、医疗保险费、工伤保险费和生育保险费等社会保险费,住房公积金,工会经费和职工教育经费一般属于货币性短期薪酬。

企业应当根据职工提供服务情况和工资标准计算应计入职工薪酬的工资总额,按照受益对象计入当期损益或相关资产的成本。生产部门人员的职工薪酬,借记"生产成本""制造费用"等科目;管理部门人员的职工薪酬,借记"管理费用"科目;销售人员的职工薪酬,借记"销售费用"科目;应由在建工程、研发支出负担的职工薪酬,借记"在建工程""研发支出"科目。贷方都记入"应付职工薪酬"科目。在实际支付时,借记"应付职工薪酬",贷记"银行存款"等科目。

企业为职工缴纳的医疗保险费、工伤保险费、生育保险费等社会保险费和住房公积金,以及按规定提取的工会经费和职工教育经费,应当在职工为其提供服务的会计期间,根据规定的计提基础和计提比例计算确定相应的职工薪酬金额,并确认相应负债,按照收益对象计入当期损益或相关资产成本。其中:①医疗保险费、工伤保险费、生育保险费和住房公积金。企业应当按照国务院、所在地政府或企业年金计划规定的标准,计量应付职工薪酬金额和应相应计入成本费用的薪酬金额。②工会经费和职工教育经费。企业应当按照财务规则等相关规定,分别按照职工工资总额2%和8%的计提标准,计量应付职工薪酬(工会经费、职工教育经费)金额和应相应计入成本费用的薪酬金额。

按规定计提医疗保险费、工伤保险费、生育保险费等社会保险费,住房公积金,工会经费,职工教育经费时,借记相关成本费用等科目,贷记"应付职工薪酬——社会保险费、住房公积金、工会经费、职工教育经费"等明细科目。

企业从应付职工薪酬中扣还的各种款项(代垫的家属药费、个人所得税等),借记"应付职工薪酬"科目,贷记"其他应付款""应交税费——应交个人所得税"等科目。

【例10-4】 甲公司一直委托银行代发工资,20×1年5月工资结算情况如表10-1所示。

表10-1 工资结算表

单位:元

项　目	工资总额	代扣房租水电	代扣个人所得税	实发工资
生产人员	1 352 000	48 000	8 600	1 295 400
设备安装人员	213 600	5 000	2 100	206 500
车间管理人员	194 700	4 900	1 700	188 100
企业管理人员	351 000	12 000	7 800	331 200
销售人员	73 000	7 800	6 650	58 550
合　　计	2 184 300	77 700	26 850	2 079 750

要求：做出发放工资、代扣款项和分配工资的会计分录。
该公司的会计业务如下。
(1) 委托银行发放工资。
借：应付职工薪酬——工资、奖金、津贴、补贴　　2 079 750
　　　贷：银行存款　　　　　　　　　　　　　　　　　2 079 750
(2) 扣除各代扣款项。
借：应付职工薪酬——工资、奖金、津贴、补贴　　104 550
　　　贷：其他应收款　　　　　　　　　　　　　　　　77 700
　　　　　应交税费——应交个人所得税　　　　　　　　26 850
(3) 工资分配。
借：生产成本　　　　　　　　　　　　　　　　　1 352 000
　　制造费用　　　　　　　　　　　　　　　　　　194 700
　　管理费用　　　　　　　　　　　　　　　　　　351 000
　　在建工程　　　　　　　　　　　　　　　　　　213 600
　　销售费用　　　　　　　　　　　　　　　　　　 73 000
　　　贷：应付职工薪酬——工资、奖金、津贴、补贴　 2 184 300

【例 10-5】 接例 10-4，甲公司分别按照工资总额的 2%、8%、10%、10.5%计提工会经费、职工教育经费、医疗保险费和住房公积金。其会计处理如下。
借：生产成本　　　　　　　　　　　　　　　　　412 360
　　制造费用　　　　　　　　　　　　　　　　　 59 383.5
　　管理费用　　　　　　　　　　　　　　　　　107 055
　　在建工程　　　　　　　　　　　　　　　　　 65 148
　　销售费用　　　　　　　　　　　　　　　　　 22 265
　　　贷：应付职工薪酬——工会经费　　　　　　　　 43 686
　　　　　　　　　　　——职工教育经费　　　　　　174 744
　　　　　　　　　　　——社会保险费(医疗保险费)　218 430
　　　　　　　　　　　——住房公积金　　　　　　　229 351.5

企业发生的职工福利费，应当在实际发生时根据实际发生额计入当期损益或相关资产成本。

2. 非货币性福利

企业向职工提供非货币性福利的，应当按照公允价值计量。企业向职工提供的非货币性职工薪酬，应当分情况处理。

企业以其生产的产品作为非货币性福利提供给职工的，应当按照该产品的公允价值和相关税费，计量应计入成本费用的职工薪酬金额，相关收入的确认、销售成本的结转和相关税费的处理，与正常商品销售相同。以外购商品作为非货币性福利提供给职工的，应当按照该商品的公允价值和相关税费计入成本费用。

企业将拥有的房屋等资产无偿提供给职工使用的，应当根据受益对象，将住房每期应计提的折旧计入相关资产成本或当期损益，同时确认应付职工薪酬。

租赁住房等资产供职工无偿使用的,应当根据受益对象,将每期应付的租金计入相关资产成本或当期损益,并确认应付职工薪酬。难以认定受益对象的,直接计入当期损益,并确认应付职工薪酬。

【例10-6】 乙公司为一家生产冰箱的企业,共有职工500名,20×1年2月,公司以其生产的成本为4 000元的冰箱和外购的每台不含税价格为100元的暖风扇作为春节福利发放给公司的每名职工。该型号冰箱的售价为每台5 000元,公司适用的增值税税率为13%,已开具了增值税专用发票;公司以银行存款支付了购买暖风扇的价款和增值税进项税额,已取得增值税专用发票,适用的增值税税率为13%。假定500名职工中400名为直接参加生产的职工,100名为管理人员。

分析:企业以自己生产的产品作为福利发放给职工,应计入成本费用的职工薪酬金额以公允价值计量,计入主营业务收入,产品按照成本结转,但要根据相关税收规定,视同销售计算增值税销项税额。外购商品发放给职工作为福利,应当将交纳的增值税进项税额计入成本费用。

该公司的会计业务如下。

(1) 乙公司决定发放非货币性福利(冰箱)时。

冰箱的售价总额=5 000×500=2 500 000(元)

冰箱的增值税销项税额=5 000×500×13%=325 000(元)

```
借:生产成本                    2 260 000 (2825 000×80%)
    管理费用                      565 000 (2825 000×20%)
    贷:应付职工薪酬——非货币性福利        2825 000
```

(2) 实际发放冰箱时。

```
借:应付职工薪酬——非货币性福利     2 825 000
    贷:主营业务收入                      2 500 000
        应交税费——应交增值税(销项税额)      325 000
借:主营业务成本                   2 000 000
    贷:库存商品                          2 000 000
```

(3) 公司决定发放非货币性福利(暖风扇)时。

暖风扇的售价总额=500×100=50 000(元)

暖风扇的增值税进项税额=100×500×13%=6 500(元)

```
借:生产成本                        45 200
    管理费用                        11 300
    贷:应付职工薪酬——非货币性福利        56 500
```

3. 带薪缺勤

带薪缺勤是指企业支付工资或提供补偿的职工缺勤,包括年休假、病假、短期伤残、婚假、产假、丧假、探亲假等。

1) 累积带薪缺勤

累积带薪缺勤是指带薪缺勤权利可以结转下期的带薪缺勤,本期尚未用完的带薪缺勤权利可以在未来期间使用。企业应当在职工提供了服务从而增加了其未来享有的带薪缺勤权利时,确认与累积带薪缺勤相关的职工薪酬,并以累积未行使权利而增加的预期支付金额计量。有些累积带薪缺勤在职工离开企业时，对于未行使的权利，职工有权获得现金支付。职工在离开企业时能够获得现金支付的，企业应当确认企业必须支付的、职工全部累积未使用权利的金额。企业应当根据资产负债表日因累积未使用权利而导致的预期支付的追加金额，作为累积带薪缺勤费用进行预计。

【例10-7】 甲公司共有200名职工，其中50名为总部管理人员，150名为直接生产工人。从20×1年1月1日起，该公司实行累积带薪缺勤制度。该制度规定，每名职工每年可享受5个工作日带薪年休假，未使用的年休假只能向后结转一个日历年度，超过1年未行使的权利作废；职工休年假时，首先使用当年享受的权利，不足部分再从上年结转的带薪年休假中扣除；职工离开公司时，对未使用的累积带薪年休假无权获得现金支付。2×15年12月31日，每个职工当年平均未使用带薪年休假为2天。

甲公司预计20×2年有150名职工将享受不超过5天的带薪年休假，剩余50名总部管理人员每人将平均享受6天年休假，该公司平均每名职工每个工作日工资为400元。

要求：计算甲公司20×1年年末因带薪缺勤计入管理费用的金额并进行账务处理。

分析：甲公司20×1年年末应当预计由于累积未使用的带薪年休假而导致预期将支付的工资负债，根据甲公司预计20×2年职工的年休假情况，只有50名总部管理人员会使用20×1年的未使用带薪年休假1天(6-5)，而其他20×1年累计未使用的都将失效。

应计入管理费用的金额=50×(6-5)×400=20 000(元)

借：管理费用　　　　　　　　　　　20 000

　　贷：应付职工薪酬——累积带薪缺勤　　20 000

2) 非累积带薪缺勤

非累积带薪缺勤是指带薪权利不能结转下期的带薪缺勤，本期尚未用完的带薪缺勤权利将予以取消，并且职工离开企业时也无权获得现金支付。我国企业职工休婚假、产假、丧假、探亲假、病假期间的工资通常属于非累积带薪缺勤。企业应当在职工实际发生缺勤的会计期间确认与非累积带薪缺勤相关的职工薪酬。通常情况下，与非累积带薪缺勤相关的职工薪酬已经包括在企业每期向职工发放的工资等薪酬中，因此，不必额外做相应的会计处理。

第四节　应交税费

应交税费是指企业按照税收法规的规定应向国家交纳的各种税金和其他相关费用。这些应交的税费在尚未缴纳之前暂时停留在企业，形成一项负债。

企业应缴纳的税金，按照征税对象可以分为三类：流转税、所得税和其他税种。

流转税是指对从事商品生产、销售及提供劳务的企业，按照商品和劳务的流转额来计算征收的税金，包括增值税、消费税等。

所得税是指对纳税人在一定期间内获得的各种所得征收的一类税种，包括企业所得税、个人所得税。

其他税种包括：①资源、土地税类，具体包括资源税、土地使用税、土地增值税等；②农业税类；③行为税类，包括印花税、城市维护建设税、车船使用税等；④财产税类，主要包括房产税和契税等。

企业应交的以上各类税金除了印花税、耕地占用税以及其他不需要预计应交税的税金直接以货币资金支付以外，其他都必须通过"应交税费"账户核算。

上述各种税种，通过"应交税费"账户核算的，应交税费应该按照税种设立明细核算账户。其借方反映已交的税金，贷方登记应该缴纳的税金，贷方余额反映企业尚未缴纳的税金。

一、应交增值税

1. 增值税及其征税范围

1) 增值税的含义

增值税是以商品(含应税劳务、应税行为)在流转过程中产生的增值额作为计税依据而征收的一种流转税。其中，应税行为包括销售服务、无形资产或者不动产。

按照增值税暂行条例规定，企业购入货物或接受劳务支付的增值税(即进项税额)，可以从销售货物或提供劳务按规定收取的增值税(即销项税额)中抵扣。也就是说，增值税采用的是扣税法来计算应交纳的增值税税额。即，应交增值税=当期销项税额-当期进项税额。

根据财税〔2016〕36号，自2016年5月1日起，在全国范围内全面推开营业税改征增值税试点，本书涉及营改增内容依据其相关规定：《营业税改征增值税试点实施办法》《营业税改征增值税试点有关事项的规定》等。

2) 增值税的征税范围

依据增值税的相关规定，在中华人民共和国境内销售货物，提供应税劳务，销售服务、无形资产或者不动产以及进口货物的单位和个人，为增值税纳税人。纳税人分为一般纳税人和简易计税纳税人。

增值税的征税范围一般包括：①销售或者进口的货物。货物是指有形动产，包括电力、热力和气体在内。销售货物是指有偿转让货物的所有权。②提供的加工、修理修配劳务。加工是指受托加工货物；修理修配是指受托对损伤和丧失功能的货物进行修复。③销售应税服务。应税服务是为他人提供的，包括交通运输服务、邮政服务、电信服务、建筑服务、金融服务、现代服务、生活服务。④销售无形资产和销售不动产。

3) 增值税税率

一般纳税人采用的税率分为基本税率、低税率和零税率三种。

一般纳税人销售或者进口货物，提供应税劳务或提供应税服务，除低税率适用范围外，税率一律为13%，即基本税率。

一般纳税人销售或者进口粮食、食用植物油、自来水、暖气、冷气、热水、煤气、石油液化气、天然气、沼气、居民用煤炭制品、图书、报纸、杂志、饲料、化肥、农药、农机、农膜以及国务院及其有关部门规定的其他货物，适用9%的低税率。

销售服务的增值税税率：提供增值电信服务、金融服务、现代服务(租赁服务除外)、生活服务，税率为6%；提供交通运输服务、邮政服务、基础电信服务、建筑服务、不动产租赁服务，税率为9%；提供有形动产租赁服务，税率为13%。

销售无形资产的增值税税率：转让土地使用权，税率为9%；转让土地使用权以外的其他无形资产，税率为6%。销售不动产的增值税税率为9%。

一般纳税人出口货物和财政部、税务总局规定的应税服务，税率为零，但是国务院另有规定的除外。

2. 应交增值税的账户设置

企业应交的增值税,在"应交税费"账户下设置"应交增值税"明细账户核算。"应交增值税"明细账户的借方发生额,反映企业购进货物或接受应税劳务支付的进项税额、实际已缴纳的增值税等;贷方发生额,反映销售货物或提供应税劳务应交纳的增值税额(销项税额)、出口货物退税、转出已支付或应分担的增值税等;期末借方余额,反映企业尚未抵扣的增值税。因此,"应交税费——应交增值税"设以下专栏。

(1) "进项税额"专栏,记录企业购入货物或接受应税劳务和应税行为而支付的、准予从销项税额中抵扣的增值税额。企业购入货物或接受应税劳务和应税行为支付的进项税额,用蓝字登记;退回所购货物应冲销的进项税额,用红字登记。

(2) "已交税金"专栏,记录企业已交纳的增值税额。企业已交纳的增值税额用蓝字登记;退回多交的增值税额,用红字登记。

(3) "销项税额"专栏,记录企业销售货物或提供应税劳务和应税行为应收取的增值税额。企业销售货物或提供应税劳务和应税行为应收取的销项税额,用蓝字登记;退回销售货物应冲销的销项税额,用红字登记。

(4) "出口退税"专栏,记录企业出口货物向海关办理报关出口手续后,凭出口报关单等有关凭证,向税务机关申报办理出口退税而收到退回的税款。出口货物退回的增值税额,用蓝字登记;出口货物办理退税后发生退货或者退关而补交已退税款,用红字登记。

(5) "进项税额转出"专栏,记录企业的购进货物、在产品、库存商品等发生非正常损失以及其他原因而不应从销项税额中抵扣,按规定应予以转出的进项税额。

(6) "销项税额抵减"专栏,记录一般纳税人按照现行增值税制度规定因扣减销售额而减少的销项税额,如差额计税等。

(7) "转出多交增值税"专栏,反映企业月份终了转出多交的增值税。

(8) "转出未交增值税"专栏,反映企业月份终了转出未交的增值税。

(9) "减免税款"专栏,反映企业按规定减免的增值税款。

(10) "出口抵减内销产品应纳税额"专栏,反映企业按照规定计算的出口货物的进项税额抵减内销产品的应纳税额。

"应交税费——应交增值税"明细账户借方、贷方记录的专栏项目如表 10-2 所示。

表 10-2 应交税费——应交增值税明细账户

发生额:	发生额:
进项税额	销项税额
已交税金	进项税额转出
减免税款	出口退税
出口抵减内销产品应纳税额	转出多交增值税
销项税额抵减	
转出未交增值税	
(余额:留抵税额)	

为了核算一般纳税企业在月终时当月应交未交的增值税或多交的增值税,在"应交税

费"科目下还应设置"未交增值税"明细科目。该明细科目贷方登记自"应交增值税"明细科目转出的未交增值税;借方登记自"应交增值税"明细科目转出的多交增值税和本月实际交纳的以前月份尚未交纳的增值税;期末贷方余额反映未交的增值税,若为借方余额则反映多交的增值税。

为了核算一般纳税企业预交增值税的情况,在"应交税费"科目下还应设置"预交增值税"明细科目。该明细科目借方登记一般纳税人转让不动产,提供不动产经营租赁服务,采用预收款方式销售自行开发的房地产项目等,以及其他按现行增值税制度规定应预缴的增值税额。"预交增值税"明细科目的借方余额期末应转入到"未交增值税"明细科目的借方。

属于简易计税纳税人的企业只需设置"应交增值税"明细科目,不需要在"应交增值税"明细科目中设置上述专栏。仍可沿用三栏式账页核算企业应缴、已缴及多缴或欠缴的增值税。

3. 应交增值税的会计处理

1) 一般纳税人的增值税会计处理

(1) 采购商品与接受应税劳务和应税行为。一般纳税人企业在账务处理上的主要特点:一是在购进阶段,账务处理时实行价税分离,价与税分离的依据为增值税专用发票上注明的价款和增值税,属于价款部分,计入购入货物的成本;属于增值税部分,计入进项税额。二是在销售阶段,销售价格中不再含税,如果定价时含税,应还原为不含税价格作为销售收入,向购买方收取的增值税作为销项税额。

下列进项税额准予从销项税额中抵扣:①从销售方取得的增值税专用发票上注明的增值税额。②从海关取得的海关进口增值税专用缴款书上注明的增值税额。③购进农产品,按照农产品收购发票或者销售发票上注明的农产品买价和 9%(所生产的产品税率是 9%时)或 10%(所生产的产品税率是 13%时)的扣除率计算的进项税额。④从境外单位或者个人购进服务、无形资产或者不动产,自税务机关或者扣缴义务人取得的解缴税款的完税凭证上注明的增值税额。

【例 10-8】 甲公司 20×1 年 10 月 10 日,购进原材料,货已入库,价款为 4 000 000 元,取得增值税专用发票,货款尚未付。

该公司的会计处理如下。

借:原材料　　　　　　　　　　　　　4 000 000
　　应交税费——应交增值税(进项税额)　520 000(4 000 000×13%)
　贷:应付账款　　　　　　　　　　　　4 520 000

纳税人取得的增值税扣税凭证不符合法律、行政法规或者国家税务总局有关规定的,其进项税额不得从销项税额中抵扣。

根据增值税相关法规规定,下列项目的进项税额不得从销项税额中抵扣。

①用于简易计税方法计税项目、免征增值税项目、集体福利或者个人消费的购进货物、加工修理修配劳务、服务、无形资产和不动产。其中涉及的固定资产、无形资产、不动产,仅指专用于上述项目的固定资产、无形资产(不包括其他权益性无形资产)、不动产。纳税人的交际应酬消费属于个人消费。②非正常损失的购进货物,以及相关的加工修理修配劳务和交通运输服务。③非正常损失的产品、产成品所耗用的购进货物(不包括固定资产),加工

修理修配劳务和交通运输服务。④非正常损失的不动产，以及该不动产所耗用的购进货物、设计服务和建筑服务。⑤非正常损失的不动产在建工程所耗用的购进货物、设计服务和建筑服务。纳税人新建、改建、扩建、修缮、装饰不动产，均属于不动产在建工程。⑥购进的旅客运输服务、贷款服务、餐饮服务、居民日常服务和娱乐服务。⑦财政部和国家税务总局规定的其他情形。

会计核算上，这些已支付的增值税只能计入购入商品或接受劳务的成本中。

【例10-9】 接例10-6，购买暖风扇时，公司应做如下账务处理。

借：应付职工薪酬——非货币性福利　　　　　56 500
　　贷：银行存款　　　　　　　　　　　　　　　　　56 500

(2) 进项税额转出。在购入货物时不能直接认定其进项税额能否抵扣的，其专用发票上注明的增值税额，一般按照增值税会计处理的方法记入"应交税费——应交增值税(进项税额)"账户，如果这部分购入货物以后用于按规定不得抵扣进项税额的项目，应将原来已经计入进项税额并已支付的增值税转入有关的承担者予以承担，通过"应交税费——应交增值税(进项税额转出)"账户转入有关的"在建工程""应付职工薪酬""待处理财产损溢"等账户。

【例10-10】 乙公司20×1年10月20日，将上月购进的原材料100 000元用于本企业所属的职工宿舍维修。

该公司的会计处理如下。

借：在建工程　　　　　　　　　　　　　　　113 000
　　贷：原材料　　　　　　　　　　　　　　　　　　100 000
　　　　应交税费——应交增值税(进项税额转出)　　13 000(100 000×13%)

(3) 销售货物或提供应税劳务和应税行为。一般纳税人在对外销售商品或提供劳务和应税行为时，按销售额和应收取的增值税额，向购进方开出增值税专用发票，确认应交增值税的销项税额。

【例10-11】 甲公司20×1年10月18日销售货物一批，专用发票上的价款为800 000元，货款和税款均已收到。

该公司的会计处理如下。

借：银行存款　　　　　　　　　　　　　　　904 000
　　贷：主营业务收入　　　　　　　　　　　　　　800 000
　　　　应交税费——应交增值税(销项税额)　　　　104 000

(4) 视同销售行为。对于企业将货物交付他人代销；销售代销货物；将自产或委托加工的货物用于非应税项目、集体福利或个人消费；将自产、委托加工或外购的货物作为投资、分配给股东或投资者；无偿赠送他人等行为，视同销售货物，应按照销售额计算增值税销项税额。

【例10-12】 乙公司20×1年10月26日，将账面价值2 000 000元的库存商品对外投资，投资额以公允价值计算，此批产品的计税价格为3 600 000元。

该公司的会计处理如下。

借：长期股权投资　　　　　　　　　　　　　4 068 000
　　贷：主营业务收入　　　　　　　　　　　　　　3 600 000

```
        应交税费——应交增值税(销项税额)              468 000(3 600 000×13%)
    借：主营业务成本                                2 000 000
        贷：库存商品                                              2 000 000
```

(5) 缴纳增值税与月末结转。企业在向税务部门实际缴纳本期增值税时，按照实际缴纳的金额借记"应交税费——应交增值税(已交税金)"科目，贷记"银行存款"等科目。企业向税务部门缴纳上期增值税时，借记"应交税费——未交增值税"科目，贷记"银行存款"等科目。

期末，应将本期欠交或多交的增值税转到"应交税费——未交增值税"科目。具体来说，对于企业期末应交未交的增值税，应借记"应交税费——应交增值税(转出未交增值税)"科目，贷记"应交税费——未交增值税"科目；对于企业期末多交的增值税，应借记"应交税费——未交增值税"科目，贷记"应交税费——应交增值税(转出多交增值税)"科目。"预交增值税"明细科目的借方余额期末也应转入到"应交税费——未交增值税"明细科目的借方。结转之后"应交税费——未交增值税"科目余额如果在贷方，代表企业尚未缴纳的增值税；余额如果在借方，代表企业本月多交的增值税。

【例10-13】甲公司20×1年9月末未交增值税60 000元，10月发生以下经济业务。

(1) 10月8日，购进农产品一批1 000 000元，货款已付，货已入库(企业生产的产品的税率是10%)；

(2) 10月10日，交纳上月的未交增值税；

(3) 10月11日，购进原材料，货已入库，价款为5 000 000元，应支付运输费10 000元，取得专用发票和运费单据(普通发票)，货款及运费均未付；

(4) 10月14日，销售货物一批，专用发票上的价款为8 000 000元，货款和税款均已收到；

(5) 10月15日，购进日用百货一批，发给职工作为福利，取得专用发票，注明价款200 000元，税款26 000元，货款已支付；

(6) 10月17日，将账面价值1 500 000元的库存商品对外投资，投资额以公允价值计算，此批产品的计税价格为2 000 000元；

(7) 10月20日，将本月11日购进的原材料100 000元，以及库存商品450 000元(计税价格500 000元)，用于本企业在建工程(按规定该项目不能抵扣)；

(8) 10月28日，库存商品非正常损失60 000元，其中外购材料占库存商品成本的50%；

(9) 10月31日，结转未交增值税。

该公司的会计处理如下。

(1) 10月8日，购进农产品。

```
借：原材料                                     900 000
    应交税费——应交增值税(进项税额)              100 000(1 000 000×10%)
    贷：银行存款                                           1 000 000
```

(2) 10月10日，交纳增值税。

```
借：应交税费——未交增值税                       60 000
    贷：银行存款                                              60 000
```

(3) 10月11日，购进原材料。

```
借：原材料                                     5 010 000
    应交税费——应交增值税(进项税额)              650 000(5 000 000×13%)
```

贷：应付账款		5 660 000

(4) 10月14日，销售货物。

借：银行存款	9 040 000	
贷：主营业务收入		8 000 000
应交税费——应交增值税(销项税额)		1 040 000

(5) 10月15日，购进日用百货一批，发给职工作为福利。

借：应付职工薪酬	226 000	
贷：银行存款		226 000

(6) 10月17日，将库存商品对外投资。

借：长期股权投资	2 260 000	
贷：主营业务收入		2 000 000
应交税费——应交增值税(销项税额)		260 000(2 000 000×13%)
借：主营业务成本	1 500 000	
贷：库存商品		1 500 000

(7) 10月20日，将原材料以及库存商品用于本企业在建工程。

借：在建工程	628 000	
贷：原材料		100 000
应交税费——应交增值税(进项税额转出)		13 000(100 000×13%)
库存商品		450 000
应交税费——应交增值税(销项税额)		65 000(500 000×13%)

(8) 10月28日，库存商品非正常损失。

借：待处理财产损溢	63 900	
贷：库存商品		60 000
应交税费——应交增值税(进项税额转出)		3 900(60 000×50%×13%)

(9) 10月31日，结转未交增值税。

进项税额=100 000+650 000=750 000(元)

销项税额=1 040 000+260 000+65 000=1 365 000(元)

进项税额转出=13 000+3900=16 900(元)

本月未交增值税=1 365 000-(750 000-16 900)=631 900(元)

借：应交税费——应交增值税(转出未交增值税)	631 900	
贷：应交税费——未交增值税		631 900

【例10-14】 甲房地产开发企业为增值税一般纳税人，2×18年8月，预售房地产项目收取的总价款为3 000万元，预计2×19年12月交房。企业按照5%的预征率在不动产所在地预交税款，当月该企业向购房者交付其认购的另一房地产项目，项目总价款为2 000万元，其中，销项税额为142万元，已预缴95万元，购房者于2×17年7月预缴了房款，且该企业预缴了增值税。其账务处理如下。

(1) 预售房地产项目时。

借：银行存款	30 000 000	
贷：预收账款		30 000 000

借：应交税费——预交增值税   1 500 000
   贷：银行存款   1 500 000
(2) 交付另一房地产项目时
借：预收账款   20 000 000
   贷：主营业务收入   18 580 000
      应交税费——应交增值税(销项税额)   1 420 000
借：应交税费——未交增值税   950 000
   贷：应交税费——预交增值税   950 000

2) 简易计税纳税人的增值税会计处理

简易计税纳税人是指年销售额在规定标准以下，而且会计核算不健全，不能按规定报送有关税务资料的增值税纳税人。

简易计税纳税人认定的标准为：年应征增值税销售额 500 万元及以下。另外，年应税销售额超过规定标准的自然人不属于一般纳税人；不经常发生应税行为的单位和个体工商户可选择按照简易计税方法纳税人纳税；兼有销售货物、服务、无形资产、不动产和金融商品，且不经常发生销售货物、服务、无形资产、不动产和金融商品的单位及各地工商户，可选择按照简易计税方法纳税人纳税；简易计税方法纳税人偶然发生的转让不动产的销售额，不计入年销售额。

简易计税纳税人企业的特点：一是简易计税纳税企业销售货物或者提供应税劳务，一般情况下，只能开具普通发票，不能开具增值税专用发票；二是简易计税纳税企业销售货物或提供应税劳务和应税行为，实行简易计税方法计算应纳税额，征收率为3%(财政部和国家税务总局另有规定的除外)，按照销售额的3%计算征收；三是简易计税纳税企业的销售额同样不包括增值税。采用销售额和应纳税额合并定价方法的，按照公式"销售额=含税销售额÷(1+征收率)"还原为不含税销售额计算。简易计税纳税人购买货物后支付的税金一般计入购货成本，不能抵扣。另外，简易计税纳税人只需要设置"应交增值税"明细科目，不需要在"应交增值税"明细科目中设置各专栏。

【例10-15】 甲公司的一子公司为简易计税纳税人。20×1 年 8 月发生以下业务。

(1) 8 月 5 日，购进原料一批，取得专用发票，注明价款 90 000 元，税款 11700 元，材料已入库，尚未付款；

(2) 8 月 10 日，销售产品，开具普通发票，发票金额为 164 800 元，货款已收到；

(3) 8 月 20 日，上交本月税款。

该公司的会计处理如下。

(1) 8 月 5 日，购进原料。
借：原材料   101 700
   贷：应付账款   101 700

(2) 8 月 10 日，销售产品。

不含税价=164 800÷(1+3%)=160 000(元)

应交增值税额=160 000×3%=4 800(元)

借：银行存款   164 800
   贷：主营业务收入   160 000
      应交税费——应交增值税   4 800

(3) 8月20日，上交本月税款

借：应交税费——应交增值税　　　　　　　4 800
　　贷：银行存款　　　　　　　　　　　　　　　　4 800

二、应交消费税

1. 消费税的概念

消费税是对我国境内生产、委托加工和进口应税消费品的单位和个人，就其销售额或销售数量征收的一种流转税。为了调节消费结构，正确引导消费方向，国家在普遍征收增值税的基础上，选择部分消费品，再征收一道消费税。在《消费税法》中，规定了15种应税消费品，它们是：烟、酒、高档化妆品、贵重首饰及珠宝玉石、鞭炮焰火、成品油、摩托车、小汽车、高尔夫球及球具、高档手表、游艇、木质一次性筷子、实木地板、电池、涂料。根据应税消费品所属税目不同，适用的税率也不相同。

消费税的计税方法灵活多样，可以根据不同消费品的价格和计量特点，选择不同的计税方法。目前我国对消费税的征收方法有三种：①从价定率。实行从价定率方法计算的消费税额的计税依据是销售额，这里的销售额包括向购买方收取的全部价款和价外费用，但不包括应向购买方收取的增值税税款。其计算公式为：应纳税额=销售额×适用的比例税率。②从量定额。实行从量定额方法计算消费税的计税依据是销售数量。其计算公式为：应纳税额=销售数量×单位税额(适用的定额税率)。③从价从量复合计征的方法。在现行的征税范围内，只有卷烟、白酒采用复合计征的方法。其计算公式为：应纳税额=销售数量×定额税率+销售额×适用的比例税率。

2. 应交消费税的会计处理

消费税实行价内征收，企业按照规定应交的消费税，在"应交税费"科目下设置"应交消费税"明细科目来核算。企业在销售应税消费品时，计算应交的消费税，借记"税金及附加"账户，贷记"应交税费——应交消费税"账户。

企业以生产的应税消费品对外进行投资、用于在建工程、非生产机构等其他方面，按规定计算应交纳的消费税，借记"长期股权投资""在建工程""营业外支出"等账户，贷记"应交税费——应交消费税"账户。

需要交纳消费税的委托加工物资，由受托方代收代缴消费税。受托方按应交消费税税款，借记"银行存款"账户，贷记"应交税费——应交消费税"账户。

委托方收回委托加工物资后，直接用于销售的，将代收代缴的消费税计入委托加工物资的成本，借记"委托加工物资"等账户，贷记"银行存款"账户，待委托加工物资实现销售时，不再缴纳消费税。

委托加工物资收回后，用于连续生产应税消费品的，按规定可以抵扣的，将代收代缴的消费税税款，借记"应交税费——应交消费税"账户，贷记"银行存款"等账户，待用委托加工物资生产出的应税消费品销售时，再缴纳消费税。

【例10-16】甲公司20×1年发生下列业务。

(1) 4月销售一批产品，不含税售价为300 000元，适用的增值税税率为13%，同时，该批产品为应税消费品,适用的消费税税率为10%,该批产品的生产成本为200 000元。产品已经发出,款项尚未收到。

(2) 5月该公司将一批自产的应税消费品用于发放职工福利,该批产品的生产成本为60 000元,不含税售价为80 000元,该产品适用的增值税税率为13%,消费税税率为5%。

(3) 6月甲公司委托乙公司加工一批材料(非金银首饰),该批材料为应税消费品,实际成本为20 000元。甲公司支付给受托方的不含税加工费为10 000元,应支付的增值税进项税额为1 300元,应支付的消费税为6 250元,全部价款已使用支票付讫。甲公司收回该批委托加工物资后用于连续生产,该批材料已由乙公司加工完成,甲公司全部收回并验收入库。

(4) 8月甲公司委托乙公司加工一批材料(非金银首饰),该批材料为应税消费品,实际成本为20 000元。甲公司支付给受托方的不含税加工费为10 000元,应支付的增值税进项税额为1 300元,应支付的消费税为6 250元,全部价款已使用支票付讫。甲公司收回该批委托加工物资后直接出售,该批材料已由乙公司加工完成,甲公司全部收回并验收入库。

(1) 4月销售商品,应当编制的分录如下。

借:应收账款	339 000
贷:主营业务收入	300 000
应交税费——应交增值税(销项税额)	39 000
借:税金及附加	30 000
贷:应交税费——应交消费税	30 000
借:主营业务成本	200 000
贷:库存商品	200 000

(2) 5月产品用于发放职工福利。

借:应付职工薪酬	94 400
贷:主营业务收入	80 000
应交税费——应交消费税	4 000
应交税费——应交增值税	10 400
借:主营业务成本	60 000
贷:库存商品	60 000

(3) 6月委托加工,发出材料时。

借:委托加工物资	20 000
贷:原材料	20 000

支付加工费及相关税费。

借:委托加工物资	10 000
应交税费——应交消费税	6 250
应交税费——应交增值税	1 300
贷:银行存款	17 550

收回物资验收入库时。

借:原材料	50 000
贷:委托加工物资	50 000

(4) 8月委托加工，发出材料时。

借：委托加工物资　　　　　　　　　　　20 000
　　贷：原材料　　　　　　　　　　　　　　　　　20 000

支付加工费及相关税费。

借：委托加工物资　　　　　　　　　　　16 250
　　应交税费——应交增值税　　　　　　 1 300
　　贷：银行存款　　　　　　　　　　　　　　　 17 550

收回物资验收入库时。

借：原材料　　　　　　　　　　　　　　36 250
　　贷：委托加工物资　　　　　　　　　　　　　 36 250

三、其他税种

1. 资源税

资源税是以各种自然资源为课税对象，为了调节级差收入并体现国有资源有偿使用而向在我国境内开采矿产品或生产盐的单位和个人征收的一种税。资源税的征收范围包括原油、天然气、煤炭、其他非金属矿原矿、黑色金属矿原矿、有色金属矿原矿和盐。

资源税实行从量定额征收的方法，采用地区差别定额税率，不同产区的产品税额不同。计税时，按照应税产品的课税数量和规定的单位税额计算，其计算公式为：应纳资源税税额=课税数量×单位税额。企业应纳资源税在"应交税费——应交资源税"账户中核算。

企业销售开采或生产的应税产品时，以销售数量作为课税数量计算应交的资源税，列入营业税金及附加，即借记"税金及附加"账户，贷记"应交税费——应交资源税"账户。

纳税人将开采或生产的应税产品自用或捐赠的，以自用或捐赠数量作为课税数量计算应交纳的资源税，借记"生产成本""制造费用"或"营业外支出"账户，贷记"应交税费——应交资源税"账户。

企业收购未完税矿产品，于收购环节代扣代缴资源税，以收购数量作为课税数量计算资源税。企业将收购实际支付的价款以及代扣代缴的资源税作为收购矿产品的采购成本，借记"材料采购"或"原材料"等账户，贷记"应交税费——应交资源税"账户。

2. 土地增值税

土地增值税是对有偿转让国有土地使用权及地上建筑物和其他附着物产权，取得增值性收入的单位和个人征收的一种税。土地增值税的计税依据是转让房地产的增值额，即纳税人转让房地产的收入减去税法规定的扣除项目金额后的余额。它实行的是超率累进税率，增值额越高，税率也越高。交纳土地增值税的企业应在"应交税费"科目下设置"应交土地增值税"明细科目进行核算。

主营房地产开发业务的企业，应由当期营业收入负担的土地增值税，借记"税金及附加"账户，贷记"应交税费——应交土地增值税"账户。

企业转让的国有土地使用权连同地上建筑物及其附着物一并在"固定资产"或"在建工程"科目核算的，转让时应交纳的土地增值税，借记"固定资产清理""在建工程"账户，贷记"应交税费——应交土地增值税"账户。

3. 城市维护建设税

城市维护建设税是对从事工商经营，缴纳增值税、消费税的单位和个人征收的一种税。城市维护建设税实行地区差别比例税率。根据纳税人所在地不同，实行不同的税率：所在地为市区，税率为7%；所在地为县城、镇的，税率为5%；所在地不在市区、县城或镇的，税率为1%。城市维护建设税的计税依据是纳税人实际交纳的增值税、消费税之和。其计算公式为

应纳城市维护建设税税额=(增值税税额+消费税税额)×适用税率

在会计核算上，城市维护建设税是价内税，其计算与缴纳均应通过"应交税费——应交城市维护建设税"科目。企业按照规定计算出的城市维护建设税，借记"税金及附加""其他业务成本""固定资产清理"等账户，贷记"应交税费——应交城市维护建设税"账户；实际上缴时，借记"应交税费——应交城市维护建设税"账户，贷记"银行存款"账户。

4. 房产税、城镇土地使用税、车船使用税、印花税

房产税是以房产为征税对象，依据房产价格或房产租金收入向房产所有人或经营人征收的一种税。房产税的计税依据是房产的计税价值或房产的租金收入。按照房产计税价值征税的称为从价计征；按照房产租金收入计征的，称为从租计征。

从价计征的房产税应该按照房产原值扣除一定比例(10%～30%)后的余值乘以税率1.2%计征，公式为

$$应纳税额=应税房产原值×(1-扣除比例)×1.2\%$$

从租计征房产税应该按房产的租金收入乘税率12%计征，公式为

$$应纳税额=房产租金收入×12\%$$

城镇土地使用税是以城镇土地为征税对象，对拥有土地使用权的单位和个人征收的一种税。它以纳税人实际占用的土地面积为计税依据，采用地区幅度定额税率。按照大、中、小城市和县城、建制镇、工矿区分别规定每平方米土地使用税年应纳税额。应纳税额的计算公式为

$$应纳税额=实际占用应税土地面积×单位税额$$

车船使用税是对拥有并使用车船的单位和个人征收的一种税，按照行驶车船的种类、大小、使用性质实行定额征收。车船使用税就行驶的车船征税，不行驶的车船不征税。

印花税是对经济活动和经济交往中书立、使用、领受具有法律效力的凭证的单位和个人征收的一种税。凡在我国书立、使用、领受的合同、产权转移书据、营业账簿、权利、许可证照和财政部规定的其他应税凭证，都是印花税的课税对象。印花税的税率有两种形式：比例税率和定额税率。比例税率适用各种合同、产权转移书据、记载金额的账簿，采用从价定率计征的方法计算缴纳印花税。定额税率适用权利、许可证照以及其他账簿，按件课税，采用从量定额计征印花税。

企业按规定计算应交的房产税、城镇土地使用税、车船使用税，在一般情况下，均应记入企业的管理费用(所以称为费用性税种)，即借记"管理费用"科目，贷记"应交税费——应交房产税、城镇土地使用税、车船使用税"科目。实际交纳时，借记"应交税费"

科目,贷记"银行存款"科目。企业按规定缴纳的印花税,在缴纳时计入"税金及附加"科目。

5. 教育费附加

教育费附加是国家为了发展我国的教育事业,扩大地方教育经费的资金来源而征收的一种附加费,按照企业交纳的流转税的一定比例计算,并与流转税一并交纳。在会计核算时,应交的教育费附加在"应交税费"账户下设置"应交教育费附加"明细账户。企业按规定计算出应交纳的教育费附加,借记"税金及附加"科目,贷记"应交税费——应交教育费附加"科目。

第五节　短期借款与其他流动负债

一、短期借款

短期借款是指企业向银行或其他金融机构借入的,偿还期在一年以内(含一年)的各种借款。短期借款一般是企业为维持正常的生产经营活动或者为抵偿某项债务而借入的资金。企业往往会因为生产周转或季节性等原因出现资金的暂时短缺,可向银行和其他金融机构申请贷款,以保证生产经营的正常进行。

为了核算借入的短期借款,正确反映短期借款的增加、减少和结余以及付息的情况,企业一般设置"短期借款""应付利息"等账户。借入短期借款时,借记"银行存款"账户,贷记"短期借款"账户;归还借款时,借记"短期借款"账户,贷记"银行存款"账户。

短期借款的利息应作为一项财务费用,计入当期损益,但是由于支付的情况不同,要分别对待。

第一种情况,当短期借款的利息按季度或按半年支付并且金额较大时,一般按月计入费用。计提时,借记"财务费用"账户,贷记"应付利息"。实际支付时,按照已经计提的利息金额,借记"应付利息"账户;按照实际支付的数额与已计提额之间的差额,借记"财务费用"账户;按实际支付数额,贷记"银行存款"。

第二种情况,若短期借款的利息是按月支付的,或者利息虽是在到期时连本金一起归还但数额较小,在实际支付利息或收到银行的计息通知时,直接计入当期损益,借记"财务费用"账户,贷记"银行存款"账户。

【例10-17】 甲公司于20×1年11月1日向银行借入款项300 000元,期限为3个月,年利率为5%。按月计提利息费用,到期一次还本付息。

该公司的会计业务如下。

(1) 11月1日,借入时。

借:银行存款　　　　　　　　　　300 000
　　贷:短期借款　　　　　　　　　　　300 000

(2) 11月30日、12月31日,分别确认利息费用1 250(300 000×5%÷12)。

借:财务费用　　　　　　　　　　1 250
　　贷:应付利息　　　　　　　　　　　1 250

(3) 20×2 年 1 月 31 日，还本付息时。

借：应付利息　　　　　　　　　　　　　2 500
　　财务费用　　　　　　　　　　　　　1 250
　　短期借款　　　　　　　　　　　　300 000
　　贷：银行存款　　　　　　　　　　　　　　　303 750

二、预收账款

预收账款是买卖双方协议商定，由购货方预先支付一部分货款给供货方而发生的一项负债。预收账款的核算，应视企业的具体情况而定。如果预收账款比较多，可以设置"预收账款"科目；预收账款不多的，也可以不设置"预收账款"科目，直接计入"应收账款"账户的贷方。

单独设置"预收账款"账户核算的，其贷方反映预收的货款和补付的货款；借方反映应收的货款和退回多收的货款；期末贷方余额反映尚未结清的预收账款，借方余额反映应收的货款。即：收到预付款时，借记"现金"或"银行存款"等账户，贷记"预收账款"账户，以标明预收收益的来源；当货物销售实现时，借记"预收账款"账户，贷记有关收益账户。

【例 10-18】甲公司 20×1 年 8 月 4 日收到乙公司付来的购货款 100 000 元。8 月 25 日，甲公司将货物发出，并开具专用发票，价格为 400 000 元，税款为 68 000 元。乙公司于 9 月 5 日付清余款。

该公司的会计业务如下。

(1) 8 月 4 日，收到预付款。

借：银行存款　　　　　　　　　　　　100 000
　　贷：预收账款——乙公司　　　　　　　　　100 000

(2) 8 月 25 日，发货。

借：预收账款——乙公司　　　　　　　468 000
　　贷：主营业务收入　　　　　　　　　　　　400 000
　　　　应交税费——应交增值税(销项税额)　　68 000

(3) 9 月 5 日，收到余款。

借：银行存款　　　　　　　　　　　　368 000
　　贷：预收账款——乙公司　　　　　　　　　368 000

三、应付股利与应付利息

应付股利是指企业经股东大会或类似机构审议批准分配给投资者的现金股利或利润，在实际未支付前，形成的企业负债。

企业为了广集资财、扩大经营规模，常常会采用各种形式吸收各方面的投资，如直接吸收其他单位投资，接受其他单位联营投资，与投资者合伙、合资经营，或者根据实际需要，与其他单位合作进行某个项目的研究及其生产等。企业作为独立核算的经济实体，对其实现的经营成果除了按照税法及有关法规规定交税、交费外，还应按照协议或合同的规定，将当期实现利润的一部分支付给投资者或合作伙伴，作为投资者投入资金的回报。应付股利包括应付给投资者的现金股利、应付给国家以及其他单位和个人的利润等。企业与其他单位或个人的合作项目，如按协议或合同的规定，应支付给其他单位或个人的利润也通过"应付股利"账户来核算。

企业董事会提请股东大会批准的利润分配方案中拟分配给股东的现金股利，不应确认为负债，但应在附注中披露；股东大会批准年度利润分配方案后，借记"利润分配——应付现金股利或利润"账户，贷记"应付股利"账户；实际支付现金股利或利润时，借记"应付股利"账户，贷记"银行存款"账户。而对于股票股利，不需做正式的会计处理。

应付利息是指企业按照合同约定应支付的利息。具体核算内容既包括短期借款当期应支付的利息，也包括长期借款和应付债券当期应支付的利息。企业应当设置"应付利息"科目，按照债权人设置明细科目进行明细核算，该科目期末贷方余额反映企业按照合同约定应支付但尚未支付的利息。

企业采用合同约定的名义利率计算确定利息费用时，应按合同约定的名义利率计算确定的应付利息的金额，贷记"应付利息"科目；实际支付利息时，借记"应付利息"科目，贷记"银行存款"等科目。

四、其他应付款

企业经常会发生一些应付、暂收其他单位或个人的款项，如应付租入固定资产租金和包装物租金、存入保证金、采用售后回购方式融入的资金。这些暂收、应付款构成了企业的一项流动负债，在会计上设置"其他应付款"账户进行核算。

当发生这些款项时，借记"银行存款"或者"现金"等账户，贷记"其他应付款"账户；归还或使用这些款项时，借记"其他应付款"账户，贷记"银行存款"或者"现金"等账户。其他应付款的明细会计处理，按款项的种类和单位或个人分户进行。

五、一年内到期的非流动负债

企业的非流动负债到期时，最终是要以流动资产来偿付的。为了更加准确地反映企业在短期内需要偿付的债务金额，正确评价企业的短期偿债能力，在进行资产负债表的编制时，应考虑将一年内到期的，实质上已转化为流动负债的部分非流动负债在流动负债项目中予以反映。

思 考 题

1. 什么是流动负债？如何分类？
2. "应付账款"账户核算哪些内容？其入账价值如何确定？
3. "应付职工薪酬"账户核算的内容包括哪些？确认原则是什么？
4. 一般纳税人的应交增值税如何计算？
5. 应交消费税的会计处理要区分哪几种情况？

自 测 题

一、单项选择题

1. 预收账款不多的企业可以不设"预收账款"账户,而是将预收的账款记在( )。
   A. "应付账款"科目的借方　　B. "应收账款"科目的借方
   C. "应付账款"科目的贷方　　D. "应收账款"科目的贷方

2. 购买货物开出商业承兑汇票,应借记"原材料""应交税费"科目,贷记( )科目。
   A. "应收账款"　　B. "应付账款"
   C. "应收票据"　　D. "应付票据"

3. 企业按照规定向住房公积金管理机构缴存的住房公积金应该贷记的科目是( )。
   A. "其他应付款"　　B. "管理费用"
   C. "应付职工薪酬"　　D. "其他应交款"

4. 某企业3月份"应付账款"账户期初贷方余额为10 000元,期末贷方余额为28 000元。本期归还欠款12 000元,则本月发生的欠款是( )。
   A. 30 000元　　B. 6 000元
   C. 50 000元　　D. 26 000元

5. 下列属于非流动负债的会计科目是( )。
   A. 应付账款　　B. 应交税费
   C. 应付债券　　D. 应付利息

6. 企业在无形资产研究阶段发生的职工薪酬应当( )。
   A. 计入无形资产成本　　B. 计入在建工程成本
   C. 计入长期待摊费用　　D. 计入当期损益

7. 下列职工薪酬中,不应根据职工提供服务的受益对象计入成本费用的是( )。
   A. 因解除与职工的劳动关系给予的补偿
   B. 构成工资总额的各组成部分
   C. 工会经费和职工教育经费
   D. 医疗保险费、工伤保险费和生育保险费

8. 下列税金中,与企业计算损益无关的是( )。
   A. 消费税　　B. 一般纳税企业的增值税
   C. 所得税　　D. 城市维护建设税

9. 应付账款在付款时,获得的现金折扣应冲减( )。
   A. 管理费用　　B. 销售费用
   C. 财务费用　　D. 制造费用

10. 在流动负债项目中反映的非流动负债项目是( )。
    A. "长期借款"　　B. "长期应付款"
    C. "应付债券"　　D. "1年内到期的非流动负债"

二、多项选择题

1. "应付职工薪酬"账户的贷方登记支付给职工的工资,借方按工资用途分配记入( )账户。
   A. 管理费用 B. 生产成本
   C. 制造费用 D. 库存商品

2. "应交税费"账户中记录的内容包括( )。
   A. 已交纳的所得税 B. 应交的营业税
   C. 购进商品的进项税额 D. 应交的增值税
   E. 销售产品的销项税额

3. 下列各项中,应通过"应付职工薪酬"科目核算的有( )。
   A. 基本工资 B. 经常性奖金
   C. 养老保险费 D. 股份支付

4. 下列属于职工薪酬中所说的职工的是( )。
   A. 全职、兼职职工 B. 董事会成员
   C. 内部审计委员会成员 D. 劳务用工合同人员

5. 下列项目的进项税额不得从销项税额中抵扣的有( )。
   A. 用于免税项目的购进货物或者应税劳务
   B. 用于集体福利或者个人消费的购进货物或者应税劳务
   C. 非正常损失的购进货物
   D. 非正常损失的在产品、产成品所耗用的购进货物或应税劳务

6. 下列税金中,不考虑特殊情况时,会涉及抵扣情形的有( )。
   A. 一般纳税人购入货物用于生产所负担的增值税
   B. 委托加工收回后用于连续生产应税消费品
   C. 购进农产品取得的销售发票
   D. 从简易计税纳税人购入货物取得普通发票的增值税

7. 按照规定,可以计入"税金及附加"科目的税金有( )。
   A. 土地增值税 B. 消费税 C. 城市维护建设税
   D. 土地使用税 E. 营业税

8. 下列业务中,企业通常视同销售处理的有( )。
   A. 销售代销货物
   B. 在建工程领用企业外购的库存商品
   C. 企业将自产的产品用于集体福利
   D. 在建工程领用企业外购的原材料
   E. 企业将委托加工的货物用于投资

9. 流转税包括( )。
   A. 增值税 B. 营业税
   C. 消费税 D. 企业所得税

10. 通过"管理费用"科目核算的税费包括( )。
    A. 房产税 B. 城镇土地使用税

C. 印花税 D. 车船使用税

三、判断题

1. 企业进行材料采购的核算时，对于材料已到、结算凭证未到、货款尚未支付的采购业务，为了简化核算，月份中间可不进行总分类账核算，待收到发票账单时，再进行总分类账核算。（   ）

2. "应交税费——应交增值税"账户借方登记企业购进货物等负担的增值税进项税税额，贷方登记企业销售货物等应交纳的增值税销项税额。（   ）

3. "应付股利"账户是一个所有者权益类账户，用来核算企业对投资者的利润分配情况和实际支付情况。（   ）

4. 一年内到期的非流动负债属于流动负债。（   ）

5. 职工离职后，企业提供给职工的全部货币性薪酬和非货币性福利，不应通过"应付职工薪酬"科目核算。（   ）

业 务 题

1. 某公司 2 月 1 日借入流动资金贷款 500 000 元，期限为 6 个月，年利率为 4.8%，按月计提利息，到期一次还本付息。要求：编制借入和归还贷款的会计分录。

2. 甲企业于 2×19 年 5 月 4 日从某公司购入一批产品并已验收入库。增值税专用发票上注明该批产品的价款为 2 500 000 元，增值税税额为 325 000 元。合同中规定的现金折扣条件为 "2/10,1/20,n/30"，假定计算现金折扣时不考虑增值税。该企业在 2×19 年 5 月 21 日付清货款。要求：编制该公司的相关会计处理。

3. 某公司 2×18 年 1 月销售 90 辆小轿车，每辆价格 150 000 元(不含税)，货款尚未收到。每辆车成本为 80 000 元，增值税税率为 13%，消费税税率为 8%。要求：计算应交纳的消费税，并做出以上业务的会计分录。

4. 某企业计算本月应付职工工资总额 231 000 元，其中生产工人工资 160 000 元，车间管理人员工资 35 000 元，厂部管理部门人员工资 30 200 元，销售人员工资 5 800 元，代扣代缴个人所得税 3 000 元，实发工资 228 000 元。要求：编制该企业的相关会计分录。

5. 甲公司是增值税一般纳税人，主要生产销售化妆品和护肤护发品，化妆品的消费税税率为 30%，护肤护发品的消费税税率为 8%。2×18 年 8 月发生以下经济业务。

(1) 外购 A 原料一批，专用发票上注明的价款是 680 000 元，货已入库，款项未付。另外，用银行存款支付运费 50 000 元及进项税 4 500 元并取得运费专用发票，价税合计 54 500 元。

(2) 销售化妆品取得收入 9 300 000 元(不含增值税)，销售护肤护发品取得收入 8 670 000 元(不含增值税)。

(3) 收回上月发出的委托加工的化妆品，专用发票上注明加工费 50 000 元，另代扣代缴消费税 364 000 元，原发出委托加工材料成本为 600 000 元。收回后全部领用，用于连续生产化妆品，本月已全部完工销售。

(4) 本月将自产的护肤护发品发放给职工作为福利，成本为 80 000 元，计税价格为 150 000 元。

(5) 本月购进 B 材料一批，专用发票上的价款为 560 000 元，货已入库，款项已经支付。

(6) 基建部门领用 B 材料 100 000 元，领用自产的护肤护发品 60 000 元(计税价 113 000 元)，用于职工食堂的建造。

(7) 公司用自产的化妆品账面价值 500 000 元对外投资，计税价格为 1 250 000 元(以账面价值计量)。

(8) 公司转让一项专利技术，账面价值为 400 000 元，转让价为 850 000 元，已经收到银行存款，需缴纳增值税。

(9) 公司 7 月底"应交增值税"科目有借方余额 65 800 元。

要求：

(1) 计算本月应交的增值税。
(2) 计算本月应交的消费税。
(3) 计算本月应交的城市维护建设税和教育费附加。
(4) 对以上业务进行会计处理。

6. 某公司原材料按实际成本计价，2×19 年发生以下经济业务。

(1) 1 月 27 日购进 A 种材料一批，合同价为 8 000 元，材料已验收入库，结算凭证尚未到达。

(2) 1 月末购进 A 种材料的结算凭证仍未到达，按暂估价 8 000 元入账。

(3) 2 月初冲回入库未付材料款。

(4) 2 月 3 日购进 A 材料的结算凭证到达，价款 8 000 元，增值税税额为 1 040 元，共计 9 040 元，以银行存款支付。

(5) 2 月 1 日向银行借入流动资金贷款 200 000 元，期限 3 个月，年利率为 4.8%，已划入银行户头。

(6) 2 月 4 日购进 B 材料一批，价款 100 000 元，增值税为 17 000 元，开出不带息商业承兑汇票一张并承兑付给对方，期限为 6 个月。

(7) 2 月 10 日收购一批农产品，实际支付的价款为 100 000 元，货物已验收入库(企业产品税率是 13%)。

(8) 2 月 12 日用自产的应税消费品甲产品对外投资，成本价为 200 000 元，计税价格为 350 000 元。对外投资按成本价入账。

(9) 2 月 18 日将 4 日购进的 B 材料 20 000 元用于企业幼儿园工程项目的构建。

(10) 2 月 20 日按照董事会提请股东大会批准的分配方案，应分配现金股利 200 000 元。

(11) 2 月 16 日销售甲产品一批，取得收入 1 000 000 元，收取增值税 130 000 元，已收到银行存款。甲产品为应税消费品，消费税税率为 10%。

(12) 2 月 20 日发放职工工资 500 000 元，用银行存款转账支付。

(13) 2 月 28 日分配工资，生产工人工资 300 000 元，车间管理人员工资 60 000 元，企业管理人员工资 40 000 元，工程人员工资 60 000 元，销售人员工资 30 000 元，并分别按工资总额的 10%、2%、8%计提医疗保险费、工会经费和教育经费。

(14) 2 月 28 日用银行存款支付现金股利 200 000 元。

(15) 2月28日计提一个月的短期借款利息。

要求:

(1) 计算2月应交的增值税。
(2) 计算2月应交的消费税。
(3) 对以上业务进行会计处理。

第十一章

非流动负债

学习目标：了解非流动负债的概念、分类；理解非流动负债的特征；掌握长期借款、应付债券、长期应付款、预计负债的会计核算方法；掌握借款费用资本化金额的计算方法。

关键词：长期借款　应付债券　长期应付款　预计负债　借款费用　资本化

第一节　非流动负债概述

一、非流动负债的概念和特点

非流动负债是相对于流动负债而言的，它主要是指偿还期在一年以上或者超过一年的一个营业周期以上的债务，主要包括长期借款、应付债券、长期应付款和其他非流动负债项目。非流动负债除了具有负债的共同特点外，还具有以下优缺点。

1. 非流动负债的优点

(1) 债务偿还期限较长。一般在一年或者超过一年的一个营业周期以上，是企业的一种长期稳定的资金来源。

(2) 债务的金额较大。非流动负债主要是为了满足企业在扩展阶段购置机器设备等长期资产，进行扩大再生产所必要的投资需求。

(3) 有利于股东保持对企业的控制权，避免股权稀释。若是由投资者追加投资，则需要变更注册资本，另外，还有可能削弱现有投资者对企业的控制权限和能力。而举债经营不会影响企业的投入资本，有利于保持投资者的投资比例，不会影响企业原所有者的投资比例及其对企业的控制权。

(4) 非流动负债可以给企业带来税收上的好处。非流动负债的利息可以在缴纳所得税前作为费用从收入中抵扣，起到了抵减所得税的作用，而支付给投资者的利润或股利只能从税后利润中扣除，不得抵减所得税。从这一特点上来说，企业更愿意通过非流动负债来解决对长期资金的需求问题。

(5) 通过非流动负债所筹资金如果能投资于成功的项目，能为企业所有者带来较大的经济利益。因为债权人只能按固定利率获得利息，投资利润率超过长期负债的固定利息率的这部分盈余，全部归企业的所有者，与债权人无关，从而使企业所有者能享受到剩余的利益。

(6) 通过非流动负债可以转移通货膨胀的风险。由于非流动负债的本金和利率是固定的，应偿还的本金和应支付的利息不会受市场利率变化的影响，因而在通货膨胀的情况下，债权人也仅能得到既定的货币金额，相当于举债企业将通货膨胀的风险转移给了债权人。

2. 非流动负债的缺点

(1) 债权人可能会遭受损失。由于非流动负债的偿还将会导致企业未来大量的现金流出，如果企业经营不善或市场发生不利于企业的变化，使企业的资产报酬率低于非流动负债的固定利息率，企业的债权人就会遭遇损失风险。而企业一旦无法偿还到期的债务，就有可能被迫破产清算。同时，本息的支付也将成为企业财务上的沉重负担，企业必须定期支付长期债务的利息，到期偿还本金，缺乏财务上的灵活性。举债经营也会降低企业未来的借债能力。因此企业举债应慎重，避免盲目、过度举债。

(2) 非流动负债会给企业未来的经营活动和会计政策带来某些方面的限制。通常，债权人为了减少投资风险，会在贷款协议中对举债企业未来支付的最高股利、未来债务的最高限额、设置的偿债基金、保持一定的收益率和流动比率等方面提出限制性要求。

二、非流动负债的计价

根据企业筹集长期债务的方式，长期负债可分为长期借款、应付债券和长期应付款。长期负债的计价，应当考虑货币时间价值，即应在长期负债发生时，按其未来偿还金额的贴现值入账。这与流动负债的计价方法是不同的。

所谓时间价值是扣除风险报酬和通货膨胀补偿后的社会平均投资报酬率。考虑资金的时间价值，不仅本金有时间价值，产生的利息也有时间价值。因此，按复利的方式计算资金的未来值，就是复利终值。计算公式为：$F=P\times(1+i)^n$，也可写成 $F=P\times(F/P,i,n)$，$(F/P,i,n)$ 称为复利终值系数。同样，按复利的方式由终值倒求出本金，就是复利现值。计算公式为：$P=F/(1+i)^n$，也可写成 $P=F\times(P/F,i,n)$，$(P/F,i,n)$ 称为复利现值系数。此外，在一定时期内每期以相等金额收付的方式就是年金方式。普通年金终值的计算公式为：$F=A\times(F/A,i,n)$，$(F/A,i,n)$ 称为年金终值系数。普通年金现值的计算公式为：$P=A\times(P/A,i,n)$，$(P/A,i,n)$ 称为年金现值系数。复利终值系数、复利现值系数、年金终值系数、年金现值系数都可通过查表的方式得到。

第二节 长 期 借 款

一、长期借款及其特点

长期借款是指企业从银行或其他金融机构借入的期限在 1 年以上(不含 1 年)的各种借款。长期借款主要用于购建固定资产和满足企业营运资金的需要。在西方，银行长期借款的初始贷款期是 3~5 年；长期贷款利率较短期贷款利率高 0.25%~0.50%；人寿保险公司等非银行机构的贷款期限一般在 7 年以上，利率比银行贷款要高些，而且要求借款人预付违约金。

企业采用长期借款方式融资的主要特点有：①债务偿还期限比较长，一般在 5 年以上；②债务金额主要用于满足房屋建造、大型设备购买等项目的资金需要；③在借款的使用期间，一般应按年支付利息，本金可到期一次偿还或分期偿还；④与发行股票相比，长期借款不影响股东对企业的控制权；⑤企业需要向银行提供一定的资产作为抵押；⑥在对借款利息费用的处理上,企业会计准则规定,长期借款的利息费用等应当按照权责发生制的要求,按期预提计入所购建资产的成本(即予以资本化)或直接计入当期财务费用。

二、长期借款的核算

企业从银行借入长期借款,应与银行签订借款合同,约定借款本金和利息的偿还方式,并在使用过程中正确核算借款的取得、使用和归还情况。

当企业借入各种长期借款时,应按照实际收到的金额借记"银行存款"科目,按照取得的长期借款的本金贷记"长期借款——本金"科目,借贷双方之间的差额借记"长期借款——利息调整"科目。

在资产负债表日,企业按长期借款的摊余成本和实际利率计算确定的长期借款的利息费用,符合资本化条件的部分借记"在建工程"等科目,不符合资本化条件的部分借记"财务费用"等科目,按照借款本金和合同利率计算确定的应付未付利息部分贷记"应付利息"科目,借贷双方之间的差额贷记"长期借款——利息调整"科目。

当企业归还长期借款时,按照归还的长期借款本金,借记"长期借款——本金"科目;按转销的利息调整的金额,贷记"长期借款——利息调整"科目;按实际归还的金额,贷记"银行存款"科目;按借贷双方之间的差额,借记"财务费用"等科目。

当合同的名义利率与实际利率差异很小时,也可以采用合同利率来计算确定利息费用。

【例11-1】某公司20×1年1月1日从中国建设银行借入人民币100万元,期限为3年,用于建造一条新的生产流水线,年利率为12%。假定该公司与银行约定本息的偿还方式为分期付息、到期还本,即每年年末归还借款利息,3年后一次还清本金(计息按单利计算)。该流水线工程于第二年末完工投入使用,并办理了工程结算。

该公司的会计处理如下。

(1) 20×1年初,借入长期借款时。

借:银行存款　　　　　　　　　　　1 000 000
　　贷:长期借款　　　　　　　　　　　　　1 000 000

(2) 该借款每年末应计利息的计算如下。

每年的利息费用都为100×12%=12(万元)

(3) 第一、二年利息偿还的账务处理是相同的。

借:在建工程　　　　　　　　　　　120 000
　　贷:应付利息　　　　　　　　　　　　　120 000
借:应付利息　　　　　　　　　　　120 000
　　贷:银行存款　　　　　　　　　　　　　120 000

第三年1—12月每月计提利息为
应计利息=100×12%×1÷12=1(万元)

借:财务费用　　　　　　　　　　　10 000
　　贷:应付利息　　　　　　　　　　　　　10 000

(4) 第三年末偿还利息时。

借:应付利息　　　　　　　　　　　120 000
　　贷:银行存款　　　　　　　　　　　　　120 000

(5) 第三年末偿还本金时。

借：长期借款　　　　　　　　　　　　　　1 000 000
　　贷：银行存款　　　　　　　　　　　　　　　1 000 000

在进行长期借款核算时，需要注意，长期借款所发生的利息支出，应分用途按照权责发生制的原则按期预提计入在建项目的成本或计入当期财务费用。如果该项长期借款用于购建固定资产，应将利息支出分期预提计入所购建固定资产的价值；若该项长期借款是固定资产已达到预定可使用状态后发生的，应按月预提计入当期损益。

第三节　应付债券

一、债券的性质与分类

1. 债券的性质

债券是企业为筹集长期资金而依照法定程序发行的、约定于一定日期支付一定的本金，及定期支付一定的利息给持有者的一种有价证券，它是举债企业承诺在未来向债权人偿还本息的书面证明。发行债券是企业筹集长期资金的重要方式之一，通过发行债券，企业将巨额借款分为若干等份，以公开募集的方式向社会举债，能吸收大量长期资金。公司制的企业发行的债券，称为公司债券，其具有法律效力，可以在证券市场上自由转让。债券持有人通过持有债券有权向债券发行人定期索取本息，这就构成了发行债券企业的一项债务。企业发行的超过一年的债券，属于企业的一项长期负债，应作为"应付债券"核算。发行的一年期及一年期以内的短期债券，应作为一项流动负债在"交易性金融负债"科目中核算。

2. 债券的基本要素

债券的发行有着严格的规定，包括债券票面上应载明的内容(称为债券要素)。例如：企业名称、票面金额、票面利率、偿还期限、利息支付的方式等。其中，下列内容是基本的，也是会计处理中必须运用的，因此，称为基本要素。

1) 债券面值

债券面值是指债券的票面价值，即发行人对债券持有人在债券到期后应偿还的本金数额，也是企业向债券持有人按期支付利息的计算依据。面值大小不等，企业可以根据需要设定。它包括票面的币种和票面金额两个方面。票面的币种是指以何种货币作为债券价值的计量标准，取决于发行对象和需要。票面金额是指票面所标明的金额。债券的面值与债券实际的发行价格并不一定是一致的，发行价格大于面值称为溢价发行，小于面值称为折价发行。

2) 债券利率

债券利率也称名义利率或票面利率，是相对于债券发行时的市场利率而言的。债券利率一般用年利率表示，它可以高于、等于或低于市场利率。其高低主要受银行利率、发行者的资信、偿还期限、利息计算方式以及资本市场上资金供求关系的影响。如果债券在 1 年中分次付息，则需要将年利率折算为相应期间的利率。

3) 付息期

债券的付息期是指企业发行债券后的利息支付的时间,它可以是到期一次支付,或 1 年、半年或者 3 个月支付一次。在考虑货币时间价值和通货膨胀因素的情况下,付息期对债券投资者的实际收益有很大影响。债券的发行者应在票面上注明债券的付息日期。若在两个付息日之间编制财务报表,应计提上一付息日至编表日的利息费用和相应的应计利息。

4) 到期日

到期日是指企业债券上载明的偿还债券本金的期限,即债券发行日至到期日之间的时间间隔。发行人在确定债券的偿还期限时,要结合自身资金周转状况及外部资本市场的各种影响因素,即要考虑债券筹集资金的周转期、未来市场利率的发展趋势以及投资者的投资意向等。

3. 债券的分类

债券的种类很多,根据不同的标准,可以分为以下几类。

1) 按债券发行有无财产担保分类

(1) 担保债券,又称抵押债券,是以特定的财产作为偿债保证所发行的债券。

(2) 信用债券,又称无担保债券,是没有特定的财产作为偿债保证,仅凭债券发行企业的信誉所发行的债券。

2) 按是否记名分类

(1) 记名债券是记录持有人姓名的债券。记名债券如果要转让,必须到指定场所办理过户手续。

(2) 无记名债券是不记录持有人姓名的债券,该债券可不经过户手续而自由转让。

3) 按还本方式分类

(1) 定期还本债券是指规定在未来某一时日到期一次全部偿还本金的债券。

(2) 分期还本债券是指在未来日期内分期偿还本金的债券。分期还本债券可以减轻发行公司集中还本的财务负担。

4) 按特殊偿还方式分类

(1) 可赎回债券是指债券发行企业有权在债券到期日以前,按预先设定的价格提前赎回的债券。

(2) 可转换债券是指债券发行一定期限后,持有人可以在特定时期内按一定价格将其转换成企业其他证券(比如普通股)的债券。它具有债务与权益双重属性,属于一种混合性筹资方式。

二、债券的发行

1. 债券的发行资格与发行条件

《中华人民共和国公司法》(以下简称《公司法》)中明确规定,股份有限公司、国有独资公司和两个以上的国有企业或其他两个以上的国有投资主体投资设立的有限责任公司,有资格发行公司债券。股份有限公司、有限责任公司发行债券,由董事会制定方案,股东会做出决议;国有独资公司由国家授权投资的机构或部门做出决定后依法发行债券。有资格发行公司债券的公司，必须具备以下条件。

(1) 股份有限公司的净资产额不低于人民币 3 000 万元，有限责任公司的净资产额不低于人民币 6 000 万元。

(2) 累计债券总额不超过公司净资产额的 40%。

(3) 最近 3 年平均可分配利润足以支付公司债券 1 年的利息。

(4) 筹集的资金投向符合国家产业政策。

(5) 债券的利率不得超过国务院限定的水平。

(6) 国务院规定的其他条件。

另外，发行公司债券所筹集的资金，必须用于审批机关审批的用途，不得用于弥补亏损和非生产性支出。

2. 债券的发行价格与发行方式

债券的发行价格是指债券原始投资者购入债券时应支付的市场价格，它与债券的面值可能一致也可能不一致。影响债券发行价格的因素主要有：债券的付息方式、票面利率、发行时的市场利率。

发行债券的企业，在债券的有效持续期内，需要付出的代价包括：债券到期时按面值支付给投资者的本金；在有效期内按票面利率计算支付的利息。债券的发行价格是由债券发行企业未来应偿还的面值和支付的利息两大部分按发行债券时通用的市场利率折算成现值来决定的，也就是考虑了资金的时间价值。

债券发行价格的计算公式是

$$债券发行价格 = 债券面值的现值 + 应计利息的现值$$

$$= \frac{票面面值}{(1+市场利率)^n} + \sum_{t=1}^{n} \frac{票面面值 \times 票面利率}{(1+市场利率)^t}$$

式中：n —— 债券发行期限；

t —— 债券支付利息的总期数。

【例 11-2】 甲公司 20×1 年 1 月 1 日发行面值为 1 000 元的债券 10 000 份，金额为 10 000 000 元。票面利率为 10%，5 年期。利息每半年支付一次，债券发行时的市场利率为 8%。

要求：计算 1 月份债券的发行价格。

分析计算如下。

分两个部分计算，计算时注意，该债券是每半年支付一次利息，因此，不论票面利率、市场利率，均需按一半计算。

(1) 到期应偿还的债券面值按市场利率折现的现值为

债券面值复利现值 = $F \times (P/F, 4\%, 10)$ = 1 000 × 0.675 6 = 675.6(元)

(2) 按债券票面利率支付各期利息按市场利率折现的现值为

债券各期票面利息的年金现值 = $A \times (P/A, 4\%, 10)$ = 50 × 8.110 9 = 405.55(元)

两者相加，债券的发行价格为 1 081.15 元。

通过债券发行价格的计算公式分析债券发行价格与债券面值之间的关系，可以将债券的发行方式分为三种：面值发行、溢价发行、折价发行。从理论上讲，债券的发行价格应等于债券的票面价值，但实际上债券的发行价格与其票面价值并不总是相同的。这主要是由于债券的票面利率和发行债券时的市场利率不一致造成的。由于债券的发行需要经过很长一段时间的准备过程，即使预先确定的发行利率与市场利率相同，但随着时间的推移，市场利率随时发生着变化，因此，就会出现二者不一致的情况。

从上面计算债券的发行价格的例子中可以看出，在付息方式相同的情况下，债券的发行价格就取决于用作折现率的市场利率和债券的票面利率之间的大小关系。当债券的票面利率高于同期市场利率时，可按超过债券票面价值的价格发行，这就是溢价发行。溢价发行表明企业以后各期多付利息而事先得到的补偿。如果债券的票面利率低于同期市场利率，可按低于债券面值的价格发行，这就是折价发行。折价发行表明企业以后各期少付利息而预先给投资者的补偿。如果债券的票面利率与同期市场利率相同，可按票面价值发行，这就是面值发行。由此可见，溢价或折价是发行债券企业在债券存续期内对利息费用的一种调整。

三、应付债券的核算

企业应设置"应付债券"科目，用以核算企业为筹集长期资金而发行债券的本金和利息。本科目可按"面值""利息调整""应计利息"等进行明细核算。

1. 应付债券发行时的会计处理

企业发行债券，无论是按面值发行，还是溢价或折价发行，均应按实际收到的款项，借记"银行存款"等科目；按债券的面值，贷记"应付债券——面值"科目。实际收到的款项与面值存在差额的，还应借记或贷记"应付债券——利息调整"科目。

2. 应付债券利息调整的摊销

利息调整应在债券存续期间内采用实际利率法进行摊销，按摊余成本对发行的债券进行后续计量。实际利率法，是指按照发行债券的实际利率计算其摊余成本及各期利息费用的方法。实际利率，是指将发行债券在债券预期存续期间的未来现金流量，折现为该债券当前账面价值所使用的利率；摊余成本，是指将该债券的初始确认金额扣除已偿还的本金，加上或减去采用实际利率法将该初始确认金额与到期日金额之间的差额进行摊销形成的累计摊销额后的结果。

企业发行的债券通常分为到期一次还本付息和分期付息、一次还本两种。

对于分期付息、一次还本的债券，企业应于资产负债表日按摊余成本和实际利率计算确定的债券利息费用，借记"在建工程""制造费用""财务费用""研发支出"等科目；按票面利率计算确定的应付未付利息，贷记"应付利息"科目；按其差额，借记或贷记"应付债券——利息调整"科目。

对于一次还本付息的债券，企业应于资产负债表日按摊余成本和实际利率计算确定的债券利息费用，借记"在建工程""制造费用""财务费用""研发支出"等科目；按票面利率计算确定的应付未付利息，贷记"应付债券——应计利息"科目；按其差额，借记或贷记"应付债券——利息调整"科目。

实际利率与票面利率差异较小的，也可以采用票面利率计算确定利息费用。

3. 应付债券到期偿还时的会计处理

应付债券到期时，需要区分不同的情况进行处理。

(1) 对于一次还本付息的债券，企业应于债券到期支付债券本息时，借记"应付债券——面值"和"应付债券——应计利息"科目，贷记"银行存款"等科目。

(2) 对于分期付息、一次还本的债券，在每期支付利息时，借记"应付利息"科目，贷记"银行存款"科目；债券到期偿还本金并支付最后一期利息时，借记"应付债券——面值"和"在建工程""制造费用""财务费用""研发支出"等科目，贷记"银行存款"科目。

(3) 存在利息调整余额的，借记或贷记"应付债券——利息调整"科目，贷记或借记"在建工程""制造费用""财务费用""研发支出"等科目。

【例 11-3】甲公司为筹集生产设备改造资金于 20×1 年 1 月 1 日发行票面利率为 6%、期限为 5 年的分期付息，到期一次还本的公司债券 1 000 000 元。该债券每年年末付息一次，假如债券发行时的市场利率为 5%，该批债券的实际发行价格为 1 043 270 元。

根据上述资料，公司采用实际利率法和摊余成本计算确定的利息费用如表 11-1 所示。

表 11-1 债券利息费用一览表

付息日期	支付利息① ①=1 000 000×6%	利息费用② ②=期初④×5%	摊销的利息调整③ ③=①-②	应付债券摊余成本④ ④=期初④-③
20×1.1.1				1 043 270
20×1.12.31	60 000	52 163.50	7 836.50	1 035 433.50
20×2.12.31	60 000	51 771.68	8 228.32	1 027 205.18
20×3.12.31	60 000	51 360.26	8 639.74	1 018 565.44
20×4.12.31	60 000	50 928.27	9 071.73	1 009 493.71
20×5.12.31	60 000	50 506.29*	9 493.71	1 000 000

注：*为尾数调整。

账务处理如下。

(1) 20×1 年 1 月 1 日发行债券时。

借：银行存款　　　　　　　　　　　　　1 043 270
　　贷：应付债券——面值　　　　　　　　　　1 000 000
　　　　　　　　——利息调整　　　　　　　　　　43 270

(2) 20×1 年 12 月 31 日计算利息费用。

借：财务费用　　　　　　　　　　　　　52 163.5
　　应付债券——利息调整　　　　　　　7 836.5
　　贷：应付利息　　　　　　　　　　　　　　60 000

(3) 支付利息费用时。

借：应付利息　　　　　　　　　　　　　60 000
　　贷：银行存款　　　　　　　　　　　　　　60 000

20×2 年、20×3 年、20×4 年确认利息费用的会计处理同 20×1 年。

(4) 20×5 年 12 月 31 日归还债券本金及最后一期利息费用。

借：财务费用　　　　　　　　　　　　　50 506.29

```
        应付债券——面值                    1 000 000
                ——利息调整                    9 493.71
    贷：银行存款                              1 060 000
```

【例 11-4】 甲公司为筹集生产设备改造资金于 20×4 年 1 月 1 日发行票面利率为 8%、期限为 3 年的分期付息、到期一次还本的公司债券 1 000 000 元。该债券每年年末付息一次。假如债券发行时的市场利率为 10%，该批债券的实际发行价格为 950 263 元。

根据上述资料，公司采用实际利率法和摊余成本计算确定的利息费用如表 11-2 所示。

表 11-2 债券利息费用一览表

付息日期	支付利息① ①=1 000 000×8%	利息费用② ②=期初④×10%	摊销的利息调整③ ③=②-①	应付债券摊余成本④ ④=期初④+③
20×4.1.1				950 263
20×4.12.31	80 000	95 026.30	15 026.30	965 289.30
20×5.12.31	80 000	96 528.93	16 528.93	981 818.23
20×6.12.31	80 000	98 181.77*	18 181.77	1 000 000

注：*为尾数调整。

账务处理如下。

(1) 20×4 年 1 月 1 日发行债券时。

```
借：银行存款                              950 263
    应付债券——利息调整                    49 737
    贷：应付债券——面值                    1 000 000
```

(2) 20×4 年 12 月 31 日计算利息费用。

```
借：财务费用                              95 026.3
    贷：应付利息                           80 000
        应付债券——利息调整                15 026.3
```

(3) 支付利息费用时。

```
借：应付利息                              80 000
    贷：银行存款                           80 000
```

20×5 年确认利息费用的会计处理同 2014 年。

(4) 20×6 年 12 月 31 日归还债券本金及最后一期利息费用。

```
借：财务费用                              98 181.77
    应付债券——面值                        1 000 000
    贷：应付债券——利息调整                18 181.77
        银行存款                           1 080 000
```

四、应付可转换债券

1. 可转换债券的性质

企业在发行债券的条款中，若规定债券持有者可以在一定期间之后，按规定的转换比率或转换价格,将持有的债券转换成该企业发行的股票(通常为普通股),这种债券称为可转换债券。

企业发行可转换债券,对投资者和发行企业都具有很大的吸引力。

对投资者而言,购买可转换债券非常有利,表现为:①可以定期获得债券的利息收入,到期收回本金,风险较小。②如果债券发行企业的前景较好,股票增值,投资者可以将债券转化为股票,享受股东的权益。

正因为债券投资者可享受股东的权益,因此,这种债券通常利率较低。如果发行企业盈利不多,股票市价不挺,债权人将债券一直持有至到期还本,则会损失一定的利息收入,这是可转换债券的不足之处。

对于发行企业而言,发行可转换债券也有利可图,表现为:①由于可转换债券的利率较低,发行企业的利息支出相对较少,因而筹资成本低。②在企业直接发行股票有困难时,发行可转换债券有利于资金的筹集。

2. 可转换债券的发行价

可转换债券的发行价应从两方面考虑:一是债券面值及利息按市场利率折算的现值;二是转换权的价值。

转换权之所以有价值,是因为当股票价格上涨时,债权人可以把债券按原定转换比率换成股票,从而享受股票增值的利益。例如,按发行条款规定,面值 1 000 元的债券,在转换期内可转换 50 股普通股,转换期初普通股每股市价 18 元,则 50 股共计 900 元,在这种情况下,债权人自然不会转换。若转换期末普通股每股市价涨为 25 元,将 1 000 元债券转换成 50 股普通股为 1 250 元,债权人可得益 250 元。

从上述可知,转换价值是发行可转换债券所得的款项超过出售同类无转换权债券可得款项的差额。会计实务上,对可转换债券的售价(即发行价格)有两种处理方法:一种是不确认转换权价值,只按债券面值及利息按市场利率折算的现值发行;另一种是确认转换权价值,将债券价值和转换权价值单独入账。由于债券附有转换权,票面利率可定低,或在同一票面利率下,以较高的价格出售。由于转换权是由债券转换成普通股引起的,因此列入所有者权益项目核算。我国会计准则规定采用第二种方法。

3. 可转换债券的核算

在会计核算中,企业发行的可转换债券作为长期负债,在"应付债券"科目中设置"可转换公司债券"明细科目进行核算。

1) 可转换债券发行时的会计处理

企业发行的可转换公司债券,应当在初始确认时将其包含的负债部分和权益部分进行分拆,将负债部分确认为应付债券,将权益部分确认为其他权益工具。在进行分拆时,应当先对负债部分的未来现金流量进行折现确定负债部分的初始确认金额,再按发行价格总额扣除负债部分初始确认金额后的金额确定权益部分的初始确认金额。发行可转换公司债券发生的交易费用,应当在负债部分和权益部分之间按照各自的相对公允价值进行分摊。

企业应按实际收到的款项,借记"银行存款"等科目;按该项可转换公司债券包含的负债部分的面值,贷记"应付债券——可转换公司债券(面值)"科目;按权益部分的公允价值,贷记"其他权益工具"科目;按其差额,借记或贷记"应付债券——可转换公司债券(利息调整)"科目。

2) 可转换债券存续期间的会计处理

对于可转换公司债券的负债部分，在转换为股份之前，其会计处理与一般公司债券相同，即企业于资产负债表日按摊余成本和实际利率计算确定的债券利息费用，借记"在建工程""制造费用""财务费用""研发支出"等科目；按票面利率计算确定的应付未付利息，贷记"应付利息"科目或"应付债券——应计利息"科目；按其差额，借记或贷记"应付债券——利息调整"科目。

3) 可转换债券转换时的会计处理

可转换公司债券持有人行使转换权利，将其持有的债券转换为股票时，企业应按可转换公司债券的余额，借记"应付债券——可转换公司债券(面值、应计利息)"科目，借记或贷记"应付债券——可转换公司债券(利息调整)"科目；按其权益部分的金额，借记"其他权益工具"科目；按股票面值和转换的股数计算的股票面值总额，贷记"股本"科目；按其差额，贷记"资本公积——股本溢价"科目。对于债券面额不足转换 1 股股份的部分，企业应当以现金偿还，即贷记"银行存款"等科目。

企业应当设置"企业债券备查簿"，详细登记企业债券的票面金额、债券票面利率、还本付息期限与方式、发行总额、发行日期和编号、委托代售单位、转换股份等资料。企业债券到期兑付，在备查簿中应予注销。

【例 11-5】甲公司在 20×1 年 1 月 1 日经批准发行 5 年期的一次还本付息的可转换公司债券，面值为 1 000 万元，票面利率为 6%(按面值发行)。该债券一年后可转换成普通股，初始转股价为每股 10 元，每股面值 1 元。迅达公司于 20×1 年 1 月 1 日全部购买，并于 20×2 年 1 月 1 日申请转股(假定按当日可转换公司债券的账面价值计算转股数)，甲公司发行可转换公司债券时二级市场上与之类似的没有转换权的债券市场利率为 9%。

该公司的会计处理如下：

(1) 20×1 年 1 月 1 日发行可转换公司债券。

可转换公司债券负债部分的公允价值=$P×(P/F,9\%,5)+A×(P/A,9\%,5)$
$$=10\ 000\ 000×0.649\ 9+10\ 000\ 000×6\%×3.889\ 7$$
$$=8\ 832\ 820(元)$$

可转换公司债券权益部分的公允价值=10 000 000−8 832 820=1 167 180(元)

借：银行存款　　　　　　　　　　　　　　　10 000 000
　　应付债券——可转换公司债券(利息调整)　　1 167 180
　　贷：应付债券——可转换公司债券(面值)　　　　10 000 000
　　　　其他权益工具　　　　　　　　　　　　　1 167 180

(2) 20×1 年 12 月 31 日确认利息费用。

应确认的利息费用=8 832 820×9%=794 953.8(元)

借：财务费用等　　　　　　　　　　　　　　　794 953.8
　　贷：应付债券——可转换公司债券(应计利息)　　600 000
　　　　应付债券——可转换公司债券(利息调整)　　94 953.8

(3) 20×2 年 1 月 1 日迅达公司行使转换权。

转换的股份数=(8 832 820+600 000+194 953.8)÷10=962 777.38(股)

不足1股的部分支付现金0.38元。

借：应付债券——可转换公司债券(面值) 　　10 000 000
　　　　　　——可转换公司债券(应计利息) 　　600 000
　　其他权益工具 　　1 167 180
　贷：股本 　　962 777
　　　应付债券——可转换公司债券(利息调整) 　　972 226.2
　　　资本公积——股本溢价 　　9 832 176.42
　　　库存现金 　　0.38

第四节　预计负债

预计负债主要为企业确认的对外提供担保、未决诉讼、产品质量保证、重组义务、亏损合同以及固定资产和矿区权益弃置义务等，根据或有事项准则应确认的负债。

一、或有事项及其特征

或有事项是指过去的交易或者事项形成的，其结果须由某些未来事项的发生或不发生才能决定的不确定事项。

常见的或有事项主要包括：未决诉讼或未决仲裁、债务担保、产品质量保证(含产品安全保证)、亏损合同、重组义务、环境污染整治、承诺等。或有事项具有以下三个特征。

1. 或有事项是由过去的交易或者事项形成的

或有事项是由企业过去的交易或者事项形成的。比如，未决诉讼虽然是正在进行中的诉讼，但该诉讼是企业因过去的经济行为导致起诉其他单位或被其他单位起诉，这是现存的一种状况，而不是未来将要发生的事项。产品质量保证是企业对已售出商品或已提供劳务的质量提供的保证，不是为尚未出售商品或尚未提供劳务的质量提供的保证。

2. 或有事项的结果具有不确定性

或有事项的结果具有不确定性，包括两层含义：①或有事项的结果是否发生具有不确定性。比如有些未决诉讼，被告是否会败诉，在案件审理过程中有时是难以确定的，需要根据法院判决情况加以确定。②或有事项的结果预计将会发生，但发生的具体时间或金额具有不确定性。比如，企业为其销售的产品提供售后维修、保修服务，该企业支出发生在何时，将支出多少金额，是难以确定的。

3. 或有事项的结果须由未来事项决定

由未来事项决定，是指或有事项的结果只能由未来不确定事项的发生或不发生才能决定。例如，企业为其他单位做担保，因为借款期限尚未到期，所以无法判定企业是否需要承担连带赔偿责任，在被担保单位经济状况良好的情况下，也许并不需要承担连带责任。

二、预计负债的确认

与或有事项相关的义务同时满足下列条件的，应当确认为预计负债。

1. 该义务是企业承担的现时义务

该义务是企业承担的现时义务，是指与或有事项相关的义务是在企业当前条件下已承担的义务，企业没有其他现实的选择，只能履行该现时义务。通常情况下，过去的事项导致现时义务是比较明确的，但也存在极少情况，比如法律诉讼。特定事项是否已发生或这些事项是否已产生了一项现时义务可能难以确定，企业应当考虑包括资产负债表日后所有可获得的证据、专家意见等，以此确定资产负债表日是否存在现时义务。如果据此判断，资产负债表日很可能存在现时义务，且符合预计负债确认条件的，应当确认一项预计负债；如果资产负债表日现时义务很可能不存在，企业应披露一项预计负债，除非含有经济利益的资源流出企业的可能性极小。

2. 履行该义务很可能导致经济利益流出企业

对或有事项的会计处理要按其重要程度区别对待，或有事项的重要性可由其相对金额大小和发生概率的大小来判断。各种可能性及其对应的概率如表11-3所示。

表 11-3　各种结果的可能性及其对应的概率区间

或有事项结果的可能性	结果对应的概率区间
基本确定	大于95%但小于100%
很可能	大于50%但小于或等于95%
可能	大于5%但小于或等于50%
极小可能	大于0但小于或等于5%

履行该义务很可能导致经济利益流出企业，是指履行与或有事项相关的现时义务时，导致经济利益流出企业的可能性超过50%但小于或等于95%。

企业因或有事项承担了现时义务，并不说明该现时义务很可能导致经济利益流出企业。比如，20×1年8月1日，甲企业与乙企业签订协议，承诺为乙企业的3年期银行借款提供全额担保。对于甲企业而言，由于担保事项而承担了一项现时义务，但这项义务的履行是否很可能导致经济利益流出企业，需依据乙企业的经营情况和财务状况等因素加以确定。假定20×1年末，乙企业的财务状况恶化，且没有迹象表明可能发生好转。此种情况出现，表明乙企业很可能违约，从而甲企业履行承担的现时义务将很可能导致经济利益流出企业。

存在很多类似义务，如产品保证或类似合同，履行时要求的经济利益流出的可能性应通过总体考虑才能确定。对于某个项目而言，虽然经济利益流出的可能性较小，但包括该项目的该类义务很可能导致经济利益流出的，应当视同该项目的该类义务很可能导致经济利益流出企业。

3. 该义务的金额能够可靠地计量

该义务的金额能够可靠地计量，是指与或有事项相关的现时义务的金额能够合理地估计。因为或有事项具有不确定性，因而根据或有事项确认的相关现时义务只有在能够可靠估计的时候，才能确认为预计负债。

三、预计负债的计量

预计负债应当按照履行相关现时义务所需支出的最佳估计数进行初始计量，并考虑预期可获得的补偿。

1. 最佳估计数的确定

最佳估计数的确定应当分以下两种情况处理。

1) 所需支出存在一个连续范围

所需支出存在一个连续范围,且该范围内各种结果发生的可能性相同,则最佳估计数应当按照该范围内的中间值,即上下限金额的平均数确定。比如,20×1年11月26日,甲企业因污染环境而涉及一桩诉讼案。根据企业法律顾问的判断,最终的判决很可能对甲企业不利。20×1年12月31日,甲企业尚未接到法院的判决通知,因而,诉讼须承担的赔偿金额也无法准确地确定。但据专业人士估计,可能在40万元至60万元之间。为此,甲企业应在20×1年12月31日的资产负债表中确认一项金额为50[(40+60)÷2=50]万元的负债。

2) 所需支出不存在一个连续范围

所需支出不存在一个连续范围,或者虽然存在一个连续范围但该范围内各种结果发生的可能性不相同。在这种情况下,最佳估计数应当分下列情况处理。

(1) 或有事项涉及单个项目的,按照最可能发生金额确定。涉及单个项目指或有事项涉及的项目只有一个,如一项未决诉讼、一项未决仲裁或一项债务担保等。

比如,甲企业涉及一项经济纠纷案,根据同类案件的经验以及企业所聘律师的意见判断,该企业在该起诉讼中胜诉的可能性为20%,败诉的可能性为80%,如果败诉,则可能赔偿100万元,此时该企业应确认的负债金额(最佳估计数)为最可能发生金额100万元。

(2) 或有事项涉及多个项目的,按照各种可能结果及相关概率计算确定。涉及多个项目指或有事项涉及的项目不止一个,如在产品质量保证中,提出产品保修要求的可能有许多客户。相应地,企业对这些客户负有保修义务。

比如,甲企业20×1年销售产品100 000件,销售额为8 000 000元。该企业的产品质量担保中说明:产品售出后1年内,如发生质量问题,本企业负责免费修理。根据以往的经验,如果出现的质量问题较小,则需发生的修理费为销售额的0.5%;如果出现的质量问题较大,则须发生的修理费为销售额的1%。据预测,本年度已售出的产品中,有75%不会发生质量问题,有15%将发生较小的质量问题,还有10%的产品将发生较大的质量问题。据此,20×1年年末该公司应确认的负债金额(最佳估计数)为

8 000 000×15%×0.5%+8 000 000×10%×1%=14 000(元)

3) 企业在确定最佳估计数时,应当综合考虑的相关因素

(1) 风险和不确定性。风险是对过去的交易或事项结果的变化可能性的一种描述。风险的变动可能增加预计负债的金额。企业在不确定的情况下进行判断需要谨慎,使得收益或资产不会被高估,费用或负债不会被低估。

企业需要谨慎从事,充分考虑与或有事项有关的风险和不确定性,既不能忽略风险和不确定性对或有事项计量的影响,也要避免对风险和不确定性进行重复调整,从而在低估和高估预计负债金额之间寻找平衡点。

(2) 货币时间价值。预计负债的金额通常应当等于未来应支付的金额,但未来应支付金额与其现值相差较大的,如核电站的弃置费用等,应当按照未来应支付金额的现值确定。因货币时间价值的影响,资产负债表日后不久发生的现金流出,要比一段时间之后发生的同样金额的现金流出负有更大的义务。所以,如果预计负债的确认时点距离实际清偿有较

长的时间跨度，货币时间价值的影响重大，那么在确定预计负债的金额时，应考虑采用现值计量，即通过对相关未来现金流出进行折现后确定最佳估计数。

（3）未来事项。在确定预计负债金额时，企业应当考虑可能影响履行现时义务所需金额的相关未来事项。也就是说，如果有足够的客观证据表明相关未来事项将发生，则应当在预计负债计量中予以考虑相关未来事项的影响，但不应考虑预期处置相关资产形成的利得。比如，某化工企业预计在生产结束时清理废水、废料的费用将因未来技术水平的提高而显著降低，那么，该企业因此确认的预计负债金额应当反映有关专家对技术发展以及清理费用减少做出的合理预测，并有相当客观的证据予以支持。

2. 预期可获得的补偿

企业将或有事项所产生的现时义务确认为负债的同时，有时也拥有反诉或向第三方索赔的权利，这时企业为清偿预计负债所需的支出，有可能全部或部分的预期由第三方补偿。但是，补偿金额只有在基本确定能够收到时才能作为资产单独确认。确认的补偿金额不应当超过预计负债的账面价值。

首先，企业预期从第三方获得的补偿，是一种潜在资产，其最终是否真的会转化为企业真正的资产即企业是否能够收到这项补偿具有较大的不确定性，企业只能在基本确定能够收到补偿时才能对其进行确认。其次，根据资产和负债不能随意抵销的原则，预期可获得的补偿在基本确定能够收到时应当确认为一项资产，而不能作为预计负债金额的扣减。比如，甲公司在销售商品中因延期交货给对方造成损失而成为被告，被索赔 500 万元，诉讼尚未结束，企业因此或有事项确认了一项预计负债 500 万元；同时，甲公司发现，之所以延期交货，是因为原材料供应商乙公司未按合同及时供应原材料所致，因此起诉乙公司，要求赔偿。假如可以从乙公司获得 200 万元的赔偿，且这项金额基本确定能收到，在这种情况下，企业应分别确认一项负债 500 万元和一项资产 200 万元，而不能以二者相抵之后的金额 300 万元入账。

补偿金额的确认涉及两个问题：一是确认时间，补偿只有在基本确定能够收到时才予以确认；二是确认金额，确认的金额是基本确定能够收到的金额，而且不能超过相关预计负债的账面价值。

补偿金额基本确定能收到是指预期从保险公司、索赔人、被担保企业等获得补偿的可能性大于95%，但小于100%的情形，这是对确认时间的说明。

四、预计负债的核算

企业应设置"预计负债"科目核算企业确认的对外提供担保、未决诉讼、产品质量保证、重组义务、亏损性合同等预计负债。该科目可按形成预计负债的交易或事项进行明细核算。"预计负债"科目的期末贷方余额，反映企业已预计尚未清偿的债务。

以产品质量保证为例，在"预计负债"下设置"产品质量保证"明细科目专门进行核算。由产品质量保证产生的预计负债，应按确定的金额，借记"销售费用"科目，贷记"预计负债"科目。实际清偿或冲减的预计负债，借记"预计负债"科目，贷记"银行存款"等科目。在对产品质量保证确认预计负债时，需要注意以下问题：

（1）如果发现保证费用的实际发生额与预计数相差较大，应及时对预计比例进行调整。

(2) 如果企业针对特定批次产品确认预计负债，则在保修期结束时，应将"预计负债——产品质量保证"余额冲销，同时冲减销售费用。

(3) 已对其确认预计负债的产品，如企业不再生产了，应在相应的产品质量保证期满后，将"预计负债——产品质量保证"余额冲销，不留余额。

【例 11-6】 甲公司 20×1 年第一季度到第四季度分别销售产品 80 件、60 件、100 件和 70 件，每件售价 25 万元。公司承诺，对于购买产品的消费者，免费保修 3 年。根据以往经验，发生保修费一般为销售额的 0.5%～2%。假定公司 20×1 年度四个季度实际发生维修费分别为 20 万元、23 万元、21 万元和 27 万元；假定 20×0 年年末"预计负债——产品质量保证"账户余额为 10 万元。

该公司的会计处理如下。

公司按规定在每季度末确认一项负债。

(1) 第一季度：确认产品质量保证金额为
80×250 000×[(0.005+0.02)÷2]=250 000(元)
借：销售费用——产品质量保证　　　　　　　250 000
　　贷：预计负债——产品质量保证　　　　　　　　　250 000
发生维修费：
借：预计负债——产品质量保证　　　　　　　200 000
　　贷：银行存款或原材料等　　　　　　　　　　　　200 000

(2) 第二季度：确认产品质量保证金额为
60×250 000×[(0.005+0.02)÷2]=187 500(元)
借：销售费用——产品质量保证　　　　　　　187 500
　　贷：预计负债——产品质量保证　　　　　　　　　187 500
发生维修费：
借：预计负债——产品质量保证　　　　　　　230 000
　　贷：银行存款或原材料等　　　　　　　　　　　　230 000

(3) 第三季度：确认产品质量保证金额为
100×250 000×[(0.005+0.02)÷2]=312 500(元)
借：销售费用——产品质量保证　　　　　　　312 500
　　贷：预计负债——产品质量保证　　　　　　　　　312 500
发生维修费：
借：预计负债——产品质量保证　　　　　　　210 000
　　贷：银行存款或原材料等　　　　　　　　　　　　210 000

(4) 第四季度：确认产品质量保证金额为
70×250 000×[(0.005+0.02)÷2]=218 750(元)
借：销售费用——产品质量保证　　　　　　　218 750
　　贷：预计负债——产品质量保证　　　　　　　　　218 750
发生维修费：
借：预计负债——产品质量保证　　　　　　　270 000
　　贷：银行存款或原材料等　　　　　　　　　　　　270 000

第四季度末,"预计负债——产品质量保证"科目余额为158 750元。

此外,预计负债的其他业务账务处理包括以下几方面。

(1) 企业根据或有事项准则确认的由对外提供担保、未决诉讼、重组义务产生的预计负债,应按确定的金额,借记"营业外支出"科目,贷记"预计负债"科目。

(2) 由资产弃置义务产生的预计负债,应按确定的金额,借记"固定资产"或"油气资产"科目,贷记"预计负债"科目。在固定资产或油气资产的使用寿命内,按计算确定各期应负担的利息费用,借记"财务费用"科目,贷记"预计负债"科目。

【例11-7】甲公司20×1年受到乙公司的起诉,原告声称甲公司侵犯了自己的技术专利,要求甲公司予以赔偿,赔偿金额为800 000元。在应诉过程中,甲公司发现,诉讼所涉及的技术专利主体部分是有偿委托丙公司开发的,如果该技术专利确实有侵权问题,丙公司应当承担连带责任,对甲公司予以赔偿。公司在年末编制会计报表时,根据法律诉讼的进展情况以及律师的意见,认为对原告予以赔偿的可能性在60%以上,最有可能发生的赔偿金额为500 000元;从丙公司得到补偿基本上可以确定,最有可能获得的赔偿金额为300 000元。假定诉讼费为50 000元。

该公司的会计处理如下。

甲公司应在年末确认一项负债,金额为550 000元,同时确认一笔资产,金额为300 000元,分录如下:

借:管理费用——诉讼费　　　　　50 000
　　营业外支出——诉讼赔款　　　500 000
　　　贷:预计负债——未决诉讼　　　　　550 000
借:其他应收款　　　　　　　　　300 000
　　　贷:营业外支出——诉讼赔款　　　　300 000

需要注意:企业应当在资产负债表日对预计负债的账面价值进行复核。有确凿证据表明该账面价值不能真实反映当前最佳估计数的,应当按照当前最佳估计数对该预计负债的账面价值进行调整。

第五节　借款费用

一、借款费用的含义

借款费用是指企业借入资金所付出的代价,即因借款而发生的利息及其他相关成本,包括借款利息、折价或溢价的摊销、辅助费用,以及因外币借款而发生的汇兑差额等。

1. 因借款而发生的利息

因借款而发生的利息,包括企业向银行或其他金融机构等借入资金发生的利息、发行公司债券发生的利息,以及为购建或生产符合资本化条件的资产而发生的带息债务所承担的利息等。借款的利息是借款企业为了使用资金而付出的代价,是借款人按照借款本金的一定比例和借款期限应支付给银行和其他金融机构的报酬。

2. 因借款而发生的折价或溢价的摊销

因借款而发生的折价或溢价主要是发行公司债券等所发生的折价或溢价。折价或溢价的摊销实质上是对债券票面利息的调整,即将债券票面利率调整为实际利率,因而构成了借款费用的组成部分。债券的溢价是企业为将来多付利息而在债券发行时得到的补偿,同时也是对债券的投资者未来多收利息的一种代价,所以溢价对债券的发行企业来讲是减少了企业的利息费用。与之相反,债券的折价是企业为将来少付利息而在债券发行时付出的代价,同时也是对债券的投资者未来少收利息的一种补偿,所以折价对债券的发行企业来讲是增加了企业的利息费用。企业应在借款的存续期间对折价或溢价采用实际利率法进行分期摊销。

3. 因借款而发生的辅助费用

因借款而发生的辅助费用,是指企业在借款过程中发生的诸如手续费、佣金、印刷费、代办费等费用。由于这些费用是因安排借款而发生的,也是借入资金所付出的一部分代价,如果企业不发生这些费用,就无法取得借款,因而这些费用构成了借款费用的组成部分。

4. 因外币借款而发生的汇兑差额

因外币借款而发生的汇兑差额,是指由于汇率变动而对外币借款本金及其利息的记账本位币金额产生的影响金额。由于这部分影响金额是与外币借款直接相联系的,因而也构成借款费用的组成部分。

二、借款费用的确认

企业应根据企业会计准则规定的资本化的条件,将其中可以资本化的借款费用予以资本化,计入符合资本化条件的资产成本,成为它所建造的资产价值的一部分,列示在资产负债表上;其他借款费用应当在发生时根据其发生额确认为财务费用,计入当期损益。

1. 借款费用资本化的范围

1) 借款费用应予资本化的资产范围

符合资本化条件的资产,是指需要经过相当长时间的购建或者生产活动才能达到预定可使用或者可销售状态的固定资产、投资性房地产和存货等资产。建造合同成本、确认为无形资产的开发支出等在符合条件的情况下,也可以认定为符合资本化条件的资产。但是,如果由于人为或者故意等非正常因素导致资产的购建或者生产时间相当长的,该资产不属于符合资本化条件的资产。购入即可使用的资产,或者购入后需要安装但所需安装时间较短的资产,或者需要建造或者生产但所需建造或者生产时间较短的资产,均不属于符合资本化条件的资产。

符合借款费用资本化条件的存货,主要包括房地产开发企业开发的用于对外出售的房地产开发产品、企业制造的用于对外出售的大型机器设备等。这类存货通常需要经过相当长时间的建造或者生产过程,才能达到预定可销售状态。其中,相当长时间是指为资产的购建或者生产所必需的时间,通常为1年以上(含1年)。

2) 借款费用应予资本化的借款范围

借款费用可以资本化的借款的范围既包括专门借款,也可包括一般借款。其中,对于一般借款,只有在购建或者生产符合资本化条件的资产占用了一般借款时,才应将与该部分一般借款相关的借款费用资本化;否则,所发生的借款费用应当计入当期损益。

专门借款,是指为购建或者生产符合资本化条件的资产而专门借入的款项。专门借款应当有明确的专门用途,即为购建或者生产某项符合资本化条件的资产而专门借入的款项,通常应当有标明专门用途的借款合同。比如,某生产企业为了新建一条生产线向某银行专门贷款5 000万元,某高校为了建设新校区向某银行专门贷款1亿元等,均属于专门借款。

一般借款是指除专门借款之外的借款,一般借款在借入时,通常没有特指必须用于符合资本化条件的资产的购建或者生产。

2. 借款费用资本化的期间

确定借款费用可以资本化的期间是正确计算应予以资本化的借款费用的重要前提。借款费用资本化的期间包括三个时间的确定,即借款费用开始资本化时点的确定、借款费用暂停资本化时点的确定和借款费用停止资本化时点的确定。

1) 借款费用开始资本化时点的确定

借款费用允许开始资本化必须同时满足以下三个条件,只要有一个条件不满足,相关借款费用就不能资本化。

(1) 资产支出已经发生。这里所指的资产支出包括为购建或生产符合资本化条件的资产而以支付现金、转移非现金资产或者承担带息债务形式(如带息的应付票据)而发生的支出。如果企业委托其他单位购建或生产符合资本化条件的资产,则企业向受托单位支付第一笔预付款或第一笔进度款时,即可以认为资产支出已经发生。

(2) 借款费用已经发生。借款费用已经发生是指已经发生了因购建或者生产符合资本化条件的资产而专门借入款项的借款费用或占用了一般借款的借款费用。比如,已经开始按照权责发生制的要求计提利息、摊销应付债券的折价或溢价;再比如,虽然还没有开始计提利息,但是已经支付了佣金、手续费等借款辅助费用等。

(3) 为使资产达到预定可使用或可销售状态所必要的购建或生产活动已经开始。为使资产达到预定可使用或可销售状态所必要的购建或生产活动已经开始,是指符合资本化条件的资产的实体建造活动已经开始,比如主体设备的安装、厂房的实际建造等已经开始。它不包括仅仅持有资产,但没有发生为改变资产形态而进行的实质上的建造或生产活动。

2) 借款费用暂停资本化时点的确定

符合资本化条件的资产在购建或生产过程中由于某些不可预见的或管理决策等方面的原因发生非正常中断,并且中断时间连续超过3个月,中断期间的借款费用应暂停资本化,将其计入当期费用,直至购建或生产活动重新开始。

非正常中断包括由于劳动纠纷、改变设计图纸、资金周转困难等原因而导致的工程中断,应该是不可预见的或管理决策等方面原因所造成的。如果中断是使购建或生产符合资本化条件的资产达到预定可使用或可销售状态所必要的程序,或者中断是由于可预见的不可抗力因素造成的,则所发生的借款费用应当继续资本化。

3) 借款费用停止资本化时点的确定

我国的会计准则规定以购建或者生产符合资本化条件的资产达到预定可使用或者可销售状态为停止资本化的时点。在符合资本化条件的资产达到预定可使用或者可销售状态之后所发生的借款费用,应当在发生时根据其发生额确认为费用,计入当期损益。

资产达到预定可使用或者可销售状态,是指所购建或者生产的符合资本化条件的资产已经达到建造方、购买方或者企业自身等预先设计、计划或者合同约定的可以使用或者可以销售的状态。

在符合资本化条件的资产的实际购建或者生产过程中,如果所购建或者生产的资产分别建造、分别完工,企业应当遵循实质重于形式的原则,区别下列情况,界定借款费用停止资本化的时点:①所购建或者生产的符合资本化条件的资产的各部分分别完工,每部分在其他部分继续建造或者生产过程中可供使用或者可对外销售,且为使该部分资产达到预定可使用或可销售状态所必要的购建或者生产活动实质上已经完成的,应当停止与该部分资产相关的借款费用的资本化,因为该部分资产已经达到了预订可使用或者可销售状态。②购建或者生产的资产的各部分分别完工,但必须等到整体完工后才可使用或者对外销售的,应当在该资产整体完工时停止借款费用的资本化。在这种情况下,即使各部分资产已经分别完工,也不能认为该部分资产已经达到了预订可使用或者可销售状态,企业只能在所购建或者生产的资产整体完工时,才能认为资产已经达到了预订可使用或者可销售状态,借款费用才可停止资本化。

三、借款费用的计量

在借款费用资本化时,不同种类借款费用的资本化金额的确定方法是各不相同的。

1. 借款利息资本化金额的确定

在借款费用资本化期间内,每一会计期间的利息(包括折价或溢价的摊销)资本化金额,应当按照下列原则确定。

(1) 为购建或生产符合资本化条件的资产而借入专门借款的,应当以专门借款当期实际发生时的利息费用,减去将尚未动用的借款资金存入银行取得的利息收入或进行暂时性投资取得的投资收益后的金额确定。

(2) 为购建或者生产符合资本化条件的资产而占用了一般借款的,企业应当根据累计资产支出超过专门借款部分的资产支出加权平均数乘以所占用一般借款的资本化率,计算确定一般借款应予资本化的利息金额。

(3) 每一会计期间的利息资本化金额,不应当超过当期相关借款实际发生的利息金额。

其中,资本化率应当根据一般借款加权平均利率计算确定,即企业占用一般借款购建或者生产符合资本化条件的资产时,一般借款的借款费用的资本化金额的确定应当与资产支出相挂钩。有关计算公式如下:

一般借款利息费用资本化金额=累计资产支出超过专门借款部分的资产支出加权平均数
×所占用一般借款的资本化率

所占用一般借款的资本化率=所占用一般借款加权平均利率
=所占用一般借款当期实际发生的利息之和
÷所占用一般借款本金加权平均数

所占用一般借款本金加权平均数=∑(所占用每笔一般借款本金
×每笔一般借款在当期所占用的天数÷当期天数)

累计资产支出超过专门借款部分的资产支出加权平均数

$= \sum$ (每笔资产支出超过专门借款部分的资产支出金额

×每笔资产支出超过专门借款部分的资产支出占用的天数

÷会计期间涵盖的天数)

上述公式中的"每笔资产支出超过专门借款部分的资产支出占用的天数"是指发生在符合资本化条件的资产购建或生产上的支出所应承担借款费用的时间长度。"会计期间涵盖的天数"是指计算应予资本化的借款费用金额的会计期间的长度。上述时间长度一般应以天数计算，有时考虑到资产支出发生笔数较多，而且发生比较均衡，为简化计算，也可以月数计算，具体可根据借款费用资本化金额的计算期和发生的资产支出笔数的多寡和均衡情况而定。

资本化率应当分不同情况，按下列原则确定：①为购建或生产符合资本化条件的资产只占用了一笔一般借款，资本化率即为该项借款的利率。如果一项借款为溢价或折价发行的债券，则该债券的实际利率作为资本化率。②为购建或生产符合资本化条件的资产占用了一笔以上的一般借款，则资本化率应为这些一般借款的加权平均利率。

【例11-8】甲公司20×1年1月1日正式动工兴建一幢厂房，工期预计为1年半，工程采用出包方式，分别于20×1年1月1日、20×1年7月1日和20×2年1月1日支付工程进度款。

公司为建造厂房于20×1年1月1日专门借款1 000万元，借款期限为3年，年利率为5%。另外，公司为建造厂房占用的一般借款有两笔，具体如下：

(1) 向丙银行长期贷款3 000万元，期限为20×0年12月1日到20×3年12月1日，年利率为6%，按年支付利息。

(2) 发行公司债券5 000万元，于20×0年1月1日发行，期限为5年，年利率为8%，按年支付利息。

假定这两笔一般借款除了用于厂房建造外，没有用于其他符合资本化条件的资产的购建或者生产活动。假定全年按360天计算，厂房于20×2年6月30日完工，达到预定可使用状态。

公司为建造该厂房的支出金额如表11-4所示。

表11-4 厂房支出预算表

单位：万元

日 期	每期资产支出金额	资产支出累计金额
20×1年1月1日	1 000	1 000
20×1年7月1日	1 500	2 500
20×2年1月1日	1 000	3 500
总 计	3 500	—

要求：根据上述资料分别计算20×1年和20×2年利息资本化金额，并做出相应的账务处理。

分析：公司兴建厂房既动用了专门借款，又动用了一般借款。在这种情况下，公司应当首先计算专门借款利息的资本化金额，然后计算所占用一般借款利息的资本化金额。

借款费用资本化期间为20×1年1月1日到20×2年6月30日。具体账务处理如下:
(1) 计算专门借款利息资本化金额。
20×1年专门借款实际利息金额=1 000×5%=50(万元)
20×1年专门借款利息资本化金额=1 000×5%=50(万元)
20×2年专门借款实际利息金额=1 000×5%=50(万元)
20×2年专门借款利息资本化金额=1 000×5%×180÷360=25(万元)
(2) 计算一般借款资本化金额。
20×1年实际发生的一般借款利息费用=3 000×6%+5 000×8%=580(万元)
20×2实际发生的一般借款利息费用同20×1年。
在建造厂房过程中,自20×1年7月1日起已经有1 500万元占用了一般借款,另外,20×2年1月1日支出的1 000万元也占用了一般借款。
计算这两笔资产支出的加权平均数如下。
20×1年占用了一般借款的资产支出加权平均数=1 500×180÷360=750(万元)
一般借款利息资本化率(年)=(3 000×6%+5 000×8%)÷(3 000+5 000)=7.25%
20×1年应予资本化的一般借款利息金额=750×7.25%=54.375(万元)
20×2年占用的一般借款的资产支出加权平均数=(1 500+1 000)×180÷360=1 250(万元)
20×2年应予资本化的一般借款利息金额=1 250×7.25%=90.625(万元)
(3) 根据上述计算结果,公司建造厂房应予资本化的利息金额为
20×1年利息资本化金额=50+54.375=104.375(万元)
20×2年利息资本化金额=25+90.625=115.625(万元)
(4) 有关账务处理如下。
① 20×1年12月31日。
借: 在建工程　　　　　　　　　　1 043 750
　　财务费用　　　　　　　　　　5 256 250
　　贷: 应付利息　　　　　　　　　　　　　6 300 000
② 20×2年12月31日。
借: 在建工程　　　　　　　　　　1 156 250
　　财务费用　　　　　　　　　　5 143 750
　　贷: 应付利息　　　　　　　　　　　　　6 300 000

2. 借款辅助费用资本化金额的确定

辅助费用是企业为了安排借款而发生的必要费用,包括借款手续费、佣金等。如果企业不发生这些费用,就无法取得借款,因此辅助费用是企业借入款项所付出的一种代价,是借款费用的有机组成部分。

专门借款发生的辅助费用,在所购建或者生产的符合资本化条件的资产达到预定可使用或者可销售状态之前发生的,应当在发生时根据其发生额予以资本化,计入符合资本化条件的资产的成本;在所购建或者生产的符合资本化条件的资产达到预定可使用或者可销售状态之后发生的,应当在发生时根据其发生额确认为费用,计入当期损益。上述资本化或计入当期损益的辅助费用的发生额,是指按照实际利率法所确定的金融负债交易费用对每期利息费用的调整额。借款实际利率与合同利率差异较小的,也可以采用合同利率计算

确定利息费用。

一般借款发生的辅助费用，也应当按照上述原则确定其发生额并进行处理。

3. 汇兑差额资本化金额的确定

企业为购建或者生产符合资本化条件的资产所借入的专门借款为外币借款时，由于企业取得外币借款日、使用外币借款日和会计结算日往往并不一致，而外汇汇率又在随时发生变化，因此，外币借款会产生汇兑差额。

在资本化期间内，外币专门借款本金及其利息的汇兑差额，应当予以资本化，计入符合资本化条件的资产的成本，而不与发生在所购建的固定资产上的支出相挂钩，但是需要考虑开始资本化的三个条件。除外币专门借款之外的其他外币借款本金及其利息所产生的汇兑差额应当作为财务费用，计入当期损益。上述资本化或计入当期损益的辅助费用的发生额，是指按照实际利率法所确定的金融负债交易费用对每期利息费用的调整额。借款实际利率与合同利率差异较小的，也可以采用合同利率计算确定利息费用。

一般借款发生的辅助费用，也应当按照上述原则确定其发生额并进行处理。

第六节　其他非流动负债

一、长期应付款

长期应付款，是指企业除长期借款和应付债券以外的其他各种长期应付款项，主要包括应付融资租入固定资产的租赁费、以分期付款方式购入固定资产和无形资产发生的应付款项等。

企业购买资产有可能延期支付购买价款，如果企业延期支付的价款超过正常的信用条件，实质上具有融资性质的，所购资产的成本应当以延期支付的购买价款的现值为基础确定。实际支付的价款与购买价款的现值之间的差额，应当在信用期内采用实际利率法进行摊销，计入相关资产的成本或者当期损益。

二、专项应付款

专项应付款是指企业取得政府作为企业所有者投入的具有专项或特定用途的款项，如专项用于技术改造、技术研究等以及从其他来源取得的款项。专项应付款的主要特点有：①政府投入的款项的用途是事先指定的，不能挪作他用；②政府投入的款项作为资本性投入。企业收到的政府无偿的非资本性投入不属于专项应付款的范围。

企业应设置"专项应付款"科目核算企业取得的这类款项。该科目可按资本性投资项目进行明细核算。

企业收到或应收的资本性拨款，借记"银行存款"等科目，贷记"专项应付款"科目。将专项或特定用途的拨款用于工程项目，借记"在建工程"等科目，贷记"银行存款""应付职工薪酬"等科目。工程项目完工形成长期资产的部分，借记"专项应付款"科目，贷记"资本公积——资本溢价"科目；对未形成长期资产需要核销的部分，借记"专项应付款"科目，贷记"在建工程"等科目；拨款结余需要返还的，借记"专项应付款"科目，贷记"银行存款"科目。上述资本溢价转增实收资本或股本时，借记"资本公积——资本溢价或股本溢价"科目，贷记"实收资本"或"股本"科目。期末贷方余额反映企业尚未转销的专项应付款。

三、递延所得税负债

企业应当将当期和以前期间应交未交的所得税确认为负债。当企业资产或负债的账面价值大于其计税基础，从而产生应纳税暂时性差异时，企业应该将其确认为负债，作为递延所得税负债加以处理。

企业在资产负债表日，确认递延所得税负债时，借记"所得税费用——递延所得税费用""资本公积——其他资本公积"等科目，贷记"递延所得税负债"科目；转回递延所得税负债时，编制相反的会计分录。

思 考 题

1. 非流动负债具有哪些特点？
2. 债券发行为什么会产生按面值发行、溢价发行、折价发行的情况？
3. 什么是可转换公司债券？可转换债券的优缺点有哪些？
4. 如何确定预计负债中的最佳估计数？
5. 借款费用允许开始资本化的条件有哪些？

自 测 题

一、单项选择题

1. 甲公司于20×8年1月1日发行4年期一次还本付息的公司债券，债券面值1 000 000元，票面年利率为5%，发行价格为950 520元。甲公司对利息调整采用实际利率法进行摊销，经计算该债券的实际利率为6%。该债券20×8年度应确认的利息费用为( )元。
   A. 50 000
   B. 60 000
   C. 47 526
   D. 57 031.2

2. 甲公司20×8年1月1日发行面值为20 000万元的可转换公司债券，该可转换公司债券发行期限为3年，票面利率为2%，利息按年支付，债券发行1年后可转换为该公司股票。甲公司实际发行价格为19 200万元(假定不考虑发行费用)，甲公司发行可转换公司债券时二级市场上与之类似的没有转换权的债券市场利率为5%。利率为2%期限为3年的复利现值系数为0.942 3，利率为5%期限为3年的复利现值系数为0.863 8；利率为2%期限为3年的年金现值系数为2.883 9，利率为5%期限为3年的年金现值系数为2.723 2。则甲公司初始确认时负债成分和权益成分的金额分别为( )万元。
   A. 19 200 和 0
   B. 18 365.28 和 834.72
   C. 18 365.28 和 1634.72
   D. 19 165.28 和 834.72

3. 对于分期付息、一次还本的应付债券，应于资产负债表日按摊余成本和实际利率计算确定的债券利息，不应借记的会计科目是(　　)。

  A. "制造费用"   B. "财务费用"

  C. "研发支出"   D. "销售费用"

4. 就发行债券的企业而言，所获债券溢价收入实质是(　　)。

  A. 为以后少付利息而付出的代价   B. 为以后多付利息而得到的补偿

  C. 本期利息收入   D. 以后期间的利息收入

5. 甲公司下列各项中，不属于或有事项的是(　　)。

  A. 甲公司为其子公司的贷款提供担保

  B. 甲公司起诉其他公司

  C. 甲公司以其自己的财产作抵押向银行借款

  D. 甲公司被其他公司起诉

6. 甲公司因违约被起诉，至20×1年12月31日，人民法院尚未做出判决。经向公司法律顾问咨询，人民法院的最终判决很可能对本公司不利，预计赔偿额为20万元至50万元，而该区间内每个金额发生的可能性大致相同。甲公司20×1年12月31日由此应确认预计负债的金额为(　　)元。

  A. 20   B. 30   C. 35   D. 50

7. 20×9年甲公司销售收入为5 000万元，甲公司的产品质量保证条款规定：产品售出后，如果一年内发生正常质量问题，甲公司将负责免费维修。根据以往经验，如果发生较小质量问题，修理费用为销售收入的1%，发生较大问题的修理费用为销售收入的3%~5%，发生特定质量问题的修理费用为销售收入的8%~10%。公司考虑各种问题，预测20×9年所售商品中，有10%的产品将发生较小质量问题，5%的产品将发生较大质量问题，2%的产品将发生特定质量问题。20×9年年末，甲公司应确认的"预计负债——产品质量保证"科目的金额为(　　)万元。

  A. 0   B. 20.5   C. 24   D. 27.5

8. 20×8年2月18日，甲公司以自有资金支付了建造厂房的首期工程款，工程于20×8年3月2日开始施工。20×8年6月1日甲公司从银行借入于当日计息的专门借款，并于2018年6月26日使用该项专门借款支付第一期工程款，该项专门借款的利息开始资本化的时点为(　　)。

  A. 20×8年6月26日   B. 20×8年3月2日

  C. 20×8年2月18日   D. 20×8年6月1日

9. 下列项目中，不属于借款费用的是(　　)。

  A. 借款手续费   B. 发行公司债券佣金

  C. 发行公司股票佣金   D. 借款佣金

10. 下列有关借款费用停止资本化时点的表述中，正确的是(　　)。

  A. 固定资产交付使用时停止资本化

  B. 固定资产办理竣工结算手续时停止资本化

  C. 固定资产达到预定可使用状态时停止资本化

  D. 固定资产建造过程中发生正常中断时停止资本化

二、多项选择题

1. 资产负债表日，应按长期借款或应付债券的摊余成本和实际利率计算确定的长期债券的利息费用，应借记的会计科目是(   )。
   A. "在建工程"　　　　　　　　　　　B. 制造费用
   C. "财务费用"　　　　　　　　　　　D. 研发支出

2. 长期借款进行明细核算应当设置的明细会计科目有(   )。
   A. "本金"　　　　　　　　　　　　　B. "应计利息"
   C. "溢折价"　　　　　　　　　　　　D. "利息调整"

3. 下列关于企业发行可转换公司债券的会计处理的表述中，正确的有(   )。
   A. 将负债成分确认为应付债券
   B. 将权益成分确认为其他权益工具
   C. 按债券面值计量负债成分初始确认金额
   D. 按公允价值计量负债成分初始确认金额

4. 对债券发行者来讲，采用实际利率法摊销债券溢折价时(不考虑相关交易费用)，以下说法正确的是(   )。
   A. 随着各期债券溢价的摊销，债券的摊余成本及利息费用应逐期地减少
   B. 随着各期债券溢价的摊销，债券的摊余成本减少，利息费用应逐期地增加
   C. 随着各期债券折价的摊销，债券的摊余成本及利息费用应逐期地增加
   D. 随着各期债券折价的摊销，债券的摊余成本增加，利息费用应逐期地减少

5. 桂江公司为甲公司、乙公司、丙公司和丁公司提供了银行借款担保，下列各项中，桂江公司不应确认预计负债的有(   )。
   A. 甲公司运营良好，桂江公司极小可能承担连带还款责任
   B. 乙公司发生暂时财务困难，桂江公司可能承担连带还款责任
   C. 丙公司发生财务困难，桂江公司很可能承担连带还款责任
   D. 丁公司发生严重财务困难，桂江公司基本确定承担还款责任

6. 因或有事项确认一项负债时，其金额应当是清偿负债所需支出的最佳估计数，即(   )。
   A. 所需支出存在一个连续范围，且该范围内各种结果发生的可能性相同的，最佳估计数应当按照该范围内的中间值确定
   B. 所需支出存在一个连续范围，且该范围内各种结果发生的可能性相同的，最佳估计数为该范围的上限
   C. 所需支出存在一个连续范围，且该范围内各种结果发生的可能性相同的，最佳估计数为该范围的下限
   D. 或有事项涉及单个项目的，按照最可能发生金额确定
   E. 或有事项涉及单个项目的，按照各种可能结果及相关概率计算确定

7. 下列表述中正确的是(   )。
   A. 可转换公司债券到期必须转换为股份
   B. 可转换公司债券在未转换成股份前，要按期计提利息，并进行利息调整

C. 可转换公司债券在转换成股份后，仍要按期计提利息，并进行利息调整
D. 可转换公司债券转换为股份时，不确认转换损益
E. 可转换公司债券转换为股份时，按债券的账面价值转为股本

8. 资产负债表日，有关应付债券的核算正确的处理方法有(　　)。
A. 应按摊余成本和实际利率计算确定应付债券的利息费用
B. 实际利率与合同约定的名义利率差异不大的，也可以采用合同约定的名义利率计算确定利息费用
C. 对于分期付息、一次还本的债券，应于资产负债表日按摊余成本和实际利率计算确定债券利息，与按票面利率计算确定的应付未付利息的差额，借记或贷记"应付债券——利息调整"科目
D. 企业发行债券所发生的交易费用，应计入财务费用或在建工程

9. 在我国会计实务中，不能资本化的借款费用有(　　)。
A. 投资性房地产达到预定可使用状态后发生的专门借款费用
B. 投资性房地产达到预定可使用状态前发生的专门借款费用
C. 固定资产达到预定可使用状态前发生的专门借款费用
D. 固定资产达到预定可使用状态后发生的专门借款费用

10. 下列事项中，可以记入"财务费用"账户的有(　　)。
A. 对外投资而发生的借款费用
B. 筹建期间发生的长期借款费用
C. 购建固定资产期间发生非正常中断时间超过3个月的，其中断期间发生的借款费用
D. 为购置需要经过相当长时间的生产过程才能达到预定可销售状态的存货在达到可销售状态之前而发生的借款费用

三、判断题

1. 当债券的票面利率高于市场利率时，债券可折价发行。　　　　　　　　(　　)
2. 企业发行的可转换公司债券，应当在初始确认时将其包含的负债成分和权益成分进行分拆，将负债成分确认为应付债券，将权益成分确认为资本公积。　　(　　)
3. 实际利率法，是指按照应付债券的实际利率计算其摊余成本及各期利息费用的方法。　　　　　　　　　　　　　　　　　　　　　　　　　　　　(　　)
4. 当期资本化的借款费用金额是与当期发生在资产上的支出直接挂钩的。　(　　)
5. 在洪水多发地带的企业，建造固定资产时发生洪涝灾害导致工程施工中断超过3个月，此时应当暂停借款费用的资本化。　　　　　　　　　　　　　(　　)

业 务 题

1. 甲公司为扩建厂房，向银行借款8 000 000元，年利率为8%(同借款时的市场利率)，期限为3年，工程已于第二年完工，并投入使用。假设：合同规定，借款到期时一次还本付息，按复利计算。

要求：编制有关借款、计息及偿还本息时的会计分录。

2. 甲公司为筹集生产经营所需资金，于20×1年1月1日发行面值为1 000 000元的债券，期限为5年，票面利率为8%。利息在每年年末支付。

要求：假设债券发行日市场利率分别为8%、10%、6%，判断债券会以怎样的方式来发行。如果债券以1 085 300元的价格发行(市场利率为6%)，请用实际利率法编制20×1年至20×5年有关的会计分录。

3. 甲公司为建造厂房于20×4年4月1日从银行借入1 000万元专门借款，借款期限为2年，年利率为6%。20×4年7月1日，甲公司采取出包方式委托乙公司为其建造该厂房，并预付了1 000万元工程款，厂房实体建造工作于当日开始。该工程因发生施工安全事故在20×4年8月1日至11月30日中断施工，12月1日恢复正常施工，至年末工程尚未完工。

要求：计算该项厂房建造工程在20×4年度应予资本化的利息金额。

4. 甲公司拟建一生产项目，20×4年1月1日向银行专门借款1 000万元，期限为3年，年利率为12%，每年1月1日付息。20×4年度甲公司使用专门借款800万元用于生产项目的建设，余款存入银行，银行年末存款结息11.25万元。

要求：计算甲公司20×4年度借款费用应予资本化的金额。

5. 甲公司拟建造一幢办公楼，借款及有关工程进度情况如下。

(1) 20×1年1月1日向银行专门借款10 000万元，期限为3年，年利率为12%，每年1月1日付息。

(2) 除专门借款外，公司只有一笔其他借款，为公司于20×0年12月1日借入的长期借款12 000万元，期限为5年，年利率为8%，到期一次还本付息。

(3) 办公楼于20×1年4月1日才开始动工兴建，当日支付工程款4 000万元。工程建设期间的支出情况如下。

20×1年6月1日：2000万元；
20×1年7月1日：6 000万元；
20×2年1月1日：2 000万元；
20×2年4月1日：2 000万元；
20×2年7月1日：1 000万元。

工程于20×2年9月30日完工，达到预定可使用状态。其中，由于施工质量问题工程于20×1年9月1日至12月31日停工4个月。

(4) 专门借款中未支出部分全部存入银行，假定月利率为0.5%。假定全年按照360天算，每月按照30天算。

要求：做出甲公司20×1年、20×2年有关利息的财务处理。

第十二章

所有者权益

学习目标：了解企业组织形式与所有者权益会计核算的特点；掌握所有者权益的概念及分类；理解实收资本的概念；掌握实收资本或股本的业务处理；掌握资本公积的具体内容和业务处理；了解其他综合收益的内容；了解留存收益的内容；掌握盈余公积、利润分配的内容和业务处理。

关键词：实收资本　资本公积　股本　其他综合收益　盈余公积　留存收益　利润分配　所有者权益

第一节　所有者权益概述

所有者权益是企业资产扣除负债后由所有者享有的剩余权益，根据其核算的内容和要求，可分为实收资本(股本)、其他权益工具、资本公积、其他综合收益、盈余公积和未分配利润等部分。其中，盈余公积和未分配利润统称留存收益。

一、所有者权益的含义及性质

我国《企业会计准则——基本准则》规定，"所有者权益是指企业扣除负债后由所有者享有的剩余权益"，它在数量上等于资产减去负债以后的余额(通常称作净资产)。所有者权益的变现形式取决于企业的组织形式。对于独资企业和合伙企业来说，所有者权益可以称为业主权益和合伙人权益；对股份公司而言，则通常称为股东权益。

所有者对企业的经营活动承担着最终风险，也享有最终的剩余权益。任何企业的所有者权益都是由企业投资者投入的资本及其增值所构成的。

企业资金的来源包括负债和所有者权益。负债和所有者权益统称为权益，二者均对企业的资产具有要求权，但二者之间又存在明显的区别。其主要区别如下。

(1) 性质不同。所有者权益是所有者对企业剩余资产的要求权，这种权利在债权人对企业资产的要求权之后；而负债则是企业清偿时，债权人对企业资产具有优先要求权。

(2) 权利不同。所有者享有参与利润分配、参与企业经营管理等多项权利；债权人只享有到期收回本金和利息的权利，并没有参与经营管理与利润分配的权利。

(3) 偿还期限不同。在企业持续经营的情况下，所有者权益一般不存在收回的问题，不存在偿还期限，是企业可以长期使用的一项资金；而负债则有明确的到期偿还日期。

(4) 风险不同。所有者能够获得多少收益，视企业的盈利水平和经营政策而定，风险较大；而债权人可以按照约定的利率获得利息，企业不论盈利与否，均应支付利息，风险较小。

(5) 计量方法不同。所有者权益是资产和负债计量以后形成的结果,属于间接计量;而负债必须在发生时按规定的方法进行计量,属于直接计量。

二、所有者权益的构成内容

所有者权益的来源包括所有者投入的资本、资本增值和经营中获得的利润。具体而言,所有者权益包括实收资本(股本)、其他权益工具、资本公积、其他综合收益、盈余公积和未分配利润等项目。

实收资本(股本)是指投资者按照公司章程,或者合同、协议的约定,实际投入企业的资本。对于股份公司,投入资本表现为实际发行的股票的面值总额,称为股本;对于有限责任公司,投入资本表现为投资者实际出资额,称为实收资本。

其他权益工具,主要指企业发行的除普通股以外的归类为权益工具的各种金融工具(如企业发行的优先股)。

资本公积是指归所有者共有的、非利润转化而形成的资本,主要包括资本溢价(或者股本溢价)和其他资本公积(非股本溢价或者资本溢价形成的资本公积)。

其他综合收益是指企业根据会计准则规定未在当前损益中确认的各项利得和损失。

盈余公积是指企业从净利润中提取的、具有特定用途的资金,包括法定盈余公积和任意盈余公积。

未分配利润是指企业各期净利润在分配完后剩余部分的累计数,即净利润中尚未指定用途、归所有者占有的部分。

第二节 实收资本和其他权益工具

一、实收资本的核算

按照我国有关法律规定,投资者设立企业首先必须投入资本。实收资本是投资者投入资本形成法定资本的价值,所有者向企业投入的资本,在一般情况下无须偿还,可以长期周转使用。实收资本的构成比例,即投资者的出资比例或股东的股份比例,通常是确定所有者在企业所有者权益中所占的份额和参与企业财务经营决策的基础,也是企业进行利润分配或股利分配的依据,同时还是企业清算时确定所有者对净资产的要求权的依据。

1. 接受投资的核算

企业收到所有者投入企业的资本后,应根据有关原始凭证(如投资清单、银行通知单等),分不同的出资方式进行会计处理。

1) 接受现金资产投资

(1) 股份有限公司以外的企业接受现金资产投资。股东以现金投入的资本,应以实际收到或者其存入企业开户银行的金额作为实收资本入账。

【例 12-1】 甲公司于乙有限责任公司设立时向其投资 1 600 000 万元,取得乙公司 20%的所有权份额,假设乙公司的注册资本总额为 8 000 000 万元。乙公司收到投资的会计处理如下。

借：银行存款　　　　　　　　　　　　　　1 600 000
　　贷：实收资本——甲公司　　　　　　　　　　　　1 600 000

(2) 股份有限公司发行股票。股份有限公司发行股票时，既可以按面值发行，也可以溢价发行(我国目前不允许折价发行)。股份有限公司在核定的股本总额及核定的股份总额的范围内发行股票时，应在实际收到现金资产时进行会计处理。

按面值发行的股票，会计处理最为简单。

【例 12-2】 甲公司于 20×1 年 4 月 1 日按面值 1 元发行普通股 300 000 股，股款已收到并存入银行。甲公司的会计处理如下。

借：银行存款　　　　　　　　　　　　　　300 000
　　贷：股本　　　　　　　　　　　　　　　　　　300 000

现在，我国基本上所有的上市公司都是溢价发行股票。溢价发行股票，应将相当于股票面值的部分记入"股本"科目，其余部分记入"资本公积"科目。

【例 12-3】 甲公司于 20×1 年 7 月 1 日发行普通股 100 000 股，面值 1 元，发行价为 4.50 元，款项已收到并存入银行。甲公司的会计处理如下。

借：银行存款　　　　　　　　　　　　　　450 000
　　贷：股本　　　　　　　　　　　　　　　　　　100 000
　　　　资本公积——股本溢价　　　　　　　　　　350 000

(3) 外商以外币出资。外商投资企业的股东投入的外币，无论是否有合同约定汇率，均按收到出资额当日的汇率折合，不产生汇率折合差额。这样，股本(或实收资本)账户的金额可能不反映股权比例，但并不改变按合同约定的汇率确定分配和清算的比例。

【例 12-4】 甲公司收到外商投入的外币 1 000 000 美元，合同约定的汇率为 1∶6.25。收到投资当日的汇率为 1∶6.33。甲股份公司的会计处理如下。

借：银行存款——美元户(US$1 000 000)　　6 330 000
　　贷：实收资本　　　　　　　　　　　　　　　　6 330 000

2) 接受非现金资产投资

《公司法》规定，股东可以用货币，也可以用实物、知识产权、土地使用权等可以用货币估价并可以依法转让的非货币财产作价投资；但是，法律、行政法规规定不得作为出资的财产除外。对作为出资的非货币性财产应当评估作价，核实财产，不得高估或者低估作价。法律、行政法规对评估作价有规定的，从其规定。

企业接受非现金资产投资时，应按投资合同或协议约定价值确定非现金资产价值(但投资合同或协议约定价值不公允的除外)和在注册资本中应享有的份额。

(1) 股份有限公司以外的企业接受非现金资产投资。

【例 12-5】 甲有限责任公司于设立时收到乙公司作为资本投入的不需要安装的机器设备一台，合同约定该机器设备的价值为 4 000 000 元，增值税进项税额为 520 000 元，同时收到该公司投入的土地使用权一项，合同约定价值为 700 000 元。另收到作为投资投入的原材料一批，该批原材料的合同约定价值为 200 000 元(不含可抵扣的增值税进项税额部分)，增值税进项税额为 26 000 元。合同约定的固定资产价值与公允价值相符，假设不考虑其他因素。甲有限责任公司收到投资的会计处理如下。

借：固定资产	4 000 000
无形资产——土地使用权	700 000
原材料	200 000
应交税费——应交增值税(进项税额)	546 000
贷：实收资本——乙公司	5 446 000

(2) 股份有限公司接受非现金发行股票。股份有限公司有时发行股票的目的是交换非现金资产，如房屋、土地等。

【例12-6】 甲股份公司发行面值为1元的普通股300 000股换取一项专利技术，该专利技术经双方确认的价值为380 000元。假设该确认的价值与公允价值相符。甲股份公司的会计处理如下。

借：无形资产——××专利权	380 000
贷：股本——普通股	300 000
资本公积——股本溢价	80 000

2. 实收资本(股本)增减变动的核算

《中华人民共和国公司登记管理条例》规定，公司增加注册资本的，有限责任公司股东认缴新增资本的出资和股份有限公司的股东认购新股，应当分别依照《公司法》设立有限责任公司缴纳出资和设立股份有限公司缴纳股款的有关规定执行。公司法定公积金转增为注册资本的，验资证明应当载明留存的该项公积金不少于转增前公司注册资本的25%。公司减少注册资本的，应当自公告之日起45日后申请变更登记，并应当提交公司在报纸上登载公司减少注册资本公告的有关证明和公司债务清偿或者债务担保情况的说明。公司减资后的注册资本不得低于法定的最低限额。公司变更资本的，应该提交依法设立的验资机构出具的验资证明，并应当按照公司章程载明的出资时间、出资方式缴纳出资。公司应当自足额缴纳出资或者股款之日起30日内申请变更登记。

1) 实收资本(或股本)增加的核算

一般企业增加资本的途径主要有以下几个。

(1) 接受投资者追加投资。企业应在收到投资者追加的投资时，借记"银行存款""固定资产""原材料"等科目，贷记"实收资本"或"股本"科目，按其差额，贷记"资本公积——资本溢价或股本溢价"科目。

【例12-7】 A、B、C三人共同投资设立甲有限责任公司，原注册资本为4 000 000元，A、B、C分别出资500 000元、2 000 000元和1 500 000元。为扩大经营规模，经批准，桦明有限责任公司注册资本扩大为5 000 000元，A、B、C按照原出资比例分别追加了投资125 000元、500 000元和375 000元。

甲有限责任公司接受追加投资的相关会计处理如下。

借：银行存款	1 000 000
贷：实收资本——A	125 000
——B	500 000
——C	375 000

(2) 资本公积转为实收资本，会计上应借记"资本公积"科目，贷记"实收资本"或

"股本"科目。

【例 12-8】 甲公司将资本公积 800 万元转增资本。在原来的注册资本中有 A、B、C、D 四位投资者，出资比例分别为 35%、15%、30%和 20%，资本公积转增资本后每位投资者增加的实收资本数额分别为 280 万元、120 万元、240 万元、160 万元，该公司按法定程序办完增资手续后，会计处理如下。

借：资本公积　　　　　　　　　　　　8 000 000
　　贷：实收资本——法人投资——A　　　2 800 000
　　　　　　　　　　　　——B　　　　1 200 000
　　　　　　　　　　　　——C　　　　2 400 000
　　　　　　　　　　　　——D　　　　1 600 000

(3) 盈余公积转为实收资本，应借记"盈余公积"科目，贷记"实收资本"或"股本"科目。这里要注意的是，资本公积和盈余公积均属所有者权益，转为实收资本时，如为独资企业比较简单，直接结转即可；如为股份公司或有限责任公司，应按原投资者所持股份同比例增加各投资者的出资额。

【例 12-9】 承例 12-7，因扩大经营规模需要，经批准，甲有限责任公司按原出资比例将盈余公积 1 000 000 元转增资本。

甲有限责任公司的会计处理如下。

借：盈余公积　　　　　　　　　　　　1 000 000
　　贷：实收资本——甲　　　　　　　　125 000
　　　　　　　　——乙　　　　　　　　500 000
　　　　　　　　——丙　　　　　　　　375 000

2) 可转换债券转为股本的核算

与一般债券不同，发行可转换债券的公司赋予债券持有人两项权利：一是债券持有人具有定期取得利息和到期收回本金的权利；二是债券持有人有按规定将债券调换成股票的权利。债券持有人行使转换权利实质上是债权转化为股权，这种转化不改变公司的资产状况，但改变了公司的资本结构。当债券持有人行使调换权利将债券转换成股票时，按可转换公司债券的余额，借记"应付债券——可转换公司债券(面值、利息调整)"科目；按其权益成分的金额，借记"其他权益工具"科目；按股票面值和转换的股数计算的股票面值总额，贷记"股本"科目；按其差额，贷记"资本公积——股本溢价"科目。

3) 实收资本(或股本)减少的核算

企业由于经营方针或业务发生变化，如经营规模小、资本过剩，或由于企业发生了重大亏损，在短期内无力弥补等特殊原因，经政府授权部门批准后或由股东会决议通过，可宣告减少股本。

我国对公司重新取得或购回本公司股票有严格限制，公司除因减少资本等特殊情况，不得收购本公司股票，亦不得库存本公司已发行股票。特殊情况需收购并库存本公司发行股票的，须报请有关部门批准后方可进行。

企业应设置"库存股"科目来核算企业收购或注销的本公司股份金额。企业为减少注册资本或股东因对股东大会做出的公司合并、分立决议持有异议而要求企业收购本公司股份的，企业应按实际支付的金额，借记"库存股"科目，贷记"银行存款"等科目。注销库存股时，应按股票面值和注销股数计算的股票面值总额，借记"股本"科目；按注销库存股的账面余额，贷记"库存股"科目；按其差额，借记"资本公积——股本溢价"科目；股本溢价不足冲减的，应借记"盈余公积""利润分配——未分配利润"科目。如果购回股票支付的价款低于面值总额的，所注销库存股的账面余额与所冲减股本的差额作为增加股本溢价处理。

【例12-10】 甲股份有限公司20×1年12月31日的股本为100 000 000股，面值为1元，资本公积(股本溢价)为30 000 000元，盈余公积为40 000 000元。经股东大会批准，甲公司以现金回购本公司股票20 000 000股并注销。假定甲公司按每股2元回购股票，不考虑其他因素。甲公司的会计处理如下。

(1) 回购本公司股票时。

借：库存股　　　　　　　　　　40 000 000
　　贷：银行存款　　　　　　　　　　40 000 000

(2) 注销本公司股票时。

借：股本　　　　　　　　　　　20 000 000
　　资本公积——股本溢价　　　　20 000 000
　　贷：库存股　　　　　　　　　　40 000 000

二、其他权益工具的核算

在所有者权益类科目中设置"其他权益工具"科目，核算企业发行的除普通股以外的归类为权益工具的各种金融工具。"其他权益工具"科目应按发行金融工具的种类等进行明细核算。

企业发行的除普通股(作为实收资本或股本)以外，按照金融负债和权益工具区分原则分类为权益工具的其他权益工具，按照以下原则进行会计处理。

企业发行的金融工具应当按照金融工具准则进行初始确认和计量；其后，于每个资产负债表日计提利息或分派股利，按照相关具体企业会计准则进行处理。即企业应当以所发行金融工具的分类为基础，确定该工具利息支出或股利分配等的会计处理。对于归类为权益工具的金融工具，无论其名称中是否包含"债"，其利息支出或股利分配都应当作为发行企业的利润分配，其回购、注销等作为权益的变动处理；对于归类为金融负债的金融工具，无论其名称中是否包含"股"，其利息支出或股利分配原则上按照借款费用进行处理，其回购或赎回产生的利得或损失等计入当期损益。

企业(发行方)发行金融工具，其发生的手续费、佣金等交易费用，如分类为债务工具且以摊余成本计量的，应当计入所发行工具的初始计量金额；如分类为权益工具的，应当从权益(其他权益工具)中扣除。

例如，企业发行的可转换公司债券，在初始确认时应将其包含的负债部分和权益部分进行分拆，将负债部分确认为应付债券，将权益部分确认为其他权益工具。按实际收到的款项，借记"银行存款"等科目。按该项可转换公司债券包含的负债部分的面值，贷记"应付债券——可转换公司债券(面值)"科目。按权益部分的公允价值，贷记"其他权益工具"科目；按其差额，借记或贷记"应付债券——可转换公司债券(利息调整)"科目。发行可转换公司债券发生的交易费用,应当在负债部分和权益部分之间按照各自的相对公允价值进行分摊。具体账务处理见第十章非流动负债的相关内容。

第三节 资本公积和其他综合收益

一、资本公积的核算

资本公积是企业收到投资者的超出其在企业注册资本(或股本)中所占份额的投资以及其他资本公积。资本公积一般应当设置"资本(或股本)溢价""其他资本公积"明细科目核算。

1. **资本(或股本)溢价**

资本溢价(或股本溢价)是指企业收到投资者的超出其在企业注册资本(或股本)中所占份额的投资。形成资本溢价(或股本溢价)的原因有溢价发行股票、投资者超额缴入资本等。

对于新成立的公司,投资者的投资一般全部作为实收资本入账,投资者按出资份额享有权利并承担义务。但公司在增资扩股并接纳新的投资者时,新的投资者缴付的出资额通常要大于其在注册资本中所占的份额。因为企业经过一段时间的经营后,盈利能力要高于企业初创时期,新的投资者要享有与原有投资者相同的权益,必然要付出更高的代价,这样才能维护原有投资者的已有权益。此外,企业经过一段时间的经营以后会形成留存收益,新的投资者要想和原有投资者共享这部分留存收益,也要求其付出大于原投资者的出资额,才能取得与原投资者相同的投资比例。因此,企业在接受新的投资者投资时产生资本溢价是很正常的。新的投资者实际投入的资本超过其在注册资本中的份额部分,计入"资本公积——资本溢价"账户。

1) 资本溢价

企业接受投资者投入的资本,借记"银行存款""其他应收款""固定资产""无形资产"等科目;按其在注册资本或股本中所占份额,贷记"实收资本"科目;按其差额,贷记"资本公积——资本溢价"科目。

【例12-11】A投资者与甲公司原股东协商,投入1 000万元现金和一套生产流水线,双方确认生产线的价值为500万元,占注册资本的10%,计700万元。甲公司已经收到银行存款和生产线设备。甲公司的会计处理如下。

借:银行存款   10 000 000
  固定资产   5 000 000
 贷:实收资本   7 000 000
   资本公积——资本溢价   8 000 000

【例12-12】A、B、C三个公司共同投资设立甲公司,按照出资协议,A公司出资400万,B公司以专有技术投资,价值180万,C公司以厂房出资,价值120万。两年后,D公司要加入,经三位股东协商同意,D公司出资200万元,占有甲公司20%的股份。

(1) 甲公司设立时的会计处理。

借：银行存款　　　　　　　　　　　　4 000 000
　　无形资产　　　　　　　　　　　　1 800 000
　　固定资产　　　　　　　　　　　　1 200 000
　　贷：实收资本——A　　　　　　　　　　　　4 000 000
　　　　　　　——B　　　　　　　　　　　　1 800 000
　　　　　　　——C　　　　　　　　　　　　1 200 000

(2) D公司加入时的会计处理。

借：银行存款　　　　　　　　　　　　2 000 000
　　贷：实收资本——D　　　　　　　　　　　　1 750 000
　　　　资本公积——资本溢价　　　　　　　　250 000

其中，1 750 000=(4 000 000+1 800 000+1 200 000)÷80%×20%。

2) 股本溢价

对于股份有限公司溢价发行股票，在收到现金等资产时，按实际收到的金额，借记"银行存款"等科目；按股票面值和核定的股份总额的乘积计算的金额，贷记"股本"科目；按溢价部分，贷记"资本公积——股本溢价"科目。

对于股份有限公司发行股票时支付的相关手续费、佣金等交易费用，如果是溢价发行股票的，应从溢价收入中抵扣，冲减资本公积(股本溢价)；无溢价的或溢价不足以抵扣的部分，应将不足抵扣的部分冲减盈余公积和未分配利润。

【例12-13】甲股份有限公司委托某证券公司代理发行普通股2 000万股，每股面值1元，每股发行价格为8.5元。证券公司按发行收入的4%收取手续费，从发行收入中扣除。公司已经收到股款存入银行。甲股份有限公司的会计处理如下：

(1) 收到发行收入时。

借：银行存款　　　　　　　　　　　　170 000 000
　　贷：股本　　　　　　　　　　　　　　　　20 000 000
　　　　资本公积——股本溢价　　　　　　　150 000 000

(2) 支付发行费用时。

借：资本公积——股本溢价　　　　　　6 800 000
　　贷：银行存款　　　　　　　　　　　　　　6 800 000

2. 其他资本公积

其他资本公积是指除资本溢价(或股本溢价)项目以外所形成的资本公积。

1) 以权益结算的股份支付

以权益结算的股份支付换取职工或其他方提供服务的，应按照确定的金额，计入"管理费用"等科目，同时增加资本公积(其他资本公积)。在行权日，应按实际行权的权益工具数量计算确定的金额，借记"资本公积——其他资本公积"科目；按计入实收资本或股本的金额，贷记"实收资本"或"股本"科目；按其差额，记入"资本公积——资本溢价"或"资本公积——股本溢价"科目。

2) 采用权益法核算的长期股权投资

长期股权投资采用权益法核算的，被投资单位除净损益、其他综合收益和利润分配以外的所有者权益的其他变动，投资企业按持股比例计算应享有的份额，应当增加或减少长期股权投资的账面价值，同时增加或减少资本公积(其他资本公积)。当处置采用权益法核算的长期股权投资时，应当将原计入资本公积(其他资本公积)的相关金额转入投资收益(除不能转入损益的项目外)。

3. 资本公积转增资本

按照《公司法》的规定，法定公积金(资本公积和盈余公积)转为资本时，所留存的该项公积金不得少于转增前公司注册资本的 25%。经股东大会或类似机构决议，用资本公积转增资本时，应冲减资本公积，同时按照转增前的实收资本(或股本)的结构或比例，将转增的金额计入"实收资本"(或"股本")科目下各所有者的明细分类账。

二、其他综合收益的核算

其他综合收益是指企业根据其他会计准则规定未在当期损益中确认的各项利得和损失，包括以后会计期间不能重分类进损益的其他综合收益和以后会计期间满足规定条件时将重分类进损益的其他综合收益两类。

1. 以后会计期间不能重分类进损益的其他综合收益项目

主要包括重新计量设定收益计划净负债或净资产导致的变动，以及按照权益法核算因被投资单位重新计量设定收益计划净负债或净资产变动导致的权益变动，投资企业按持股比例计算确认的该部分其他综合收益项目。

2. 以后会计期间满足规定条件时将重分类进损益的其他综合收益项目

主要包括以下内容。

1) 以公允价值计量且其变动计入其他综合收益的金融资产的公允价值变动

资产负债表日，以公允价值计量且其变动计入其他综合收益的金融资产应当以公允价值计量，因公允价值变动形成的利得或损失，应作为所有者权益变动，计入其他综合收益。该金融资产的公允价值高于其账面价值的差额，借记"其他债权投资——公允价值变动"或"其他权益工具投资——公允价值变动"账户，贷记"其他综合收益"账户。若公允价值低于其账面余额，则按差额做相反的会计分录。

2) 金融资产的重分类

企业将以摊余成本计量的金融资产重分类为以公允价值计量且其变动计入其他综合收益的金融资产时，应当按照该金融资产在重分类日的公允价值进行计量，原账面价值与公允价值之间的差额计入其他综合收益。

3) 采用权益法核算的长期股权投资

采用权益法核算的长期股权投资，按照被投资单位实现其他综合收益以及持股比例计算应享有或分担的金额，调整长期股权投资的账面价值，同时增加或减少其他综合收益，其会计处理为：借记(或贷记)"长期股权投资——其他综合收益"科目，贷记(或借记)"其他综合收益"科目，待该项股权投资处置时，将原计入其他综合收益的金额转入当期损益。

4) 存货或自用房地产转换为投资性房地产

转换后的投资性房地产采用公允价值模式计量的，按照转换当日的公允价值计量，转换当日的公允价值小于原账面价值的,其差额计入当期损益(公允价值变动损益);转换当日的公允价值大于原账面价值的,其差额计入其他综合收益。详见本书"投资性房地产"相关章节的表述。

另外,在现金流量套期工具产生的利得或损失中属于有效套期的部分以及外币财务报表折算差额相关业务的处理中也有涉及。

第四节　留存收益

一、留存收益的构成

留存收益由盈余公积和未分配利润构成,留存收益是所有者权益的组成部分,是由企业历年税后利润所形成的留存于企业的内部积累。因此,企业经营活动的好坏直接影响留存收益的大小。企业赚取的净利润,虽然归属于所有者,能够增加所有者权益,但是,并不意味着赚取的净利润可以全部分配给投资者。它会受到法规、公司章程、股东大会决议、与债权人签订的契约等条件的限制。企业从当年税后利润中指定为其他用途,不得用于分配给股东的利润,称为留存收益的分拨或指定用途的留存收益。企业的净利润在弥补以前年度亏损和指定用途之后,剩下的才是可分配给股东的留存收益。盈余公积为指定用途的留存收益,未分配利润则属于未指定用途的留存收益。

按照有关的规定,税后利润应按照下列顺序进行分配:①提取10%的法定盈余公积;②提取任意盈余公积(提取比例由投资者决议);③向投资者分配利润或股利。按照规定,企业当年取得的利润,可以用税前利润弥补以前年度(五年内)的亏损,超过五年的亏损用税后利润继续弥补,形成的利润按上述顺序进行分配。

为了反映留存收益的形成,以及税后利润分配事项,企业一般设置"盈余公积"账户和"利润分配"账户进行核算。

二、盈余公积

1. 盈余公积的来源与用途

盈余公积是指企业按照有关法规从当年实现的税后利润中提取的企业留存利润。企业要生存发展,要不断扩大生产规模,向社会提供适销对路的产品或劳务,履行社会责任,承担社会义务,因此,有必要把税后利润的一部分留在企业,重新投入生产经营,参加周转,这部分留存于企业的利润,就是盈余公积。

盈余公积有两种:一种是国家规定必须提取的,称为法定盈余公积。按照我国《公司法》的有关规定,公司制企业应当按照净利润(减弥补以前年度亏损,下同)的10%提取法定盈余公积,当法定盈余公积累计额已达到注册资本的50%时可以不再提取,非公司制企业法定盈余公积的提取比例可超过净利润的10%。值得注意的是,在计算提取法定盈余公积的基数时,不应包括企业年初未分配利润。另一种是企业自愿提取的,由股东大会决议决定要留存企业里的利润,称为任意盈余公积。其提存比例,由企业自行决定。公司制企业可以按照股东大会的决议提取任意盈余公积,非公司制企业经类似权力机构批准,也可提取任意盈余公积。法定盈余公积和任意盈余公积的区别在于其各自计提的依据不同，前者以国家法律、法规为依据；后者由企业的权力机构自行决定。

企业提取的盈余公积主要用于弥补亏损和转增资本。符合规定条件的企业也可以用盈余公积分派现金股利。转增资本时企业应注意：①先办理增资手续；②按股东原有股份比例结转，股份有限公司可采用发放新股或增加每股面值的方法增加股本；③法定盈余公积转增资本时，在转增后留存的此项公积金应不少于注册资本的25%。

2. 弥补亏损

企业发生的亏损有三条弥补渠道：一是用以后年度的税前利润弥补。按照我国税法规定，企业发生亏损时，可以用以后连续五年内实现的税前利润弥补。二是用税后利润弥补。企业发生亏损经过五年期间未弥补足额的，未弥补亏损应用所得税后的利润弥补。三是用盈余公积弥补。用这种方法时，应经公司董事会提议，并经股东大会批准。盈余公积弥补亏损的会计分录为：借记"盈余公积"账户，贷记"利润分配——盈余公积补亏"账户。

3. 转增资本

盈余公积转增资本时，借记"盈余公积"账户，贷记"实收资本(股本)"账户。但转增后留存的盈余公积的数额不得少于转增前注册资本的25%。

【例 12-14】甲公司本年发生经营亏损 50 万元，经股东大会表决通过，决定以累积的法定盈余公积 35 万元、任意盈余公积 15 万元弥补亏损。甲公司弥补亏损的会计处理如下。

借：盈余公积——法定盈余公积　　　350 000
　　　　　　——任意盈余公积　　　150 000
　　贷：利润分配——盈余公积补亏　　　　　　500 000

年末，将"利润分配——盈余公积补亏"结转至"利润分配——未分配利润"账户，会计处理如下。

借：利润分配——盈余公积补亏　　　500 000
　　贷：利润分配——未分配利润　　　　　　500 000

三、未分配利润

未分配利润是指截止到本年度的累计未分配利润，包括以前累计的尚未分配的利润，以及本年的未分配利润数额，即反映企业利润的分配(或亏损的弥补)和历年分配(或弥补)后的积存余额。资产负债表上的未分配利润，在性质上属于截止到本会计年度的累计额，不是当期的发生额。从未分配利润的定义可以看出，其形成来源包括本年经营利润的分配剩余(或亏损)和以前年度积存利润(或亏损)。为反映企业的未分配利润的过程及其结果，需要单独设置"利润分配"科目，该科目应当分"提取法定盈余公积""提取任意盈余公积""应付现金股利或利润""转作股本的股利""盈余公积补亏"和"未分配利润"等进行明细核算。

年度终了，企业应将全年实现的净利润，自"本年利润"科目转入"利润分配"科目，借记"本年利润"科目，贷记"利润分配——未分配利润"科目，为净亏损的，作相反的会计分录；同时，将"利润分配"科目所属其他明细科目的余额转入"利润分配——未分配利润"明细科目。结转后，本科目除"未分配利润"明细科目外，其他明细科目应无余额。

1. 提取盈余公积

企业提取盈余公积的会计处理：借记"利润分配——提取法定(或任意)盈余公积"科目，贷记"盈余公积——法定(或任意)盈余公积"科目。

【例 12-15】 甲公司 20×1 年度实现净利润 20 000 000 元，根据法律法规的规定，提取 10%的法定盈余公积。同时，按股东大会决议提取 20%的任意盈余公积。

甲公司计提盈余公积的会计处理如下。

借：利润分配——提取法定盈余公积　　　　　　2 000 000
　　　　　　——提取任意盈余公积　　　　　　4 000 000
　贷：盈余公积——法定盈余公积　　　　　　　2 000 000
　　　　　　——任意盈余公积　　　　　　　　4 000 000

2. 分配股利或利润

企业经股东大会或类似机构决议，分配给股东或投资者的现金股利或利润，借记"利润分配——应付现金股利或利润"科目，贷记"应付股利"科目。经股东大会或类似机构决议，分配给股东的股票股利，应在办理增资手续后，借记"利润分配——转作股本的股利"科目，贷记"股本"科目。如有差额，贷记"资本公积——股本溢价"科目。

【例 12-16】 承上例，本期经股东大会决议，拟分配股利 6 000 000 元。其会计处理如下。

借：利润分配——应付现金股利或利润　　　　　　6 000 000
　贷：应付股利　　　　　　　　　　　　　　　　6 000 000

期末，结转利润分配的明细科目(除未分配利润)至"利润分配——未分配利润"科目。结转利润分配的明细科目，会计处理如下。

借：利润分配——未分配利润　　　　　　　　　12 000 000
　贷：利润分配——提取法定盈余公积　　　　　　2 000 000
　　　　　　——提取任意盈余公积　　　　　　4 000 000
　　　　　　——应付现金股利或利润　　　　　　6 000 000

如果甲公司 20×1 年年初未分配利润余额为 8 000 000 元，则当期期末"未分配利润"余额为 16 000 000 元。

思 考 题

1. 什么是所有者权益？它包括哪些内容？
2. 一般企业增加资本的途径主要有哪几条？如何进行账务处理？
3. 什么是资本公积？它包括哪些内容？
4. 什么是其他综合收益？它具体核算哪些内容？

自 测 题

一、单项选择题

1. 以下各项中不属于所有者权益包含的内容的有( )。
   A. 资本公积   B. 盈余公积   C. 未分配利润   D. 投资收益

2. 股份有限公司通过回购股票减少资本，在注销库存股时，应按股票面值和注销股数计算的股票面值总额，借记"股本"账户；按注销库存股的账面余额，贷记"库存股"账户；按其差额依次冲减而借记的会计账户是( )。
   A. "资本公积——股本溢价" "盈余公积" "利润分配——未分配利润"
   B. "资本公积——股本溢价" "资本公积——其他资本公积" "盈余公积" "利润分配——未分配利润"
   C. "利润分配——未分配利润" "盈余公积" "资本公积——股本溢价"
   D. "盈余公积" "利润分配——未分配利润"

3. 当新投资者介入有限责任公司时，其出资额大于按约定比例计算的、在注册资本中所占的份额部分，应计入 ( )。
   A. 实收资本   B. 营业外收入
   C. 资本公积   D. 盈余公积

4. 甲出资 80 万元、乙出资 60 万元、丙出资 60 万元筹建 A 有限责任公司，设立时实收资本为 200 万元。经过几年的经营，A 公司的留存收益为 80 万元。丁想加入 A 公司，并愿出资 70 万元拥有 A 公司 20%的股份，则丁投入资本时应计入 A 公司"资本公积"科目的金额为( )万元。
   A. 25   B. 10   C. 15   D. 20

5. 盈余公积转增资本时，转增后留存的盈余公积的数额不得少于转增前注册资本的( )。
   A. 25%   B. 15%   C. 20%   D. 50%

6. 下列事项中，不会引起留存收益总额发生变动的是( )。
   A. 将盈余公积转增资本   B. 分配现金股利
   C. 分配股票股利   D. 提取盈余公积

7. 用盈余公积或资本公积转增资本( )。
   A. 会导致所有者权益的增加
   B. 会导致所有者权益的减少
   C. 不会引起所有者权益总额及其结构的变化
   D. 不会引起所有者权益总额的变化，但会导致其结构的变动

8. 某有限责任公司股本构成如下：甲投资者为 40 万元，乙投资者为 20 万元，丙投资者为 20 万元；甲、乙、丙股权比例为 2∶1∶1。现公司吸收新投资者丁，丁出资 35 万元，取得 1/5 的股权比例，则新股东加入后，甲、乙、丙、丁各股东股本次序为( )。
   A. 40 万元，20 万元，20 万元，35 万元

B. 35万元，15万元，15万元，15万元

C. 40万元，20万元，20万元，20万元

D. 40万元，25万元，25万元，20万元

9. 某企业年初未分配利润借方余额40万元(弥补期限已超过5年)，本年度税后利润100万元，法定盈余公积和任意盈余公积的计提比例分别为10%。假定该企业本年度除了计提盈余公积外，无其他利润分配事项，则该企业本年末未分配利润金额为(　　)万元。

A. 80　　　　　B. 60　　　　　C. 48　　　　　D. 40

10. 企业用盈余公积弥补亏损时，应借记"盈余公积"科目，贷记(　　)科目。

A."本年利润"　B."利润分配"　C."补贴收入"　D."应弥补亏损"

二、多项选择题

1. 下列属于所有者权益的科目是(　　)。

A. 股本　　　B. 应付股利　　　C. 盈余公积　　　D. 库存股

2. 股份有限公司的"股本"账户应当登记的内容包括(　　)。

A. 股本总额　　B. 股份总额　　C. 每股面值　　D. 股东单位或姓名

3. 盈余公积的主要用途为(　　)。

A. 弥补亏损　　B. 转增资本　　C. 缴纳税金　　D. 购买原材料

4. 下列事项中，会引起所有者权益减少的有(　　)。

A. 以资本公积转增资本　　　　B. 以盈余公积弥补亏损

C. 减资　　　D. 发放股票股利　　　E. 分配现金股利

5. 下列各项中，不会引起留存收益总额发生增减变动的有(　　)。

A. 提取任意盈余公积　　　　B. 用盈余公积弥补亏损

C. 用盈余公积分配现金股利　　D. 用未分配利润分配股票股利

6. 下列仅影响所有者权益这一要素结构变动的事项有(　　)。

A. 用盈余公积弥补亏损　　　B. 用盈余公积转增资本

C. 分配现金股利　　　　　　D. 分配股票股利

7. 企业弥补亏损的渠道主要有(　　)。

A. 用以后年度税前利润弥补　　B. 用以后年度税后利润弥补

C. 用盈余公积弥补　　　　　　D. 用政府补助弥补

8. 下列项目中，会引起留存收益总额发生增减变动的有(　　)。

A. 提取法定盈余公积　　　　B. 用盈余公积弥补亏损

C. 用盈余公积转增资本　　　D. 发放股票股利

9. 企业收到投资时所做会计处理可能涉及的会计科目有(　　)。

A."实收资本"　　　　　　　B."股本"

C."资本公积——资本溢价"　D."资本公积——股本溢价"

10. 企业实收资本增加的途径有(　　)。

A. 企业盈利　　　　　　　B. 所有者投入

C. 资本公积转增资本　　　D. 盈余公积转增资本

三、判断题

1. 企业在非日常活动中形成的利得都应直接增加资本公积。（ ）
2. "利润分配——未分配利润"账户贷方仅登记转入的本年利润额。（ ）
3. 企业提取的盈余公积主要用途是为了弥补亏损和转增资本。（ ）
4. 企业实现的净利润可以全部分配给投资者。（ ）
5. 甲公司20×8年年初亏损100万元(假设在5年内发生)，20×8年实现净利润80万元，则甲公司在20×8年不应提取盈余公积。（ ）

业 务 题

1. 某公司于20×6年3月1日发行普通股1 000 000股，面值1元，发行价为6.50元，发行费用为500 000元，已收到现金。于20×6年4月30日接受一股东增加投入一设备，双方协商价为450 000元(与公允价值相符)，股份数为150 000股，已经办妥产权转移手续。

要求：做出会计分录。

2. 某公司因发生重大亏损经股东大会决议同意，决定以每股18元的价格回购其发行的面值为1元的100万股普通股并予以注销。回购时公司的资本公积(股本溢价)为12 000 000元，盈余公积为5 000 000元。

要求：做出公司回购的相关会计分录。

3. 某公司20×9年度实现税前利润300 000元。企业利润分配账户有借方余额230 000元，其中未弥补完的20×3年亏损30 000元，未弥补完的20×7年亏损120 000元，未弥补完的20×8年亏损80 000元。公司企业所得税税率为25%。假设没有其他需要调整的项目，也没有其他业务。

要求：做出期末结转利润的会计分录，并计算期末利润分配账户的余额。

4. 某公司于20×9年4月1日接受一股东增加投入设备，双方协商价为80 000元，股份数为6 000股，面值为10元，已经办妥产权转移手续。公司20×9年度实现税前利润500 000元。企业利润分配账户有借方余额150 000元，其中未弥补完的2012年亏损60 000元，未弥补完的20×7年亏损90 000元。公司的企业所得税税率为25%。根据法律法规的规定，提取10%的法定盈余公积。同时，按股东大会决议提取30%的任意盈余公积，其余的用于派发现金股利。

要求：编写会计分录。

第十三章

收入、费用与利润

学习目标：了解收入的概念、特点与分类；掌握收入确认、计量的五步法模型；熟练掌握一般业务收入的会计处理；掌握特定交易业务的会计处理；掌握费用的确认和计量；熟练掌握利润的构成、分配程序及其会计处理方法。

关键词：收入的确认与计量　一般业务收入　特定交易收入　营业成本　期间费用　营业外收入　营业外支出　利润　利润分配　每股收益

第一节　收　入

一、收入的概念与特点

1. 收入的概念

收入有广义与狭义之分。广义的收入是指那些能导致企业经济利益流入的所有有利属性。我国《企业会计准则——基本准则》给收入下的定义：收入是指企业在日常活动中形成的、会导致所有者权益增加的、与所有者投入资本无关的经济利益的总流入，包括商品销售收入、提供劳务收入等，但不包括为第三方或客户代收的款项。

因而我国会计准则规范的收入属于狭义收入的概念，不包括利得。利得是指由企业非日常活动所形成的，与所有者投入资本或分配利润无关的经济利益的流入。广义的收入包括狭义的收入和利得。本章所指收入为狭义的收入。

收入与收益的含义不尽相同，收入是企业在日常经营活动中所产生的收益。IASB在《财务报告的概念框架》中将收益定义为："收益是指在会计期间导致权益的增加，与权益所有者投入资本无关的经济利益的增加，其表现形式为资产的流入或增值，或者是负债的减少。"收益包括营业收入和利得，属于广义的收入。对主体来说，收入与利得都是经济利益的增加，因此在各国会计准则中，一般都不将收入和利得作为不同的会计要素。

2. 收入的特点

1) 收入从企业的日常活动中产生

收入从企业的日常活动中产生，而不是从偶发的交易或事项中产生。其中，日常活动是指企业为完成其经营目标所从事的经常性活动以及与之相关的其他活动。工业企业制造并销售产品、商品流通企业销售商品、咨询公司提供咨询服务、软件公司为客户开发软件、安装公司提供安装服务、建筑企业提供建造服务等，均属于企业的日常活动。

有些交易或事项也能为企业带来经济利益，但不属于企业的日常活动，其流入的经济利益不确认为收入，而属于利得。例如，企业处置固定资产、无形资产等活动，不是企业为完成其经营目标所从事的经常性活动，也不属于与经常性活动相关的其他活动，由此产生的经济利益的总流入不构成收入，应当确认为营业外收入或资产处置损益。

2) 收入可能表现为企业资产的增加或负债的减少，最终导致企业所有者权益的增加

收入可能表现为企业资产的增加，如增加银行存款、应收账款等；也可能表现为企业负债的减少，如以商品或劳务抵偿债务，或者二者兼而有之。根据"资产-负债=所有者权益"的公式，企业取得收入一定能增加所有者权益。但收入扣除相关成本费用后的净额，则可能增加所有者权益，也可能减少所有者权益。这里仅指收入本身导致的所有者权益的增加，而不是指收入扣除相关成本费用后的毛利对所有者权益的影响。因此，会计准则中将收入定义为"经济利益的总流入"。

3) 收入只包括本企业经济利益的流入

收入只包括本企业经济利益的流入，不包括为第三方或客户代收的款项，如增值税、代收利息、旅行社代客户购买门票而收取票款等。代收的款项，一方面增加企业的资产，另一方面增加企业的负债，因此不增加企业的所有者权益，也不属于本企业的经济利益，不能作为本企业的收入。

4) 收入与所有者投入资本无关

所有者投入资本主要是为谋求享有企业资产的剩余权益，由此形成的经济利益的总流入不构成收入，而应确认为企业所有者权益的组成部分。

二、收入的确认原则

企业确认收入的方式应当反映其向客户转让商品的模式，收入的金额应当反映企业因转让这些商品而预期有权收取的对价金额。

企业应当在履行了合同中的履约义务，即在客户取得相关商品控制权时确认收入。取得商品控制权，是指能够主导该商品的使用并从中获得几乎全部的经济利益，也包括有能力阻止其他方主导该商品的使用并从中获得经济利益。

企业在判断商品的控制权是否发生转移时，应当从客户的角度进行分析，即客户是否取得了相关商品的控制权以及何时取得该控制权。

取得商品控制权同时包括下列三项要素。

一是能力，即客户拥有现时权利，能够主导该商品的使用并从中获得几乎全部经济利益时，才能确认收入。

二是主导该商品的使用，是指客户在其活动中有权使用该商品，或者能够允许或阻止其他方使用该商品。

三是能够获得几乎全部的经济利益。商品的经济利益，是指该商品的潜在现金流量，既包括现金流入的增加，也包括现金流出的减少。客户可以通过使用、消耗、出售、处置、交换、抵押或持有等多种方式直接或间接地获得商品的经济利益。

收入准则适用于所有与客户之间的合同。客户，是指与企业订立合同以向该企业购买其日常活动产出的商品或服务(以下简称"商品")并支付对价的一方。如果合同对方与企业订立合同的目的是共同参与一项活动(如合作开发一项资产)，合同对方和企业一起分担(或分享)该活动产生的风险(或收益)，而不是获取企业日常活动产出的商品，则该合同对方不是企业的客户，企业与其签订的该份合同也不属于收入准则规范的范围。

企业对外出租资产收取的租金、进行债权投资收取的利息、进行股权投资取得的现金股利等，不适用收入准则。

三、收入的确认与计量

收入的确认和计量大致分为五步：第一步，识别与客户订立的合同；第二步，识别合同中的单项履约义务；第三步，确定交易价格；第四步，将交易价格分摊至各单项履约义务；第五步，履行各单项履约义务时确认收入。其中，第一步、第二步和第五步主要与收入的确认有关，第三步和第四步主要与收入的计量有关。

1. 识别与客户订立的合同

1) 合同的识别

合同是指双方或多方之间订立的有法律约束力的权利义务的协议。合同的形式有书面形式、口头形式以及其他形式(如隐含于商业惯例或企业以往的习惯做法中等)。

企业与客户之间的合同同时满足下列五项条件的，企业应当在履行了合同中的履约义务，即在客户取得相关商品控制权时确认收入：一是合同各方已批准该合同并承诺将履行各自的义务；二是该合同明确了合同各方与所转让商品相关的权利和义务；三是该合同有明确的与所转让商品相关的支付条款；四是该合同具有商业实质，即履行该合同将改变企业未来现金流量的风险、时间分布或金额；五是企业因向客户转让商品而有权取得的对价很可能收回。

企业在进行上述判断时，需要注意下列三点。

(1) 合同约定的权利和义务是否具有法律约束力，需要根据企业所处的法律环境和实务操作进行判断。合同各方均有权单方面终止完全未执行的合同，且无须对合同其他方做出补偿的，在应用收入准则时，该合同应当被视为不存在。

(2) 合同具有商业实质，是指履行该合同将改变企业未来现金流量的风险、时间分布或金额。

(3) 企业在评估其因向客户转让商品而有权取得的对价是否很可能收回时，仅应考虑客户到期时支付对价的能力和意图(即客户的信用风险)。当对价是可变对价时，由于企业可能会向客户提供价格折让，企业有权收取的对价金额可能会低于合同标价。企业向客户提供价格折让的，应当在估计交易价格时进行考虑。

【例 13-1】 甲房地产开发公司与乙公司签订合同，向其销售一栋建筑物，合同价款为 100 万元。该建筑物的成本为 60 万元，乙公司在合同开始日即取得了该建筑物的控制权。根据合同约定，乙公司在合同开始日支付了 5%的保证金 5 万元，并就剩余 95%的价款与甲公司签订了不附追索权的长期融资协议，如果乙公司违约，甲公司可重新拥有该建筑物，即使收回的建筑物不能涵盖所欠款项的总额，甲公司也不能向乙公司索取进一步的赔偿。

乙公司计划在该建筑物内开设一家餐馆，并以该餐馆的收益偿还甲公司的欠款。但是，在该建筑物所在的地区，餐饮行业的竞争非常激烈，且乙公司缺乏餐饮行业的经营经验。乙公司也未对该笔欠款设定任何担保。

分析：本例中，乙公司计划以该餐馆产生的收益偿还甲公司的欠款，除此之外并无其他的经济来源，乙公司也未对该笔欠款设定任何担保。如果乙公司违约，甲公司虽然可重新拥有该建筑物,但即使收回的建筑物不能涵盖所欠款项的总额,甲公司也不能向乙公司索取进一步的赔偿。因此,甲公司对乙公司还款的能力和意图存在疑虑,认为该合同不满足合同价款很可能收回的条件。甲公司应当将收到的5万元确认为一项负债。

对于不符合收入准则规定的五项条件的合同,企业只有在不再负有向客户转让商品的剩余义务(如合同已完成或取消),且已向客户收取的对价(包括全部或部分对价)无须退回时,才能将已收取的对价确认为收入;否则,应当将已收取的对价作为负债进行会计处理,该负债代表了企业在未来向客户转让商品或者支付退款的义务。其中,企业向客户收取无须退回的对价的,应当在已经将该部分对价所对应的商品的控制权转移给客户,并且已经停止向客户转让额外的商品,也不再负有此类义务时;或者,相关合同已经终止时,将该部分对价确认为收入。

【例13-2】甲公司向国外乙公司销售一批商品,合同标价为100万元。在此之前,甲公司从未向乙公司所在国家的其他客户进行过销售,乙公司所在国家正在经历严重的经济困难。甲公司预计不能从乙公司收回全部的对价金额,而是仅能收回60万元。尽管如此,甲公司预计乙公司所在国家的经济情况将在未来2~3年内好转,且甲公司与乙公司之间建立的良好关系将有助于其在该国家拓展其他潜在客户。

分析:根据乙公司所在国家的经济情况以及甲公司的销售战略,甲公司认为其将向乙公司提供价格折让。甲公司按照收入准则的规定确定交易价格时,应当考虑其向乙公司提供的价格折让的影响。因此,甲公司确定的交易价格不是合同标价100万元,而是60万元。

企业与客户之间的合同,在合同开始日即满足收入准则规定的五项条件的,企业在后续期间无须对其进行重新评估,除非有迹象表明相关事实和情况发生重大变化。比如在后续期间,客户的信用风险显著升高,企业需要评估其在未来向客户转让剩余商品而有权取得的对价是否很可能收回。如果不能满足很可能收回的条件,则应当停止确认收入,并且只有当后续合同条件再度满足时或者当企业不再负有向客户转让商品的剩余义务,且已向客户收取的对价无须退回时,才能将已收取的对价确认为收入,但是,不应当调整在此之前已经确认的收入。

企业与客户之间的合同,不符合收入准则规定的五项条件的,企业应当在后续期间对其进行持续评估,判断其能否满足收入准则规定的五项条件。如果企业在此之前已经向客户转移了部分商品,当该合同在后续期间满足五项条件时,企业应当将在此之前已经转移的商品所分摊的交易价格确认为收入。

【例13-3】甲公司与乙公司签订合同,将一项专利技术授权给乙公司使用,并按其使用情况收取特许权使用费。甲公司评估认为,该合同在合同开始日满足合同确认收入的五个条件。该专利技术在合同开始日即授权给乙公司使用。在合同开始日后的第一年内,乙公司每季度向甲公司提供该专利技术的使用情况报告,并在约定的期间内支付特许权使用费。

在合同开始日后的第二年,乙公司继续使用该专利技术,但是乙公司的财务状况下滑,融资能力下降,可用现金不足,因此,乙公司仅按合同支付了当年第一季度的特许权使用费,而后三个季度仅按名义金额付款。在合同开始日后的第三年,乙公司继续使用甲公司的专利技术,但是,甲公司得知,乙公司已经完全丧失了融资能力,且流失了大部分客户,因此,乙公司的付款能力进一步恶化,信用风险显著升高。

分析：该合同在合同开始日满足收入确认的前提条件，因此甲公司在乙公司使用该专利技术的行为发生时，按照约定的特许权使用费确认收入。合同开始日后的第二年，由于乙公司的信用风险升高，甲公司在确认收入的同时，按照金融资产减值的要求对乙公司的应收款项进行减值测试。合同开始日后的第三年，由于乙公司的财务状况恶化，信用风险显著升高，甲公司对该合同进行了重新评估，认为"企业因向客户转让商品而有权取得的对价很可能收回"这一条件不再满足，因此，甲公司不再确认特许权使用费收入，同时对现有应收款项是否发生减值继续进行评估。

2) 合同的合并

一般情况下，企业与客户之间收入合同的会计处理是以单个合同为基础的，但为了便于实务操作，企业可以将具有类似特征的合同合并。企业与同一客户(或该客户的关联方)同时订立或在相近时间内先后订立的两份或多份合同，在满足下列条件之一时，应当合并为一份合同进行会计处理。

(1) 这两份或多份合同基于同一商业目的而订立并构成一揽子交易，如一份合同在不考虑另一份合同的对价的情况下将会发生亏损；

(2) 这两份或多份合同中的一份合同的对价金额取决于其他合同的定价或履行情况，如一份合同如果发生违约，将会影响另一份合同的对价金额；

(3) 这两份或多份合同中所承诺的商品(或每份合同中所承诺的部分商品)构成单项履约义务。

两份或多份合同合并为一份合同进行会计处理的，仍然需要区分该份合同中包含的各单项履约义务。

3) 合同的变更

合同变更，是指经合同各方同意对原合同范围或价格(或两者)做出的变更。企业应当区分下列三种情形对合同变更分别进行会计处理。

(1) 合同变更部分作为单独合同进行会计处理的情形。合同变更增加了可明确区分的商品及合同价款，且新增合同价款反映了新增商品单独售价的，应当将该合同变更作为一份单独的合同(即一项新的合同)进行会计处理。

【例13-4】甲公司与客户乙公司签订销售合同，向客户出售120件产品，每件产品销售价格为100元，共计12 000(120×100)元，这些产品在6个月内移交。在企业将60件产品移交之后，合同进行了修订，要求企业额外向客户再支付30件产品，额外30件产品按照每件90元的价格，共计2 700(30×90)元，该价格反映了这些产品当时的市场价格，并且可以与原产品区别开来。如何确认收入？

分析：该30件额外产品进行的合同修订，事实上构成了一项关于未来产品的单独的合同，且该合同并不影响对现有合同的会计处理。企业应对原合同中的120件产品，每件确认100元的销售收入；而对新合同中的30件产品，每件确认90元的收入。

(2) 合同变更作为原合同终止及新合同订立进行会计处理的情形。合同变更不属于上述第(1)种情形，且在合同变更日已转让商品与未转让商品之间可明确区分的，应当视为原合同终止，同时，将原合同未履约部分与合同变更部分合并为新合同进行会计处理。新合同的交易价格应当为下列两项金额之和：一是原合同交易价格中尚未确认为收入的部分(包括已从客户收取的金额)；二是合同变更中客户已承诺的对价金额。

【例13-5】 沿用例13-4的资料,甲公司新增销售的30件产品售价为每件80元(假定该价格不能反映合同变更时该产品的单独售价)。同时,由于客户发现甲公司已转让的60件产品存在瑕疵,要求甲公司对已转让的产品提供每件15元的销售折让以弥补损失。经协商,双方同意将价格折让在销售新增的30件产品的合同价款中进行抵减,金额为900元。上述价格均不包含增值税。

分析:本例中,由于900元的折让金额与已经转让的60件产品有关,对于合同变更新增的30件产品,由于其售价不能反映该产品在合同变更时的单独售价,因此,该合同变更不能作为单独合同进行会计处理。由于尚未转让给客户的产品(包括原合同中尚未交付的60件产品以及新增的30件产品)与已转让的产品是可明确区分的,因此,甲公司应当将该合同变更作为原合同终止,同时,将原合同的未履约部分与合同变更合并为新合同进行会计处理,即原合同下尚未确认收入的客户已承诺的对价6 000(100×60)元与合同变更部分的对价2 400(80×30)元之和,新合同中的90件产品,每件产品应确认的收入为93.33 (8 400÷90)元。

(3) 合同变更部分作为原合同的组成部分进行会计处理的情形。合同变更不属于上述第(1)种情形,且在合同变更日已转让商品与未转让商品之间不可明确区分的,应当将该合同变更部分作为原合同的组成部分,在合同变更日重新计算履约进度,并调整当期收入和相应成本等(不需要追溯调整)。

【例13-6】 20×1年1月15日,甲建筑公司和客户签订了一项总金额为1 000万元的固定造价合同,在客户自有土地上建造一幢办公楼,预计合同总成本为700万元。假定该建造服务属于在某一时段内履行的履约义务,并根据累计发生的合同成本占合同预计成本的比例确定履约进度。

截至20×1年年末,甲公司累计已发生成本420万元,履约进度为60%(420÷700)。因此,甲公司在20×1年确认收入600(1 000×60%)万元。

20×2年年初,合同双方同意更改该办公楼屋顶的设计,合同价格和预计总成本因此而分别增加200万元和120万元。

分析:在本例中,由于合同变更后拟提供的剩余服务与在合同变更日或之前已提供的服务不可明确区分(即该合同仍为单项履约义务),因此,甲公司应当将合同变更作为原合同的组成部分进行会计处理。

合同变更后的交易价格为1 200(1 000+200)万元,甲公司重新估计的履约进度为51.2%[420÷(700 +120)],甲公司在合同变更日应额外确认收入14.4(51.2%×1200−600)万元。

如果在合同变更日未转让商品为上述第(2)和第(3)种情形的组合,企业应当按照上述第(2)或第(3)种情形中更为恰当的一种方式对合同变更后尚未转让(或部分未转让)商品进行会计处理。

2. 识别合同中的单项履约义务

履约义务,是指合同中企业向客户转让可明确区分商品的承诺。履约义务既包括合同中明确的承诺,也包括由于企业已公开宣布的政策、特定声明或以往的习惯做法等导致合同订立时客户合理预期企业将履行的承诺。

合同开始日,企业应当对合同进行评估,识别该合同包含的各单项履约义务,并确定各单项履约义务是在某一时段内履行,还是在某一时点履行,然后,在履行了各单项履约义务时分别确认收入。

下列情况下，企业应当将向客户转让商品的承诺作为单项履约义务：一是企业向客户转让可明确区分商品(或者商品的组合)的承诺；二是企业向客户转让一系列实质相同且转让模式相同的、可明确区分商品的承诺。

1) "企业向客户转让可明确区分商品(或者商品的组合)的承诺"的判断

企业向客户承诺的商品同时满足下列两项条件的，应当作为可明确区分的商品。

(1) 客户能够从该商品本身或从该商品与其他易于获得资源一起使用中受益，即该商品本身能够明确区分。

(2) 企业向客户转让该商品的承诺与合同中其他承诺可单独区分，即转让该商品的承诺在合同中是可明确区分的。

【例13-7】 甲公司与客户签订合同，向客户销售一款软件，提供软件安装服务，并且在两年内向客户提供不定期的软件升级和技术支持服务。甲公司通常也会单独销售该款软件，提供安装服务、软件升级服务和技术支持服务。甲公司提供的安装服务通常也可由其他方执行，且不会对软件做出重大修改。甲公司销售的该软件无须升级和技术支持服务也能正常使用。

分析：本例中，甲公司通常会单独销售软件，提供安装服务、软件升级服务和技术支持服务，该软件先于其他服务交付，且无须经过升级和技术支持服务也能正常使用，安装服务是常规性的且可以由其他服务供应商提供，表明这些商品和服务能够明确区分；由于软件和各项服务之间不存在高度关联性，表明这些商品在合同中彼此之间可明确区分。因此，该合同中包含四项履约义务，即软件销售、安装服务、软件升级服务以及技术支持服务。

下列三种情形通常表明企业向客户转让该商品的承诺与合同中的其他承诺不可明确区分。

① 企业需提供重大的服务以将该商品与合同中承诺的其他商品进行整合，形成合同约定的某个或某些组合产出转让给客户。例如，企业为客户建造写字楼的合同中，企业向客户提供的工程技术、场地清理、地基构件、采购建筑材料、建筑架构、管道和管线的铺设、设备安装及装修等都能够使客户获益，但是，在该合同下，企业对客户承诺的是为其建造一栋写字楼，而并非提供这些商品或服务等，企业需提供重大的服务将这些商品或服务进行整合，以形成合同约定的一项组合产出(即写字楼)转让给客户。因此，在该合同中，采购建筑材料(砖头、水泥)和人工等商品或服务彼此之间不能单独区分。企业应将合同中承诺的所有商品和服务，作为单一履约义务进行会计处理。

② 该商品将对合同中承诺的其他商品予以重大修改或定制。例如，企业承诺向客户提供其开发的一款现有软件，并提供安装服务，虽然该软件无须更新或技术支持也可直接使用，但是企业在安装过程中需要在该软件现有的基础上对其进行定制化的重大修改，以使其能够与客户现有的信息系统相兼容。此时，转让软件的承诺与提供定制化重大修改的承诺在合同层面是不可明确区分的。企业应将合同中承诺的销售现有软件和安装服务，作为单一履约义务进行会计处理。

③ 该商品与合同中承诺的其他商品具有高度关联性。也就是说，合同中承诺的每一单项商品均受到合同中其他商品的重大影响。例如，企业承诺为客户设计一种新产品并负责生产10个样品，企业在生产和测试样品的过程中需要对产品的设计进行不断的修正，导

致已生产的样品均可能需要进行不同程度的返工。此时，企业提供的设计服务和生产样品的服务是不断交替反复进行的，二者高度关联，因此，在合同层面是不可明确区分的。

需要说明的是，企业向客户销售商品时，往往约定企业需要将商品运送至客户指定的地点。通常情况下，商品控制权转移给客户之前发生的运输活动不构成单项履约义务；相反，商品控制权转移给客户之后发生的运输活动可能表明企业向客户提供了一项运输服务，企业应当考虑该项服务是否构成单项履约义务。

2)　"企业向客户转让一系列实质相同且转让模式相同的、可明确区分商品的承诺"的判断

企业应当将实质相同且转让模式相同的一系列商品作为单项履约义务，即使这些商品可明确区分。其中，转让模式相同，是指每一项可明确区分商品均满足在某一时段内履行履约义务的条件，且采用相同方法确定其履约进度。例如：企业与客户签订为期1年的保洁服务合同，承诺每天为客户提供保洁服务。本例中，企业每天所提供的服务都是可明确区分且实质相同的，并且，根据控制权转移的判断标准，每天的服务都属于在某一时段内履行的履约义务。因此，企业应当将每天提供的保洁服务合并在一起作为单项履约义务进行会计处理。

企业在判断所转让的一系列商品是否实质相同时，应当考虑合同中承诺的性质，当企业承诺的是提供确定数量的商品时，需要考虑这些商品本身是否实质相同。例如，企业向客户提供两年的酒店管理服务，具体包括保洁、维修、安保等，但没有具体的服务次数或时间的要求，尽管企业每天提供的具体服务不一定相同，但是企业每天对于客户的承诺都是相同的，即按照约定的酒店管理标准，随时准备根据需要为其提供相关服务，因此，企业每天提供的该酒店管理服务符合"实质相同"的条件。

3. 确定交易价格

交易价格，是指企业因向客户转让商品而预期有权收取的对价金额。企业代第三方收取的款项(如增值税)以及企业预期将退还给客户的款项，应当作为负债进行会计处理，不计入交易价格。合同标价并不一定代表交易价格，企业应当根据合同条款，并结合以往的习惯做法等确定交易价格。企业在确定交易价格时，应当假定将按照现有合同的约定向客户转让商品，且该合同不会被取消、续约或变更。

1)　可变对价及其计量

企业与客户的合同中约定的对价金额可能是固定的，也可能会因折扣、价格折让、返利、退款、奖励积分、激励措施、业绩奖金、索赔等因素而变化。此外，根据一项或多项或有事项的发生而收取不同对价金额的合同，也属于可变对价的情形。例如，企业售出商品但允许客户退货时，企业有权收取的对价金额将取决于客户是否退货。

企业在判断交易价格是否为可变对价时，应当考虑各种相关因素(如企业已公开宣布的政策、特定声明、以往的习惯做法、销售战略以及客户所处的环境等)，以确定其是否会接受一个低于合同标价的金额，即企业向客户提供一定的价格折让。

合同中存在可变对价的，企业应当对计入交易价格的可变对价进行估计。

(1) 可变对价最佳估计数的确定。企业应当按照期望值或最可能发生金额确定可变对价的最佳估计数。企业所选择的方法应当能够更好地预测其有权收取的对价金额，并且对

于类似的合同，应当采用相同的方法进行估计。对于某一事项的不确定性对可变对价金额的影响，企业应当在整个合同期间一致地采用同一种方法进行估计。但是，当存在多个不确定性事项均会影响可变对价金额时，企业可以采用不同的方法对其进行估计。

(2) 计入交易价格的可变对价金额的限制。企业按照期望值或最可能发生金额确定可变对价金额之后，计入交易价格的可变对价金额还应该满足限制条件，即包含可变对价的交易价格，应当不超过在相关不确定性消除时，累计已确认的收入极可能不会发生重大转回的金额。企业在评估是否极可能不会发生重大转回时，应当同时考虑收入转回的可能性及其比重。其中，"极可能"发生的概率应远高于"很可能(即可能性超过50%)"，但不要求达到"基本确定(即可能性超过95%)"。

每一资产负债表日，企业应当重新估计可变对价金额(包括重新评估对可变对价的估计是否受到限制)，以如实反映报告期末存在的情况以及报告期内发生的情况变化。

【例13-8】 20×1年10月1日，甲公司签订合同，为一只股票型基金提供资产管理服务，合同期限为3年。甲公司所能获得的报酬包括两部分：一是每季度按照本季度末该基金净值的1%收取管理费，该管理费不会因基金净值的后续变化而调整或被要求退回；二是该基金在3年内的累计回报如果超过10%，则甲公司可以获得超额回报部分的20%作为业绩奖励。20×1年12月31日，该基金的净值为5亿元。假定不考虑相关税费影响。

分析：本例中，在合同开始日，甲公司无法对其能够收取的管理费和业绩奖励进行估计，也就是说，如果将估计的某一金额的管理费或业绩奖励计入交易价格，将不满足累计已确认的收入金额极可能不会发生重大转回的要求。

20×1年12月31日，甲公司重新估计该合同的交易价格，影响本季度管理费收入金额的不确定性已经消除，甲公司确认管理费收入500万元(5亿×1%)。甲公司未确认业绩奖励收入，这是因为，该业绩奖励仍然会受到基金未来累计回报的影响，难以满足将可变对价计入交易价格的限制条件。

在后续的每一资产负债表日，甲公司应当重新估计交易价格是否满足将可变对价计入交易价格的限制条件，以确定其收入金额。

2) 合同中存在的重大融资成分及其计量

当企业将商品的控制权转移给客户的时间与客户实际付款的时间不一致时，如企业以赊销的方式销售商品，或者要求客户支付预付款等，如果各方以在合同中明确(或者以隐含的方式)约定的付款时间为客户或企业就该交易提供了重大融资利益，则合同中即包含了重大融资成分，企业在确定交易价格时，应当对已承诺的对价金额做出调整，以剔除货币时间价值的影响。

在评估合同中是否存在融资成分以及该融资成分对于该合同而言是否重大时，企业应当考虑所有相关的事实和情况，包括以下几个方面

(1) 已承诺的对价金额与已承诺商品的现销价格之间的差额；

(2) 下列两项的共同影响：一是企业将承诺的商品转让给客户与客户支付相关款项之间的预计时间间隔，二是相关市场的现行利率。

合同中存在重大融资成分的，企业应当按照假定客户在取得商品控制权时即以现金支付的应付金额(即现销价格)确定交易价格。企业在确定该重大融资成分的金额时，应使用将合同对价的名义金额折现为商品的现销价格的折现率。该折现率一经确定，不得因后续市

场利率或客户信用风险等情况的变化而变更。企业确定的交易价格与合同承诺的对价金额之间的差额,应当在合同期间内采用实际利率法摊销。

企业向客户转让商品与客户支付相关款项之间虽然存在时间间隔,但两者之间的合同没有包含重大融资成分的情形有:一是客户就商品支付了预付款,且可以自行决定这些商品的转让时间。例如,企业向客户出售其发行的储值卡,客户可随时到该企业持卡购物;再如,企业向客户授予奖励积分,客户可随时到该企业兑换这些积分等。二是客户承诺支付的对价中有相当大的部分是可变的,该对价金额或付款时间取决于某一未来事项是否发生,且该事项实质上不受客户或企业控制。例如,按照实际销售量收取的特许权使用费。三是合同承诺的对价金额与现销价格之间的差额是由于向客户或企业提供融资利益以外的其他原因导致的,且这一差额与产生该差额的原因是相称的。例如,合同约定的支付条款是为了向企业或客户提供保护,以防止另一方未能依照合同充分履行其部分或全部义务。

【例13-9】 20×1年1月,甲公司与乙公司签订了一项施工总承包合同。合同约定的工期为30个月,工程造价为8亿元(不含税价)。甲乙双方每季度进行一次工程结算,并于完工时进行竣工结算,每次工程结算额(除质保金及相应的增值税外)由客户于工程结算后5个工作日内支付;除质保金外的工程尾款于竣工结算后10个工作日内支付;合同金额的3%作为质保金,用以保证项目在竣工后两年内正常运行,在质保期满后5个工作日内支付。

分析:本例中,乙公司保留了3%的质保金直到项目竣工两年后支付,虽然服务完成时间与乙公司付款的时间间隔较长,但是,该质保金旨在为乙公司提供工程质量保证,以防甲公司未能完成其合同义务,而并不向乙公司提供融资。因此,甲公司认为该合同中不包含重大融资成分,无须就延期支付质保金的影响调整交易价格。

为简化实务操作,如果在合同开始日,企业预计客户取得商品控制权与客户支付价款间隔不超过一年的,可以不考虑合同中存在的重大融资成分。例如,一般销售形成的应收账款,客户取得商品控制权与客户支付价款间隔通常不超过一年,所以不必考虑合同中是否存在重大融资成分,应当按照资产的交易价格进行初始计量。

3) 非现金对价及其计量

非现金对价包括实物资产、无形资产、股权、客户提供的广告服务等。企业通常应当按照非现金对价在合同开始日的公允价值确定交易价格。非现金对价公允价值不能合理估计的,企业应当参照其承诺向客户转让商品的单独售价间接确定交易价格。

非现金对价的公允价值可能会因对价的形式而发生变动(例如,企业有权向客户收取的对价是股票,股票本身的价格会发生变动),也可能会因为其形式以外的原因而发生变动(例如,企业有权收取非现金对价的公允价值因企业的履约情况而发生变动)。合同开始日后,非现金对价的公允价值因对价形式以外的原因而发生变动的,应当作为可变对价,按照与计入交易价格的可变对价金额的限制条件的相关规定进行处理;合同开始日后,非现金对价的公允价值因对价形式而发生变动的,该变动金额不应计入交易价格。

4) 应付客户对价及其计量

应付客户对价包括返利、优惠券、货位费、收费服务安排等。企业存在应付客户对价的,应当将该应付对价冲减交易价格,但应付客户对价是为了自客户取得其他可明确区分商品的除外。企业应付客户对价是为了向客户取得其他可明确区分商品的,应当采用与企业其他采购相一致的方式确认所购买的商品。企业应付客户对价超过向客户取得可明确区分商品公允价值的，超过金额应当冲减交易价格。

向客户取得的可明确区分商品公允价值不能合理估计的，企业应当将应付客户对价全额冲减交易价格。在将应付客户对价冲减交易价格处理时，企业应当在确认相关收入与支付(或承诺支付)客户对价二者孰晚的时点冲减当期收入。

4. 将交易价格分摊至各单项履约义务

当合同中包含两项或多项履约义务时，企业应当在合同开始日，按照各单项履约义务所承诺商品的单独售价的相对比例，将交易价格分摊至各单项履约义务。

1) 单独售价及其估计方法

单独售价即企业向客户单独销售商品的价格。单独售价无法直接观察的，企业应当综合考虑其能够合理取得的全部相关信息，采用市场调整法、成本加成法、余值法等方法合理估计单独售价。市场调整法，是指企业根据某商品或类似商品的市场售价，考虑本企业的成本和毛利等进行适当调整后，确定其单独售价的方法。成本加成法，是指企业根据某商品的预计成本加上其合理毛利后的价格，确定其单独售价的方法。余值法，是指企业根据合同交易价格减去合同中其他商品可观察的单独售价后的余值，确定某商品单独售价的方法。企业应当最大限度地采用可观察的输入值，并对类似的情况采用一致的估计方法。

企业在商品近期售价波动幅度巨大，或者因未定价且未曾单独销售而使售价无法可靠确定时，可采用余值法估计其单独售价。

2) 分摊合同折扣

合同折扣，是指合同中各单项履约义务所承诺商品的单独售价之和高于合同交易价格的金额。对于合同折扣，企业应当在各单项履约义务之间按比例分摊。有确凿证据表明合同折扣仅与合同中一项或多项(而非全部)履约义务相关的，企业应当将该合同折扣分摊至相关的一项或多项履约义务。

同时满足下列三项条件时，企业应当将合同折扣全部分摊至合同中的一项或多项(而非全部)履约义务：①企业经常将该合同中的各项可明确区分商品单独销售或者以组合的方式单独销售；②企业也经常将其中部分可明确区分的商品以组合的方式按折扣价格单独销售；③归属于上述第②项中每一组合的商品的折扣与该合同中的折扣基本相同，且针对每一组合中的商品的分析为将该合同的整体折扣归属于某一项或多项履约义务提供了可观察的证据。

【例 13-10】甲公司与客户签订合同，向其销售 A、B、C 三种产品，合同总价款为 120 万元，这三种产品构成三项履约义务。企业经常以 50 万元单独出售 A 产品，其单独售价可直接观察；B 产品和 C 产品的单独售价不可直接观察，企业采用市场调整法估计的 B 产品单独售价为 25 万元，采用成本加成法估计的 C 产品单独售价为 75 万元。甲公司通常以 50 万元的价格单独销售 A 产品，并将 B 产品和 C 产品组合在一起以 70 万元的价格销售。上述价格均不包含增值税。

分析：三种产品的单独售价合计为 150 万元，而该合同的价格为 120 万元，该合同的整体折扣为 30 万元。

分摊至 A 产品的交易价格为 50 万元，分摊至 B 产品和 C 产品的交易价格合计为 70 万元，进一步分摊：B 产品应分摊的交易价格为 17.5(25÷100×70)万元，C 产品应分摊的交易价格为 52.5(75÷100×70)万元。

有确凿证据表明合同折扣仅与合同中的一项或多项(而非全部)履约义务相关,且企业采用余值法估计单独售价的,企业应当首先在该一项或多项(而非全部)履约义务之间分摊合同折扣,然后再采用余值法估计单独售价。

3) 分摊可变对价

合同中包含可变对价的,该可变对价可能与整个合同相关,也可能仅与合同中的某一特定组成部分有关。后者包括两种情形:一是可变对价可能与合同中的一项或多项(而非全部)履约义务有关。例如,是否获得奖金取决于企业能否在指定时期内转让某项已承诺的商品。二是可变对价可能与企业向客户转让的构成单项履约义务的一系列可明确区分商品中的一项或多项(而非全部)商品有关。例如,为期两年的保洁服务合同中,第二年的服务价格将根据指定的通货膨胀率确定。

同时满足下列条件的,企业应当将可变对价及可变对价的后续变动额全部分摊至与之相关的某项履约义务,或者构成单项履约义务的一系列可明确区分商品中的某项商品:①可变对价的条款专门针对企业为履行该项履约义务或转让该项可明确区分商品所作的努力(或者是履行该项履约义务或转让该项可明确区分商品所导致的特定结果);②企业在考虑了合同中的全部履约义务及支付条款后,将合同对价中的可变金额全部分摊至该项履约义务或该项可明确区分商品符合交易价格的分摊目标。对于不满足上述条件的可变对价及可变对价的后续变动额,以及可变对价及其后续变动额中未满足上述条件的剩余部分,企业应当按照分摊交易价格的一般原则,将其分摊至合同中的各单项履约义务。对于已履行的履约义务,其分摊的可变对价后续变动额应当调整变动当期的收入(即不需要追溯调整)。

【例13-11】 甲公司与乙公司签订合同,将其拥有的两项专利技术 X 和 Y 授权给乙公司使用。假定两项授权均分别构成单项履约义务,且都属于在某一时点履行的履约义务。合同约定,授权使用专利技术 X 的价格为 80 万元,授权使用专利技术 Y 的价格为乙公司使用该专利技术所生产的产品销售额的 3%。专利技术 X 和 Y 的单独售价分别为 80 万元和 100 万元。甲公司估计其就授权使用专利技术 Y 而有权收取的特许权使用费为 100 万元。上述价格均不包含增值税。

分析:本例中,该合同中包含固定对价和可变对价。可变对价全部与授权使用专利技术 Y 能够收取的对价有关,且甲公司基于实际销售情况估计收取的特许权使用费的金额接近 Y 的单独售价。因此,甲公司将可变对价部分的特许权使用费金额全部由 Y 承担符合交易价格的分摊目标。即授权乙公司使用专利技术 X 时确认收入 80 万元,授权乙公司使用专利技术 Y 时,不确认收入,在乙公司发生后续销售时确认基于销售的使用费收入。

4) 交易价格的后续变动

交易价格发生后续变动的,企业应当按照在合同开始日所采用的基础将该后续变动金额分摊至合同中的履约义务。企业不得因合同开始日之后单独售价的变动而重新分摊交易价格。对于合同变更导致的交易价格后续变动,应当按照本节有关合同变更的要求进行会计处理。

5. 履行各单项履约义务时确认收入

企业应当在履行了合同中的履约义务,即客户取得相关商品控制权时确认收入。企业应当根据实际情况,首先判断履约义务是否满足在某一时段内履行的条件,如不满足,则该履约义务属于在某一时点履行的履约义务。对于在某一时段内履行的履约义务,企业应当选择恰当的方法来确定履约进度;对于在某一时点履行的履约义务,企业应当综合分析控制权转移的迹象,判断其转移时点。

1) 在某一时段内履行的履约义务的收入确认条件

满足下列三个条件之一的,属于在某一时段内履行履约义务,相关收入应当在该履约义务履行的期间内确认。

(1) 客户在企业履约的同时即取得并消耗企业履约所带来的经济利益。

企业在履约过程中是持续地向客户转移企业履约所带来的经济利益的,该履约义务属于在某一时段内履行的履约义务,企业应当在履行履约义务的期间确认收入。例如,甲企业承诺将客户的一批货物从 A 市运送到 B 市,假定该批货物在途经 C 市时,由另外一家运输公司接替企业继续提供该运输服务。由于 A 市到 C 市之间的运输服务是无须重新执行的,表明客户在甲企业履约的同时即取得并消耗了甲企业履约所带来的经济利益,因此,甲企业提供的运输服务属于在某一时段内履行的履约义务。

(2) 客户能够控制企业履约过程中在建的商品。

企业履约过程中在建的商品包括在产品、在建工程、尚未完成的研发项目、正在进行的服务等。如果客户在企业创建该商品的过程中就能够控制这些商品,应当认为企业提供该商品的履约义务属于在某一时间段内履行的履约义务。

(3) 企业履约过程中所产出的商品具有不可替代用途,且该企业在整个合同期间内有权就累计至今已完成的履约部分收取款项。

【例 13-12】甲公司与乙公司签订合同,针对乙公司的实际情况和面临的具体问题,为改善其业务流程提供咨询服务,并出具专业的咨询意见。双方约定,甲公司仅需要向乙公司提交最终的咨询意见,而无须提交任何其在工作过程中编制的工作底稿和其他相关资料;在整个合同期间内,如果乙公司单方面终止合同,乙公司需要向甲公司支付违约金,违约金的金额等于甲公司已发生的成本加上 15%的毛利率,该毛利率与甲公司在类似合同中能够赚取的毛利率大致相同。

分析:本例中,乙公司并未在甲公司履约的同时即取得并消耗了甲公司履约所带来的经济利益。然而,由于该咨询服务是针对乙公司的具体情况而提供的,甲公司无法将最终的咨询意见用作其他用途,表明其具有不可替代用途;此外,在整个合同期间内,如果乙公司单方面终止合同,甲公司根据合同条款可以主张其已发生的成本及合理利润,表明甲公司在整个合同期间内有权就累计至今已完成的履约部分收取款项。因此,甲公司向乙公司提供的咨询服务属于在某一时段内履行的履约义务,甲公司应当在其提供服务的期间内按照适当的履约进度确认收入。

【例 13-13】甲公司是一家造船企业,与乙公司签订了一份船舶建造合同,按照乙公司的具体要求设计和建造船舶。甲公司在自己的厂区内完成该船舶的建造,乙公司无法控制在建过程中的船舶。甲公司如果想把该船舶出售给其他客户,需要发生重大的改造成本。双方约定,如果乙公司单方面解约,乙公司需向甲公司支付相当于合同总价 30%的违约金,且建造中的船舶归甲公司所有。假定该合同仅包含一项履约义务,即设计和建造船舶。

分析:本例中,船舶是按照乙公司的具体要求进行设计和建造的,甲公司需要发生重大的改造成本将该船舶改造之后才能将其出售给其他客户,因此,该船舶具有不可替代用途。然而,如果乙公司单方面解约,仅需向甲公司支付相当于合同总价 30%的违约金,表明甲公司无法在整个合同期间内都有权就累计至今已完成的履约部分收取能够补偿其已发生成本和合理利润的款项。因此，甲公司为乙公司设计和建造船舶不属于在某一时段内履行的履约义务。

2) 在某一时段内履行的履约义务的收入确认方法

对于在某一时段内履行的履约义务，企业应当在该段时间内按照履约进度确认收入，履约进度不能合理确定的除外。企业应当采用恰当的方法确定履约进度，以使其如实反映企业向客户转让商品的履约情况。企业应当考虑商品的性质，采用产出法或投入法确定恰当的履约进度，并且在确定履约进度时，应当扣除那些控制权尚未转移给客户的商品和服务。

(1) 产出法。产出法是根据已转移给客户的商品对于客户的价值确定履约进度的方法，通常可采用实际测量的完工进度、评估已实现的结果、已达到的里程碑、时间进度、已完工或交付的产品等产出指标确定履约进度。企业在评估是否采用产出法确定履约进度时，应当考虑具体的事实和情况，并选择能够如实反映企业履约进度和向客户转移商品控制权的产出指标。

【例13-14】甲公司与客户签订合同，为该客户拥有的一条铁路更换100根铁轨，合同价格为10万元(不含税价)。截至20×1年12月31日，甲公司共更换铁轨60根，剩余部分预计在20×2年3月31日之前完成。该合同仅包含一项履约义务，且该履约义务满足在某一时段内履行的条件。假定不考虑其他情况。

分析：本例中，甲公司提供的更换铁轨的服务属于在某一时段内履行的履约义务，甲公司按照已完成的工作量确定履约进度。因此，截至20×1年12月31日，该合同的履约进度为60%(60÷100)，甲公司应确认的收入为6(10×60%)万元。

产出法是直接计量已完成的产出，一般能够客观地反映履约进度。当产出法所需要的信息无法直接通过观察获得，或者为获得这些信息需要花费很高的成本时，可采用投入法。

(2) 投入法。投入法是根据企业履行履约义务的投入确定履约进度的方法，通常可采用投入的材料数量、花费的人工工时或机器工时、发生的成本和时间进度等投入指标确定履约进度。当企业从事的工作或发生的投入是在整个履约期间内平均发生时，企业也可以按照直线法确认收入。投入法所需要的投入指标虽然易于获得，但是，投入指标与企业向客户转移商品的控制权之间未必存在直接的对应关系。因此，企业在采用投入法确定履约进度时，应当扣除那些虽然已经发生，但是未导致向客户转移商品的投入。例如，企业为履行合同应开展一些初始活动，如果这些活动并没有向客户转移企业承诺的服务，则企业在使用投入法确定履约进度时，不应将为开展这些活动发生的相关投入包括在内。实务中，企业通常按照累计实际发生的成本占预计总成本的比例(即成本法)确定履约进度。

【例13-15】20×1年10月，甲公司与客户签订合同，为客户装修一栋办公楼，包括安装一部电梯，合同总金额为100万元。甲公司预计的合同总成本为80万元，其中包括电梯的采购成本30万元。

20×1年12月，甲公司将电梯运达施工现场并经过客户验收，客户已取得对电梯的控制权，但是，根据装修进度，预计到20×2年2月才会安装该电梯。截至20×1年12月，甲公司累计发生成本40万元，其中包括支付给电梯供应商的采购成本30万元以及因采购电梯发生的运输和人工等相关成本5万元。假定：该装修服务(包括安装电梯)构成单项履约义务，并属于在某一时段内履行的履约义务，甲公司是主要责任人，但不参与电梯的设计和制造；甲公司采用成本法确定履约进度；上述金额均不含增值税。

分析：本例中，截至20×1年12月，甲公司发生成本40万元(包括电梯采购成本30万元以及因采购电梯发生的运输和人工等相关成本5万元)，甲公司认为其已发生的成本和履约进度不成比例，因此需要对履约进度的计算做出调整，将电梯的采购成本排除在已发生成本和预计总成本之外。在该合同中，该电梯不构成单项履约义务，其成本相对于预计总成本而言是重大的。甲公司是主要责任人，但是未参与该电梯的设计和制造，客户先取得了电梯的控制权，随后才接受与之相关的安装服务，因此，甲公司在客户取得该电梯控制权时，应按照该电梯的采购成本确认转让电梯产生的收入。

20×1年12月，该合同的履约进度为20%[(40-30)÷(80-30)]，应确认的收入和成本金额分别为44[(100-30)×20%+30]万元和40[(80-30)×20%+30]万元。

对于各项履约义务，企业只能采用一种方法来确定其履约进度，并加以一贯运用。对于类似情况下的类似履约义务，企业应当采用相同的方法(如成本法)确定履约进度。

资产负债表日，企业应当按照合同的交易价格总额乘以履约进度扣除以前会计期间已确认的收入后的金额，确认为当期收入。当履约进度不能合理确定时，企业已经发生的成本预计能够得到补偿的，应当按照已经发生的成本金额确认收入，直到履约进度能够合理确定为止。每一资产负债表日，企业应当对履约进度进行重新估计。当客观环境发生变化时，企业也需要重新评估履约进度是否发生变化，以确保履约进度能够反映履约情况的变化，该变化应当作为会计估计变更进行会计处理。

3) 在某一时点履行的履约义务

对于不属于在某一时段内履行的履约义务，应当属于在某一时点履行的履约义务，企业应当在客户取得相关商品控制权的时点确认收入。在判断客户是否已取得商品控制权时，企业应当考虑下列迹象。

(1) 企业就该商品享有现时收款权利，即客户就该商品负有现时付款义务。

(2) 企业已将该商品的法定所有权转移给客户，即客户已拥有该商品的法定所有权。

(3) 企业已将该商品实物转移给客户，即客户已实际占有该商品。需要说明的是，客户占有了某项商品的实物并不意味着其就一定取得了该商品的控制权；反之亦然。例如，采用支付手续费方式的委托代销安排下，虽然企业作为委托方已将商品发送给受托方，但受托方并未取得该商品的控制权，因此，企业不应在向受托方发货时确认销售商品的收入，而仍然应当根据控制权是否转移来判断何时确认收入，通常应当在受托方售出商品时确认销售商品收入。受托方应当在商品销售后，按合同或协议约定的方法计算确定的手续费确认收入。实务中，企业有时根据合同已经就销售的商品向客户收款或取得了收款权利，但是，由于客户因为缺乏足够的仓储空间或生产进度延迟等原因，直到在未来某时点将该商品交付给客户之前，企业仍然继续持有该商品实物，这种情况通常称为"售后代管商品"安排。此时，企业除了考虑客户是否取得商品控制权的迹象之外，还应当同时满足下列条件，才表明客户取得了该商品的控制权：①该安排必须具有商业实质，例如该安排是应客户的要求而订立的；②属于客户的商品必须能够单独识别，例如将属于客户的商品单独存放在指定地点；③该商品可以随时交付给客户；④企业不能自行使用该商品或将该商品提供给其他客户。企业根据上述条件对尚未发货的商品确认了收入的，还应当考虑是否还承担了其他履约义务,例如向客户提供保管服务等,从而应当将部分交易价格分摊至该其他履约义务。越是通用的、可以和其他商品互相替换的商品,可能越难满足上述条件。

【例 13-16】 20×1 年 1 月 1 日,甲公司与乙公司签订合同,向其销售一台设备和专用零部件。设备和零部件的制造期为两年。甲公司在完成设备和零部件的生产之后,能够证明其符合合同约定的规格。假定在该合同下,向客户转让设备和零部件是可明确区分的,因此,企业应将其作为两项履约义务,且都属于在某一时点履行的履约义务。

20×2 年 12 月 31 日,乙公司支付了该设备和零部件的合同价款,并对其进行了验收。乙公司运走了设备,但是,考虑到其自身的仓储能力有限,且其工厂紧邻甲公司的仓库,因此,要求将零部件存放于甲公司的仓库中,并且要求甲公司按照其指令随时安排发货。乙公司已拥有零部件的法定所有权,且这些零部件可明确识别为属于乙公司的物品。甲公司在其仓库内的单独区域内存放这些零部件,并应乙公司的要求可随时发货,甲公司不能使用这些零部件,也不能将其提供给其他客户使用。

分析:本例中,20×2 年 12 月 31 日,设备的控制权已转移给乙公司;对于零部件而言,甲公司已经收取合同价款,但是应乙公司的要求尚未发货,乙公司已拥有零部件的法定所有权并且对其进行了验收,虽然这些零部件实物尚由甲公司持有,但是其满足在售后代管商品的安排下客户取得商品控制权的条件,这些零部件的控制权也已经转移给了乙公司。因此,甲公司应当确认销售设备和零部件的相关收入。除此之外,甲公司还为乙公司提供了仓储保管服务,该服务与设备和零部件可明确区分,构成单项履约义务,甲公司需要将部分交易价格分摊至该项服务,并在提供该项服务的期间确认收入。

【例 13-17】 A 公司生产并销售笔记本电脑。20×1 年,A 公司与零售商 B 公司签订销售合同,向其销售 1 万台电脑。由于 B 公司的仓储能力有限,无法在 20×1 年年底之前接收该批电脑,双方约定 A 公司在 20×2 年按照 B 公司的指令按时发货,并将电脑运送至 B 公司指定的地点。20×1 年 12 月 31 日,A 公司共有上述电脑库存 1.2 万台,其中包括 1 万台将要销售给 B 公司的电脑。然而,这 1 万台电脑和其余 2 000 台电脑一起存放并统一管理,并且彼此之间可以互相替换。

分析:本例中,尽管是由于 B 公司没有足够的仓储空间才要求 A 公司暂不发货,并按照其指定的时间发货,但是由于这 1 万台电脑与 A 公司的其他产品可以互相替换,且未单独存放保管,A 公司在向 B 公司交付这些电脑之前,能够将其提供给其他客户或者自行使用。因此,这 1 万台电脑在 20×1 年 12 月 31 日不满足售后代管商品安排下确认收入的条件。

(4) 企业已将该商品所有权上的主要风险和报酬转移给客户,即客户已取得该商品所有权上的主要风险和报酬。

(5) 客户已接受该商品。企业在判断是否已经将商品的控制权转移给客户时,应当考虑客户是否已接受该商品,特别是客户的验收是否仅仅是个形式。如果企业能够客观地确定其已经按照合同约定的标准和条件将商品的控制权转移给客户时,客户验收只是一项例行程序,并不影响企业判断客户取得该商品控制权的时点。实务中,企业应当考虑,在过去执行类似合同的过程中已经积累的经验以及客户验收的结果,以证明其所提供的商品是否能够满足合同约定的具体条件。如果在取得客户验收之前已经确认了收入,企业应当考虑是否还存在剩余的履约义务,如设备安装、运输等,并且评估是否应当对其单独进行核算。相反，如果企业无法客观地确定其向客户转让商品是否符合合同规定的条件，那么在客户验收之前，企业不能认为已经将该商品的控制权转移给了客户。例如，客户主要基于主观判断进行验收时，在验收完成之前，企业无法确定其商品是否能够满足客户的主观标准，因此，企业应当在客户完成验收接受该商品时才能确认收入。实务中，定制化程度越高的商品，可能越难证明客户验收仅仅是一个形式。此外，如果企业将商品发送给客户供其试用或者测评，且客户并未承诺在试用期结束前支付任何对价，则在客户接受该商品或者在试用期结束之前，该商品的控制权并未转移给客户。

(6) 其他表明客户已取得商品控制权的迹象。

需要强调的是，在上述迹象中，并没有哪一个或哪几个迹象是决定性的，企业应当根据合同条款和交易实质进行分析，综合判断其是否将商品的控制权转移给了客户以及是何时转移的，从而确定收入确认的时点。此外，企业应当从客户的角度进行评估，而不应当仅考虑企业自身的看法。

四、关于合同成本

1. 合同履约成本

企业为履行合同可能会发生各种成本，不属于存货、固定资产等其他企业会计准则规范范围且同时满足下列条件的，应当作为合同履约成本确认为一项资产。

(1) 该成本与一份当前或预期取得的合同直接相关。预期取得的合同应当是企业能够明确识别的合同，例如，现有合同续约后的合同、尚未获得批准的特定合同等。与合同直接相关的成本包括直接材料(如为履行合同耗用的原材料、辅助材料、构配件、零件、半成品的成本和周转材料的摊销及租赁费用等)、直接人工(如支付给直接为客户提供所承诺服务的人员的工资、奖金等)、制造费用或类似费用(如组织和管理相关生产、施工、服务等活动发生的费用，包括管理人员的职工薪酬、劳动保护费、固定资产折旧费及修理费、物料消耗、取暖费、水电费、办公费、差旅费、财产保险费、工程保修费、排污费、临时设施摊销费等)、明确由客户承担的成本以及仅因该合同而发生的其他成本(如支付给分包商的成本、机械使用费、设计和技术援助费用、施工现场二次搬运费、生产工具和用具使用费、检验试验费、工程定位复测费、工程点交费用、场地清理费等)。

(2) 该成本增加了企业未来用于履行(包括持续履行)履约义务的资源。

(3) 该成本预期能够收回。企业应设置"合同履约成本"科目，按合同区分"服务成本""工程施工"等进行明细核算。当企业发生合同履约成本时，借记"合同履约成本"科目，贷记"银行存款""应付职工薪酬"等科目。对合同履约成本进行摊销时，借记"主营业务成本""其他业务成本"科目，贷记"合同履约成本"科目。涉及增值税的，还应进行相应的处理。本科目期末借方余额，反映企业尚未结转的合同履约成本。

2. 合同取得成本

企业为取得合同发生的增量成本预期能够收回的，应当作为合同取得成本确认为一项资产。增量成本，是指企业不取得合同就不会发生的成本，如销售佣金等。为简化实务操作，该资产摊销期限不超过一年的，可以在发生时计入当期损益。企业采用该简化处理方法的，应当对所有类似合同一致采用。企业为取得合同发生的除预期能够收回的增量成本之外的其他支出，例如，无论是否取得合同均会发生的差旅费、投标费、为准备投标资料发生的相关费用等，应当在发生时计入当期损益，除非这些支出明确由客户承担。

企业可设置"合同取得成本"科目，核算企业取得合同发生的、预计能够收回的增量成本。按合同进行明细核算。企业发生合同取得成本时，借记"合同取得成本"科目，贷记"银行存款""其他应付款"等科目；摊销时，按照其相关性，借记"销售费用"等科目，贷记"合同取得成本"科目。涉及增值税的，还应进行相应的处理。本科目期末借方余额，反映企业尚未结转的合同取得成本。

3. 与合同履约成本和合同取得成本有关的资产的摊销和减值

1) 有关的资产的摊销

对于确认为资产的合同履约成本和合同取得成本，企业应当采用与该资产相关的商品收入确认相同的基础(即在履约义务履行的时点或按照履约义务的履约进度)进行摊销，计入当期损益。

2) 有关的资产的减值

(1) 合同履约成本和合同取得成本的账面价值高于下列两项的差额的，超出部分应当计提减值准备，并确认为资产减值损失：①企业因转让与该资产相关的商品预期能够取得的剩余对价；②为转让该相关商品估计将要发生的成本。

(2) 以前期间减值的因素之后发生变化，使得"企业因转让与该资产相关的商品预期能够取得的剩余对价"减去"为转让该相关商品估计将要发生的成本"的差额高于该资产账面价值的，应当转回原已计提的资产减值准备，并计入当期损益，但转回后的资产账面价值不应超过假定不计提减值准备情况下该资产在转回日的账面价值。

五、一般业务收入的会计处理

1. 一般商品销售业务的会计处理

企业商品销售收入实现时，应按实际收到或应收的价款，借记"银行存款""应收账款""应收票据""合同资产"等科目；按实现的营业收入，贷记"主营业务收入"科目；按专用发票上注明的增值税额，贷记"应交税费——应交增值税(销项税额)"科目。同时或在月末结转已实现销售的商品销售成本，借记"主营业务成本"科目，贷记"库存商品"等科目。

【例13-18】甲公司20×1年3月2日向乙公司销售商品一批，共计10 000件，增值税专用发票上注明货款共计500 000元，增值税税率为13%，价税合计565 000元，款项存入银行，商品已由乙公司自行提走。该商品每件成本为40元。

甲公司的相关会计处理如下：

(1) 3月2日向乙公司销售商品。

借：银行存款　　　　　　　　　　　　　565 000
　　贷：主营业务收入　　　　　　　　　　　　　500 000
　　　　应交税费——应交增值税(销项税额)　　　65 000

(2) 3月31日结转已销售商品的销售成本。

借：主营业务成本　　　　　　　　　　　400 000

贷：库存商品　　　　　　　　　　　　　　　　　　　　　400 000

　　按照收入准则的规定，企业应当根据本企业履行履约业务与客户之间的关系，确认合同资产或合同负债。合同资产，是指企业已向客户转让商品而有权收取对价的权利，且该权利取决于时间流逝之外的其他因素。应收款项是企业无条件收取合同对价的权利，该权利应当作为应收款项单独列示。二者的区别在于：应收款项代表的是无条件收取合同对价的权利，即企业仅仅随着时间的流逝即可收款；而合同资产并不是一项无条件收款权，该权利除了时间流逝之外，还取决于其他条件(如履行合同中的其他履约义务)才能收取相应的合同对价。因此，与合同资产和应收款项相关的风险是不同的，应收款项仅承担信用风险，而合同资产除信用风险之外，还可能承担其他风险，如履约风险等。合同资产减值的计量、列报和披露应当按照相关金融工具准则的要求进行会计处理。

　　【例13-19】 甲公司为增值税一般纳税人，增值税税率为13%。20×1年3月1日，甲公司与客户签订合同，向其销售A、B两项商品，A商品的单独售价为6 000元，成本为4 500元；B商品的单独售价为24 000元，成本为16 000元。两项商品的合同价款为25 000元。合同约定，A商品于合同开始日交付，B商品在一个月之后交付，只有当两项商品全部交付之后，甲公司才有权收取25 000元的合同对价。假定A商品和B商品分别构成单项履约义务，其控制权在交付时转移给客户。

　　分析：本例中，A商品和B商品分别构成单项履约义务，分别核算，而且合同价款25 000元低于A商品和B商品的单独售价合计30 000元，存在合同折扣，甲公司应该在A商品和B商品两项履约业务之间按比例分摊。

　　分摊至A商品的合同价款为5 000[6 000÷(6 000+24 000)×25 000]元。

　　分摊至B商品的合同价款为20 000[24 000÷(6 000+24 000)×25000]元。

　　甲公司的账务处理如下。

(1) 交付A商品时，开出增值税专用发票。

借：合同资产　　　　　　　　　　　　　　　　　　　　　5 650
　　贷：主营业务收入　　　　　　　　　　　　　　　　　　5 000
　　　　应交税费——应交增值税(销项税额)　　　　　　　　650
借：主营业务成本　　　　　　　　　　　　　　　　　　　4 500
　　贷：库存商品——A商品　　　　　　　　　　　　　　　4 500

(2) 交付B商品时，开出增值税专用发票。

借：应收账款　　　　　　　　　　　　　　　　　　　　　28 250
　　贷：合同资产　　　　　　　　　　　　　　　　　　　　5 650
　　　　主营业务收入　　　　　　　　　　　　　　　　　　20 000
　　　　应交税费——应交增值税(销项税额)　　　　　　　　2 600
借：主营业务成本　　　　　　　　　　　　　　　　　　　16 000
　　贷：库存商品——B商品　　　　　　　　　　　　　　　16 000

2. 已经发出商品但不符合收入确认条件的销售业务

　　如果企业售出商品不符合销售商品收入确认条件，则不应确认收入。为了单独反映已经发出但尚未确认销售收入的商品成本，企业需要单独设置"发出商品"科目。企业应按发出商品的成本，借记"发出商品"科目，贷记"库存商品"等科目。实现销售收入时，按已收或应收的款项，借记"银行存款""应收账款"等科目；按实现的销售收入，贷记"主营业务收入"科目；按应交的增值税销项税额，贷记"应交税费——应交增值税(销项税额)"科目。结转销售成本时，借记"主营业务成本"科目，贷记"发出商品"科目。

注意，尽管发出的商品不符合收入确认条件，但如果销售该商品的纳税义务已经发生，如已经开出增值税专用发票，则应确认应交的增值税销项税额，借记"应收账款"科目，贷记"应交税费——应交增值税(销项税额)"科目。如果纳税义务没有发生，则不需进行上述处理。

【**例 13-20**】甲公司于 20×1 年 4 月 20 日向乙公司销售一批商品，以托收承付结算方式进行结算。该批商品的成本为 60 000 元，增值税发票上注明售价 100 000 元，增值税 13 000 元。甲公司在销售时已知乙公司资金周转发生暂时困难，但为了减少存货积压，同时也为了维持与乙公司长期以来建立的商业关系，甲公司将商品销售给了乙公司。该批商品已经发出，并已向银行办理了托收手续。假定此时甲公司销售该批商品的纳税义务已经发生。11 月 5 日甲公司得知乙公司经营情况逐渐好转，乙公司承诺将于近期付款。12 月 28 日乙公司支付货款。

要求：做出甲公司销售商品的有关会计处理。

分析：在此例中，由于购货方资金周转存在暂时困难，因而甲公司在货款回收方面存在不确定性。根据销售商品收入的确认条件，甲公司在销售时不能确认收入。

有关账务处理如下。

(1) 甲公司应将已发出的商品成本转入"发出商品"科目。

借：发出商品　　　　　　　　　　　　　　　60 000
　　贷：库存商品　　　　　　　　　　　　　　　60 000

(2) 同时将增值税发票上注明的增值税额转入"应收账款"科目。

借：应收账款——应收销项税额(乙公司)　　　13 000
　　贷：应交税费——应交增值税(销项税额)　　13 000

如果销售该商品的纳税义务尚未发生，则不作这笔分录，待纳税义务发生时再作应交增值税的分录。

(3) 11 月 5 日甲公司得知乙公司经营情况逐渐好转，乙公司承诺近期付款，甲公司可以确认收入。

借：应收账款——乙公司　　　　　　　　　　100 000
　　贷：主营业务收入　　　　　　　　　　　　　100 000

同时结转成本。

借：主营业务成本　　　　　　　　　　　　　60 000
　　贷：发出商品　　　　　　　　　　　　　　　60 000

(4) 12 月 28 日收到货款时。

借：银行存款　　　　　　　　　　　　　　　113 000
　　贷：应收账款——乙公司　　　　　　　　　100 000
　　　　　　　　——应收销项税额(乙公司)　　13 000

3. 销售商品涉及现金折扣和商业折扣的处理

企业销售商品如果附有现金折扣条件的，则其对价为可变对价，企业应根据最可能收取的对价确认商品销售收入；在资产负债表日，重新估计可能收到的对价，按其差额调整销售收入。

【例 13-21】 甲公司在 20×1 年 7 月 1 日与乙公司签订合同，向乙公司销售一批商品，开出的增值税专用发票上注明的销售价款为 20 000 元，增值税税额为 2 600 元。为及早收回货款，甲公司和乙公司约定的现金折扣条件为：2/10,1/20,n/30。假定计算现金折扣时不考虑增值税。

分析：本例中，假设甲公司估计乙公司能够在 7 月 10 日之前付款，取得现金折扣为 400 元，甲公司开具增值税专用发票，乙公司收到商品。甲公司的会计处理如下。

(1) 7 月 1 日销售实现时，按最可能收取的对价确认收入。

借：应收账款　　　　　　　　　　　22 200
　　贷：主营业务收入　　　　　　　　　　　19 600
　　　　应交税费——应交增值税（销项税额）　2 600

(2) 如果乙公司在 10 天内付清货款，则按销售价款的 2%享受现金折扣 400 元，实际付款 22 200 元。

借：银行存款　　　　　　　　　　　22 200
　　贷：应收账款　　　　　　　　　　　　　22 200

(3) 如果乙公司在 10 天内尚未支付货款，甲公司与乙公司沟通后，估计乙公司能够在 7 月 20 日前支付货款，只能取得 200 元现金折扣，即按销售总价的 1%享受现金折扣。甲公司调增营业收入 200 元。

借：应收账款　　　　　　　　　　　200
　　贷：主营业务收入　　　　　　　　　　　200

(4) 7 月 18 日，甲公司收到乙公司支付的全部款项 22 400 元。

借：银行存款　　　　　　　　　　　22 400
　　贷：应收账款　　　　　　　　　　　　　22 400

企业销售的商品如果附有商业折扣条件，则企业应收账款的入账金额应按扣除商业折扣后的实际售价加以确认。

4. 销售商品发生销售折让和销售退回的处理

1) 销售折让的处理

销售折让是指企业因售出商品的质量不合格等原因而在售价上给予的减让。销售折让可能发生在企业确认收入之前，也可能发生在企业确认收入之后。发生在企业确认收入之前的销售折让，其处理相当于商业折扣，即应在确认销售收入时直接按扣除销售折让后的金额确认。

通常销售折让是销售行为在先，购货方希望售价减让在后的情形。企业已经确认销售商品收入的售出商品发生销售折让，且不属于资产负债表日后事项的，应当在发生时冲减当期销售商品收入。如果按规定允许扣减增值税额的，还应冲减已确认的应交增值税销项税额。销售折让属于资产负债表日后事项的，应按照《企业会计准则第 29 号——资产负债表日后事项》处理。

【**例 13-22**】甲公司销售一批商品给乙公司,增值税发票上注明售价 10 000 元,增值税税额为 1 300 元,货到后买方发现商品质量不合格,要求在价格上给予 5%的折让。经查明乙公司提出的销售折让要求符合原合同的约定,甲公司同意并办妥了有关手续。假定此前甲公司已确认该批商品的销售收入。

甲公司的相关会计处理如下。

(1) 销售商品,确认销售收入。

借: 应收账款——乙公司　　　　　　　　　11 300
　贷: 主营业务收入　　　　　　　　　　　　　　　　　10 000
　　　应交税费——应交增值税(销项税额)　　　　　　 1 300

(2) 发生销售折让时,甲公司应冲减销售收入 500(10 000×5%)元,及相关增值税 65(500×13%)元。

借: 主营业务收入　　　　　　　　　　　　 500
　　应交税费——应交增值税(销项税额)　　 65
　贷: 应收账款——乙公司　　　　　　　　　　　　　　　 565

(3) 实际收到款项时。

借: 银行存款　　　　　　　　　　　　　 10 735
　贷: 应收账款——乙公司　　　　　　　　　　　　　　　10 735

2) 销售退回的处理

销售退回,是指企业售出的商品,由于质量、品种不符合要求等原因而发生的退货。销售退回应当分不同情况进行处理。

(1) 尚未确认收入的已发出商品的销售退回,按照已计入"发出商品"等科目的金额,借记"库存商品"科目,贷记"发出商品"科目。采用计划成本或售价核算的,应按计划成本或售价记入"库存商品"科目,并计算成本差异或商品进销差价。

(2) 已经确认收入的售出商品发生销售退回,一般情况下直接冲减退回当月的销售收入、销售成本等。企业发生的销售退回,按应冲减的销售收入,借记"主营业务收入"科目;按允许扣减当期销项税额的增值税额,借记"应交税费——应交增值税(销项税额)"科目;按已付或应付的金额,贷记"银行存款""应付账款"等科目。按退回商品的成本,借记"库存商品"科目,贷记"主营业务成本"科目。如果该项销售已发生现金折扣,应在退回当月一并处理,同时调整相关财务费用。

(3) 属于资产负债表日后事项的销售退回,应当作为资产负债表日后事项的调整事项处理,调整报告年度的收入、成本等。

【**例 13-23**】甲公司在 20×1 年 12 月 18 日与乙公司签订合同,其向乙公司销售一批商品,开出的增值税专用发票上注明的销售价款为 20 000 元,增值税税额为 2 600 元。该批商品的成本为 10 000 元。乙公司在 20×1 年 12 月 27 日支付货款。20×2 年 1 月 5 日,该批商品因质量问题被乙公司退回,甲公司当日退还该笔款项。该销售退回不属于资产负债表日后事项。

甲公司的有关会计处理如下。

(1) 20×1 年 12 月 18 日,销售实现时。

借：应收账款——乙公司　　　　　　　22 600
　　贷：主营业务收入　　　　　　　　　　　20 000
　　　　应交税费——应交增值税(销项税额)　2 600
借：主营业务成本　　　　　　　　　　10 000
　　贷：库存商品　　　　　　　　　　　　　10 000

(2) 20×1年12月27日，收到货款时。

借：银行存款　　　　　　　　　　　　22 600
　　贷：应收账款——乙公司　　　　　　　　22 600

(3) 20×2年1月5日，发生销售退回时。

借：主营业务收入　　　　　　　　　　20 000
　　应交税费——应交增值税(销项税额)　2 600
　　贷：银行存款　　　　　　　　　　　　　22 600
借：库存商品　　　　　　　　　　　　10 000
　　贷：主营业务成本　　　　　　　　　　　10 000

5. 提供服务收入的处理

企业提供的服务如果属于在某时点履行的履约义务，应采用与前述商品销售相同的办法确认收入；如果属于在某时段内履行的履约义务，则应当考虑服务的性质，采用产出法或投入法确定恰当的履约进度，分期确认营业收入。

资产负债表日，企业采用产出法或投入法确认营业收入及结转成本的计算方法如下。

各期确认的营业收入=预计总收入×履约进度-前期累计确认营业收入

各期结转的营业成本=预计总成本×履约进度-前期累计确认营业成本

【例13-24】 20×1年12月1日，甲公司按客户的需求与客户签订一项装修合同，装修期为3个月，合同总收入300 000元。双方约定，如果乙公司单方面终止合同，乙公司需要向甲公司支付违约金，违约金的金额等于公司已发生的成本加上30%的毛利率(该毛利率与甲公司在类似合同中能够赚取的毛利率大致相同)。至年底已预收装修费220 000元，实际发生装修费用140 000元(假定均为装修人员薪酬)，估计还会发生60 000元。

分析：本例中，甲公司提供的装修劳务具有不可替代用途，同时具有收款权，因此属于在一段时间内履行的履约义务。甲公司按实际发生的成本占估计总成本的比例确定劳务的履约进度。假定不考虑增值税等税费的影响。甲公司的会计处理如下。

履约进度=实际发生的成本占估计总成本的比例
　　　　=140 000÷(140 000+60 000)×100%=70%

20×1年12月31日，确认的提供劳务收入=300 000×70%-0=210 000(元)

20×1年12月31日，结转的提供劳务成本=(140 000+60 000)×70%-0=140 000(元)

(1) 预收劳务费。

借：银行存款　　　　　　　　　　　　220 000
　　贷：合同负债　　　　　　　　　　　　　220 000

(2) 实际发生劳务成本。

借：劳务成本　　　　　　　　　　　　140 000
　　贷：应付职工薪酬　　　　　　　　　　　140 000

(3) 20×1年12月31日，确认提供劳务收入并结转劳务成本。

借：合同负债　　　　　　　　　　　210 000
　　贷：主营业务收入　　　　　　　　　　 210 000
借：主营业务成本　　　　　　　　　140 000
　　贷：劳务成本　　　　　　　　　　　　 140 000

六、特定交易收入的会计处理

1. 附有销售退回条款的销售

对于附有销售退回条款的销售，企业应当在客户取得相关商品控制权时，按照因向客户转让商品而预期有权收取的对价金额(即不包含预期因销售退回将退还的金额)确认收入，按照预期因销售退回将退还的金额确认负债；同时，按照预期将退回商品转让时的账面价值，扣除收回该商品预计发生的成本(包括退回商品的价值减损)后的余额，确认为一项资产，按照所转让商品转让时的账面价值，扣除上述资产成本的净额结转成本。

每一个资产负债表日，企业应当重新估计未来销售退回情况，如有变化，应当作为会计估计变更进行会计处理。

【例13-25】甲公司是一家健身器材销售公司。20×1年10月1日，甲公司向乙公司销售5 000件健身器材，单位销售价格为500元，单位成本为400元，开出的增值税专用发票上注明的销售价格为250万元，增值税税额为32.5万元。健身器材已经发出，但款项尚未收到。根据协议约定，乙公司应于20×1年12月1日之前支付货款，在20×2年3月31日之前有权退还健身器材。发出健身器材时，甲公司根据过去的经验，估计该批健身器材的退货率约为20%；在20×1年12月31日，甲公司对退货率进行了重新评估，认为只有10%的健身器材会被退回。甲公司为增值税一般纳税人，增值税税率为13%。健身器材发出时纳税义务已经发生，实际发生退回时取得税务机关开具的红字增值税专用发票。20×2年3月31日发生销售退回，实际退回量为400件，同时支付款项。假定健身器材发出时控制权转移给乙公司。

甲公司的会计处理如下。

(1) 20×1年10月1日发出健身器材。

借：应收账款——乙公司　　　　　2 825 000
　　贷：主营业务收入　　　　　　　　　2 000 000
　　　　预计负债——应付退货款　　　　　500 000
　　　　应交税费——应交增值税(销项税额)　325 000
借：主营业务成本　　　　　　　　1 600 000
　　应收退货成本　　　　　　　　　400 000
　　贷：库存商品　　　　　　　　　　　2000 000

(2) 20×1年12月1日前收到货款。

借：银行存款　　　　　　　　　　2 825 000
　　贷：应收账款——乙公司　　　　　　2 825 000

(3) 20×1年12月31日，甲公司对退货率进行重新评估。

借：预计负债——应付退货款	250 000	
贷：主营业务收入		250 000
借：主营业务成本	200 000	
贷：应收退货成本		200 000

(4) 20×2年3月31日发生销售退回，实际退货量为400件，退货款项已经支付。

借：库存商品	160 000	
应交税费——应交增值税(销项税额)	26 000	
预计负债——应付退货款	250 000	
主营业务成本	40 000	
贷：应收退货成本		200 000
主营业务收入		50 000
银行存款		226 000

附有销售退回条款的销售，在客户要求退货时，如果企业有权向客户收取一定金额的退货费，则企业在估计预期有权收取的对价金额时，应当将该退货费包括在内。

2. 附有质量保证条款的销售

对于附有质量保证条款的销售，企业应当评估该质量保证是否在向客户保证所销售商品符合既定标准之外提供了一项单独的服务。企业提供额外服务的，应当作为单项履约义务进行会计处理；否则，质量保证责任应当按照或有事项的要求进行会计处理。

对于客户能够选择单独购买质量保证的，表明该质量保证构成单项履约义务；对于客户虽然不能选择单独购买质量保证，但是如果该质量保证在向客户保证所销售的商品符合既定标准之外提供了一项单独服务的，也应当作为单项履约义务。作为单项履约义务的质量保证应当按收入准则规定进行会计处理，并将部分交易价格分摊至该项履约义务。对于不能作为单项履约义务的质量保证，企业应当按照《企业会计准则第13号——或有事项》的规定进行会计处理。

企业在评估一项质量保证是否在向客户保证所销售的商品符合既定标准之外提供了一项单独的服务时，应当考虑该质量保证是否为法定要求、质量保证期限以及企业承诺履行任务的性质等因素。法定要求通常是为了保护客户避免其购买瑕疵或缺陷商品，而并非为客户提供一项单独的服务。企业提供质量保证的期限越长，越有可能构成单项履约义务。如果企业必须履行某些特定的任务以保证所销售的商品符合既定标准(如企业负责运输被客户退回的瑕疵商品)，则这些特定的任务可能不构成单项履约义务。企业提供的质量保证同时包含保证类质量保证和服务类质量保证的，应当分别对其进行会计处理；无法合理区分的，应当将这两类质量保证一起作为单项履约义务按照收入准则规定进行会计处理。

【例13-26】甲公司为一家精密仪器生产和销售企业。甲公司与乙公司签订了一项精密仪器的销售合同，合同约定甲公司向乙公司销售一批精密仪器，售价为780万元。甲公司承诺该批仪器售出后1年内如出现非意外事件造成的故障或质量问题，甲公司免费负责保修(含零部件的更换)，同时甲公司还向乙公司提供一项延保服务，即在法定保修期1年之外，延长保修期3年。该批精密仪器和延保服务的单独标价分别为700万元和80万元。甲公司根据以往经验估计在法定保修期(1年)内将发生的保修费用为20万元。该批精密仪器的成本为 500 万元。合同签订当日，甲公司将该批仪器交付给乙公司，同时乙公司向甲公司支付了 780 万元价款。假定不考虑相关税费及货币时间价值因素。

甲公司的会计处理如下。

借：银行存款　　　　　　　　　　　7 800 000
　　贷：主营业务收入　　　　　　　　7 000 000
　　　　合同负债　　　　　　　　　　　800 000
借：主营业务成本　　　　　　　　　5 000 000
　　贷：库存商品　　　　　　　　　　5 000 000
借：销售费用　　　　　　　　　　　　200 000
　　贷：预计负债　　　　　　　　　　　200 000

甲公司确认的延保服务收费80万元应当在延保期间根据延保服务进度确认为收入。

3. 具有重大融资性质的分期收款商品销售

企业在销售商品时，对于一些价值较大的商品，如商品房、汽车、大型设备等，有时会采取分期收款的方式销售，即商品已经交付，货款分期收回(通常为超过 3 年)。分期收款销售实质上具有融资性质，相当于企业向购货方提供的信贷，企业应当按照合同规定的应收金额的公允价值确定收入金额。应收的合同价款的公允价值，通常应当按照其未来现金流量现值或商品现销价格计算确定。

应收的合同价款与其公允价值之间的差额，在合同期间内，按照应收款项的摊余成本和实际利率计算确定的金额进行摊销，冲减财务费用。

【例 13-27】 20×1 年 1 月 1 日，甲公司采用分期收款方式向乙公司销售一套大型设备，合同约定的销售价格为 1 000 000 元，分 5 次于每年 12 月 31 日等额收取。该大型设备的成本为 780 000 元。在现销方式下，该大型设备的销售价格为 800 000 元。假定甲公司发出商品时开出增值税专用发票，同时收取增值税税额 130 000 元，不考虑其他因素。

要求：做出分期收款销售商品的会计处理。

分析：合同约定款项分 5 次，在 5 年内收回，属于融资性质的分期收款销售。

大型设备的现销价格为 800 000 元，即该设备公允价值或现值为 800 000 元，甲公司应当确认的销售商品收入金额为 800 000 元。

根据下列公式：

未来 5 年收款额的现值=现销方式下应收款项金额

即 $200\,000 \times (P/A, i, 5) + 130\,000 = 800\,000 + 130\,000$

可在多次测试的基础上，用插入法计算出折现率为 7.93%，即实际利率=7.93%。

每期计入财务费用的金额如表 13-1 所示。

表 13-1　财务费用和已收本金计算表

单位：元

年　份	收现总额 ①	财务费用 ②=期初④×7.93%	已收本金 ③=①-②	未收本金 ④=期初④-③
20×1.1.1				800 000
20×1.12.31	200 000	63 440	136 560	663 440

续表

年 份	收现总额 ①	财务费用 ②=期初④×7.93%	已收本金 ③=①-②	未收本金 ④=期初④-③
20×2.12.31	200 000	52 611	147 389	516 051
20×3.12.31	200 000	40 923	159 077	356 974
20×4.12.31	200 000	28 308	171 692	185 282
20×5.12.31	200 000	14 718*	185 282	0
总额	1 000 000	200 000	800 000	—

注：*为尾数调整。

甲公司各期的账务处理如下。

(1) 20×1年1月1日销售实现。

借：长期应收款　　　　　　　　　　　1 000 000
　　银行存款　　　　　　　　　　　　　 130 000
　　　贷：主营业务收入　　　　　　　　　　　　　800 000
　　　　　应交税费——应交增值税(销项税额)　　　130 000
　　　　　未实现融资收益　　　　　　　　　　　　200 000
借：主营业务成本　　　　　　　　　　　780 000
　　　贷：库存商品　　　　　　　　　　　　　　　780 000

(2) 20×1年12月31日收取货款并摊销未实现融资收益。

借：银行存款　　　　　　　　　　　　　200 000
　　　贷：长期应收款　　　　　　　　　　　　　　200 000
借：未实现融资收益　　　　　　　　　　 63 440
　　　贷：财务费用　　　　　　　　　　　　　　　 63 440

以后各期的账务处理比照上述处理进行。

4. 主要责任人和代理人的销售

企业应当根据其在向客户转让商品前是否拥有对该商品的控制权，来判断其从事交易时的身份是主要责任人还是代理人。企业在向客户转让商品前能够控制该商品的，该企业为主要责任人，应当按照已收或应收对价总额确认收入；否则，该企业为代理人，应当按照预期有权收取的佣金或手续费的金额确认收入，该金额应当按照已收或应收额扣除应支付给其他相关方的价款后的净额，或者按照既定的佣金金额或比例等确定。企业与客户订立的包含多项可明确区分商品的合同中，企业需要分别判断其在这些不同履约义务中的身份是主要责任人还是代理人。

【例 13-28】甲公司委托乙公司销售 A 商品 100 件，该商品的成本为 120 元/件，增值税税率为 13%。双方协议：乙公司按每件 200 元的价格出售给顾客，甲公司按售价的 10% 支付乙公司手续费。乙公司实际销售时，即向买方开出一张增值税专用发票，发票上注明 A 商品的售价为 20 000 元，增值税税额为 2 600 元。甲公司在收到乙公司交来的代销清单时，向乙公司开具了一张相同金额的增值税发票。

甲公司和乙公司的有关会计处理如下。

(1) 甲公司。

① 甲公司将 A 商品交付乙公司时。

借：发出商品　　　　　　　　　　　　　　12 000
　　贷：库存商品　　　　　　　　　　　　　　　12 000

② 收到代销清单时。

借：应收账款——乙公司　　　　　　　　　22 600
　　贷：主营业务收入　　　　　　　　　　　　20 000
　　　　应交税费——应交增值税(销项税额)　 2 600

借：主营业务成本　　　　　　　　　　　　12 000
　　贷：发出商品　　　　　　　　　　　　　　　12 000

借：销售费用　　　　　　　　　　　　　　 2 000
　　贷：应收账款——乙公司　　　　　　　　　　 2 000

③ 收到乙公司汇来的货款净额 20 600(22 600-2 000)元。

借：银行存款　　　　　　　　　　　　　　20 600
　　贷：应收账款——乙公司　　　　　　　　　　20 600

(2) 乙公司。

① 收到 A 商品时。

借：受托代销商品　　　　　　　　　　　　20 000
　　贷：受托代销商品款　　　　　　　　　　　　20 000

② 实际销售商品时。

借：银行存款　　　　　　　　　　　　　　22 600
　　贷：应付账款——甲公司　　　　　　　　　　20 000
　　　　应交税费——应交增值税(销项税额)　 2 600

③ 收到增值税专用发票时。

借：应交税费——应交增值税(进项税额)　　 2 600
　　贷：应付账款——甲公司　　　　　　　　　　 2 600

借：受托代销商品款　　　　　　　　　　　20 000
　　贷：受托代销商品　　　　　　　　　　　　　20 000

④ 归还甲公司货款并计算代销手续费时。

借：应付账款——甲公司　　　　　　　　　22 600
　　贷：银行存款　　　　　　　　　　　　　　　20 600
　　　　主营业务收入(或其他业务收入)　　　　 2 000

5. 附有客户额外购买选择权的销售

额外购买选择权的情况包括销售激励、客户奖励积分、未来购买商品的折扣券以及合同续约选择权等。对于附有客户额外购买选择权的销售，企业应当评估该选择权是否向客户提供了一项重大权利。如果客户只有在订立了一项合同的前提下才取得了额外购买选择权，并且客户行使该选择权购买额外商品时，能够享受到超过该地区或该市场中其他同类客户所能够享有的折扣，则通常认为该选择权向客户提供了一项重大权利。

企业提供重大权利的,应当作为单项履约义务,按照本节有关交易价格分摊的要求将交易价格分摊至该履约义务,在客户未来行使购买选择权取得相关商品控制权时,或者该选择权失效时,确认相应的收入。客户额外购买选择权的单独售价无法直接观察的,企业应当综合考虑客户行使和不行使该选择权所能获得的折扣的差异、客户行使该选择权的可能性等全部相关信息后,予以合理估计。

【例13-29】 20×1年1月1日,甲公司开始推行一项奖励积分计划。根据该计划,客户在甲公司每消费10元可获得1个积分,每个积分从次月开始在购物时可以抵减1元。截至20×1年1月31日,客户共消费100 000元,可获得10 000个积分,根据历史经验,甲公司估计该积分的兑换率为95%。上述金额均不包含增值税,且假定不考虑相关税费影响。

分析:本例中,甲公司认为其授予客户的积分为客户提供了一项重大权利,应当作为单项履约义务。客户购买商品的单独售价合计为100 000元,考虑积分的兑换率,甲公司估计积分的单独售价为9 500 (1×10 000×95%)元。甲公司按照商品和积分单独售价的相对比例对交易价格进行分摊。

商品分摊的交易价格=[100 000÷(100 000+9 500)]×100 000=91 324(元)
积分分摊的交易价格=[9 500÷(100 000+9 500)]×100 000=8 676(元)
甲公司应当在商品的控制权转移时确认收入91 324元。
同时,确认合同负债8 676元。

借:银行存款   100 000
　　贷:主营业务收入   91 324
　　　　合同负债   8 676

截至20×1年12月31日,客户共兑换了4 500个积分,甲公司对该积分的兑换率进行了重新估计,仍然预计客户将会兑换的积分总数为9 500个。因此,甲公司以客户兑换的积分数占预期将兑换的积分总数的比例为基础确认收入。

积分当年应当确认的收入为4 110(4 500÷9 500×8 676)元;剩余未兑换的积分为4 566(8 676-4 110)元,仍然作为合同负债。

借:合同负债   4 110
　　贷:主营业务收入   4 110

截至20×2年12月31日,客户累计兑换了8 500个积分。甲公司对该积分的兑换率进行了重新估计,预计客户将会兑换的积分总数为9 700个。

积分当年应当确认的收入为3 493(8 500÷9 700×8 676-4 110)元;剩余未兑换的积分为1 073(8 676-4 110-3 493)元,仍然作为合同负债。

借:合同负债   3 493
　　贷:主营业务收入   3 493

6. 授予知识产权许可

授予知识产权许可,是指企业授予客户对企业拥有的知识产权享有相应权利。常见的知识产权包括软件和技术、影视和音乐等的版权、特许经营权以及专利权、商标权和其他版权等。企业向客户授予知识产权许可时,应当评估授予客户的知识产权许可是否构成单项履约义务。对于不构成单项履约义务的,企业应当将该知识产权许可和所售商品一起作为单项履约义务进行会计处理。

对于构成单项履约义务的，应当进一步确定其是在某一时段内履行履约义务还是在某一时点履行履约义务。企业向客户授予的知识产权许可，同时满足下列三个条件的，应当作为在某一时段内履行的履约义务确认相关收入：①合同要求或客户能够合理预期企业将从事对该项知识产权有重大影响的活动；②该活动对客户将产生有利或不利影响；③该活动不会导致向客户转让某项商品。企业向客户授予知识产权许可不能同时满足上述条件的，应当作为在某一时点履行的履约义务，在履行该履约义务时确认收入。

【例 13-30】甲公司是一家著名的足球俱乐部，授权乙公司在其设计生产的服装、帽子、水杯以及毛巾等产品上使用甲公司球队的名称和图标，授权期间为两年。合同约定，甲公司收取的合同对价由两部分组成：一是 200 万元固定金额的使用费；二是按照乙公司销售上述商品所取得销售额的 5%计算的提成。乙公司预期甲公司会继续参加当地顶级联赛，并取得优异的成绩。

分析：本例中，该合同仅包括一项履约义务，即授予使用权许可，甲公司继续参加比赛并取得优异成绩等活动是该许可的组成部分。由于乙公司能够合理预期甲公司将继续参加比赛，甲公司的成绩将会对其品牌(包括名称和图标等)的价值产生重大影响，而该品牌价值可能会进一步影响乙公司产品的销量，甲公司从事的上述活动并未向乙公司转让任何可明确区分的商品，因此，甲公司授予的该使用权许可，属于在两年内履行的履约义务。甲公司收取的 200 万元固定金额的使用费应当在两年内平均确认收入，按照乙公司销售相关商品所取得销售额的 5%计算的提成应当在乙公司的销售发生时确认收入。

第二节 费　　用

一、费用的概念与特点

企业在取得营业收入的过程中，必然要有一定量的消耗，企业只有以尽可能少的消耗取得一定的收入，或以一定的消耗取得尽可能多的收入，才能获得最大的经营成果。这样的消耗在会计上用"费用"来描述。

1. 费用的概念

费用有广义与狭义之分。我国《企业会计准则——基本准则》给费用下的定义：费用是指企业在日常活动中发生的、会导致所有者权益减少的、与向所有者分配利润无关的经济利益的总流出。我国基本准则所定义的费用属于狭义费用，仅指与本期营业收入相配比的那部分耗费。

广义的费用包括狭义费用与损失。损失是指由企业非日常活动所形成的，与所有者投入资本或分配利润无关的经济利益的流出。损失包括三类：与正常活动有关的损失、非常项目损失和未实现损失。与正常经营活动有关的损失是指那些虽与企业的正常经营活动有关，但不经常发生或与企业获取收入活动关系不是很密切的经济利益的减少，如固定资产报废损失等。非常项目损失是指那些与企业经营活动无关且不经常发生的事项所导致的损失，这种损失的另一个特点是其和企业管理当局的努力程度没有关系，损失的发生不是企业管理当局能够控制的，如地震、水灾和火灾等灾害的损失等。损失还包括未实现损失，即没有通过交易实现的损失,如所持有的有价证券的跌价损失等。

IASB在《财务报告的概念框架》中指出:费用是指在会计期间内导致权益的减少,与向权益所有者分配无关的经济利益的减少,其表现形式为资产的流出或损耗,或者是负债的产生。这个定义没有要求费用一定要和经营活动有关,即所有导致企业经济利益减少的情况,无论是与经营活动有关(如销货成本),还是与经营活动无关(如灾害损失),都被列作费用,属于广义费用的概念。

本章所指费用,不特别说明,均指狭义的费用,即不包含损失。

2. 费用的特点

1) 费用是企业日常活动中形成的,并与企业收入的活动密切相关

所谓日常活动是指企业为完成其经营目标所从事的经常性活动及与之相关的活动。例如,工业企业制造并销售产品、商业企业销售商品、保险公司签发保单、咨询公司提供咨询服务、软件企业为客户开发软件、安装公司提供安装服务等,均属于企业的日常活动。只有日常活动的经济利益流出才是费用,非日常活动的经济利益的流出不能确认为费用,而应计入当期损失。

2) 费用最终将会导致企业经济资源的减少

费用最终将会导致企业经济资源的减少,这种减少可具体表现为一个企业实际的现金或非现金支出(如消耗原材料),也可以是预期的现金支出(如承担一项未来期间履行的负债)。因此,也可将费用称为企业资源的流动,但它是资源流出企业,与形成一个企业的收入不同,后者也是资源流动,但它是导致未来经济利益及其等价物流入企业,两种资源的流动方向正好相反。如果将现金及其等价物视作企业未来经济利益的最终体现,那么费用的本质就是一种现实或预期的现金流出。例如,支付工资、发生销货费用是各项现实的现金流出;至于承担一项负债,在未来期间履行相应的义务时,也将导致现金的流出,但这是一项预期或未来的现金流出;消耗原材料或机器设备等,同样是现金流出,不过它是过去的现金流出转化的未来经济利益的消耗。

3) 费用最终会减少企业的所有者权益

通常,企业的资金流入(收入)会增加企业的所有者权益;相反,资金流出会减少企业的所有者权益,形成企业的费用。但在经营过程中,有两类支出是不应归入费用的:一类是企业偿债性支出,如以现金偿付以前期间所欠付的债务,它只是一项资产和一项负债的减少,所有者权益没有受影响,因此不形成费用;另一类是向所有者分配利润或股利,这一现金流出虽然减少了企业的所有者权益,但属于最终利润的分配,不是经营活动的结果,也不作为费用。

二、费用的分类

费用按经济用途可分为计入产品生产成本的费用和期间费用两类。费用的经济用途指费用最终为企业所提供的服务。

1. 构成产品生产成本的费用

(1) 直接材料。直接材料是指企业在生产产品和提供劳务的过程中,所消耗的、直接

用于产品生产、构成产品实体的原料及主要材料、外购半成品(外购件)、修理用备件(备品配件)、包装物、有助于产品形成的辅助材料以及其他直接材料。

(2) 直接人工。直接人工是指企业在生产产品和提供劳务的过程中，直接从事产品生产的工人的职工薪酬。

以上直接费用应当根据实际发生数进行核算，并按成本计算对象进行归集，直接计入产品的生产成本。此外，企业还可以根据需要，设置其他直接费用，如燃料动力费用等。

(3) 制造费用。制造费用是指企业为生产产品或提供劳务而发生的各项间接费用，又称间接费用，包括企业各生产单位(分厂、车间)为组织和管理生产所发生的生产单位管理人员的职工薪酬以及归属生产单位的折旧费、修理费、办公费、水电费、机物料消耗、劳动保护费、季节性大修理期间的停工损失等。

上述直接材料、直接人工都可以直接对象化于某类产品的成本；而制造费用由于其费用可能是为生产几种产品共同发生的，一般不易直接对象化于某类产品的成本，通常将一定期间的制造费用归集起来，然后在期末按照一定的方法合理分摊计入产品成本。

2. 期间费用

期间费用是指企业当期发生的必须从当期收入中得到补偿的，应归属于一定期间的费用。这些费用容易确认其发生的时间，但难以判别其应归属的产品对象(或者这种判别划分对各期会计信息的质量不产生重大性影响)，因而在发生当期就转为与当期的收入相配比的费用。期间费用应当直接计入当期损益，具体包括以下几方面。

(1) 销售费用。销售费用是指产品销售环节所发生的支出，这种支出旨在促进或扩大企业产品的销售，占领市场，最终提高企业产品的竞争能力。

(2) 管理费用。管理费用是指企业行政管理部门为组织和管理生产经营活动所发生的一切必要支出。管理费用与企业经营过程中的全部经营活动相联系，一般不具体地由某一经营活动或某一种产品负担。

(3) 财务费用。财务费用是指企业经营过程中为取得、使用资金而发生的全部必要支出。财务费用最主要的表现形式是借款利息和手续费。需要注意的是，并不是企业所有的借款利息都形成当期的财务费用。长期借款利息符合资本化条件的，构成相应资产的成本。

三、费用的确认与计量

1. 费用的确认

企业在经营过程中，为了取得一定的收入，必然要发生各种各样的支出。这些支出有的构成本期费用，有的并不形成本期费用。那么，究竟哪些支出形成本期费用？这涉及费用确认的基本原则。

1) 划分资本性支出与收益性支出原则

按照划分收益性支出和资本性支出原则，如果某项支出的效益及于几个会计年度(或几个经营周期)，该项支出应予以资本化，不能作为当期的费用；如果某项支出的效益仅及于本会计年度(或本营业周期)，就应作为收益性支出，在一个会计期间内确认为费用。例如，企业购买固定资产的支出，由于固定资产使用期限超过一年，因此该项支出的效益大于一年，相应的支出应资本化为固定资产的成本；又如企业为销售商品而发生的运输费用支出，由于该项支出只对本期收入有用，其效益只限于本会计期间，因此该项支出为收益性支出。

2) 权责发生制原则

所谓权责发生制是指按照权利和责任发生与否来确认收入和费用。企业会计准则规定：凡是在当期已经发生或应当负担的费用，不论款项是否支付，都应作为当期的费用；凡是不属于当期的费用，即使该款项已在当期支付，也不应当作为当期的费用。

3) 配比原则

所谓配比是指将收入和相关联的费用配合在一起，使得费用一般在其相关联的收入实现的期间确认入账，同时可决定由此产生的收益(利润)。在具体会计实务中，配比原则又包括以下三项确认规则。

(1) 联系因果关系确认费用。凡是与本期收入有直接因果关系的耗费，就应当确认为该期间的费用。这种因果关系具体表现在以下两个方面：①经济性质上的因果性，即应予以确认的费用与本期收入项目具有必然的因果关系，也就是有所得必有所费，不同收入的取得是由于发生了不同的费用；②时间上的一致性，即应予以确认的费用与某项收入同时加以确认，这一过程也就是收入与费用的配比过程。

(2) 系统、合理地分配费用。在具体实务中并不能做到以因果关系确认企业的全部费用，因此有些费用可以采取系统、合理的分配费用这一确认规则。这种费用确认规则的理论依据是：一项资产长期在企业中使用，各会计期间均会收到它所提供的经济效益，从而产生了营业收入。因而各会计期均应承担它的一部分成本。例如，固定资产的成本按折旧方式逐年计提、平均或递减摊销，就是"系统且合理"确认规则的典型应用。

(3) 发生时立即确认费用。某些费用如果不能采用上述两项确认规则，则可以考虑成本发生立即确认的规则。在企业中，有些支出不能提供明确的未来经济利益，并且，如果对这些支出加以分摊也没有意义，这时，这些费用就应采用这一标准，直接作为当期费用予以确认。例如，广告费就是一个典型的例子。广告给企业带来了长期经济效益，但很难确定哪一个会计期间获得多少收益。因此，广告成本不得不立即确认为费用。

在确认费用时，还应区分三个界限：一是区分生产费用与非生产费用的界限。生产费用是指与企业日常生产经营活动有关的费用，如生产产品所发生的原材料费用、人工费用等；非生产费用是指不应由生产费用负担的费用，如用于构建固定资产所发生的费用不属于生产费用。二是区分生产费用与产品生产成本的界限。生产费用与一定的时期相联系，而与生产的产品无直接关联；产品生产成本与一定品种和数量的产品相联系，而不论发生在哪一期。三是区分生产费用与期间费用的界限。生产费用应当计入产品成本；而期间费用直接计入当期损益。

2. 费用的计量

费用一般应按所耗用资产的历史成本或实际成本计量，而不是按其现行成本计量。例如，销售商品所发生的商品销售成本是以其当初实际生产或取得成本计量的，而不是以现在的生产或取得成本计量。但有时费用的发生会早于资产支出，这种情况下，由于在确认费用时没有消耗资产，因此不能使用历史成本或实际成本，而只能使用预计值作为计量属性。例如，预计借款利息、预计修理费用、预计产品保证费用等。

费用是资产的一种转化形式。有些资产将会使几个会计期间受益，这样，在通过系统、合理的分摊而形成费用时,是以其资产取得成本的实际金额进行计量的。例如,固定资产折旧要按固定资产原始价值和规定使用年限来计算。无形资产的摊销、长期待摊费用的摊销也属于这种情况。

四、期间费用

期间费用是指本期发生的、不能直接或间接归入某种产品成本的、直接计入当期损益的各项费用,包括销售费用、管理费用、财务费用。

1. 销售费用的核算

1) 销售费用核算的内容

销售费用是核算企业在销售商品和材料、提供劳务过程中发生的各种费用,包括企业在销售过程中发生的保险费、包装费、展览费和广告费,商品维修费、预计产品质量保证损失、运输费、装卸费等以及为销售本企业商品而专设的销售机构(含销售网点、售后服务网点等)的职工薪酬、业务费、折旧费等经营费用。

销售费用一般包括以下几个方面内容:①产品自销费用。产品自销费用包括应由本企业承担的保险费、包装费、运输费、装卸费等。②产品促销费用。为了扩大本企业商品的销售而发生的促销费用,包括展览费、广告费、经营租赁费(为扩大销售而租用的柜台、设备等的费用)、销售服务费用(提供预计产品质量保证损失、商品维修费等售后服务以及其他类似项目的费用)。③销售部门的费用。销售部门的费用一般指为销售本企业商品而专设的销售机构(含销售网点、售后服务网点等)的职工薪酬、业务费、折旧费等经营费用。但企业内部的销售部门属于行政管理部门,所发生的经费开支,不包括在销售费用中,而是列入管理费用。

2) 销售费用的账务处理

为了核算企业在销售商品和材料、提供劳务过程中发生的各种费用,企业应当设置"销售费用"科目。该科目的借方反映企业发生的各项费用,贷方反映企业转入"本年利润"的销售费用;"销售费用"科目结转"本年利润"科目后,期末应没有余额。

【例13-31】 甲公司为增值税一般纳税人,增值税税率为13%。20×1年10月销售产品取得收入500 000元,已经收存银行。当月为销售产品支付运输费用6 000元,支付广告费10 000元,销售部门的人员工资5 000元,福利费700元。另外,委托其他单位代销甲产品取得收入100 000元,按合同应支付收入的5%作为手续费。已经收到代销收入存入银行。

相关的会计处理如下。

(1) 销售商品确认收入。

借:银行存款		565 000
贷:主营业务收入		500 000
应交税费——应交增值税(销项税额)		65 000

(2) 支付运输费、广告费。

借:销售费用——运输费		6 000
——广告费		10 000
贷:银行存款		16 000

(3) 确认销售人员工资及福利费用。

借：销售费用——工资及福利　　　　　　　　　　5 700
　　贷：应付职工薪酬——工资　　　　　　　　　　　　　5 000
　　　　　　　　　　——职工福利　　　　　　　　　　　　700

(4) 确认委托代销收入。

借：银行存款　　　　　　　　　　　　　　　　108 000
　　销售费用——代销手续费　　　　　　　　　　5 000
　　贷：主营业务收入　　　　　　　　　　　　　　　　100 000
　　　　应交税费——应交增值税(销项税额)　　　　　　13 000

2．管理费用的核算

1) 管理费用核算的内容

管理费用，是核算企业为组织和管理企业生产经营所发生的各种费用，包括企业在筹建期间内发生的开办费、董事会和行政管理部门在企业的经营管理中发生的，或者应当由企业统一负担的各项费用。具体包括公司经费、工会经费、董事会费、聘请中介机构费、咨询费(含顾问费)、诉讼费、业务招待费、技术转让费、矿产资源补偿费、研究费用、排污费等。

其中，公司经费，是指直接在企业行政管理部门发生的行政管理部门职工工资及福利费、物料消耗、低值易耗品摊销、办公费和差旅费等。董事会费包括董事会成员津贴、会议费和差旅费等。

特别注意，企业生产车间(部门)和行政管理部门等发生的固定资产修理费用等后续支出，也作为管理费用核算。

2) 管理费用的账务处理

为了核算企业为组织和管理企业生产经营所发生的管理费用，企业应当设置"管理费用"科目。该科目的借方反映企业发生的各项管理费用，贷方反映企业转入"本年利润"的管理费用；"管理费用"科目结转"本年利润"科目后，期末应没有余额。

商品流通企业管理费用不多的，可不设置"管理费用"科目，其核算内容可并入"销售费用"科目核算。

【例13-32】 甲公司20×1年3月应付行政管理部门职工薪酬25 000元，企业计提了管理部门固定资产折旧3 000元。聘请会计师事务所审计，支付审计费10 000元。招待客户等支付某饭店当月费用24 000元(均以银行存款支付款项)。

相关会计处理如下。

(1) 应付行政管理部门职工薪酬。

借：管理费用　　　　　　　　　　　　　　　　25 000
　　贷：应付职工薪酬　　　　　　　　　　　　　　　　25 000

(2) 计提管理部门固定资产折旧。

借：管理费用　　　　　　　　　　　　　　　　3 000
　　贷：累计折旧　　　　　　　　　　　　　　　　　　3 000

(3) 支付审计费。
借：管理费用　　　　　　　　　　　　10 000
　　贷：银行存款　　　　　　　　　　　　　　10 000
(4) 支付招待费。
借：管理费用　　　　　　　　　　　　24 000
　　贷：银行存款　　　　　　　　　　　　　　24 000

3. 财务费用的核算

1) 财务费用核算的内容

财务费用核算企业为筹集生产经营所需资金等而发生的筹资费用，包括利息支出(减利息收入)、汇兑损益以及相关的手续费、企业发生的现金折扣或收到的现金折扣等。

2) 财务费用的账务处理

为了核算企业各项为筹集生产经营资金等而发生的筹资费用，企业应当设置"财务费用"科目。该科目的借方反映企业实际发生的财务费用，贷方反映企业转入"本年利润"的财务费用；"财务费用"科目结转"本年利润"科目后，期末应没有余额。

【例13-33】甲公司20×1年6月支付银行短期借款利息16 000元，银行手续费为3 000元。

相关会计处理如下。
借：财务费用——利息支出　　　　　　16 000
　　　　　——手续费　　　　　　　　　3 000
　　贷：银行存款　　　　　　　　　　　　　　19 000

需要注意，企业为购建或生产满足资本化条件的资产发生的应予资本化借款费用，在"在建工程""制造费用"等科目核算，不包括在"财务费用"的核算范围内。

第三节　利润及利润分配

一、利润的构成

利润是指企业在一定会计期间的经营成果。利润包括收入减去费用后的净额、直接计入当期利润的利得和损失等。

直接计入当期利润的利得和损失，是指应当计入当期损益、会导致所有者权益发生增减变动的、与所有者投入资本或者向所有者分配利润无关的利得或者损失。我国会计实务中，主要包括资产减值损失、投资收益(或损失)、公允价值变动损益、资产处置损益、营业外收入、营业外支出等。

利润包括营业利润、利润总额和净利润。

1. 营业利润

营业利润是企业利润的主要来源，用公式表示如下：

营业利润=营业收入-营业成本-税金及附加-销售费用-管理费用-财务费用
　　　　　-资产减值损失+公允价值变动收益(-公允价值变动损失)+投资收益(-投资损失)

$$+其他收益+资产处置收益(-资产处置损失)-信用减值损失$$

其中：

营业收入是指企业经营业务所确认的收入总额，包括主营业务收入和其他业务收入。

营业成本是指企业经营业务所发生的实际成本总额，包括主营业务成本和其他业务成本。

税金及附加是指应由营业收入(包括主营业务收入和其他业务收入)补偿的各种税金及附加费，主要包括消费税、城市维护建设税、教育费附加、房产税、土地使用税、车船税、印花税等相关税费。

资产减值损失是指企业计提各项资产减值准备所形成的损失。

公允价值变动收益或损失是指交易性金融资产和以公允价值计量的投资性房地产等因公允价值变动形成的损益。

投资收益或损失是指企业以各种方式对外投资所取得的收益或发生的损失。

其他收益主要是指企业收到的与日常活动相关的政府补助形成的收益。

资产处置收益或损失是指企业处置固定资产、在建工程及无形资产等产生的损益。

信用减值损失是指金融资产中的应收款项、债权投资、其他债权投资等资产价值下跌发生的损失。

2. 利润总额

企业的利润总额是指营业利润加上营业外收入，减去营业外支出后的金额。用公式表示为

$$利润总额=营业利润+营业外收入-营业外支出$$

其中，营业外收入(或支出)是指企业发生的与其日常活动无直接关系的各项利得(或损失)。

3. 净利润

净利润是指企业当期利润总额减去所得税费用后的金额，即企业的税后利润。用公式表示为

$$净利润=利润总额-所得税费用$$

其中，所得税费用是指企业确认的应从当期利润总额中扣除的所得税费用。

二、营业外收支的会计处理

营业外收支是指企业发生的与日常活动无直接关系的各项收支。营业外收支虽然与企业生产经营活动没有多大的关系，但从企业主体来考虑，同样带来收入或形成企业的支出，也是增加或减少利润的因素，对企业的利润总额及净利润产生较大的影响。

1. 营业外收入

营业外收入是指企业发生的营业利润以外的收益。营业外收入并不是由企业经营资金耗费所产生的，不需要企业付出代价，实际上是一种纯收入，不可能也不需要与有关费用进行配比。因此，在会计处理上，应当严格区分营业外收入与营业收入的界限。营业外收入主要包括非流动资产毁损报废利得、与企业日常活动无关的政府补助、盘盈利得、捐赠利得等。

非流动资产毁损报废利得，是指因自然灾害等发生毁损、已丧失使用功能而报废非流动资产所产生的清理收益。

盘盈利得，是指企业对于现金等资产清查盘点中盘盈的资产，报经批准后计入营业外收入的金额。

政府补助，是指企业与企业日常活动无关的、从政府无偿取得货币性资产或非货币性资产形成的利得。

捐赠利得，是指企业接受捐赠产生的利得。

企业应当通过"营业外收入"科目，核算营业外收入的取得和结转情况。该科目可按营业外收入项目进行明细核算。期末，应将该科目余额转入"本年利润"科目，结转后该科目无余额。

2. 营业外支出

营业外支出是指企业发生的营业利润以外的支出，主要包括非流动资产毁损报废损失、公益性捐赠支出、非常损失、盘亏损失等。

非流动资产毁损报废损失，是指因自然灾害等发生毁损、已丧失使用功能而报废非流动资产所产生的清理损失。

公益性捐赠支出，是指企业对外进行公益性捐赠发生的支出。

非常损失，指企业对于因客观因素(如自然灾害等)造成的损失，在扣除保险公司赔偿后计入营业外支出的净损失。

企业应通过"营业外支出"科目，核算营业外支出的发生及结转情况，该科目可按营业外支出项目进行明细核算。期末，应将该科目余额转入"本年利润"科目，结转后该科目无余额。

需要注意的是，营业外收入和营业外支出应当分别核算。在具体核算时，不得以营业外支出直接冲减营业外收入，也不得以营业外收入冲减营业外支出，即企业在会计核算时，应当区别营业外收入和营业外支出进行核算。

三、所得税

在所得税会计中，有应付税款法和纳税影响会计法。纳税影响会计法包括递延法和债务法，而债务法又分利润表债务法与资产负债表债务法，我国《企业会计准则第18号——所得税》主张采用资产负债表债务法。

1. 当期所得税

企业实现的利润，应当按照国家税法的规定，计算并缴纳所得税。企业当期应交纳的所得税，其计算公式为

$$应交所得税 = 应纳税所得额 \times 所得税税率$$

其中，应纳税所得额的计算有直接法与间接法两种。

在直接计算法下，企业每一纳税年度的收入总额扣减不征税收入、免税收入、各项扣除以及允许弥补的以前年度亏损后的余额为应纳税所得额。计算公式为

$$应纳税所得额 = 收入总额 - 不征税收入 - 免税收入 - 各项扣除金额 - 弥补亏损$$

在间接计算法下,是在会计利润总额的基础上加减按税法规定调整的项目金额后,即为应纳税所得额。计算公式为

$$应纳税所得额=会计利润总额±纳税调整项目金额$$

纳税调整项目金额包括两方面的内容:一是企业的财务会计处理和税收规定不一致的应予以调整的金额,二是企业按税法规定准予扣除的税收金额。

当期所得税,即企业按照税法规定计算确定的针对当期发生的交易和事项,应交纳给税务部门的所得税金额,即应交所得税。

2. 所得税费用

所得税费用,是指企业根据会计准则规定,对当期所得税加以调整计算后,据以确认应从当期利润总额中扣除的所得税费用。

$$所得税费用=当期所得税+递延所得税费用(-递延所得税收益)$$

其中

$$递延所得税费用=递延所得税负债增加额+递延所得税资产减少额$$
$$递延所得税收益=递延所得税负债减少额+递延所得税资产增加额$$

为了正确核算企业所得税费用,计算净利润,企业应设置"所得税费用"账户。它属于损益类账户,发生的所得税费用记入该账户的借方,期末结转至"本年利润"账户,结转后该账户应无余额。

有关所得税的具体核算可参见《高级财务会计》课程讲解。

四、利润的结转

1. 确定利润的结算方法

对于利润计算期来说,企业一般按月计算利润,按月计算利润有困难的企业,可以按季或者按年计算利润。在会计实务操作中,利润的结算可采用账结法或表结法。

1) 账结法

企业若采用账结法,应在各月末先将有关损益类账户的记录全部转入"本年利润"账户,通过该账户确定各月的损益额并据以编制利润表。

在账结法下,1—12月各月编制利润表前,应将各损益类账户的记录一次分别转入损益计算账户,即"本年利润"账户,在该账户内结算出每月末实现的净利润的累计金额或发生亏损的累计金额。结转后各损益类账户期末均无余额。该方法的优点在于平时可随时通过各月末的"本年利润"账户记录,直接了解各月份损益的情况以及累计损益情况;不足之处在于利润结算的工作量比较大。

2) 表结法

企业若采用表结法,每月结账时,损益类账户余额不需要结转到"本年利润"账户,只要将各月末有关损益类账户的记录转入利润表,通过利润表计算出年内累计损益额和各月份的损益额。

在表结法下,平时 1—11 月份有关损益类账户的记录可以保留余额,即月末不必结转"本年利润"账户,年终才将全年各损益类账户的累计发生额一次分别转入"本年利润"账户。其优点在于账务处理较为简单,可减少日常的损益结转工作量;不足之处在于1—11

月份不便于直接通过"本年利润"账户了解各月损益情况,只有到月末利润表编出后才可透过利润表看清有关利润实现或亏损发生的情况。

可见,采用表结法计算利润时,"本年利润"账户平时不用,年终使用;采用账结法时,每月都要使用"本年利润"账户。无论采用哪种方法,年度终了都必须将"本年利润"账户结平。

2. 本年利润的会计处理

企业应设置"本年利润"科目,核算企业本年度内实现的净利润(或发生的净亏损)。期末结转利润时,应将"主营业务收入""其他业务收入""营业外收入"等科目的期末余额,分别转入"本年利润"科目的贷方;将"主营业务成本""其他业务成本""税金及附加""销售费用""管理费用""财务费用""资产减值损失""营业外支出""所得税费用"等科目的期末余额,分别转入"本年利润"科目的借方。将"公允价值变动损益"以及"投资收益"科目的净收益,转入"本年利润"科目的贷方;如为净损失,做相反的会计分录。

年度终了,应将本年收入和支出相抵后结出的本年实现的净利润,转入"利润分配"科目,借记"本年利润"科目,贷记"利润分配——未分配利润"科目;如为亏损,做相反的会计分录。结转后,"本年利润"科目应无余额。

【例 13-34】 甲公司 20×1 年 12 月 31 日有关账户余额如下。

贷方余额:主营业务收入 950 000 元,其他业务收入 17 000 元,投资收益 35 000 元,营业外收入 8 000 元。

借方余额:主营业务成本 419 000 元,其他业务成本 20 000 元,税金及附加 47 500 元,销售费用 36 500 元,管理费用 46 000 元,财务费用 9 000 元,资产减值损失 10 000 元,营业外支出 2 000 元。

假设该企业不存在纳税调整事项,所得税税率为 25%,采用表结法年末一次结转损益类账户。

要求:
(1) 计算 20×1 年度甲公司应交多少所得税。
(2) 结转各损益类账户年末余额。
(3) 计算并结转全年净利润。

分析解答:
(1) 计算当期应交所得税。
会计利润总额=(950 000+17 000+35 000+8 000)-(419 000+20 000+47 500+36 500+46 000+
　　　　　　　9 000+10 000+2 000)=1 010 000-590 000=420 000(元)

该企业不存在纳税调整事项,故应纳税所得额为 420 000 元。

应交所得税=420 000×25%=105 000(元)

净利润=420 000-105 000=315 000(元)

假设甲公司确认的所得税费用为 105 000 元,则

借:所得税费用　　　　　　　　　　　　　105 000
　　贷:应交税费——应交所得税　　　　　　　　105 000

(2) 将各损益类账户年末余额结转至"本年利润"账户。

结转各项收入、利得类账户。

借:主营业务收入	950 000	
其他业务收入	17 000	
投资收益	35 000	
营业外收入	8 000	
贷:本年利润		1 010 000

结转各项费用、损失类账户。

借:本年利润	695 000	
贷:主营业务成本		419 000
其他业务成本		20 000
税金及附加		47 500
销售费用		36 500
管理费用		46 000
财务费用		9 000
资产减值损失		10 000
营业外支出		2 000
所得税费用		105 000

(3) 计算并结转全年净利润。

全年净利润=1 010 000-695 000=315 000(元)

结转全年净利润。

借:本年利润	315 000	
贷:利润分配——未分配利润		315 000

五、综合收益

综合收益=净利润+其他综合收益的税后净额

综合收益是指企业在某一期间除与所有者以其所有者身份进行的交易之外的其他交易或事项所引起的所有者权益变动。综合收益项目金额反映净利润和其他综合收益扣除所得税影响后的净额相加后的合计金额。

其他综合收益是指企业根据其他会计准则规定未在当期损益中确认的各项利得和损失。

六、利润分配

1. 利润分配的程序

企业取得的净利润,应当按规定进行分配。企业利润分配的内容主要包括弥补以前年度亏损、提取盈余公积和向投资者分配利润等。

1) 弥补以前年度亏损

按所得税法规定,企业某年度发生的纳税亏损,在其后 5 年内可以用应税所得弥补,从其后第 6 年开始,只能用净利润弥补。如果净利润还不够弥补亏损,则可以用发生亏损以前提取的盈余公积来弥补(因为从发生亏损的年度开始,在亏损完全弥补之前不应提取盈余公积)。

2) 提取法定盈余公积

法定盈余公积按照税后净利润的10%提取。法定盈余公积已达注册资本的50%时可不再提取。提取的法定盈余公积可用于弥补以前年度亏损或转增资本金。但转增资本金后留存的法定盈余公积不得低于注册资本的25%。

3) 提取任意盈余公积

公司制企业提取法定盈余公积后，经过股东大会决议，还可以从税后利润中提取任意盈余公积。非公司制企业也可以根据需要提取任意盈余公积。任意盈余公积的提取比例由企业视情况而定。

4) 向投资者分配利润或股利

企业以前年度未分配的利润可以并入本年度向投资者分配。

2. 利润分配的会计处理

为了反映企业的利润分配情况，在会计实务中，通常是在"利润分配"科目下分别设置"提取法定盈余公积""提取任意盈余公积""应付现金股利或利润""转作股本的股利""盈余公积补亏"和"未分配利润"等明细科目，进行分项明细核算。最后，将"利润分配"科目下的明细科目余额转入"利润分配——未分配利润"科目，结转后，除"未分配利润"明细科目外，"利润分配"科目下的其他明细科目均无余额。

1) 提取盈余公积

当企业按规定提取盈余公积时，借记"利润分配——提取法定盈余公积""利润分配——提取任意盈余公积"等科目，贷记"盈余公积——法定盈余公积""盈余公积——任意盈余公积"等科目。

2) 分配现金股利或利润

经股东大会或类似机构决议，向股东或投资者分配现金股利或利润时，应借记"利润分配——应付现金股利或利润"科目，贷记"应付股利"科目。

3) 分配股票股利

经股东大会或类似机构决议，向股东分配股票股利时，应在办完增资手续后，借记"利润分配——转作股本的股利"科目，贷记"股本"科目。

4) 结转利润分配的明细账

年度终了，企业应将全年实现的净利润，自"本年利润"科目转入"利润分配"科目，即借记"本年利润"科目，贷记"利润分配"科目；如为净亏损，则做相反的会计分录。同时，将"利润分配"科目下的明细科目余额转入"利润分配——未分配利润"科目，结转后，除"未分配利润"明细科目外，"利润分配"科目下的其他明细科目均无余额。

3. 弥补亏损的核算

企业在生产经营过程中，既有可能实现盈利，也有可能发生亏损。企业发生亏损时，有以下几种弥补亏损的方法：①用税前利润弥补亏损。按照现行制度规定，企业发生亏损时，可以用以后5年内实现的税前利润弥补。②用税后利润弥补亏损。企业发生的亏损经过5年期间未弥补足额的，尚未弥补的亏损应用所得税后的利润弥补。③用盈余公积弥补亏损。企业以提取盈余公积弥补亏损时，应当由公司董事会提议，并经股东大会批准。

如果企业发生了亏损，如同实现净利润一样，年末均从"本年利润"科目转入"利润分配"科目。结转后"利润分配"科目的借方余额,即为未弥补的亏损。第二年实现了净利润,用同样的方法自"本年利润"科目转入"利润分配"科目,结转后自然抵减了上年转来的借方余额,即弥补了亏损,故无须做专门补亏的会计分录。无论是税前利润补亏,还是税后利润补亏,会计处理方法都一样,区别在于企业申报应纳所得税时,前者可以作为纳税所得额的调整数,而后者不能。

因此,用税前利润补亏、税后利润补亏都不需要单独编制分录,因为它本身可以实现账簿的自动弥补。但用盈余公积弥补亏损则必须单独进行会计核算。企业用盈余公积弥补亏损时,按弥补亏损额,借记"盈余公积"科目,贷记"利润分配——盈余公积补亏"科目。

4. 未分配利润的形成

企业实现的净利润经过弥补亏损、提取盈余公积和向投资者分配利润后留存在企业的就是未分配利润,历年结存的未分配利润是留存收益的重要组成部分。通常情况下,未分配利润用于留待以后年度向投资者进行分配。由于未分配利润相对于盈余公积来说,属于未确定用途的留存收益,所以,企业在使用未分配利润上有较大的自主权,受到的限制比较少。

【例 13-35】 甲公司 2020 年末未分配利润账户有借方余额 40 万元,属于 2017 年度的未弥补亏损。假设 2021 年度,公司实现主营业务收入 3 000 万元,其他业务收入 89 万元,营业外收入 20 万元,发生主营业务成本 1 600 万元,税金及附加 542 万元,销售费用 220 万元,管理费用 362 万元,其他业务成本 64 万元,财务费用 80 万元,营业外支出 50 万元。公司没有纳税调整项目,所得税税率为 25%。法定盈余公积、任意盈余公积的计提比例分别为 10%、20%,分配现金股利 20 万元。

要求:计算 2021 年末未分配利润账户的余额,并对以上业务进行处理。

分析解答。

到 2021 年年末,2017 年度的亏损未超过 5 年,可在税前弥补。

利润总额=3 000+89+20-1 600-542-220-362-64-80-50=191(万元)

应纳所得税额=(191-40)×25%=151×25%=37.75(万元)

净利润=191-37.75=153.25(万元)

可供分配的利润=153.25-40=113.25(万元)

计提的法定盈余公积金=113.25×10%=11.325(万元)

计提的任意盈余公积金=113.25×20%=22.65(万元)

未分配利润余额=113.25-11.325-22.65-20=59.275(万元)

账务处理如下。

(1) 结转各损益类账户。

借:主营业务收入　　　　　　　　　　30 000 000
　　其他业务收入　　　　　　　　　　　　890 000
　　营业外收入　　　　　　　　　　　　　200 000
　　　贷:本年利润　　　　　　　　　　　　　　31 090 000
借:本年利润　　　　　　　　　　　29 180 000
　　　贷:主营业务成本　　　　　　　　　　　　16 000 000

税金及附加		5 420 000
销售费用		2 200 000
财务费用		800 000
管理费用		3 620 000
其他业务成本		640 000
营业外支出		500 000

(2) 计提并结转所得税费用。

假设该企业当年确认的所得税费用等于当期应交所得税。

借：所得税费用　　　　　　　　　　　　377 500
　　贷：应交税费——应交所得税　　　　　　　　　377 500

借：本年利润　　　　　　　　　　　　　377 500
　　贷：所得税费用　　　　　　　　　　　　　　　377 500

(3) 结转净利润。

借：本年利润　　　　　　　　　　　　1 532 500
　　贷：利润分配——未分配利润　　　　　　　　1 532 500

(4) 进行利润分配。

借：利润分配——提取法定盈余公积　　　113 250
　　　　　　——提取任意盈余公积　　　226 500
　　　　　　——应付现金股利　　　　　200 000
　　贷：盈余公积——法定盈余公积　　　　　　　　113 250
　　　　　　　——任意盈余公积　　　　　　　　226 500
　　　　应付股利　　　　　　　　　　　　　　　200 000

(5) 结转利润分配明细账。

借：利润分配——未分配利润　　　　　　539 750
　　贷：利润分配——提取法定盈余公积　　　　　　113 250
　　　　　　　——提取任意盈余公积　　　　　　226 500
　　　　　　　——应付现金股利　　　　　　　　200 000

七、每股收益

每股收益(Earnings Per Share，EPS)是指普通股股东每持有一股所能享有的企业利润或需承担的企业亏损。每股收益通常被用来反映企业的经营成果，衡量普通股的获利水平及投资风险，是投资者、债权人等信息使用者据以评价企业盈利能力、预测企业成长潜力，进而做出相关经济决策的重要参考指标。在财务分析中，将每股收益与其他指标相结合，可以对企业的经营业绩进行深入而广泛的分析预测，如市盈率(每股市价/每股收益)和股利支付率(每股股利/每股收益)。前者说明一个企业的成长前景，后者则表明分配与再投资的比例。每股收益是证券市场一个基础性指标，它直接影响上市公司股价的走势，在很大程度上具有引导投资、影响市场评价，从而在宏观层面上影响市场动态的作用。

每股收益包括基本每股收益和稀释每股收益。

1. 基本每股收益

基本每股收益，是指企业应当按照属于普通股股东的当前净利润，除以发行在外普通股的加权平均数从而计算出的每股收益。按以下公式计算：

基本每股收益=(净收益-优先股应享有的股利)÷当期发行在外普通股加权平均数

由于股数是时点数，在报告期不同的时点上存在变化，因此要取一个平均值，按当期发行在外普通股加权平均数计算。其公式如下：

当期发行在外普通股加权平均数=期初发行在外普通股股数+当期新发行普通股股数×已发行时间÷报告期时间-当期回购普通股股数×已回购时间÷报告期时间

其中，作为权数的已发行时间、报告期时间和已回购时间通常按天数计算，在不影响计算结果合理性的前提下，也可以采用简化的计算方法，如按月数计算。

【例13-36】假设甲公司20×1年1月1日发行在外的被股东持有的普通股为4 000 000股，于7月1日增发400 000股，10月1日购回库存股份200 000股，当年的净收益为4 645 000元。该公司同时拥有在外流通的优先股1 000 000股，每股股利率为8%，面值为1元。

当年发行在外普通股的加权平均数=4 000 000+400 000×6÷12-200 000×3÷12=4 150 000(股)

优先股股利=1×1 000 000×8%=80 000(元)

每股收益=(4 645 000-80 000)÷4 150 000=1.1(元)

2. 稀释每股收益

稀释每股收益是指假设公司所发行的所有外在的稀释性潜在普通股(可转换公司债券、可转换优先股、认股权证、股份期权等)均在当年年初时全部更换及全部认购为普通股后的普通股每股净收益，目的是让普通股股东了解他们将享有的每股净收益的最低限额。

在计算稀释每股收益时，在原先的每股净收益的基础上，分子、分母都应进行相应的调整，分母会因在外流通的普通股的数量的增加而增加，分子会因优先股股利的减少(假定可转换优先股转换为普通股)或债券利息的减少(假定可转换公司债券转换为普通股)而发生变动，注意可转换公司债券利息的减少为税后影响额。

【例13-37】承例13-36，假设8%的优先股为可转换的优先股，每股可转换为2股普通股，那么1 000 000股的优先股可转换为2 000 000股的普通股。同时，该公司还拥有可转换公司债券，其面值为1 200 000元，利率为6%，且可转换为普通股120 000股，适用的所得税税率为25%。

由于可转换优先股和可转换公司债券的增量股每股收益均小于基本每股收益，因此均具有稀释性作用，该公司的稀释每股收益为

(4 645 000+1 200 000×6%×75%)÷(4 150 000+2 000 000+120 000)=0.75(元)

计算表明，如果可转换优先股和可转换债券均在当年年初转换为普通股，则将使普通股每股净收益由原先的1.1元下降到0.75元。

思 考 题

1. 什么是收入？收入有什么特点？收入的确认原则是什么？

2. 什么是收入确认与计量的五步法模型？
3. 什么是合同？什么是履约义务？
4. 如何对某一时段内履行的履约义务和某一时点履行的履约义务确认收入？
5. 什么是费用？费用有什么特点？
6. 期间费用包括哪些内容？
7. 说明利润的构成及利润分配程序。

自 测 题

一、单项选择题

1. 关于识别单项履约义务，下列表述中错误的是(　　)。
   A. 企业向客户销售商品时，商品控制权转移给客户之后发生的运输活动可能构成单项履约义务
   B. 企业为履行合同而应开展的初始活动构成履约义务
   C. 企业向客户销售商品时，商品控制权转移给客户之前发生的运输活动不构成单项履约义务
   D. 企业向客户转让一系列实质相同且转让模式相同的、可明确区分商品的承诺应当作为单项履约义务

2. 企业履行了合同中的履约义务，在以下何时确认收入？(　　)
   A. 客户取得相关商品控制权　　B. 商品的风险和报酬转移
   C. 开具增值税发票　　　　　　D. 合同成立

3. 下列关于合同折扣的会计处理不符合企业会计准则规定的是(　　)。
   A. 合同折扣是指合同中各单项履约义务所承诺商品的单独售价之和高于合同交易价格的金额
   B. 企业应当在各单项履约义务之间按比例分摊
   C. 有确凿证据表明合同折扣仅与合同中一项或多项履约义务相关的，企业应当将合同折扣分摊至相关一项或多项履约义务
   D. 合同折扣仅与合同中一项或多项履约义务相关，且企业采用余值法估计单独售价的，应当首先采用余值法估计单独售价，然后在该一项或多项履约义务之间分摊合同折扣

4. 下列关于合同中存在重大融资成分处理的叙述不正确的是(　　)。
   A. 企业应当按照假定客户在取得商品控制权时以现金支付的应付金额确定交易价格
   B. 企业应当按照假定客户在取得商品控制权时以应付金额的现值确定交易价格
   C. 该交易价格与合同对价之间的差额，应当在合同期间内采用实际利率法摊销
   D. 合同开始日，企业预计客户取得商品控制权与客户支付价款间隔不超过一年的，可以不考虑合同中存在的重大融资成分

5. 企业应当综合考虑其能够合理取得的全部相关信息合理估计单独售价，下列方法不

属于收入准则规定的是( )。

    A. 市场调整法   B. 成本加成法   C. 余值法   D. 现值法

6. 下列关于附有质量保证条款的销售履约义务识别说法错误的是( )。

    A. 企业提供额外服务的，应当作为单项履约义务

    B. 企业应当考虑该质量保证是否为法定要求、质量保证期限以及企业承诺履行任务的性质等因素

    C. 客户能够选择单独购买质量保证的，该质量保证构成单项履约义务

    D. 客户没有选择权的质量保证的条款，该质量保证构成单项履约义务

7. 甲公司 20×1 年 10 月与乙公司签订了一项设备安装劳务合同，合同收入总金额 400 万元，已预收 160 万元，余款在安装完毕时收回。甲公司认为该合同是一段时间内的履约义务，按履约进度确认劳务收入，履约进度按照已发生成本占估计总成本的比例确定。20×1 年 12 月 31 日已发生成本为 100 万元，预计完成劳务还将发生成本 100 万元，甲公司在 20×1 年 12 月 31 收入的金额为( )万元。

    A. 160   B. 200   C. 400   D. 240

8. 下列关于对于附有销售退回条款的销售会计处理的叙述不符合企业会计准则规定的是( )。

    A. 企业应当在客户取得相关商品控制权时，按照因向客户转让商品而预期有权收取的对价金额确认收入

    B. 企业按照预期因销售退回将退还的金额确认负债

    C. 企业按照预期将退回商品转让时的账面价值确认为一项资产

    D. 企业应当在每一资产负债表日重新估计未来销售退回情况

9. 销售费用不包括( )。

    A. 包装费   B. 公司经费   C. 广告费   D. 保险费

10. 企业为购买原材料所发生的银行承兑手续费，应当计入( )。

    A. 管理费用   B. 财务费用   C. 销售费用   D. 其他业务成本

二、多项选择题

1. 收入的特征表现为( )。

    A. 收入是从企业日常活动中产生，而不是从偶发的交易或事项中产生

    B. 收入可能表现为资产的增加

    C. 收入会导致所有者权益的增加

    D. 收入是与所有者投入资本无关的经济利益的总流入

2. 企业"税金及附加"科目的核算内容包括( )。

    A. 增值税   B. 消费税   C. 印花税   D. 城市维护建设税

3. 根据收入准则的规定，当企业与客户之间的合同同时满足下列哪些条件时，企业应当在客户取得相关商品控制权时确认收入？( )

    A. 合同各方已批准该合同并承诺将履行各自义务，该合同明确了合同各方与所转让商品或提供劳务相关的权利和义务

    B. 该合同有明确的与所转让商品相关的支付条款

C. 该合同具有商业实质，即履行该合同将改变企业未来现金流量的风险、时间分布或金额

D. 企业因向客户转让商品而有权取得的对价很可能收回

4. 企业与同一客户同时订立的两份或多份合同，应当合并为一份合同进行会计处理的有(　　)。

A. 该两份或多份合同基于同一商业目的而订立并构成一揽子交易

B. 该两份或多份合同中的一份合同的对价金额取决于其他合同的定价或履行情况

C. 该两份或多份合同中所承诺的商品构成一项单项履约义务

D. 该两份或多份合同在一个月内订立

5. 企业向客户承诺的商品同时满足下列哪些条件，才应当作为可明确区分商品？(　　)

A. 客户能够从该商品本身受益

B. 客户能够从该商品与其他易于获得资源一起使用中受益

C. 企业向客户转让该商品的承诺与合同中其他承诺可单独区分

D. 企业向客户转让该商品的承诺与合同中其他承诺不可以单独区分

6. 依据收入准则的规定，在确定交易价格时，企业应当考虑的因素有(　　)。

A. 可变对价　　　　　　B. 合同中存在的重大融资成分

C. 非现金对价　　　　　D. 应付客户对价

7. 在判断客户是否已取得商品控制权时，企业应当考虑的迹象有(　　)。

A. 客户就该商品负有现时付款义务

B. 客户已拥有该商品的法定所有权

C. 客户已实物占有该商品

D. 客户已取得该商品所有权上的主要风险和报酬

8. 下列各项中，影响营业利润的项目有(　　)。

A. 主营业务成本　　　　B. 税金及附加

C. 营业外收入　　　　　D. 投资收益

9. 为了正确划分费用与成本的界限，企业(　　)。

A. 不得将应计入产品成本的生产费用列为期间费用

B. 不得将制造费用计入产品成本

C. 不得将期间费用计入产品成本

D. 不得将生产费用计入产品成本

10. 收入准则中履约义务包括的内容有(　　)。

A. 合同中明确的承诺

B. 由于企业已公开宣布的政策导致合同订立时客户合理预期企业将履行的承诺

C. 企业以往的习惯做法导致合同订立时客户合理预期企业将履行的承诺

D. 企业为履行合同而应开展的不涉及转让商品的初始活动

三、判断题

1. 收入能够导致企业所有者权益增加，但导致所有者权益增加的并不一定都是收入。
(　　)

2. 企业在向客户转让商品前能够控制该商品的,该企业为主要责任人,应当按照已收或应收对价总额确认收入。   （   ）
3. 采用预收款销售商品,应在收到预收款项时确认收入。   （   ）
4. 非现金对价的公允价值不能合理估计的,企业应当参照其承诺向客户转让商品的账面价值间接确定交易价格。   （   ）
5. 企业销售商品涉及商业折扣的,应当按照扣除商业折扣后的金额确定销售商品收入的金额。   （   ）

业 务 题

1. 甲股份有限公司系工业企业,为增值税一般纳税人,适用的增值税税率为13%。商品销售单价均为不含增值税价格。该公司20×1年12月发生如下业务。

(1) 12月3日,与乙企业签订合同,向乙企业赊销A产品50件,单价为20 000元,单位销售成本为10 000元,已开出增值税专用发票,款项尚未收到。

(2) 12月10日,乙企业来函提出12月3日购买的A产品质量不完全合格。经协调,同意按销售价款的10%给予折让,并办理折让手续和开具红字增值税专用发票。

(3) 12月15日,与丁企业签订合同,向丁企业销售材料一批,价款为700 000元,该材料发出成本为500 000元。当日收取面值为791 000元的商业汇票一张。

(4) 12月18日,丙企业要求退回本年11月25日购买的20件A产品。该批产品的销售单价为20 000元,单位销售成本为10 000元,其销售收入400 000元已确认入账,价款尚未收取。经查明退货原因系发货错误,同意企业退货,并办理退货手续和开具红字增值税专用发票。

(5) 12月18日,与乙公司签订合同,委托乙公司代销一批商品,合同总金额为100万元,增值税为13万元,商品成本为60万元。货已发出。乙公司按价款(不含增值税)的10%收取手续费。乙公司当月已售出80%,并已开出代销清单,甲公司已收到代销清单,但款项尚未收到。

要求:根据上述业务编制有关会计分录。

2. 甲公司是一家健身器材销售公司,为增值税一般纳税人,适用的增值税税率为13%。20×1年6月1日,甲公司向乙公司销售50 000件健身器材,单位销售价格为500元,单位成本为400元,开出的增值税专用发票上注明的销售价款为2 500万元,增值税税额为325万元,收到款项存入银行。协议约定,乙公司在7月31日之前有权退还健身器材。假定甲公司根据过去的经验,估计该批健身器材退货率约为20%,在不确定性消除时,80%已确认的累计收入金额(2 000万元)极可能不会发生重大转回;健身器材发出时纳税义务已经发生;实际发生销售退回时取得税务机关开具的红字增值税专用发票。6月30日估计该批健身器材退货率约为15%,7月31日发生销售退回,实际退货量为4 000件,同时支付款项。不考虑其他因素。

要求:

(1) 编制20×1年6月1日销售健身器材的会计分录。

(2) 编制20×1年6月30日调整退货比率的会计分录。

(3) 编制20×1年7月31日发生退货的会计分录。(单位用"万元"表示)

3. 甲公司20×1年12月发生的与收入相关的交易或事项如下。

资料一：20×1年12月1日，甲公司与客户乙公司签订一项销售并安装设备的合同，合同期限为2个月，交易价格为270万元。合同约定，当甲公司合同履约完毕时，才能从乙公司收取全部合同价款，甲公司对设备质量和安装质量承担责任。该设备单独售价为200万元，安装劳务的单独售价为100万元。20×1年12月5日，甲公司以银行存款170万元从丙公司购入并取得该设备的控制权，于当日按照合同约定直接运抵乙公司指定地点开始安装，乙公司对该设备进行验收并取得其控制权。此时，甲公司向乙公司销售设备的履约义务已经完成。

资料二：至20×1年12月31日，甲公司实际发生安装费用48万元(均为甲公司员工的薪酬)，估计还将发生安装费用32万元。甲公司向乙公司提供设备安装劳务属于在某一时段内履行的履约义务，按实际发生的成本占估计总成本的比例确定履约进度。本题不考虑增值税等相关税费及其他因素。

要求：

(1) 判断甲公司向乙公司销售设备时的身份是主要责任人还是代理人，并说明理由。

(2) 计算甲公司将交易价格分摊至设备销售与设备安装的金额。

(3) 编制甲公司20×1年12月5日销售设备时确认销售收入并结转销售成本的会计分录。

(4) 编制甲公司20×1年12月发生设备安装费用的会计分录。

(5) 分别计算甲公司20×1年12月31日设备安装的履约进度和应确认设备安装收入的金额，并编制确认设备安装收入和结转设备安装成本的会计分录。(答案中的金额以"万元"为单位)

4. 甲公司为通信服务运营企业，20×1年12月发生的有关交易或事项如下。

资料一：20×1年12月1日，甲公司推出预缴话费送手机活动，客户只需预缴话费10 000元，即可免费获得市价为4 800元、成本为3 500元的手机一部，并从参加活动的当月起未来24个月内每月享受价值300元、成本为200元的通话服务。当月共有10万名客户参与了此项活动。

资料二：20×1年11月30日，甲公司董事会批准了管理层提出的客户忠诚度计划。具体如下。客户在甲公司消费价值满90元的通话服务时，甲公司将在下月向其免费提供价值10元的通话服务。20×1年12月，客户消费了价值6 000万元的通话服务(假定均符合下月享受免费通话服务的条件)，甲公司已收到相关款项。

资料三：20×1年12月25日，甲公司与丙公司签订合同，甲公司以1 000万元的价格向丙公司销售市场价格为1 100万元、成本为800万元的通信设备一套。作为与该设备销售合同相关的一揽子合同的一部分，甲公司同时还与丙公司签订了通信设备维护合同，约定甲公司将在未来10年内为丙公司的该套通讯设备提供维护服务，每年收取固定维护费用100万元。类似维护服务的市场价格为每年90万元。销售的通信设备已发出，价款至年末尚未收到。

本题不考虑货币时间价值以及税费等其他因素。

要求：

根据资料一至资料三,分别说明所包含的履约义务并计算甲公司于20×1年12月份应确认的收入金额,说明理由,并编制与收入确认相关的会计分录(无须编制与成本结转相关的会计分录)。

5. 甲股份有限公司(以下简称"甲公司")为增值税一般纳税人,适用的增值税税率为13%。产品销售单价均为不含增值税价格。产品销售成本按经济业务逐项结转。甲公司适用的所得税税率为25%。20×1年度,甲公司发生如下经济业务。

(1) 销售A产品一批,产品销售价款为920 000元,产品销售成本为416 000元。产品已经发出,并开具了增值税专用发票,同时向银行办妥了托收手续。

(2) 收到乙公司因产品质量问题退回的B产品一批,并验收入库,甲公司用银行存款支付了退货款,并按规定向乙公司开具了红字增值税专用发票。该退货系甲公司去年12月20日出售给乙公司的,产品销售价款为40 000元,产品销售成本为22 000元,销售款项于去年12月29日收到并存入银行。

(3) 用银行存款支付发生的管理费用67 800元,计提坏账准备4 000元。

(4) 用银行存款支付广告宣传费用11 200元。

(5) 销售产品应交的城市维护建设税为2 100元,应交的教育费附加为900元。

(6) 计算应交所得税(假定甲公司本年度应纳税所得额为400 000元,无其他纳税调整事项)。

(7) 将损益类科目余额结转到本年利润账户。

(8) 按净利润的10%提取法定盈余公积。

(9) 按净利润的40%向投资者分配利润。

(10) 结转利润分配各明细科目。

要求:根据上述业务,编制甲公司20×1年度经济业务事项的会计分录。("应交税费"和"利润分配"科目要求写出明细科目)

第十四章

财 务 报 告

学习目标：理解财务报表列报的基本要求；掌握资产负债表的编制方法；掌握利润表的编制方法；掌握现金流量表的编制方法；掌握所有者权益变动表的编制方法；了解财务报表附注的内容。

关键词：财务报告　资产负债表　利润表　现金流量表　所有者权益变动表　财务报表附注　现金　现金等价物　经营活动　投资活动　筹资活动　直接法　间接法

第一节　财务报告概述

财务报告，是指企业对外提供的反映企业某一特定日期财务状况和某一会计期间经营成果、现金流量的文件，包括财务报表和其他应当在财务报告中披露的相关信息和资料。

一、财务报表的定义和构成

财务报表是对企业财务状况、经营成果和现金流量的结构性描述，至少应当包括下列组成部分：资产负债表、利润表、所有者权益(或股东权益)变动表、现金流量表和附注。在财务报表中上述组成部分具有同等的重要程度。

资产负债表是反映企业在某一特定日期财务状况的报表；利润表是反映企业在一定会计期间经营成果的报表；所有者权益变动表是反映企业一定会计期间构成所有者权益的各组成部分增减变动情况的报表；现金流量表是反映企业一定会计期间现金和现金等价物(以下简称现金)流入和流出的报表。财务报表附注是为便于会计报表使用者理解财务报表的内容而对财务报表的编制基础、编制依据、编制原则和方法及主要项目等所作的解释。

财务报表是连接会计信息的提供者和使用者的桥梁，会计信息的使用者通过它来获得信息。为了达到会计信息的决策有用性，除了要按照会计原则进行日常的会计处理外，财务报表的构成以及各个组成部分的项目设置上，必须简明易懂。所以对于报表中仅仅用金额无法说清楚的部分，必须用文字来辅助说明，以使得会计信息能够成为一般使用者可用的信息。因此，财务报表附注应当按照会计准则的规定，对财务报表中需要说明的事项做出真实、完整、清楚的说明。

为提高会计信息的客观性，财务报告须经注册会计师审计的，企业应当将注册会计师及其会计师事务所出具的审计报告随同财务报告一并对外提供。为提高会计信息的可比性，年度、半年度财务报表至少应当反映两个年度或者相关两个期间的比较数据；企业向有关各方提供的财务报告，其编制基础、编制依据、编制原则和方法应当一致，不得提供编制基础、编制依据、编制原则和方法不同的财务报告。

财务报表可以按照不同的标准进行分类。

(1) 按财务报表编报期间的不同，财务报表可以分为中期财务报表和年度财务报表。中期财务报表是以短于一个完整会计年度的报告期间为基础编制的财务报表，包括月报、季报和半年报等。中期财务报表至少应当包括资产负债表、利润表、现金流量表和附注，其中，中期资产负债表、利润表和现金流量表应当是完整报表，其格式和内容应当与年度财务报表相一致。与年度财务报表相比，中期财务报表中的附注披露可适当简略。

(2) 按财务报表编报主体的不同，财务报表可以分为个别财务报表和合并财务报表。个别财务报表是由企业在自身会计核算基础上对账簿记录进行加工而编制的财务报表，它主要用以反映企业自身的财务状况、经营成果和现金流量情况。合并财务报表是以母公司和子公司组成的企业集团为会计主体，根据母公司和所属子公司的财务报表，由母公司编制的综合反映企业集团财务状况、经营成果及现金流量的财务报表。

二、财务报表列报的基本要求

1. 依据各项会计准则确认和计量的结果编制财务报表

企业应当根据实际发生的交易和事项，遵循各项具体会计准则的规定进行确认和计量，并在此基础上编制财务报表。企业应当在附注中对遵循企业会计准则编制的财务报表这一情况做出声明，只有遵循了企业会计准则的所有规定时，财务报表才应当被称为"遵循了企业会计准则"。

企业不应以在附注中披露代替对交易和事项的确认和计量。也就是说，企业采用的不恰当的会计政策，不得通过在附注中披露等其他形式予以更正，企业应当对交易和事项进行正确的确认和计量。

2. 列报基础

持续经营是会计的基本前提，是会计确认、计量及编制财务报表的基础。企业会计准则规范的是持续经营条件下企业对所发生交易和事项的确认、计量及报表列报；相反，如果企业经营出现了非持续经营，致使以持续经营为基础编制财务报表不再合理的，企业应当采用其他基础编制财务报表。财务报表准则的规定是以持续经营为基础的。

在编制财务报表的过程中，企业管理层应当利用所有可获得信息来评价企业自报告期末起至少12个月的持续经营能力，评价时需要考虑宏观政策风险、市场经营风险、企业目前或长期的盈利能力、偿债能力、财务弹性以及企业管理层改变经营政策的意向等因素。评价结果表明对持续经营能力产生重大怀疑的，企业应当在附注中披露导致对持续经营能力产生重大怀疑的因素以及企业拟采取的改善措施。企业如有近期获利经营的历史且有财务资源支持，则通常表明以持续经营为基础编制财务报表是合理的。企业正式决定或被迫在当期或将在下一个会计期间进行清算或停止营业的，则表明以持续经营为基础编制财务报表不再合理。在这种情况下，企业应当采用其他基础编制财务报表，并在附注中声明财务报表未以持续经营为基础编制的事实，披露未以持续经营为基础编制的原因和财务报表的编制基础。

3. 重要性和项目列报

财务报表是通过对大量的交易或其他事项进行处理而生成的，这些交易或其他事项按其性质或功能汇总归类而形成财务报表中的项目。关于项目在财务报表中是单独列报还是合并列报，应当依据重要性原则来判断。总的原则是，如果某项目单个看不具有重要性，则可将其与其他项目合并列报；如具有重要性，则应当单独列报。具体而言，应当遵循以下几点。

(1) 性质或功能不同的项目，一般应当在财务报表中单独列报，但是不具有重要性的项目可以合并列报。比如存货和固定资产在性质上和功能上都有本质差别，必须分别在资产负债表上单独列报。

(2) 性质或功能类似的项目，一般可以合并列报，但是对其具有重要性的类别应该单独列报。比如原材料、低值易耗品等项目在性质上类似，均通过生产过程形成企业的产品存货，因此可以合并列报，合并之后的类别统称为"存货"，在资产负债表上单独列报。

(3) 项目单独列报的原则不仅适用于报表，还适用于附注。某些项目的重要性程度不足以在资产负债表、利润表、现金流量表或所有者权益变动表中单独列示，但是可能对附注而言却具有重要性，在这种情况下应当在附注中单独披露。仍以上述存货为例，对某制造业企业而言，原材料、包装物及低值易耗品、在产品、库存商品等项目的重要性程度不足以在资产负债表上单独列示，因此在资产负债表上合并列示，但是鉴于其对该制造业企业的重要性，应当在附注中单独披露。

(4) 无论是财务报表列报准则规定的单独列报项目，还是其他具体会计准则规定单独列报的项目，企业都应当予以单独列报。

重要性是判断项目是否单独列报的重要标准。重要性是指在合理预期下，财务报表某项目的省略或错报会影响使用者据此做出经济决策的，该项目具有重要性。重要性应当根据企业所处的具体环境，从项目的性质和金额两方面予以判断，且对各项目重要性的判断标准一经确定，不得随意变更。判断项目性质的重要性，应当考虑该项目在性质上是否属于企业日常活动，是否显著影响企业的财务状况、经营成果和现金流量等因素；判断项目金额大小的重要性，应当考虑该项目金额占资产总额、负债总额、所有者权益总额、营业收入总额、营业成本总额、净利润、综合收益总额等直接相关项目金额的比重或所属报表单列项目金额的比重。

4. 列报的一致性

可比性是会计信息质量的一项重要质量要求，目的是使同一企业不同期间和同一期间不同企业的财务报表相互可比。为此，财务报表项目的列报应当在各个会计期间保持一致，不得随意变更，这一要求不仅只针对财务报表中的项目名称，还包括财务报表项目的分类、排列顺序等方面。

当会计准则要求改变，或企业经营业务的性质发生重大变化或对企业经营影响较大的交易或事项发生后，变更财务报表项目的列报能够提供更可靠、更相关的会计信息时，财务报表项目的列报是可以改变的。

5. 项目金额间的相互抵销

财务报表项目应当以总额列报，资产项目和负债项目的金额、收入项目和费用项目的金额、直接计入当期利润的利得项目和损失项目的金额不得相互抵销，但其他会计准则另有规定的除外。这是因为，如果相互抵销，所提供的信息就不完整，信息的可比性大为降低,难以在同一企业不同期间以及同一期间不同企业的财务报表之间实现相互可比,报表使用者难以据以做出判断。比如,企业欠客户的应付款不得与其他客户欠本企业的应收款相抵销,如果相互抵销就掩盖了交易的实质。再如,收入和费用反映了企业投入和产出之间的关系,是企业经营成果的两个方面,为了更好地反映经济交易的实质、考核企业经营管理水平以及预测企业未来现金流量,收入和费用不得相互抵销。

一组类似交易形成的利得和损失应当以净额列示,但具有重要性的除外。资产或负债项目按扣除备抵项目后的净额列示,不属于抵销。非日常活动产生的利得和损失,以同一交易形成的收益扣减相关费用后的净额列示更能反映交易实质的,不属于抵销。

6. 比较信息的列报

企业在列报当期财务报表时,至少应当提供所有列报项目上一可比会计期间的比较数据,以及与理解当期财务报表相关的说明,目的是向报表使用者提供对比数据,提高信息在会计期间的可比性,以反映企业财务状况、经营成果和现金流量的发展趋势,提高报表使用者的判断与决策能力。

财务报表的列报项目发生变更的,应当至少对可比期间的数据按照当期的列报要求进行调整,并在附注中披露调整的原因和性质,以及调整的各项目金额。对可比数据进行调整不切实可行的,应当在附注中披露不能调整的原因。不切实可行是指企业在做出所有合理努力后仍然无法采用某项会计准则规定。

7. 财务报表表首的列报要求

财务报表一般分为表首、正表两部分,其中,在表首部分企业应当概括地说明下列基本信息:①编报企业的名称,如企业名称在所属当期发生了变更的,还应明确标明;②对资产负债表而言,须披露资产负债表日,而对利润表、现金流量表、所有者权益变动表而言,须披露报表涵盖的会计期间;③货币名称和单位,按照我国企业会计准则的规定,企业应当以人民币作为记账本位币列报,并标明金额单位,如人民币元、人民币万元等;④财务报表是合并财务报表的,应当予以标明。

8. 报告期间

企业至少应当编制年度财务报表。根据《中华人民共和国会计法》的规定,会计年度自公历1月1日起至12月31日止。因此,在编制年度财务报表时,可能存在年度财务报表涵盖的期间短于一年的情况,比如企业在年度中间(如3月1日)开始设立等。在这种情况下,企业应当披露年度财务报表的实际涵盖期间及其短于一年的原因,并应当说明由此引起财务报表项目与比较数据不具可比性这一事实。

三、财务报表的编制程序

在会计期末,会计人员完成了对企业日常经济业务的处理后,就可以着手准备编制规定的财务报表。企业编制财务报表的程序一般如图14-1所示。

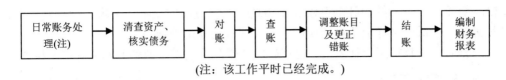

图 14-1 财务报表的编制程序

1. 日常账务处理

日常账务处理中的绝大多数工作已经于平时经济业务发生时完成，例如我们前面章节中介绍的各个会计要素的核算。但是，也有一些会计核算工作是在期末的时候进行的，例如，计提固定资产折旧、资产减值准备、应计利息，摊销无形资产、待摊费用，预计应计的利息收入等，由于这些都是会计要素正常核算过程中的重要组成部分，与本文后面所讲的调整账目过程(其一般是指一些特殊情况下的调整，并不是所有的企业、所有的会计期间都会发生的经常业务)还是有质上的区别的，因此，在这里，我们将这类期末调整分录也归入日常账务处理中。

2. 清查资产、核实债务

企业在编制年度财务报表前，应当按照下列规定，全面清查资产、核实债务。

(1) 结算款项，包括应收款项、应付款项、应交税费等是否存在，与债务、债权单位的相应债务、债权金额是否一致。

(2) 原材料、在产品、自制半成品、库存商品等各项存货的实存数量与账面数量是否一致，是否有报废损失和积压物资等。

(3) 各项金融资产是否存在，投资收益是否按照国家统一的会计制度规定进行确认和计量。

(4) 房屋建筑物、机器设备、运输工具等各项固定资产的实存数量与账面数量是否一致。

(5) 在建工程的实际发生额与账面记录是否一致。

(6) 需要清查、核实的其他内容。

企业通过清查、核实，查明财产物资的实存数量与账面数量是否一致、各项结算款项的拖欠情况及其原因、材料物资的实际储备情况、各项投资是否达到预期目的、固定资产的使用情况及其完好程度等。企业清查、核实后，应当将清查、核实的结果及其处理办法向企业的董事会或者相应机构报告，并根据国家统一的会计制度的规定进行相应的会计处理。

3. 对账

对账主要核对各会计账簿记录与会计凭证的内容、金额等是否一致，记账方向是否相符。

4. 查账

查账主要包括以下几个方面。

(1) 检查相关的会计核算是否按照国家统一的会计制度的规定进行。

(2) 对于国家统一的会计制度没有规定统一核算方法的交易、事项，检查其是否按照会计核算的一般原则进行确认和计量以及相关账务处理是否合理。

(3) 检查是否存在因会计差错、会计政策变更等原因需要调整前期或者本期相关项目。

5. 调整账目及更正错账

调整账目及更正错账主要包括以下几个方面。

(1) 对经查实后的资产、负债有变动的，应当按照资产、负债的确认和计量标准进行确认和计量，并按照国家统一的会计制度的规定进行相应的会计处理；

(2) 在检查账务处理中发现问题的，应当按照会计准则的规定调整账目及更正错账。上述相关的账务处理后，将处理结果登记入账。

6. 结账

依照规定的结账日进行结账，结出有关会计账簿的余额和发生额，并核对各会计账簿之间的余额。

7. 编制财务报表

在结账后，如果总账与明细账结出余额并核对无误，就可以编制总账科目余额表进行试算平衡。试算平衡无误后，再根据账簿资料编制财务报表，这样才能保证账表相符，数字真实、准确。

第二节　资产负债表

一、资产负债表概述

1. 资产负债表的定义和作用

资产负债表是反映企业在某一特定日期的财务状况的会计报表。例如，公历每年12月31日的财务状况，它反映的就是该日的情况。

资产负债表主要提供有关企业财务状况方面的信息，即某一特定日期关于企业资产、负债、所有者权益及其相互关系，是企业经营活动的静态体现。资产负债表的作用包括：①可以提供某一日期资产的总额及其结构，表明企业拥有或控制的资源及其分布情况，使用者可以一目了然地从资产负债表上了解企业在某一特定日期所拥有的资产总量及其结构；②可以提供某一日期负债的总额及其结构，表明企业未来需要用多少资产或劳务清偿债务以及清偿时间；③可以反映所有者所拥有的权益，据以判断资本保值、增值的情况以及对负债的保障程度。此外，资产负债表还可以提供进行财务分析的基本资料，如将流动资产与流动负债进行比较，计算出流动比率；将速动资产与流动负债进行比较，计算出速动比率等，可以表明企业的变现能力、偿债能力和资金周转能力，从而有助于报表使用者做出经济决策。

2. 资产负债表列报总体要求

1) 分类别列报

资产负债表列报，最根本的目标就是应如实反映企业在资产负债表日所拥有的资源、所承担的负债以及所有者所拥有的权益。因此，资产负债表应当按照资产、负债和所有者权益三大类别分类列报。

2) 资产和负债按流动性列报

资产和负债应当按照流动性分为流动资产和非流动资产、流动负债和非流动负债列示。流动性，通常按资产的变现或耗用时间长短或者负债的偿还时间长短来确定。按照财务报表列报准则的规定，应先列报流动性强的资产或负债，再列报流动性弱的资产或负债。

金融企业等销售产品或提供服务不具有明显可识别营业周期的企业，其各项资产或负债按照流动性列示能够提供可靠且更相关信息的，可以按照其流动性顺序列示。从事多种经营的企业，其部分资产或负债按照流动和非流动列报、其他部分资产或负债按照流动性列示能够提供可靠且更相关信息的，可以采用混合的列报方式。

3) 列报相关的合计、总计项目

资产负债表中的资产类至少应当列示流动资产和非流动资产的合计项目；负债类至少应当列示流动负债、非流动负债以及负债的合计项目；所有者权益类应当列示所有者权益的合计项目。

资产负债表遵循了"资产=负债+所有者权益"这一会计恒等式，把企业在特定时日所拥有的经济资源和与之相对应的企业所承担的债务及偿债以后属于所有者的权益充分反映出来。因此，资产负债表应当分别列示资产总计项目和负债与所有者权益之和的总计项目，并且这二者的金额应当相等。

3. 资产的列报

资产负债表中的资产反映由过去的交易、事项形成并由企业在某一特定日期所拥有或控制的、预期会给企业带来经济利益的资源。资产应当按照流动资产和非流动资产两大类别在资产负债表中列示，在流动资产和非流动资产类别下进一步按性质分项列示。

1) 流动资产和非流动资产的划分

资产负债表中的资产应当分流动资产和非流动资产列报，因此区分流动资产和非流动资产十分重要。资产满足下列条件之一的，应当归类为流动资产。

(1) 预计在一个正常营业周期中变现、出售或耗用。这主要包括存货、应收账款等资产。需要指出的是，变现一般针对应收账款等而言，指将资产变为现金；出售一般针对产品等存货而言；耗用一般指将存货(如原材料)转变成另一种形态(如产成品)。

(2) 主要为交易目的而持有。这主要是指根据《企业会计准则第 22 号——金融工具确认和计量》划分的交易性金融资产。

(3) 预计在资产负债表日起一年内(含一年)变现。

(4) 自资产负债表日起一年内，交换其他资产或清偿负债的能力不受限制的现金或现金等价物。在实务中存在用途受到限制的现金或现金等价物，比如用途受到限制的信用证存款、汇票存款、技改资金存款等，这类现金或现金等价物如果作为流动资产列报，可能会高估了流动资产金额，从而高估流动比率等财务指标，影响使用者的决策。

流动资产以外的资产应当归类为非流动资产，并应按其性质分类列示。被划分为持有待售的非流动资产应当归类为流动资产。

2) 正常营业周期

值得注意的是，判断流动资产、流动负债时所称的一个正常营业周期，是指企业从购买用于加工的资产起至实现现金或现金等价物的期间。

正常营业周期通常短于一年，在一年内有几个营业周期。但是，也存在正常营业周期长于一年的情况，如房地产开发企业开发用于出售的房地产开发产品、造船企业制造的用于出售的大型船只等，从购买原材料进入生产，到制造出产品出售并收回现金或现金等价物的过程，往往超过一年。在这种情况下，与生产循环相关的产成品、应收账款、原材料尽管是超过一年才变现、出售或耗用，仍应作为流动资产列示。

当正常营业周期不能确定时，应当以一年(12个月)作为正常营业周期。

4. 负债的列报

资产负债表中的负债反映在某一特定日期企业所承担的、预期会导致经济利益流出企业的现时义务。负债应当按照流动负债和非流动负债在资产负债表中进行列示，在流动负债和非流动负债类别下再进一步按性质分项列示。

1) 流动负债与非流动负债的划分

流动负债的判断标准与流动资产的判断标准相类似。负债满足下列条件之一的，应当归类为流动负债：①预计在一个正常营业周期中清偿；②主要为交易目的而持有；③自资产负债表日起一年内到期应予以清偿；④企业无权自主地将清偿推迟至资产负债表日后一年以上。负债在其对手方选择的情况下可通过发行权益进行清偿的条款与负债的流动性划分无关。

值得注意的是，有些流动负债，如应付账款、应付职工薪酬等，属于企业正常营业周期中使用的营运资金的一部分。尽管这些经营性项目有时在资产负债表日后超过一年才到期清偿，但是它们仍应划分为流动负债。

流动负债以外的负债应当归类为非流动负债，并应当按其性质分类列示。被划分为持有待售的非流动负债应当归类为流动负债。

2) 资产负债表日后事项对流动负债与非流动负债划分的影响

流动负债与非流动负债的划分是否正确，直接影响对企业短期和长期偿债能力的判断。如果混淆了负债的类别，将歪曲企业的实际偿债能力，误导报表使用者的决策。对于资产负债表日后事项对流动负债与非流动负债划分的影响，需要特别加以考虑。

总的原则是，企业在资产负债表上对债务流动和非流动的划分，应当反映在资产负债表日有效的合同安排，考虑在资产负债表日起一年内企业是否必须无条件清偿，而资产负债表日之后、财务报告批准报出日前的再融资等行为，与资产负债表日判断负债的流动性状况无关。只要不是在资产负债表日或之前所作的再融资、展期或提供宽限期等，都不能改变对某项负债在资产负债表日的分类，因为资产负债表日后的再融资、展期或贷款人提供宽限期等，都不能改变企业应向外部报告的在资产负债表日合同性(契约性)的义务，该项负债在资产负债表日的流动性性质不受资产负债表日后事项的影响。

(1) 资产负债表日起一年内到期的负债。对于在资产负债表日起一年内到期的负债，企业预计能够自主地将清偿义务展期至资产负债表日后一年以上的，应当归类为非流动负债；不能自主地将清偿义务展期的，即使在资产负债表日后、财务报告批准报出日前签订了重新安排清偿计划协议，从资产负债表日来看，此项负债仍应当归类为流动负债。

(2) 违约长期债务。企业在资产负债表日或之前违反了长期借款协议，导致贷款人可随时要求清偿的负债，应当归类为流动负债。这是因为，在这种情况下，债务清偿的主动权并不在企业，企业只能被动地无条件归还贷款，而且该事实在资产负债表日即已存在，所以该负债应当作为流动负债列报。但是，如果贷款人在资产负债表日或之前同意提供在资产负债表日后一年以上的宽限期，企业能够在此期限内改正违约行为，且贷款人不能要求随时清偿时，在资产负债表日此项负债并不符合流动负债的判断标准，应当归类为非流动负债。

5. 所有者权益的列报

资产负债表中的所有者权益是企业资产扣除负债后的剩余权益，反映企业在某一特定日期股东投资者拥有的净资产的总额。资产负债表中的所有者权益类一般按照净资产的不同来源和特定用途进行分类，应当按照实收资本(或股本)、其他权益工具、资本公积、其他综合收益、盈余公积、未分配利润等项目分项列示。

6. 资产负债表的列报格式

资产负债表正表的列报格式一般有两种，即报告式资产负债表和账户式资产负债表。报告式资产负债表是上下结构，上半部列示资产，下半部列示负债和所有者权益。账户式资产负债表是左右结构，左边列示资产，右边列示负债和所有者权益。根据财务报表列报准则的规定，资产负债表采用账户式的格式，即左侧列报资产方，一般按资产的流动性大小排列；右侧列报负债方和所有者权益方，一般按要求清偿时间的先后顺序排列。账户式资产负债表中的资产各项目的合计等于负债和所有者权益各项目的合计，即资产负债表左方和右方平衡。因此，通过账户式资产负债表，可以反映资产、负债、所有者权益之间的内在关系，即"资产=负债+所有者权益"。

按照我国会计准则的规定，我国企业填报的资产负债表采用账户式。

二、资产负债表的编制

所谓资产负债表的编制，实际上就是根据企业对经济业务的处理结果，也就是账户余额，将其进行适当的处理后填入资产负债表的各个项目中去。

1. 资产负债表项目与会计科目(账户)

资产负债表项目和会计科目(账户)有着很多内在的联系，它们都是对资产负债表要素的进一步分类，在很多情况下被视为同一个概念，甚至对于有些会计人员来说，会计科目(账户)比资产负债表项目更为熟悉。的确，我们可以看到，绝大多数的资产负债表项目和会计科目(账户)的名称是一样的，例如，"应收账款"既是我们非常熟悉的会计科目(账户)，又是资产负债表流动资产下的一个项目。很多资产负债表项目和会计科目(账户)的内涵也是完全一致的，如"短期借款""资本公积"等。

但是，从资产负债表项目和会计科目(账户)所直接面对的对象，也可以说是直接的使用者来看，它们是有着本质的区别的。资产负债表项目是直接面对信息的最终使用者的，它的设置和填制直接关系到财务会计目标的实现。而会计科目(账户)是直接面向会计专业人员的，是会计人员进行专业处理的手段和方法之一，从本质上说，它的设置应当服务于资产负债表项目。所以，即使有的资产负债表项目和会计科目(账户)名称是一样的，但是其内涵并不完全一致。

例如，在企业的预收账款业务不经常发生的时候，企业可以不设置"预收账款"账户，而是将此类业务并入到"应收账款"账户中进行核算，这就使得在"应收账款"账户的某些客户的明细账期末会出现贷方余额。换句话说，如果"应收账款"账户的某些客户的明细账期末出现了贷方余额，说明在这个报表截止日，这部分贷方余额实质上是企业的预收账款，是一项负债，而非资产。这就体现了会计操作中账户设置的相对灵活性，而这种设置对于专业的会计人员来说是容易理解和操作的。而资产负债表项目"应收账款"，既然位于流动资产项目下，直接面对信息的最终使用者，那么，在其后所填列的金额就只能是纯粹的"应收"款项，它不会因为企业有没有单独设置"预收账款"账户而有所不同。对于相同的经济业务，企业可以根据自己的情况在制度和法规许可的范围内在设置会计科目(账户)方面有一些不同，但是这种差异对于资产负债表项目的填列应当是没有影响的。

资产负债表项目是作为要素的组成部分直接提供给信息使用者的，因此，它的设置应当简明易懂，它的内容应当与其表面的含义相符；而会计科目(账户)虽然也是对会计要素的细化，但是它的划分具有一定的专业性，它所直接面对的对象是会计专业人员，因此，它可以根据企业的实际情况进行相对灵活的处理和设置。所以，我们也会看到有些资产负债表项目和会计科目(账户)名称上是不一致的。例如，资产负债表项目中有"货币资金"，会计科目(账户)中没有，但是在会计科目(账户)中却设置了"库存现金""银行存款""其他货币资金"三个账户来为其服务；资产负债表项目中有"一年内到期的非流动资产"项目，会计科目(账户)中没有单独为此设置账户。

2. 资产负债表项目编制方法的种类

把账户余额填入资产负债表项目的方法主要分成以下几种。

(1) 直接根据总账余额填列。大多数的资产负债表项目是直接根据相对应的会计科目(账户)总账的余额填列的，如"短期借款""资本公积"等。

(2) 根据几个总账账户余额的合计数填列。例如资产负债表项目"货币资金"就是根据"库存现金""银行存款""其他货币资金"三个账户的合计数填列的。比较典型的例子还有"存货"项目(几个账户余额合计后再减去存货跌价准备)。

(3) 根据明细账账户的余额分析填列。例如资产负债表项目"应收账款"，就是根据"应收账款"和"预收账款"所属明细账的借方余额合计数填列的。同样的例子有"预收款项"项目、"应付账款"项目、"预付款项"项目。

(4) 根据总账余额分析填列。例如"一年内到期的非流动资产"项目就是根据"可供出售金融资产""持有至到期投资"等科目的期末余额分析填列。同样的例子有"长期待摊费用"项目、"一年内到期的非流动负债"项目、"长期借款"项目、"应付债券"项目等。

(5) 根据相关账户余额相减后填列。例如"长期股权投资"项目根据"长期股权投资"科目的期末余额减去"长期投资减值准备"科目中有关股权投资减值准备期末余额后的金额填列。同样的例子有"债权投资"项目、"在建工程"项目、"无形资产"项目等。

3. 资产负债表"年初数"项目的填制

资产负债表"年初数"项目应根据上年末资产负债表"期末数"栏内所列数字填列。如果本年度资产负债表规定的各个项目的名称和内容同上年度不相一致，应对上年年末资产负债表各项目的名称和数字按照本年度的规定进行调整，填入本表"年初数"栏内。

4. 资产负债表"期末数"项目的填制

本表各项目的期末数，应根据各有关总账科目及所属明细科目的期末余额计算填列。资产负债表的具体格式及项目如表14-1所示。

表14-1 资产负债表

会企01表

编制单位：××公司　　　　　　　××××年××月××日　　　　　　　单位：元

资　　产	年初数	年末数	负债和所有者权益	年初数	年末数
流动资产：			流动负债：		
货币资金			短期借款		
交易性金融资产			交易性金融负债		
衍生金融资产			衍生金融负债		
应收票据			应付票据		
应收账款			应付账款		
应收款项融资			预收款项		
预付款项			合同负债		
其他应收款			应付职工薪酬		
存货			应交税费		
合同资产			其他应付款		
持有待售资产			持有待售负债		
一年内到期的非流动资产			一年内到期的非流动负债		
其他流动资产			其他流动负债		
流动资产合计			流动负债合计		
非流动资产：			非流动负债：		
债权投资			长期借款		
其他债权投资			应付债券		
长期应收款			租赁负债		
长期股权投资			长期应付款		
其他权益工具投资			预计负债		
其他非流动金融资产			递延收益		
投资性房地产			递延所得税负债		
固定资产			其他非流动负债		
在建工程			非流动负债合计		
生产性生物资产			负债合计		
油气资产			所有者权益(或股东权益)：		
使用权资产			实收资本(或股本)		
无形资产			其他权益工具		
开发支出			其中：优先股		
商誉			永续债		
长期待摊费用			资本公积		

续表

资　产	年初数	年末数	负债和所有者权益	年初数	年末数
递延所得税资产			减：库存股		
其他非流动资产			其他综合收益		
非流动资产合计			盈余公积		
			未分配利润		
			所有者权益(或股东权益)合计		
资产总计			负债和所有者权益(或股东权益)总计		

(1) "货币资金"项目。反映企业库存现金、银行结算户存款、外埠存款、银行汇票存款、银行本票存款、信用证保证金存款等的合计数。本项目应根据"库存现金""银行存款""其他货币资金"科目的期末余额合计数填列。

(2) "交易性金融资产"项目。反映企业持有的以公允价值计量且其变动计入当期损益的为交易目的所持有的债券投资、股票投资、基金投资、权证投资等金融资产。本项目应当根据"交易性金融资产"科目的相关明细科目期末余额分析填列。

(3) "衍生金融资产"项目。反映企业衍生工具形成的资产。本项目应当根据"衍生工具"科目所属明细科目的借方期末余额分析填列。

(4) "应收票据"项目。反映资产负债表日以摊余成本计量的，企业因销售商品、提供服务等收到的商业汇票，包括银行承兑汇票和商业承兑汇票。该项目应根据"应收票据"科目的期末余额，减去"坏账准备"科目中相关坏账准备期末余额后的金额分析填列。

(5) "应收账款"项目。反映资产负债表日以摊余成本计量的，企业因销售商品、提供服务等经营活动应收取的款项。该项目应根据"应收账款"和"预收账款"所属明细账的借方余额合计数，减去"坏账准备"科目中相关坏账准备期末余额后的金额分析填列。

(6) "应收款项融资"项目，反映资产负债表日以公允价值计量且其变动计入其他综合收益的应收票据和应收账款等。

(7) "预付款项"项目。反映企业预付给供应单位的款项。本项目应根据"预付账款"和"应付账款"科目所属各明细科目的期末借方余额合计数填列。如"预付账款"科目所属有关明细科目期末有贷方余额的，应在本表"应付账款"项目内填列。

(8) "其他应收款"项目。反映企业除对应收票据及应收账款、预付款项等经营活动以外的其他各种应收、暂付的款项。本项目应根据"应收利息""应收股利""其他应收款"科目的期末余额减去"坏账准备"科目中相关坏账准备期末余额后的金额填列。

(9) "存货"项目。反映企业期末在库、在途和在加工中的各项存货的可变现净值，包括各种材料、商品、在产品、半成品、包装物、低值易耗品、委托代销商品、受托代销商品等。本项目应根据"在途物资""原材料""周转材料""自制半成品""库存商品""发出商品""委托加工物资""委托代销商品""生产成本""受托代销商品"等科目的期末余额合计，减去"受托代销商品款""存货跌价准备"科目期末余额后的金额填列。材料采用计划成本核算，以及库存商品采用计划成本或售价核算的企业，还应按加或减"材料成本差异""商品进销差价"后的金额填列。

(10) "合同资产"项目。反映企业按照《企业会计准则14号——收入》〔2018〕的相关规定，根据本企业履行履约义务与客户付款之间的关系在资产负债表中列示合同资产。

本项目应根据"合同资产"科目的相关明细科目期末余额分析填列。

(11)"持有待售资产"项目。反映企业被划分为持有待售的非流动资产及持有待售的处置组中的资产。本项目应根据单独设置的"持有待售资产"科目的期末余额,或根据非流动资产类科目的余额分析计算,减去"持有待售资产减值准备"科目的期末余额后的金额填列。

(12)"一年内到期的非流动资产"项目。反映企业将于一年内到期的非流动资产项目金额。本项目应根据有关科目的期末余额分析填列。

(13)"其他流动资产"项目。反映企业除以上流动资产项目外的其他流动资产。本项目应根据有关科目的期末余额填列。如果其他流动资产价值较大的,应在会计报表附注中披露其内容和金额。

(14)"债权投资"项目。反映资产负债表日企业以摊余成本计量的长期债权投资的期末账面价值。该项目应根据"债权投资"科目的相关明细科目期末余额,减去"债权投资减值准备"科目中相关减值准备的期末余额后的金额分析填列。自资产负债表日起一年内到期的长期债权投资的期末账面价值,在"一年内到期的非流动资产"项目反映。企业购入的以摊余成本计量的一年内到期的债权投资的期末账面价值,在"其他流动资产"项目反映。

(15)"其他债权投资"项目。反映资产负债表日企业分类为以公允价值计量且其变动计入其他综合收益的长期债权投资的期末账面价值。该项目应根据"其他债权投资"科目的相关明细科目期末余额分析填列。自资产负债表日起一年内到期的长期债权投资的期末账面价值,在"一年内到期的非流动资产"项目反映。企业购入的以公允价值计量且其变动计入其他综合收益的一年内到期的债权投资的期末账面价值,在"其他流动资产"项目反映。

(16)"长期应收款"项目。反映企业的长期应收款项,包括融资租赁产生的应收款、采用递延方式具有融资性质的销售商品和提供劳务等产生的应收款项等,实质上构成对被投资单位净投资的长期权益也包括在内。本项目应根据"长期应收款"科目的期末余额减去"未实现融资收益"和"坏账准备"科目所属相关明细科目期末余额后的金额填列。

(17)"长期股权投资"项目。反映企业不准备在1年内(含1年)变现的各种股权性质的可收回金额。本项目应根据"长期股权投资"科目的期末余额减去"长期股权投资减值准备"科目期末余额后的金额填列。

(18)"其他权益工具投资"项目。反映资产负债表日企业指定为以公允价值计量且其变动计入其他综合收益的非交易性权益工具投资的期末账面价值。该项目应根据"其他权益工具投资"科目的期末余额填列。

(19)"投资性房地产"项目。反映企业持有的投资性房地产的成本或公允价值。本项目应根据"投资性房地产"账户的期末余额(公允价值模式计量)填列或者根据"投资性房地产""投资性房地产累计折旧""投资性房地产减值准备"账户的余额(成本模式计量)计算填列。

(20)"固定资产"项目。反映资产负债表日企业固定资产的期末账面价值和企业尚未清理完毕的固定资产清理净损益。该项目应根据"固定资产"科目的期末余额,减去"累计折旧"和"固定资产减值准备"科目的期末余额后的金额,以及"固定资产清理"科目的期末余额填列。

(21)"在建工程"项目。反映资产负债表日企业尚未达到预定可使用状态的在建工程的期末账面价值和企业为在建工程准备的各种物资的期末账面价值。该项目应根据"在建工程"科目的期末余额,减去"在建工程减值准备"科目的期末余额后的金额,以及"工程物资"科目的期末余额,减去"工程物资减值准备"科目的期末余额后的金额填列。

(22)"生产性生物资产"项目。反映企业(农业)持有的生产性生物资产价值。本项目应根据"生产性生物资产""生产性生物资产累计折旧""生产性生物资产减值准备"科目的余额计算填列。

(23)"油气资产"项目。反映企业(石油天然气开采)持有的矿区权益和油气井及相关设施的价值。本项目应根据"油气资产""油气资产清理"和"累计折耗"等科目的余额填列。

(24)"使用权资产"项目。反映资产负债表日承租人企业持有的使用权资产的期末账面价值。该项目应根据"使用权资产"科目的期末余额,减去"使用权资产累计折旧"和"使用权资产减值准备"科目的期末余额后的金额填列。

(25)"无形资产"项目。反映企业各项无形资产的期末可收回金额。本项目应根据"无形资产""无形资产减值准备""累计摊销"科目的期末余额计算填列。

(26)"开发支出"项目。反映企业自行开发无形资产发生的研发支出中满足资本化条件的部分。该项目应根据"研发支出"科目的期末余额填列。

(27)"商誉"项目。反映企业合并过程中形成的商誉价值。该项目可以根据"商誉""商誉减值准备"科目的余额计算填列。

(28)"长期待摊费用"项目。反映企业尚未摊销的摊销期限在1年以上(不含1年)的各种费用。本项目应根据"长期待摊费用"科目的期末余额填列。

(29)"递延所得税资产"项目。反映企业的可抵扣暂时性差异产生的递延所得税资产,包括根据税法规定可用以后年度税前利润弥补的亏损及税款递减产生的所得税资产。该项目应根据"递延所得税资产"科目的余额填列。

(30)"其他非流动资产"项目。反映企业除以上资产以外的其他长期资产。本项目应根据有关科目的期末余额填列。如果其他长期资产价值较大的,应在会计报表附注中披露其内容和金额。

(31)"短期借款"项目。反映企业借入尚未归还的1年期以下(含1年)的借款。本项目应根据"短期借款"科目的期末余额填列。

(32)"交易性金融负债"项目。反映企业资产负债表日承担的交易性金融负债,以及企业持有的直接指定为以公允价值计量且其变动计入当期损益的金融负债的期末账面价值。该项目应根据"交易性金融负债"科目的相关明细科目期末余额填列。

(33)"衍生金融负债"项目。反映企业衍生工具形成的负债。本项目应当根据"衍生工具"科目所属明细科目的贷方期末余额分析填列。

(34)"应付票据"项目。反映资产负债表日以摊余成本计量的,企业因购买材料、商品和接受服务等开出、承兑的商业汇票,包括银行承兑汇票和商业承兑汇票。该项目应根据"应付票据"科目的期末余额填列。

(35)"应付账款"项目。反映资产负债表日以摊余成本计量的,企业因购买材料、商品和接受服务等经营活动应支付的款项。该项目应根据"应付账款"和"预付账款"科目所属的相关明细科目的期末贷方余额合计数填列。

(36)"预收款项"项目。反映企业预收购买单位的账款。本项目应根据"预收账款"科目所属各有关明细科目的期末贷方余额合计数填列。如果"预收账款"科目所属有关明细科目有借方余额的,应在本表"应收账款"项目内填列;如果"应收账款"科目所属明细科目有贷方余额的,也应包括在本项目内。

(37)"合同负债"项目。反映企业按照《企业会计准则第14号——收入》〔2018〕的相关规定,根据本企业履行履约义务与客户付款之间的关系在资产负债表中列示的合同负债。该项目应根据"合同负债"的相关明细科目期末余额分析填列。

(38)"应付职工薪酬"项目。反映企业根据有关规定应付给职工的工资、职工福利、社会保险费、住房公积金、工会经费、职工教育经费、非货币性福利、辞退福利等各种薪酬。外商投资企业按规定从净利润中提取的职工奖励及福利基金,也在本项目中列示。本项目应根据"应付职工薪酬"明细科目的期末余额分析填列。

(39)"应交税费"项目。反映企业期末未交、多交或未抵扣的各种税费。本项目应根据"应交税费"科目的期末贷方余额合计数填列;如果"应交税费"科目期末为借方余额,以"-"号填列。

(40)"其他应付款"项目。反映企业除应付票据、应付账款、预收账款、应付职工薪酬、应交税费等经营活动以外的其他各项应付、暂收的款项。本项目应根据"应付利息""应付股利""其他应付款"科目的期末余额合计数填列。其中,"应付利息"科目仅反映相关金融工具已到期应支付但于资产负债表日尚未支付的利息。基于实际利率法计提的金融工具的利息应包含在相应金融工具的账面余额中。

(41)"持有待售负债"项目。反映企业被划分为持有待售的处置组中的负债。本项目应根据单独设置的"持有待售负债"科目的期末余额填列,或根据非流动负债类科目的余额分析计算填列。

(42)"一年内到期的非流动负债"项目。反映企业非流动负债中,将于一年内到期的部分。本项目应根据有关科目的期末余额分析填列。

(43)"其他流动负债"项目。反映企业除以上流动负债以外的其他流动负债。本项目应根据有关科目的期末余额填列。如果其他流动负债价值较大,应在会计报表附注中披露其内容及金额。

(44)"长期借款"项目。反映企业向银行或其他金融机构借入尚未归还的1年期以上(不含1年)的借款本息。本项目应根据"长期借款"科目的期末余额填列。

(45)"应付债券"项目。反映企业为筹集长期资金而发行的债券本金及应付的利息。本项目应根据"应付债券"科目的期末余额分析填列。

(46)"租赁负债"项目。反映资产负债表日承租人企业尚未支付的租赁付款额的期末账面价值。本项目应根据"租赁负债"科目的期末余额填列。自资产负债表日起一年内到期应予以清偿的租赁负债的期末账面价值,在"一年内到期的非流动负债"项目反映。

(47)"长期应付款"项目。反映企业除长期借款和应付债券以外的其他各种长期应付款。本项目应根据"长期应付款"科目的期末余额减去"未确认融资费用"科目期末余额后的金额,以及"专项应付款"科目的期末余额填列。

(48) "预计负债"项目。反映企业对外提供担保、未决诉讼、产品质量担保、重组义务、亏损性合同等预计负债的期末余额。本项目应根据"预计负债"科目的期末余额填列。

(49) "递延收益"项目。反映尚待确认的收入或收益。本项目核算包括企业根据政府补助准则确认的应在以后期间计入当期损益的政府补助金额、售后租回形成融资租赁的售价与资产账面价值差额等其他递延性收入。本项目应根据"递延收益"科目的期末余额填列。本项目中摊销期限只剩一年或不足一年的,或预计在1年内(含1年)进行摊销的部分,不得归类为流动负债,仍在本项目中填列,不转入"一年内到期的非流动负债"项目。

(50) "递延所得税负债"项目。反映企业确认的应纳税暂时性差异产生的所得税负债。本项目应根据"递延所得税负债"的期末余额填列。

(51) "其他非流动负债"项目。反映企业除以上非流动负债以外的其他非流动负债。本项目应根据有关科目期末余额,减去将于1年内(含1年)到期偿还数后的余额分析填列。非流动负债各项目中将于1年内(含1年)到期的非流动负债,应在"一年内到期的非流动负债"项目中反映。

(52) "实收资本(或股本)"项目。反映企业各投资者实际投入的资本(或股本)总额。本项目应根据"实收资本(或股本)"科目的期末余额填列。

(53) "其他权益工具"项目。反映资产负债表日企业发行在外的除普通股以外分类为权益工具的金融工具的期末账面价值,并下设"优先股"和"永续债"两个项目,分别反映企业发行的分类为权益工具的优先股和永续债的账面价值。

(54) "资本公积"项目。反映企业收到投资者出资额超过其在注册资本或股本中所占份额的部分、直接计入所有者权益的利得和损失。本项目应根据"资本公积"科目的期末余额填列。

(55) "库存股"项目。反映企业持有尚未转让或注销的本公司股份金额。本项目应根据"库存股"科目的余额填列。

(56) "其他综合收益"项目。反映企业其他综合收益的期末余额。本项目应根据"其他综合收益"科目的期末余额填列。

(57) "盈余公积"项目。反映企业盈余公积的期末余额。本项目应根据"盈余公积"科目的期末余额填列。

(58) "未分配利润"项目。反映企业尚未分配的利润。本项目应根据"本年利润"科目和"利润分配"科目的余额计算填列。未弥补的亏损,在本项目内以"-"号填列。

三、资产负债表的编制举例

【例14-1】 飞升公司20×0年12月31日资产负债表及重要账户余额如表14-2所示。其中,应收账款余额为900 000元,坏账准备期末余额为2 700元。其他资产都没有计提资产减值准备。另外,企业的增值税税率为13%,所得税税率为25%。原材料采用计划成本进行核算。

20×1年,该企业发生如下经济业务。

(1) 用银行存款支付到期的商业承兑汇票300 000元。

(2) 购入原材料一批,用银行存款支付货款450 000元和增值税税额58 500元,材料未到。

(3) 收到原材料一批,实际成本为 300 000 元,计划成本为 285 000 元,材料已验收入库,货款已于上月支付。

表 14-2 资产负债表及重要账户余额

会企 01 表

编制单位:飞升公司　　　　　　20×0 年 12 月 31 日　　　　　　　　　　单位:元

资产	金额	负债和所有者权益	金额
流动资产:		流动负债:	
货币资金	4 218 900	短期借款	900 000
交易性金融资产	45 000	应付票据	600 000
应收票据	738 000	应付账款	2 861 400
应收账款	897 300	应付职工薪酬	330 000
其他应收款	15 000	应付利息	3 000
预付款项	600 000	应交税费	109 800
存货	7 740 000	其他应付款	150 000
流动资产合计	14 254 200	一年内到期的长期负债	3 000 000
非流动资产:		流动负债合计	7 954 200
长期股权投资	750 000	非流动负债:	
固定资产原价	4 500 000	长期借款	1 800 000
减:累计折旧	1 200 000	非流动负债合计	1 800 000
固定资产净值	3 300 000	负债合计	9 754 200
在建工程	4 500 000	所有者权益(或股东权益):	
无形资产	1 800 000	实收资本(或股本)	15 000 000
其他长期资产	600 000	资本公积	
		盈余公积	300 000
		未分配利润	150 000
		所有者权益(或股东权益)合计	15 450 000

(4) 用银行汇票支付采购材料价款,公司收到开户银行转来银行汇票多余款收账通知,通知上填写的多余款为 702 元,购入材料及运费 299 400 元;支付的增值税税额为 50 898 元,原材料已验收入库,该批原材料计划价格为 300 000 元。

(5) 销售产品一批,销售价款为 900 000 元(不含应收取的增值税),该批产品实际成本为 540 000 元,产品已发出,价款未收到。

(6) 公司将交易性金融资产(全部为股票投资)45 000 元兑现,收到 49 500 元,存入银行。

(7) 购入一间房屋用于分支机构作为办公场所,支付价款及相关费用 303 000 元,用银行存款支付。

(8) 购入一项专利,价款 450 000 元,已用银行存款支付。

(9) 工程应付职工工资 600 000 元,应付职工福利 84 000 元,计入工程项目的应交税费 300 000 元。

(10) 工程完工，计算应负担的长期借款利息 450 000 元。该项借款本息未付。

(11) 一项工程完工，交付生产使用，已办理竣工手续，固定资产价值为 4 200 000 元。

(12) 基本生产车间一台机床报废，原价为 600 000 元，已提折旧 540 000 元，清理费用为 1 500 元，残值收入 2 400 元，均已通过银行存款收支。该项固定资产已清理完毕。

(13) 从银行借入 3 年期借款 1 200 000 元，借款已存入银行账户，该项借款用于购建固定资产。

(14) 销售产品一批，销售价款为 2 100 000 元，应收的增值税税额为 273 000 元，销售产品的实际成本为 1 260 000 元，货款已收，存入银行。

(15) 公司将要到期的一张面值为 600 000 元的无息银行承兑汇票，连同解讫通知和进账单交银行办理转账。收到银行盖章退回的进账单一联。款项已收到。

(16) 收到被投资企业分配的利润 90 000 元(该项投资为成本法核算，对方税率和本企业一致，均为 25%)，已存入银行。

(17) 公司出售一台不需用设备，收到价款 900 000 元，该设备原价为 1 200 000 元，已提折旧 450 000 元。该设备已由购入单位运走。

(18) 归还短期借款本金 750 000 元，利息 37 500 元，利息已预提计入"应付利息"。

(19) 提取现金 1 500 000 元，准备发放工资。

(20) 支付工资 1 500 000 元，其中包括支付给在建工程人员的工资 600 000 元。

(21) 分配应支付的职工工资 900 000 元(不包括在建工程应负担的工资)，其中生产人员工资 825 000 元，车间管理人员工资 30 000 元，行政管理部门人员工资 45 000 元。

(22) 提取职工福利费 126 000 元(不包括在建工程应负担的福利费 84 000 元)，其中生产工人福利费 115 500 元，车间管理人员福利费 4 200 元，行政管理部门福利费 6 300 元。

(23) 提取应计入本期损益的借款利息共 64 500 元，其中，短期借款利息 34 500 元，长期借款利息 30 000 元。

(24) 基本生产领用原材料，计划成本为 2 100 000 元，领用低值易耗品，计划成本为 150 000 元，采用一次摊销法摊销。

(25) 结转领用原材料应分摊的材料成本差异。材料成本差异率为 5%。

(26) 摊销无形资产 180 000 元；用银行存款支付印花税 30 000 元，支付生产部门各项间接费用 270 000 元。

(27) 计提固定资产折旧 300 000 元，其中计入制造费用 240 000 元，管理费用 60 000 元。首次计提固定资产减值准备 90 000 元。

(28) 收到应收账款 153 000 元(不含增值税)，存入银行，按应收账款余额的 3‰计提坏账准备。

(29) 用银行存款支付产品展览费 30 000 元。

(30) 结转制造费用 701 700 元。计算并结转完工产品成本 3 847 200 元。没有期初在产品，本期生产的产品全部完工入库。

(31) 广告费 30 000 元，已用银行存款支付。

(32) 公司采用商业承兑汇票方式销售产品一批，价款 750 000 元，增值税税额为 97 500 元，收到 847 500 元的商业承兑汇票一张，产品实际成本为 450 000 元。

(33) 公司将上述承兑汇票到银行办理贴现，贴现利息为 60 000 元。

(34) 提取现金 150 000 元, 准备支付退休费。
(35) 支付退休金 150 000 元, 未统筹。
(36) 计算本期产品销售应交纳的教育费附加为 6 000 元。
(37) 用银行存款交纳增值税 300 000 元、教育费附加 6 000 元。
(38) 偿还长期借款 3 000 000 元。
(39) 结转本期产品销售成本 2 250 000 元。
(40) 将各收支科目结转本年利润。
(41) 计算并结转应交所得税(税率为 25%)210 225 元。
(42) 用银行存款交纳所得税 210 225 元。
(43) 提取法定盈余公积 72 067.5 元, 分配普通股现金股利 96 647.55 元。
(44) 将利润分配各明细科目的余额转入"未分配利润"明细科目, 结转本年净利润。

编制该企业 20×1 年 12 月 31 日资产负债表的步骤如下。

第一步, 根据前述业务编制会计分录。

(1) 借: 应付票据　　　　　　　　　　　300 000
　　　贷: 银行存款　　　　　　　　　　　　　　300 000
(2) 借: 材料采购　　　　　　　　　　　450 000
　　　　应交税费——应交增值税(进项税额)　58 500
　　　贷: 银行存款　　　　　　　　　　　　　　508 500
(3) 借: 原材料　　　　　　　　　　　　285 000
　　　　材料成本差异　　　　　　　　　 15 000
　　　贷: 材料采购　　　　　　　　　　　　　　300 000
(4) 借: 材料采购　　　　　　　　　　　299 400
　　　　银行存款　　　　　　　　　　　　　702
　　　　应交税费——应交增值税(进项税额)　50 898
　　　贷: 其他货币资金　　　　　　　　　　　　351 000
　　借: 原材料　　　　　　　　　　　　300 000
　　　贷: 材料采购　　　　　　　　　　　　　　299 400
　　　　　材料成本差异　　　　　　　　　　　　600
(5) 借: 应收账款　　　　　　　　　　　1 017 000
　　　贷: 主营业务收入　　　　　　　　　　　　900 000
　　　　　应交税费——应交增值税(销项税额)　　117 000
(6) 借: 银行存款　　　　　　　　　　　49 500
　　　贷: 交易性金融资产　　　　　　　　　　　45 000
　　　　　投资收益　　　　　　　　　　　　　　4 500
(7) 借: 固定资产　　　　　　　　　　　303 000
　　　贷: 银行存款　　　　　　　　　　　　　　303 000
(8) 借: 无形资产　　　　　　　　　　　450 000
　　　贷: 银行存款　　　　　　　　　　　　　　450 000

(9)	借：在建工程	984 000	
	贷：应付职工薪酬		684 000
	应交税费		300 000
(10)	借：在建工程	450 000	
	贷：长期借款——应付利息		450 000
(11)	借：固定资产	4 200 000	
	贷：在建工程		4 200 000
(12)	借：固定资产清理	60 000	
	累计折旧	540 000	
	贷：固定资产		600 000
	借：固定资产清理	1 500	
	贷：银行存款		1 500
	借：银行存款	2 400	
	贷：固定资产清理		2 400
	借：营业外支出——处置固定资产净损失	59 100	
	贷：固定资产清理		59 100
(13)	借：银行存款	1 200 000	
	贷：长期借款		1 200 000
(14)	借：银行存款	2 373 000	
	贷：主营业务收入		2 100 000
	应交税费——应交增值税(销项税额)		273 000
(15)	借：银行存款	600 000	
	贷：应收票据		600 000
(16)	借：银行存款	90 000	
	贷：投资收益		90 000
(17)	借：固定资产清理	750 000	
	累计折旧	450 000	
	贷：固定资产		1 200 000
	借：银行存款	900 000	
	贷：固定资产清理		900 000
	借：固定资产清理	150 000	
	贷：资产处置收益		150 000
(18)	借：短期借款	750 000	
	应付利息	37 500	
	贷：银行存款		787 500
(19)	借：库存现金	1 500 000	
	贷：银行存款		1 500 000
(20)	借：应付职工薪酬	1 500 000	
	贷：库存现金		1 500 000

(21) 借：生产成本　　　　　　　　　825 000
　　　　制造费用　　　　　　　　　 30 000
　　　　管理费用　　　　　　　　　 45 000
　　　　贷：应付职工薪酬　　　　　　　　　　900 000
(22) 借：生产成本　　　　　　　　　115 500
　　　　制造费用　　　　　　　　　 4 200
　　　　管理费用　　　　　　　　　 6 300
　　　　贷：应付职工薪酬　　　　　　　　　　126 000
(23) 借：财务费用　　　　　　　　　 64 500
　　　　贷：应付利息　　　　　　　　　　　　 34 500
　　　　　　长期借款——应付利息　　　　　　 30 000
(24) 借：生产成本　　　　　　　　 2 100 000
　　　　贷：原材料　　　　　　　　　　　　2 100 000
　　　借：制造费用　　　　　　　　　150 000
　　　　贷：周转材料　　　　　　　　　　　　150 000
(25) 当期领用材料应负担的材料成本差异为
原材料应负担：2 100 000×5%=105 000(元)
低值易耗品应负担：150 000×5%=7 500(元)
借：生产成本　　　　　　　　　　105 000
　　制造费用　　　　　　　　　　 7 500
　　贷：材料成本差异　　　　　　　　　　　112 500
(26) 借：管理费用——无形资产摊销　180 000
　　　　贷：累计摊销　　　　　　　　　　　　180 000
　　借：管理费用——印花税　　　　 30 000
　　　　制造费用　　　　　　　　　270 000
　　　　贷：银行存款　　　　　　　　　　　　300 000
(27) 借：制造费用——折旧费　　　　240 000
　　　　管理费用——折旧费　　　　 60 000
　　　　贷：累计折旧　　　　　　　　　　　　300 000
　　借：资产减值损失——固定资产减值损失 90 000
　　　　贷：固定资产减值准备　　　　　　　　 90 000
(28) 借：银行存款　　　　　　　　　153 000
　　　　贷：应收账款　　　　　　　　　　　　153 000
　　借：信用减值损失　　　　　　　 2 700
　　　　贷：坏账准备　　　　　　　　　　　　 2 700
(29) 借：销售费用　　　　　　　　　 30 000
　　　　贷：银行存款　　　　　　　　　　　　 30 000
(30) 借：生产成本　　　　　　　　　701 700
　　　　贷：制造费用　　　　　　　　　　　　701 700

	借: 库存商品	3 847 200	
	贷: 生产成本		3 847 200
(31)	借: 销售费用——广告费	30 000	
	贷: 银行存款		30 000
(32)	借: 应收票据	847 500	
	贷: 主营业务收入		750 000
	应交税费——应交增值税(销项税额)		97 500
(33)	借: 财务费用	60 000	
	银行存款	787 500	
	贷: 应收票据		847 500
(34)	借: 库存现金	150 000	
	贷: 银行存款		150 000
(35)	借: 管理费用	150 000	
	贷: 库存现金		150 000
(36)	借: 税金及附加	6 000	
	贷: 应交税费——应交教育费附加		6 000
(37)	借: 应交税费——应交增值税(已交税金)	300 000	
	——应交教育费附加	6 000	
	贷: 银行存款		306 000
(38)	借: 长期借款	3 000 000	
	贷: 银行存款		3 000 000
(39)	借: 主营业务成本	2 250 000	
	贷: 库存商品		2 250 000
(40)	借: 主营业务收入	3 750 000	
	资产处置收益	150 000	
	投资收益	94 500	
	贷: 本年利润		3 994 500
	借: 本年利润	3 063 600	
	贷: 主营业务成本		2 250 000
	销售费用		60 000
	税金及附加		6 000
	管理费用		471 300
	财务费用		124 500
	信用减值损失		2 700
	资产减值损失		90 000
	营业外支出		59 100
(41)	借: 所得税费用	210 225	
	贷: 应交税费——应交所得税		210 225
	借: 本年利润	210 225	
	贷: 所得税费用		210 225

(42) 借：应交税费——应交所得税　　　　210 225
　　　贷：银行存款　　　　　　　　　　　　　　210 225
(43) 借：利润分配——提取法定盈余公积　72 067.50
　　　贷：盈余公积——法定盈余公积　　　　　　72 067.50
　　借：利润分配——应付股利　　　　　96 647.55
　　　贷：应付股利　　　　　　　　　　　　　　96 647.55
(44) 借：本年利润　　　　　　　　　　　720 675
　　　贷：利润分配——未分配利润　　　　　　　720 675
　　借：利润分配——未分配利润　　　　168 715.05
　　　贷：利润分配——提取法定盈余公积　　　　72 067.50
　　　　　　　　——应付股利　　　　　　　　　96 647.55

第二步，编制比较资产负债表，如表14-3所示。

表14-3　比较资产负债表

会企01表

编制单位：飞升公司　　　　　　20×1年12月31日　　　　　　单位：元

资　产	年初数	年末数	负债和所有者权益	年初数	年末数
流动资产：			流动负债：		
货币资金	4 218 900	2 111 277	短期借款	900 000	150 000
交易性金融资产	45 000		交易性金融负债		
衍生金融资产			衍生金融负债		
应收票据	738 000	138 000	应付票据	600 000	300 000
应收账款	897 300	1 758 600	应付账款	2 861 400	2 861 400
应收款项融资			预收款项		
预付款项	600 000	600 000	合同负债		
其他应收款	15 000	15 000	应付职工薪酬	330 000	540 000
存货	7 740 000	7 724 100	应交税费	109 800	451 902
合同资产			其他应付款	153 000	246 647.55
持有待售资产			持有待售负债		
一年内到期的非流动资产			一年内到期的非流动负债		3 000 000
其他流动资产			其他流动负债		
流动资产合计	14 254 200	12 346 977	流动负债合计	7 954 200	4 549 949.55
非流动资产：			非流动负债：		
债权投资			长期借款	1 800 000	3 480 000
其他债权投资			应付债券		
长期应收款			租赁负债		
长期股权投资	750 000	750 000	长期应付款		
其他权益工具投资			预计负债		
其他非流动金融资产			递延收益		

续表

资　产	年初数	年末数	负债和所有者权益	年初数	年末数
投资性房地产			递延所得税负债		
固定资产	3 300 000	6 603 000	其他非流动负债		
在建工程	4 500 000	1 734 000	非流动负债合计	1 800 000	3 480 000
生产性生物资产			负债合计	9 754 200	8 029 949.55
油气资产			所有者权益(或股东权益):		
使用权资产			实收资本(或股本)	15 000 000	15 000 000
无形资产	1 800 000	2 070 000	其他权益工具		
开发支出			其中：优先股		
商誉			永续债		
长期待摊费用			资本公积		
递延所得税资产			减：库存股		
其他非流动资产	600 000	600 000	其他综合收益		
非流动资产合计	10 950 000	11 757 000	盈余公积	300 000	372 067.50
			未分配利润	150 000	701 959.95
			所有者权益(或股东权益)合计	15 450 000	16 074 027.45
资产总计	25 204 200	24 103 977	负债和所有者权益(或股东权益)总计	25 204 200	24 103 977

第三节　利　润　表

一、利润表概述

1. 利润表的定义和作用

利润表是反映企业在一定会计期间的经营成果的会计报表。例如，反映某年 1 月 1 日至 12 月 31 日经营成果的利润表，它反映的就是该期间的情况。

利润表的列报必须充分反映企业经营业绩的主要来源和构成，是企业经营活动的动态体现，有助于使用者判断净利润的质量及其风险，有助于使用者预测净利润的持续性，从而做出正确的决策。通过利润表，可以反映企业一定会计期间收入的实现情况，如实现的营业收入有多少、实现的投资收益有多少、实现的营业外收入有多少等；可以反映一定会计期间的费用耗费情况，如耗费的营业成本有多少，营业税金及附加有多少，销售费用、管理费用、财务费用各有多少，营业外支出有多少等；可以反映企业生产经营活动的成果，即净利润的实现情况，据以判断资本保值、增值等情况。将利润表中的信息与资产负债表中的信息相结合，还可以提供进行财务分析的基本资料。例如，如将赊销收入净额与应收账款平均余额进行比较，计算出应收账款周转率；将销货成本与存货平均余额进行比较，计算出存货周转率；将净利润与资产总额进行比较，计算出资产收益率等，可以反映企业资金周转情况及企业的盈利能力和水平，便于报表使用者判断企业未来的发展趋势，做出经济决策。

2. 费用采用"功能法"列报

根据财务报表列报准则的规定，对于费用的列报，企业应当采用"功能法"列报，即按照费用在企业所发挥的功能进行分类列报，通常分为从事经营业务发生的成本、管理费用、销售费用和财务费用等，并且将营业成本与其他费用分开披露。从企业而言，其活动通常可以划分为生产、销售、管理、融资等，每一种活动上发生的费用所发挥的功能并不相同，因此，按照费用功能法将其分开列报，有助于使用者了解费用发生的活动领域。例如企业为销售产品发生了多少费用、为一般行政管理发生了多少费用、为筹措资金发生了多少费用等。这种方法通常能向报表使用者提供具有结构性的信息，能更清楚地揭示企业经营业绩的主要来源和构成，提供的信息更为相关。

由于关于费用性质的信息有助于预测企业未来现金流量，企业可以在附注中披露费用按照性质分类的利润表补充资料。费用按照性质分类，指将费用按其性质分为耗用的原材料、职工薪酬费用、折旧费、摊销费等，而不是按照费用在企业所发挥的不同功能分类。

3. 利润表的格式及内容

利润表的基本格式有两种，即单步式和多步式。

1) 单步式利润表

所谓单步式利润表，是将本期所有收入加在一起，然后再把所有费用加在一起，两者相减，一次计算出净利润。因只有一个相减的步骤，故称其为单步式利润表。其基本格式如表 14-4 所示。

表 14-4　利润表(单步式)

会企 02 表

编制单位：××公司　　　　　　　××××年　　　　　　　单位：元

项　目	本期金额	上期金额
一、收入		
营业收入		
公允价值变动收益		
投资收益		
营业外收入		
收入小计		
二、费用		
营业成本		
税金及附加		
销售费用		
管理费用		
财务费用		
资产减值损失		
营业外支出		

续表

项　目	本期金额	上期金额
所得税费用		
费用合计		
三、净利润		

2) 多步式利润表

所谓多步式利润表是通过对当期的收入、费用、支出项目按性质加以归类，按利润形成的主要环节列示一些中间性利润指标，分步计算当期净损益。

财务报表列报准则规定，企业应当采用多步式列报利润表，将不同性质的收入和费用类进行对比，从而可以得出一些中间性的利润数据，便于使用者理解企业经营成果的不同来源。多步式利润表提供了多层次的利润信息，可以据以评价企业管理的效率，有利于相同企业之间的比较，有利于前后期各相应项目的比较，借以推测今后的盈利能力。因此，它可以向报表使用者提供更多的资料。

企业可以分如下五个步骤编制利润表。

第一步，以营业收入为基础，减去营业成本、税金及附加、销售费用、管理费用、研发费用、财务费用，加上其他收益、投资收益(或减去投资损失)、净敞口套期收益 (或减去净敞口套期损失)、公允价值变动收益(或减去公允价值变动损失)、资产减值损失、信用减值损失、资产处置收益(或减去资产处置损失)，计算出营业利润。

第二步，以营业利润为基础，加上营业外收入，减去营业外支出，计算出利润总额。

第三步，以利润总额为基础，减去所得税费用，计算出净利润(或净亏损)。

第四步，以净利润(或净亏损)为基础，计算出每股收益。

第五步，以净利润(或净亏损)和其他综合收益为基础，计算出综合收益总额。

其基本格式如表 14-5 所示。

表 14-5　利润表(多步式)

会企 02 表

编制单位：××公司　　　　　　××××年　　　　　　单位：元

项　目	本期金额	上期金额
一、营业收入		
减：营业成本		
税金及附加		
销售费用		
管理费用		
研发费用		
财务费用		
其中：利息费用		
利息收入		
加：其他收益		
投资收益(损失以"-"号填列)		

续表

项 目	本期金额	上期金额
其中：对联营企业和合营企业的投资收益		
以摊余成本计量的金融资产终止确认收益(损失以"-"号填列)		
净敞口套期收益(损失以"-"号填列)		
公允价值变动收益(损失以"-"号填列)		
信用减值损失(损失以"-"号填列)		
资产减值损失(损失以"-"号填列)		
资产处置收益(损失以"-"号填列)		
二、营业利润(亏损以"-"号填列)		
加：营业外收入		
减：营业外支出		
三、利润总额(亏损总额以"-"号填列)		
减：所得税费用		
四、净利润(净亏损以"-"号填列)		
(一)持续经营净利润(净亏损以"-"号填列)		
(二)终止经营净利润(净亏损以"-"号填列)		
五、其他综合收益的税后净额		
(一)以后不能重分类进损益的其他综合收益		
1．重新计量设定收益计划变动额		
2．权益法下不能转损益的其他综合收益		
3．其他权益工具投资公允价值变动		
4．企业自身信用风险公允价值变动		
……		
(二)以后将重分类进损益的其他综合收益		
1．权益法下可转损益的其他综合收益		
2．其他债权投资公允价值变动		
3．金融资产重分类计入其他综合收益的金额		
4．其他债权投资信用减值准备		
5．现金流量套期		
6．外币财务报表折算差额		
……		
六、综合收益总额		
七、每股收益		
(一)基本每股收益		
(二)稀释每股收益		

二、利润表的编制

1. 利润表的填制方法

根据财务报表列报准则的规定，企业需要提供比较利润表，以使报表使用者通过比较不同期间利润的实现情况，判断企业经营成果的未来发展趋势。所以，比较利润表就各项目分为"本期金额"和"上期金额"两栏分别填列。

利润表"上期金额"栏内各项数字,应根据上年该期利润表"本期金额"栏内所列数字填列。如果上年该期利润表规定的各个项目的名称和内容同本期不相一致,应对上年该期利润表各项目的名称和数字按本期的规定进行调整,填入利润表"上期金额"栏内。

利润表"本期金额"栏内各项数字一般应根据损益类科目的发生额分析填列。"本期金额"栏根据"营业收入""营业成本""税金及附加""销售费用""管理费用""财务费用""资产减值损失""公允价值变动收益""营业外收入""营业外支出""所得税费用"等损益类科目的发生额分析填列。其中,"营业利润""利润总额""净利润"项目根据本表中相关项目计算填列。

2. 利润表项目填列

利润表各项数字根据以下方法填列。

(1) "营业收入"项目。反映企业经营主要业务和其他业务所确认的收入总额。本项目应根据"主营业务收入"和"其他业务收入"科目的发生额分析填列。

(2) "营业成本"项目。反映企业经营主要业务和其他业务所发生的成本总额。本项目应根据"主营业务成本"和"其他业务成本"科目的发生额分析填列。

(3) "税金及附加"项目。反映企业经营业务应负担的消费税、城市维护建设税、教育费附加、资源税、土地增值税、房产税、车船税、城镇土地使用税、印花税等相关税费。本项目应根据"税金及附加"科目的发生额分析填列。

(4) "销售费用"项目。反映企业在销售商品过程中发生的包装费、广告费等费用以及为销售本企业商品而专设的销售机构的职工薪酬、业务费等经营费用。本项目应根据"销售费用"科目的发生额分析填列。

(5) "管理费用"项目。反映企业为组织和管理生产经营发生的管理费用。本项目应根据"管理费用"科目的发生额分析填列。

(6) "研发费用"项目。反映企业进行研究与开发过程中发生的费用化支出以及计入管理费用的自行开发无形资产的摊销。本项目应根据"管理费用"科目下的"研发费用"明细科目的发生额以及"无形资产摊销"明细科目的发生额分析填列。

(7) "财务费用"项目。反映企业为筹集生产经营所需资金等而发生的应予费用化的利息支出。本项目应根据"财务费用"科目的相关明细科目发生额分析填列。其中:"利息费用"项目,反映企业为筹集生产经营所需资金等而发生的应予费用化的利息支出,应根据"财务费用"科目的相关明细科目的发生额分析填列。"利息收入"项目,反映企业应冲减财务费用的利息收入,应根据"财务费用"科目的相关明细科目的发生额分析填列。

(8) "其他收益"项目。反映计入其他收益的政府补助,以及其他与日常活动相关且计入其他收益的项目。本项目应根据"其他收益"科目的发生额分析填列。企业作为个人所得税的扣缴义务人,根据《中华人民共和国个人所得税法》收到的扣缴税款手续费,应作为其他与日常活动相关的收益在本项目中填列。

(9) "投资收益"项目。反映企业以各种方式对外投资所取得的收益。本项目应根据"投资收益"科目的发生额分析填列。如为投资损失,本项目以"-"号填列。

(10) "净敞口套期收益"项目。反映净敞口套期下被套期项目累计公允价值变动转入当期损益的金额或现金流量套期储备转入本期损益的金额。本项目应根据"净敞口套期损益"科目的发生额分析填列；如为套期损失，本项目以"-"号填列。

(11)"公允价值变动收益"项目。反映企业应当计入当期损益的资产或负债公允价值变动收益。本项目应根据"公允价值变动损益"科目的发生额分析填列。如为净损失，本项目以"-"号填列。

(12)"信用减值损失"项目。反映企业按照《企业会计准则第22号——金融工具确认和计量)〔2018〕的要求计提的各项金融工具信用减值准备所确认的信用损失。本项目应根据"信用减值损失"科目的发生额分析填列。

(13)"资产减值损失"项目。反映企业有关资产发生的减值损失。本项目应根据"资产减值损失"科目的发生额分析填列。

(14)"资产处置收益"项目。反映企业出售划分为持有待售的非流动资产(金融工具、长期股权投资和投资性房地产除外)或处置组(子公司和业务除外)时确认的处置利得或损失，以及处置未划分为持有待售的固定资产、在建工程、生产性生物资产及无形资产而产生的处置利得或损失。债务重组中因处置非流动资产(金融工具、长期股权投资和投资性房地产除外)产生的利得或损失和非货币性资产交换中换出非流动资产(金融工具、长期股权投资和投资性房地产除外)产生的利得或损失也包括在本项目内。本项目应根据"资产处置损益"科目的发生额分析填列。如为处置损失，本项目以"-"号填列。

(15)"营业利润"项目。反映企业实现的营业利润。如为亏损，本项目以"-"号填列。

(16)"营业外收入"项目。反映企业发生的除营业利润以外的收益，主要包括与企业日常活动无关的政府补助、盘盈利得、捐赠利得(企业接受股东或股东的子公司直接或间接的捐赠，经济实质属于股东对企业的资本性投入的除外)等。本项目应根据"营业外收入"科目的发生额分析填列。

(17)"营业外支出"项目。反映企业发生的除营业利润以外的支出，主要包括公益性捐赠支出、非常损失、盘亏损失、非流动资产毁损报废损失等。本项目应根据"营业外支出"科目的发生额分析填列。

(18)"利润总额"项目。反映企业实现的利润。如为亏损，本项目以"-"号填列。

(19)"所得税费用"项目。反映企业应从当期利润总额中扣除的所得税费用。本项目应根据"所得税费用"科目的发生额分析填列。

(20)"净利润"项目。反映企业实现的净利润。如为亏损，本项目以"-"号填列。

(21)"其他综合收益的税后净额"项目，反映企业根据企业会计准则规定未在损益中确认的各项利得和损失扣除所得税影响后的净额。

(22)"综合收益总额"项目。反映企业净利润与其他综合收益(税后净额)的合计金额。

(23)"每股收益"项目。包括基本每股收益和稀释每股收益两项指标，反映普通股或潜在普通股已公开交易的企业，以及正处在公开发行普通股或潜在普通股过程中的企业的每股收益信息。

三、利润表的编制举例

【例 14-2】 资料见例 14-1。

编制利润表，如表 14-6 所示。

表 14-6 利润表

编制单位：飞升公司　　　　　　　　20×1 年度　　　　　　　　　　　　会企 02 表
单位：元

项　目	本月数	本年累计数
一、营业收入		3 750 000
减：营业成本		2 250 000
税金及附加		6 000
销售费用		60 000
管理费用		471 300
研发费用		
财务费用		124 500
其中：利息费用		124 500
利息收入		
加：其他收益		
投资收益(损失以"-"号填列)		94 500
其中：对联营企业和合营企业的投资收益		
以摊余成本计量的金融资产终止确认收益(损失以"-"号填列)		
净敞口套期收益(损失以"-"号填列)		
公允价值变动收益(损失以"-"号填列)		
信用减值损失(损失以"-"号填列)		-2 700
资产减值损失(损失以"-"号填列)		-90 000
资产处置收益(损失以"-"号填列)		150 000
二、营业利润(亏损以"-"号填列)		990 000
加：营业外收入		
减：营业外支出		59 100
三、利润总额(亏损总额以"-"号填列)		930 900
减：所得税费用		210 225
四、净利润(净亏损以"-"号填列)		720 675
(一)持续经营净利润(净亏损以"-"号填列)		720 675
(二)终止经营净利润(净亏损以"-"号填列)		
五、其他综合收益的税后净额		
(一)以后不能重分类进损益的其他综合收益		
(二)以后将重分类进损益的其他综合收益		
六、综合收益总额		720 675

第四节　现金流量表

企业的现金流转情况在很大程度上影响着企业的生存和发展。企业现金充裕，就可以及时购入必要的材料物资和固定资产，及时支付工资、偿还债务、支付股利和利息；反之，轻则影响企业的正常生产经营，重则危及企业的生存。现金管理已经成为企业财务管理的一个重要方面，受到企业管理人员、投资者、债权人以及政府监管部门的关注。

一、现金流量表概述

1. 现金流量表的概念和作用

现金流量表,是反映企业一定会计期间现金和现金等价物流入和流出的报表。编制现金流量表的主要目的,是为财务报表使用者提供企业一定会计期间内现金和现金等价物流入和流出的信息,以便于财务报表使用者了解和评价企业获取现金和现金等价物的能力,并据以预测企业未来现金流量。现金流量表的作用主要体现在三个方面:一是有助于评价企业支付能力、偿债能力和周转能力;二是有助于预测企业未来现金流量;三是有助于分析企业收益质量及影响现金净流量的因素,掌握企业经营活动、投资活动和筹资活动的现金流量,可以从现金流量的角度了解净利润的质量,为分析和判断企业的财务前景提供信息。

2. 现金流量表的编制基础

现金流量表以现金及现金等价物为基础编制,划分为经营活动、投资活动和筹资活动,按照收付实现制的原则编制,将权责发生制下的盈利信息调整为收付实现制下的现金流量信息。

1) 现金

现金是指企业库存现金以及可以随时用于支付的存款。不能随时用于支付的存款不属于现金。现金主要包括以下几项。

(1) 库存现金。库存现金是指企业持有可随时用于支付的现金,与"库存现金"科目的核算内容一致。

(2) 银行存款。银行存款是指企业存入金融机构、可以随时支取的存款,与"银行存款"科目的核算内容基本一致,但不包括不能随时用于支付的存款。例如,不能随时支取的定期存款等不应作为现金。提前通知金融机构便可支取的定期存款则应包括在现金范围内。

(3) 其他货币资金。其他货币资金是指存放在金融机构的外埠存款、银行汇票存款、银行本票存款、信用卡存款、信用证保证金存款和存出投资款等,与"其他货币资金"科目的核算内容一致。

2) 现金等价物

现金等价物,是指企业持有的期限短、流动性强、易于转换为已知金额的现金、价值变动风险很小的投资。其中,"期限短"一般是指从购买日起 3 个月内到期。例如可在证券市场上流通的 3 个月内到期的短期债券等。

现金等价物虽然不是现金,但其支付能力与现金的差别不大,可视为现金。例如,企业为保证支付能力,手持必要的现金,为了不使现金闲置,可以购买短期债券,在需要现金时,随时可以变现。

现金等价物的定义本身,包含了判断一项投资是否属于现金等价物的四个条件,即:①期限短;②流动性强;③易于转换为已知金额的现金;④价值变动风险很小。其中,期限短、流动性强,强调了变现能力,而易于转换为已知金额的现金、价值变动风险很小,则强调了支付能力的大小。现金等价物通常包括 3 个月内到期的短期债券投资。权益性投资变现的金额通常不确定，因而不属于现金等价物。

不同企业现金及现金等价物的范围可能不同，企业应当根据经营特点等具体情况，确定现金及现金等价物的范围。现金及现金等价物的范围一经确定，不得随意变更。如果发生变更，应当按照会计政策变更处理。

3. 现金流量的分类

现金流量是指企业现金和现金等价物的流入和流出。在现金流量表中，现金及现金等价物被视为一个整体，企业现金(含现金等价物，下同)形式的转换不会产生现金的流入和流出。例如，企业从银行提取现金，是企业现金存放形式的转换，并未流出企业，不构成现金流量。同样，现金与现金等价物之间的转换也不属于现金流量，例如，企业用现金购买3个月内到期的国库券。

根据企业业务活动的性质和现金流量的来源，将企业一定期间产生的现金流量分为三类：经营活动现金流量、投资活动现金流量和筹资活动现金流量。

(1) 经营活动。经营活动是指企业投资活动和筹资活动以外的所有交易和事项。各类企业由于行业特点不同，对经营活动的认定存在一定差异。对于工商业企业而言，经营活动主要包括销售商品、提供劳务、购买商品、接受劳务、支付税费等。对于商业银行而言，经营活动主要包括吸收存款、发放贷款、同业存放、同业拆借等。对于保险公司而言，经营活动主要包括原保险业务和再保险业务等。对于证券公司而言，经营活动主要包括自营证券、代理承销证券、代理兑付证券、代理买卖证券等。

(2) 投资活动。投资活动是指企业长期资产的购建和不包括在现金等价物范围内的投资及其处置活动。长期资产是指固定资产、无形资产、在建工程、其他资产等持有期限在一年或一个营业周期以上的资产。这里所讲的投资活动，既包括实物资产投资，也包括金融资产投资和非实物资产投资。这里之所以将"包括在现金等价物范围内的投资"排除在外，是因为已经将包括在现金等价物范围内的投资视同现金。不同企业由于行业特点不同，对投资活动的认定也存在差异。例如，交易性金融资产所产生的现金流量，对于工商业企业而言，属于投资活动现金流量；而对于证券公司而言，属于经营活动现金流量。

(3) 筹资活动。筹资活动是指导致企业资本及债务规模和构成发生变化的活动。这里所说的资本，既包括实收资本(股本)，也包括资本溢价(股本溢价)；这里所说的债务，指对外举债，包括向银行借款、发行债券以及偿还债务等。通常情况下，应付账款、应付票据等属于经营活动，不属于筹资活动。

对于企业日常活动之外特殊的、不经常发生的特殊项目，如自然灾害损失、保险赔款、捐赠等，应当归并到相关类别中，并单独反映。比如，对于自然灾害损失和保险赔款，如果能够确指属于流动资产损失，应当列入经营活动产生的现金流量；属于固定资产损失，应当列入投资活动产生的现金流量。如果不能确指，则可以列入经营活动产生的现金流量。捐赠收入和支出，可以列入经营活动。如果特殊项目的现金流量金额不大，则可以列入现金流量类别下的"其他"项目，不单列项目。

【例14-3】假设金科公司20×1年主要业务归总如下。

(1) 赊销 284 000 元；
(2) 收到客户货款 271 000 元；
(3) 应收票据的利息收入 1 200 元；

(4) 收到应收利息 10 000 元；

(5) 收到现金股利 9 000 元；

(6) 商品销售成本 150 000 元；

(7) 赊购材料 147 000 元；

(8) 向供应商付款 133 000 元；

(9) 管理费用中的工资费用 56 000 元；

(10) 支付工资 58 000 元；

(11) 计提折旧 18 000 元；

(12) 其他销售费用 17 000 元；

(13) 支付利息费用 16 000 元；

(14) 支付所得税费用 15 000 元；

(15) 付款取得固定资产 306 000 元；

(16) 向另一公司贷款 11 000 元；

(17) 出售固定资产，原值70 000 元，累计折旧 16 000 元，取得现金收入 62 000 元，未发生清理费用；

(18) 发行普通股取得现金收入 101 000 元；

(19) 发行长期债券取得现金收入 94 000 元；

(20) 偿还长期负债 11 000 元；

(21) 宣告并支付现金股利 17 000 元。

要求：

(1) 指出哪些业务会产生现金流量。

(2) 将能产生现金流量的项目区分成经营活动、投资活动和筹资活动。

分析：

业务 2、4、5、8、10、13、14、15、16、17、18、19、20、21 会产生现金流量。

业务 2、8、10、14 为经营活动，业务 4、5、15、16、17 为投资活动，业务 13、18、19、20、21 为筹资活动。

二、现金流量表的编制方法及程序

1. 现金流量表的编制方法

编制现金流量表时，列报经营活动现金流量的方法有两种：直接法、间接法。这两种方法通常也称为编制现金流量表的方法。

(1) 所谓直接法是指按现金收入和现金支出的主要类别直接反映企业经营活动产生的现金流量，如销售商品、提供劳务收到的现金；购买商品、接受劳务支付的现金等就是按现金收入和支出的类别直接反映的。在直接法下，一般是以利润表中的营业收入为起算点，调节与经营活动有关的项目的增减变动，然后计算出经营活动产生的现金流量。

(2) 所谓间接法是指以净利润为起算点，调整不涉及现金的收入、费用、营业外收支等有关项目，剔除投资活动、筹资活动对现金流量的影响，据此计算出经营活动产生的现金流量。由于净利润是按照权责发生制原则确定的，且包括了与投资活动和筹资活动相关的收益和费用，将净利润调节为经营活动现金流量，实际上就是将按权责发生制原则确定的净利润调整为现金净流入,并剔除投资活动和筹资活动对现金流量的影响。

采用直接法编报的现金流量表,便于分析企业经营活动产生的现金流量的来源和用途,预测企业现金流量的未来前景;采用间接法编报的现金流量表,便于将净利润与经营活动产生的现金流量净额进行比较,了解净利润与经营活动产生现金流量差异的原因,从现金流量的角度分析净利润的质量。现金流量表准则规定企业应当采用直接法编报现金流量表,同时要求在附注中提供以净利润为基础调节到经营活动现金流量的信息。

2. 现金流量表的编制程序

在具体编制现金流量表时,可以采用工作底稿法或 T 型账户法,也可以根据有关科目记录分析填列。

1) 工作底稿法

采用工作底稿法编制现金流量表,是以工作底稿为手段,以资产负债表和利润表数据为基础,对每一项目进行分析并编制调整分录,从而编制现金流量表。工作底稿法的程序如下。

第一步,将资产负债表的期初数和期末数过入工作底稿的"期初数"栏和"期末数"栏。

第二步,对当期业务进行分析并编制调整分录。编制调整分录时,要以利润表项目为基础从"营业收入"开始,结合资产负债表项目逐一进行分析。在调整分录中,有关现金和现金等价物的事项,并不直接借记或贷记现金,而是分别计入"经营活动产生的现金流量""投资活动产生的现金流量""筹资活动产生的现金流量"有关项目。借记表示现金流入,贷记表示现金流出。

调整分录分为以下几类:①涉及利润表中的收入、成本和费用项目以及资产负债表中的资产、负债和所有者权益项目,通过调整,将以权责发生制为基础的收入、费用转换成以现金为基础的收入、费用;②涉及资产负债表和现金流量表中的投资筹资项目,反映投资和筹资活动的现金流量;③涉及利润表和现金流量表中的投资和筹资项目,将利润表中有关投资和筹资方面的收入和费用列入现金流量表投资和筹资现金流量中去;④不涉及现金收支,只是为了核对资产负债表的期末、期初变动的调整分录。

第三步,将调整分录过入工作底稿中的相应部分。

第四步,核对调整分录,借方、贷方合计数均已经相等,资产负债表项目期初数加减调整分录中的借贷金额以后,也等于期末数。

第五步,根据工作底稿中的现金流量表项目部分编制正式的现金流量表。

2) T 型账户法

采用 T 型账户法编制现金流量表,是以 T 型账户为手段,以资产负债表和利润表的数据为基础,对每一项目进行分析并编制调整分录,从而编制现金流量表。T 型账户法的程序如下。

第一步,为所有的非现金项目(包括资产负债表项目和利润表项目)分别开设 T 型账户,并将各自的期末、期初变动数过入各相关账户。如果项目的期末数大于期初数,则将差额过入和项目余额相同的方向;反之,过入相反的方向。

第二步,开设一个大的"现金及现金等价物" T 型账户,每边分为经营活动、投资活动和筹资活动三个部分,左边记现金流入,右边记现金流出。与其他账户一样,过入期末、期初变动数。

第三步,以利润表项目为基础,结合资产负债表分析每一个非现金项目的增减变动,并据此编制调整分录。

第四步,将调整分录过入各 T 型账户,并进行核对,该账户借贷相抵后的余额与原先过入的期末、期初变动数应当一致。

第五步,根据大的"现金及现金等价物"T 型账户编制正式的现金流量表。

三、现金流量表正表各项目的编制

现金流量表正表的项目主要有:经营活动产生的现金流量、投资活动产生的现金流量、筹资活动产生的现金流量、汇率变动对现金及现金等价物的影响、现金及现金等价物净增加额、期末现金及现金等价物余额等项目。现金流量表正表项目的格式和内容如表 14-7 所示。

表 14-7 现金流量表

会企 03 表

编制单位:××公司　　　　　　　××××年　　　　　　　单位:元

项 目	本期金额	上期金额
一、经营活动产生的现金流量		
销售商品、提供劳务收到的现金		
收到的税费返还		
收到的其他与经营活动有关的现金		
经营活动现金流入小计		
购买商品、接受劳务支付的现金		
支付给职工以及为职工支付的现金		
支付的各项税费		
支付的其他与经营活动有关的现金		
经营活动现金流出小计		
经营活动产生的现金流量净额		
二、投资活动产生的现金流量		
收回投资收到的现金		
取得投资收益收到的现金		
处置固定资产、无形资产和其他长期资产收到的现金净额		
处置子公司及其他营业单位收到的现金净额		
收到的其他与投资活动有关的现金		
投资活动现金流入小计		
购建固定资产、无形资产和其他长期资产支付的现金		
投资支付的现金		
取得子公司及其他营业单位支付的现金净额		

项　目	本期金额	上期金额
支付的其他与投资活动有关的现金		
投资活动现金流出小计		
投资活动产生的现金流量净额		
三、筹资活动产生的现金流量		
吸收投资收到的现金		
取得借款收到的现金		
收到的其他与筹资活动有关的现金		
筹资活动现金流入小计		
偿还债务支付的现金		
分配股利、利润或偿付利息支付的现金		
支付的其他与筹资活动有关的现金		
筹资活动现金流出小计		
筹资活动产生的现金流量净额		
四、汇率变动对现金的影响		
五、现金及现金等价物净增加额		
加：期初现金及现金等价物余额		
六、期末现金及现金等价物余额		

1. 经营活动产生的现金流量有关项目的编制

1) 销售商品、提供劳务收到的现金

本项目反映企业销售商品、提供劳务实际收到的现金，包括销售收入和应向购买者收取的增值税销项税额，具体包括本期销售商品、提供劳务收到的现金，以及前期销售商品、提供劳务本期收到的现金和本期预收的款项，减去本期销售本期退回的商品和前期销售本期退回的商品支付的现金。企业销售材料和代购代销业务收到的现金，也在本项目反映。本项目可以根据"库存现金""银行存款""应收票据""应收账款""预收账款""主营业务收入""其他业务收入"等科目的记录分析填列。

【例14-4】飞升公司20×1年利润表上的主营业务收入为100 000元，比较资产负债表显示20×1年年初应收账款为20 000元，年末应收账款为30 000元。假设飞升公司所有的销售都是赊销，而且没有应收票据，不计提坏账准备，也没有发生坏账。计算飞升公司20×1年销售商品收到的现金。

在假设飞升公司的销售都是赊销，而且没有应收票据，不计提坏账准备，也没有发生坏账的情况下，应收账款账户结构如下，我们所要求的"销售商品收到的现金"就是应收账款本期减少发生数——收回的货款，以"*?"表示。

应收账款

年初余额	20 000	收回的货款	*?
赊销	?		
年末余额	30 000		

很显然可以看到，我们只需要知道赊销为多少，就可以利用应收账款账户本身的结构

等式,即期末余额=期初余额+本期增加发生额-本期减少发生额,求出题目所要的结果。

在假设东升公司所有的销售都是赊销的情况下,赊销数=利润表上的主营业务收入=100 000元,代入上式,求出:

销售商品收到的现金=收回的货款=期初余额+本期增加发生额-期末余额
$$=20\ 000+100\ 000-30\ 000=90\ 000(元)$$

[例题拓展思考]:

(1) 如果既有赊销,也有现销,怎么办?
(2) 如果还有应收票据,怎么办?
(3) 如果还有预收账款,怎么办?
(4) 如果有确认坏账,怎么办?

利用上述的原理,一一加入复杂的条件,最终我们不难得出现金流量表上"销售商品、提供劳务收到的现金"这一项目的一般计算公式。

一般来说,销售商品、提供劳务收到的现金可通过以下公式计算得出:

销售商品、提供劳务收到的现金=当期购买商品、提供劳务收到的现金+
当期收到前期的应收账款+当期收到前期的应收票据
+当期预收的账款-当期因销售退回支付的现金+
当其收回前期核销坏账损失的现金

确定本项目的金额通常可以利润表上的"营业收入"为起点进行调整。

(1) 由于该项目包括应向购买者收取的增值税销项税额,所以应在营业收入的基础上加上本期的增值税销项税额。

(2) 由于企业的商品销售和劳务供应往往并非都是现金交易,因而应加上应收账款与应收票据的减少数,或减去应收账款与应收票据的增加数。

(3) 如果企业有预收货款业务,还应加上预收账款增加数,或减去预收账款减少数。

(4) 如果企业采用备抵法核算坏账,且本期发生了坏账,或有坏账回收,则应减去本期确认的坏账,加上本期坏账回收。因为发生坏账减少了应收账款余额,但没有实际的现金流入;坏账回收有现金流入,但与营业收入无直接关系,且不影响应收账款余额。

(5) 如果企业本期有应收票据贴现,发生了贴现息,则应减去应收票据贴现息。因为贴现息代表了应收票据的减少,并没有相应的现金流入。

(6) 如果企业发生了按税法规定应视同销售的业务,如将商品用于工程项目,则相应的销项税额应该减去,因为这部分销项税额没有相应的现金流入,也与应收账款或应收票据无关。

综合以上分析,可以通过利润表的"营业收入"项目结合资产负债表上与收款有关的账户的余额、发生额分析填列。

销售商品、提供劳务收到的现金=营业收入+本期增值税销项税额-应收账款(期末余额
-期初余额)-应收票据(期末余额-期初余额)
+预收账款(期末余额-期初余额)-当期计提的坏账准备
-应收票据贴现息-视同销售的销项税额

【例14-5】 飞升公司20×1年度营业收入为950 000元,资产负债表上应收账款项目期初余额为388 050元,期末余额为572 125元;应收票据期初余额为190 000元,期末余

额为 0 元；预收账款期初余额为 120 000 元，期末余额为 90 000 元；应交税费明细账上本期发生的销项税额为 161 500 元，本期计提坏账准备 925 元，应收票据明细账上票据贴现利息为 2 000 元。求该公司 20×1 年销售商品、提供劳务收到的现金。

公司 20×1 年销售商品、提供劳务收到的现金
=950 000+161 500-(572 125-388 050)- (0-190 000)+
(90 000-120 000)-925-2000=1 084 500(元)

2) 收到的税费返还

本项目反映企业收到返还的各种税费，如收到的增值税、所得税、消费税、关税和教育费附加返还款等。本项目可以根据"库存现金""银行存款""税金及附加""营业外收入"等科目的记录分析填列。

3) 收到的其他与经营活动有关的现金

本项目反映企业除上述各项目外，收到的其他与经营活动有关的现金，如罚款收入、经营租赁固定资产收到的现金、投资性房地产收到的租金收入、流动资产损失中由个人赔偿的现金收入、除税费返还外的其他政府补助收入等。其他与经营活动有关的现金，如果价值较大，则根据"库存现金""银行存款""管理费用""销售费用"等科目的记录分析填列。

4) 购买商品、接受劳务支付的现金

本项目反映企业购买材料、商品、接受劳务实际支付的现金，包括支付的货款以及与货款一并支付的增值税进项税额，具体包括本期购买商品、接受劳务支付的现金。为购置存货而发生的借款利息资本化部分，应在"分配股利、利润或偿付利息支付的现金"项目中反映。本项目可以根据"库存现金""银行存款""应付票据""应付账款""预付账款""主营业务成本""其他业务成本"等科目的记录分析填列。

【例 14-6】 飞升公司 20×1 年利润表上的主营业务成本为 80 000 元，比较资产负债表显示 20×1 年年初应付账款为 30 000 元，年末应付账款为 20 000 元，年初存货为 120 000 元，年末存货为 150 000 元。假设飞升公司所有的采购都是赊购，没有应付票据，存货购进后直接对外销售，没有生产加工过程。

在假设飞升公司所有的采购都是赊购，没有应付票据，存货购进后直接对外销售，没有生产加工过程的情况下，应付账款账户结构如下。我们所要求的"购买商品支付的现金"就是应付账款本期减少发生数——支付的货款，以"*?"表示。

应付账款			
		年初余额	30 000
支付货款	*?	赊购	?
		年末余额	20 000

很显然可以看到，我们只需要知道赊购为多少，就可以利用应收账款账户本身的结构等式，即期末余额=期初余额+本期增加发生额-本期减少发生额，求出题目所要的结果。

在假设飞升公司所有的采购都是赊购且无生产加工过程的情况下，赊购数=本期存货的增加数，通过存货账户的结构关系可以求出。

存货			
年初余额	120 000	存货减少	?
存货增加	?		
年末余额	150 000		

很显然可以看到，我们只需要知道存货减少为多少，就可以利用存货账户本身的结构等式，即期末余额=期初余额+本期增加发生额-本期减少发生额，求出本期存货的增加数。

在假设飞升公司存货购进后直接对外销售的情况下，存货减少=利润表上的主营业务成本=80 000元，代入上式，求出：

本期存货的增加数=(存货)期末余额+本期减少发生额-期初余额
       =150 000+80 000-120 000=110 000(元)

购买商品支付的现金=支付货款=期初余额+本期增加发生额-期末余额
       =30 000+110 000-20 000=120 000(元)

一般来说，购买商品、接受劳务支付的现金可通过以下公式计算得出：

购买商品、接受劳务支付的现金=当期购买商品、接受劳务支付的现金+当期支付前期的应付账款+当期支付前期的应付票据+当期预付的账款-当期因购货退回收到的现金

确定本项目的金额通常以利润表上的"营业成本"为基础进行调整。

(1) 由于本项目包括支付的增值税进项税额，所以应在营业成本的基础上加上本期的增值税进项税额。

(2) 营业成本与购买商品并无直接联系，就商品流通企业而言，营业成本加上存货增加数或减去存货减少数，便可大致确定本期购进商品的成本。

(3) 本期购进商品成本并不等于本期购进商品支付的现金，因为可能存在赊购商品或预付货款的情形。故应加上应付账款与应付票据的减少数，或减去应付账款与应付票据的增加数；应加上预付账款的增加数，减去预付账款的减少数。

(4) 对于工业企业来说，存货包括材料、在产品与产成品等，也就是说存货的增加并非都与购进商品(材料)相联系，本期发生的应计入产品成本的工资费用、折旧费用等也会导致存货增加，但与商品购进无关，因而应进一步扣除计入本期生产成本的非材料费用。

(5) 应调整其他与商品购进和商品销售无关的存货增减变动，主要包括存货盘亏与盘盈，用存货对外投资或接受存货投资等。

综合以上分析，可以通过利润表的"营业成本"项目，结合资产负债表上购入存货、支付货款相关的项目的余额和发生额分析填列。

购买商品、接受劳务支付的现金=营业成本+本期发生的增值税进项税额+
      存货(期末余额-期初余额)-应付账款(期末余额-
      期初余额)-应付票据(期末余额-期初余额)+
      预付账款(期末余额-期初余额)+存货盘亏-
      存货盘盈+用于投资的存货成本-
      接受投资增加的存货-计入本期生产成本的非材料费用

【例14-7】 飞升公司20×1年度营业成本为550 000元，资产负债表上存货项目期初余额为2 636 200元，期末余额为2 962 400元；应付账款期初余额为910 000元，期末余额为900 000元；应付票据期初余额为144 000元，期末余额为50 000元；预付账款期初余额为80 000元，期末余额为70 000元；应交税费明细账上本期发生的进项税额为51 000元，生产成本、制造费用明细账上列支的职工薪酬为工资330 000元和福利费46 200元，折旧180 000元。求该公司20×1年购买商品、接受劳务支付的现金。

公司20×1年购买商品、接受劳务支付的现金
=550 000+51 000+(2 962 400-2 636 200)-(900 000-910 000)-(50 000-144 000)

+(70 000-80 000)-330 000-46 200-180 000
=465 000(元)

5) 支付给职工以及为职工支付的现金

本项目反映企业实际支付给职工的现金以及为职工支付的现金，包括企业为获得职工提供的服务，本期实际给予各种形式的报酬以及其他相关支出，如支付给职工的工资、奖金、各种津贴和补贴等，以及为职工支付的其他费用，不包括支付给在建工程人员的工资。支付的在建工程人员的工资，在"购建固定资产""无形资产"和"其他长期资产所支付的现金"项目中反映。

企业为职工支付的医疗、养老、失业、工伤、生育等社会保险基金、补充养老保险、住房公积金，企业为职工交纳的商业保险金，因解除与职工劳动关系给予的补偿，现金结算的股份支付，以及企业支付给职工或为职工支付的其他福利费用等，应根据职工的工作性质和服务对象，分别在"购建固定资产""无形资产""其他长期资产所支付的现金"和"支付给职工以及为职工支付的现金"项目中反映。

本项目可以根据"库存现金""银行存款""应付职工薪酬"等科目的记录分析填列。

【例14-8】飞升公司20×1年度管理费用明细账中，职工薪酬为17 100元，资产负债表上存货中的生产成本和制造费用包括职工薪酬324 900元，应付职工薪酬期初余额为110 000元，期末余额为180 000元。应付职工薪酬期初余额无应付在建工程人员的部分，本期支付在建工程人员职工薪酬200 000元，应付职工薪酬期末余额含应付在建工程人员的28 000元。求该公司20×1年支付给职工以及为职工支付的现金。

公司20×1年支付给职工以及为职工支付的现金
=324 900+17 100+[110 000-(180 000-28 000)]
=300 000(元)

6) 支付的各项税费

本项目反映企业按规定支付的各项税费，包括本期发生并支付的税费，以及本期支付的以前各期发生的税费和预交的税金，如支付的增值税、消费税、所得税、教育费附加、印花税、房产税、土地增值税、车船使用税等。不包括本期退回的增值税、所得税。本期退回的增值税、所得税等，在"收到的税费返还"项目中反映。本项目可以根据"应交税费""库存现金""银行存款"等科目的记录分析填列。

【例14-9】飞升公司本期向税务机关交纳增值税34 000元；本期发生的所得税3 100 000元已全部交纳；公司期初未交所得税280 000元；期末未交所得税120 000元。

本期支付的各项税费计算如下：

本期支付的增值税额	34 000
加：本期发生并交纳的所得税额	3 100 000
前期发生本期交纳的所得税额(280 000-120 000)	160 000
本期支付的各项税费	3 294 000

7) 支付的其他与经营活动有关的现金

本项目反映企业除上述各项目外，支付的其他与经营活动有关的现金，如罚款支出、支付的差旅费、业务招待费、保险费、经营租赁支付的现金等。其他与经营活动有关的现金，如果金额较大，应单列项目反映。本项目可根据"管理费用""销售费用"等有关科目的记录分析填列。

【例14-10】 飞升公司20×1年度管理费用22 000元,其中以现金支付管理人员工资13 000元,计提固定资产折旧4 200元,无形资产摊销2 000元。求该公司20×1年支付的其他与经营活动有关的现金。

公司20×1年支付的其他与经营活动有关的现金
=22 000-13 000-4 200-2 000
=2 800元

2. 投资活动产生的现金流量有关项目的编制

1) 收回投资收到的现金

本项目反映企业出售、转让或到期收回除现金等价物以外的交易性金融资产、债权投资、其他债权投资、其他权益工具投资和长期股权投资而收到的现金。不包括债权性投资收回的利息、收回的非现金资产,以及处置子公司及其他营业单位收到的现金净额。债权性投资收回的本金,在本项目中反映,债权性投资收回的利息,不在本项目中反映,而在"取得投资收益所收到的现金"项目中反映。处置子公司及其他营业单位收到的现金净额单设项目反映。本项目可以根据"交易性金融资产""债权投资""其他债权投资""其他权益工具投资""长期股权投资""库存现金""银行存款"等科目的记录分析填列。

【例14-11】 飞升公司出售某项长期股权投资,收回的全部投资金额为480 000元;出售某项长期债权性投资,收回的全部投资金额为410 000元,其中60 000元是债券利息。

本期收回投资所收到的现金计算如下。

收回长期股权投资金额	480 000
加:收回长期债权性投资本金(410 000-60 000)	350 000
本期收回投资所收到的现金	830 000

2) 取得投资收益收到的现金

本项目反映企业因股权性投资而分得的现金股利,从子公司、联营企业或合营企业分回利润而收到的现金,因债权性投资而取得的现金利息收入。股票股利由于不产生现金流量,不在本项目中反映。包括在现金等价物范围内的债券性投资,其利息收入在本项目反映。本项目可以根据"应收股利""应收利息""投资收益""库存现金""银行存款"等科目的记录分析填列。

【例14-12】 飞升公司期初长期股权投资余额为2 000 000元,其中1 500 000元投资于A企业,占其股本的25%,另外500 000元投资于B企业,占接受投资企业总股本的20%,采用权益法核算;当年A企业盈利2 000 000元,分配现金股利800 000元,B企业盈利600 000元,分配现金股利200 000元。企业已如数收到现金股利。

本期取得投资收益收到的现金计算如下:

取得A企业实际分回的投资收益(800 000×25%)	200 000
加:取得B企业实际分回的投资收益(200 000×20%)	40 000
本期取得投资收益收到的现金	240 000

3) 处置固定资产、无形资产和其他长期资产收到的现金净额

本项目反映企业出售固定资产、无形资产和其他长期资产所取得的现金,减去为处置

这些资产而支付的有关费用后的净额。处置固定资产、无形资产和其他长期资产所收到的现金，与处置活动支付的现金，两者在时间上比较接近，以净额反映更能准确反映处置活动对现金流量的影响。由于自然灾害等原因所造成的固定资产等长期资产报废、毁损而收到的保险赔偿收入，在本项目中反映。如果处置固定资产、无形资产和其他长期资产所收回的现金净额为负数，则应作为投资活动产生的现金流量，在"支付的其他与投资活动有关的现金"项目中反映。本项目可以根据"固定资产清理""库存现金""银行存款"等科目的记录分析填列。

【例 14-13】 飞升公司出售一台不需用设备，收到价款 30 000 元，该设备原价为 40 000 元，已提折旧 15 000 元。支付该项设备拆卸费用 200 元，运输费用 80 元，设备已由购入单位运走。

本期处置固定资产、无形资产和其他长期资产所收回的现金净额计算如下。

本期出售固定资产收到的现金	30 000
减：支付出售固定资产的清理费用	280
本期处置固定资产、无形资产和其他长期资产所收回的现金净额	29 720

4）处置子公司及其他营业单位收到的现金净额

本项目反映企业处置子公司及其他营业单位所取得的现金减去子公司或其他营业单位持有的现金和现金等价物以及相关处置费用后的净额。本项目可以根据有关科目的记录分析填列。处置子公司及其他营业单位收到的现金净额如为负数，则将该金额填列至"支付其他与投资活动有关的现金"项目中。

5）收到的其他与投资活动有关的现金

本项目反映企业除上述各项目外，收到的其他与投资活动有关的现金。其他与投资活动有关的现金，如果价值较大的，应单列项目反映。本项目可以根据有关科目的记录分析填列。

6）购建固定资产、无形资产和其他长期资产支付的现金

本项目反映企业购买、建造固定资产，取得无形资产和其他长期资产支付的现金，包括购买机器设备所支付的现金、建造工程支付的现金、支付在建工程人员的工资等现金支出，不包括为购建固定资产、无形资产和其他长期资产而发生的借款利息资本化部分，以及融资租入固定资产所支付的租赁费。为购建固定资产、无形资产和其他长期资产而发生的借款利息资本化部分，在"分配股利、利润或偿付利息支付的现金"项目中反映；融资租入固定资产所支付的租赁费，在"支付的其他与筹资活动有关的现金"项目中反映，不在本项目中反映。本项目可以根据"固定资产""在建工程""工程物资""无形资产""库存现金""银行存款"等科目的记录分析填列。

【例 14-14】 飞升公司购入房屋一幢，价款为 1 850 000 元，通过银行转账 1 800 000 元，其他价款用公司产品抵偿。为在建厂房购进建筑材料一批，价值为 160 000，价款已通过银行转账支付。

本期购建固定资产、无形资产和其他长期资产支付的现金计算如下。

购买房屋支付的现金	1 800 000
加：为在建工程购买材料支付的现金	160 000
本期购建固定资产、无形资产和其他长期资产支付的现金	1 960 000

7) 投资支付的现金

本项目反映企业进行权益性投资和债权性投资所支付的现金,包括企业取得的除现金等价物以外的交易性金融资产、债权投资、其他债权投资、其他权益工具投资、投资性房地产和长期股权投资而支付的现金,以及支付的佣金、手续费等交易费用。企业购买债券的价款中含有债券利息的,以及溢价或折价购入的,均按实际支付的金额反映。

企业购买股票和债券时,实际支付的价款中包含的已宣告但尚未领取的现金股利或已到付息期但尚未领取的债券利息,应在"支付的其他与投资活动有关的现金"项目中反映;收回购买股票和债券时支付的已宣告但尚未领取的现金股利或已到付息期但尚未领取的债券利息,应在"收到的其他与投资活动有关的现金"项目中反映。

本项目可以根据"交易性金融资产""债权投资""其他债权投资""其他权益工具投资""投资性房地产""长期股权投资""库存现金""银行存款"等科目的记录分析填列。

【例14-15】飞升公司以银行存款2 000 000元投资于A企业的股票。此外,购买中国光大银行发行的金融债券,面值总额为200 000 元,票面利率为8%,实际支付的金额为204 000元。

本期投资所支付的现金计算如下。

投资于A企业的现金总额	2 000 000
加:投资于中国光大银行金融债券的现金总额	204 000
本期投资所支付的现金	2 204 000

8) 取得子公司及其他营业单位支付的现金净额

本项目反映企业取得子公司及其他营业单位购买出价中以现金支付的部分,减去子公司或其他营业单位持有的现金和现金等价物后的净额。本项目可以根据有关科目的记录分析填列。

9) 支付的其他与投资活动有关的现金

本项目反映企业除上述各项目外,支付的其他与投资活动有关的现金。其他与投资活动有关的现金,如果价值较大,应单列项目反映。本项目可以根据有关科目的记录分析填列。

3. 筹资活动产生的现金流量有关项目的编制

1) 吸收投资收到的现金

本项目反映企业以发行股票、债券等方式筹集资金实际收到的款项净额(发行收入减去支付的佣金等发行费用后的净额)。以发行股票等方式筹集资金而由企业直接支付的审计、咨询费用等,不在本项目中反映,而在"支付的其他与筹资活动有关的现金"项目中反映。本项目可以根据"实收资本(或股本)""资本公积""库存现金""银行存款"等科目的记录分析填列。

【例14-16】飞升公司对外公开募集股份1 000 000股,每股1元,发行价每股1.1元,代理发行的证券公司为其支付的各种费用,共计15 000元。此外,公司为建设一新项目,批准发行200 000元的长期债券。与证券公司签署的协议规定:该批长期债券委托证券公司代理发行,发行手续费为发行总额的3.5%,宣传及印刷费由证券公司代为支付,并从发行总额中扣除。飞升公司至委托协议签署为止,已支付咨询费、公证费等 5 800 元。证券公司按面值发行,价款全部收到,支付宣传及印刷费等各种费用 11 420 元。按协议将发行款划至公司在银行的存款账户上。公司已收到全部发行价款。

本期吸收投资收到的现金计算如下。

发行股票取得的现金	1 085 000
其中:发行总额(1 000 000×1.1)	1 100 000
减:发行费用	15 000
发行债券取得的现金	1 918 580
其中:发行总额	2 000 000
减:发行手续费(2 000 000 ×3.5%)	70 000
证券公司代付的各种费用	11 420
本期吸收投资收到的现金	3 003 580

本例中,已支付的咨询费、公证费等 5 800 元,应在"支付的其他与筹资活动有关的现金"项目中反映。

2) 取得借款收到的现金

本项目反映企业举借各种短期、长期借款而收到的现金。本项目可以根据"短期借款""长期借款""库存现金""银行存款"等科目的记录分析填列。

3) 收到的其他与筹资活动有关的现金

本项目反映企业除上述各项目外,收到的其他与筹资活动有关的现金。其他与筹资活动有关的现金,如果价值较大,应单列项目反映。本项目可根据有关科目的记录分析填列。

4) 偿还债务支付的现金

本项目反映企业以现金偿还债务的本金,包括归还金融企业的借款本金、偿付企业到期的债券本金等。企业偿还的借款利息、债券利息,在"分配股利、利润或偿付利息所支付的现金"项目中反映,不在本项目中反映。本项目可以根据"短期借款""长期借款""交易性金融负债""应付债券""库存现金""银行存款"等科目的记录分析填列。

5) 分配股利、利润或偿付利息支付的现金

本项目反映企业实际支付的现金股利、支付给其他投资单位的利润或用现金支付的借款利息、债券利息。不同用途的借款,其利息的开支渠道不一样,如在建工程、财务费用等,均在本项目中反映。本项目可以根据"应付股利""应付利息""利润分配""财务费用""在建工程""制造费用""研发支出""库存现金""银行存款"等科目的记录分析填列。

【例 14-17】飞升公司期初应付现金股利为 21 000 元,本期宣布并发放现金股利 50 000元,期末应付现金股利 12 000 元。

本期分配股利、利润或偿付利息所支付的现金计算如下。

本期宣布并发放的现金股利	50 000
加:本期支付的前期应付股利(21 000-12 000)	9 000
本期分配股利、利润或偿付利息支付的现金	59 000

6) 支付的其他与筹资活动有关的现金

本项目反映企业除上述各项目外，支付的其他与筹资活动有关的现金，如以发行股票、债券等方式筹集资金而由企业直接支付的审计、咨询等费用，融资租赁各期支付的现金、以分期付款方式购建固定资产以后各期支付的现金等、无形资产等各期支付的现金。其他与筹资活动有关的现金，如果价值较大，应单列项目反映。本项目可以根据有关科目的记录分析填列。

4. 汇率变动对现金的影响

编制现金流量表时，应当将企业外币现金流量以及境外子公司的现金流量折算成记账本位币。现金流量表准则规定，外币现金流量以及境外子公司的现金流量，应当采用现金流量发生日的即期汇率或按照系统合理的方法确定的、与现金流量发生日即期汇率近似的汇率折算。汇率变动对现金的影响额应当作为调节项目，在现金流量表中单独列报。

汇率变动对现金的影响是指企业外币现金流量及境外子公司的现金流量折算成记账本位币时，所采用的是现金流量发生日的汇率或按照系统合理的方法确定的、与现金流量发生日即期汇率近似的汇率，而现金流量表"现金及现金等价物净增加额"项目中外币现金净增加额是按资产负债表日的即期汇率折算。这两者的差额即为汇率变动对现金的影响。

四、现金流量表补充资料的编制

企业应当采用间接法在现金流量附注中披露将净利润调节为经营活动现金流量的信息。现金流量表补充资料包括将净利润调节为经营活动现金流量、不涉及现金收支的重大投资和筹资活动、现金及现金等价物净变动情况等项目。现金流量表补充资料的格式和内容如表 14-8 所示。

表 14-8 现金流量表补充资料

补充资料	本期金额	上期金额
1. 将净利润调节为经营活动的现金流量		
净利润		
加：资产减值准备		
信用损失准备		
固定资产折旧、油气资产折耗、生产性生物资产折旧		
无形资产摊销		
长期待摊费用摊销		
处置固定资产、无形资产和其他长期资产的损失(收益以"-"号填列)		
固定资产报废损失(收益以"-"号填列)		
净敞口套期损失(收益以"-"号填列)		
公允价值变动损失(收益以"-"号填列)		
财务费用(收益以"-"号填列)		
投资损失(收益以"-"号填列)		
递延所得税资产减少(增加以"-"号填列)		
递延所得税负债增加(减少以"-"号填列)		
存货的减少(增加以"-"号填列)		

补充资料	本期金额	上期金额
经营性应收项目的减少(增加以"-"号填列)		
经营性应付项目的增加(减少以"-"号填列)		
其他		
经营活动产生的现金流量净额		
2. 不涉及现金收支的重大投资和筹资活动		
债务转为资本		
一年内到期的可转换公司债券		
融资租入固定资产		
3. 现金及现金等价物净变动情况		
现金的期末余额		
减：现金的期初余额		
加：现金等价物的期末余额		
减：现金等价物的期初余额		
现金及现金等价物净增加额		

采用间接法将净利润调整为经营活动的现金流量时，需要调整的项目可分为以下三大类。

1) 不涉及现金收入与支出项目的调整

不涉及现金收入与支出项目之所以需要调整，是因为其虽然减少或增加了利润，但是没有支付或收入现金，因此不会形成现金流量。

例如，计提坏账准备，企业减少当期利润，但是并未减少现金。

再如权益法下计算出来的投资收益虽然增加了利润，但是并未形成现金流入。同样的例子还有摊销无形资产、长期待摊费用等。这些是将权责发生制下计算出来的利润调节为收付实现制下的现金流量的第一步。

按照我国会计准则的规定，不涉及现金收入与支出而需调整的项目主要有：计提的资产减值准备、固定资产折旧、无形资产摊销、长期待摊费用摊销等。

2) 不属于经营活动损益项目的调整

由于利润表和现金流量表反映的内容和设计思路不同，因此，在将净利润调整为经营活动的现金流量时，要将利润表中不包含在经营活动中的项目调整出去。在利润表的计算过程中，营业利润中包含的项目一般是在经营活动中反映的(财务费用除外)，但是利润总额包含了投资收益、营业外收支等，而这些项目所导致的现金流量一般不是在经营活动中列示的。以出售固定资产的收益和损失为例，出售固定资产在现金流量表中属于投资活动，出售固定资产的款项应当在投资活动中反映，因此出售资产的收益或损失要对净利润进行调整。例如，飞升公司出售设备，账面原值为54 000元，累计折旧为14 000元，取得清理净收入52 000元，该项清理产生收益12 000元，计入"资产处置损益"。在利润表中已经将此12 000元包含在"资产处置损益"中，也就是包含在净利润中。但是在现金流量表中，应当把出售固定资产收入净额52 000元填入"投资活动产生的现金流量"要素下"处置固定资产、无形资产和其他长期资产所收到的现金净额"项目中，其中就包含了该项收益12 000元。为避免重复计算收益，我们要把该项收益从净利润中减掉，去掉出售资产收益对净利润的影响，在投资活动部分反映收入现金52 000元。同理，出售固定资产损失也要对净利润进行调整，损失要加回到净利润中以计算经营活动的现金流量。

按照我国会计准则的规定，不属于经营活动而需调整的损益项目主要有：处置固定资产、无形资产和其他长期资产的损失(减：收益)，固定资产报废损失，财务费用，投资损失(减：收益)。

3) 与经营活动有关的流动资产与流动负债增减变动的调整

流动资产和流动负债项目的变动。大多数流动资产和流动负债都是经营活动的结果。流动项目的变动要对净利润进行调整，其规则如下：

(1) 非现金流动资产增加额要从净利润中减掉。从间接的角度来说，假定其他项目不变，如果非现金流动资产增加，为保持会计等式平衡，就意味着现金减少。假设公司当期收回的现款小于当期销售额，那么应收账款期末余额就会大于期初余额，也就是应收账款会增加，该增加额就是当期的"销售收入"与当期"销售商品、提供劳务收到的现金"之间的差额。因此，在将按权责发生制原则确定的净利润调整为现金净流入时，需要将该增加额减去。对其他流动资产也同样适用。如果非现金流动资产当期增加就要从净利润中减去增加额。

(2) 非现金流动资产减少额要加回到净利润中去。假设东升公司当期应收账款减少了4 000元，意味着当期收回的销售款大于当期的销售收入，导致应收账款减少，所以以应收账款或其他流动资产的减少额要加回到净利润中去以计算当期经营活动的现金流量。

(3) 流动负债的减少额要从净利润中减去。因为偿还流动负债使流动负债减少、现金减少，所以流动负债减少额要从净利润中减掉。

(4) 流动负债的增加额要加到净利润中去。当年应付账款增加，意味着现金支付比相应的费用少。流动负债的增加额要加到净利润中去。

按照我国会计准则的规定，与经营活动有关的流动资产与流动负债增减变动的调整的项目主要有：存货的减少(减：增加)、经营性应收项目的减少(减：增加)、经营性应付项目的增加(减：减少)等。

用间接法计算经营活动的净现金流量开辟了一条与直接法完全不同的途径。但是，两种方法都能得出相同的经营活动净现金流量。

1. 将净利润调节为经营活动现金流量的编制

1) 资产减值准备

这里所指的资产减值准备包括：存货跌价准备、投资性房地产减值准备、长期股权投资减值准备、持有至到期投资减值准备、固定资产减值准备、在建工程减值准备、工程物资减值准备、生物性资产减值准备、无形资产减值准备、商誉减值准备等。企业按规定计提各项资产减值准备，包括在利润表中，属于利润的减除项目，但没有发生现金流出。所以，在将净利润调节为经营活动现金流量时，需要加回。本项目可根据"资产减值损失"科目的记录分析填列。

2) 信用损失准备

企业计提的信用损失准备，包括在利润表中，属于利润的减除项目，但没有发生现金流出。所以，在将净利润调节为经营活动现金流量时，需要加回。本项目可根据"信用减值损失"科目的记录分析填列。

3) 固定资产折旧、油气资产折耗、生产性生物资产折旧

企业计提的固定资产折旧，有的包括在管理费用中，有的包括在制造费用中。计入管理费用中的部分，作为期间费用在计算净利润时从中扣除，但没有发生现金流出，在将净利润调节为经营活动现金流量时，需要予以加回。计入制造费用中的已经变现的部分，在计算净利润时通过销售成本予以扣除，但没有发生现金流出；计入制造费用中的没有变现的部分，既不涉及现金收支，也不影响企业当期净利润。由于在调节存货时，已经从中扣除，在此处将净利润调节为经营活动现金流量时，需要予以加回。同理，企业计提的油气资产折耗、生产性生物资产折旧，也需要予以加回。本项目可根据"累计折旧""累计折耗""生产性生物资产折旧"科目的贷方发生额分析填列。

4) 无形资产摊销和长期待摊费用摊销

企业对使用寿命有限的无形资产计提摊销时，计入管理费用或制造费用。长期待摊费用摊销时，有的计入管理费用，有的计入销售费用，有的计入制造费用。计入管理费用等期间费用和计入制造费用中的已变现的部分，在计算净利润时已从中扣除，但没有发生现金流出；计入制造费用中的没有变现的部分，在调节存货时已经从中扣除，但不涉及现金收支，所以，在此处将净利润调节为经营活动现金流量时，需要予以加回。这个项目可根据"累计摊销""长期待摊费用"科目的贷方发生额分析填列。

5) 处置固定资产、无形资产和其他长期资产的损失(减：收益)

企业处置固定资产、无形资产和其他长期资产发生的损益，属于投资活动产生的损益，不属于经营活动产生的损益，所以，在将净利润调节为经营活动现金流量时，需要予以剔除。如为损失，在将净利润调节为经营活动现金流量时，应当加回；如为收益，在将净利润调节为经营活动现金流量时，应当扣除。本项目可根据"资产处置损益"等科目所属有关明细科目的记录分析填列；如为净收益，以"-"号填列。

6) 固定资产报废损失

企业发生的固定资产报废损益，属于投资活动产生的损益，不属于经营活动产生的损益，所以，在将净利润调节为经营活动现金流量时，需要予以剔除。同样，投资性房地产发生报废、毁损而产生的损失，也需要予以剔除。如为净损失，在将净利润调节为经营活动现金流量时，应当加回；如为净收益，在将净利润调节为经营活动现金流量时，应当扣除。本项目可根据"营业外支出""营业外收入"等科目所属有关明细科目的记录分析填列。

7) 净敞口套期损失

企业发生的净敞口套期下被套期项目累计公允价值变动转入当期损益的金额或现金流量套期储备转入本期损益，属于投资活动产生的损益，不属于经营活动产生的损益，所以，在将净利润调节为经营活动现金流量时，需要予以剔除。如为损失，在将净利润调节为经营活动现金流量时，应当加回；如为收益，在将净利润调节为经营活动现金流量时，应当扣除。本项目可根据"净敞口套期损益"等科目所属有关明细科目的记录分析填列；如为净收益，以"-"号填列。

8) 公允价值变动损失

公允价值变动损失反映企业交易性金融资产、投资性房地产等公允价值变动形成的应计入当期损益的利得或损失。企业发生的公允价值变动损益，通常与企业的投资活动或筹

资活动有关，而且并不影响企业当期的现金流量。为此，应当将其从净利润中剔除。本项目可以根据"公允价值变动损益"科目的发生额分析填列。如为持有损失，在将净利润调节为经营活动现金流量时，应当加回；如为持有利得，在将净利润调节为经营活动现金流量时，应当扣除。

9) 财务费用

企业发生的财务费用中不属于经营活动的部分，应当在将净利润调节为经营活动现金流量时将其加回。反之，将其从净利润中剔除。本项目可根据"财务费用"科目的本期借方发生额分析填列；如为收益，以"-"号填列。

在实务中，企业的"财务费用"明细账一般是按费用项目设置的，为了编制现金流量表，企业可在此基础上，再按"经营活动""筹资活动""投资活动"分设明细分类账。每一笔财务费用发生时，即将其归入"经营活动""筹资活动"或"投资活动"中。

10) 投资损失(减：收益)

企业发生的投资损益，属于投资活动产生的损益，不属于经营活动产生的损益，所以，在将净利润调节为经营活动现金流量时，需要予以剔除。如为净损失，在将净利润调节为经营活动现金流量时，应当加回；如为净收益，在将净利润调节为经营活动现金流量时，应当扣除。本项目可根据利润表中"投资收益"项目的数字填列；如为投资收益，以"-"号填列。

11) 递延所得税资产减少(减：增加)

如果递延所得税资产减少使计入所得税费用的金额大于当期应交的所得税金额，其差额没有发生现金流出，但在计算净利润时已经扣除，在将净利润调节为经营活动现金流量时，应当加回。如果递延所得税资产增加使计入所得税费用的金额小于当期应交的所得税金额，两者之间的差额并没有发生现金流入，但在计算净利润时已经包括在内，在将净利润调节为经营活动现金流量时，应当扣除。本项目可以根据资产负债表"递延所得税资产"项目期初、期末余额分析填列。

12) 递延所得税负债增加(减：减少)

如果递延所得税负债增加使计入所得税费用的金额大于当期应交的所得税金额，其差额没有发生现金流出，但在计算净利润时已经扣除，在将净利润调节为经营活动现金流量时，应当加回。如果递延所得税负债减少使计入当期所得税费用的金额小于当期应交的所得税金额，其差额并没有发生现金流入，但在计算净利润时已经包括在内，在将净利润调节为经营活动现金流量时，应当扣除。本项目可以根据资产负债表"递延所得税负债"项目期初、期末余额分析填列。

13) 存货的减少(减：增加)

期末存货比期初存货减少，说明本期生产经营过程耗用的存货有一部分是期初的存货，耗用这部分存货并没有发生现金流出，但在计算净利润时已经扣除，所以，在将净利润调节为经营活动现金流量时，应当加回。期末存货比期初存货增加，说明当期购入的存货除耗用外，还剩余一部分，这部分存货也发生了现金流出，但在计算净利润时没有包括在内，所以，在将净利润调节为经营活动现金流量时，需要扣除。当然，存货的增减变化过程还涉及应付项目，这一因素在"经营性应付项目的增加(减：减少)"中考虑。本项目可根据资产负债表中"存货"项目的期初数、期末数之间的差额填列；期末数大于期初数的差额，以"-"号填列。如果存货的增减变化过程属于投资活动(如在建工程领用存货),应当将这一因素剔除。

14) 经营性应收项目的减少(减:增加)

经营性应收项目包括应收票据、应收账款、预付账款、长期应收款和其他应收款中与经营活动有关的部分,以及应收的增值税销项税额等。经营性应收项目期末余额小于经营性应收项目期初余额,说明本期收回的现金大于利润表中所确认的销售收入,所以,在将净利润调节为经营活动现金流量时,需要加回。经营性应收项目期末余额大于经营性应收项目期初余额,说明本期销售收入中有一部分没有收回现金,但是,在计算净利润时这部分销售收入已包括在内,所以,在将净利润调节为经营活动现金流量时,需要扣除。本项目应当根据有关科目的期初、期末余额分析填列;如为增加,以"-"号填列。

【例14-18】 20×1年1月1日,甲企业应收账款为750 000元,应收票据为230 000元;20×1年12月31日,甲企业应收账款为950 000元,应收票据为200 000元。20×1年度内,该企业经营性应收项目年末比年初增加了 170 000[(950 000-750 000)+(200 000-230 000)]元。经营性应收项目增加金额170 000元,在将净利润调节为经营活动现金流量时应当扣除。

15) 经营性应付项目的增加(减:减少)

经营性应付项目包括应付票据、应付账款、预收账款、应付职工薪酬、应交税费、应付利息、长期应付款、其他应付款中与经营活动有关的部分,以及应付的增值税进项税额等。经营性应付项目期末余额大于经营性应付项目期初余额,说明本期购入的存货中有一部分没有支付现金,但是,在计算净利润时却将销售成本包括在内,在将净利润调节为经营活动现金流量时,需要加回;经营性应付项目期末余额小于经营性应付项目期初余额,说明本期支付的现金大于利润表中所确认的销售成本,在将净利润调节为经营活动产生的现金流量时,需要扣除。本项目应当根据有关科目的期初、期末余额分析填列;如为减少,以"-"号填列。

【例14-19】 20×1年1月1日,甲企业应付账款为600 000元,应付票据为390 000元,应付职工薪酬为10 000元,应交税费为60 000元;20×1年12月31日,甲企业应付账款为850 000元,应付票据为300 000元,应付职工薪酬为15 000元,应交税费为40 000元;20×1年度内,该企业经营性应付项目年末比年初增加了 145 000[(850 000-600 000)+(300 000-390 000)+(15 000-10 000)+(40 000-60 000)]元。经营性应付项目增加金额 145 000元,在将净利润调节为经营活动现金流量时应当加回。

2. 不涉及现金收支的重大投资和筹资活动的披露

不涉及现金收支的重大投资和筹资活动,反映企业一定期间内影响资产或负债但不形成该期现金收支的所有投资和筹资活动的信息。这些投资和筹资活动虽然不涉及当期现金收支,但对以后各期的现金流量有重大影响。例如,企业融资租入设备,将形成的负债计入"长期应付款"账户,当期并不支付设备款及租金,但以后各期必须为此支付现金,从而在一定期间内形成了一项固定的现金支出。

因此,现金流量表准则规定,企业应当在附注中披露不涉及当期现金收支,但影响企业财务状况或在未来可能影响企业现金流量的重大投资和筹资活动,主要包括:①债务转为资本,反映企业本期转为资本的债务金额;②一年内到期的可转换公司债券,反映企业一年内到期的可转换公司债券的本息;③融资租入固定资产,反映企业本期融资租入的固定资产。

3. 现金及现金等价物净变动情况

现金及现金等价物净变动情况,通过现金的期末期初差额进行反映即可,用以检验以直接法编制的现金流量净额是否准确。

现金的期末余额-现金的期初余额+现金等价物的期末余额-现金等价物的期初余额=现金及现金等价物的净增加额

五、现金流量表中的平衡关系

现金流量表正表中用直接法填列的"经营活动产生的现金流量净额"等于现金流量表补充资料中用间接法调整得出的"经营活动产生的现金流量净额"。

现金流量表正表中由"经营活动产生的现金流量净额""投资活动产生的现金流量净额""筹资活动产生的现金流量净额"以及"汇率变动对现金和现金等价物的影响"之和得出的"现金及现金等价物净增加额"等于现金流量表补充资料中通过"库存现金""银行存款""其他货币资金"账户的期末、期初余额的差额以及现金等价物的差额得出的"现金及现金等价物净增加额"。

以上平衡关系是检验现金流量表编制正确性的最重要的两个依据,也是基本的平衡关系。

六、现金流量表的编制举例

【例14-20】资料见例14-1和例14-2。编制飞升公司20×1年现金流量表。

编制现金流量表工作底稿,具体步骤如下。

1. 将资产负债表的期初数和期末数过入工作底稿的"期初数"栏和"期末数"栏。
2. 对当期业务进行分析并编制调整分录。编制调整分录时,以利润表项目为基础,从"营业收入"开始,结合资产负债表项目逐一进行分析。本例调整分录如下。

(1) 分析调整营业收入。

借:经营活动现金流量——销售商品收到的现金　　3 973 500
　　应收账款　　　　　　　　　　　　　　　　　　861 300
　　信用减值损失　　　　　　　　　　　　　　　　　2 700
　　贷:营业收入　　　　　　　　　　　　　　　　　　　3 750 000
　　　　应收票据　　　　　　　　　　　　　　　　　　　600 000
　　　　应交税费　　　　　　　　　　　　　　　　　　　487 500

(2) 分析调整营业成本。

借:营业成本　　　　　　　　　　　　　　　　　　2 250 000
　　应付票据　　　　　　　　　　　　　　　　　　　300 000
　　应交税费　　　　　　　　　　　　　　　　　　　109 398
　　贷:经营活动现金流量——购买商品支付的现金　　　2 643 498
　　　　存货　　　　　　　　　　　　　　　　　　　　　15 900

(3) 调整本年营业税金及附加。
借：税金及附加 6 000
　　所得税费用 210 225
　　应交税费 300 000
　　贷：经营活动现金流量——支付的各项税费 516 225
(4) 计算销售费用付现。
借：销售费用 60 000
　　贷：经营活动现金流量——支付的其他与经营活动有关的现金 60 000
(5) 调整管理费用。
借：管理费用 471 300
　　贷：经营活动现金流量——支付的其他与经营活动有关的现金 471 300
(6) 分析调整财务费用。
借：财务费用 124 500
　　贷：经营活动现金流量——销售商品收到的现金 60 000
　　　　应付利息 34 500
　　　　长期借款 30 000

本期增加的财务费用中，有60 000元是票据贴现利息，由于在调整应收票据时已全额计入"经营活动现金流量——销售商品收到的现金"，所以要从"经营活动现金流量——销售商品收到的现金"项目内冲回，不能作为现金流出。

(7) 分析调整资产减值损失。
借：资产减值损失 90 000
　　贷：固定资产减值准备 90 000
(8) 分析调整投资收益。
借：投资活动现金流量——取得投资收益收到的现金 90 000
　　　　　　　　　　——收回投资收到的现金 49 500
　　贷：投资收益 94 500
　　　　交易性金融资产 45 000
(9) 分析调整营业外收入。
借：投资活动现金流量——处置固定资产收到的现金 900 000
　　累计折旧 450 000
　　贷：资产处置损益 150 000
　　　　固定资产 1 200 000
(10) 分析调整营业外支出。
借：营业外支出 59 100
　　投资活动现金流量——处置固定资产收到的现金 900
　　累计折旧 540 000
　　贷：固定资产 600 000
(11) 分析调整固定资产。
借：固定资产 4 503 000

　　　　贷：投资活动现金流量——购建固定资产支付的现金　　　　　303 000
　　　　　　在建工程　　　　　　　　　　　　　　　　　　　　　4 200 000
(12) 分析调整累计折旧。
借：经营活动现金流量——支付的其他与经营活动有关的现金　　60 000
　　　　　　　　　　——购买商品支付的现金　　　　　　　　240 000
　　　　贷：累计折旧　　　　　　　　　　　　　　　　　　　　　300 000
(13) 分析调整在建工程。
借：在建工程　　　　　　　　　　　　　　　　　　　　　　　1 434 000
　　　　贷：投资活动现金流量——购建固定资产支付的现金　　　　600 000
　　　　　　长期借款　　　　　　　　　　　　　　　　　　　　　450 000
　　　　　　应付职工薪酬　　　　　　　　　　　　　　　　　　　 84 000
　　　　　　应交税费　　　　　　　　　　　　　　　　　　　　　300 000
(14) 分析调整无形资产。
借：无形资产　　　　　　　　　　　　　　　　　　　　　　　　450 000
　　　　贷：投资活动现金流量——购建无形资产支付的现金　　　　450 000
借：经营活动现金流量——支付的其他与经营活动有关的现金　　180 000
　　　　贷：无形资产　　　　　　　　　　　　　　　　　　　　　180 000
无形资产摊销时已计入管理费用，所以应做补充调整。
(15) 分析调整短期借款。
借：短期借款　　　　　　　　　　　　　　　　　　　　　　　　750 000
　　　　贷：筹资活动现金流量——偿还债务支付的现金　　　　　　750 000
(16) 分析调整应付职工薪酬。
借：应付职工薪酬　　　　　　　　　　　　　　　　　　　　　　900 000
　　　　贷：经营活动现金流量——支付给职工以及为职工支付的现金　900 000
借：经营活动现金流量——购买商品支付的现金　　　　　　　　855 000
　　　　　　　　　　——支付的其他与经营活动有关的现金　　　 45 000
　　　　贷：应付职工薪酬　　　　　　　　　　　　　　　　　　　900 000
　　本期应付职工薪酬的期末、期初差额虽然为零，但并不意味着本期支付给职工的工资为零。上述分录中，由于工资费用分配时已分别计入制造费用和管理费用，所以要补充调整。
(17) 分析调整福利费。
借：经营活动现金流量——购买商品支付的现金　　　　　　　　119 700
　　　　　　　　　　——支付的其他与经营活动有关的现金　　 6 300
　　　　贷：应付职工薪酬　　　　　　　　　　　　　　　　　　　126 000
(18) 分析调整应付利息。
借：应付利息　　　　　　　　　　　　　　　　　　　　　　　　 37 500
　　　　贷：筹资活动现金流量——偿付利息支付的现金　　　　　　 37 500
(19) 分析调整长期借款。
借：长期借款　　　　　　　　　　　　　　　　　　　　　　　3 000 000
　　　　贷：筹资活动现金流量——偿还债务支付的现金　　　　　3 000 000

借：筹资活动现金流量——借款收到的现金　　　　　　　　1 200 000
　　　贷：长期借款　　　　　　　　　　　　　　　　　　　　　　　1 200 000

(20) 结转净利润。

借：净利润　　　　　　　　　　　　　　　　　　　　　　　720 675
　　　贷：未分配利润　　　　　　　　　　　　　　　　　　　　　　　720 675

(21) 提取盈余公积及分配股利。

借：未分配利润　　　　　　　　　　　　　　　　　　　　　168 715.05
　　　贷：盈余公积　　　　　　　　　　　　　　　　　　　　　　　　72 067.5
　　　　　应付股利　　　　　　　　　　　　　　　　　　　　　　　　96 647.55

(22) 调整现金净变化额。

借：现金净减少额　　　　　　　　　　　　　　　　　　　　1 975 623
　　　贷：库存现金　　　　　　　　　　　　　　　　　　　　　　　　1 975 623

3. 将调整分录过入工作底稿的相应部分，如表14-9所示。

4. 核对调整分录，借方、贷方合计数均已经相等，资产负债表项目期初数加减调整分录中的借贷金额以后，也已等于期末数。

表14-9　现金流量表工作底稿

项　目	期　初　数	调整分录 借　方	调整分录 贷　方	期　末　数
一、资产负债表项目				
借方项目：				
货币资金	4 218 900		(22) 1 975 623	2 243 277
交易性金融资产	45 000		(8) 45 000	0
应收票据	738 000		(1) 600 000	138 000
应收账款	897 300	(1) 861 300		1 758 600
其他应收款	15 000			15 000
预付款项	600 000			600 000
存货	7 740 000		(2) 15 900	7 724 100
长期股权投资	750 000			750 000
固定资产原价	4 500 000	(11) 4 503 000	(9) 1 200 000	7 203 000
			(10) 600 000	
工程物资				
在建工程	4 500 000	(13) 1 434 000	(11) 4 200 000	1 734 000
无形资产	1 800 000	(14) 450 000	(14) 180 000	2 070 000
其他长期资产	600 000			600 000
借方项目合计	26 404 200			24 835 977
贷方项目：				
累计折旧	1 200 000	(9) 450 000	(12) 300 000	510 000
		(10) 540 000		
固定资产减值准备			(7) 90 000	90 000
短期借款	900 000	(15) 750 000		150 000
应付票据	600 000	(2) 300 000		300 000
应付账款	2 861 400			2 861 400
应付职工薪酬	330 000	(16) 900 000	(13) 84 000	540 000

续表

项 目	期初数	调整分录 借方	调整分录 贷方	期末数
			(16) 900 000	
			(17) 126 000	
应付股利			(21) 96 647.55	96 647.55
应交税费	109 800	(2) 109 398	(1) 487 500	487 902
		(3) 300 000	(13) 300 000	
其他应付款	150 000			150 000
应付利息	3 000	(18) 37 500	(6) 34 500	0
长期借款	1 800 000	(19) 3 000 000	(6) 30 000	3 480 000
			(13) 450 000	
			(19) 1 200 000	
实收资本(或股本)	15 000 000			15 000 000
盈余公积	300 000		(21) 72 067.5	372 067.5
未分配利润	150 000	(21) 168 715.05	(20) 720 675	70 195 995
贷方项目合计	23 404 200			94 234 012.05
二、利润表项目				本年累计
营业收入			(1) 3 750 000	3 750 000
营业成本		(2) 2 250 000		2 250 000
税金及附加		(3) 6 000		6 000
销售费用		(4) 60 000		60 000
管理费用		(5) 471 300		471 300
财务费用		(6) 124 500		124 500
信用减值损失		(1) 2 700		2 700
资产减值损失		(7) 90 000		90 000
投资收益			(8) 94 500	94 500
资产处置损益			(9) 150 000	150 000
营业外支出		(10) 59 100		59 100
所得税费用		(3) 210 225		210 225
净利润		(20) 720 675		720 675
三、现金流量表项目				
(一)经营活动产生的现金流量				
销售商品、提供劳务收到的现金		(1) 3 973 500	(6) 60 000	3 913 500
现金流入小计				3 913 500
购买商品、接受劳务支付的现金		(12) 240 000	(2) 2 643 498	1 428 798
		(16) 855 000		
		(17) 119 700		
支付给职工以及为职工支付的现金			(16) 900 000	900 000
支付的各项税费			(3) 516 225	516 225
支付的其他与经营活动有关的现金		(12) 60 000	(4) 60 000	240 000
		(14) 180 000	(5) 471 300	

续表

项目	期初数	调整分录 借方		调整分录 贷方		期末数
		(16)	45 000			
		(17)	6 300			
现金流出小计						3 085 023
经营活动产生的现金流量净额						828 477
(二)投资活动产生的现金流量						
收回投资收到的现金		(8)	49 500			49 500
取得投资收益收到的现金		(8)	90 000			90 000
处置固定资产收回的现金净额		(9)	900 000			900 900
		(10)	900			
现金流入小计						1 040 400
购建固定资产支付的现金				(11)	303 000	1 353 000
				(13)	600 000	
				(14)	450 000	
现金流出小计						1 353 000
投资活动产生的现金流量净额						-312 600
(三)筹资活动产生的现金流量						
取得借款收到的现金		(19)	1 200 000			1 200 000
现金流入小计						1 200 000
偿还债务支付的现金				(15)	750 000	3 750 000
				(19)	3 000 000	
偿付利息支付的现金				(18)	37 500	37 500
现金流出小计						3 787 500
筹资活动产生的现金流量净额						-2 587 500
四、现金及现金等价物净减少额				2 071 623		2 071 623
调整分录借贷合计		38 508 000		38 508 000		

5. 编制现金流量表,如表 14-10 所示。

表 14-10 现金流量表

编制单位:飞升公司　　　　　　　　　20×1年度　　　　　　　　　　　单位:元

项目	金额
一、经营活动产生的现金流量	
销售商品、提供劳务收到的现金	3 913 500
收到的税费返还	
收到的其他与经营活动有关的现金	
经营活动现金流入小计	3 913 500
购买商品、接受劳务支付的现金	1 428 798
支付给职工以及为职工支付的现金	900 000
支付的各项税费	516 225
支付的其他与经营活动有关的现金	240 000
经营活动现金流出小计	3 085 023

续表

项目	金额
经营活动产生的现金流量净额	828 477
二、投资活动产生的现金流量	
收回投资收到的现金	49 500
取得投资收益收到的现金	90 000
处置固定资产、无形资产和其他长期资产收到的现金净额	900 900
处置子公司及其他营业单位收到的现金净额	
收到的其他与投资活动有关的现金	
投资活动现金流入小计	1 040 400
购建固定资产、无形资产和其他长期资产支付的现金	1 353 000
投资支付的现金	
取得子公司及其他营业单位支付的现金净额	
支付的其他与投资活动有关的现金	
投资活动现金流出小计	1 353 000
投资活动产生的现金流量净额	-312 600
三、筹资活动产生的现金流量	
吸收投资收到的现金	
取得借款收到的现金	1 200 000
收到的其他与筹资活动有关的现金	
筹资活动现金流入小计	1 200 000
偿还债务支付的现金	3 750 000
分配股利、利润或偿付利息支付的现金	37 500
支付的其他与筹资活动有关的现金	
筹资活动现金流出小计	3 787 500
筹资活动产生的现金流量净额	-2 587 500
四、汇率变动对现金的影响	
五、现金及现金等价物净增加额	-2 071 623
加：期初现金及现金等价物余额	4 218 900
六、期末现金及现金等价物余额	2 111 277
1. 将净利润调节为经营活动的现金流量	
净利润	720 675
加：资产减值准备	90 000
信用减值准备	2 700
固定资产折旧、油气资产折耗、生产性生物资产折旧	300 000
无形资产摊销	180 000
长期待摊费用摊销	0
处置固定资产、无形资产和其他长期资产的损失(减：收益)	-150 000
固定资产报废损失	59 100
净敞口套期损失(收益以"-"号填列)	
公允价值变动损失	
财务费用	64 500

续表

项　　目	金　　额
投资损失(减：收益)	-94 500
递延所得税资产减少	
递延所得税负债增加	
存货的减少(减：增加)	15 900
经营性应收项目的减少(减：增加)	-264 000
经营性应付项目的增加(减：减少)	-95 898
其他	0
经营活动产生的现金流量净额	828 477
2. 不涉及现金收支的投资和筹资活动	
债务转为资本	0
一年内到期的可转换公司债券	0
融资租入固定资产	0
3. 现金及现金等价物净增加情况	
现金的期末余额	2 111 277
减：现金的期初余额	4 218 900
加：现金等价物的期末余额	0
减：现金等价物的期初余额	0
现金及现金等价物净增加额	-2 071 623

第五节　所有者权益变动表

一、所有者权益变动表概述

1. 所有者权益变动表的内容

所有者权益变动表是反映构成所有者权益的各组成部分当期的增减变动情况的报表。所有者权益变动表应当全面反映一定时期所有者权益变动的情况，不仅包括所有者权益总量的增减变动，还包括所有者权益增减变动的重要结构性信息，让报表使用者准确理解所有者权益增减变动的根源。

在所有者权益变动表中，综合收益和与所有者(或股东)的资本交易导致的所有者权益的变动，应当分别列示。企业至少应当单独列示反映下列信息的项目：①综合收益总额；②会计政策变更和差错更正的累积影响金额；③所有者投入资本和向所有者分配利润等；④提取的盈余公积；⑤所有者权益各组成部分的期初和期末余额及其调节情况。

2. 所有者权益变动表的列报格式

为了清楚地表明构成所有者权益的各组成部分当期的增减变动情况，所有者权益变动表应以矩阵的形式列示。一方面，列示导致所有者权益变动的交易或事项，改变了以往仅仅按照所有者权益的各组成部分反映所有者权益变动情况，而是按所有者权益变动的来源对一定时期所有者权益变动情况进行全面反映；另一方面，按照所有者权益各组成部分(包括实收资本、其他权益工具、资本公积、其他综合收益、盈余公积、未分配利润和库存股)及其总额列示交易或事项对所有者权益的影响。其格式如表 14-11 所示。

表 14-11 所有者权益变动表

编制单位：××公司　　　　　　××××年度　　　　　　会企 04 表　　单位：元

项目	本年金额								上年金额							
	实收资本(或股本)	其他权益工具			资本公积	减：库存股	其他综合收益	盈余公积	未分配利润	所有者权益合计	实收资本(或股本)	其他权益工具			资本公积	减：库存股	其他综合收益	盈余公积	未分配利润	所有者权益合计
		优先股	永续债	其他								优先股	永续债	其他						
一、上年年末余额																				
加：会计政策变更																				
前期差错更正																				
二、本年年初余额																				
三、本年增减变动金额(减少以"-"号填列)																				
(一)综合收益总额																				
(二)所有者投入和减少资本																				
1. 所有者投入资本																				
2. 股份支付计入所有者权益的金额																				
3. 其他																				
(三)利润分配																				
1. 提取盈余公积																				
2. 对所有者(或股东)的分配																				
3. 其他																				
(四)所有者权益内部结转																				
1. 资本公积转增资本(或股本)																				
2. 盈余公积转增资本(或股本)																				
3. 盈余公积弥补亏损																				
4. 设定受益计划变动额结转留存收益																				
5. 其他综合收益结转留存收益																				
6. 其他																				
四、本年年末余额																				

二、所有者权益变动表的填列方法

所有者权益变动表一般应根据"实收资本(或股本)""其他权益工具""资本公积""其他综合收益""盈余公积""利润分配""库存股""以前年度损益调整"等科目的

发生额分析填列。企业的净利润及其分配情况作为所有者权益变动的组成部分,不需要单独设置利润分配表列示。各项数字根据以下方法填列。

(1) "上年年末余额"项目,反映企业上年资产负债表中实收资本(或股本)、资本公积、其他综合收益、盈余公积、未分配利润的年末余额。

(2) "会计政策变更"和"前期差错更正"项目,分别反映企业采用追溯调整法处理的会计政策变更的累积影响金额和采用追溯重述法处理的会计差错更正的累积影响金额。

为了体现会计政策变更和前期差错更正的影响,企业应当在上期期末所有者权益余额的基础上进行调整得出本期期初所有者权益,根据"盈余公积""利润分配""以前年度损益调整"等科目的发生额分析填列。

(3) "本年增减变动金额"项目分别反映如下内容。

① "综合收益总额"项目,反映净利润和其他综合收益扣除所得税影响后的净额相加后的合计金额,并对应填列在本行"其他综合收益"和"未分配利润"栏。

② "所有者投入和减少资本"项目,反映企业当年所有者投入的资本和减少的资本。其中,"所有者投入资本"项目,反映企业接受投资者投入形成的实收资本(或股本)和资本溢价或股本溢价,并对应填列在"实收资本"和"资本公积"栏;"股份支付计入所有者权益的金额"项目,反映企业处于等待期中的权益结算的股份支付当年计入资本公积的金额,并对应填列在"资本公积"栏。

③ "利润分配"下各项目,反映当年对所有者(或股东)分配的利润(或股利)金额和按照规定提取的盈余公积金额,并对应填列在"未分配利润"和"盈余公积"栏。其中,"提取盈余公积"项目,反映企业按照规定提取的盈余公积;"对所有者(或股东)的分配"项目,反映对所有者(或股东)分配的利润(或股利)金额。

④ "所有者权益内部结转"下各项目,反映不影响当年所有者权益总额的所有者权益各组成部分之间当年的增减变动,包括资本公积转增资本(或股本)、盈余公积转增资本(或股本)、盈余公积弥补亏损等项金额。为了全面反映所有者权益各组成部分的增减变动情况,所有者权益内部结转也是所有者权益变动表的重要组成部分,主要指不影响所有者权益总额、所有者权益的各组成部分当期的增减变动。其中,"资本公积转增资本(或股本)"项目,反映企业以资本公积转增资本或股本的金额;"盈余公积转增资本(或股本)"项目,反映企业以盈余公积转增资本或股本的金额;"盈余公积弥补亏损"项目,反映企业以盈余公积弥补亏损的金额;"设定受益计划变动额结转留存收益"项目,反映企业因重新计量设定受益计划净负债或净资产所产生的变动计入其他综合收益,结转至留存收益的金额。"其他综合收益结转留存收益"项目,主要反映:第一,企业指定为以公允价值计量且其变动计入其他综合收益的非交易性权益工具投资终止确认时,之前计入其他综合收益的累计利得或损失从其他综合收益中转入留存收益的金额;第二,企业指定为以公允价值计量且其变动计入当期损益的金融负债终止确认时,之前由企业自身信用风险变动引起而计入其他综合收益的累计利得或损失从其他综合收益中转入留存收益的金额等。

所有者权益变动表"上年金额"栏内各项数字,应根据上年度所有者权益变动表"本年金额"栏内所列数字填列。如果上年度所有者权益变动表规定的各个项目的名称和内容同本年度不相一致,应对上年度所有者权益变动表各项目的名称和数字按本年度的规定进行调整,填入所有者权益变动表"上年金额"栏内。

三、所有者权益变动表的填列举例

【例 14-21】 资料见例 14-1。要求：编制飞升公司 20×1 年的所有者权益变动表。

编制所有者权益变动表，如表 14-12 所示。

表 14-12 所有者权益变动表

会企 04 表

编制单位：飞升公司　　　　　　　　　　20×1 年度　　　　　　　　　　单位：元

项　目	本年金额								
	实收资本(或股本)	其他权益工具			资本公积	减：库存股	其他综合收益	盈余公积	未分配利润	所有者权益合计
		优先股	永续债	其他						
一、上年年末余额	15 000 000				0	0	0	300 000	150 000	15 450 000
加：会计政策变更										
前期差错更正										
二、本年年初余额	15 000 000				0	0	0	300 000	150 000	15 450 000
三、本年增减变动金额(减少以"-"号填列)										
(一)综合收益总额									720 675	720 675
(二)所有者投入和减少资本										
1. 所有者投入资本										
2. 股份支付计入所有者权益的金额										
3. 其他										
(三)利润分配										
1. 提取盈余公积									72 067.5	-72 067.5	0
2. 对所有者(或股东)的分配										-96 647.55	-96 647.55
3. 其他										
(四)所有者权益内部结转										
1. 资本公积转增资本(或股本)										
2. 盈余公积转增资本(或股本)										
3. 盈余公积弥补亏损										
4. 设定受益计划变动额结转留存收益										
5. 其他综合收益结转留存收益										
6. 其他										
四、本年年末余额	15 000 000							372 067.5	701 959.95	16 074 027.45

注：本表未列示上年金额。

第六节　财务报表附注

一、附注概述

在财务报表中，无论是主表还是附表，由于受到固定格式和规定内容的限制，只能对外提供定量的、符合统一格式的会计信息，因而会影响信息使用者对企业财务状况的全面理解。同时，列入会计报表的各项信息都必须符合会计要素的定义和确认标准。因此，会计报表本身能反映的财务信息受到一定的限制。为给报表使用者提供完整的会计信息，需要对会计报表的有关内容加以注释和说明。因此，企业除了编制和对外提供财务报表外，还应遵循充分披露原则，提供财务报表附注。附注就是对在资产负债表、利润表、所有者权益变动表和现金流量表等报表中列示项目的文字描述或明细资料，以及对未能在这些报表中列示项目的说明等。所以，完整的财务报告应包括会计报表，以及作为会计报表组成部分的有关附注。会计报表通过一定的格式、一定的项目内容，反映企业的财务状况、经营业绩和现金流量，财务报表附注通过文字说明，帮助信息使用者更加全面、完整地理解报表信息。

二、附注披露的主要内容

附注披露的相关信息应当与资产负债表、利润表、所有者权益变动表和现金流量表等报表中列示的项目相互参照。

附注一般应当按照顺序至少披露下列内容。

1. 企业基本情况

企业的基本情况：企业注册地、组织形式和总部地址；企业的业务性质和主要经营活动；母公司以及集团最终母公司的名称；财务报告的批准报出者和财务报告批准报出日；按照有关法律、行政法规等规定，企业所有者或其他方面有权对报出的财务报告进行修改的事实。

2. 财务报表的编制基础

财务报表的编制基础：会计年度；记账本位币；会计计量所运用的计量基础；现金和现金等价物的构成。

3. 遵循企业会计准则的声明

企业应当明确说明编制的财务报表符合企业会计准则的要求，真实、完整地反映了企业的财务状况、经营成果和现金流量等有关信息。

4. 重要会计政策和会计估计

重要会计政策的说明，包括财务报表项目的计量基础和在运用会计政策过程中所作的重要判断等。企业应当披露采用的重要会计政策和会计估计，并结合企业的具体实际披露其重要会计政策的确定依据和财务报表项目的计量基础。其中，会计政策的确定依据主要是指企业在运用会计政策过程中所作的重要判断，这些判断对在报表中确认的项目金额具有重要影响。比如，企业如何判断持有的金融资产是持有至到期投资而不是交易性资产，企业如何判断与租赁资产相关的所有风险和报酬已转移给企业从而符合融资租赁的标准，投资性房地产的判断标准是什么等。财务报表项目的计量基础包括历史成本、重置成本、可变现净值、现值和公允价值等会计计量属性。

重要会计估计的说明，包括可能导致下一个会计期间内资产、负债账面价值重大调整的会计估计的确定依据等。企业应当披露重要会计估计，并结合企业的具体实际披露其会计估计所采用的关键假设和不确定因素。重要会计估计的说明，包括可能导致下一个会计期间内资产、负债账面价值重大调整的会计估计的确定依据等。例如，固定资产可收回金额的计算需要根据其公允价值减去处置费用后的净额与预计未来现金流量的现值两者之间的较高者确定，在计算资产预计未来现金流量的现值时需要对未来现金流量进行预测，并选择适当的折现率，企业应当在附注中披露未来现金流量预测所采用的假设及其依据、所选择的折现率为什么是合理的等。又如，对于正在进行中的诉讼提取准备，企业应当披露最佳估计数的确定依据。

5. 会计政策和会计估计变更以及差错更正的说明

企业应当按照《企业会计准则第28号——会计政策、会计估计变更和差错更正》的规定，披露会计政策和会计估计变更以及差错更正的情况。

重要会计政策和会计估计变更的说明，以及重大会计差错更正的说明，主要包括以下事项。

(1) 会计政策变更的性质、内容和原因。
(2) 当期和各个列报前期财务报表中受影响的项目名称和调整金额。
(3) 会计政策变更无法进行追溯调整的事实和原因以及开始应用变更后的会计政策的时点、具体应用情况。
(4) 会计估计变更的内容和原因。
(5) 会计估计变更对当期和未来期间的影响金额。
(6) 会计估计变更的影响数不能确定的事实和原因。
(7) 前期差错的性质。
(8) 各个列报前期财务报表中受影响的项目名称和更正金额。前期差错对当期财务报表也有影响的，还应披露当期财务报表中受影响的项目名称和金额。
(9) 前期差错无法追溯重述的事实和原因以及对前期差错开始进行更正的时点、具体更正情况。

6. 报表重要项目的说明

企业应当按照资产负债表、利润表、现金流量表、所有者权益变动表及其项目列示的顺序，对报表重要项目的说明采用文字和数字描述相结合的方式进行披露。报表重要项目的明细金额合计，应当与报表项目金额相衔接。

企业应当在附注中披露费用按照性质分类的利润表补充资料，可将费用分为耗用的原材料、职工薪酬费用、折旧费用、摊销费用等。

7. 其他信息披露

主要包括以下事项：①或有和承诺事项、资产负债表日后非调整事项、关联方关系及其交易等需要说明的事项；②有助于财务报表使用者评价企业管理资本的目标、政策及程序的信息。

思 考 题

1. 财务报表列报从哪几方面提出了基本要求？
2. 资产负债表项目的编制方法主要有哪几种？
3. 多步式利润表分为几步？它的优点是什么？
4. 什么是现金和现金等价物？
5. 简述现金流量表反映的三种活动。
6. 直接法和间接法在编制现金流量表时有何区别？

自 测 题

一、单项选择题

1. 下列资产负债表项目，需要根据相关总账所属明细账户的期末余额分析填列的是（　　）。
   A. 应收票据　　　B. 应收账款　　　C. 应付票据　　　D. 应付职工薪酬
2. 现金流量表的主要目的是（　　）。
   A. 预测未来现金流量　　　　　　B. 评价管理决策
   C. 确定支付股利和利息的能力　　D. 以上三项
3. 间接法比直接法做得更好的方面是（　　）。
   A. 反映筹资活动对现金的影响
   B. 反映现金余额为什么变化
   C. 显示净利润和经营活动的现金流量之间的联系
   D. 反映经营活动的现金流量的各个组成部分，如来自客户的现金收入和向供应商付款
4. 在现行的现金流量表中，企业可以按现金流入和流出的净额填列的是（　　）。
   A. 与借款的借入和偿还有关的现金流量
   B. 与增值税的收取与支付有关的现金流量
   C. 与债权投资的发生与收回有关的现金流量
   D. 与固定资产清理收入及清理费用有关的现金流量
5. "收到投资债权的利息"应属于（　　）。
   A. 经营活动产生的现金流量
   B. 投资活动产生的现金流量
   C. 筹资活动产生的现金流量
   D. 不同类型的债权应分别归属于不同类别的现金流量
6. 下列经济业务所产生的现金流量中，属于"经营活动产生的现金流量"的是（　　）。
   A. 变卖固定资产所产生的现金流量
   B. 取得债券利息收入所产生的现金流量

C. 支付经营租赁费用所产生的现金流量
D. 支付融资租赁费用所产生的现金流量

7. 某企业出售一栋房产，原价为100万元，累计折旧为20万元，固定资产减值准备为5万元，实际售得150万元，以银行存款方式收回，同时支付相关清理费用1万元。则在本期的现金流量表中，投资活动中处置固定资产收到的现金净额应列(　　)万元。
   A. 150   B. 149   C. 146   D. 74

8. 甲公司20×1年度发生的管理费用为2 200万元，其中，以现金支付退休职工统筹退休金350万元和管理人员工资950万元，存货盘亏损失25万元，计提固定资产折旧420万元，无形资产摊销350万元，其余均以现金支付。假定不考虑其他因素，甲公司20×1年度现金流量表中"支付的其他与经营活动有关的现金"项目的金额为(　　)万元。
   A. 105   B. 455   C. 475   D. 675

9. 某企业20×1年主营业务成本为30万元，进项税额为4万元，应付账款期初余额为1万元，期末余额为0.95万元，预付账款期初余额为0.9万元，期末余额为0.8万元，存货期初余额为10万元，期末余额为8万元，本期计入制造费用工资3万元，计入生产成本工资5万元，本期计入制造费用中的折旧为5万元。计算现金流量表中"购买商品、接受劳务而支付的现金"的金额为(　　)万元。
   A. 24   B. 18.95   C. 29   D. 34

10. 某企业本期购置固定资产支付现金500万元，支付固定资产专门借款利息80万元，全部为资本化的借款利息，支付在建工程人员的工资20万元，支付耕地占用税100万元。该企业本期编制现金流量表时，登记在"购建固定资产、无形资产和其他长期资产支付的现金"的金额是(　　)万元。
    A. 620   B. 600   C. 770   D. 750

二、多项选择题

1. 一项投资被确认为现金等价物必须同时具备的条件有(　　)。
   A. 期限短   B. 流动性强
   C. 价值变动风险很小   D. 易于转换为已知金额现金

2. 将净利润调节为经营活动产生的现金流量时，下列各调整项目中，属于调增项目的有(　　)。
   A. 投资收益   B. 递延所得税负债增加额
   C. 长期待摊费用的增加   D. 固定资产报废损失

3. 在现金流量表中，销售商品提供劳务收到的现金包括(　　)。
   A. 本期销售商品提供劳务收到的现金(包括价款和税费)
   B. 前期销售商品提供劳务本期收到的现金(包括价款和税费)
   C. 本期预收的款项
   D. 扣减本期发生的销售退回而支付的现金

4. 在现金流量表中，购买商品接受劳务支付的现金包括(　　)。
   A. 本期购买商品接受劳务支付的现金(包括价款和税费)
   B. 前期购买商品接受劳务本期支付的现金(包括价款和税费)

C. 本期预付的款项

D. 本期支付的增值税

5. 应计入"支付的其他与经营活动有关的现金"项目的有(　　)。
   A. 罚款支出　　　　　　　　　　B. 差旅费的支付
   C. 业务招待费的支付　　　　　　D. 捐赠现金的支付

6. 应计入"购建固定资产、无形资产和其他长期资产支付的现金"项目的有(　　)。
   A. 购建固定资产支付的所有税费
   B. 购建固定资产支付的价款
   C. 支付的应计入固定资产价值的利息部分
   D. 融资租入固定资产而支付的租赁费

7. 按照现行会计制度的规定,在资产负债表中应作为"存货"项目列示的有(　　)。
   A. 包装物及低值易耗品　　　　　B. 商品进销差价
   C. 材料成本差异　　　　　　　　D. 材料采购

8. 下列交易或事项中,属于投资活动产生的现金流量的有(　　)。
   A. 为购建固定资产支付的耕地占用税
   B. 为购建固定资产支付的已资本化的利息费用
   C. 因火灾造成固定资产损失而收到的保险赔款
   D. 支付给投资单位的股利或利润

9. 下列各项中,应计入现金流量表中"偿还债务所支付的现金"项目的有(　　)。
   A. 偿还银行借款的本金　　　　　B. 偿还银行借款的利息
   C. 偿还企业债券的本金　　　　　D. 偿还企业债券的利息

10. 下列各项中,属于筹资活动产生的现金流量的有(　　)。
    A. 支付的现金股利　　　　　　　B. 取得的短期借款
    C. 增发股票收到的现金　　　　　D. 偿还公司债券支付的现金

三、判断题

1. 资产负债表项目与会计科目只要名称一致,那么,内容就是一致的。　　(　　)
2. 企业的所有货币资金都包含在现金及现金等价物内。　　　　　　　　(　　)
3. 负债类账户如果出现借方余额,就必须将该余额填列到资产方。　　　(　　)
4. 现金等价物可视为现金,包括购买在 3 个月或更短时间内即可到期的或即可转换为现金的交易性金融资产。　　　　　　　　　　　　　　　　　　　　　　(　　)
5. 发放给职工的工资应计入经营活动中的"支付给职工以及为职工支付的现金"项目。　　　　　　　　　　　　　　　　　　　　　　　　　　　　　(　　)

业 务 题

1. 金科公司 20×1 年期末应收账款总账余额为 200 000 元,其中应收账款——红韵公司明细账为贷方余额为 10 000 元;预收账款总账余额为 15 000 元,其中预收账款——兰兰公司明细账为借方余额为 1 000 元;应付账款总账余额为 300 000 元,其中应付账款——黄龙公司明细账为借方余额为 20 000 元；预付账款总账余额为 25 000 元，其中预付账款——清河公司明细账为贷方余额为 1 500 元。该公司按照应收账款余额的 5‰计提坏账准备。

要求：计算下列资产负债表项目的金额：①应收账款；②预收款项；③应付账款；④预付款项。

2. 已知美达公司 20×1 年度净利润是 20 000 元，当期计提固定资产折旧 8 000 元，无形资产摊销 3 000 元，出售固定资产净收益 4 000 元；20×1 年比 20×0 年非现金流动资产增加 7 000 元，流动负债增加 8 000 元。

要求：采用间接法计算美达公司 20×1 年度经营活动的现金流量。

3. 甲公司投资账户年初余额为 100 000 元，年末余额为 91 000 元；当年，该公司购买新投资 31 000 元，出售旧投资获利 22 000 元。

要求：计算该公司出售旧投资所获得的现金。

4. 金科公司收到客户货款 92 000 元，支付给雇员 24 000 元，向供应商付款 13 000 元，向股东支付股利 6 000 元，向银行借款 5 000 元。

要求：计算该公司经营活动的净现金流入。

5. 飞升公司 20×1 年有关资料如下。

(1) 发放工资、奖金、津贴和补贴 2 500 000 元，其中包括支付给在建工程人员的 100 000 元，支付给专设销售机构人员的 20 000 元；

(2) 支付离退休人员的费用 500 000 元；

(3) 为建造职工资料室，准备工程材料支付 60 000 元，工程尚未完工；

(4) 支付职工生活困难补助 8 000 元、住房困难补助 5 000 元；

(5) 支付职工养老保险 400 000 元、待业保险 80 000 元；

(6) 支付职工住房公积金 60 000 元；

(7) 用出包方式建造活动中心，支付工程款 90 000 元，该中心于本年交付使用。

要求：根据上述资料，计算以下项目。

(1) 支付给职工及为职工支付的现金；

(2) 购建固定资产、无形资产和其他长期资产支付的现金。

参考文献

[1] 财政部. 企业会计准则(CAS)[M]. 北京：经济科学出版社，2006.
[2] 财政部. 企业会计准则讲解[M]. 北京：人民出版社，2010.
[3] 财政部. 企业会计准则——应用指南[M]. 北京：中国财政经济出版社，2006.
[4] 财政部.《企业会计准则第42号——持有待售的非流动资产、处置组和终止经营》(财会〔2017〕13号)
[5] 财政部.《企业会计准则第14号——收入》(财会〔2017〕22号)
[6] 财政部.《企业会计准则第22号——金融工具确认和计量》(财会〔2017〕7号)
[7] 财政部.《企业会计准则第23号——金融资产转移》(财会〔2017〕8号)
[8] 财政部.《关于修订印发2019年度一般企业财务报表格式的通知》(财会〔2019〕6号)
[9] 中国注册会计师协会. 会计[M]. 北京：中国财政经济出版社，2021.
[10] 财政部会计资格评价中心. 中级会计实务(2021)[M]. 北京：经济科学出版社，2021.
[11] 高绍福. 中级财务会计[M]. 2版. 北京：经济科学出版社，2020.
[12] 毛新述. 中级财务会计[M]. 北京：清华大学出版社，2020.
[13] 陆国平，黄中生. 中级财务会计[M]. 3版. 北京：高等教育出版社，2018.